Warning / Wehle (Hrsg.) · Fin de Siècle

Romanistisches Kolloquium X

Rainer Warning /
Winfried Wehle (Hrsg.)

Fin de Siècle

Wilhelm Fink Verlag

Gedruckt mit Unterstützung der Fritz Thyssen Stiftung

Umschlagabbildung:
Aubrey Beardsley, *Die Bestattung der Salome*, 1894, Fogg Art Museum,
Harvard University, Massachusetts

Die Deutsche Bibliothek – CIP-Einheitsaufnahme

Ein Titeldatensatz für diese Publikation ist bei
der Deutschen Bibliothek erhältlich

Gedruckt auf alterungsbeständigem Papier.

ISBN 3-7705-3711-4

Herstellung: Ferdinand Schöningh GmbH, Paderborn

Inhaltsverzeichnis

Vorwort

Das X. Romanistische Kolloquium fand vom 23. bis 27. Mai 2001 auf Schloß Klingenthal im Elsaß statt. Die hier versammelten Beiträge sind das Ergebnis dieser Tagung. Sie widmete sich dem, was man Kultur des Fin-de-siècle nennen könnte. Damit war der Ablösungsprozeß in den Blick gerückt, der zwischen den unterschiedlichen Ansätzen der Kontingenzbewältigung in Kunst und Wissenschaft des ausgehenden 19. Jahrhunderts und den experimentellen Aufbruchsbewegungen der historischen Avantgarden stattfand. Zum anderen ging es, durchaus absichtsvoll, darum, zugleich einen Bezug zum 20. Jahrhundert aufzunehmen, das seinerseits im Bewusstsein vom Ende eines Jahrtausends schloß und doch keine vergleichbaren Endzeitvisionen heraufbeschwor.

Maßgeblich schien deshalb zum einen die Perspektivierung des Endes aus seinen jeweiligen Herkunftsbedingungen. Für die letzten Jahrzehnte des 19. Jahrhunderts betraf dies vor allem den Umgang mit der Hinterlassenschaft der Romantik, wenn auch dezidiert im Sinne einer anknüpfenden Abwendung. Angesprochen war dabei einerseits die charakteristische Gegenläufigkeit der Kultur des 19. Jahrhunderts. Foucault hatte sie als eine Korrelation von Positivismus und lebensphilosophischer Tiefenmetaphysik gefaßt. Andererseits und damit verknüpft zeigte sich eine markante ästhetische Tendenz, die eine ›moderne‹ Kunst in dem Sinne geprägt hatte, dass sie der Besprechungssystematik der Wissenschaften und dem Normierungsdruck der Gesellschaft das Lebensrecht des Vorstellungsvermögens entgegenstellte.

Diese konstitutive Gegenläufigkeit schien sich im Fin-de-siècle des 19. Jahrhunderts zu erschöpfen. Doch nicht nur die zitathafte Uneigentlichkeit seines imaginativen Fundus, auch sein geradezu verschwenderischer Umgang mit der Kunsttradition legten den Gedanken nahe, daß die Künste den Verlust ihrer Herkunft selbst zum Gegenstand des ästhetischen Genusses machten.

Zugleich lag darin jedoch auch die Möglichkeit zum Ausgang aus ihrem Dekadenzbewußtsein. Zwar besaßen sie ein ausgeprägtes Endzeitbewußtsein, stellten aber keine eigene Endzeitvision mehr auf. Nicht zuletzt darin wird der ›moderne‹ Charakter des Fin-de-siècle faßbar. Kann die Moderne, nach ihrem eigenen, progressiven Begriff, überhaupt ein absehbares Ende formulieren? Mitten im Hochkapitalismus und zweiter industrieller Revolution konnte ein Ende der Moderne nur wieder Moderne, mehr Moderne sein. Dem Eindruck kulturellen Verfalls widersprach daher ein starker zivilisatorischer Optimismus, der die Zeit als Belle Epoque genoß. Er blieb nicht ohne Rückwirkung auf die Kunstanschauungen. Insofern er sich auf die Überlegenheit der wissenschaftlich-technischen Episteme gegenüber einer organischen des Naturhaften berufen konnte, hatte auch für den Künstler Natur als ästhetische Berufungsinstanz endgültig ausgedient. Dadurch konnte sich bereits innerhalb einer Finde-siècle-Konstellation selbst das Konzept des Konstruktiven formieren, dem die Vorstellung vom Gemachtwerden und Gemachtsein kultureller Produkte – und von Sinn bedeutsamer wurde als jede substantialistische Ursprungsgewißheit. Auf diese Weise schien es möglich, die Kunst der Jahrhundertwende damals in den Prozeß der Moderne zurückzuholen und ihrer Übergänglichkeit prinzipielle Momente abzugewinnen.

Sehr zu danken haben die Teilnehmer der Fritz-Thyssen-Stiftung zu Köln, die die Tagung in Klingenthal sowie die Publikation in ihre Obhut genommen und damit abermals ihr Interesse für eine Fragestellung erneuert hat, die sie schon früher gefördert hat in dem von Roger Bauer herausgegebenen Band »Fin de siècle. Zur Literatur und Kunst der Jahrhundertwende« (Frankfurt/M. 1977). Mit Dankbarkeit haben wir aber auch an die Gastfreundschaft der Fondation Goethe (Basel) und ihre Direktorin, Mme Prof. Marie-Paule Stintzi zu erinnern, die Schloß Klingenthal betreut. Dem Wilhelm Fink-Verlag ist das Romanistische Kolloquium nun schon seit 1980 verbunden. Deshalb freuen wir uns besonders, dass Prof. Raimar Zons auch diesem zehnten Band zu seiner ansehnlichen Gestalt verholfen hat.

Das Buch sei dem Gedenken von Ulrich Schulz-Buschhaus gewidmet. Er hat dem Romanistischen Kolloquium nahe gestanden und es begleitet, so wie das Kolloquium Spiegel seiner Wissenschaft war. Sein Beitrag muß einer der letzten gewesen sein, den er vor seinem frühen Tod noch abschließen konnte, und so mag er für das Ganze stehen, das ihm zu verdanken ist.

München/Eichstätt im Januar 2002

Rainer Warning
Winfried Wehle

Gottfried Boehm

Ungesicherte Aequivalente

Formen der Modernität am Jahrhundertende

I Die Fragestellung

Das fin de siècle zeigt sich januskópfig. Neben einem dekadenten Bewußtsein der späten Stunde oder der Endzeit hat es das Pathos der Erneuerung hervorgebracht, dem sich künstlerische Impulse verdanken, die weit ins zwanzigste Jahrhundert hinein fortgewirkt haben. Das Jahr 1900 gilt mit seinem historischen Umfeld nicht zufällig als die Matrix zahlreicher Neuansätze, die – wie der Kubismus, wie »Fauves« und »Brücke« oder der »Blaue Reiter«, samt der Krise der Abstraktion – jene Repräsentationsformen vorbereitete, die sich dann in einem gewaltigen Produktivitätsschub ein erstes Mal noch vor dem ersten Weltkrieg realisiert haben. Nicht wenige Protagonisten dieser »klassischen« Moderne haben neuromantische, symbolistische oder Jugendstil geprägte Phasen durchlaufen, so z.B. Kandinsky in seiner Moskauer Zeit, Picasso in seinen Jahren in Barcelona oder František Kupka, der in seinen Prager Anfängen der Maler eines vitalistischen, böhmischen Jugendstils gewesen war, bevor er sich dann auf die Reinheit der Linie und der Farbenergien besann und einer der ersten Abstrakten wurde. Künstler wie diese haben innerhalb des fin de siècle die Seite gewechselt, sind von einer eher retrospektiven zu einer prospektiven Orientierung übergegangen. Worin bestand ihre Kontinuität? Welche Arten des Transfers kommen am Jahrhundertende zusammen?

Eingeschlossen sind jedenfalls auch die Künstler einer früheren Generation, die wie die Impressionisten, die Neo-Impressionisten, wie Cézanne oder Rodin sich gegen Ende des Jahrhunderts bereits in einer Endphase ihrer Arbeit befunden haben und als Vertreter einer typisch dekadenten fin de siècle Kunst selten oder nie angesprochen wurden. Dennoch gehören sie zur Konstellation des Jahrhundertendes und teilen ihr eine besondere Komponente mit. Wir sprechen sie im folgenden mit Blick auf Cézanne und Rodin an und lassen Claude Monet dabei beiseite, der ein gewaltiges, postimpressionistisches Werk hervorgebracht hat, das hinsichtlich seiner historischen Position viele Fragen stellt, die einer gesonderten Diskussion bedürfen. Als Leitfaden der Charakteristik dient uns die Beobachtung, dass

Cézanne wie Rodin, in ganz unterschiedlicher Weise, Schwierigkeiten mit der Vollendung hatten. Cézanne hinterließ viele offene, liegen gebliebene oder gescheiterte Bilder, Rodin kultivierte ganz ausdrücklich die Oberfläche der Figur als modelé bzw. das Fragment als plastische Form. Diese Krise des Werkes, der Verlust der Sicherheit, wann eine Repräsentation dank innerer Balance zur Ruhe komme, läßt sich als Symptom der Jahrhundertwende ansprechen, so sehr darin natürlich auch weitergehende Befunde von Modernität enthalten sind. Hans Belting hat diese Dämmerung des Meisterwerkes gar als das Kerngeschehen der Moderne interpretiert, diese als Geschichte des »unsichtbaren Meisterwerkes« erzählt.[1] Von den Schwierigkeiten mit dem Anfang und vor allem: mit dem Ende ist im folgenden die Rede und damit von »ungesicherten Aequivalenten«. Die Korrespondenzannahme zwischen Werk und Realität verliert in jener Zeit ihre Plausibilität. Es bedarf deshalb einer ausdrücklichen Kritik der Wahrnehmung und der künstlerischen Mittel, dazu geeignet ungebahnte Wege neu zu entdecken und zu beschreiten. Der exemplarische Rang dieser Arbeit an den Grundlagen hat beide Künstler nicht nur höchst einflußreich gemacht, sondern ihnen auch die Rolle ominöser »Patres« der Moderne zugewiesen.[2]

II Die Schwierigkeit, ein Ende zu finden

Cézannes Schwierigkeiten mit der Vollendung sind werkgeschichtlich aber auch durch begleitende Zeugnisse gut dokumentiert. Der Oeuvrekatalog der Gemälde zeigt aber nicht nur Beispiele skizzenhafter Offenheit, Belege aller möglichen Zwischenstufen, sondern auch Zustände einer Überdetermination. Besonders im Spätwerk häufen sich die Fälle, bei denen Cézanne nicht nur vor dem letzten Schritt oder dem entscheidenden Punkt zurückwich, sondern über das mögliche Ziel hinaus gelangt war. Die Farbe steht, zum Beispiel im Bildnis eines »Alten Mannes«[3] – Ergebnis allzu häufiger Korrekturzüge – dick

---

1 Hans Belting, *Das unsichtbare Meisterwerk. Die modernen Mythen der Kunst*, München 1998.

2 Von Werner Hofmann, *Grundlagen der modernen Kunst*, Stuttgart 1966, wurde der Begriff der »patres« der Moderne ins Spiel gebracht. Vgl. auch dessen Abhandlung: *Von der Nachahmung zur Wirklichkeit. Die schöpferische Befreiung der Kunst 1890-1917*, Köln 1970 und Gottfried Boehm, »Cézanne und die Moderne«, in: Kat. *Cézanne und die Moderne*, Fondation Beyeler Riehen/Basel 1999/2000.

3 Vgl. Kat.*Cézanne und die Moderne* (wie Anm. 2) Abb.51, S.110.

gepolstert auf der Leinwand, besonders dort, wo sich die Figur und das Gesicht mit dem Kontext verbinden sollten. (Abb.1). Emile Bernard, der Cézanne 1904 während eines ganzen Monats an einem Bild malen sah – den »Drei Schädeln auf einem Perserteppich« (Abb.2) – charakterisiert diesen Vorgang sehr genau: »Dieses Gemälde wechselte fast jeden Tag Farbe und Form und doch hätte man es, als ich zum ersten Mal Cézannes Atelier betrat, als fertiges Werk von der Staffelei nehmen können.« Bei einem späteren Besuch konstatierte er das Werk dann als aufgegeben und notierte dazu die Bemerkung des Künstlers: »Was mir fehlt, das ist die Realisation. Vielleicht komme ich noch soweit, aber ich bin alt und es ist gut möglich, dass ich sterbe, ohne dieses höchste Ziel erreicht zu haben: Realisieren! Wie die Venezianer.«[4]

Welche Leistung Cézanne seiner zentralen Aktivität des Realisierens auch zugeschrieben hat – die ganz offensichtlich über Gelingen und Mißlingen seiner Kunst entschied – sie wäre als ein persönliches Ungenügen unzureichend beschrieben. Obwohl er selbst dieses Ungenügen als sein persönliches Schicksal beschrieb, das er in der literarischen Figur des Malers Frenhofer aus Balzacs Novelle »Das unbekannte Meisterwerk« vorgeprägt sah.[5] Erkenntnisträchtig ist die fragwürdige oder unmögliche Vollendung aber erst jenseits persönlichen Genügens oder Ungenügens. Auch Frenhofer interessiert als Modellfigur vor allem dann wenn sie als Symptom und Prototyp eines veränderten Kunstverständnisses interpretiert wird, welches über die Gründe nicht mehr gebietet, die ihm zu sagen erlauben, wann ein Werk zu Ende und auf den Punkt gebracht ist. Cézanne öffnete sich in dieser Krise kein ausgebreitetes Feld beliebiger Möglichkeiten, sondern eine ganz spezifische Engführung. Es war jeweils unter den Bedingungen dieses Bildes, es war in einer stets unvergleichlichen Situation der Wahrnehmung von Realität darum zu tun, das Werk als ein Aequivalent zu gestalten. Cézannes Aesthetik des Provisorischen ist kein künstlerisches Ziel, sie ist die unvermeidliche Zurüstung auf einem Weg.

Der Weg dient der Absicht, so ließe sich das Ergebnis einer ausführlicheren Diskussion zusammenfassen, eine neue Art von Totalität zu begründen, dem Blick auf das Bildganze einen veränderten Status zu verleihen. Cézannes Suche nach einem angemessenen künstlerischen Aequivalent hat damit zu tun, dass sich das einzelne Werk auf

4 Emile Bernard, »Gespräche mit Cézanne«, in: M. Doran (Hg.) *Gespräche mit Cézanne*, Zürich 1982, 79 und 78.

5 Honoré de Balzac, *Le chef d'oeuvre inconnu*, 1831, deutsch, Zürich 1977 u.ö.

eine bis dahin unbekannte Weise in sich selbst »hält«. Die Relationen der Teile zum Ganzen verändern sich und damit die gesamte, dynamische Gleichung der Malerei. Charakteristisch für den Wandel ist die extrem gesteigerte Fragilität der Bildordnung. »Wenn ich zu hoch oder zu tief greife ist alles verpfuscht. Es darf keine einzige lockere Masche geben... Ich lenke, verstehen Sie, meine Leinwand in allen Teilen gleichzeitig.«[6]

Was sich hinter der Gleichzeitigkeit aller künstlerischen Maßnahmen im Werkprozeß verbirgt ist durchaus vieldeutig. Aufgegebene Bilder Cézannes geben dazu aufschlußreiche Hinweise. Sie erlauben Einblicke in sein Konzept. Auf einer fast leeren, durchscheinenden Leinwand organisieren sich zum Beispiel einzelne Farbformen mittels Hilfslinien zu einer Art Bildgerüst. (Abb.3). Der Blick des Künstlers richtet sich nicht auf dieses oder jenes Ding, sondern auf die Modalitäten des Zusammenhanges. Die Verbindungen und Gelenke sind wichtiger als das gegenständliche Detail. Der Blick des Malers setzt den Akzent deutlich auf den Kontext der Fläche und auf vorgegenständliche Konstrukte. Je stärker und schneller sich die Totalität manifestiert, um so unentwickelter erscheinen ihre Glieder.

Cézannes Verschiebung, die dem Ganzen einen grundsätzlichen Vorrang vor seinen Teilen gibt, war viel mehr als eine Variante der alten Kompositionsaesthetik. Sie war statt dessen Ausdruck einer ungewissen Korrelation zwischen dem Bild und der wahrgenommenen Wirklichkeit. Das zeigt sich am deutlichsten daran, dass gerade dort wo sich die Dinge konkretisieren müßten, die Referenz aussetzt. Es ist der einzelne Fleck als disponierbarer Baustein eines ganzheitlichen Gefüges, der für sich ganz bedeutungsleer bleibt. Er zeigt sich als nackte Spur der malerischen Aktion, als ein visuelles Element, das allen Sinn von sich fernhält. Wenn Cézanne davon sprach, seine Malerei praktiziere eine Kunst des Vergessens – die Max Imdahl mit der Differenz zwischen sehendem und wiedererkennendem Sehen markierte[7] – dann wird daran auch deutlich, warum die Krise der Vollendung ein unvermeidlicher Einschluß seines Konzeptes gewesen war. Denn das Vergessen kennt keine Regel. Die Malerei als eine Kunst des Vergessens besitzt deshalb kein positives Wissen mehr davon, unter welchen Bedingungen autonome und referenzlose Flecken sich in einer gesicherten Bedeutung zusammenschließen. Das Scheitern, die

6 Joachim Gasquet, *Gespräche mit Cézanne* (wie Anm. 4), 136.

7 Max Imdahl, »Cézanne – Braque – Picasso. Zum Verhältnis zwischen Bildautonomie und Gegenstandssehen« (1974). In: Max Imdahl, *Gesammelte Schriften* Bd.III, Frankfurt/M. 1996, 282ff.

endlose Pause im Arbeitsprozeß – sie gehören zum unvermeidlichen Risiko, wenn die Konstellation der Farbflecken zu einer sichtbaren Welt verschmelzen soll. Mit dem »Realisieren« bezeichnete Cézanne einen unableitbaren Primärprozeß, jenes Abenteuer, das zwischen Absicht und Formulierung zu bestehen ist. Sein Feld ist die materielle Faktur der Malerei, wo sich zwischen den Farben das Muster eines Sinnes zeigt, oder auch nicht zeigt.

Cézannes Kritik der bildnerischen Mittel, seine Einklammerung von Bedeutungen geht eine Kritik der Wahrnehmung parallel. Erst mit ihr vollendet sich die künstlerische Wende. Schon das Sehen hat es mit ordnungsbedürftigen Daten (sensations) zu tun, ist in einem mühsamen Prozeß der Generierung verflochten, dessen Abgründigkeit nur durch die Konventionalisierung der Wahrnehmung verdeckt wird. Ungesichert sind die künstlerischen Aequivalente am Ende schon deshalb, weil bereits der Akt der Betrachtung in situ das Schwanken der Korrespondenzen zwischen dem Subjekt und seiner Welt enthüllt. Wenn Rilke in seinen Briefen über Cézanne die Malerin Mathilde Vollmöller mit dem Satz zitiert, Cézanne habe vor dem Motiv gesessen wie ein Hund und geschaut, nur geschaut – dann liegt in dieser starren Intensität nicht nur eine vertiefende Erfassung des Gesehenen, sondern auch eine Unvordenklichkeit über die der Wahrnehmende nicht gebietet.[8] Der Künstler ist nie Meister der Umstände: weder im Blick auf die Natur noch mit Blick auf sein Handwerk. Das vollendete Meister-Werk rückt deshalb in die Ferne eines absoluten Ziels, das eine entsprechend absolute Einlösung erfordert. Die künstlerische Arbeit charakterisieren Attribute der Unendlichkeit, des Unvollendeten bzw. Unvollendbaren, des Endlosen, der perpetuierten Annäherung. Wenn sich aber Malerei tatsächlich um ein absolutes Ziel bemüht, dann wird es unerhört schwierig, den Punkt auszumachen, an dem dieses Ziel tatsächlich erreicht ist. Woher kann der Künstler wissen, wann und warum er angelangt ist? Nicht aus einer Norm der Natur oder einem Kanon der Kunst, nicht aus der Sicherheit einer Empfindung, sondern ausschließlich aus einer Beobachtung und der situativen Bedingung. Sie richtet sich auf die Konstellation der Farben auf der Leinwand, in denen von einer Evidenz des Ganzen her, die einzelnen bedeutungslosen Elemente erst zu einem Bild zusammenwachsen, jene Konkretion gewinnen, an die sein emphatisches Ur-Wort des Realisierens appelliert. So kann sich die Voll-

8 Rainer Maria Rilke, *Briefe über Cézanne*. Hg. von Clara Rilke und W. Petzet, Frankfurt/M. 1983, 38: »Wie ein Hund hat er davor gesessen und einfach geschaut, ohne alle Nervosität und Nebenabsicht.«

endung tatsächlich an einem einzelnen unvorhersehbaren Strich oder Farbfleck entscheiden. Ein einziges Detail ist imstande alles zu verderben oder das Bild freizustellen aus der Verstrickung der Produktion, es auf jene Grundlage zu stellen, auf der es steht und besteht. Cézanne verlagerte die Kriterien der Vollendung mithin in den Akt der Malerei. Er bemißt sich daran, ob das freie Spiel der Farbformen mit der Erfahrung des Gesehenen übereinstimmt – angesichts der ungesicherten Prämissen. Vielleicht der stolzeste Satz, den Cézanne formuliert hat und einer der nachhaltigsten in der Kunstgeschichte der Moderne – war jener, der diese prekäre Parallele zwischen dem Werk und der Natur mit der Kategorie der Wahrheit belegte. Zuerst in einem Brief an seine Mutter vom 26.09.1874 schreibt Cézanne: »Ich muss immer arbeiten, nicht um zur Vollendung zu gelangen, die von den Schwachköpfen bewundert wird... Ich muss zu einem Ende kommen, nur um des Vergnügens willen, der Wahrheit und dem Wissen näher zu kommen.« Im letzten Jahr seines Lebens nimmt er diesen Gedanken in einem Brief an Emile Bernard vom 23.10.1905 wieder auf und gibt ihm die konsistenteste Formulierung: »Ich schulde Ihnen die Wahrheit als Malerei (la vérité en peinture) und ich werde Sie Ihnen sagen.«[9] Genauer und pointierter läßt sich nicht formulieren, wie ungesichert Cézannes malerische Aequivalente waren. Er setzte dagegen den Nachdruck der »vérité«, die nur im Prozeß, im Vollzuge der Malerei zu gewinnen oder zu verfehlen ist. Der Prozeß der Produktion zeichnet denjenigen der Betrachtung vor, in den die künstlerische Arbeit mündet. Das Realisieren des Autors adressiert sich an dasjenige des Betrachters.

III Das Konzept des Fragmentarischen

Unter der Vorgabe ungesicherter Aequivalente zu arbeiten heißt für Cézanne niemals, das Unvollendete als künstlerische Form zu akzeptieren oder gar zu intendieren.[10] Realisieren bedeutet nicht mehr und nicht weniger als jene dominante Ganzheit zu finden, in der sich das Erscheinungsbild der Dinge produktiv erschliesst, die so in sich gefügt ist, dass es eine prompte und fraglose Evidenz gewinnt. Cézanne war, kurz gesagt, kein Fragmentarist und er unterscheidet sich darin

9 Paul Cézanne, *Briefe*, hg. von John Rewald, Zürich 1962, 138 und 296.

10 Allenfalls ließe sich die Frage stellen, inwiefern nicht seine Aquarelle (etwa seit 1880) mit ihren offenen Lichtgründen und den wie energetische Pulse wirkenden Farbflecken einer Aesthetik des Fragments näherkommen.

nicht zuletzt von Rodin, den er als Künstler allerdings hoch geschätzt hat. Die Pointe des Torsos als künstlerische Form besteht eben darin, in der Zäsur, die das Werk zur Schau trägt, keinen Mangel zu erblicken, dem Unvollendeten als Unvollendbarem eine aesthetische Perfektion zuzuschreiben. Für den Fragmentaristen ist das Unvollendete das wahrhaft und menschenmöglich Vollendete. Cézannes Leitlinie einer Ganzheit, die kein abstraktes künstlerisches Ideal bleibt, sondern – wie wir sahen – in seinen praktischen Arbeitsprozeß hinein wirkt, steht eine Anerkennung des Fragments als künstlerischer Möglichkeit kategorisch entgegen. Denn sie begibt sich auf einen Weg der indirekten Darstellung: Mit dem ungeschminkt Partiellen doch etwas von der Fülle einer Totalität aufscheinen zu lassen. Cézannes Vorgriff auf das Ganze sucht hingegen die direkte Evidenz und sie orientiert sich an der Instanz der Wahrnehmung. Seiner und Rodins Wege verhalten sich, so betrachtet, komplementär zueinander. Wie sehr die Aesthetik des Fragments um die Jahrhundertwende aber das künstlerische Denken bestimmte, zeigt sich auch daran, dass Cézanne noch zu seinen Lebzeiten als ein tragischer Fragmentarist eingestuft wurde, jedenfalls von ihm nahestehenden Künstlern wie zum Beispiel Emile Bernard. Er sah ihn als einen, der auf der Suche nach einer allzu hoch gesteckten Vollendung seine guten Ergebnisse immer wieder zerstört und gemindert habe. In einem Brief beschreibt er ihn im Bilde eines Ikarus der Malerei: »Auf ihrer (der Malerei – G.B.) aufmerksamen und geduldigen Wanderschaft werden alle Teile auf einmal vorgenommen, begleiten einander, und man kann sagen, dass jeden Tag eine noch weitergetriebene Vision sich über jene des Vortags legt, bis der Künstler ermattet spürt, wie seine Flügel bei der Annäherung an die Sonne schmelzen, das heißt, seine Arbeit auf den höchsten Punkt, zu dem er sich hatte aufschwingen können, aufgibt...« Man sieht, wie Cézanne als ein unfreiwilliger Fragmentarist stilisiert wird, der abstürzt, weil er allzu hoch hinaus wollte. Das Streben nach dem Absoluten lässt ihn scheitern, weil er gleichsam nicht einsieht, dass dem Glanz der Sonne nur ein indirekter künstlerischer Weg entsprechen kann. Ihn repräsentiert der Fragmentarist, der weiß, daß der Torso, das heißt ein Werkstück, das den Weg seiner unabschließbaren Erschaffung offen vorzeigt, die naheliegende Konsequenz in einer Situation der ungesicherten Aequivalente darstellt. Das Non-finito bietet sich dann an, wenn die Gewißheit des Ziels als prinzipiell unerreichbar gelten muss. Diesen Weg war bereits Michelangelo gegangen, der den idealen Concetto in seiner glanzvollen Intangilibität im Torso aufscheinen ließ, wobei sich die Differenz zur intelligiblen Idee als tragische Verstrickung und Fesselung des Menschen in der Welt der Körper darstellt, Erdenschwere und Melancholie als begleitende Erfahrung bzw. Affekte zur Geltung kommen. Es ist ein indirekter Weg, weil die offene künstlerische Form den Betrachter instand setzt, nicht nur den riesigen Abstand zwischen Idee und Realität abzumessen, sondern ihn mit den Flügen seiner Imagination auch zu überbrücken. Die Perfektion des Unvollendeten, besteht – kurz gesagt – eben darin, dass sie den indirekten Widerschein des Ganzen einer reinen Idee von Schönheit erweckt.

Rodins Arbeit setzt diese Geschichte des Torsos voraus und sie baut darauf, dass immer noch der menschliche Körper als das angestammte Thema der Skulptur zu gelten hat. Rodin unternahm freilich große Anstrengungen, den Körper nicht als kanonische Norm zu übernehmen, sondern ihm die Qualität von etwas Unfeststehendem zu geben, das sich immer wieder anders finden und gestalten läßt. Der menschliche Körper nicht als Faktum sondern als ein Desiderat: Mit Hilfe dieser Leitlinie lassen sich wichtige Eigenheiten seiner künstlerischen Arbeit verstehen. U.a. das Pathos der stehenbleibenden Steinquader, aus denen sich die Körper zu befreien suchen, in actu demonstrieren, dass sie nicht »gegeben« sind, sondern Explikate eines exemplarischen Prozesses. (Abb.5). Rodin suggeriert eine Metaphorik des Erscheinens und des Geborenwerdens der skulpturalen »Leiber«, die auch dem Künstler die Qualität eines genuinen Schöpfers gibt. Er hat sich selbst, erkennbar schon an zahlreichen Photos, als einen abgründigen Ateliergott stilisiert, bzw. als ein solcher empfunden.

Ein anderer Aspekt seiner Gestaltung ist das bereits erwähnte modelé, das vor allem dann eingesetzt wird, wenn er nicht in Stein arbeitet, sondern in Ton oder Gips Gußformen vorbereitete (Abb.6). Man kann das modelé als Verselbständigung der Körperoberfläche beschreiben. Lebhafte Akzente nehmen ihr die Qualität von Haut und ersetzen sie durch eine materielle Grenzschicht eigenen Gepräges, in der sich ein lebhaftes Licht- Schattenspiel manifestiert, die überhaupt eine eigene Logik des Erscheinens besitzt, losgelöst von derjenigen des Körpers, an dem sie gleichwohl zur Geltung kommt. Es liegt nahe, zwischen Rodins Oberflächen und Cézannes Flächenbehandlung Analogien herzustellen. Die Etablierung einer autonomen Ebene der Darstellung, die generiert und die deutlich macht, dass das Dargestellte Explikat einer künstlerischen Suche ist, läßt sich in diesem Sinne anführen. Dabei wird deutlich, dass sich beide Künstler hinsichtlich dessen, was wir die »ungesicherten Aequivalente« der Wahrnehmung und der Kunst genannt haben, auf dem gleichen Boden befinden. Sie teilten die moderne Prämisse einer Entbegrifflichung der Welt, die die Kunst zu einer neuen Position zwingt.

Rodin entwirft dennoch ganz andere, nämlich indirekte Vorgehensweisen. Er gebrauchte den Torso nicht nur als Eingeständnis einer unvermeidlichen Partialität, sondern im Sinne einer Metaphorik des Lebensganzen. Sie hatte u.a. damit zu tun, dass die Lebendigkeit der Figur aus dem Ungeformten aufsteigt – sei es der Steinblock oder das modelé –, das Geformte seinerseits auf die Matrix seiner Herkunft zurück verweist.

In diesen Übergängen und ihrem Fluß haben auch spezielle semantische Bedeutungen ihren Ort, deren Spektrum sich zwischen Heroismus und Erotismus entfaltet. Sie verankern sich insgesamt in einer vitalistischen Vorstellung von Leben und Ganzheit. Rodins Erotismus verdeutlicht sich besonders eindrücklich auch in seinen Zeichnungen und Aquarellen (Abb.8). Aus einem Fluxus offener Linien und andeutender farbiger Valeurs entspringen Figuren eines starken Lebenseindrucks. Die erotische Komponente verdeutlicht sich mitunter in delikaten Enthüllungen, die auch das Geschlecht exponieren, als Index von Liebe, Sexualität und Reproduktion. Rodins Metaphorik arbeitet mit der fließenden Differenz von graphischer oder skulpturaler Faktur und Figur. Eine Differenz, in der sich organische und vitale Kräfte mobilisieren. So ist die methodische Unterscheidung zwischen der materiellen Matrix und dem was sie darstellt immer auch der Ort, an dem sich der vitale Lebensgrund manifestiert, in der Darstellung aufscheint.

Rodins »Höllenpforte« (1880-1917) (Abb.9/10) ein lebenswieriges Projekt, läßt sich als komplexe Summe seiner künstlerischen Arbeit diskutieren. Es manifestiert sich in zahlreichen Zwischenzuständen, die sich immer mehr verselbständigen, als der Staat 1888 für den ursprünglichen Auftrag die Zahlungen eingestellt hatte.[11] Kurz vor seinem Tod ließ Rodin die losen Teile der Gipsmodelle von Einzelfiguren und Rahmenarchitektur zu einem definitiven Provisorium zusammenstellen, nach dem der Bronzeguß erfolgte. Diese Montage heterogener Teile, voller Unregelmäßigkeiten, voller Brüche und Asymmetrien, changierend zwischen stilistischen Allusionen, u.a. auf Gotik und Renaissance, darf in Rodins Oeuvre das emphatische Fragment schlechthin genannt werden. An ihm läßt sich sein Kon-

11 Zu Rodin: J.A.Schmoll gen. Eisenwerth, *Rodin-Studien*, München 1983; Der Torso als Symbol und Form (99ff.). Neue Aspekte zu Rodins »Höllenpforte« (215ff.) u.a. Zu den Aquarellen: Kat. *Auguste Rodin, Zeichnungen und Aquarelle*, Münster/München 1985; Zum historischen Selbstverständnis Rodins: Claude Keisch, »Historismus und Modernität: Auguste Rodin«. In: K.-H.Klingenburg, *Historismus-Aspekte zur Kunst im 19. Jahrhundert*, Leipzig 1985, 203ff.

zept am deutlichsten ablesen. Der Gesichtspunkt der Einheit, der Einzelfragmente, der durch die schließliche Montage zur Geltung kam, hat eine besondere Qualität. Sie läßt sich, ausgehend von Rodins Vitalismus, als eine Idee der Wandlung beschreiben, als eine Metamorphose, die zwischen narrativen, organischen und kosmischen Zeitvorstellungen schwankt, nicht zufällig auch auf Dantes Erfahrungsweg in der Göttlichen Komödie anspielt.[12] Die Kraft der Wandlung ist überall spürbar, sie verhindert auch, dass das Werk den Charakter des Ruinösen oder zumindest des Heterogenen hervorkehrt. Im Prozeß der Metamorphose ist jeder Teil und jede Einzelheit ein Haltepunkt in einem Prozeß. Nicht Selbstziel sondern Phase eines zyklischen Vorgangs. Der Torso der Höllenpforte, diese Summe von Torsen evoziert die Metapher eines Lebens, das sich in sich selbst erneuert, in dem die Einzelschicksale, in dem Tod und Untergang als Momente eines universellen Prozesses wahrgenommen werden. Rodins Fragmentarismus setzt nicht nur den Akzent auf die sichtbare Partialität, er vertraut auch auf die künstlerische Überzeugung, dass sich in ihr die Kräfte eines unsichtbaren Ganzen lebendig manifestieren.

Rodins Konzept der Metamorphose eignet sich auch dazu, die Bestimmung seines historischen Selbstverständnisses zu versuchen. Der Künstler ersetzt die akademische Tradierung von Geschichte in Gestalt von Normen und Bildvorstellungen der Vergangenheit durch einen Vorrang des Lebens und der Lebendigkeit. Auch gegen Viollet le Duc gewendet stellt er fest: »Eine Kunst, die Leben in sich hat, restauriert die Werke der Vergangenheit nicht, sie setzt sie fort.«[13]

Diese Sentenz seines Kathedralbuches hat schon deshalb einen weitergehenden Aussagewert, weil sie den Bau der Vergangenheit als Exempel gegenwärtiger bildhauerischer Aktivitäten interpretiert. Das gleiche hatte Rodin in der »Höllenpforte« auch in großer Form versucht. Bruchstellen, ja selbst der Zufall stören dabei nicht, sondern fügen neue, unerwartete Schönheiten hinzu. Die Kathedralen sind, so gesehen, eine historische und monumentale Form des Non-finito und die stärkste Verkörperung seiner Idee des Lebens, die sich metaphorisch verkörpert. Entsprechend erfaßt er sie nicht architekturanalytisch über Grund- und Aufriß, sondern in einer Wahrnehmung, die sich auf die beobachtbaren Wandlungen konzentriert, als das Zentrum ei-

---

12 Roland Bothner, *Grund und Figur: Die Geschichte des Reliefs und Auguste Rodins Höllentor*, München 1993.

13 Auguste Rodin, *Die Kathedralen Frankreichs*, übers.v. A. Seiffhart, Leipzig o.J. (1914), 48.

ner generativen Matrix: »Ich habe das Gefühl, in einer riesigen Höhle zu sein, aus der Apollo hervorbrechen wird... Ich erkenne mein Heiligtum, meine Kathedrale nicht wieder. Das sind die Schrecken antiker Mysterien.«[14] Ihr proteusartiger Wandel nimmt die Gestalt Assyriens, Aegyptens, der Gotik, natürlicher Grotten oder Rembrandts an. Er verstärkt sich, wie in Eleusis, bei Nacht. »Sie leben das Leben der Jahrhunderte... Sie gehören nicht mehr der Zeit an, in der sie geschaffen werden, ihr Aussehen verändert sich unaufhörlich und die Figuren haben für mich einen seltsam neuen, fremdartigen Ausdruck, ich denke an Hindustan, an Kambodscha...«[15]

Rodin konzipiert seine eigene Zeit, die der Jahrhundertwende, als eine Zeit des Wandels und nicht als einen Gegenwurf zur Tradition oder gar als deren Fortsetzung. Den Wandel regiert eine abgründige Lebendigkeit, die unabsehbare Kräfte mobilisiert: sie verschlingen die Stoffe der Vergangenheit und bringen sie neu wieder hervor. Geschichte ist in diesem Sinne nicht die Abfolge von Singularitäten in der Zeit und durch die Zeit, sondern das zeitlose Muster einer lebendigen Erneuerung.

Rodins Fragmentarismus mobilisierte eine emphatische Metaphorik des Lebens, deren zeitbedingte Züge sich durch Vergleiche zum Beispiel mit Bergson oder Simmel präzisieren lassen.[16] Cézanne hatte an dieser vitalistischen Empfindung keinen Anteil. Was ihn zusätzlich abgrenzte, war die Instanz der Anschauung, an die er sich band. Was immer zu einem Bild werden sollte, mußte sich vor dieser Instanz rechtfertigen, den Prozeß einer minutiösen Übersetzung durchlaufen. Was Bild werden wollte, mußte zuvor gesehen sein. Nur so schien es Cézanne möglich, das Dilemma der »ungesicherten Aequivalente« zu beherrschen. Rodins Basis war ganz anderer Art. Ihn leitete eine am menschlichen Körper manifeste Empfindung von Lebendigkeit. Er steigerte sie zu einem universellen Prinzip. An das Auge adressiert spricht sie ebenso sehr das Tastvermögen wie vor allem die innere Imagination an. Er mobilisiert sie, um dem Fragment auf indirektem Wege die Fülle einer Ganzheit zurückzugeben, eine Fülle, die Cézanne unmittelbar zu realisieren unternahm.

---

14 A.a.O, 132.

15 A.a.O, 143.

16 Der Einfluß von Bergsons Lebensphilosophie auf die Kunst der Vorkriegszeit wurde vielfach nachgewiesen. Simmel hat seine Lebensphilosophie am Ende systematisch zusammengefaßt in: *Lebensanschauung. Vier metaphysische Kapitel,* 2.A. München/Leipzig 1922. Zu Rodin: »Erinnerungen an Rodin«, in: Georg Simmel, *Brücke und Tür, Essays.* Hg. von M.Landmann, Stuttgart 1957, 194ff. u.a.

1 Paul Cézanne, *Alter Mann (Un Viellard)*, 1904-06, Privatsammlung.

2 Paul Cézanne, *Drei Totenschädel auf einem Perserteppich*, 1904, Kunstmuseum Solothurn.

3 Paul Cézanne, *Der Garten von Les Lauves*, um 1906, Philips Collection Washington.

4 Paul Cézanne, *Le Cabanon de Jourdan*, 1906, Galleria Nazionale d'Arte Moderna Rom.

5 Michelangelo, *Sklave*, 1519, Galleria dell'Accademia Florenz.

6 Auguste Rodin, *Andromeda*, 1985, Rodin Museum Philadelphia

7 Auguste Rodin, *L'homme qui marche* (Ansicht Rückseite), ca. 1900, Kunstmuseum Basel.

9 Auguste Rodin, *Höllenpforte,* 1880-1917.

8 Auguste Rodin, *Liegende Frau mit entblößten Beinen*, ca. 1906, Musée Rodin Paris.

10 Auguste Rodin, Detail der *Höllenpforte*. Rechter Türflügel, *Habgier und Verschwendung*, Zürich, Kunsthaus.

Winfried Fluck

Von der Bestie zum Konsumenten: Der etwas andere Weg des amerikanischen Naturalismus in die Moderne

Das epistemologische Grundproblem, das sich aus der Wende des amerikanischen Realismus gegen die Autorität religiöser Erklärungsmuster und das privilegierte Sehertum der Romantik ergab, war das, wie denn Erkenntnis anders gewonnen werden könnte. Läßt sich Wirklichkeitserkenntnis nicht mehr durch religiöse oder andere Formen der Offenbarung begründen, dann wird das Individuum auf eigene Beobachtungen und Erfahrungen zurückverwiesen. Diese aber können sich nur als produktiv erweisen, wenn das Individuum in der Lage ist, Zusammenhänge zwischen einzelnen Phänomenen herzustellen. Dazu bedarf es zum einen eines geschärften Bewußtseins, das Erfahrungen bewußt aufzunehmen und sinnvoll miteinander zu verbinden vermag, zum anderen einer gewissen Selbständigkeit der Erfahrungsverarbeitung, denn jedes Leben erbringt andere und neue Erfahrungen. Die Fähigkeit zur selbständigen Erfahrungsverarbeitung kann daher auch nicht »gelernt« werden. Sie kann bestenfalls als Modus des Umgangs mit einem unaufhörlichen Strom von Erlebnissen und Beobachtungen anschaulich gemacht werden. Für den klassischen amerikanischen Realismus der zweiten Hälfte des 19. Jahrhunderts vermag die Literatur dazu auf zweierlei Weise beizutragen: Sie kann Charaktere zeigen, die mit eben jenem Problem einer selbständigen Erfahrungsverarbeitung konfrontiert sind, d.h. mit dem (Melo)Drama der Befreiung aus einer selbstzerstörerischen Illusion, und sie kann dem Leser selbst Modelle der mentalen Verarbeitung von Erfahrung anbieten. Letzteres erklärt die außergewöhnliche Rolle, die Bewußtseinsprozesse beispielsweise im Werk von Henry James einnehmen, ersteres macht verständlich, warum individuelle Entwicklungsgeschichten lange Zeit im Zentrum des amerikanischen Realismus stehen.

Die Geschichte, die der klassische amerikanische Realismus immer wieder erzählt – beispielsweise in einem Roman wie *The Portrait of a Lady* (1881) von Henry James – ist die eines Individuierungs- und Bewußtwerdungsprozesses, in dem ein anfangs unreifes, in Illusionen befangenes Individuum in einem langwierigen und schmerzhaften Erfahrungsprozeß lernt, seine eigenen, potentiell selbstzerstörerischen Neigungen zur Romantisierung der Wirklichkeit zu überwinden. Der realistische Entwicklungsprozeß ist in diesem Sinne desillusionierend, aber unter der Einschränkung, daß Desillusion als heilsame Erfahrung begriffen wird, sozusagen als Begründung und Restitution von Erfahrungsfähigkeit. Die desillusionierende Erfahrung zerstört imaginäre Arretierungen. Eben jene Zuversicht in die Erfahrungs- und Entwicklungsfähigkeit des Individuums wurde aber für den amerikanischen Realismus schließlich zum Problem. Denn diese Zuversicht ließ sich angesichts der tatsächlichen Entwicklungen der amerikanischen Gesellschaft nicht aufrecht erhalten.[1] Bald nach *The Portrait of a Lady* veröffentlichte der programmatischste amerikanische Realist William Dean Howells seinen Roman *A Modern Instance* (1882), der auf den ersten Blick alle Elemente des realistischen Entwicklungsromans enthält. Es handelt sich um die Geschichte einer Paarbeziehung, die zunächst in romantischen Illusionen befangen bleibt und dann unvermeidlicherweise zu einer Erfahrung des schmerzhaften Erwachens führt. Doch geschieht dies mit einer instruktiven Abweichung. Zwar machen die Charaktere eine Reihe desillusionierender Erfahrungen, aber im Gegensatz zur typischen Heldin des klassischen amerikanischen Realismus lernen sie nichts daraus, sondern machen immer wieder dieselben Fehler. Als Charaktere durchlaufen sie keinen Entwicklungsprozeß, sondern bleiben in neurotischen Fixierungen gefangen. Folgerichtig endet ihre Ehe in einer für die amerikanische Literatur der damaligen Zeit unerhörten Scheidung.

Howells versucht, der Konsequenz seines eigenen radikalisierten Realismus am Ende des Romans dadurch zu entgehen, daß er die Idee individueller wie sozialer »Zivilisierung« in mehreren langgezogenen Monologen einer unversehens aufgewerteten Romanfigur doch noch einmal restituiert. Aber die Literaturkritik hat zu Recht davon gesprochen, daß der realistische Roman hier bereits einen naturalistischen Subtext enthält, der nur noch mühsam im Zaum gehalten werden kann. Die zuversichtlich begonnene realistische Entwicklungsge-

---

1 Der wachsende Zweifel der Realisten an der sozusagen inhärenten Vernünftigkeit individueller Erfahrung findet Ausdruck im kulturkritischen Topos eines zunehmenden Materialismus der amerikanischen Gesellschaft, für den Mark Twain und Charles Dudley Warner in ihrer gleichnamigen Romansatire den Spottnamen *The Gilded Age* kreierten. Der Begriff hat sich als sozial- und kulturgeschichtliche Epochenbezeichnung durchgesetzt, weil mit ihm der Verdacht trefflich zum Ausdruck gebracht wird, die Ideale Amerikas seien ausgerechnet im Anbruch eines vermeintlich »goldenen« Zeitalters in Gefahr, durch einen ungezügelten Materialismus korrumpiert zu werden.

schichte löst sich von innen heraus auf, und man kann im Fall von *A Modern Instance* wohl sagen, daß es gerade das Ringen zwischen diesen beiden Ebenen ist, das dem Roman besonderes Interesse verleiht. Damit aber wird bereits die allmähliche Herausbildung des Naturalismus aus dem klassischen amerikanischen Realismus vorweggenommen, die Anfang der 90er Jahre einsetzt. Sie wird vorangetrieben von einer Generation, die von Howells zunächst als potentielles Nachwuchsreservoir für den Realismus gefördert wurde, die aber ihrerseits seinen Realismus als viel zu zahm und viktorianisch empfand. Der Naturalist Frank Norris beispielsweise verspottet in einem 1896 veröffentlichten Aufsatz über Zola die realistischen Romane von Howells als Teetassentragödien: »Observe the methods employed by the novelists who profess and call themselves ›realists‹ – Mr. Howells, for instance. (...) It is the smaller details of every-day life, things that are likely to happen between lunch and supper, small passions, restricted emotions, dramas of the reception-room, tragedies of an afternoon, crises involving cups of tea.« Im Kontrast zu dieser genteelen Welt des Salons steht für Norris die Zolas: »The world of M. Zola is a world of big things; the enormous, the formidable, the terrible, is what counts; no teacup tragedies here.«[2] Howells andererseits beklagte eine wachsende Ungehemmtheit in der Darstellung unmoralischer Vorgänge, womit bereits auf die verstärkte Herauslösung einzelner Darstellungsaspekte aus moralischen und sozialen Bedeutungskontexten hingewiesen ist, die der Naturalismus vornimmt.

---

2 Frank Norris, »Zola as a Romantic Writer«, *The Literary Criticism of Frank Norris*, hg. Donald Pizer. Austin: University of Texas Press, 1964, 71-2. Siehe auch Norris' Artikel »A Plea for Romantic Fiction«: »The reason why one claims so much for Romance, and quarrels so pointedly with Realism, is that Realism stultifies itself. It notes only the surface of things. For it, Beauty is not even skin deep, but only a geometrical plane, without dimensions and depth, a mere outside. Realism is very excellent so far as it goes, but it goes no further than the Realist himself can actually see, or actually hear. Realism is minute; it is the drama of a broken teacup, the tragedy of a walk down the block, the excitement of an afternoon call, the adventure of an invitation to dinner. It is the visit to my neighbour's house, a formal visit, from which I may draw no conclusion. I see my neighbour and his friends – very, oh such very! probable people – and that is all. (...) Let Realism do the entertainment with its meticulous presentation of teacups, rag carpets, wall-paper and haircloth sofas, stopping with these, going no deeper than it sees, choosing the ordinary, the untroubled, the commonplace. – But to Romance belongs the wide world for range, and the unplumbed depths of the human heart, and the mystery of sex, and the problems of life, and the black, unsearched penetralia of the soul of man.« Frank Norris, *The Responsibilities of the Novelist.* 1903; repr.: New York: Hill and Wang, o.J., S. 280, 282.

Der Naturalismus ist in den USA die (verspätete) Avantgardeliteratur der Jahrhundertwende. Die europäische Fin de Siècle-Kultur, vor allem in Form des britischen Ästhetizismus, ist in den USA sehr wohl bekannt und hat durchaus kulturellen Einfluß, doch bleiben die literarischen Auswirkungen epigonal.[3] Das gilt andererseits nicht für den amerikanischen Naturalismus, der eigene und eigenwertige Formen ausbildet. In der Literaturkritik gibt es dabei eine Tendenz, die Entstehung des naturalistischen Romans als nochmalige Intensivierung eines realistischen Darstellungsanspruchs zu begreifen. Während sich der klassische amerikanische Realismus selbst Grenzen des Darstellbaren auferlegt und insbesondere in der Zuwendung zu

3 Vgl. Jonathan Freedmans Analyse dieses Einflusses in seiner Studie *Professions of Taste. Henry James, British Aestheticism, and Commodity Culture*. Stanford, CA.: Stanford UP, 1990: »It is a remarkable – and remarkably rarely discussed – historical datum that the influence of British aestheticism was felt early and powerfully in America, but not where we might expect it, in the sphere of high art or even that of social criticism, both of which were dominated by the twinned (and mutually reinforcing) doctrines of Emersonian transcendentalism and Ruskinian moralism largely as articulated by such established and magisterial cultural authorities as Charles Eliot Norton. Instead, it was directly in the marketplace – in the vending of ›aesthetic‹ domestic goods and in the development of advertising strategies for them – that the terminology, topoi, and thought structures of British aestheticism were first given their American expression.« (xxiii) Im folgenden charakterisiert Freedman die selbsternannten »amerikanischen Ästheten oder Dekadenten« wie James Huneker, Edgar Saltus, George Cabot Lodge und Trumbull Stickney als »resolutely minor figures«. (xxiv) In ihrer Studie *Oscar Wilde's America. Counterculture in the Gilded Age.* New Haven: Yale University Press, 1998 beschränkt sich Mary Warner Blanchard in ihrer Analyse des amerikanischen Ästhetizismus dementsprechend auf nicht-literarische Beispiele: »I have deliberately limited my account of American aestheticism to a few modes – interior decoration, artistic dress, aesthetic icons – and a few figures – Wilde and the four female aesthetic visionaries, Wheeler, Thaxter, McLaughlin, and Van Rensselaer.« (xv) Wichtige literarische Auseinandersetzungen mit dem Fin de Siècle bieten der Roman *The Damnation of Theron Ware* (1896) von Harold Frederic und die postum veröffentlichte Autobiographie *The Education of Henry Adams* (Privatdruck 1907; veröffentlicht 1918), doch verläuft die Auseinandersetzung in beiden Fällen noch im Kontext der viktorianischen Entwicklungsgeschichte. In einigen Werken der 90er Jahre, wie beispielsweise *The Turn of the Screw* (1898) und *The Sacred Fount* (1901) scheint der – zu diesem Zeitpunkt bereits seit langem in England lebende – Henry James dem Ästhetizismus des Fin de Siècle nahe zu kommen, doch wird dieser in den großen »späten« Romanen *The Wings of the Dove* (1902), *The Ambassadors* (1903) und vor allem *The Golden Bowl* (1904) durch eine Redefinition des Ästhetikbegriffes abgelöst. Einen kulturgeschichtlichen Überblick über »The American Fin de Siècle«, in dem der Begriff allerdings sehr weit gefaßt und unpräzise verwandt wird, liefert George Cotkin in seiner Studie *Reluctant Modernism. American Thought and Culture 1880-1900.* New York: Twayne, 1992, S. 130-54.

noch nicht ausreichend zivilisierten Seiten der amerikanischen Gesellschaft zurückhaltend, wenn nicht prüde erscheint, sei der naturalistische Roman durch eine ungeschönte Darstellung des menschlichen Überlebenskampfes gekennzeichnet, die bis dahin tabuisierte soziale und sexuelle Erfahrungsbereiche einschließe. Tatsächlich stehen Realismus und Naturalismus jedoch nicht einfach in einer Kontinuität der fortlaufenden Ausweitung des Wirklichkeitsausschnitts, sondern unterscheiden sich grundlegend in ihrem Wirklichkeitsverständnis: Während der klassische amerikanische Realismus Wirklichkeit als einen Bereich begreift, der rational einsichtig und kausal erklärbar ist, in dem soziale Erfahrung daher potentiell erkenntnisbildend ist und individueller wie nationaler Zivilisierung den Weg bereitet, bildet sich der amerikanische Naturalismus in der Absage an ein derartiges Wirklichkeitsverständnis heraus, so daß gerade jene Phänomene und Wirklichkeitsbereiche, die sich zivilisatorischer Kontrolle entziehen, zu den eigentlich bedeutungsvollen werden. [4]

Norris hat diesen grundlegenden Unterschied zwischen klassischem amerikanischen Realismus und Naturalismus in seinem Aufsatz »Zola as a Romantic Writer« in einem bemerkenswerten Zitat verdeutlicht: »Terrible things must happen to the characters of the naturalistic tale. They must be twisted from the ordinary, wrenched out from the quiet, uneventful round of every-day life, and flung into the throes of a vast and terrible drama that works itself out in un-

4 Es gibt – gerade auch in der neueren Literatur zum amerikanischen Realismus und Naturalismus – eine Tendenz, die Möglichkeit einer klaren definitorischen Trennung zwischen beiden Bewegungen in Frage zu stellen und den Naturalismus als bloße Fortführung und Radikalisierung einer realistischen Darstellungstendenz anzusehen. Eine derartige Position spiegelt die Unzulänglichkeit einer Gleichsetzung der realistischen Bewegung des 19. Jahrhunderts mit einem Spektrum von Darstellungsverfahren, denn diese leben im Naturalismus in der Tat in bestimmter Weise fort. Ein »realistisches« Darstellungsverfahren kann jedoch ganz verschiedene Funktionen haben; es ist daher nicht ausreichend für die Definition des klassischen Realismus des 19. Jahrhunderts. In seiner Analyse des amerikanischen Realismus der Zeit nach dem Bürgerkrieg macht Jürgen Peper die folgende, noch heute gültige Überlegung zum Ausgangspunkt seiner Diskussion des amerikanischen Realismus: »Wenn ›Realismus stets ein relativer Begriff bleiben muß, der sich mit des Autors Wirklichkeitssicht wandelt‹, dann gilt es eben, ›des Autors Wirklichkeitssicht‹ zu erfassen.« *Bewußtseinslagen des Erzählens und erzählte Wirklichkeiten.* Leiden: Brill, 1966, S. 65. Geht man dementsprechend in der Analyse von realistischem und naturalistischem Roman über die Darstellungsverfahren hinaus und stellt auch das Wirklichkeitsverständnis in Rechnung, in dessen Dienst sie jeweils stehen, so ergibt sich im Fall der amerikanischen Literatur ein klarer Kontrast.

leashed passions, in blood, and in sudden death.«[5] Das Zitat ist zum einen bemerkenswert in seiner programmatischen Absage an das, was bei Howells noch die Basis für einen unverstellten Blick auf die Wirklichkeit darstellt, die von den Verzerrungen des Melodramas befreite unspektakuläre Durchschnittsexistenz. An die Stelle dieser »gewöhnlichen« Wirklichkeit tritt, in einem Akt provokativer Umkehrung, die un-gewöhnliche Extremsituation, z.B. in der Form eines grausamen Überlebenskampfes. Das bestätigt die These einer grundlegenden Differenz, könnte aber auch eine verkürzte Sicht des Naturalismus nahelegen, die seiner Interpretation und Einschätzung lange Zeit geschadet hat. Auf der Suche nach einer möglichst programmatischen Definition wird der naturalistische Roman als literarische Umsetzung einer bestimmten biologischen oder soziologischen Theorie verstanden – etwa des Darwinismus, Herbert Spencers Sozialdarwinismus oder Taines Milieutheorie. Dann wäre aber der literarische Naturalismus in der Tat kaum mehr als die Illustration einer vergleichsweise schlichten Philosophie und sein oft minderwertiger Status in der Literaturgeschichte der Moderne wäre verständlich, denn dieser philosophische Determinismus könnte als Rückfall in das Denken des 19. Jahrhunderts angesehen werden und damit als geradezu anti-modern.

Tatsächlich aber verweist das Zitat von Norris – das ist der zweite Aspekt, um den es hier geht – nicht auf eine programmatisch mimetische, sondern auf eine dezidiert experimentelle Dimension. Weil bestimmte Elemente der Wirklichkeit im »gewöhnlichen« Alltag gerade nicht in Erscheinung treten, muß es dem naturalistischen Roman darum gehen, sie in einem Akt forcierter Zuspitzung sichtbar zu machen (»Terrible things *must* happen to the characters of the naturalistic tale.«) Nur wenn der Naturalismus aus der Sicht des klassischen Realismus »unrealistisch« ist, erfüllt er somit seine Funktion, denn an der »Normalität« einer Durchschnittsexistenz ließe sich das Spiel elementarer Kräfte gerade nicht studieren. Für den klassischen Realismus wird mit dem melodramatischen oder sensationalistischen Ausnahmeereignis die Wirklichkeit verfälscht, die in der Regel nicht durch Extremerfahrungen gekennzeichnet ist. Für den Naturalismus andererseits werden nur auf diesem Wege die eigentlich konstitutiven

5 »Den Charakteren der naturalistischen Geschichte müssen furchtbare Dinge zustoßen. Sie müssen aus ihrem gewöhnlichen, ruhigen, ereignisarmen Alltag herausgerissen werden und die Qualen eines großen, mitreißenden Dramas durchlaufen, das sich mit ungezügelter Leidenschaft, Blut und der Möglichkeit des jähen Todes entfaltet.« (m.Ü.) »Zola as a Romantic Writer«, S. 72.

Elemente der Wirklichkeit erkennbar, die vom realistischen Wirklichkeitsverständnis verdeckt bleibt. Damit aber ist zugleich eine Auflehnung gegen den Zwang zur Integration von Erfahrungselementen und der Proportionierung von Beobachtungen verbunden, die bereits in die literarische Moderne vorausweist. Der naturalistische Text spitzt die heuristische Setzung »Was wäre wenn...«, die jeder Fiktion eigen ist, zu, um etwas bisher nicht Darstellbares vorstellungsfähig zu machen. Er schafft gleichsam eine experimentelle Versuchsanordnung im Rahmen des literarischen Textes. Jürgen Peper bezeichnet diesen Modus der Setzung in Anlehnung an die phänomenologische Methode als heuristische Epoché.[6] In der Konzentration auf ein Phänomen werden andere Elemente vorübergehend ein- bzw. ausgeklammert, weil es nur so gelingen kann, die Aufmerksamkeit auf einen Wirklichkeitsaspekt zu lenken, der bisher verdeckt oder nicht hinreichend beachtet war. Die melodramatischen Übertreibungen des Naturalismus, einschließlich seines gelegentlich ungeniert zur Schau gestellten Sensationalismus, haben somit Methode. Es handelt sich um Übertreibungen zum Zwecke des Erkenntnisgewinns, um Verfremdungen in strategischer Absicht. Der traditionelle literargeschichtliche Kontrast zwischen dem Naturalismus als dem letzten melodramatischen Aufbäumen eines mimetischen Darstellungsanspruchs und der literarischen Moderne ist so gesehen nicht haltbar. Der (amerikanische) Naturalismus ist bereits eine Literatur der experimentellen Moderne.

Die Melodramen des Naturalismus haben dabei vor allem eine Stoßrichtung. Sie sind vorzugsweise Geschichten des unaufhaltsamen Abstiegs. Klassiker des amerikanischen Naturalismus wie beispielsweise Stephen Cranes *Maggie: A Girl of the Streets* (1893), Frank Norris' *McTeague* (1899) (später von Erich von Stroheim unter dem Titel *Greed* (*Gier*) verfilmt) oder auch Theodore Dreisers *Sister Carrie* (1900) erzählen Geschichten der Selbstzerstörung, die nichts mehr mit der realistischen Entwicklungsgeschichte gemein haben. In jedem Fall sind Kräfte am Werk, die der zivilisatorischen Kontrolle entgleiten – in *Maggie* das Milieu des Großstadtslums, in *McTeague* biologische Instinkte, in *Sister Carrie* ein unstillbares Begehren. Die Pointe ist dabei nicht, daß hier verschiedene Theorien der Determination oder verschiedene Auslegungen Darwins vorliegen, so als ob die Naturalisten philosophisch miteinander ringen würden über die Bestimmung des eigentlich determinierenden Faktors, sondern daß das Ex-

6 Jürgen Peper, *Das Zeitalter der heuristischen Epoché.* Berlin: J.F. Kennedy-Institut, Working Paper No. 31/ 1991.

periment des Ausbruchs aus der realistischen Entwicklungsgeschichte jeweils auf der Basis anderer Prämissen durchgeführt wird. Oder anders ausgedrückt: Die klassischen Geschichten des amerikanischen Naturalismus mit ihren verschiedenen Versionen überwältigender elementarer Kräfte dienen nicht als Veranschaulichung einer philosophischen These. Vielmehr sind die Setzungen der jeweils determinierenden Kraft von relativer Beliebigkeit.[7] Im Grunde geht es darum, einen übermächtigen Wirklichkeitsaspekt zu finden, der das Geschehen in Gang setzt, d.h. eine möglichst eindrückliche Veranschaulichung dessen, was Norris »terrible things« nennt. Naturalistische Romane sind Anti-Entwicklungsgeschichten; sie dehnen ihren Darstellungsanspruch in immer weitergehenden Kreisen in die sozialen und geographischen Randzonen menschlicher Existenz aus, um die viktorianische Entwicklungsgeschichte auf den Kopf stellen zu können.

Damit stellt sich die Frage nach dem Menschenbild des amerikanischen Naturalismus, weil es sich hier um einen zentralen Aspekt des naturalistischen Paradigmenwechsels handelt. Ein Stichwort zum Verständnis des dominanten Modells geglückter Individualisierung im klassischen amerikanischen Realismus ist das der Integration; Individualität wird, ganz im Sinne von David Riesmans späterer Beschreibung des innengeleiteten Charakters, möglich durch einen Prozeß der gelungenen Integration konfligierender Wünsche und Ansprüche.[8] Selbstverwirklichungs- und Glücksansprüche des Individuums werden anerkannt, aber nur um den Preis einer Verinnerlichung sozialer Werte, denn nur wenn diese verinnerlicht sind, läßt sich der Handlungsspielraum des Individuums ohne die Gefahr eines

7 Das soll nicht heißen, daß die Naturalisten nicht davon ausgingen, eine tatsächlich konstitutive Determinante der Wirklichkeit freigelegt zu haben. Doch war damit andererseits kein philosophischer oder kulturkritischer Ausschließlichkeitsanspruch der Interpretation verbunden. Entscheidend war vielmehr jeweils die Möglichkeit, die diese elementare Kraft für die Konfrontation mit den literarischen Charakteren bot. Diese »strategische« Dimension des amerikanischen Naturalismus wird durch einen Faktor begünstigt, der die amerikanische Literatur insgesamt bis zur Moderne kennzeichnet, die Tatsache nämlich, daß europäische Entwicklungen mit einer gewissen Zeitverzögerung rezipiert wurden, was dazu führt, daß von diesen Entwicklungen bereits in eklektizistischer Manier, ohne konsequente Programmatik und mit einem gewissen strategischen Kalkül Gebrauch gemacht wird.

8 Vgl. dazu die Analyse der wirkungsästhetischen Struktur des amerikanischen Realismus im 1. Kapitel meines Buches *Inszenierte Wirklichkeit. Der amerikanische Realismus 1865-1900.* München: Fink, 1992.

Zivilisierungsverlusts erweitern. Ziel der realistischen Entwicklungsgeschichte ist die Entwicklung eines inneren Kompasses, der dem Individuum eine eigene Orientierung zu verschaffen vermag und es auf diese Weise vor den Machtansprüchen und Manipulationsversuchen anderer schützt. Das Ziel des Naturalismus ist es andererseits, zu zeigen, daß es dieses Innen gar nicht gibt, daß es vielmehr längst von anderen Kräften und Objekten besetzt ist. Insofern geht auch die konventionelle Sicht des Naturalismus als literarischer Umsetzung einer Milieutheorie, jedenfalls im Hinblick auf den amerikanischen Naturalismus, völlig am naturalistischen Roman vorbei, denn die Annahme eines determinierenden Milieu setzt voraus, daß es ein Außen gibt, das stärker ist als das Innen und dieses sozusagen gegen seinen Willen überwältigt. Aber der eigentliche Schrecken besteht im naturalistischen Roman darin, daß das Außen längst den Platz des Innen besetzt hat und zum Innen geworden ist. Die typischen Charaktere des amerikanischen Naturalismus, Maggie, Mc Teague oder Hurstwood, eignen sich daher auch nicht als Exempel für ein sozialkritisches Argument, denn sie sind genau betrachtet nicht Opfer des Milieus oder des Systems, sondern ihrer eigenen »Persönlichkeitsschwäche«.

Nun hat uns die Postmoderne gelehrt, das Fehlen starker Identität auch als willkommene Entgrenzung und das heißt: als Befreiung vom Über-Ich und seinen Kontrollansprüchen zu sehen. Persönlichkeitsschwäche kann so gesehen auch als Befreiung von »starrer« Identität und damit als Offenheit begriffen werden. Das ist die Erklärung für einen auf den ersten Blick überraschenden Aspekt des amerikanischen Naturalismus: Er kann Ausgangspunkt sein für aufwühlende Melodramen des Kontrollverlusts, aber auch für aufregende Abenteuer der Befreiung aus zivilisatorischer Verweichlichung. Er erzählt Melodramen des Abstiegs, aber auch triumphale »success stories«, Geschichten unaufhaltsamer Selbstzerstörung, aber auch Romanzen heroischer, oft übermenschlicher Selbstermächtigung. Der bekannteste Vertreter dieses Abenteuers der Regeneration ist sicherlich Jack London mit seiner Wolfsgeschichte *The Call of the Wild* (1903), vor allem aber mit seinem Roman *The Sea-Wolf* (1904). In beiden Fällen ist der Ausgangspunkt der einer »unnatürlichen« Überzivilisierung, die von der Wirklichkeit entfremdet. Den Platz individueller Realitätsverkennung im Realismus hat nun im Naturalismus die Zivilisation als Ganzes eingenommen; das Problem sind nicht mehr einzelne schädliche Bücher, sondern der Gedanke literarischer Bildung per se, der de facto einer Selbstfesselung und Selbstlähmung gleichkommt. In Londons *The Sea-Wolf* wird das am Beispiel eines angesehenen Schriftstellers verdeutlicht, der sich außerhalb seiner eigenen Welt des Literaturbetriebs kaum noch als überlebensfähig erweist, bis ihn der brutale Überlebenskampf an Bord eines Schiffes, das ihn aus Seenot errettet hat, von seiner Überzivilisierung befreit und ihm eine neue Identität auf »natürlicherer« Grundlage verschafft. Auch hier gilt übrigens wiederum, daß damit nicht einer Philosophie des *survival of the fittest* das Wort geredet werden soll, sondern daß die extreme melodramatische Dimension des Überlebenskampfes der naturalistischen Zivilisationskritik im Sinne der heuristischen Epoché wirkungsästhetischen Nachdruck verleihen soll.

Insofern sind das Melodrama des Kontrollverlusts und das Abenteuer erfolgreicher Regeneration nicht Gegensätze, etwa gar im Sinne zweier verschiedener philosophischer oder sozialkritischer Positionen innerhalb des Naturalismus, sondern komplementär. Denn der Verlust der Innenlenkung kann in zwei verschiedene Richtungen führen. Der naturalistische Charakter kann zum Biest absinken oder zum Übermenschen aufsteigen. In beiden Fällen ist der Ausgangspunkt der der Freisetzung aus dem Prinzip viktorianischer Selbstzivilisierung. Bestie und Übermensch sind mit anderen Worten zwei Tropen postviktorianischer Zivilisationskritik, die beide ihre Stoßrichtung darin haben, daß sie hypertrophe Figuren der Befreiung vom Joch der Selbstkontrolle sind. Im Primitivismus, der wenig später vom Modernismus neu entdeckt wird, wird die Nähe der beiden scheinbar konträren Figuren noch deutlicher.

Der Begriff des innengeleiteten Charakters ist gut geeignet, um auf die zentrale Rolle zu verweisen, die die Ausbildung eines »inneren Kompaß« in der realistischen Entwicklungsgeschichte des 19. Jahrhunderts spielt.[9] Riesmans Begriff für die Beschreibung der post-viktorianischen, »modernen« Persönlichkeitsstruktur ist andererseits der des außengeleiteten Charakters, womit vor allem eine Form der – nunmehr schwachen – Identitätsbildung gemeint ist, die durch die ständige Orientierung am anderen entsteht.[10] Das scheint zunächst im Hinblick auf den naturalistischen Charakter gar nicht zu passen.

9 Zur Verdeutlichung siehe meine Interpretation der exemplarischen realistischen Entwicklungsgeschichte *Washington Square* von Henry James in »Das Individuum und die Macht der sozialen Beziehung: Henry James«, *Geschichte und Vorgeschichte der modernen Subjektivität,* Bd.2, hrsg. Reto Luzius Fetz, Roland Hagenbüchle und Peter Schulz. Berlin: de Gruyter, 1998, S. 993-1019.

10 David Riesman, *Die einsame Masse.* Hamburg: Rowohlt, 1958. Der Titel der amerikanischen Originalausgabe von 1950 lautet: *The Lonely Crowd. A Study of the Changing American Character.* Riesmans Begriffe für den innen- und außengeleiteten Charakter sind »inner-directed« und »other-directed«.

Weder die Bestie noch der Übermensch sind sozial außengeleitet. Damit ist die bisherige Analyse allerdings nicht entwertet. Doch sie bedarf der Ergänzung. Bestie und Übermensch mögen die spektakulärsten Manifestationen des naturalistischen Menschenbildes darstellen. Im amerikanischen Naturalismus gibt es jedoch zumindest eine weitere Version des post-viktorianischen Menschenbildes und vielleicht ist diese sogar die interessanteste.

Ich beziehe mich auf einen Roman, den man heute häufig als Höhepunkt des amerikanischen Naturalismus bezeichnet und dessen erstaunliche Modernität erst in den letzten Jahren voll erkannt worden ist. Gemeint ist Theodore Dreisers Roman *Sister Carrie* (1900), der lange Zeit als eine Illustration des Sozialdarwinismus von Herbert Spencer angesehen wurde und erst neuerdings von dieser Lesart befreit worden ist. Die ältere, sozialdeterministische Lesart legte dabei die Betonung auf den Handlungsverlauf: Der Roman erzählt die Geschichte eines jungen Mädchens vom Lande, Carrie Meeber, das auf der Suche nach Arbeit nach Chicago kommt, dort nach zahlreichen Enttäuschungen zur Geliebten eines Handlungsreisenden wird, dann mit Hurstwood den Empfangschef eines der angesehensten Restaurants der Stadt kennenlernt, der ihretwegen eine größere Summe Geldes unterschlägt, seine Familie verläßt und mit Carrie nach New York flieht. Damit setzt die Geschichte von Hurstwoods unaufhaltsamen Abstieg bis zur Obdachlosigkeit ein, bis er sich schließlich in auswegloser Situation das Leben nimmt. Parallel zu seiner erschütternden Abstiegsgeschichte verläuft andererseits Carries Aufstiegsgeschichte, in deren Verlauf sie zu einem bewunderten Theaterstar wird. Als Hurstwood Selbstmord begeht, ist Carrie auf der Höhe ihres Ruhms angelangt.[11]

---

11 Die anti-viktorianische Stoßrichtung dieses Handlungsverlaufs ist offensichtlich. Sie wird insbesondere von Cathy und Arnold Davidson in ihrem Essay »Carrie's Sisters: The Popular Prototypes for Dreiser's Heroine«, *Modern Fiction Studies* 23 (1977/78), S. 395-407 aufgezeigt: »The social sacrifices Hurstwood made foreshadow no subsequent reward but only his total collapse. Carrie continues to rise – a working girl rewarded, according to the conventions, for all the wrong reasons.«(404) Dreiser bringt die konventionellen literarischen Optionen im 3. Absatz des Romans selbst zur Sprache: »When a girl leaves her home at eighteen, she does one of two things. Either she falls into saving hands and becomes better, or she rapidly assumes the cosmopolitan standard of virtue and becomes worse. Of an intermediate balance, under the circumstances, there is no possibility.« *Sister Carrie.* Norton Critical Edition. New York: W.W. Norton, 1970, S. 1. Aber, wie die Davidsons betonen, wird eben diese Alternative im folgenden »Erfolg« Carries ad absurdum geführt: »Yet Carrie herself manages both to ›fall into saving hands‹ and also to assume ›the cosmopolitan

Als *Sister Carrie* im Jahr 1900 veröffentlicht wurde, befürchtete der Verleger einen Skandal, weil Carries sozialer Aufstieg als Lohn für ein ungeniert unmoralisches Leben mißverstanden werden konnte.[12] Tatsächlich ist Carrie jedoch weder unmoralisch noch berechnend. Sie unterscheidet sich von der Mätresse oder dem Vamp dadurch, daß sie weder manipulativ, noch machthungrig ist. Vielmehr bleibt sie bis zum Ende des Romans gekennzeichnet durch nichts als ihren Hunger nach Identitätsfindung. Was sie antreibt, ist weder eine Obsession, noch ein moralischer Mangel. In einem viel radikaleren Sinne als andere Charaktere des amerikanischen Naturalismus ist sie innerlich leer und diese Leere wird weder dauerhaft, noch zwanghaft durch eine determinierende Kraft, ein Objekt oder einen Fetisch besetzt.[13] Wenn es aber kein Innen gibt, wodurch wird sie dann angetrieben? Es ist auch deshalb lange Zeit schwierig gewesen, den Roman vom vertrauten naturalistischen Interpretationsschema abzulösen, weil konzeptionell keine Alternative zur Verfügung stand.

---

standard of virtue.‹ Moral terms like ›better‹ or ›worse‹ seem, finally, naive and inapplicable.« (400)

12 Dreiser hatte das Romanmanuskript nach der Ablehnung durch den renommierten Verlag Harper's dem neu gegründeten Verlag Doubleday, Page and Company angeboten, für den Norris als Leser tätig war. Norris war von dem Roman sehr angetan und empfahl ihn zur Publikation. Da Doubleday selbst außer Landes war, gab der Juniorpartner Walter Page die Zusage, den Roman zu veröffentlichen. Doch, so Dreisers Version, als das Manuskript nach Doubledays Rückkehr von dessen Frau gelesen wurde, die sich über die Unmoralität der Geschichte empörte, wurde die Entscheidung zur Publikation revidiert und Page beauftragt, Dreiser zur Rücknahme des Manuskripts zu bewegen. Dreiser weigerte sich jedoch, so daß es aufgrund der ursprünglichen Zusage von Page schließlich doch noch zur Veröffentlichung des Romans kam. Damit allerdings sah der Verlag seine Verpflichtungen als erfüllt an. Er betrieb keinerlei Promotion des Buches, von dem in den ersten 16 Monaten nach Veröffentlichung 456 Exemplare verkauft wurden, die Dreiser insgesamt 68.40 Dollar einbrachten. Zur Veröffentlichungsgeschichte siehe Donald Pizer, »Introduction«, *New Essays on ›Sister Carrie‹*, hg. Donald Pizer. New York: Cambridge UP, 1991, S. 10-11.

13 Kurt Müller verweist als Beleg für Carries Bindungsarmut und »Eigenschaftslosigkeit« auf ihre Oberflächlichkeit in zwischenmenschlichen Beziehungen. »Bereits zu Beginn des Romans werden ihre oberflächlichen Gefühlsbeziehungen zu ihrem Elternhaus deutlich. (...) Die gleiche Oberflächlichkeit beherrscht auch Carries Gefühlsbeziehungen zu anderen Personen, insbesondere zu ihren Liebhabern Drouet und Hurstwood...« *Identität und Rolle bei Theodore Dreiser. Eine Untersuchung des Romanwerks unter rollentheoretischem Aspekt.* München: Schöningh, 1991, S. 78-9. Cathy und Arnold Davidson betonen, wie leicht und schmerzlos, aber nicht »herzlos«, sich Carrie von dem Mann abwendet, der alles für sie geopfert hat. Das viktorianische Ideal des Selbstverzichts und der Selbstaufopferung ist hier fast beiläufig aufgegeben.

Das hat erst der Rekurs auf den Begriff des Begehrens ermöglicht als Bezeichnung für einen Wunsch, die eigene Leere zu füllen, der sich kurzfristig an jedes Objekt heften kann, dabei aber frei flottierend bleibt.[14] Als Carrie nach Chicago kommt, weiß sie nichts, ist sie »unschuldig« im sozialen wie sexuellen Sinn des Wortes. Das wäre im Realismus der Ausgangspunkt für die Geschichte eines langwierigen Lernprozesses. Der setzt allerdings, wie gesehen, die Entwicklung einer Fähigkeit zur Integration von Erfahrungen und deren Verinnerlichung voraus. Dagegen ist das freilaufende Begehren in Dreisers Roman endlos supplementär; es springt von einem begehrenswerten Objekt zum nächsten und kann sich daher auch nicht obsessiv an ein einziges heften.[15] Damit aber ist dem Prinzip der Verinnerlichung der Boden entzogen, denn Carries Begehren ist nicht konstant und stabil genug, um sich fest mit einem bestimmten Anspruch oder Prinzip zu verbinden. Es ist freilaufend und buchstäblich ober-flächlich, oder, wenn man so will, konsumeristisch.

In der Tat ist *Sister Carrie* auch ein Roman über die moderne Konsumkultur, die zu diesem Zeitpunkt mit dem Warenhaus, den Einkaufspassagen, den Anfängen der Werbung, und der Einführung des dekorativen Schaufensters eine erste markante Stufe erreicht.[16] Diese

---

14 Dreiser verwendet den Begriff »desire« kontinuierlich in *Sister Carrie*. Zu einem Schlüsselbegriff der Dreiser-Interpretation ist er allerdings erst im Zuge der literartheoretischen Entwicklungen der 80er Jahre geworden. Vgl. insbesondere die grundlegende Debatte zwischen Walter Benn Michaels und Leo Bersani, die mit dem Aufsatz »*Sister Carrie's* Popular Economy« von Walter Benn Michaels beginnt, erschienen in *Critical Inquiry* 7 (1980/81), S. 373-90. Der Aufsatz enthält eine beißende Kritik von Bersanis Buch *A Future for Astyanax*. Boston, 1976 und insbesondere von Bersanis Gleichsetzung von »desire« und Subversion. Vgl. Bersanis Antwort »Rejoinder to Walter Benn Michaels«, *Critical Inquiry* 8 (1981/82), 158-64 und die Entgegnung von Michaels »Fictitious Dealing: A Reply to Leo Bersani«, *Critical Inquiry* 8 (1981/82), S. 165-71.

15 Vgl. Philip Fisher, der herausarbeitet, wie sehr die Charaktere in *Sister Carrie* in einem Zustand ständiger Antizipation leben: »Carrie herself lives with the Hansons while longing for the life represented by Drouet, only to get Drouet and long for the life represented by Hurstwood and in turn to get Hurstwood only to long for the life represented by Ames.« *Hard Facts. Setting and Form in the American Novel.* New York: Oxford UP, 1985, S.159. Am Ende des Romans ist Carrie zwar auf der Höhe ihres Erfolgs angekommen, aber nicht am Ende ihrer Wünsche. Der Roman endet mit dem Satz: »In your rocking-chair, by your window dreaming, shall you long alone. In your rocking-chair, by your window, you dream such happiness as you may never feel.« (369)

16 Siehe zu diesem Aspekt des Romans Rachel Bowlbys Studie der Rolle der Konsumkultur im europäischen und amerikanischen Naturalismus, *Just Looking*: »Within a very short period, department stores had been established as one of the outstanding institutions in the economic and social life of the late

»moderne«, zeitgenössische Dimension von *Sister Carrie* wird deutlich im Vergleich mit anderen Romanen des amerikanischen Naturalismus, bei denen es sich zwar ebenfalls oft um Stadtromane handelt, in denen aber die Stadt noch als gleichsam archaischer vorzivilisatorischer Raum erscheint. Dagegen ist Dreisers Stadt nicht die des Gettos, sondern des öffentlichen Selbstdarstellungsraums der Einkaufsstraßen, Restaurants und Theater. Dreiser stellt Carrie mit gutem Grund in den Kontext dieser neuen Konsumkultur, denn ihrem freilaufenden Blick kommt diese durch ihre oberflächliche Attraktivität entgegen. Dreisers überraschender Coup besteht aber nun darin, diesen Mangel an Tiefe nicht im vertrauten kulturkritischen Sinne als Verlust darzustellen, sondern als Gewinn. Gerade weil Carrie ihre Wünsche freilaufend an äußere Objekte bindet, kann sie sich immer wieder von neuem entwerfen. Der Blick auf andere Menschen und Räume gibt ihr Vorstellungen von anderen Möglichkeiten ihrer selbst, die sie in einer Art Mimikry zu ihren eigenen macht.[17]

Es gehört zur paradoxen Struktur des Romans, daß Carrie auf diese Weise immer attraktiver, begehrenswerter und autarker wird, sich

---

nineteenth century; and together with advertising, which was also expanding rapidly, they marked the beginning of present-day consumer society.« Bowlby betont insbesondere die Rolle der theatralischen Inszenierung des Kaufangebots im Kaufhaus: »Like the exhibition palaces, they utilized new inventions in glass technology, making possible large expanses of transparent display windows. (...) Glass and lighting also created a spectacular effect, a sense of theatrical excess coexisting with the simple availability of individual items for purchase. Commodities were put on show in unattractive guise, becoming unreal in that they were images set apart from everyday things, and real in that they were there to be bought and taken home to enhance the ordinary environment.« *Just Looking. Consumer Culture in Dreiser, Gissing and Zola.* London: Methuen, 1985, S.3, 2.

17 Ich stimme daher überhaupt nicht mit dem – vorsehbaren, aber dadurch nicht überzeugenderen – Argument von Leonard Cassuto überein, daß Dreiser Lacans Theorie der Subjektformation antizipiere. (Vgl. Cassutos Aufsatz »Lacanian Equivocation in *Sister Carrie, The ›Genius‹*, and *An American Tragedy«, Theodore Dreiser. Beyond Naturalism,* hg. Miriam Gogol. New York: New York University Press, 1995, S. 112-33.) Bei Lacan trägt das Begehren dazu bei, das Ich in der Selbstentfremdung zu arretieren; bei Dreiser eröffnet es dem Ich immer neue und andere Möglichkeiten des imaginären Selbstentwurfs und bildet in der offenen Prozessualität immer neuer Selbstentwürfe die Basis sozialer Entwicklung. Dreisers Konzept des Begehrens hat somit eine völlig andere Grundlage als im Poststrukturalismus und bei Lacan. In der »dramatistischen« Konzeption des Ich steht Dreiser vielmehr dem Pragmatismus und insbesondere dem Identitätskonzept von George Herbert Mead näher, auch wenn er dessen normative Basis gerade nicht teilt. In seiner Dreiser-Studie *Identität und Rolle bei Theodore Dreiser* arbeitet Kurt Müller die interessanten Parallelen heraus, die Dreisers Werk mit dieser amerikanischen Tradition soziologischer Identitätskonzeptionen verbindet.

andererseits aber dennoch nicht entwickelt und sich innerlich gleich bleibt. So kann sie am Ende eine radikal andere sein und doch sie selbst, denn sie selbst zu sein, heißt in ihrem Fall lediglich, immer anders sein zu können. Der Beruf, in dem sie über alle Erwartungen hinaus reussiert, ist nicht zufälligerweise der der Schauspielerin. Dreiser antizipiert hier moderne, später vom symbolischen Interaktionismus systematisierte Vorstellungen von einem Selbst, das immer schon »inszeniert« ist und somit überhaupt erst im Rollenspiel Identität gewinnt.[18] Es wird dann auch unmittelbar einsichtig, warum Hurstwood untergeht und Carrie aufsteigt. Hurstwood ist ein schlechter Schauspieler und daher auch ein schlechter Rollenspieler; als respektabler Bürger hatte er ein bestimmtes Selbstbild bereits verinnerlicht und kann dieses daher nicht einfach performativ außer Kraft setzen.[19] Der innere Kompaß hindert Hurstwood daran, sich als Person neu zu erfinden. Einmal aus der Welt der realistischen Entwicklungsgeschichte herausgelöst, wird Verinnerlichung zum Gefängnis des Ich. Für Carrie dagegen ist das ständig wechselnde Rollenangebot Voraussetzung ihrer »Entwicklung«. Auch dazu gibt es übrigens eine interessante historische Parallele, die es nahelegt, den Naturalismus nicht nur als separates literargeschichtliches Phänomen zu betrachten, sondern als Teil eines umfassenderen Diskursfeldes. Ich denke an die zeitgleich entstehende Konsumkultur, aber vor allem an das Medium des Films, der einen neuen Typ des Stars produziert, dessen Person überhaupt nur in der Repräsentation existiert und im 20. Jahrhundert zum Inbegriff eines innerlich hohlen Menschen geworden ist, der erst in der Selbstinszenierung Identität gewinnt.[20]

Dreiser kann die Auflösung des Menschenbildes des klassischen Realismus weiter treiben als die anderen amerikanischen Naturalisten, weil er im Gegensatz zu diesen eine Theorie hat, um die Per-

18 Vgl. Fisher, der eine Übersicht über die verschiedenen sozialen Identitäten und Bühnenrollen Carries gibt: »Carrie is Sister Carrie, Carrie Meeber, Cad, Mrs. Drouet, Carrie Madenda, Mrs. Murdock, and Mrs. Wheeler as well as Laura, Katisha the Country Maid, the frowning Quakeress, and her many other roles.« *Hard Facts*, S. 160.

19 Hurstwoods Namenswechsel, die eine Verfolgung verhindern sollen, sind dementsprechend falsche Identitäten, hinter denen er seine wahre Identität verbirgt, wie Fisher zu Recht betont: »Dreiser very carefully differentiates acting from deception. Carrie acts, Hurstwood deceives.« *Hard Facts*, S.159.

20 Siehe Fisher, der auf die Parallelen zwischen dem Star der Massenmedien und Carrie verweist: »One of the first consequences of Carrie's success as an actress is that she begins to receive a regular stream of marriage proposals from men who know nothing of her but what they have seen in her performance.« *Hard Facts*, S.167.

sönlichkeitsschwäche des naturalistischen Charakters zu erklären. Es ist dies eine Theorie des Menschen als anthropologischem Mängelwesen, die er im 8. Kapitel von *Sister Carrie* präsentiert:

> Among the forces which sweep and play throughout the universe, untutored man is but a wisp in the wind. Our civilization is still in a middle stage, scarcely beast, in that it is no longer wholly guided by instinct; scarcely human, in that it is not yet wholly guided by reason. On the tiger no responsibility rests. We see him aligned by nature with the forces of life – he is born into their keeping and without thought he is protected. We see man far removed from the lairs of the jungles, his innate instincts dulled by too near an approach to free-will, his free-will not sufficiently developed to replace his instincts and afford him perfect guidance. He is becoming too wise to hearken always to instincts and desires; he is still too weak to always prevail against them. As a beast, the forces of life aligned him with them; as a man, he has not yet wholly learned to align himself with the forces. In this intermediate stage he wavers – neither drawn in harmony with nature by his instincts nor yet wisely putting himself into harmony by his own free-will. He is even as a wisp in the wind, moved by every breath of passion, acting now by his will and now by his instincts, erring with one, only to retrieve by the other, falling by one, only to rise by the other – a creature of incalculable variability.[21]

Eine Interpretation der Wirklichkeit, die diese unberechenbare Variabilität nicht in Rechnung stellt, bleibt unzureichend – das gilt auch

21 Theodore Dreiser, *Sister Carrie*, S. 56-7. »Zwischen all den Kräften, die im Universum am Werk sind, ist der Mensch nur ein Fähnchen im Wind. Unsere Zivilisation ist immer noch in einem mittleren Stadium, kaum noch animalisch, weil nicht mehr länger ganz vom Instinkt beherrscht; aber auch kaum menschlich, weil noch nicht völlig von der Vernunft geleitet. Der Tiger kennt den Gedanken der Verantwortung noch nicht; von Natur aus ist er noch auf selbstverständliche Weise mit den natürlichen Elementen des Lebens verbunden – er ist in sie hineingeboren und wird von ihnen geschützt. Der Mensch dagegen ist bereits weit vom Dschungel entfernt; die ererbten Instinkte sind gestört durch die ständige Einmischung des Willens; der freie Wille andererseits ist nicht hinreichend ausgebildet, um die Instinkte völlig zu ersetzen und ihm eine sichere Orientierung zu geben. Der Mensch ist bereits zu klug, um nur auf den Instinkt zu horchen, aber er ist noch zu schwach, um sich immer gegen ihn zu behaupten. Als Tier war er den Elementen des Lebens wie selbstverständlich verbunden; als Mensch ist es ihm noch nicht gelungen, sich mit diesen Elementen zu verbinden. In diesem Zwischenstadium schwankt er hin und her – weder kann es ihm durch den Instinkt gelingen, in Harmonie mit der Natur zu leben, noch durch den freien Willen. Mal ist sein Handeln vom freien Willen, mal vom Instinkt geleitet. Von dem einen in die Irre geführt, aber dann mit Hilfe des anderen gerettet; vom einen zu Fall gebracht, nur um mit Hilfe des anderen wieder aufzusteigen, ist der Mensch ein Wesen von unberechenbarer Variabilität.« (m.Ü.)

und insbesondere für die moralische Beurteilung von Carries Verhalten. Gordon Taylor hat diesen Sachverhalt treffend zum Ausdruck gebracht, wenn er sagt: »In the eyes of the world, Carrie has simply fallen; in Dreiser's view she has acted in response to real forces, both within and without herself, that the world has not yet learned to recognize.«[22]

Dreisers Sicht des Menschen als anthropologischem Mängelwesen stellt eine weitere, unerwartete Transformation des innengeleiteten Charakters dar. Neben die Bestie und den Übermenschen, jene spektakulären Phantasiegestalten eines experimentellen Anti-Viktorianismus, tritt der moderne Konsument. Während Bestie und Übermensch Figuren des archaischen Ausbruchs sind, stellt der Konsument eine sozusagen zeitgemäße Alternative dar und kommt daher auch Riesmans Beschreibung des außengeleiteten Charakters am nächsten. Die Bestie ist noch als melodramatische, masochistische Absage an das Menschenbild des Realismus zu sehen. Befreiung von viktorianischer Selbstkontrolle ist mit symbolischer Bestrafung verbunden, in der die Angst vor der Freisetzung unkontrollierbarer Kräfte melodramatisch überhöht wird. Im Gegensatz dazu ist der Übermensch eine Figur der Selbstermächtigung, allerdings auf Zeit. Dasselbe Gesetz, das ihm Stärke verleiht, wird schließlich auch zu seinem Fall führen. Der Konsument dagegen bleibt vom Schrecken des Selbstverlusts als auch vom sensationalistischen Adrenalinstoß heroisch-gewaltsamer Selbstbehauptung gleichermaßen befreit; an die Stelle seiner inneren Leere kann er jeden Tag ein neues Objekt setzen, ohne sich fest an dieses binden zu müssen.

Mit diesem dritten Weg aus der Zwangsjacke viktorianischer Selbstkontrolle wird nun allerdings auch ein interessantes wirkungsästhetisches Problem geschaffen. Denn wenn der Mensch tatsächlich ein anthropologisches Mängelwesen sein sollte, das seine innere Unsicherheit und Leere ständig provisorisch füllen muß und wenn sich für diesen Akt eine konsumeristische Haltung als funktional erweist, dann müßte dieser Vorgang im Prinzip auch den Lektüreprozeß kennzeichnen. Der Leser würde in diesem Fall den literarischen Text ebenfalls wie ein Konsumobjekt behandeln, und der Autor wäre am besten beraten, seinen Text so anzulegen, daß er diesem Konsumwunsch möglichst weitgehend entgegen kommt. Damit ist im Grun-

22 Gordon Taylor, *The Passages of Thought. Psychological Representation in the American Novel 1870-1900.* New York: Oxford UP, 1969, S.145. »In den Augen der Welt hat Carrie gesündigt; in Dreisers Augen hat sie lediglich auf sehr reale Kräfte reagiert, in ihr selbst und außerhalb ihrer selbst, die die Welt noch nicht anzuerkennen gelernt hat.« (m.Ü.)

de bereits eine Beschreibung der modernen Massenkultur gegeben, und tatsächlich haben Kritiker immer wieder darauf hingewiesen, in welchem Ausmaß Dreiser Beispiele und Elemente der neuen Massenkultur in seinen Roman aufgenommen hat. Allerdings geschieht die Aufnahme nicht im Modus der Mimikry, vielmehr verbindet sie sich mit dem Anspruch des Erkenntnisfortschritts und somit auch mit dem Anspruch, über das bloße Konsumobjekt hinauszugehen. Gewiß will Dreiser mit seinem Roman nicht den Konsum als Erlösung vom viktorianischen Zivilisationsverständnis empfehlen. Was aber ist dann das implizite Funktionsmodell seines Romans und, im weitergehenden Sinne, das des amerikanischen Naturalismus generell? Oder anders ausgedrückt: In welchem Verhältnis stehen das beschriebene naturalistische Menschenbild und die ästhetische Wirkungsstruktur zueinander? Ich habe bisher vor allem die Darstellungsebene interpretiert und dabei könnte der Eindruck entstanden sein, daß damit bereits stillschweigend eine literarische Wirkungstheorie impliziert sei, nämlich eine mimetische. Wenn ein derartiges Wirkungsmodell jedoch als unzureichend empfunden wird (und dafür gibt es zahlreiche Gründe), welche Wirkung kann dann aber beim Leser beispielsweise durch die Darstellung einer unaufhaltsamen melodramatischen Selbstzerstörung erzielt werden, die doch mimetisch gesehen nur als Negativierung einer Befreiung von viktorianischer Selbstkontrolle empfunden werden kann?

Die literarische Wirkungstheorie des klassischen amerikanischen Realismus beruht auf der Prämisse der Entwicklung individueller Erfahrungsfähigkeit. Als Resultat des Abbaus erzählerischer Vormundschaft, etwa durch die Rücknahme des auktorialen Erzählers zugunsten einer eher dramatischen Darstellungsform, wird der Leser in die Position eines gleichrangigen Beobachters und potentiellen Kommunikationspartners erhoben. Dagegen stellt die naturalistische Wirkungstheorie interpretatorisch ein sehr viel schwierigeres Problem dar; soweit ich sehen kann, gibt es hierzu, zumindest im Hinblick auf den amerikanischen Naturalismus, bisher keine adäquate Analyse. Auf jeden Fall gilt, daß die dezidiert demokratische Wirkungstheorie des klassischen Realismus nicht mehr gelten kann. Als, im positiven wie im negativen Sinne, »primitive« sind die literarischen Charaktere des Naturalismus nicht hinreichend bewußtseins- und gesprächsfähig, um Modelle individueller Erfahrungsfähigkeit abzugeben. Statt dessen gewinnt die auktoriale Erzählerstimme neuerliche Bedeutung, um dem Leser das zu verdeutlichen, was den Charakteren selbst nicht einsichtig sein kann. Die charakteristische Erzählsituation des naturalistischen Romans ist daher durch eine Doppelstruktur gekennzeichnet, die durch einen Erzähler entsteht, der je nach Bedarf die Wahrnehmung der Hauptfiguren übernimmt (und sich dabei auch nicht vor melodramatischem Bombast scheut) oder in (oft ironische) Distanz zu ihnen geht – etwa, wenn von McTeague berichtet wird, daß er ein Bild des Hofes von Lorenzo de Medici für seine Zahnarztpraxis gekauft habe, weil er damit für sein Geld besonders viele Menschen auf einem einzigen Bild bekommen habe. Fast in jedem Roman des amerikanischen Naturalismus präsentieren sich auf diese Weise melodramatische Theatralik und erzählerische Distanz als nebeneinander laufende Stimmen und gehen nicht selten fast unmerklich ineinander über; nahezu jeder dieser Texte verlangt daher die sorgfältige Beachtung der immer wieder wechselnden Erzählperspektive.

Auch für Dreisers *Sister Carrie* ist eine derartige Doppelstruktur charakteristisch. Lange Zeit ist der Verweis auf die fortwährenden, oft langatmigen Einmischungen des Erzählers Ausgangspunkt für die Kritik am mangelnden künstlerischen Schliff des Romans gewesen, ohne die wirkungsästhetische Notwendigkeit des Phänomens zu erkennen. Gerade aber die erzählerische Doppelstruktur ist es, die eine konsumeristische Perspektive unterläuft – und zwar nicht einfach deshalb, weil sie das freilaufende Begehren immer wieder stört, sondern auch, weil sie es im Akt der Darstellung zugleich analysiert und distanziert. Zu stark darf diese Distanzierung allerdings nicht sein, damit das Interesse am Roman nicht erlischt und der Roman aufhört, begehrenswert zu sein. Dreiser treibt in der Tat ein wirkungsästhetisch riskantes Doppelspiel, das die ambivalente Reaktion erklären mag, die sein Werk lange Zeit gefunden hat. Der Leser soll »befreit« werden, um jene Wünsche und Elemente artikulieren zu können, deren Unterdrückung zur Selbstlähmung führen, aber er soll zugleich auch in die Lage versetzt werden, eben jenen Prozeß im Sinne eines Experiments zu studieren, um der Verselbständigung und Überwältigung entgegen zu wirken, an der die Charaktere im Roman zugrunde gehen.

Das Schwanken zwischen Impuls und Verstand, das nach Dreiser den Menschen als anthropologisches Mängelwesen kennzeichnet, prägt auf diese Weise auch den Lektüreprozeß und führt in der Tat immer wieder zu Reaktionen von »unberechenbarer Variabilität«. Der Leser befindet sich zugleich in und über der dargestellten Welt, und kann daher auch ständig wechselnde Positionen einnehmen. Er kann den Roman als Carries Geschichte und damit im wesentlichen als populären Roman lesen. Er kann ihn andererseits auch aus der Perspektive des Erzählers lesen und damit, wie in der Literaturkritik anfangs oft geschehen, als eine Art soziologische Studie. Wahrscheinlich aber wird er sich zwischen diesen Perspektiven hin- und herbewegen und damit, Dreisers Wirkungstheorie entsprechend, in der Interaktion der beiden Perspektiven ein gewisses Maß an Bewußtheit und Perspektivierung erreichen, das dem bloßen Konsum entgegenarbeitet. Das verweist bereits auf die Moderne, aber unterscheidet sich von ihr in einem wichtigen Punkt. Denn im Gegensatz zu dieser leitet Dreiser die Erwartung von Bewußtheit nicht aus der Verfremdung, sondern aus der Interaktion verschiedener Perspektiven ab. Der Grund liegt in seinem Menschenbild. Denn eine Verfremdungsstrategie würde den Leser auch der Quellen jener endlos supplementären Identitätsbildung berauben, die sich aus dem kulturellen Imaginären immer neu aufbauen muß.

Der Modernismus in der Literatur und bildenden Kunst geht von einem vorzivilisatorischen Substrat aus – dem Unbewußten, dem Mythos, dem Primitiven, oder dem authentischen, unversprachlichten Gefühl – mit dem der Leser wieder in Kontakt gebracht werden soll. Für Dreiser ist dieses Vor-Zivilisatorische diffus. Sein Modell der Identitätsbildung in einem offenen Prozeß konstanter Wechselseitigkeit weist verblüffende Ähnlichkeiten zu dem des etwa zur selben Zeit entwickelten Identitätskonzepts des amerikanischen Pragmatismus auf, etwa im Werk von George Herbert Mead, und ist damit am anderen Ende eines deterministischen Menschenbildes angelangt. Dreiser geht darin über den Naturalismus seiner Zeitgenossen Crane, Norris oder London hinaus, bei denen die Befreiung vom Zwang viktorianischer Selbstkontrolle nur um den Preis einer schockartigen Abspaltung von den Charakteren im Roman gelingt. Aus postmoderner Perspektive wirkt Dreisers Konzept der Identitätsbildung aber auch aktueller als das modernistische Projekt einer existentiellen Reauthentisierung durch Konventionsbruch und Defamiliarisierung. In der melodramatischen und sensationalistischen Auflösung der realistischen Entwicklungsgeschichte im Modus einer realistischen Darstellungsform ist der Naturalismus gewiß Endpunkt der Literatur des 19. Jahrhunderts. Aber zugleich ist er, wenn man sich auf ihn einläßt, auch die erste moderne Literatur.

Roland Galle

»Das Porträt war ohne Kopf«

Über den Entzug der Ähnlichkeit in der Kunst der Jahrhundertwende

I.

»Denn obschon auch das Porträt ein Ideal zuläßt, so muß doch die Ähnlichkeit darüber herrschen; es ist das Ideal eines gewissen Menschen, nicht das Ideal eines Menschen überhaupt.«[1] Mit dieser auf allgemeine Verbindlichkeit ausgerichteten Annäherung an das Porträt markiert Lessing nicht zuletzt den historischen Ort seines Bestimmungsversuchs. Er benennt zwei Merkmale, die als konstitutiv für das neuzeitliche Porträt von der Renaissance bis zum ausgehenden 19. Jahrhundert betrachtet werden können: *»Ideal«* und *»Ähnlichkeit«*. Dem Mit- und Gegeneinander der durch die beiden Begriffe bezeichneten künstlerischen Intention mag sich die Vollkommenheit verdanken, die den großen Porträts der Neuzeit immer wieder zugesprochen worden ist. Wenn aber Lessing für die *»Ähnlichkeit«* eine Vorrangstellung reklamiert, dann gibt er damit indirekt auch einen Hinweis darauf, daß die für das Porträt maßgebliche Spannung zwischen *»Ideal«* und *»Ähnlichkeit«* Verschiebungen des einen Parameters zugunsten des anderen zuläßt. Vor allem wird der Blick dafür freigegeben, daß die Gewichtung der beiden Begriffe und der von ihnen getragenen Inhalte einem historischen Wandel unterliegt. Dieser Wandel wird insbesondere durch eine Hervorhebung der jeweiligen historischen Randpositionen deutlich. Pauschal nämlich wird sich sagen lassen, daß das neuzeitliche Porträt aus einer Bildgestaltung heraus sich entwickelt hat, in der das *»Ideal«* ganz im Vordergrund gestanden hat. Wie schwierig auch immer die Genese des neuzeitlichen Porträts zu bestimmen ist[2], wenig umstritten ist, daß bis in das späte Mittelalter hinein eine idealisierende und typisierende Figurengestaltung in der Malerei wie auch in der Literatur eine geradezu aus-

1 Gotthold Ephraim Lessing, *Laokoon oder über die Grenzen der Malerei und Poesie,* in *Gesammelte Werke,* hg. Paul Rilla, 10 Bde, Berlin und Weimar [2]1968, Bd. 5, S. 5-346, hier: S. 21.

2 Ausführlich zur Genese und den konstitutiven Merkmalen des Porträts insbesondere: Gottfried Boehm, *Bildnis und Individuum. Über den Ursprung der Porträtmalerei in der italienischen Renaissance*, München 1985.

schließlich Geltung besitzt[3]. Ist also, schematisch gesprochen, das Aufkommen des neuzeitlichen Porträts daran ablesbar, daß die *»Ähnlichkeit«* dem *»Ideal«* gegenüber sich überhaupt zur Geltung bringt und fortan die Personendarstellung in einer Austarierung der jeweiligen Ansprüche von *»Ideal«* und *»Ähnlichkeit«* sich vollzieht, so läßt sich am anderen Ende der Zeitachse eine entscheidende Krise des überkommenen Porträts an dem komplementären Befund festmachen, daß nun – in Form der Photographie – die *»Ähnlichkeit«* ganz in den Vordergrund der Personendarstellung rückt und die traditionellen Leistungen des »Ideals« gegen Null tendieren.

Sind solchermaßen die sukzessive Herausbildung des neuzeitlichen Porträts im 15. Jahrhundert und auch seine entscheidende Krise im späten 19. Jahrhundert dazu angetan, die Aufmerksamkeit auf *»Ideal«* und *»Ähnlichkeit«* zu lenken und beider Zusammenspiel als unabdingbar für das Gelingen des Porträts zu erweisen, so ist dies ein Befund, der durch eine umfangreiche zeitgenössische Theorie unterstützt wird. Die Blütezeit des Porträts nämlich wird von einer weitverzweigten Bemühung um theoretische Fokussierung begleitet[4]. In dieser Literatur kommt den von uns hervorgehobenen Konzeptualisierungen eine zentrale Bedeutung zu. Anführen will ich an dieser Stelle lediglich Diderot. Mit besonderer Prägnanz tritt bei Diderot die im engeren Sinn ästhetische Dimension, wie sie den Begriffen *»Ideal«* und *»Ähnlichkeit«* zugewachsen ist, hervor.

In der Vorrede zum *Salon* von 1767 wird der für Diderot so wichtige Begriff des »*modèle idéal*« dahingehend erläutert, daß mit ihm eine Schönheit evoziert werde, für die es keine Referenz gebe und die ausschließlich dem Ingenium des Künstlers sich verdanke: *»modèle idéal de beauté qui n'exista nulle part que dans la tête des Agasias, des Raphaëls, des Poussins, des Pugets, des Pigalles, des Falconets (...)«*[5].

3 Dazu im einzelnen: Horst Wenzel, »Repräsentation und schöner Schein am Hof und in der höfischen Literatur«, in *Höfische Repräsentation. Das Zeremoniell und die Zeichen,* hgg. Hedda Ragotzky/Horst Wenzel, Tübingen 1990, S. 171-208. – Ob in Bezug auf die Antike im skizzierten Wortsinn von ›Porträts‹ gesprochen werden kann, ist wohl eine nicht ganz einfach zu entscheidende – für uns hier aber nicht vorrangige – Frage. Besondere Beachtung verdienen die durch eine Frankfurter Ausstellung im Jahre 1999 vorgestellten Mumienporträts aus dem Fayum. Siehe den entsprechenden Katalog: *Augenblicke. Mumienporträts und ägyptische Grabkunst aus römischer Zeit*, hgg. Klaus Parlasca/Helmut Seemann, München 1999.

4 Einen umfassenden Überblick bietet: Edouard Pommier, *Théories du portrait. De la Renaissance aux lumières*, Paris 1998.

5 Denis Diderot, *Salon de 1767. Adressé à mon ami Grimm*, in *Œuvres. Esthétique – Théâtre*, hg. LaurentVersini, Paris 1996, S. 517-819, hier: S. 525.

Die Frage nach dem platonistischen Erbe im Konzept des *»modèle idéal«* braucht hier nicht erneut erörtert zu werden[6]. Der Ausgriff auf ein Nicht-Gegebenes, eine Überbietung der Natur ist explizit formuliert. Für unsere Fragestellung wichtiger ist, daß der Komplementärbegriff zum *»Ideal«*, der der *»Ähnlichkeit«*, dem Verfasser der *Salons* zu einer wahren Crux wird.

Im *Salon* von 1763, in einem Stück über Michel van Loo, nimmt Diderot eine Typisierung der Ausstellungsbesucher vor, indem er *»les gens du monde«*, *»l'homme de lettre«* und *»le peuple«* voneinander unterscheidet. Heißt es von der letzten Gruppe lakonisch: *»le peuple regarde tout et ne s'entend à rien«*, so dient die Abgrenzung von *»les gens du monde«* und *»l'homme de lettre«* dazu, Kunstsinnigkeit gegen Banausentum auszuspielen und damit zusammen ein Urteil in Sachen Porträtmalerei einzubringen. Heißt es nämlich von den offensichtlich unbedarften *»gens du monde«*, daß sie die *»grandes compositions«* nur zerstreut und verächtlich anzuschauen vermöchten, von den Porträts aber – *»dont ils ont les orginaux présents«* – nachhaltig angezogen seien, so wird dem *»homme de lettre«* zugesprochen, sich durch ein genau umgekehrtes Urteil zu profilieren: *»Passant rapidement sur les portraits, les grandes compositions fixent toute son attention«*[7]. Insofern eröffnet Diderot die Erörterung mit einer Infragestellung des Porträts. Problematisch wird ihm das Porträt gerade aufgrund der für es vorgeschriebenen Nähe zum Modell, aufgrund der ihm eigenen *»Ähnlichkeit«* also. Die so eingeführte *»Ähnlichkeit«* steht vorderhand für eine Verwischung der Grenze von Realität und Kunst und wird entsprechend kritisch avisiert:

> »Tant que les peintres portraitistes ne me feront que des ressemblances, sans composition, j'en parlerai peu; mais lorsqu'ils auront une fois senti que pour intéresser, il leur faut une action, alors ils auront tout le talent de peintre d'histoire, et ils me plairont indépendamment du mérite de la ressemblance«[8].

Ein Porträtkünstler, so ließe diese Position sich auf den Punkt bringen, verdient unser Interesse insofern, als er aufgehört hat, Porträtist zu sein. Schätzenswert wird er, sobald er sich für die Prinzipien der Historienmalerei geöffnet hat. Entsprechend ist im angeführten Zitat von dem *»mérite de la ressemblance«* nur mehr ironisch die Rede und

---

6 Für diese Diskussion immer noch maßgeblich: Hans Robert Jauß, »Diderots Paradox über das Schauspiel. (Entretiens sur le fils naturel)«, in *Germanisch-Romanische Monatsschrift* 11 (1961), 380-413.

7 *Salon de 1763*, in: *Œuvres. Esthétique – Théâtre*, a.a.O., S. 236-290, hier: S. 245.

8 Ebd.

wird ein vermeintlich bündiger Abschluß für die Diskussion gefunden, wenn es heißt: »*Le mérite de ressembler est passager; c'est celui du pinceau qui émerveille dans le moment, et qui éternise l'ouvrage*«[9].

Wie so oft bei Diderot gilt aber auch dieses Mal: Die einmal bezogene Position stellt mehr einen Aspekt des behandelten Problems als dessen Lösung dar. Kaum nämlich scheint die Frage nach der Bedeutung von Porträt und »ressemblance« negativ beantwortet, da rekurriert Diderot auf den Mythos, der seit der Antike als Ursprung der Malerei beschworen wird und ganz auf einer geradezu magischen Kraft der »*Ähnlichkeit*« beruht. Diesem Mythos zufolge hält am Anfang der Zeiten ein junges Mädchen mit einem Stück Kohle die Umrisse ihres Geliebten, wie der Schatten sie vorgegeben hat, fest und schafft so, in Form des ersten Porträts, ein Supplement seiner Gegenwart. Auffallend ist nun, daß Diderot, im Gefolge dieser Reminiszenz, die lange Erörterung über Porträt und Ähnlichkeit mit einer (vorläufigen) Konklusion beschließt, die weit weniger eindeutig ist, als sie zu sein behauptet: »*Ce qu'il y a de certain, c'est que rien n'est plus rare qu'un beau pinceau, plus commun qu'un barbouilleur qui fait ressembler, et que quand l'homme n'est plus, nous supposons la ressemblance*«[10]. Augenscheinlich wiederholt er noch einmal den Vorrang künstlerischer Perfektion – zu denken ist vor allem an die Kraft lebhaften Ausdrucks, Farbgebung und Kompositionstechniken – dem eher laienhaften Vermögen gegenüber, eine konkrete Person genau zu erfassen und im Porträt detailgetreu wiederzugeben. Die weitreichende Bedeutung der Schlußwendung aber, daß wir bei gebührendem Zeitenabstand dem dargestellten Bild »*Ähnlichkeit*« gewissermaßen sekundär zuschreiben können, enthüllt sich erst in einer zentralen Passage aus dem *Salon* von 1767. Unter dem Titel »*Lundberg. Portrait du Baron de Breteuil, en pastel*« heißt es:

> »Le portrait ressemblant du barbouilleur meurt avec la personne, celui de l'habile homme reste à jamais. C'est d'après ce dernier que nos neveux se forment les images des grands hommes qui les ont précédés. Lorsque le goût des beaux-arts est général chez une nation, savez-vous ce qui arrive? C'est que l'œil du peuple se conforme à l'œil du grand artiste, et que l'exagération laisse pour lui la ressemblance entière. Il ne s'avise point de chicaner, il ne dit point: Cet œil est trop petit, trop grand; ce muscle est exagéré, ces formes ne sont pas justes; cette paupière est trop saillante, ces os orbiculaires sont trop élévés: il fait abstraction de ce que la connaissance du beau a introduit dans la copie. Il voit le modèle où il n'est pas à la rigueur, et il s'écrie d'admiration. Voltaire fait l'hi-

9 Ebd. S. 245f.
10 Ebd. S. 246.

> stoire comme les grands statuaires anciens faisaient le buste; comme les peintres savants de nos jours font le portrait. Il agrandit, il exagère, il corrige les formes. A-t-il raison? A-t-il tort? Il a tort pour le pédant, il a raison pour l'homme de goût. Tort ou raison, c'est la figure qu'il a peinte qui restera dans la mémoire des hommes à venir«[11].

In der nun eingebrachten Kompatibilität von ästhetisch und anthropologisch fundierter Überhöhung einerseits sowie dem herkömmlichen Gebot der *»Ähnlichkeit«* andererseits – *»l'exagération laisse (...) la ressemblance entière«* – mutiert die *»Ähnlichkeit«* zu einer Rezeptionskategorie und gewinnt auf dieser Basis ein neues Fundament. Sie dient nun nicht mehr als Gradmesser dafür, ob kontingente Gesichtsformen der dargestellten Personen treffend wiedergegeben sind, sondern kann gerade dadurch, daß eventuelle Glättungen vorgenommen werden, eine über Generationen wirksame *»admiration«* ermöglichen. Über den Vergleich mit der Geschichtsschreibung Voltaires wird vollends herausgestellt, daß die Überhöhung des sujets die Erfahrung von *»Ähnlichkeit«* zu festigen vermag. Ebenso gilt: Die Idealisierung erreicht ihre Wirksamkeit erst dadurch, daß sie im Rezipienten – unabhängig von faktischen Gegebenheiten – mit den Attributen der *»Ähnlichkeit«* ausgestattet wird. So wird für die *»Ähnlichkeit«* eine Unverzichtbarkeit in der kulturellen Traditionsbildung paradoxerweise von dem Autor eingebracht, der den traditionsreichen Anspruch der Porträtmalerei, in der künstlerischen Darstellung eine höchste Annäherung an die konkrete Wirklichkeit des Dargestellten zu erreichen, zugunsten einer Ästhetisierung und Aufwertung des »Ideals« zurückgestellt hatte.

II.

Wie immer die von Diderot vorgenommene Umbesetzung von *»Ideal«* und *»Ähnlichkeit«* zu präzisieren ist, entscheidende Bedeutung kommt dem Umstand zu, daß in seinen vielfältigen Theoretisierungen des Porträts Raum für beide Kategorien und deren Wechselspiel bleibt. Ist es diese durchaus offen gestaltbare Polarität von *»Ähnlichkeit«* und *»Ideal«*, die das überkommene Porträt konstituiert, so ist sie es auch, die vom späten 19. Jahrhundert an in ihren Einzelelementen und erst recht in ihrem Bezug aufeinander zerbricht und einer

---

11 *Salons de 1767,* (s. Anm. 5), S. 638. – Unter der Frage körpervermittelter Identitätsbildung bei Diderot zieht diesen Text Rudolf Behrens heran in seinem Beitrag »Diderots gemimte Körper: Spiel, Identität und Macht«, in: *Leib-Zeichen. Körperbilder, Rhetorik und Anthropologie im 18. Jahrhundert*, hgg. Rudolf Behrens/Roland Galle, Würzburg 1993, S. 125-149.

Entwicklung freie Bahn schafft, die man – pauschal – als die Erodierung der beiden von uns so nachhaltig herausgestellten Kategorien verstehen kann. Die Erodierung der *»Ähnlichkeit«* findet ihren Ausgangspunkt im Aufkommen der Photographie, welche von nun an auf unüberbietbare Weise für eine spezifische Form von Ähnlichkeit einsteht und so die Voraussetzung dafür schafft, daß in der malerischen Porträtgestaltung die visuelle Similarität zum Modell in früher undenkbarem Maße hintangestellt und gegenläufig die Vorstellung des Künstlers ganz entschieden privilegiert werden kann. Ausgelöst wird damit zusammen auch eine weitreichende Auflösung und Destruktion all der kulturbildenden Parameter, die in den vorausgehenden Zeiten für das dem Porträt eigene Überindividuelle gestanden hatten, für seinen Anteil am *»Ideal«*. So ließe sich – im Rückgriff auf negative Kategorien – die Geschichte des modernen Porträts schreiben als eine variationsreiche Infragestellung eben der Elemente, die es in ihrem wechselseitigen Zusammenspiel zu seiner historischen Vollendung geführt hatten.

Die Privilegierung der künstlerischen Vorstellung und die so geschaffenen ästhetischen Spielräume sind aber nicht nur als kunstimmanente Reaktion der Malerei auf das Vordringen der Photographie zu werten, vielmehr brechen sich in dem Prozeß sukzessiver Bild-Transformierung tiefgreifende Tendenzen der beginnenden Moderne. Dies läßt sich schon an dem Umstand ablesen, daß neben der Malerei auch die Literatur – und nicht zuletzt die Kunstphotographie – in die hier interessierende Entwicklung einbezogen sind, vor allem aber daran, daß die Umwälzung und Neubegründung der Porträtarbeit auch eine weitreichende Krise der kulturellen Identität signalisiert und also über ihren unmittelbaren Gegenstand weit hinausweist. Die neue Perspektive, in die solcherart der Entzug von *»Ähnlichkeit«* rückt, soll eingangs durch Rekurs auf einen kulturtheoretischen Text von Hofmannsthal aus dem Jahr 1907 abgesteckt werden. Es handelt sich um *Die Briefe des Zurückgekehrten*, in denen zunächst der Kollaps von Identitätsmustern und vertrauten Lebensverhältnissen als traumatisierende Erfahrung der Moderne in den Blick gerückt wird, schließlich aber auch der Antwortcharakter Gestalt gewinnt, welcher – dieser Krise gegenüber – der modernen Malerei als Potential zuzuwachsen vermag. So wird bei Hofmannsthal selbst schon die Brücke geschlagen zu der für uns zentralen Frage, wie die Kunst im frühen 20. Jahrhundert die im kulturkritischen Diskurs erfaßte Amorphisierung der Welt aufgreift und beantwortet, wie näherhin das Durchbrechen eines referentiellen Menschenbildes in der Kunst mit der lebensweltlich erfahrenen Krise der Zeit zusammenhängt.

Hugo von Hofmannsthals *Die Briefe des Zurückgekehrten* stellen auf April bis Mai 1901 datierte fiktive Briefe eines Weltreisenden und Geschäftsmannes dar, der nach 18 Jahren in der Ferne erstmals sein Heimatland Deutschland wiedersieht. Gegenstand der Briefe ist zunächst der Hiat zwischen den Heimat- und Identitätsbildern, die der Verfasser über all die Jahre der Trennung in sich bewahrt und befestigt hat und den Erfahrungen, die bei seiner Rückkehr auf ihn eindringen und sich seiner bemächtigen. Der Umstand, daß die Heimat Deutschland heißt, spielt explizit zwar eine nicht unerhebliche Rolle, scheint insgesamt aber von eher nachgeordneter Bedeutung. Die Diagnose, die dem Text zugrunde liegt, betrifft die europäische Moderne insgesamt, sie beruht auf dem, was der aus Übersee Heimgekehrte als ein *»europäisch-deutsches Gegenwartsgefühl«*[12] bezeichnet.

Insbesondere die ersten Briefe zeichnen sich durch den sie tragenden Gestus von akuter Verlusterfahrung und Desillusionierung aus, gegenbildlich durch die emphatische Evokation nunmehr entschwundener Lebensformen. Im Kontext unserer Fragestellung interessiert vor allem, daß der Verlust als ein Hinschwinden ehemaliger Konturiertheit und Prägnanz, als ein Diffus-Werden ganz unterschiedlicher Ausprägungen des Lebens in den Blick gerückt wird. Der fiktive Briefschreiber beschwört sein altes Deutschlandbild, das er in sich getragen und in der Ferne stets hat wiederbeleben können, als eines, das durch Figurierung und pointierte Prägung seiner unterschiedlichsten Erscheinungsformen ausgezeichnet war. Was den Briefschreiber bei seiner Rückkehr wie ein Schock überfällt und was er nun beklagt, ist nicht eine moralische oder gefühlsmäßige Degenerierung seiner Landsleute, schon gar nicht deren intellektuelle Ermattung, sondern eine für ihn allenthalben ausmachbare Auflösung jener *»Gebärden«*[13], die – seinem Diktum nach – sämtlichen kulturellen Phänomenen der alten Welt und vor allem deren Menschen eigen ge-

---

12 Hugo von Hofmannsthal, *Die Briefe des Zurückgekehrten*, in *Ausgewählte Werke in zwei Bänden*, hg. Rudolf Hirsch, Frankfurt 1957, Bd. II, S. 475-501, hier: S. 484. Im vierten der hier erörterten *Briefe* wird dann die europäische Dimension der Diagnose noch einmal explizit gemacht: Das *»Nichtleben«* und die *»schleichende Infektion«*, auf die der fiktive Briefschreiber allenthalben stößt, werden von ihm *»in der europäischen Luft«* ausgemacht. Und weiter heißt es im angeführten Kontext: *»Daß mein Übel europäischer Natur war, dessen wurde ich mir – es ist in diesen Dingen alles die unerklärlichste plötzlichste Intuition – im gleichen Augenblick bewußt, als ich innewurde, daß es sich nun aufs Innere geschlagen hatte, daß ich nun, ich selber, mein inneres Leben, so unter diesem bösen Blick lag wie in den früheren Anwandlungen jene äußeren Dinge.«* (S. 493)

13 Ebd. S. 481 und passim.

wesen waren. Die von ihm beschworene große Wahrheit, über die er seiner Einsicht glaubt Ausdruck geben zu können, lautet: *»The whole man must move at once.«*[14] Es ist eine Wendung, die mehrfach nobilitiert wird: Sie ist dem Verfasser des Briefes, selbst erkrankt, von einem Todgeweihten in einem südamerikanischen Spital als Quintessenz von Lebensweisheit weitergegeben worden, besiegelt noch dadurch, daß der Übermittler dieses Leitwortes es selbst von seinem Vater mit auf den Weg bekommen hatte, von dem wiederum der Briefschreiber weiß – als wolle er definitiv jede moralische Einfärbung der für entscheidend gehaltenen Einsicht abwehren –, daß er *»hart und bös gewesen sein muß, aber ein tiefer Kopf«*[15]. Zum Rang und auch einer ersten Deutung des derart herausgestellten Aphorismus heißt es vorgreifend und allgemein:

> »Es ist mit solchen Wahrheiten – ich glaube nicht, daß es viele von solcher Kraft und Einfachheit gibt – wie mit dem Organ, das wir im inneren Ohr haben, den Knöchelchen oder kleinen beweglichen Kugeln, sie sagen uns, ob wir im Gleichgewicht sind oder nicht.«[16]

Gegenstand der weiteren Briefe ist nicht zuletzt, das derart herausgestellte *»Gleichgewicht«* in einen großen Reigen von identitätssichernden Bildern, die in der Perspektive des Briefschreibers dem alten Deutschland eigen waren, zu übertragen. Diese Bilder sind bisweilen von suggestiver Kraft, manchmal geraten sie – aus heutiger Perspektive – in die Nähe des Kitschigen und bezeugen wohl gerade in dieser Ambiguität ihre Herkunftsepoche:

> »[...] ob es Mädchen waren mit Taubenblick oder unstete Männer, die Augen trunken von grenzenlosen Gedanken oder verzeihende Greise und zürnende Richter mit Brauen des Löwen. Sie waren aus einem Guß.[...] In jedem Blick ihrer Augen, in jedem Krümmen ihrer Finger waren sie *ganz*«[17].

14 Ebd. S. 477.

15 Ebd.

16 Ebd. S. 477 f.

17 Ebd. S. 481 f. Wie sehr in dem Figurenreigen pathetische und alltägliche Konstellationen zusammengezogen werden sollen, zeigt auch der folgende Passus sehr eindringlich: *»Es war Mädchenhaftigkeit und alten Mannes Wesen, es war Behagen und Seßhaftigkeit und wiederum gräßliche Armut ohne ein Strohdach über ihrem Kopf; es war Jünglingsdasein und grenzenlose Freundschaft, grenzenlose Hoffnung; starrende Einsamkeit, bleiches Gesicht, aufgedreht zu den schweigenden Sternen; es war Liebesleben, Bangen, Warten, Wartenlassen, Einanderquälen, Einanderumschlingen, Jungfräulichkeit und hingegebene Jungfräulichkeit; es war einen Acker haben, ein Haus haben, Kinder haben, Kinder badend im Bach, badend unter Pappeln, unter Weiden; es war Geselligkeit und*

So nachhaltig die Erinnerung an das alte Deutschland aufgerufen wird, um die derart beschworene Ganzheit vor Augen zu führen, besonderes Interesse verdienen Hofmannsthals *Briefe des Zurückgekehrten* – auch im Kontext aktueller kulturpolitischer Debatten – durch den Umstand, daß der evozierte Gebärdencharakter des Lebens nicht etwa im Gestus ressentimenthafter Nostalgie für einen verlustig gegangenen Zustand der eigenen Heimat reserviert, sondern ganz im Gegenteil nachhaltig als ein universell-anthropologisches Merkmal intakter Kulturen ausgewiesen wird. Erst die Erfahrung in der Ferne gibt den eher schemenhaften Bildern der eigenen Vergangenheit Prägnanz:

> »The whole man must move at once – wenn ich unter Amerikanern und dann später unter den südlichen Leuten in der Banda oriental, unter den Spaniern und Gauchos, und zuletzt unter Chinesen und Malaien, wenn mir da ein guter Zug vor die Augen trat, was ich einen guten Zug nenne, ein Etwas in der Haltung, das mir Respekt abnötigt und mehr als Respekt, ich weiß nicht, wie ich dies sagen soll, es mag der große Zug sein, den sie manchmal in ihren Geschäften haben, in den U.S. meine ich, dieses fast wahnwitzig wilde und zugleich fast kühl besonnene »Hineingehen« für eine Sache, oder es mag ein gewisses patriarchalisches grand air sein, ein alter weißbärtiger Gaucho, wie er dasteht an der Tür seiner Estancia, so ganz er selbst, und wie er einen empfängt, und wie seine starken Teufel von Söhnen von den Pferden springen und ihm parieren, und es mag auch etwas viel Unscheinbareres sein, ein tierisches Hängen mit dem Blick am Zucken einer Angelschnur, ein Lauern mit ganzer Seele, wie nur Malaien lauern können, denn es *kann* ein großer Zug darin liegen, wie einer fischt, und ein größerer Zug, als Du Dir möchtest träumen lassen, darin, wie ein farbiger Bettelmönch Dir die irdene Bettelschale hinhält – wenn etwas der Art mir unterkam, so dachte ich: Zuhause!«[18]

Für das derart beschworene imaginäre *»Zuhause«* – die wahre Heimstätte von *»Ideal«* und *»Ähnlichkeit«* – aber findet der Briefschreiber bei seiner Rückkehr keine Entsprechung mehr in der wahrgenommenen Realität. Vielmehr wird dieses imaginäre Zuhause nunmehr zur Folie, vor der der Zustand des alten Kontinents – als defigurierter – allererst in der gewünschten Schärfe hervortreten kann. Die diagnostizierte Epochenkrise wird dabei kennzeichnenderweise am Wandel des menschlichen Gesichts festgemacht. Wobei nicht eine graduelle

---

Einsamkeit, Freundschaft, Zärtlichkeit, Haß, Leid, Glück, letztes Bette, letztes Daliegen und Sterben. Deutsche Figuren waren es, die sich zu diesen Zauberbildern zusammenballten [...]« (S. 481)

18 Ebd. S. 478.

Ausdrucksverschiebung, so gewichtig sie auch sein könnte, zur Debatte steht, sondern nicht weniger als die kulturgeschichtlich gewonnene Fazialität selbst.[19] Das nachdrücklich herausgestellte Gesicht-Haben wird gleichsam zum Eichmaß, an dem sich das Gelingen und Verfehlen des Lebens ablesen läßt. Steht ein ausgeprägtes Gesicht für ein traditionsgesättigtes Maß von Identität, für die verbindliche Zuschreibbarkeit kontinuierlichen Handelns und in diesem Sinne für die Prägnanz und Verläßlichkeit kultureller Ordnung, so wird die Auflösung fester Gesichtszüge zu dem nun scharf beleuchteten Menetekel der Epoche:

> »Wo soll ich eines Menschen Wesen suchen, wenn nicht in seinem Gesicht, in seiner Rede, in seinen Gebärden? Meiner Seel, in ihren Gesichtern, ihren Gebärden, ihren Reden finde ich die gegenwärtigen Deutschen nicht. Wie selten begegnet mir ein Gesicht, das eine starke, entschiedene Sprache redet. So verwischt sind die meisten Gesichter, so ohne Freiheit, so vielerlei steht darauf geschrieben, und alles ohne Bestimmtheit, ohne Größe«[20].

Entscheidend ist die Wendung von den ›verwischten Gesichtern‹. Die ins Spiel gebrachte Metapher wird mehrfach im Text wieder aufgegriffen[21], vor allem aber in einer ganzen Sequenz von Beobachtungen

19 Zur These von der historischen Genese des Gesichts im heute verstandenen Sinn sehr aufschlußreich – und mit reichhaltiger weiterer Literatur versehen: Peter Sloterdijk, *Sphären I. Blasen*, Frankfurt 1998, S. 141-209. Als anthropologisch relevant ist weiterhin hervorzuheben: David Le Breton, *Des Visages. Essai d'anthropologie*, Paris 1992. Besondere Erwähnung verdient in unserem Kontext der Umstand, daß im ersten Viertel des 20. Jahrhunderts, dem Zeitraum also, auf den die vorliegende Untersuchung konzentriert ist, eine ganze Reihe von Untersuchungen erscheinen, die dem indikatorischen Wert des Gesichts nachgehen. Völkerpsychologische, kulturgeschichtliche, physiognomische und auch ästhetische Aspekte überlappen sich häufig in diesen Arbeiten und weisen auf die Hybridität hin, die dem Gesicht als Träger kultureller Identität zugewachsen ist. Genannt seien hier zumindest: Georg Simmel, »Die ästhetische Bedeutung des Gesichts«[1901], in *Brücke und Tor*, hg. Michael Landmann, Stuttgart 1957, S. 153-159. Walter Flex, *Wallensteins Antlitz. Gesichte und Geschichten vom 30 jährigen Kriege*, München 1918; Rudolf Kassner, *Zahl und Gesicht. Nebst einer Einleitung: Der Umriß einer universalen Physiognomik*, Leipzig 1919; George Grosz, *Das Gesicht der herrschenden Klasse. 55 politische Zeichnungen*, Berlin 1921; Frank Thiess, *Das Gesicht des Jahrhunderts. Briefe an Zeitgenossen*, Stuttgart 1923. Einen umfassenden Überblick zur entsprechenden Literatur bietet: Claudia Schmölders, *Hitlers Gesicht. Eine physiognomische Biographie*, München 2000.

20 Ebd. S. 482 f.

21 So heißt es, die skizzierte Grundspannung des Textes fortführend: *»Ich möchte einem begegnen, der jeder Zoll ein alter oberster Richter wäre – oder doch wenigstens einem, der jeder Zoll ein großartiger alter Mann wäre. Aber es ist*

und Urteilen variiert und so gleichsam zum Signum der neuen Zeit gemacht. Wird die normativ herausgestellte Stetigkeit eines Menschen, auf dessen lutherartige Gesichtszüge eingeschrieben war »»*Ich kann nicht anders*««[22], einer wehmütig verabschiedeten Vergangenheit überlassen, so erscheint die Gegenwart ganz im Vorzeichen einer nun herrschenden »*Unruhe von Möglichkeiten*«[23]. Dieses unendliche Möglichkeitspotential wird zur zentralen Signatur der Zeit. Es bewirkt vorderhand »*ein ewiges Kommen und Wegfliegen wie in einem Taubenschlag*«, und es führt weiterhin auch zu einem Verlust des Gleichgewichts im oben angeführten Sinne, so daß, als Ergebnis, Richtungslosigkeit und der Entzug eines jeden inneren Gravitationszentrums um sich greifen: »*[...] ihre linke Hand weiß wahrhaftig nicht, was ihre rechte tut, ihre Kopfgedanken passen nicht zu ihren Gemütsgedanken[...]*«[24] Aus der Sicht des Briefschreibers betrifft diese Expandierung von Konfusion den Menschen in seiner kulturellen Identität selbst. Und so beschwört er schließlich die heraufziehende Katastrophe, indem er zu einem Bild greift, das den neuen Menschen als Polypen zeigt, der mit seinen Fangarmen hierhin und dorthin

---

alles so verwischt, durcheinander hingemischt: in den Jungen wieder steckt etwas von Alten, in den Gesunden etwas von Kranken, in den Vornehmen etwas von recht Unvornehmen. Und ihre Gebärden sind genau wie das. Alles mischt sich durcheinander.« (S.483) Besonders prägnant wird schließlich der Gegensatz um den es geht, noch einmal über das Bild der unleserlich gewordenen Hieroglyphe illustriert: »*Ein menschliches Gesicht, das ist eine Hieroglyphe, ein heiliges bestimmtes Zeichen. [...] was fehlt, ist der eine große, nie auszusprechende Hintergedanke, der stetige, der in guten Gesichtern steht, der wie ein Wegweiser durch die Wirrnis des Lebens auf den Tod und noch über den Tod hinaus weist, und ohne den mir ein Gesicht keine Hieroglyphe ist, oder eine verstümmelte, verwischte, geschändete.*« (S. 484 f.)

22 Ebd. S. 484.

23 Ebd.

24 Ebd. – Natürlich fällt auf, daß die hier ins Spiel gebrachte »*Unruhe von Möglichkeiten*« in der für Musils großen Roman konstitutiven Spannung von »*Wirklichkeitssinn*« und »*Möglichkeitssinn*« wiederkehrt, von Musil aber produktiv gewendet wird: Stellt sich bei Hofmannsthal die »*Unruhe von Möglichkeiten*« vor allem als Ursprung der skizzierten Krise dar, so fungiert bei Musil der »*Möglichkeitssinn*« insbesondere als Erkunder noch unausgeschöpfter (Innen-) Welten, die den Menschen auf eine artistische Höhe führen, von der aus die traditionsreiche ›Ganzheit‹ ihre unbefragte Normativität einbüßt. (Robert Musil, *Der Mann ohne Eigenschaften*, Hamburg 1978, S. 16-18 und passim.) Und stellt man, was naheliegt, den seiner ›Ganzheit‹ verlustig gegangenen Weltreisenden aus den *Briefen* in Korrelation zu Ulrich als dem ›Mann ohne Eigenschaften‹, so wird noch einmal deutlich, daß Hofmannsthal die Krise schwerpunktmäßig um die Erfahrung des Verlusts, Musil hingegen sie um die Dimension der Bereicherung gruppiert.

greift und keines seiner Glieder zu koordinieren weiß: »*haut man ihm eines ab, so kriecht er fort und weiß von nichts*« (S.486).

Die *Briefe des Zurückgekehrten* erschöpfen sich aber nicht darin, die Identitätskrise des frühen 20. Jahrhunderts zu registrieren. Vielmehr geben sie schließlich einen Ausblick auf eine überraschende Lösung. Infiziert von der seismographisch erfaßten Verwischung des Lebens, die sich in seiner Heimat ausbreitet, sieht der Briefschreiber sich dem »*Atem nicht des Todes, sondern des Nicht-Lebens*«[25] ausgesetzt, bis hin zu dem Augenblick, in dem er – in äußerster Selbstgefährdung – wie zufällig eine Galerie betritt, in der Bilder des ihm unbekannten van Gogh ausgestellt sind. Die Begegnung mit diesen Bildern trägt Züge einer Epiphanie und führt jedenfalls dazu, daß die gespensterhafte Verflüchtigung, in die hinein die Welt sich aufzulösen drohte, nun der neu erfahrenen »*Wucht ihres Daseins*«[26] Platz machen muß. Ohne daß es für uns darauf ankäme, die hier avisierte Überwindung der Krise im Werk Hofmannsthals und näherhin in seiner Moderne-Kritik zu verorten[27], gewinnt der solcherart freigegebene Ausblick der *Briefe* für unsere Untersuchung doch eine weitreichende Bedeutung. Durch die zunächst überraschende Frage nach der Funktion der Kunst nämlich wird erreicht, daß die *Briefe* drei zentrale Felder, unter denen die Porträtarbeit im frühen 20. Jahrhundert zu sehen ist, abstecken. Diese Felder bezeichnen einmal den früher intakten Gebärdencharakter des Lebens, dann die gegenläufige Ubiquität von Entgrenzungserfahrungen und schließlich den zu diesen Erfahrungen komplementären Status der zeitgenössischen Kunst.

III.

Mit Rückgriff auf Hofmannsthals *Briefe des Zurückgekehrten* konnte gezeigt werden, wie Anfang des 20. Jahrhunderts die Einbindung des Lebens in Gebärden als Signatur einer verflossenen, aber auch wehmütig erinnerten Epoche zu fungieren vermochte. Ineins zeigt diese historische Konfiguration die Krise an, in die die traditionsgestützte Balance von »*Ideal*« und »*Ähnlichkeit*« zur Jahrhundertwende geraten war. Wirkungsmächtig aber bleibt die tragende Korrelation beider Maßstäbe als der Horizont erhalten, vor dem die

25 Ebd. S.492.

26 Ebd. S.496.

27 Zur Einbettung der *Briefe des Zurückgekehrten* in die Kunst- und Kulturtheorie Hofmannsthals siehe jetzt: Ursula Renner, »*Die Zauberschrift der Bilder*«. *Bildende Kunst in Hofmannsthals Texten*, Freiburg 2000, S. 387-457.

Auflösung des überkommenen Modells lebensweltlich und auch in der Kunst – in Form von Konturverwischungen und Entgrenzungen – sich vollzieht. So kann die Kunst des frühen 20. Jahrhunderts als Antwort auf die Kulturkrise der Zeit unter der Maßgabe gelten, daß die Symptome der Krise in diese Kunst eingegangen sind und sie in entscheidendem Sinn mitprägen. Eine ausgreifende Erörterung könnte zeigen, auf wie ergiebige Art die malerische Porträtkunst der Jahrhundertwende und die aus ihr sich ergebenden Weiterführungen unter solchen Vorgaben zu analysieren sind. Hier müssen einige Hinweise genügen. Von Degas und den Impressionisten führt eine – retrospektiv als durchgehend ausmachbare – Linie über Picasso und den deutschen Expressionismus bis hin zu Bacon. Verbunden sind diese in Bezug auf die Darstellung des Menschen paradigmatischen Stationen durch die Abschwächung oder gar Löschung von herkömmlichen Ähnlichkeitsbezügen und die gegenläufige Inszenierung kunstspezifischer und kunstindizierender Verfremdungsformen. Die angewandten Verfahren umfassen vermeintlich simple Verwischungen und Entkonturierungen bei Degas und den Impressionisten[28] ebenso wie die kubistische Fragmentierung bei Picasso[29], die Abso-

28 Auf die zentrale Bedeutung, die der Metapher des ‚Verwischens‹ für die malerischen Darstellung von Degas zukommt, hat vor allem Elisabeth Bronfen hingewiesen. In ihrem Katalogbeitrag »Bei Sichtung der Gesichte – Degas' Frauenporträts« heißt es in bezug auf das Bild *Femme assise tirant son gant:* *»Dieser Moment des Entweichens wird noch verstärkt durch die Technik Degas', einen großen Teil der gemalten Figur zu verwischen. Die untere Partie ihres sitzenden Körpers ist unscharf, verschwommen, das Gesicht, insbesondere die Augen, zwar kenntlich, doch vom Schatten verdunkelt. Die Frau als Gegenstand der Darstellung scheint gefangen im Prozess der Absentierung, markiert im übertragenen Sinn den Fluchtpunkt des Bildes. Sie vollführt nicht nur vor aller Augen den Akt des eigenen Verschwindens, sondern wird vom Künstler gerade im und durch den Akt des Porträtierens ausgeblendet.«* (*Degas. Die Portraits*, hgg. Felix Baumann u. Marianne Karabelnik, Zürich 1994, S. 226-249, hier: S. 242)

29 William Rubin spricht die Frage an, welchen Grad an Abstraktion und Verzerrung dem Modell gegenüber das Genre ‚Porträt' zulasse. Die Antwort ist eher ernüchternd: *»Ce sont des questions auxquelles on ne peut pas vraiment répondre. Parmi les centaines d'œuvres de Picasso qui évoquent Jacqueline, allant du réalisme le plus extrême jusqu'à une complète transformation en passant par toutes les nuances intermédiaires, on ne trouve aucune démarcation claire, aucun point fixe ou unique au-delà duquel il serait possible d'affirmer qu'une image inspirée par elle cesse d'être son portrait.«* Die erweiterte Konzeption des Porträtbegriffs, die Rubin zugrunde legt, beruht auf einer Neugewichtung der künstlerischen Transformationsleistung und näherhin auf der Erweiterung der Konzeption von Ähnlichkeit: *»Cette façon d'appréhender le portrait suppose un renouvellement fondamental de la notion de ressemblance. A partir de 1906, Picasso conçoit de plus en plus la «ressemblance» sous un angle très large et*

lutsetzung von Farben und Formen im Expressionismus[30] ebenso wie den Triumph des Physiologischen bei Bacon[31]. Als Vorgriff auf diesen Triumph des Physiologischen kann die Rückverwandlung des Menschen in Natur gelesen werden, wie sie als eines der großen Sujets in der Kunst des frühen 20. Jahrhunderts Gestalt gewinnt.[32] Seismographisch deuten solche Inszenierungen eines Übermächtigwerden der Natur auf die Porösität und Brüchigkeit kultureller Formierungen. Sie indizieren die Ent-grenzung, als die der Verlust von ›Ganzheit‹ und ›Gebärde‹ sich nun zu erkennen gibt. Sie werden nicht zuletzt zur Chiffre für die wissenschaftliche Entfremdung der menschlichen Natur. Wie sehr die unter solchen Vorzeichen stehenden neuen Möglichkeiten des Sehens eine Transformierung auch der literarischen Porträt-Konzeption erzwingen, dies – so soll im Folgenden paradigmatisch anhand von Thomas Manns *Der Zauberberg*

---

quasiment poétique en fin de compte, jouant sur toute la gamme des possibilités métaphoriques offertes par les usages courants du verbe ressembler.« (William Rubin, »Réflexions sur Picasso et le portrait«, in *Picasso et le Portrait,* hg. William Rubin, Paris 1996, S. 12-109, hier: S. 16) Den künstlerischen Mitteln, über die Picasso eine solche Erweiterung des Ähnlichkeitsbegriffs in seinem zeichnerischen Werk eingelöst hat, ist die folgende Arbeit gewidmet: Marilyn McCully, »Picassos kubistische und postkubistische Zeichnungen«, in *Pablo Picasso. Metamorphosen des Menschen. Arbeiten auf Papier 1895 – 1972*, hg. Roland Doschka, München/London/New York 2000, S. 15-24.

30 Einen exzellenten Überblick über die Voraussetzungen und Formen des expressionistischen Porträts bietet der Ausstellungskatalog: *O Mensch! Das Bildnis des Expressionismus,* hg. Jutta Hülsewig-Johnen, Kunsthalle Bielefeld 1993, Bielefeld 1993.

31 Insbesondere ist zu nennen: *Bacon. Portraits and Self-Portraits,* with an introduction by Milan Kundera, London 1996. – Vgl. weiterhin: Roland Galle, »Deformierte Porträts. Proust – Sartre – Bacon«, in *Menschengestalten. Zur Kodierung des Kreatürlichen im modernen Roman*, hgg. Rudolf Behrens/Roland Galle, Würzburg 1995, S. 39-57.

32 Als großes Paradigma kann hier Prousts »Albertine endormie« aus *A la Recherche du temps perdu* gelten. Wie sehr diese Szene unsere hier verfolgte Themenstellung betrifft, dies zeigt vor allem der folgende Passus von Adorno, mit dem er die Szene kommentiert hat: *»Sie* [Albertine, R.G.] *muß, um unbeschädigt zu sein von der eigenen Lüge, in Natur sich zurückverwandeln, ins Gattungswesen. Indem sie ihre psychologische Indidividualität einbüßt, empfängt sie jene andere und bessere, der Liebe gilt, die des Bildes, das jeder Mensch verkörpert und das ihm selber so fremd ist wie, der Kabala zufolge, der mystische Name dem, der ihn trägt. Das geschieht im Schlaf. In ihm legt Albertine ab, wodurch sie nach der Ordnung der Welt zum Charakter wird. Sich lösend ins Amorphe, gewinnt sie die Gestalt ihres unsterblichen Teils, an welche Liebe sich heftet: die blickloser, bilderloser Schönheit.«* (Theodor W. Adorno, »Kleine Proust-Kommentare«, in *Noten zur Literatur II,* Frankfurt 1961, S. 95-109, hier: S. 106 f.)

gezeigt werden – wird zu einem privilegierten Gegenstand des modernen Romans.

Der Rekurs auf den *Zauberberg* mag auf den ersten Blick überraschen. Thomas Manns großer Roman nämlich zeichnet sich ja offenkundigerweise durch eine besondere Plastizität der Personendarstellung aus.[33] Kaum ein Leser kann wohl umhin, Settembrini und Naphta, Clawdia Chauchat und Peeperkorn, Frau Stöhr und Hofrat Behrens – weniger vielleicht die Hauptfigur Hans Castorp selbst – in ihren markanten Umrissen und Gesten, in ihrem Zungenschlag und Temperament sich vor Augen zu führen und im Gedächtnis zu bewahren. Weitaus stärker als andere große Romane des 20. Jahrhunderts – man denke nur an die sehr unterschiedliche Wirkung, die Thomas Manns großer Gegenspieler Musil mit *Der Mann ohne Eigenschaften* hinterläßt – prägt *Der Zauberberg* sich über die dargestellten Personen und ihr Agieren ein, scheint in diesen Figuren und ihrer vielfältigen Interaktion sein stabiles Gerüst zu gewinnen. Identitätssichernde Ganzheit jedenfalls wird man den vielen einprägsamen Figuren des Romans nicht abzusprechen geneigt sein.[34] Will man mit den von Hofmannsthal zur Verfügung gestellten Kategorien arbeiten, so kann man gar nicht umhin festzustellen, daß nahezu alle diese Figuren ›aus einem Guß‹ sind und – wie immer es um ihr ›inneres Gleichgewicht‹ bestellt ist – feste Markierungen tragen, durch die sie auf unverwechselbare Weise ausgezeichnet und auch festgeschrieben sind.

---

33 Angesichts der theorie-gesättigten Dispute, die den *Zauberberg* durchziehen, sah Thomas Mann selbst sich in der zeitgenössischen Diskussion über seinen Roman gehalten, die ›Plastizität‹ seiner Figuren gegen die ihm vorgeworfene Tendenz zur ›Allegorisierung‹ zu unterstreichen. (Thomas Mann, *Briefe 1889 – 1936, 1937 – 1947, 1948 – 1955, 3 Bände,* hg. Erika Mann, Frankfurt 1961-1965, I, S. 227) – Für uns ist die Opposition eine andere: Es geht nicht um die Profilierung von ›Plastizität‹ gegen eine vermeintlich drohende ›Allegorisierung‹, sondern darum, ob die ›Plastizität‹, die aus heutiger Sicht den Figuren unbefragt zugesprochen werden kann, derart ist, daß sie ästhetisch Bestand hat vor den Erfordernissen, die die epochensignifikante Entkonturierung mit sich bringt. Dieser Frage gilt unsere Aufmerksamkeit.

34 Zur Konzipierung der Romanfiguren im Werk Thomas Manns liegt inzwischen eine umfangreiche Studie vor: Wolfgang Schneider, *Lebensfreundlichkeit und Pessimismus. Thomas Manns Figurendarstellung,* Frankfurt 1999. Schneider verfolgt die These, daß vom Frühwerk zum Spätwerk und von den Nebenfiguren zu den Hauptfiguren eine Entwicklung verläuft, die eine zunehmende Differenzierung und Hintergründigkeit der Protagonisten freisetzt. Die subtile Argumentation des Verfassers bewegt sich allerdings ganz in einem Koordinatenkreuz, das durch Thomas Manns eigene Kategorien und Problemhorizonte abgesteckt ist. Dadurch wird die Möglichkeit, die jeweiligen Romanfiguren im Kontext der europäischen Moderne zu sehen, nicht unbedingt befördert.

Dieser Befund ist angesichts der vorausgehenden Ausführungen über die Entkonturierung als Signatur der Moderne zumindest irritierend. Wenn auch der gleichermaßen spontane und nachhaltige Leseeindruck bezüglich der Ganzheit und Geschlossenheit der jeweiligen Romanfiguren über Detailanalysen manchen Differenzierungen zuzuführen ist[35], so behält er auch methodisch doch ein eigenes Gewicht und provoziert – etwas häretisch formuliert – zu der Frage, ob die Personendarstellung im *Zauberberg* den skizzierten Modernitätskriterien gerecht zu werden vermag oder ob sie ihrerseits als Argument für die bisweilen behauptete Epigonalität unseres Autors herangezogen werden kann.[36] Ich werde mich im weiteren auf den Versuch beschränken, diese Frage durch die Aufhellung eines einzigen Aspekts zu beantworten. Zentrale Bedeutung kommt diesem Aspekt allerdings dadurch zu, daß er nicht auf das eine oder andere Detail, sondern auf die Konfiguration der Personendarstellung im Roman gerichtet ist.

Im weiteren will ich aufweisen, daß die so einprägsame und scharf konturierte Darstellung der ›Berghof‹-Gäste ein abschließendes Urteil über die Figurenpräsentation im Roman noch nicht zuläßt. Ergänzt nämlich wird diese ›primäre‹ Personendarstellung durch eine ›sekundäre‹, die eine künstlerische oder artifizielle Mediatisierung einschließt. Diese ›sekundäre‹ Personendarstellung soll als mise en abîme gelesen werden. These ist nun, daß die ›primäre‹ Figurenpräsentation im Roman selbst über diese mise en abîme zitiert, aber auch korrigiert und konterkariert wird. Als mise en abîme werden hier einzelne gemalte oder technisch produzierte Porträts im Roman verstanden, die der dominanten Primärpräsentation der Protagonisten gegenüber in ein (partiell zumindest) anamorphotisches Verhältnis

---

35 Dazu einschlägig die Analyse, die Schneider zur Konzipierung von Settembrini bietet:[Anm. 34], S. 245 – 282.

36 Recht harsche Urteile finden sich in dem Beitrag »Deutsche Schriftsteller über THOMAS MANN« in:Heinz Ludwig Arnold (Hg.), *Thomas Mann* [text + kritik], München 1976, S. 161 – 203. So schreibt etwa Dieter Wellershoff in bezug auf die Figurendarstellung: *»Viele seiner Figuren haben eine auffällige Typisierung, der man anmerkt, daß sie gemacht und gewollt ist, sozusagen mit dem Seitenblick auf einen Stammplatz in der Literaturgeschichte. Sie haben längst nicht die Frische und Glaubhaftigkeit behalten, wie etwa die meisten Figuren Tolstois, sondern wirken heute wie Charaktermasken, Mimen, die auf Indiviualität machen, indem sie markante Eigenschaften oder Tricks hervorkehren.«* (S. 199) – Mir geht es hier nicht um eine Bestätigung oder Abschwächung solcher Kritik, sondern um die (allerdings nur partiell verfolgbare) These, daß im *Zauberberg* selbst die Figurendarstellung (kritisch) gespiegelt wird.

treten[37]. Sie sind im Romanganzen einigermaßen abgegrenzt, werden zum Gegenstand umfassender Kommentierungen gemacht und so mit einem gewissen Modellcharakter ausgestattet. Drei dieser Porträts sollen im weiteren vorgestellt werden: das Bild des Großvaters, das der kleine Hans Castorp so intensiv betrachtet hat; das Ölbild, das Hofrat Behrens von Clawdia Chauchat gemalt hat; und das Röntgenbild von ihr, das Hans Castorp zuerst bei sich trägt und schließlich auf einer Miniaturstaffelei ausstellt. In Gestalt dieser drei Bilder soll die Spannweite der Problematik, die sich für die Porträtgestaltung im *Zauberberg* und darüberhinaus im modernen Roman auftut, ersichtlich werden. Allemal entscheidend ist, daß in diesen ›sekundären‹ Porträts des Romans, auf die wir uns hier weitgehend beschränken müssen, gleichsam idealtypisch eine Sequenz unterschiedlicher Formen von Personendarstellung aufgerufen und mit experimenthafter Kühnheit durchgespielt wird, so daß die ›primäre‹ Porträtierung der Hauptfiguren solcherart eine nachhaltige Kommentierung und Brechung erfährt. Wobei die Analyse dieses Rückkoppelungseffekts vorläufig nur als Aufgabe benannt werden, hier aber noch nicht eingebracht werden kann[38].

Bekanntermaßen beginnt *Der Zauberberg* mit der Fahrt Hans Castorps nach Davos. Mit einer porträtierenden Vorstellung des Helden wird diese Eröffnung des Romangeschehens nicht verknüpft. Das erwartbare Einführungs-Porträt wird vielmehr in knappeen Strichen anhand von Joachim Ziemßen, dem Vetter, dem Hans Castorps Besuch in Davos gilt und der ihn am Bahnhof in Empfang nimmt, gleichsam nachgeholt. Fortgeführt wird die so initiierte Proträtreihe zunächst nur behutsam mit einigen Anmerkungen zur Erscheinungsweise des Davoser Seelenarztes Dr. Krokowski[39]. Bevor im weiteren

37 Zum Begriff der Anamorphose vgl. insbesondere: Gerhard Neumann, »Anamorphose. E.T.A. Hoffmanns Poetik der Difiguration«, in *Mimesis und Simulation*, hgg. Andreas Kablitz/Gerhard Neumann, Freiburg 1998, S. 377-417.

38 Ich verweise an dieser Stelle auf eine größere Untersuchung über »Porträt und Roman«, an der ich seit längerem arbeite und zu der der vorliegende Beitrag eine Vorstudie darstellt.

39 Zeichnet sich das Porträt, mit dem Joachim Ziemßen eingeführt wird, dadurch aus, daß die eingangs präsentierte gefällige Erscheinung schließlich durch die ihm eigenen *»abstehende[n] Ohren«* einen besonderen Akzent erhält, so wird die Gestalt des Dr. Krokowski gleich mehrfach aus der zunächst scheinbar gegebenen Durchschnittlichkeit seiner Erscheinung herausgelöst: Nach der *»phosphoreszierenden Blässe«*, die ihn charakterisieren soll, wird er schließlich ins Groteske dadurch gezogen, daß er mit seinem Anzug *»schwarze, durchbrochene, sandanlenartige Halbschuhe zu dicken grauwollenen Socken«* trägt. (Thomas Mann, *Der Zauberberg*, Frankfurt 1991, S. 15/S. 28. – Die weiteren Zi-

dann der pandämonische Reigen der ›Berghof‹-Gäste dem Leser präsentiert wird, folgt im Roman ein Innehalten in der Entfaltung des Geschehens: eine Rückführung in die Kindheit des Helden. Im Zentrum dieser nun heraufbeschworenen Vorgeschichte wiederum steht der Großvater, bei dem Hans Castorp nach dem Tod seiner Eltern für zwei Jahre gelebt hat. Dieser Großvater stellt sich dem Kind – und über die Perspektive des Kindes dem Leser – in zwei sehr unterschiedlichen Modalitäten dar.

Gegenstand ist zunächst die *»alltägliche Erscheinung des Alten«* (S. 39), geprägt nicht zuletzt durch Zeichen seiner kreatürlichen Hinfälligkeit: *»Die Jahre hatten ihm Rücken und Nacken gekrümmt, aber er suchte die Krümmung durch Gegendruck auszugleichen, wobei sein Mund, dessen Lippen nicht mehr von Zähnen gehalten wurden, [...] sich auf würdig-mühsame Art nach unten zog [...]«* (Ebd.) Abgesetzt davon ist das Ölbild, auf dem der Großvater dargestellt ist und welches der kleine Hans Castorp stets vor Augen hatte und das für ihn den Großvater in *»eigentlicher Wirklichkeit«* (ebd.) präsentierte. Dieses Bild nun ruft noch einmal die Merkmale des traditionellen Porträts auf und führt sie in sich zusammen. Und es ist sicherlich kein Zufall, daß dieses Porträt in seiner geradezu schlichten Abgestimmtheit und Transparenz von einem Erzähler wiedergegeben wird, der seine Sichtweise und Darstellungsform mit der Perspektive des siebenjährigen Hans Castorp und der dem Kind eigenen Neigung zur Überhöhung des Wirklichen vermischt. So fällt von vornherein ein leicht ironisches Licht auf die Abwertung der *»alltägliche[n] Erscheinung des Alten«* ebenso wie auf die gegenläufige Privilegierung des so stark stilisierten Bildes als *»eigentlicher Wirklichkeit«* (S.39), bleibt doch vorerst unentscheidbar, inwiefern diese Hierarchisierung der kindlichen Perspektive angelastet oder aber als Ausweis klassizistischer Ästhetik revalorisiert werden soll. Unbeschadet dieser ambiguisierenden Einbindung wird das Porträt selbst wie aus einem Guß dem Leser vor Augen geführt:

---

tate werden dieser Ausgabe entnommen und im laufenden Text mit Angabe der Seitenzahl nachgewiesen.) – Vor allem für den ersten Fall ist man geneigt, *»das hartnäckige Konkretum«* in Anschlag zu bringen, mit dessen Hilfe Peter von Matt bei literarischen Porträts konkrete körperliche Details zu erfassen versucht, die sich in das Gesamtbild nicht recht einfügen wollen. (Peter von Matt, *...fertig ist das Angesicht. Zur Literaturgeschichte des menschlichen Gesichts,* [München [1]1983], Frankfurt 1989, S. 82.) Der Umstand, daß Peter von Matt den für ihn zentralen Begriff vom *»hartnäckigen Konkretum«* anhand von Goethe-Texten entwickelt, zeigt allerdings auch, daß Thomas Mann seinerseits den Porträtreigen seines Romans eher behutsam eröffnet.

> Es zeigte Hans Lorenz Castrorp in seiner Amtstracht als Ratsherrn der Stadt – dieser ernsten, ja frommen Bürgertracht eines verschollenen Jahrhunderts, die ein zugleich gravitätisches und verwegenes Gemeinwesen durch die Zeiten mitgeführt und in pomphaftem Gebrauch erhalten hatte, um zeremoniellerweise die Vergangenheit zur Gegenwart, die Gegenwart zur Vergangenheit zu machen und den steten Zusammenhang der Dinge, die ehrwürdige Sicherheit ihrer Handlungsunterschrift zu bekunden. Senator Castorp stand da in ganzer Figur, auf rötlich gepflastertem Boden, in einer Pfeiler- und Spitzbogen-Perspektive. Er stand, das Kinn gesenkt, den Mund nach unten gezogen, die blauen, sinnig blickenden Augen mit den Tränensäcken darunter ins Weite gerichtet, in dem schwarzen und mehr als knielangen talarartigen Überrock, der, vorne offen, am Rande und Saume eine breite Pelzverbrämung zeigte.[...] Es war ein vortreffliches Bild, von namhafter Künstlerhand geschaffen, mit gutem Geschmack in dem altmeisterlichen Stile gehalten, den der Gegenstand nahelegte, und in dem Beschauer allerlei spanisch-niedeländisch-spätmittelalterliche Vorstellungen weckend. Der kleine Hans Castorp hatte es oft betrachtet, nicht mit Kunstverstand natürlich, aber doch mit einem gewissen allgemeineren und sogar eindringlichen Verstande; und obgleich er den Großvater so, wie die Leinwand ihn darstellte, in Person nur ein einziges Mal, bei einer feierlichen Auffahrt am Rathaus, und auch da nur flüchtig gesehen hatte, konnte er, wie wir sagten, nicht umhin, diese seine bildhafte Erscheinung als seine eigentliche und wirkliche zu empfinden und in dem Großvater des Alltags sozusagen einen Interims-Großvater, einen behelfsweise und nur unvollkommen angepaßten zu erblicken. Denn das Abweichende und Wunderliche in dieser seiner Alltagserscheinung beruhte offenbar auf solcher unvollkommenen, vielleicht etwas ungeschickten Anpassung, es waren nicht ganz zu tilgende Reste und Andeutungen seiner reinen und wahren Gestalt. (S. 40 f.)[40]

Auf unverkennbare Art wird hier ein Porträt vorgestellt, das in der von ihm repräsentierten Lebensform, in seiner Machart und nicht zuletzt in der mitthematisierten Bedeutung einer verflossenen Zeit angehört. Der dargestellte Senator Hans Lorenz Castorp erscheint in sei-

---

40 Ob Thomas Mann die Arbeiten Georg Simmels zum Porträt gekannt hat, konnte ich nicht ausfindig machen. Offenkundig aber ist die Nähe der Porträtbeschreibung und –kommentierung, wie sie anhand des Großvater-Bildes vorgenommen wird, zu den ja durchaus normativ orientierten Bestimmungen des Porträts durch Simmel, bei dem es – beispielsweise – heißt: *»Das klassiche Porträt hält uns in dem Augenblicke seiner Gegenwart fest, aber dieser ist nicht der Punkt in einer Reihe des Kommens und Gehens, sondern er bezeichnet die jenseits einer solchen Reihe stehende zeitlose Idee, die überhistorische Form der seelisch-körperlichen Existenz.«* (G. Simmel, *Rembrandt. Ein kunstphilosophischer Versuch, mit einer Einleitung von B. Wyss*, München 1985 [[1]1916], S. 6)

ner Amtstracht von vornherein als Vertreter einer gesellschaftlichen Kaste. Er findet seine Individualität gerade im Bezug auf ein Allgemeines, für das er steht, das seiner Rückbezogenheit auf sich selbst gleichwohl Raum gibt. So wie die Darstellung den identitätsbildenden Ausgleich von Individuum und Gesellschaft leistet, so überbrückt sie, der ihr innewohnenden Intention nach, auch die Differenz der Zeiten: Vergangenheit, Gegenwart und sogar die in den Blick genommene Zukunft sind zusammengeschlossen in einer Erscheinung, die von vornherein auf eine Überwindung alles Kontingenten und Ephemeren sowie auf die Freisetzung einer wesensadäquaten Form angelegt ist. Indem *»das Abweichende und Wunderliche«* aus dem Bildgehalt ausgeschlossen werden soll, damit der *»reinen und wahren Gestalt«* zum Durchbruch verholfen werden kann, wird der klassizistische Ursprung der hier eingebrachten Bildkonzeption vollends zum Thema gemacht. So nachdrücklich der Erzähler die künstlerische Stilisierung des Bildes und die mit ihm eingebrachte Anlehnung an die Blütezeit der europäischer Porträtmalerei über den ihm zugesprochenen *»guten Geschmack«* und mehr noch durch den Verweis auf die spanisch-niederländische Malerei herausstellt, das wichtigste damit gesetzte Signal ist sicherlich ein Zeichen der Abgrenzung. Der Erzähler ruft mit dem Bild des Großvaters, das obendrein erzähltechnisch in eine nachgeholte Vorgeschichte eingebunden und chronologisch dem fortlaufenden Zeitfluß des Romangeschehens vorgeschaltet ist, eine Epoche und Handlungsbedingungen auf, die nicht mehr die seinen sind. Wenn dem Großvater ein Repräsentationsmodus zugestanden wird, der es ihm erlaubt, *»in ganzer Figur«* sowie in seiner *»reinen und wahren Gestalt«* in Erscheinung zu treten, so nimmt er damit, dies vor allem macht der Erzähler deutlich, eine in zeitliche Ferne entrückte Sonderstellung ein, die für den Erzähler selbst und die von ihm gestaltete Welt keine Verbindlichkeit mehr in Anspruch nehmen kann. Die beispielgebende Normativität, die dem Bild des Großvaters innewohnt, hat gegen die diffundierende Erfahrung des Neuen, wie schon mit den ersten Eindrücken auf dem Berghof sich ankündigt, keinen Geltungsanspruch mehr. Der Blick zurück mag wehmütig und fasziniert oder distanziert und ironisch sein; gerade indem der Erzähler dieses Porträt noch einmal vergegenwärtigt, macht er deutlich, daß in ihm ein Modell für die eigene Arbeit nicht mehr gefunden werden kann. Weitaus eher, so denke ich, wird man von dem zweiten hier zu besprechenden Porträt, dem von Behrens angefertigten Ölbild Clawdia Chauchats, sagen können, daß es – aus der Sicht des Erzählers – eine Selbstkommentierung der eigenen Porträtarbeit bietet und partienweise als eine mise en abîme der eigenen Figurendarstellung zu lesen ist.

An Berühmtheit wird es schwerlich eine zweite Frauengestalt der deutschen Romanliteratur des 20. Jahrhunderts mit Clawdia Chauchat aufnehmen können. Wie immer geartete Versuche, die suggestive Wirkung dieser Romanfigur zu erklären, werden schnell zu der mythologischen Dimension führen, in die ihr Ursprung – im fernen Rußland – getaucht ist, zu dem notwendigerweise Änigmatischen, das ihr als femme fatale eigen ist und nicht zuletzt zu dem Umstand, daß der Erzähler es gerade vermeidet, auf der ›primären‹ Darstellungsebene ihr Geheimnis und ihre Faszination in ein präzises Bild fassen zu wollen. Umso auffallender ist ihre ›sekundäre‹ Vergegenwärtigung. Vorderhand interessiert die Szene, in der Hofrat Behrens in seiner doppelten Eigenschaft als Hobbymaler und Mediziner ausgiebig die Schwierigkeiten vor Augen stellt, die der von ihm geleisteten Porträtarbeit innewohnen. Er führt damit eine Ebene in die Diskussion ein, die dem Bild des Großvaters gegenüber ganz ausgeblendet blieb. War dort die admirative Perspektive des einsamen Kindes maßgeblich, so wird nun ein Disput zwischen dem Maler, der in erster Linie aber Wissenschaftler und Arzt ist, sowie einem Betrachter, der in die dargestellte Person verliebt und überhaupt enthousiasmiert ist, ausgetragen. Der damit ermöglichten Dynamisierung der Ausgangssituation entspricht die Erschließung einer zunehmend als geradezu unlösbar erkannten Problemlage.

Mit auffallender Insistenz ist am Eingang der Szene, die der Betrachtung des von Hofrat Behrens erstellten Ölbilds der Clawdia Chauchat gilt – der Maler selbst, Hans Castorp, sein Vetter Joachim und vor allem der Erzähler sind an dieser Bildbetrachtung und der daraus sich ergebenden Bildkommentierung beteiligt –, von erreichter oder verfehlter *»Ähnlichkeit«* (S. 354/S. 355) die Rede. Offensichtlich werden hier Signale gesetzt, daß man sich an eingeübten Maßstäben bei der Beurteilung des Bildes orientieren will. Dem entspricht auch die erste, geradezu unwirsch vorgetragene Kritik des Erzählers an der künstlerischen Leistung des Hofrats. Der erzählerischen Wiedergabe des Bildes und der eingestreuten Kritik wird wie selbstverständlich der Anspruch zugrunde gelegt, *»Ähnlichkeit«* müßte erreichbar und das Modell in seinem Wesen erfaßbar sein:

> »Es war ein Bruststück in Halbprofil, etwas unter Lebensgröße, dekolletiert, mit einer Schleierdraperie um Schultern und Busen, in einen breiten, schwarzen, nach innen abfallenden und am Rande der Leinwand mit einer Goldleiste verzierten Rahmen gefaßt. Frau Chauchat erschien da zehn Jahre älter, als sie war, wie das bei Dilettantenporträts, die charakteristisch sein wollen, zu gehen pflegt. Im ganzen Gesicht war zuviel Rot, die Nase war arg verzeichnet, die Haarfarbe nicht getroffen, zu

> strohig, der Mund verzerrt, der besondere Reiz der Physiognomie nicht gesehen oder nicht herausgebracht, durch Vergröberung seiner Ursachen verfehlt, das Ganze ein ziemlich pfuscherhaftes Produkt, als Bildnis seinem Gegenstande nur weitläufig verwandt.« (S.355)

Das Schulmeisterliche und Doktrinäre, das dieser Abkanzelung insofern eigen ist, als sie unter der unbefragten Geltung der *»Ähnlichkeit«* steht, tritt aber erst eigentlich durch die selbstkritische Kommentierung hervor, mit der Hofrat Behrens auf die überschwengliche – wiederum in ein klassizistisches Urteil einmündende [41] – Bewunderung Hans Castorps reagiert. Indem er jenseits der offensichtlich gleichermaßen abwegigen Urteile sowohl des Erzählers als auch Hans Castorps die Schwierigkeiten, die sich ihm gestellt haben, ins Grundsätzliche wendet, formuliert er ein Statement über die Problematik der Porträtarbeit unter den Bedingungen der Moderne:

> »[...] wie wollen Sie denn fertig werden mit einer so vertrackten Visage. Man denkt, sie muß leicht zu erwischen sein, mit ihren hyperboreischen Jochbeinen und den Augen, wie aufgesprungene Schnitte im Hefegebäck. Ja, hat sich was. Macht man die Einzelheit richtig, verpatzt man das Ganze. Das reine Vexierrätsel.« (S. 356)

Die anatomische Genauigkeit der Beobachtung (›hyperboreisches Jochbein‹) und die Kühnheit des sprachlichen Bildes (Augen wie ›Schnitte im Hefegebäck‹) weisen den Hofrat als einen Disputanten aus, der durchaus auf der Höhe des von ihm aufgeworfenen Problems ist. Wie sehr dies der Fall ist, zeigt sich vor allem an dem Umstand, daß das überkommene Maß, an welchem das Gelingen des Porträts abzulesen war, das komplementäre Zusammenspiel nämlich von Einzelnem und Ganzem, von ihm noch einmal zitiert wird, nun aber nurmehr als Folie dient, vor der die neue Gegebenheit sich umso schärfer abhebt: der Mensch als *»Vexierrätsel«*. Vor allem aber wird diese Rätselhaftigkeit des Menschen im weiteren aus allen eingeübten metaphysischen Bezügen herausgelöst und an einer allerdings transparent gestalteten Oberfläche festgemacht.[42] Vehement trägt Hofrat Behrens das neue Programm vor:

---

41 *»»Wie sie leibt und lebt!««*, ruft Hans Castorp in seiner blinden Begeisterung aus. (*Der Zauberberg*, S. 355)

42 Zur Genese der in der Postmoderne üblich gewordenen Ästhetisierung der Oberfläche aus der Kunsttheorie der Jahrhundertwende siehe: Gerhard Regn, »Postmoderne und Poetik der Oberfläche«, in *Poststrukturalismus, Dekonstruktion – Postmoderne,* hg. Klaus W. Hempfer, Stuttgart 1992, S. 52-74. – Unter dem Rubrum *»Semiologie der Oberfläche«* wird die von Rilke in Auseinandersetzung mit Rodin entwickelte Ästhetik analysiert in: Georg Braun-

»Es ist eben gut und kann gar nicht schaden, wenn man auch unter der Epidermis ein bißchen Bescheid weiß und mitmalen kann, was nicht zu sehen ist, – mit anderen Worten: wenn man zur Natur noch in einem anderen Verhältnis steht als bloß dem lyrischen, wollen wir mal sagen; wenn man zum Beispiel im Nebenamt Arzt ist, Physiolog, Anatom und von den Dessous auch noch so seine stillen Kenntnisse hat, – das kann von Vorteil sein, sagen Sie, was Sie wollen, es gibt entschieden ein Prä. Die Körperpelle da hat Wissenschaft, die können Sie mit dem Mikroskop auf ihre organische Richtigkeit untersuchen. Da sehen Sie nicht bloß die Schleim- und Hornschichten der Oberhaut, sondern darunter ist das Lederhautgewebe gedacht mit seinen Salbendrüsen und Schweißdrüsen und Blutgefäßen und Wärzchen, – und darunter wieder die Fetthaut, die Polsterung, wissen Sie, die Unterlage, die mit ihren vielen Fettzellen die holdseligen weiblichen Formen zustande bringt. Was aber mitgewußt und mitgedacht ist, das spricht auch mit. Es fließt ihnen in die Hand und tut seine Wirkung, ist nicht da und irgendwie doch da, und das gibt Anschaulichkeit.« (S. 358)

Unschwer ist zu sehen, daß Hofrat Behrens sich hier zum Wortführer einer bahnbrechend neuen Einsicht in die menschliche Natur macht. Die überkommene humanistische und vom Klassizismus gepflegte Sicht auf den Menschen wird als ›lyrisches‹ Verhältnis zur Natur ironisiert und ergänzt oder gar substituiert durch einen Blick, der sein Orientierungsraster in der Physiologie und sein zentrales Medium im »*Mikroskop*« hat.[43] Es kommt solcherart insbesondere zu einer Tiefenperspektive, die zu einer steten Bewegung ins Innere führt und erst auf dieser Basis eine neue »*Anschaulichkeit*« herstellt. Diese mikroskopisch gestützte »*Anschaulichkeit*« aber mündet nicht mehr in die harmonische Ganzheit, die noch dem Bild des Großvaters zugrunde lag, sondern bewirkt die Außerkraftsetzung eines Ge-

---

gart, *Leibhafter Sinn. Der andere Diskurs der Moderne,* Stuttgart 1995, S. 250 ff. –

43 Ein festes Versatzstück in der Thomas-Mann-Literatur ist inzwischen der Verweis auf die medizinischen und physiologischen Lehrbücher geworden, die Thomas Mann studiert und aus denen er nicht nur wichtige Kenntnisse, sondern auch entscheidende Impulse einer physiologisch oder biologistisch inspirierten Weltsicht gewonnen hat. Zu nennen sind insbesondere: Ludimar Hermann, *Lehrbuch der Physiologie,* [14]1910 sowie Oscar Hertwig, *Allgemeine Biologie,* [5]1920. – Natürlich ist mit dem Hinweis auf die Bedeutung, die die Zellbiologie im ersten Viertel des 20. Jahrhunderts für Thomas Mann gewonnen hat, noch nicht die weitaus wichtigere Frage beantwortet, ob unser Autor in dieser Zeit einer biologistisch geprägten Anthropologie anhängt. Unstrittig ist inzwischen, daß eine solche Anthropologie im beginnenden 20. Jahrhundert eine herausragende Rolle spielt. Zu diesem Komplex weitgefächert und sehr informativ: Wolfgang Riedel, »*Homo natura*«*: literarische Anthropologie um 1900,* Berlin 1996.

stalt-schaffenden Sehens und ist insofern die zentrale Bedingungsfigur dafür, daß der Mensch sich im oben besprochenen Sinn als Vexierrätsel darstellt. So tritt pointiert hervor, daß die neuen und entschieden geforderten Kenntnisse, die allererst den auf »*Wissenschaft*« gegründeten Blick auf den Menschen ermöglichen, das Bild des Menschen als »*Vexierrätsel*« selbst mitgeschaffen haben und jedenfalls eine Handhabe, es wieder aufzulösen, nicht anzubieten vermögen. Und wenn – immer noch im angeführten Kontext – Hans Castorp in einem emphatischen Redeschwall nicht weniger als fünf mal »*den Menschen*« (S.359) als gemeinsamen Bezugspunkt der divergierenden Wissenschaften beschwört und abschließend, wie zur Einlösung seines »*humanistischen Interesses*« (S.360) verkündet: »*das Anziehendste in der Malerei ist und bleibt in meinen Augen doch das Porträt, weil es unmittelbar den Menschen zum Gegenstand hat*« (ebd.), dann folgt dieser Auslassung im Text der vielsagende Satz: »*Beide, Behrens sowohl wie Joachim, sahen ihn an, ob er sich dessen nicht schäme, was er da aus dem Stegreif zusammengeredet.*«(Ebd.) So wird die Absicht, »*unmittelbar den Menschen zum Gegenstand*« der Darstellung zu machen, zum Ausweis schierer Naivität. Das Vergrößerungsglas und der wissenschaftliche Blick von Hofrat Behrens sind unhintergehbare Voraussetzungen moderner Bemühungen um das Porträt geworden. Dies gilt auch dann, wenn das »*Vexierrätsel*« unter diesen Vorgaben nicht zu lösen ist.

Diese Lektion gelernt zu haben, ist nicht zuletzt Gegenstand des Reifungsprozesses, den Hans Castorp während seines langen Aufenthaltes in Davos absolviert. Nachdem zuerst das Bild des Großvaters und dann das vom Hofrat gemalte Bild von Clawdia Chauchat ihn gefesselt hatten, wird schließlich seine ganze affektive Aufmerksamkeit von einem Bild in Anspruch genommen, das ganz und gar nicht »*unmittelbar den Menschen zum Gegenstand*« hat. Gemeint ist das Röntgenplättchen, das Clawdia Chauchat ihrem Verehrer in der Karnevalsnacht als »*Erinnerungsgabe*« (S. 480) und als »*Schattenpfand*« (S. 481) hinterlassen hat. In dem Röntgenbild sind gleichsam all die Kenntnisse einbeschlossen, die Hans Castorp in seinen »*Forschungen*« (S.370 ff.) gewinnt. Es sind Kenntnisse, die sich einer physiologischen und biologistischen Tiefenperspektive auf den Menschen verdanken und in der Lust am Organischen dem Dargestellten seine Individualität – allemal seine Oberflächen-Gestalt – zu entziehen scheinen. Ineins aber besitzt das solchermaßen vermittelte »*Innenporträt*« (S. 480) eine geradezu magische Kraft, mittels derer es über die zuvor von Hans Castorp ja bereits erlebte – und hier nachgezeichnete – Faszination herkömmlicher Porträts noch hinausgehoben ist. Ein eindrucksvolles Zeugnis davon gibt die Szene, die Clawdia Chauchats erste Abreise vom ›Berghof‹ zu ihrem Gegenstand hat:

> Bleich war der Zurückbleibende auf sein Zimmer geeilt, in seine Loggia, um den Schlitten von hier aus noch einmal zu sehen, der mit Geklingel die Anfahrtstraße hinab gegen ›Dorf‹ hingeglitten war, hatte sich dann in seinen Stuhl geworfen und aus der Brusttasche die Erinnerungsgabe gezogen, das Pfand, das [...] in einem dünn gerahmten Plättchen, einer Glasplatte bestand, die man gegen das Licht halten mußte, um etwas an ihr zu finden, – Clawdia's Innenporträt, das ohne Antlitz war, aber das zarte Gebein ihres Oberkörpers, von den weichen Formen des Fleisches licht und geisterhaft umgeben, nebst den Organen der Brusthöhle erkennen ließ... (S. 480)

Das vertraute Doppelspiel von Körper und Seele, von Einzelnem und Allgemeinem, von »*Ähnlichkeit*« und »*Ideal*« ist nun vollends aufgegeben und hat Raum geschaffen für eine Wirklichkeit, die zwar nicht mehr nur aus ›Oberfläche‹ besteht, sondern durchaus ein »*Innenporträt*« bereitstellt, aber eben ein »*Innenporträt, das ohne Antlitz war*« und damit dessen ermangelt, was das Porträt doch überhaupt ausmacht. Wie sehr aber Hans Castorp die Bedingungen, unter denen dieses neue Porträt steht, sich zu eigen gemacht hat, dies zeigt sich vor allem daran, daß das neue Porträt im Haushalt seiner nun erschlossenen Lebensformen in schlichtweg frappierender Weise an die Stelle der alten Porträts hat treten können. Als nämlich ein Onkel bei Hans Castorp zu Besuch ist, findet er die Röntgenaufnahme so ausgestellt, wie dies bei Erinnerungsbildern üblich ist:

> Er hob eines Tages in Hans Castorps Zimmer ein schwarzes Glasplättchen auf, das unter anderem kleinen Privatbesitz, womit der Inhaber sein reinliches Heim schmückte, gestützt von einer geschnitzten Miniaturstaffelei, auf der Kommode stand und sich, gegen das Licht abgehoben, als photographisches Negativ erwies. »Was ist denn das?« fragte der Onkel betrachtend.... Er mochte wohl fragen! Das Porträt war ohne Kopf, es war das Skelett eines menschlichen Oberkörpers, in nebelhafter Fleischeshülle, – ein weiblicher Torso übrigens, wie sich erkennen ließ. (S. 598)

Die Desorientiertheit des Onkels James Tienappel in der Welt des Hans Castorp und dessen schwindelerregende Entfernung vom ›Flachland‹ bezeichnen gemeinsam noch einmal die lange Wegstrecke, die vom Porträt des Großvaters, das ganz unter dem Vorzeichen der »*Ähnlichkeit*« steht, zu dem »*Innenporträt*« Clawdia Chauchats führt, das schließlich in den Mittelpunkt der hier skizzierten Reihe ›sekundärer‹ *Zauberberg*-Porträts rückt. Es ist ein Porträt, das die Erschütterungen, Erneuerungen und perspektivischen Erweiterungen des beginnenden 20. Jahrhunderts ganz in sich und seine Medialität hineingenommen hat. Wenn damit auch sehr pointiert die Verabschiedung traditionsreicher Modelle für die Gestaltung des Menschen verbunden ist, so bleiben doch, bevor allzu forsche Konsequenzen gezogen werden, die dem *Zauberberg* eigenen vielfachen Spiegelungen – samt der jeweils mitgeführten Ironie – im Auge zu behalten. Daß die Ergebnisse von Hans Castorps »*Forschungen*« und der damit verbundene Traditionsbruch nicht gleich als Aufkündigung jeglicher kulturgeschichtlich gewachsenen Sicht auf den Menschen verstanden werden muß, dies zumindest mag man daraus schließen, daß Hans Castorp – gleichsam in vorgreifender Kommentierung seiner späteren Faszination durch das ›Porträt ohne Kopf‹ – dem Hobbymaler Behrens gegenüber zum Besten geben kann: »*Die griechischen Plastiker kümmerten sich aber nicht viel um den Kopf, es kam ihnen auf den Körper an, das war vielleicht gerade das Humanistische...*« (S. 361)

Klaus W. Hempfer

Die Kopräsenz des Differenten und Mallarmés frühe Lyrik

1 Kopräsenz des Differenten[1]

Wenn es für den Systemwandel der Literatur eine generelle Gesetzmäßigkeit gibt, so diejenige, daß mit dem 19. Jahrhundert eine bisher unbekannte Akzeleration der Systemumstrukturierung einsetzt. Während für das System der poetologisch akzeptierten Genera von der Renaissance bis ins 19. Jahrhundert hinein bestimmte Grundprinzipien wie die *imitatio auctorum*, die Gattungs- und Stiltrennung, die Konventionen der Einzelgattungen usw. verbindlich blieben, die epochalen Transformationen also nicht die Grundbedingungen des Systems betrafen, kommt es mit der Romantik, wie bereits Abrams gezeigt hat[2], zu einem grundlegenden Systemwandel, in dem die Nachahmungsästhetik in ihrem doppelten Sinn – die über die *imitatio auctorum* vermittelte *imitatio naturae* – durch eine Ausdrucksästhetik ersetzt wird und dabei zugleich das Prinzip der Variation von Konventionen durch das Prinzip der Originalität als Bruch mit Konventionen abgelöst wurde. Ganz Analoges meint Lotman, wenn er einer Ästhetik der Identität eine Ästhetik der Gegenüberstellung entgegenhält[3]. Aufgrund des Originalitätskonzepts als zentralem ästhetischem Wert, der bis heute als Movens der Transformationsprozesse in allen Künsten fungiert, war der beständige Systemwandel als Strukturprinzip etabliert. Dies führt nicht nur zur Herausbildung verschiedener gleichzeitig gültiger Paradigmen literarischer Vertextung, sondern auch dazu, daß ein und derselbe Autor in unterschiedlichen Gedichtbänden, aber auch in ein und derselben Sammlung, unterschiedliche Paradigmen lyrischer Vertextung realisieren kann. Dabei handelt es sich nicht einfach um das in allen

1 Die einleitenden Bemerkungen nehmen, erweitert und modifiziert, Überlegungen auf, die ich bereits in anderem Zusammenhang formuliert habe. Vgl. K. W. Hempfer, »Konstituenten Parnassischer Lyrik«, in *Romanische Lyrik. Dichtung und Poetik.* Walther Pabst zu Ehren, hg. T. Heydenreich / E. Leube / L. Schrader, Tübingen 1993, S. 63-91, hier: S. 70f.

2 Vgl. M. H. Abrams, *Spiegel und Lampe*, München 1978, Kap. I (Original: *The Mirror and the Lamp*, London/New York, 1953).

3 Vgl. J. M. Lotman, *Die Struktur literarischer Texte*, München 1972, S. 408ff.

Zeiträumen nachweisbare Phänomen der ›Gleichzeitigkeit des Ungleichzeitigen‹[4], sondern um die Kopräsenz des Differenten.

Besonders auffällig sind in dieser Hinsicht die frühen *Poésies* Rimbauds, in denen Texte, die sich deutlich an Hugo orientieren (z.B. »Le Forgeron« aus dem Jahre 1870), neben zeitgleich entstandenen typisch parnassischen Texten wie »Ophélie« stehen. Ebenfalls bereits 1870 schreibt Rimbaud mit »Vénus Anadyomène« seine erste Parnasse-Parodie, der 1871 das an Banville gesandte »Ce qu'on dit au poète à propos de fleurs«, eine grundsätzliche ›Abrechnung‹ mit der parnassischen Ästhetik, folgt, während wiederum zeitgleich »Le Bateau ivre« den lyrischen Diskurs der Romantik fundamental dekonstruiert.[5]

Was in besonders auffälliger Weise für einzelne Sammlungen gilt, bestimmt nun die lyrische Produktion des Zeitraums insgesamt. Um nur einige Daten zu rekapitulieren: Hugos erste Gedichtsammlung *Odes et Poésies diverses* erscheint 1822, der letzte Band, der zu seinen Lebzeiten herauskommt, ist der dritte Teil der *Légende des siècles* von 1883; postum erscheinen *La fin de Satan* (1886) und *Dieu* (1891). Wenn man einmal von *Les Orientales* (1829) absieht, die sich im Nachhinein als Anschlußpunkt für die Herausbildung des parnassischen Paradigmas begreifen lassen, bleibt Hugo seiner – romantischen – *manière* bis in die 80er Jahre treu. Bereits von den Titeln her Neues kündigt sich mit den beiden ersten Gedichtsammlungen von Théodore de Banville an: *Les Cariatides* (1842), die seit 1839 entstandene Gedichte enthalten, sowie *Les Stalactites* von 1846. Noch früher, seit Anfang der 30er Jahre, vertritt Théophile Gautier in unterschiedlichen Werken das *l'art-pour-l'art*-Konzept[6] und publiziert 1852 die Sammlung *Émaux et Camées*, die bis zur definitiven Ausgabe von 1872 in sechs beständig erweiterten Auflagen erscheint und

4 Der Begriff wurde von S. Kracauer geprägt. Vgl. S. Kracauer, *Geschichte vor den letzten Dingen*, Frankfurt 1973, S. 171.

5 Vgl. hierzu im einzelnen die noch immer grundlegenden Ausführungen von E. Riedel, *Strukturwandel in der Lyrik Rimbauds*, München 1982, S. 40ff.; speziell zur Parnasse-Parodie in »Vénus Anadyomène« vgl. zuletzt: St. Hartung, »Kunstautonome Ästhetik – parnassische Mediatisierung. Der Spielraum der *transposition d'art* am Beispiel fünf komplexer Texte«, in K. W. Hempfer (Hg.), *Jenseits der Mimesis. Parnassische* transposition d'art *und der Paradigmenwandel in der Lyrik des 19. Jahrhunderts* (*Beihefte zur Zeitschrift für französische Sprache und Literatur*, N. F. 27), Stuttgart 2000, S. 9-41, hier S. 32f.

6 Vgl. hierzu zuletzt vor allem A. Hofmann, die auf die zentrale Bedeutung der *Préface* zu *Albertus* (1832) hinweist: A. Hofmann, »Formen der *transposition d'art* bei Théophile Gautier. Artefaktreferenz im Lichte des poetischen Systemwandels«, in K. W. Hempfer (Hg.), [wie A. 5], S. 77-113, hier: S. 99ff.

die sich in ähnlicher Weise als ›Paradigma‹ des parnassischen Paradigmas begreifen läßt wie die erst 1893 gesammelt als *Les Trophées* erschienenen Gedichte Heredias, von dem freilich Texte seit dem ersten *Parnasse Contemporain* von 1866 einem breiteren Publikum bekannt waren. Schließlich konstituiert sich mit Nervals *Les Chimères* (1854), zentralen Texten der *Fleurs du Mal* (1857), den *Derniers Vers* oder den *Illuminations* Rimbauds und dem weit überwiegenden Teil des Mallarméschen Œuvre das, was man seit Hugo Friedrich als ›moderne Lyrik‹ bezeichnet.

Auch wenn die Differenzierung der einzelnen Paradigmen in der zeitgenössischen Kritik wie in der modernen Forschung umstritten ist, so ist doch weitgehend unbestritten, daß es ab den 40er Jahren des 19. Jahrhunderts distinktive Paradigmen lyrischer Vertextung gibt, die nicht nach dem Schema der Gleichzeitigkeit des Ungleichzeitigen in eine ideale Diachronie überführt werden können, wobei mit dem ›Ungleichzeitigen‹ das nicht mehr – oder noch nicht – Aktuelle und normativ Dominante gemeint ist. Vielmehr ist die epochale Struktur der Diskurse gerade durch eine Differenz des gleichzeitig Gültigen und ›Aktuellen‹ charakterisiert, wodurch die Kopräsenz des Differenten selbst zur Epochensignatur wird. Der zentrale Unterschied etwa zur Renaissance, wo bekanntlich ja auch unterschiedliche lyrische Diskurse gleichzeitig verfügbar waren[7], besteht darin, daß die verschiedenen lyrischen Diskurse ab der Mitte des 19. Jahrhunderts gerade nicht der ›Diskursgemeinschaft‹ insgesamt verfügbar, für unterschiedliche Zielsetzungen aktualisierbar und normativ grundsätzlich akzeptiert waren, sondern daß sich zeitgleich partielle Diskursgemeinschaften herausbilden, die sich über wesentlich verschiedene Ästhetiken ausdifferenzierten. Dieser Prozeß führt zur Herausbildung von zumindest drei differenten Typen des lyrischen Diskurses – des romantischen, des parnassischen und des ›modernen‹ –, so daß die für das *Fin de siècle* immer wieder konstatierte Heterogenität[8] auf einem Differenzierungsprozeß aufruht, der – nimmt man noch die ganz anders gelagerte Entwicklung der Erzählprose in Realismus und Naturalismus hinzu – seit etwa Mitte des 19. Jahrhunderts einsetzt. Dabei scheint bisher nicht ausreichend beachtet zu sein, daß immer

7 Vgl. hierzu etwa K. W. Hempfer, »Intertextualität, Systemreferenz und Strukturwandel: Die Pluralisierung des erotischen Diskurses in der italienischen und französischen Renaissance-Lyrik (Ariost, Bembo, Du Bellay, Ronsard)«, in *Modelle des literarischen Strukturwandels*, hg. M. Titzmann, Tübingen 1991, S. 7-43 (ital. Fassung in K. W. Hempfer, *Testi e contesti*, Neapel 1998, S. 177-225).

8 Vgl. etwa die Forschungssynthese im *Reallexikon der deutschen Literaturwissenschaft*, hg. K. Weimar u.a., 3 Bde., Berlin/New York 1997ff., I, 602-605.

wieder für das *Fin de siècle* angeführte ›Merkmale‹ ihre Grundlage bereits in der Ästhetik des Parnasse haben[9]: Dies gilt sowohl für das *décadence*-Bewußtsein, das für die Parnasse-Lyrik genauso charakteristisch ist[10] wie die grundlegende Ästhetisierung der Wirklichkeit, die sich wesentlich über das Prinzip der *transposition d'art* konstituiert[11]. Gleichwohl wäre es verfehlt, würde man die Literatur im ausgehenden 19. Jahrhundert auf »Konstituenten parnassischer Lyrik« reduzieren wollen, doch dürfte die für die Literatur des *Fin de siècle* spezifische Kopräsenz des Differenten stets eine kontinuierende und/oder modifizierende Bezugnahme auf die Ästhetik des Parnasse voraussetzen.

Daß sich die Literaturentwicklung im 19. Jahrhundert ohne Rekurs auf den Parnasse nicht angemessen beschreiben läßt, habe ich an anderer Stelle bereits am Beispiel Baudelaires zu zeigen versucht, dessen *spezifische* Modernität nicht nur im Hinblick auf die Differenz zum romantischen Paradigma bestimmt werden kann, sondern dessen *Fleurs du Mal* einen Gegendiskurs konstituieren, der zugleich auch den Parnasse als neue, antiromantische Normativität unterläuft[12]. Im folgenden möchte ich Analoges an zwei frühen Texten Mallarmés skizzieren, wobei zugleich die Differenz zwischen dem Umgang Mallarmés und Baudelaires mit vorgegebenen Paradigmen lyrischer Vertextung angedeutet werden soll, die nicht zuletzt daraus resultiert, daß Mallarmé bereits auf Baudelaires Dekonstruktion von Romantik *und* Parnasse reagiert[13]. Schon Mallarmés frühe Lyrik kann

---

9 Dies dürfte z. T. schlicht damit zusammenhängen, daß die Parnasse-Lyrik der neueren Forschung weitgehend unbekannt ist. Vgl. hierzu St. Hartung, *Parnasse und Moderne. Théodore de Banvilles* Odes funambulesques (1857), (*Beihefte zur Zeitschrift für französische Sprache und Literatur*, N. F. 25), Stuttgart 1997, S. 11ff.

10 Paradigmatisch hierfür ist etwa Banvilles »L'Exil des Dieux«, ein Text, der an der zweiten Stelle – nach dem Eröffnungsgedicht Gautiers – des ersten *Parnasse Contemporain* (1866) erscheint.

11 Vgl. hierzu die Beiträge in Hempfer (Hg.), [wie A. 5].

12 Vgl. K. W. Hempfer, »Die *Fleurs du Mal* und der Parnasse«, in *Konkurrierende Diskurse. Studien zur französischen Literatur des 19. Jahrhunderts*. Festschrift zu Ehren von Winfried Engler zum 60. Geburtstag, hg. B. Wehinger (*Beihefte zur Zeitschrift für französische Sprache und Literatur*, N. F. 24), Stuttgart 1997, S. 154-174, sowie den grundlegenden Beitrag von O. Wieser, »Die poetische Thematisierung von Kunst bei Baudelaire. Artefaktreferenzen in den *Fleurs du Mal* als (dekonstruierende) Systemreferenzen auf den Parnasse«, in Hempfer (Hg.), [wie A. 5], S. 121-164.

13 Was nicht heißt, daß Mallarmé schlicht ein »disciple« von Baudelaire ist. Vgl. hierzu unten, sowie L. J. Austin, »Mallarmé disciple de Baudelaire: ‚Le Parnasse Contemporain'«, *Revue d'Histoire littéraire de la France* 67 (1967), 437-449.

damit – neben den *Fleurs du Mal* – als Beispiel eines Ausdifferenzierungsprozesses lyrischer Vertextung dienen, der ab der Mitte des 19. Jahrhunderts zu einer zunehmenden Kopräsenz des Differenten führt, deren historische Spezifität naheliegenderweise auf der Präsenz dessen basiert, was ausdifferenziert wird.

2 Mallarmés Pluralisierung des Differenten

Mallarmé publiziert im ersten *Parnasse Contemporain* von 1866 elf Gedichte, die er sowohl in die Ausgabe von 1887 aufnimmt wie für die Ausgabe von 1898 vorsieht[14]. Leitmotivisch umkreisen eine Mehrzahl der Texte bei aller Differenz im einzelnen das Thema der *stérilité* und *impuissance* des Dichters, der die ihn geradezu bedrohende Wirklichkeit nicht in Dichtung ›umzusetzen‹ vermag[15]. Durchgängiger Gegenstand ist diese explizit poetologische Thematik in »L'Azur«.

2.1 Die Aufhebung von Romantik und Parnasse und die Differenz zu Baudelaire

L'AZUR

De l'éternel Azur la sereine ironie
Accable, belle indolemment comme les fleurs,
Le poëte impuissant qui maudit son génie
À travers le désert stérile de Douleurs.

Fuyant, les yeux fermés, je le sens qui regarde
Avec l'intensité d'un remords atterrant
Mon âme vide. Où fuir? Et quelle nuit hagarde
Jeter, lambeaux, jeter sur ce mépris navrant?

14 Vgl. hierzu in St. Mallarmé, *Œuvres complètes*, hg. B. Marchal, 2 Bde., Paris 1998ff., die von Mallarmé selbst angefertigte Bibliographie für die geplante Ausgabe von 1898 (I, 47), den Abdruck der Texte der Ausgabe von 1887 (ebd., I, 73ff.) sowie aus dem *Parnasse Contemporain* (ebd., I, 103ff.). Zur Textgeschichte der *Parnasse*-Gedichte vgl. auch St. Mallarmé, *Œuvres complètes*, hg. H. Mondor/G. Jean-Aubry, Paris 1945, S. 1420ff.

15 Explizit erscheint diese Thematik in: »Les Fenêtres«, »Les Fleurs«, »Renouveau« (im *Parnasse Contemporain*: »Vere Novo«) »Las de l'amer repos« (im *Parnasse Contemporain*: »Épilogue«), »Le Sonneur«, »L'Azur« und »Brise Marine«.

Brouillards, montez! versez vos cendres monotones
Avec de longs haillons de brume dans les cieux
Que noiera le marais livide des automnes,
Et bâtissez un grand plafond silencieux!

Et toi, sors des étangs léthéens et ramasse
En t'en venant la vase et les pâles roseaux,
Cher Ennui, pour boucher d'une main jamais lasse
Les grands trous bleus que font méchamment les oiseaux.

Encor! que sans répit les tristes cheminées
Fument, et que de suie une errante prison
Éteigne dans l'horreur de ses noires traînées
Le soleil se mourant jaunâtre à l'horizon!

– Le Ciel est mort. – Vers toi, j'accours! Donne, ô Matière,
L'oubli de l'Idéal cruel et du Péché
À ce martyr qui vient partager la litière
Où le bétail heureux des hommes est couché,

Car j'y veux, puisque enfin ma cervelle, vidée
Comme le pot de fard gisant au pied d'un mur,
N'a plus l'art d'attifer la sanglotante idée,
Lugubrement bâiller vers un trépas obscur...

En vain! l'Azur triomphe, et je l'entends qui chante
Dans les cloches. Mon âme, il se fait voix pour plus
Nous faire peur avec sa victoire méchante,
Et du métal vivant sort en bleus angelus!

Il roule par la brume, indolent et traverse
Ta peureuse agonie ainsi qu'un glaive sûr.
Où fuir, dans la révolte inutile et perverse?
Je suis hanté. L'Azur! l'Azur! l'Azur! l'Azur![16]

Das 1864 entstandene Gedicht – Mallarmé war gerade 22 Jahre alt, biographisch ein durchaus ungewöhnliches Alter für die *impuissance*-Klage – erschien zuerst in einer Lieferung des *Parnasse Contemporain* von 1866 und vermag sehr schön die Heterogenität schon des ersten *Parnasse* zu illustrieren[17], der nicht nur genuin parnassische

16 Ich zitiere die Fassung des *Parnasse Contemporain*, abgedruckt in Mallarmé (1998ff.), [wie A. 14], I, 106. Endfassung, ebd., I, 14.

17 Zur Entstehung und Publikationsgeschichte vgl. Mallarmé (1945) [wie A. 14], S. 1430ff. Zur Heterogenität schon des ersten *Parnasse Contemporain* aufgrund seiner Editionsgeschichte vgl. A. Hofmann, *Parnassische Theoriebildung und*

Texte eines Gautier, Banville, Leconte de Lisle oder Catulle Mendès publiziert, sondern auch Gedichte wie diejenigen Mallarmés, die sich auch und gerade, wie zu zeigen sein wird, als Aufhebung des parnassischen Paradigmas konstituieren. Wurden in der älteren Mallarmé-Literatur die Bezüge zum Parnasse weitgehend ausgespart[18], so wird in Publikationen seit Ende der 80er Jahre zunehmend dessen Bedeutung nicht nur für den frühen Mallarmé betont – dies freilich wesentlich im Sinn einer Einzelelemente isolierenden Quellen- und Einflußforschung, der gerade die Differenz des vermeintlich parnassischen Mallarmé zum *Parnasse* entgeht[19]. So unbezweifelbar richtig und wichtig es ist, die Mallarméschen Texte auf dem textuellen Hintergrund zu lesen, auf dem sie zeitgenössisch gelesen wurden[20], so wenig ist apriorisch ausgemacht, daß die im *Parnasse Contemporain* publizierten Texte ›parnassisch‹ sind.

Mit dem Titel »L'Azur« wird gleichermaßen ein romantisches wie parnassisches Naturelement zunächst neutral aufgerufen, während die ›heitere Ironie‹ der ersten Zeile bereits eine Distanz von Natur und Sprecher markiert, die der romantischen Projektion eines Innen auf die Außenwelt weitgehend widerspricht[21], wie das »accable« des zweiten Verses auch die Differenz zum parnassischen Paradigma eindeutig macht: Der Azur ist nicht einfach Deskriptionselement, wie in einer Vielzahl parnassischer Texte[22], sondern, über die »sereine iro-

romantische Tradition. Mimesis im Fokus der ästhetischen Diskussion und die ›Konkurrenz‹ der Paradigmen in der zweiten Hälfte des 19. Jahrhunderts. Ein Beitrag zur Bestimmung des Parnasse-Begriffs aus dem Selbstverständnis der Epoche (Beihefte zur Zeitschrift für französische Sprache und Literatur, N.F. 31), Stuttgart 2001, S. 35ff.

18 Vgl. hierzu L. J. Watson, *Mallarmé's Mythic Language. Parnassian ›philologie‹ in Mallarmé's Poetic Theory and Practice*, Oxford 1990, S. 1ff.

19 Vgl. die zitierte Arbeit von Watson sowie P. Hambly, »Mallarmé à la lumière du Parnasse«, *Australian Journal of French Studies* 32 (1995), 301-361.

20 Vgl. hierzu ebd., insb. S. 302-304. Hambly glaubt, aufgrund von Wortparallelen zwischen Mallarmé und den *parnassiens*, vor allem hinsichtlich Banvilles, die ›dunklen‹ Texte Mallarmés ›aufschlüsseln‹ zu können, wobei er gerade das hinweginterpretiert, was Mallarmé nach Hamblys eigener Einschätzung von Banville unterscheidet, nämlich »un langage lyrique qui se veut elliptique« (S. 304). So wichtig die Ermittlung der lexikalischen Bezugnahmen Mallarmés auf den Parnasse ist, so wenig ist damit schon Mallarmés Umgang mit diesen bestimmt.

21 Vgl. hierzu etwa den Eingang von Lamartines »L'Isolement«, wo gleichfalls der Azur als Naturbild erscheint (V. 1-10) oder »L'Automne«, in: A. de Lamartine, *Méditations*, hg. F. Letessier, Paris 1968, S. 3ff. und S. 113f.

22 Vgl. etwa Th. Gautier, *Émaux et Camées*, hg. G. Matoré, Lille/Genève 1947; »Nostalgies d'Obélisques«, V. 13, 82; »Cærulei oculi«, V. 6, 16; Léon Dierx, »Les yeux de Nyssia«, in *Le Parnasse Contemporain. Recueil de vers nouveaux*, 3 Bde., Paris 1866, 1869 [1871], 1876, Repr. Westmead 1970, I, 93:

nie« hinausgehend, eindeutiger Opponent des Sprechers. Wird im Rest von Strophe 1 bis einschließlich Strophe 5 sodann dargestellt, wie sich der Sprecher gegen den Azur zu wehren sucht, so wird in den Strophen 6 und 7 die metaphorische Relation von Azur und Ideal präsupponiert, und zwar in der Opposition von

> – Le Ciel est mort. – Vers toi, j'accours! Donne, ô Matière,
> L'oubli de l'Idéal cruel et du Péché (V. 21-22),

während die beiden Schlußstrophen die Unentrinnbarkeit des Ideals vermitteln:

> *Je suis hanté*. L'Azur! l'Azur! l'Azur! l'Azur! (V. 36)

Romantisches und parnassisches Paradigma werden natürlich nicht nur durch den modifizierenden Rekurs auf das beiden gemeinsame Naturphänomen aufgerufen, sondern die grundlegende Selbststilisierung des Sprechers als eines leidenden Subjekts weist auf das romantische Paradigma, während der Vergleich der heiteren Ironie des Azur mit der Schönheit der Blumen ein so typisch parnassisches *tertium comparationis* einführt, daß Rimbaud hierauf in »Ce qu'on dit au poète à propos de fleurs« seine Parnasse-Parodie basieren konnte[23]. Doch auch hier sind die Unterschiede das Entscheidende: Betrachtet man die Dichterrollen, die Hugo oder Musset in ihren poetologischen Gedichten entwerfen, so sind diese nicht nur durch alles andere als poetische *impuissance* charakterisiert – die Konzeption des *poeta vates* ist hierzu das genaue Gegenteil[24] –, sie leiden folglich auch nicht durch und an der poetischen Gestaltung des Ideals, sondern es ist ein nichtästhetisches Leiden, das den dichterischen Prozeß auslöst. Dieses kann als individuelle Schmerzerfahrung des dichterischen Subjekts ausgewiesen werden wie in Mussets »La Nuit de Mai«[25], oder der Dichter fungiert als anthropologisches Paradigma,

---

> Je disais: »Larges yeux de la femme! ô clartés,
> Où l'amour entrevoit un ciel insaisissable!
> O regards, qui roulez aux bords des cils un sable
> Fait de nacre, d'azur et d'or! Sérénités
> Des yeux diamantés!« [...] (V. 11-15)

23 Vgl. Riedel [wie A. 5], S. 64ff. Zur Metaphorik der Blumen vgl. U. Schulz-Buschhaus, »Théophile Gautiers ›La rose-thé‹ und die Metaphorik der Blumen«, in *Blumen und andere Gewächse des Bösen in der Literatur*. Festschrift für Wolfram Krömer zum 65. Geburtstag, hg. H. Mathis-Moser u. a., Frankfurt/Main u. a. 2000, S. 69-82.

24 Vgl. etwa Hugos »La Fonction du poète«, aus: *Les Rayons et les Ombres* (1840), in: V. Hugo, *Œuvres poétiques*, hg. P. Albouy, 3 Bde., Paris 1964-1974, I, 1023ff.

25 Vgl. A. de Musset, *Poésies nouvelles*, hg. M. Allem, Paris 1962, S. 35-40.

als »le souffrant du mal éternel«, wie in Hugos »Le poëme éploré se lamente [...]«[26], entscheidend ist, daß ein Bedingungsverhältnis zwischen lebensweltlich-anthropologischer Schmerzerfahrung und poetischer Genialität hergestellt wird. So heißt es bei Musset:

Rien ne nous rend si grands qu'une grande douleur
[...]
Lorsque le pélican, lassé d'un long voyage,
Dans les brouillards du soir retourne à ses roseaux,
[...]
Pour toute nourriture il apporte son cœur.
[...]
Poète, c'est ainsi que font les grands poètes.[27]

Und bei Hugo steht:

Ce qui fait qu'il [le poëte] est dieu, c'est plus d'humanité.
Il est génie, étant, plus que les autres, homme.[28]

Wenn der romantische Dichter also durch Leiden zum Dichter wird, leidet der Mallarmésche »poëte« am Dichten. Dieses Leiden hat dabei eine präzise Ursache, und zwar die Idealität des dichterischen Objekts. Hiermit scheint die parnassische Ästhetik aufgerufen, die im ästhetischen Prozeß die Konstruktion eines idealen Kunstschönen sieht, das der »laide nature« grundsätzlich überlegen ist[29] und das über das Prinzip der *difficulté vaincue* realisiert wird[30], die das genaue Gegenteil eines »poëte impuissant« voraussetzt:

Sculpte, lime, ciselle;
Que ton rêve flottant
Se scelle
Dans le bloc résistant![31]

---

26 »Le poëme éploré se lamente [...]« ist der 9. Text (IX) des ersten Teils (»Autrefois«) der *Contemplations* (1856), in Hugo [wie A. 24], II, 503f. (Zitat V. 22).

27 Musset [wie A. 25], S. 39 (»La Nuit de Mai«).

28 Hugo [wie A. 24], II, 504 (»Le poëme éploré se lamente [...]« (V. 24f.).

29 Vgl. hierzu A. Hofmann [wie A. 17], insb. S. 233ff.

30 Paradigmatisch hierfür ist Banvilles »À Théophile Gautier« (abgedruckt in der Fassung der Erstausgabe in Gautier [wie A. 22], S. 171), ein Text, der als Replik Gautiers »L'Art« hervorruft (ebd., S. 130ff.). Vgl. hierzu auch K. W. Hempfer, »Zur Differenz der Gegenstandskonstitution in romantischer und parnassischer Lyrik – am Beispiel der Kunstwerk- und Künstlerbezüge«, in K. W. Hempfer (Hg.) [wie A. 5], S. 43-75, hier: S. 66ff., sowie St. Hartung [wie A. 9], *passim*.

31 Gautier [wie A. 22], S. 132.

Wenn dem Ideal gegenüber der *Ennui* auf den Plan gerufen wird (V. 13-16), der die blauen Löcher stopfen soll, die »méchamment« die Vögel aufreißen, dann wird hier fraglos – nicht zuletzt durch die Großschreibung – der Baudelaire der *Fleurs du Mal* anzitiert, der in »Au Lecteur« den *Ennui* als Inbegriff des Antiidealen einführt:

Il en est un plus laid, plus méchant, plus immonde!
Quoiqu'il ne pousse ni grands gestes ni grands cris,
Il ferait volontiers de la terre un débris
Et dans un bâillement avalerait le monde;

C'est l'Ennui! – l'œil chargé d'un pleur involontaire,
Il rêve d'échafauds en fumant son houka.
Tu le connais, lecteur, ce monstre délicat,
– Hypocrite lecteur, – mon semblable, – mon frère![32]

Wenn also für Mallarmés frühe Gedichte durchaus ein ›Einfluß‹ Baudelaires geltend gemacht werden kann[33], so scheint dessen Ästhetik des Häßlichen doch gerade keine Lösung für Mallarmés »poëte impuissant« zu sein:

En vain! l'Azur triomphe [...] (V. 29).

Das heißt, Mallarmé verabschiedet gleichermaßen das romantische Modell einer in der Schmerzerfahrung begründeten Ausdrucksästhetik wie die parnassische Konstruktion einer ästhetischen Idealität, die sich sowohl der Ausgrenzung des Subjektiven[34] wie des ›Natürlichen‹ verdankt[35]. Darüber hinaus verabschiedet er aber auch die Baudelairesche Ästhetik des Häßlichen und macht aus alledem ein Gedicht – als performativer Widerspruch konstituiert die Thematisierung der Sterilität des »poëte impuissant« gerade den poetischen Text.

Bei aller Differenz zu Baudelaire ergibt sich in der gleichzeitigen Aufhebung des romantischen wie des parnassischen Paradigmas durchaus ein Bezugspunkt zu bestimmten Texten der *Fleurs du Mal*[36], wobei Mallarmé allerdings den Rekurs auf die romantische

32 Ch. Baudelaire, *Œuvres complètes*, hg. Cl. Pichois, 2 Bde., Paris 1975-1976, I, 6.

33 Vgl. die Anmerkungen vor allem in der Ausgabe der *Œuvres complètes* von 1945 sowie den bereits zitierten Artikel von L. J. Austin [wie A. 13].

34 Am explizitesten wird dies in Leconte de Lisles »Les Montreurs« formuliert. Vgl. Ch.-M.-R. Leconte de Lisle, *Œuvres*, éd. crit. par E. Pich, 4 Bde., Paris 1976-1978, II, 190.

35 Vgl. hierzu K. W. Hempfer, »Gegenstandskonstitution« [wie A. 30], insb. S. 47ff.

36 Vgl. hierzu in Hempfer »Baudelaires *Fleurs du Mal*« [wie A. 12], die Interpretation von »À une Madone« (S. 166ff.).

Ich-Aussprache, auf die auch Baudelaire gegen die Entsubjektivierungstendenzen der *parnassiens* zurückgreift, im Unterschied zu Baudelaire dominant poetologisch wendet. Letzteres gilt zwar nicht für alle elf im *Parnasse Contemporain* veröffentlichten Texte, doch ist die poetologische Wendung auffällig[37]. Dabei bleibt Mallarmé nun freilich nicht beim performativen Widerspruch der poetischen Konstatierung des poetischen Unvermögens stehen.

2.2 *Vorverweise auf ›später‹*

Eine metapoetische Vorwegnahme der späteren Poetik Mallarmés scheint in »Las de l'amer repos...« formuliert zu werden, das zunächst unter dem Titel »Épilogue« die Serie der ersten zehn Mallarmé-Texte in der Lieferung des *Parnasse Contemporain* vom 12. Mai 1866 abschloß[38]:

ÉPILOGUE

Las de l'amer repos où ma paresse offense
Une gloire pour qui jadis j'ai fui l'enfance
Adorable des bois de roses sous l'azur
Naturel! et plus las sept fois du pacte dur
De creuser par veillée une fosse nouvelle
Dans le terrain avare et froid de ma cervelle,
Fossoyeur sans pitié pour la stérilité,
– Que dire à cette Aurore, ô Rêves, visité
Par les roses, quand, peur de ses roses livides,
Le vaste cimetière unira les trous vides? –
Je veux délaisser l'Art vorace d'un pays
Cruel, et, souriant aux reproches vieillis
Que me font mes amis, le passé, le génie,
Et ma lampe qui sait pourtant mon agonie,
Imiter le Chinois au cœur limpide et fin
De qui l'extase pure est de peindre la fin
Sur ses tasses de neige à la lune ravie
D'une bizarre fleur qui parfume sa vie
Transparente, la fleur qu'il a sentie, enfant,

37 Nicht explizit poetologisch orientiert sind nur vier der elf Texte: »Angoisse« (im *Parnasse Contemporain*: »À celle qui est tranquille«), »Tristesse d'été«, »Aumône« (im *Parnasse Contemporain*: »A un pauvre«) und »Soupir«.

38 Vgl. hierzu Mallarmé (1998ff.), [wie A. 14], I, 1156.

Au filigrane bleu de l'âme se greffant.
Et, la mort telle avec le seul rêve du sage,
Serein, je vais choisir un jeune paysage
Que je peindrais encor sur les tasses, distrait.
Une ligne d'azur mince et pâle serait
Un lac, parmi le ciel de porcelaine nue,
Un fin croissant perdu par une blanche nue
Trempe sa corne calme en la glace des eaux,
Non loin de trois grands cils d'émeraude, roseaux.[39]

Das wie »L'Azur« 1864 entstandene Gedicht schließt metrisch recht deutlich an die vor allem für die jüngeren *parnassiens* wie Catulle Mendès typische Häufung von *rejets* und *contre-rejets*[40] an (Vers 3, 4, 8, 12, 19, 25), geht in der Komplizierung der Syntax aber bereits erheblich über das im Parnasse Übliche hinaus, so daß Cazalis mahnend an den jungen Dichter schreibt:

> Prends garde: tu as pris l'habitude de périodes beaucoup trop longues d'abord et ensuite beaucoup trop coupées: trop de phrases incidentes, qui s'accrochent l'une à l'autre et font des broussailles obscures, épaisses, tellement enchevêtrées que l'on a peine à avancer et que bientôt l'on demande grâce.[41]

Und Emmanuel des Essarts äußert Mallarmé gegenüber nach dem Erscheinen der Texte, daß er und Freunde wie Léon Dierx, Albert Mérat und Catulle Mendès bestimmte Verse wie

> Et, la mort telle avec le seul rêve du sage (V. 21)

oder die Verse 8 bis 10 über die Morgenröte schlicht nicht verstanden hätten[42].

Die Verse 21 bis 23 stellen nun in der Tat ein Verständnisproblem dar, insofern die syntaktische Struktur nicht mehr eindeutig auflösbar ist. Folgende zwei Lesarten scheinen möglich:

> a) A condition que la mort sera comme le seul rêve du sage, serein, je vais...

39 Ebd., I, 109. Zur Endfassung, ebd., I, 12 gibt es – mit Ausnahme des Titels – nur zwei unbedeutende Veränderungen. Entscheidend sind demgegenüber die Veränderungen zur ersten handschriftlichen Fassung (vgl. ebd., I, 123 und unten).

40 Vgl. etwa Catulle Mendès, »L'Enfant Kriçhna«, in *Le Parnasse Contemporain* [wie A. 22], I, 56-58.

41 Zitiert in Mallarmé (1945) [wie A. 14], S. 1427. Diese Komplizierung der Syntax ist eine entscheidende Veränderung gegenüber der Manuskriptfassung in Mallarmé (1998ff.) [wie A. 14], I, 123 (vgl. insb. die V. 8-10, 15-20 und 21-23).

42 Vgl. Mallarmé (1945) [wie A. 14], S. 1427f.

und

> b) Et moi, serein, telle la mort avec le seul rêve du sage, je vais...[43]

Weist eine solche Ambiguisierung der Syntax, die nicht mehr desambiguisiert werden kann, auf ein entscheidendes Merkmal der späteren Praxis Mallarmés voraus, so gilt dies auch von der allegorischen Poetik des Textes. Dieser gliedert sich über eine semantische Opposition in zwei Teile (V. 1-10 und V. 11-28), die zu Beginn des zweiten Teils explizit ausformuliert wird: Der Absage an den »Art vorace d'un pays/Cruel« wird die Hinwendung zu einem neuen Kunstideal gegenübergestellt (»Je veux délaisser l'Art vorace [...], et [...] Imiter le Chinois [...]«), als dessen Allegorie die chinesische Porzellanmalerei fungiert. Die Negativierung der im Unterschied zur chinesischen als heimisch-europäisch präsupponierten Kunst wird dabei in doppelter Weise realisiert: zum einen durch die Opposition, die aus dem Streben nach der Realisation dieser Kunst (»gloire«) zur Natürlichkeit und Schönheit kindlicher Erfahrung resultiert (»J'ai fui l'enfance/*Adorable* des bois de *roses* sous l'azur/*Naturel*«) und zum anderen durch die Insistenz auf der rein intellektuellen Anstrengung (»par veillée«, »cervelle«) und Nichtigkeit des poetischen Tuns, dessen ›Neuheit‹ einzig ein neues Grab ist, das der Dichter als Totengräber seiner Sterilität entreißt.

Beide Negativierungstendenzen entsprechen nun recht deutlich zwei bereits erwähnten Charakteristika parnassischer Lyrik: deren Tendenz zur Artifizialisierung der Natur und der Ausgrenzung subjektiver Erfahrung zum einen sowie der Bindung des ästhetischen Wertes an das Prinzip einer intellektualistischen *difficulté vaincue* zum anderen[44]. Wenn in der Folge dann jedoch die chinesische Porzellanmalerei als Orientierungspunkt für das neue Ideal aufgerufen wird, dann handelt es sich um ein Ideal, das in gleichfalls doppelter Weise, nunmehr aber positiv, auf den Parnasse verweist: Typisch für die parnassische Objektkonstitution ist das, was ich an anderer Stelle als »Rarefizierung des Objekts der Darstellung« bezeichnet habe[45], wobei typische Verfahren dieser Rarefizierung der Exotismus und/oder die Transponierung des Objekts der Darstellung in ein

---

43 In der Manuskriptfassung sind die entsprechenden Verse eindeutig:
Et, sachant qu'un divin rêve suffit au sage,
Serein, je veux choisir un jeune paysage
Que je peindrais comme eux sur des tasses, distrait.
(Mallarmé (1998ff.) [wie A. 14], I, 123).

44 Vgl. hierzu oben die Verweise in A. 30.

45 Vgl. hierzu Hempfer [wie A. 1], S. 23ff.

Kunstwerk sind. Die Exotik der Gegenstandskonstitution ist besonders ausgeprägt bei Leconte de Lisle oder Catulle Mendès, sie findet sich aber auch bei Gautier und Heredia[46], während intermediale Bezüge nicht nur auf traditionell hohe Künste wie die Skulptur und Malerei, sondern auch und gerade auf Gebrauchskünste wie etwa die Emailkunst für parnassisches Dichten von den *Émaux et Camées* Gautiers bis zu den *Trophées* Heredias charakteristisch sind[47]. Auch wenn mir aus der parnassischen Lyrik gerade kein Beispiel für den Rekurs auf chinesische Porzellanmalerei bekannt ist, bezieht sich Mallarmé auf unverkennbare Verfahren parnassischer Objektkonstitution[48], freilich um diese sogleich wieder entscheidend zu modifizieren. Dem »Chinois« wird ein »*Cœur* limpide et fin« zugeordnet und seine künstlerische Tätigkeit – das Malen der Blumen – wird mit subjektiven Gefühlen aus der Kindheit verbunden (»[...] de peindre la fin [...]/D'une bizarre fleur qui parfume sa vie/Transparente, la fleur qu'il a sentie, *enfant*« (V. 16-19)). Im Unterschied zur Anfangsposition des lyrischen Ich, das sich gezwungen sah, dem Kontext seiner Kindheit zu entfliehen, um dichterische »gloire« zu erlangen, gelingt dem chinesischen Porzellanmaler die Einbindung lebensweltlicher Erfahrung in die Artefizialität des ästhetischen Prozesses (»Au filigrane bleu de *l'âme* se greffant« (V. 20)).

Wenn sich der Sprecher im ersten Teil des Gedichtes durch die Kritik an einer rein intellektuellen ›Hirnkunst‹ eindeutig vom Konzept der *difficulté vaincue* abgrenzt und die eigene »stérilité« (V. 7), die im zweiten Gedichtteil mit »agonie« (V. 14) aufgenommen wird, zum gleichermaßen antiparnassischen wie antiromantischen Kern des lyrischen Diskurses macht, dann ist auch das dezidierte Einfordern der notwendigen Verbindung von subjektiver Erfahrung und ästhetischem Prozeß unparnassisch[49]. Der Rekurs auf ästhetische Lösungen des Parnasse mittels der Rarefizierung des Objekts der Darstellung

46 Vgl. bei Catulle Mendès vor allem seine Gedichte über indische Mythologeme im *Parnasse Contemporain* wie das bereits erwähnte »L'Enfant Kriçhna« u. a.; bei Leconte de Lisle vor allem die Sammlungen der *Poèmes antiques* (1852) und der *Poèmes barbares* (1862); von Gautier etwa das Eröffnungsgedicht des ersten *Parnasse Contemporain* »Le Bédouin et la mer« [wie A. 22], I, 1f.; von Heredia vor allem den Abschnitt »L'Orient et les Tropiques« aus den *Trophées* (1893).

47 In *Émaux et Camées* erscheint die Emailkunst schon im Titel; Heredia schreibt hierüber drei Sonette »À Claudius Popelin«, »Émail« und »Rêves d'Émail« in den *Trophées*. Vgl. J.-M. de Heredia, *Œuvres complètes*, éd. crit. p. S. Delaty, 2 Bde., Paris 1984, I, 129-131.

48 Dies gilt insbesondere von Metaphern wie »extase **pure**«, »tasses de **neige** à la lune **ravie**« (vgl. hierzu Hambly [wie A. 19], S. 302-304) u. a.

49 Vgl. hierzu oben und Hempfer, »Konstituenten« [wie A. 1], S. 78ff.

werden zugleich konterkariert durch das Postulat einer durchaus unparnassischen Präsenz des Subjekts, die im Text selbst durch die auf das lyrische Ich bezogene *stérilité*-Thematik vorgeführt wird. Das heißt, in der poetologischen Allegorie des »Imiter le Chinois...« werden parnassische Vertextungsverfahren im Hinblick auf ein alternatives, Subjektivität und lebensweltliche Erfahrungen einbindendes Dichtungskonzept refunktionalisiert, das auf eine neue Verbindung von Ästhetizität und Subjektivität abhebt, die mir in den Schlußversen (V. 21-28) näher skizziert zu werden scheint[50].

Insistiert wird zunächst auf der Subjektivität der Wahl des Gegenstandes (»je vais choisir...«, »je peindrais...«), wobei der poetische Akt im Unterschied zur *difficulté vaincue* über Merkmale der Leichtigkeit (»serein«, »distrait«) näher charakterisiert wird. Die durchaus parnassische Schönheit der einzelnen Darstellungselemente (»une ligne d'**azur**«, »Un *clair* croissant«, »une *blanche nue*«, »la *glace* des eaux«, »cils d'*émeraude*«)[51] ist nunmehr freilich nicht Zweck an sich, sondern nurmehr Verfahren in einem Verweiszusammenhang: Evoziert wird nicht die »ligne d'azur« als solche, sondern:

Une ligne d'azur mince et pâle serait
un lac [...].

Dies heißt, das Abbildverhältnis von Kunst und Wirklichkeit wird vom dichtenden Ich willkürlich gesetzt und die normale metaphorische Relation zwischen Mensch und Natur vertauscht, indem Menschliches (die »cils d'émeraude«) zur Metapher für Natur (die »roseaux«) wird. Zwar wird noch immer ein Minimum an Ähnlichkeit zwischen

---

50 Gegen L. J. Austin [wie A. 13], S. 448 geht es Mallarmé in diesem Text also nicht einfach um »la création sereine et *impersonnelle* de la beauté par un art de suggestion stylisée«, (Herv. v. mir; auf die ›Suggestion‹ ist sogleich zurückzukommen), sondern gerade um eine Neubestimmung poetischer Subjektivität. Ein analoger Einwand trifft die These von B. Marchal in Mallarmé (1998ff.) [wie A. 14], I, 1156:
»L'esthétique nouvelle c'est l'ambition d'une poésie artisanale et plus *impersonnelle* (Herv. v. mir), d'un art de stylisation et de suggestion, dont les sept derniers vers proposent l'illustration; c'est déjà l'essentiel de l'esthétique mallarméenne de la maturité.« Meine abschließenden Ausführungen versuchen zu zeigen, worin das Neue konkret besteht und daß es im Text selbst gerade noch nicht realisiert wird.

51 B. Marchal entgeht der eigentliche ›Witz‹ dieses Textes, wenn er dessen Parnasse-Bezüge negiert, auch wenn es sich natürlich nicht mehr um einen genuin parnassischen Text handelt: »Bien que Léon Cellier ait voulu voir un hommage à Gautier dans ce patronage chinois, il n'y a en tout cas rien de parnassien dans cette esthétique nouvelle qui met au cœur de son inspiration l'image ophélienne d'une fille-fleur intériorisée [...]« (ebd.).

Gegenstand und Mittel der Darstellung angenommen, doch wie der Vermittlungsprozeß konkret verläuft, wird vom Subjekt beliebig gesetzt und ist somit unmittelbar an dieses gebunden. Eine solche Transformation des Semiotisierungsprozesses in den Text selbst oder, anders ausgedrückt, die in den Text verlagerte subjektive Konstruktion von Entsprechungen zwischen dem Gegenstand und dessen Darstellung (»ligne d'Azur« = »lac«, »cils d'émeraude« = »roseaux«) scheint mir nun auf die spezifische *suggestion*-Poetik des späteren Mallarmé zu verweisen, wie sie Gerhard Regn gegen eine einseitig autoreferentielle Mallarmé-Lektüre stark gemacht hat[52]. Hierbei handelt es sich bekanntlich um die Evokation eines Gegenstandes, die immer subjektiv vermittelt ist[53] und diese subjektive Vermitteltheit in der textstrukturellen Aufhebung einer referentiellen Illusion abbildet. Daß dieses frühe Gedicht gleichwohl noch nicht den späteren Mallarmé ›vorwegnimmt‹, resultiert nun daraus, daß hier die *suggestion*-Poetik nicht ›gebraucht‹, sondern in einer poetischen Allegorie ›erwähnt‹ wird. Was später ›gesprochen‹ wird, ist hier noch Gegenstand des Besprechens, aber auch als solches nicht mehr mit der parnassischen Ästhetik zu verrechnen. Die Radikalisierung subjektiver Konstruktion geht – als Programm – über die durchaus auch als Konstruktion verstandene parnassische ›Transmimesis‹ hinaus[54]. Und diese Differenz zum Parnasse sollte Mallarmé noch fast drei Jahrzehnte später in der *Enquête* von Jules Huret über das *suggestion*-Konzept bestimmen:

> [...] les Parnassiens, eux, prennent la chose entièrement et la montrent: par là ils manquent de mystère; ils retirent aux esprits cette joie délicieuse de croire qu'ils créent. *Nommer* un objet, c'est supprimer les trois quarts de la jouissance du poëme qui est faite de deviner peu à peu: le *suggérer*, voilà le rêve.[55]

Daß Mallarmé der Komplexität parnassischer Gegenstandskonstitution nicht voll gerecht wird, steht auf einem anderem Blatt. Entscheidend für die hier vertretene These von der Kopräsenz des Differenten ist jedoch, daß Mallarmé bereits in Texten, die im ersten *Parnasse Contemporain* von 1866 erscheinen, über die Dekonstruktion wesentlicher Voraussetzungen parnassischer Ästhetik ein neues Verhältnis von Ästhetizität und Subjektivität konzipiert, das für seine spätere Praxis grundlegend werden sollte.

---

52 Vgl. G. Regn, *Konflikt der Interpretationen. Sinnrätsel und Suggestion in der Lyrik Mallarmés*, München 1978, insb. S. 108ff.

53 Vgl. hierzu ebd., insb. S. 112, A. 87.

54 Vgl. hierzu A. Hofmann [wie A. 17], Kap. V.

55 Mallarmé (1945) [wie A. 14], S. 869.

Andreas Kablitz

JENSEITS DER DÉCADENCE: THOMAS MANNS *TRISTAN*

(mit einem Nachwort zur Funktion der Ironie in realistischem und nach-realistischem Erzählen: Gustave Flaubert – Thomas Mann)

Rainer Warning zum 10. April 2001

Nicht den ganzen Titel von Richard Wagners Musikdrama *Tristan und Isolde*, sondern nur dessen erste Hälfte, *Tristan*, hat Thomas Mann als Überschrift seiner gleichnamigen Novelle gewählt. Diese Verkürzung im Zitat ist selbst schon sprechend. Bereits sie deutet an, was die Erzählung dann des näheren entfalten wird. Denn Manns Geschichte bildet nur zum Teil eine Auseinandersetzung mit Wagners Oper selbst, sie zielt zugleich auf den Umgang, näherhin den spezifisch dekadenten Umgang mit seinem wohl berühmtesten Werk, gewissermaßen auf die Aura, die *Tristan und Isolde* bei seinen Adepten bald gefunden hat. Manns *Tristan* ist ein Stück gleichermaßen über Wagner wie den Wagnerismus, und beide werden mit Bedacht voneinander unterschieden, ja gegeneinander ausgespielt. Eben auf den Wagnerismus aber lenkt schon die Verkürzung im Titel der Novelle die Aufmerksamkeit. Denn das Kürzel *Tristan* ruft einen Text auf, der schon zu einem festen kulturellen Bestand geworden ist. Dieses Kürzel bildet eine Formel, mit der man sich schnell über etwas Vertrautes (und – wie der Text lehren wird – allzu, d. h. vermeintlich Vertrautes) verständigen zu können scheint.

I

Manns Tristan-Novelle gilt der *communis opinio* der Forschung zufolge als eine ironische Distanzierung vom Diskurs der *décadence*.[1] Diese Deutung des Texts stützt sich vor allem auf die Interpretation der Figur des in der Tat ziemlich skurrilen Poeten Spinell, der sich im

1 Vgl. hierzu E. Koppen, *Dekadenter Wagnerismus*. Studien zur europäischen Literatur des Fin de siècle, Berlin/New York 1973, S. 188 ff.

Sanatorium *Einfried* nicht eigentlich um einer Krankheit willen aufhält, sondern »des Stiles wegen«, wie er selbst bemerkt. (S.171).[2] Seine dekadente Seele verlangt, gewissermaßen als ethisches Korrektiv für ihren Hang zur Unordnung, nach der Strenge des Empire, welchen Stil er hier in der Tat allenthalben finden kann.[3] Schon dieses Detail illustriert eine durchgängige Tendenz von Manns Erzählung. Eine solche Lebensform substituiert in der Tat das Leben durch die Kunst, welcher Tausch bekanntlich zu den signifikantesten Charakteristika der *décadence* zählt, aber sie ironisiert zugleich einen solchen Ästhetizismus als bloße Marotte. Durch diesen geschickten erzählerischen Kniff tritt gewissermaßen der Spleen an die Stelle einer veritablen Krankheit. So gesehen trifft die gängige Charakteristik dieser Novelle als einer ironischen Distanzierung gegenüber der *décadence* durchaus zu. Das Problem dieses geläufigen Urteils aber besteht in der spezifischen Selektion, die mit ihm verbunden ist. Denn nicht allein der Diskurs der *décadence* fällt Manns sattsam bekannter Ironie anheim, Gleiches – so sei im folgenden demonstriert – gilt für den mit dem Namen Nietzsches und seinem Konzept der ewigen Wiederkehr verbundenen Gegendiskurs zur *décadence*.[4]

---

2 Sämtliche Textstellen der *Tristan*-Novelle werden hier und im folgenden zitiert nach: Thomas Mann, *Die Erzählungen*, Erster Band, Frankfurt 1975.

3 So lautet seine Rede: »>Einfried< ist ganz empire, es ist ehedem ein Schloß, eine Sommerresidenz gewesen, wie man mir sagt. Dieser Seitenflügel ist ja ein Anbau aus späterer Zeit, aber das Hauptgebäude ist alt und echt. Es gibt nun Zeiten, in denen ich das empire einfach nicht entbehren kann, in denen es mir, um einen bescheidenen Grad des Wohlbefindens zu erreichen, unbedingt nötig ist. Es ist klar, daß man sich anders befindet zwischen Möbeln weich und bequem bis zur Laszivität, und anders zwischen diesen geradlinigen Tischen, Sesseln und Draperien...Diese Helligkeit und Härte, diese kalte, herbe Einfachheit und reservierte Strenge verleiht mir Haltung und Würde, gnädige Frau, sie hat auf die Dauer eine innere Reinigung und Restaurierung zur Folge, sie hebt mich sittlich, ohne Frage...«. (S. 171f). Unschwer sind hier bereits die für Thomas Mann so typischen Strategien der Ironie zu erkennen, die diesmal darauf zielen, die Parodie eines Ästhetizisten zu erzeugen. Gilt für diese Spezies der Dekadenz die Substitution der Moral durch die Ästhetik als ihre vielleicht charakteristischste Eigenschaft, so muß es nachgerade komisch wirken, wenn nun ein bestimmter historischer Stil, das Empire, gewissermaßen zur Pädagogik für eine ethische Disposition wird, mit der eine labile – womöglich auch nur bequeme – Seele sich moralischen Halt erhofft.

4 Nietzsches Konzept der *ewigen Wiederkunft* als einer Abwehrstrategie gegen den Verfall kommt mit besonderer Prägnanz in einem Fragment aus dem »Nachlaß der Achtzigerjahre« zum Ausdruck:
»*Meine Neuerungen.* – Weiter-Entwicklung des Pessimismus: der Pessimismus des Intellekts; die *moralische* Kritik, Auflösung des letzten Trostes. Erkenntnis der Zeichen des *Verfalls*: umschleiert durch Wahn jedes starke Handeln; die Kultur isoliert, ist ungerecht und dadurch stark.

Nicht nur die Ironisierung einander oppositiver Diskurse stellt die These einer einsinnigen Ironisierung der *décadence* in Frage. Auch die Eigenheit des Erzählers unterläuft eine solche – abschließende – Einordnung der *Tristan*-Novelle. Präziser sollte man hier freilich nicht von einem Erzähler, sondern von einer Erzählinstanz sprechen. Thomas Mann hat später, in seinem Roman *Der Erwählte*, selbst einmal mit dem Begriff *Geist der Erzählung* operiert.[5] Die disziplinären

---

1. Mein *Anstreben* gegen den Verfall und die zunehmende Schwäche der Persönlichkeit. Ich suchte ein neues *Zentrum.*
2. Unmöglichkeit dieses Strebens *erkannt.*
3. *Darauf ging ich weiter in der Bahn der Auflösung – darin fand ich für einzelne neue Kraftquellen. Wir müssen Zerstörer sein!* – - Ich erkannte, daß der Zustand der *Auflösung*, in der *einzelne* Wesen sich vollenden *können wie nie* – ein Abbild und *Einzelfall des allgemeinen Daseins ist.* Gegen die lähmende Empfindung der allgemeinen Auflösung und Unvollendung hielt ich die *ewige Wiederkunft.*« (F. Nietzsche, *Werke in drei Bänden*, hg. v. K. Schlechta, München 1954-56, III, S. 912).

5 »Wer also läutet die Glocken Roms? – *Der Geist der Erzählung.* – Kann denn der überall sein, hic et ubique, zum Beispiel zugleich auf dem Turme von Sankt Georg in Velabro und droben in Santa Sabina, die Säulen hütet vom greulichen Tempel der Diana? An hundert weihlichen Orten auf einmal? – Allerdings, das vermag er. Er ist luftig, körperlos, allgegenwärtig, nicht unterworfen dem Unterschied von Hie und Dort. Er ist es, der spricht: ‚Alle Glocken läuteten‹, und folglich ist er's, der sie läutet. So geistig ist dieser Geist und so abstrakt, daß grammatisch nur in der dritten Person von ihm die Rede sein kann: ‚Er ist's.‹ Und doch kann er sich auch zusammenziehen zur Person, nämlich zu ersten, und sich verkörpern in jemandem. Der in dieser spricht und spricht: ‚Ich bin es.‹ (Thomas Mann, *Der Erwählte*, Frankfurt am Main 1975, S. 7f.). Diese Reflexion auf den Status des Erzählers wie das ›Wesen‹ des Erzählers bildet zweifellos eine Konstante in Manns Werk. Schon am Ende des *Zauberbergs* hatte sich der Erzähler dieses Romans Gedanken zum »Geist der Erzählung« gemacht, als er nur noch bruchstückhaft über das Schicksal des durch den Ausbruch des Weltkriegs brutal ins »Flachland« zurückgerufenen und auf einem der Schlachtfelder dieses großen Gemetzels mit wenig Überlebensaussichten herumirrenden Hans Castorp Auskunft geben kann. Und zumal hier gewinnt dieses Nachdenken über den Erzähler eine ganz besondere Prägnanz: »Hier ist ein Wegweiser, – unnütz ihn zu befragen; Halbdunkel würde uns seine Schrift verhüllen, auch wenn das Schild nicht von einem Durchschlage zerrissen wäre. Ost oder West? Es ist das Flachland, es ist der Krieg: Und wir sind scheue Schatten am Wege, schamhaft in Schattensicherheit, und keineswegs gesonnen, uns in Prahlerei und Jägerlatein zu ergehen, aber dahergeführt vom Geist der Erzählung, um von den grauen, laufenden, stürzenden, vorwärts getrommelten Kameraden, die aus dem Walde schwärmen, einem, den wir kennen, dem Weggenossen so vieler Jährchen, dem gutmütigen Sünder, dessen Stimme wir so oft vernahmen, noch einmal ins einfache Angesicht zu blicken, bevor wir ihn aus den Augen verlieren.« (Thomas Mann, *Der Zauberberg*, Frankfurt am Main 1991, S. 980f.). Die Formel vom »Geist der Erzählung« ist vielfach lesbar. Sie macht den Erzähler zum einen als ein etwas unwirklich schemenhaftes Wesen kenntlich, das wie eine Schattenexistenz neben all dem steht, wovon er berich-

Konventionen eines Texts wie des hier begonnenen lassen es indessen ratsam erscheinen, den neutraleren, in der Narratologie gebräuchlichen Begriff der Erzählinstanz beizubehalten. Gemeinsam aber ist

---

tet, und seine Ubiquität gewissermaßen nur mit seiner Wesenlosigkeit gewinnen kann. Aber der »Geist der Erzählung« meint freilich auch jenen *spirit*, der allem Erzählen innewohnt, gewissermaßen die immanente Logik des Erzählens. Jenes schattenhaft-irreale Wesen, das dem todbringenden Kriegsgeschehen aus bemerkenswerter Sicherheit zuschaut, erscheint solchermaßen als der Effekt der Kombination von beidem. In diesem unwirklichen Wesen treffen das abstrakte Prinzip und die Rede, in der es Gestalt gewinnt, zusammen, in einer Rede, die eben als solche, eben *weil* sie Rede ist, unvermeidlich denjenigen impliziert, der sie äußert. Der schemenhaft-unwirkliche Begleiter all dessen, von dem er berichtet, ist deshalb die Resultante jener Verwandlung eines Prinzips (oder einer Konvention) in die Explizität einer Rede, die fast unvermeidlich nach ihrem Urheber, wo nicht nach ihrem Autor ruft. Die daraus erwachsende Irrealität jener Figur, die im grammatischen Personalpronomen versteckt ist, läßt sich vielleicht in der Tat kaum treffender als in der für den ersten Eindruck ein wenig pompös-altertümlich daherkommenden Formel vom »Geist der Erzählung« fassen, macht sie doch in ihrer doppelten Lesbarkeit scharfsichtig diesen Zusammenhang zwischen einem Prinzip/einer Konvention und den irritierenden übernatürlichen Fähigkeiten eines jeden Erzählers kenntlich. (Ein solcher, selbstreflexiver auktorialer Erzähler ist womöglich zugleich die ›realistischste‹ Variante eines Erzählers überhaupt. Denn auch die vornehme bis akribische, bisweilen allzu künstliche Zurückhaltung eines personalen Erzählers resp. der sog. ›Kameraperspektive‹ kann doch nicht darüber hinwegtäuschen, daß wir es noch immer mit einem Medium zu tun haben, das in der erzählten Welt in jeglicher Hinsicht schalten und walten könnte. Die Selbstbeschränkung auf das vermeintlich ›Objektive‹ des Erzählerberichts erscheint solchermaßen im Grunde als eine Täuschung über die Täuschung, anders gesagt: die Fiktion.) Das Raffinement von Manns Reflexion auf sein eigenes Medium, die er hier am Ende das *Zauberbergs* beginnt, resultiert vor allem aus der Verknüpfung der Frage nach dem Realitätsstatus des Erzählers mit der Charakteristik des Wirklichkeitsgehalts der von ihm erzählten Welt. Augenscheinlich erleben wir in den zitierten Zeilen einen Erzähler, der mit seiner Hilflosigkeit spielt und so zum Verbündeten des seinerseits in eine fremde Welt versetzten, ungelernten Weltkriegssoldaten gerät. In der Konfrontation mit der brutalen Realität scheint der Erzähler selbst alle Orientierung zu verlieren, als könne er seine ureigenste Sphäre, die Welt der Fiktion nicht verlassen, ohne seine Identität einzubüßen, auch wenn sich diese Fiktion ja ihrerseits reichlichst des Bestands der historischen Welt bediente. Hans Castorps Welt von Davos und die Welt der Schlachtfelder des Weltkriegs verhalten sich im Grunde komplementär zueinander: Das – fiktionale – Personal der Geschichte, die sich um den ›Helden‹ des *Zauberbergs* rankt, bevölkert recht unbekümmert eine anderweitig durchaus vertraute Welt. Doch wo dieser ›Held‹ die vertraute Gesellschaft bezeichenbarer, individualisierter Charaktere verläßt, um in die Anonymität der ›wirklichen‹ Welt (des Kriegs) einzutauchen, verliert er sich in dieser namenlosen Masse, die einzig im Überlebenskampf ihre Identität findet und auch ihn um jene Identifizierbarkeit bringt, die eine Fortsetzung der Erzählung allein noch gestatten würde. So wird das Ende des *Zauberbergs* zum Experiment über die Unmöglichkeit eines historischen Romans, freilich nicht

beiden Wortprägungen das Anliegen, den Träger der Erzählerrede nicht mit einer Person identisch werden zu lassen. In der Tat ist es um die personale Identität eines veritablen Erzählers in der *Tristan*-Novelle nicht sonderlich gut bestellt, denn seine Rede zerfällt unverkennbar in unterschiedliche Register, die sich kaum noch einer einheitlichen Perspektive subsumieren lassen. Dies kann schon der Beginn dieser Novelle sinnfällig demonstrieren, an dem sich auch bereits ablesen läßt, in welcher Weise die verschiedenen in diesem Text zitierten Diskurse miteinander verknüpft werden:

> Hier ist ›Einfried‹, das Sanatorium! Weiß und geradlinig liegt es mit seinem langgestreckten Hauptgebäude und seinem Seitenflügel inmitten des weiten Gartens, der mit Grotten, Laubengängen und Flügeln und kleinen Pavillons aus Baumrinde ergötzlich ausgestattet ist, und hinter seinen Schieferdächern ragen tannengrün, massig und weich zerklüftet die Berge himmelan.
> Nach wie vor leitet Doktor Leander die Anstalt. (S. 163)

Der Anfang, die mit dem Ausrufungszeichen markierte Nennung des Namens des Sanatoriums, scheint auf etwas Bekanntes hinzuweisen. Als müsse sie sich dem Leser nur in Erinnerung rufen, stellt sich ihm die Klinik vor. Diese Anrede verwandelt den Leser in eine Figur, die mit den Gegebenheiten vor Ort durchaus vertraut ist, ja sie erklärt ihn zum – wenigstens potentiellen – Insassen dieses Sanatoriums. Er wird deshalb auch – zumindest potentiell – kränklich. Der Beginn des Texts macht seinen Konsumenten und sein Personal zu Verwandten; er holt gleichsam den Leser in die Gesellschaft der Sanatoriumsbewohner, der »Patienten aller Art«, wie sie sehr summarisch genannt werden (ebda.), um den Kreis der Aspiranten augenscheinlich möglichst groß zu halten. Diese Tendenz, die Vertrautheit des Lesers mit der Welt des Sanatoriums zu suggerieren, setzt sich auch mit dem Hinweis auf den Leiter des Hauses, Doktor Leander, fort, heißt es

---

ohne dieses ›Scheitern‹ des Erzählens noch einmal symbolisch einzuholen: »Ost oder West? Es ist das Flachland, es ist der Krieg.« Angesichts *seiner* Realität erübrigt sich alle geographische Präzision, und selbst die in der Gesellschaft des Lungensanatoriums so kunstfertig errichtete symbolische Geographie Alteuropas verliert hier jeden Sinn. Wenn das Ende des *Zauberbergs* solchermaßen zur Reflexion auf das Erzählen selbst gerät, so spielt auch schon Manns *Tristan*-Novelle, freilich ohne eine entsprechende Selbstreflexivität – im doppelten Sinne des Wortes – zu gewinnen, mit dem Repertoire eines Erzählens, das die Rückbindung der Narration an die Identität eines Erzählers preisgegeben hat. Im Zeichen der Begegnung mit dem Jenseits des Tags aus der Welt des Wagnerschen *Tristan* verwandelt Manns Novelle diese übernatürliche Sphäre in ein narratives Register, in einen spezifischen »Geist der Erzählung«.

doch von ihm, er stehe *nach wie vor* dieser Anstalt vor. (Der Wechsel der Begrifflichkeit vom Sanatorium zur Anstalt fügt zur Charakteristik dieses Hauses übrigens auch das Seinige hinzu.) Schon hier, mit der insinuierten Identität zwischen dem Leser und einem Kränkelnden (aber – weil er die Klinik offensichtlich verlassen konnte – augenscheinlich auch Genesenen) beginnt das – ironische – Spiel um die Identifikation von ›Kunst‹ und ›Krankheit‹.

Dabei stehen der Name dieses Hauses und seine Zweckbestimmung – zumindest konnotativ – in einem kaum zu übersehenden Gegensatz zueinander. Denn *Einfried* ruft Assoziationen des Todes hervor, während das Sanatorium – wie schon die Etymologie dieses Wortes besagt – seine Patienten doch vor demselben – jedenfalls für eine gewisse Zeit – bewahren möchte.[6] In einer ersten Lesart scheint sich im Mißverhältnis zwischen der Klinik und ihrem Namen ein Zweifel an der Wirksamkeit der ärztlichen Bemühungen dieses Hauses zu bekunden. In der Geschichte der Gabriele Klöterjahn, mit deren Ankunft in *Einfried* die Geschichte dieser Novelle recht eigentlich beginnt, scheint dieser Zweifel auch eine Bestätigung zu finden. Denn die Ärzte können sie nicht retten, und so erliegt sie am Schluß der Novelle ihrem Leiden. In einer zweiten Lesart aber verliert der Name des Sanatoriums alles Widersprüchliche und reicht weit über eine ironische Kennzeichnung der Kunst der Ärzte dieser Klinik hinaus. Denn bezieht man die von der Bezeichnung *Einfried* ausgelösten Assoziationen des Todes auf jenen – Schopenhauerschen – Diskurs, der zu den entscheidenden Referenzdiskursen der *décadence* zählt und nicht zuletzt den maßgeblichen Bezugstext des Werks bildet, dessen Titel Manns *Tristan*-Novelle zitiert, so läßt sich der Tod in der Tat als eine Heilung vom Leben verstehen. So gesehen wird *Einfried* wirklich zu einem Sanatorium für Gabriele Klöterjahn, sozusagen zu dem Ort, an dem – um es in der einschlägigen Sprache zu sagen – ihr Wähnen ein Ende findet.

Der Eingangssatz von Manns *Tristan* aber verlangt noch in einer weiteren Hinsicht einen Kommentar. Wir haben seine Pragmatik bislang nur insoweit berücksichtigt, als er – nicht zuletzt mit seinem Ausrufungszeichen – den Eindruck erwecken möchte, nichts anderes

---

6 Diese Assoziationen des Todes werden um so deutlicher, wenn man auch denjenigen Namen in Rechnung stellt, welchen die Bezeichnung *Einfried* zweifelsohne zitiert, klingt hier doch kaum überhörbar der Name *Wahnfried* an, mit dem kein anderer als Richard Wagner selbst sein Bayreuther Domizil belegen sollte. Doch *Einfried* macht nicht mehr den Frieden mit etwas anderem namhaft, *Einfried* erinnert an den Frieden schlechthin, und mit der Nähe dieses Namens zum ›Friedhof‹ ist denn auch besagt, welcher Art dieser Friede ist.

zu tun, als dem Leser einen ihm bekannten Ort in Erinnerung zu rufen. Doch das Satzzeichen im Verbund mit der lokalen Deixis *hier* bewirkt ein Weiteres. Denn dieses Arrangement des Eröffnungssatzes scheint den Unterschied von Text und Leben zum Verschwinden zu bringen. Es scheint, als forme sich das Bezeichnete selbst zur Stimme und melde sich aus dem Jenseits dieses Texts zu Wort, um dessen Leser in den Bann eines unmittelbaren Erlebnisses zu schlagen. Der Texteingang macht diese Erzählung also gewissermaßen zu einem Mysterium. Kunst wird hier zum Medium einer unnatürlichen Begegnung. Die ostentativ zur Schau gestellte Mystik dieses Beginns deutet solchermaßen mit erzählerischen Mitteln bereits auf die in der Novelle stattfindende faktische Begegnung mit jener Welt des *Tristan* voraus, in dem das Mysterium des Todes zur Heilslehre für Liebende gerät und eine Vereinigung der Liebenden zu bewirken scheint, die weit über alle Möglichkeiten der physischen Welt hinaus ist. Unter dem Eindruck dieses Mysteriums, das mit der Klavierparaphrase der Gabriele Klöterjahn in der Schlüsselszene dieser Novelle Gestalt gewinnt, wird der Erzähler – wie wir der Einfachheit halber weiterhin sagen wollen – selbst ergriffen und scheint, so werden wir beobachten können, zum Hohenpriester zu mutieren, der auf die in Wagners Musik versunkenen und einander durchaus zugetanen Protagonisten das Heil der Erlösung herabruft. Insoweit eröffnet schon der erste Satz der Erzählung ein Register, das auch weiterhin für die Novelle Bedeutung besitzen wird. Freilich dementiert der unmittelbare Fortgang dieses ersten Satzes recht unvermittelt alle von ihm erzeugte Mystik. Denn nun tritt der typische realistische Erzähler auf den Plan, der hier wie sonst am Beginn des Texts zunächst einmal den Raum des Geschehens vermißt. Im übrigen wartet er mit einer Reihe von Informationen auf, die für einen Leser, der mit den örtlichen Begebenheiten vertraut ist, durchaus verzichtbar sind. Bereits hier also wird jene Verschränkung einander widersprechender Verfahren des Erzählers ersichtlich, die zu den typischen Eigenheiten von Manns *Tristan*-Novelle gehören.

Das – in der Person Spinells ironisierte – Konzept der *décadence* ist ohne sonderlich auffällige Brechungen vor allem in der Person der Gabriele Klöterjahn, geb. Eckhof, repräsentiert. Sie stammt aus einem alten, in Bremen ansässigen Kaufmannsgeschlecht, in dem das Interesse für die Musik Einzug gehalten hat. Schon der Vater spielt Geige, die Tochter vorzüglich Klavier. Und sie kränkelt. Sie leidet an der sozusagen kanonischen Krankheit der *décadents*, an einer Lungenkrankheit. Insoweit scheint sich das Modell der *décadence* zu bestätigen: In die bürgerliche Lebenswelt dieses Kaufmannsgeschlechts dringt im Fortgang der Generationen die Kunst ein, und mit ihr schwindet – wie es sich für die *décadents* gehört – die Gesundheit. Die Zeichen einer labilen Physis sind Gabriele durch das zartblaue Äderchen über der Braue seit jeher und schon längst vor dem Ausbruch ihrer Krankheit buchstäblich ins Gesicht geschrieben. Wenn sich in dieser Novelle, dem – zumindest motivisch – ersten Vorgriff auf den *Zauberberg*, gleichwohl das Schicksal der *Buddenbrooks* nicht wiederholt, dann erklärt sich dies aus der Ehe der Gabriele Eckhof. Sie heiratet den Großhändler Klöterjahn. Er stammt aus einer nicht näher genannten Stadt »dort oben am Ostseestrande« (S. 166), in der wir vermutlich ohne sonderliches Risiko und gerade um dieser allzu ostentativen Diskretion willen die Heimatstadt des Autors Thomas Mann vermuten dürfen. Doch Klöterjahn ist eben nicht ein etwas sensibel oder gar nervös geratener Abkömmling eines Lübecker Handelshauses, sondern er verkörpert schon durch seine Statur das pralle Leben und ist jeglichen Sinnesfreuden mehr als zugetan.[7] In ihn hat sich die junge Gabriele sogleich verliebt, als er an der

7 Vgl. etwa das erste Porträt Klöterjahns, das ihn seiner Ehefrau gegenüberstellt: »– diese neue Patientin hätte keinen holderen und veredelteren, keinen entrückteren und unstofflicheren Anblick gewähren können als jetzt, da sie an der Seite ihres stämmigen Gatten, weich und ermüdet in den weißlackierten, gradlinigen Armsessel zurückgelehnt, dem Gespräch folgte« (S. 165). Die Konfrontation der beiden Personen ist von besonderem Raffinement, markiert sie doch die typisch dekadente Erhöhung der kränkelnden Frau zum mehr oder minder überirdischen Wesen als Effekt einer perspektivischen Wahrnehmung, die sich dem Vergleich mit dem ziemlich bodenständigen Ehemann verdankt. Diese perspektivische Gegenüberstellung wirkt freilich ebenso auf ihn selbst zurück, und so charakterisiert der Erzähler schon bald eine für ihn typische Mischung aus Unbeholfenheit, Naivität und Animalität:
»›Hüstle nicht, Gabriele‹, sagte dann Herr Klöterjahn. ›Du weißt, daß Doktor Hinzpeter zu Hause es dir extra verboten hat, darling, und es ist bloß, daß man sich zusammennimmt, mein Engel. Es ist, wie gesagt, die Luftröhre‹, wiederholte er. ›Ich glaubte wahrhaftig, es wäre die Lunge, als es losging, und kriegte, weiß Gott, einen Schreck. Aber es ist nicht die Lunge, nee, Deubel noch mal, auf so was lassen wir uns nicht ein, was, Gabriele? Hö,hö!‹
›Zweifelsohne‹, sagte Doktor Leander und funkelte sie mit seinen Brillengläsern an.
Hierauf verlangte Herr Klöterjahn Kaffee, – Kaffee und Buttersemmeln, und er hatte eine anschauliche Art, den K-Laut ganz hinten im Schlunde zu bilden und ›Bottersemmeln‹ zu sagen, daß jedermann Appetit bekommen mußte.« (S. 166).
Es bedarf kaum der Erläuterung, inwiefern Thomas Mann hier in gewohnter Manier mit allen Registern seiner Ironie spielt und dabei kaum jemanden unbeschädigt beläßt. Gerichtet wird zunächst natürlich Klöterjahn, dessen zärtliche und besorgte Rede an seine Frau sogleich durch seine unmittelbar folgenden groben Worte, aber dann zumal durch seinen entwickelten Appetit Lügen

Seite ihres Vaters in den heimischen Garten trat. Wie sie selbst betont (S.177), war es ausdrücklich nicht der väterliche Wille, der sie zu dieser Ehe gedrängt hat. Der Vater war vielmehr eher zurückhaltend. Hier bestimmt also gerade nicht das topische – im Hause Buddenbrook wohlbekannte – Motiv der Verheiratung zum Nutzen des Firmenkapitals den Fortgang des Geschehens, sondern allein die spontane Sympathie der etwas zerbrechlichen Gabriele für dieses Urbild der Gesundheit, nichts als ihre Liebe also drängt sie zum Eheschluß.

Im Hinblick auf Späteres lohnt es, bereits hier einen ersten Blick auf den Zusammenhang der Handlung dieser *Novelle* mit dem Geschehen des in ihrem Titel genannten *Tristan* zu werfen. Kaum zufällig nämlich findet die erste Begegnung der Gabriele mit ihrem künftigen Ehemann im Garten ihres Hauses statt. Der Garten vor Isoldes Gemach ist bekanntlich auch der Ort, an dem der zweite Akt von Wagners *Tristan und Isolde* spielt; und so wie Klöterjahn »aus dem

---

gestraft wird. Aber auch um den heimischen Arzt Dr. Hinzpeter und seine Fertigkeiten scheint es nicht sonderlich gut bestellt zu sein. Im Grunde hätte es nur dieses Namens bedurft, um die Zweifel des Lesers an seiner Kompetenz zu wecken; und in der Tat wird sich sehr bald herausstellen, daß dieses Zeichen auch diesmal nicht trügt. Denn seine Diagnose, Gabriele Klöterjahn leide an der Luftröhre, wird sich als fataler Irrtum herausstellen. Dies belegt im Grunde schon der Blick Dr. Leanders, mit der er auf die betreffende Feststellung Klöterjahns reagiert und der seine scheinbare Zustimmung (»Zweifelsohne«) nur noch als bloße Höflichkeit erscheinen läßt. Doch auch hier läßt der Text keine rechte Möglichkeit, allein das Taktgefühl des Klinikleiters wahrzunehmen, denn, so heißt es, er »funkelte sie mit beiden Brillengläsern an.« Sein Blick – das weiß jeder Hoffmann-Leser – gewinnt solchermaßen einen diabolischen Zug. Der leise Zweifel, der sich damit an der moralischen Integrität Dr. Leanders einstellt, wird sich seinerseits am Ende der Novelle bestätigen. Denn als es um den Zustand Gabriele Klöterjahns Ernst wird, übergibt er die Behandlung seinem Adjutanten Dr. Müller: »Doktor Leander untersuchte sie, und sein Gesicht war steinkalt. Dann verordnete er, was die Wissenschaft vorschreibt: Eisstückchen, Morphium, unbedingte Ruhe. Übrigens legte er am folgenden Tag wegen Überbürdung die Behandlung nieder und übertrug sie an Doktor Müller, der sie pflicht- und kontraktgemäß in aller Sanftmut übernahm.« (S. 187) Daß es wirklich die Überlastung Dr. Leanders war, die ihn von seiner ärztlichen Betreuung der nun ernsthaft erkrankten und nicht mehr zu rettenden Gabriele Klöterjahn zurücktreten läßt, wird den aufmerksamen Leser kaum überzeugen. Denn schon am Beginn, wie auch nun noch einmal ausdrücklich festgestellt wird, hatte er erfahren, daß ein zweiter Arzt neben dem Klinikleiter für die Versorgung der Patienten zuständig ist und zwar »für die leichten Fälle und die Hoffnungslosen. Aber er heißt Müller und ist überhaupt nicht der Rede wert.« Vielleicht hätte es auch hier nicht einmal des Nachsatzes bedurft; die bloße Nennung auch dieses Namens hätte vermutlich bei dem für solche Dinge längst sensibilisierten Leser ein ähnliches Vertrauen in die Künste dieses Arztes wie im Falle Dr. Hinzpeters nahegelegt.

Gebüsch« (S. 177) hervortrat, erblickt Isolde ihren herbeieilenden Geliebten in einem Baumgang.[8] Diese Gemeinsamkeit ist ebenso wichtig wie die Unterschiede zwischen beiden Szenen. Denn während in *Tristan und Isolde* nun eine ehebrecherische Liebesnacht beginnt, bahnt sich – am hellichten Tag – in der *Tristan*-Novelle die ziemlich bürgerliche, wenn auch auf spontane Zuneigung gegründete, Ehe der Klöterjahns an, in der es – anders als im Falle Markes – der Ehemann und Großhändler mit der Treue nicht ganz so genau nimmt. Gemeinsamkeiten und Unterschiede zwischen Manns Novelle und Wagners Musikdrama also überlagern sich schon hier. Wir werden später gerade dieses Spiel von Ähnlichkeiten und Unterschieden in der Beziehung zwischen beiden Texten als ein wesentliches Moment der Poetik von Manns Novelle erkennen können.

Wenn sich an der Figur der Gabriele Klöterjahn das mit ihr zitierte Modell der *décadence*, die biologische Degeneration einer bürgerlichen Familie im Zeichen der Kunst, gleichwohl nicht bestätigt, dann bricht sich dieses Konzept vor allem am Sohn der Klöterjahns. Denn Gabriele bringt keinen Hanno zur Welt, sie gebärt ihrem Mann einen vor Gesundheit strotzenden, feisten Säugling, der das genaue Ebenbild seines Vaters zu werden verspricht und dessen überbordender Lebensenergie die fragile Konstitution der Mutter rein gar nichts anhaben konnte. In der Abfolge *dieser* beiden Generationen erfüllt sich also das Prinzip, welches das, wie eingangs skizziert, wohl profilierteste theoretische Gegenmodell zum Konzept der *décadence* darstellt. Hier erfüllt sich das mit dem Namen Nietzsches verbundene Gesetz der ewigen Wiederkehr. Denn in seinem überaus vitalen Sohn kehrt die Natur des Vaters wieder. Indes wäre es verfehlt, dieses Prinzip der Wiederkehr gewissermaßen als die Antwort der *Tristan*-Novelle auf die *décadence*, als ihre Ablösung zu verstehen. Um es mit zwei Namen der Philosophie des 19. Jahrhunderts zu sagen, in dessen Bann auch die am Beginn des inzwischen seinerseits vergangenen Säkulums entstandene Novelle Manns noch immer steht: Hier trägt durchaus nicht Nietzsche den Sieg über Schopenhauer davon. Denn die Repräsentanten des Gegenmodells der *décadence* fallen kaum weniger als der komische *décadent* Spinell der Ironie des Erzählers anheim. Auch ihre Vitalität wirkt nicht anders als komisch, und so wird die Wiederkehr des Vaters Klöterjahn in seinem Sohn ihrerseits ironisiert.

8 Sämtliche Zitate aus und Hinweise auf Wagners *Tristan und Isolde* nach folgender Ausgabe: Richard Wagner, *Dichtungen und Schriften*, hg. v. D. Borchmeyer, IV, Tristan und Isolde. Die Meistersinger von Nürnberg. Parsifal, Frankfurt am Main 1983, S. 40.

Bereits bei seinem ersten Auftreten zwingt sein nachgerade animalisches Naturell, dessen verschlingendes Wesen schon für den bloßen optischen Eindruck seine ganze Umgebung zu vereinnahmen scheint, zu herzlichem Lachen.[9]

Spielt also schon die Ironie der Erzählung die *décadence* und Nietzsches Gegenmodell der ewigen Wiederkehr gegeneinander aus, so bestätigt sich diese Ambivalenz durch den Verlauf der Erzählhandlung. Denn beide Konzepte besitzen jeweils partielle Geltung. Gabriele Klöterjahn ist ja in der Tat ein musikalisch begabter, kränklicher Sproß einer alten bürgerlichen Familie, und sie stirbt in frühem Alter. Doch zugleich ist sie die Mutter eines urgesunden Sohnes, in dem sich alle Vitalität des Vaters ohne die geringste Spur der kränkelnden Mutter wiederholt. Sie, Gabriele Klöterjahn, geb. Eckhof, die bezeichnenderweise von der beißenden Ironie des Erzählers wie kaum eine zweite Figur dieser Novelle verschont bleibt,[10] ist deshalb die zentrale Gestalt im Personal von Manns Erzählung; denn in ihrer Person überkreuzen sich beide Konzepte. An ihr bestätigt sich das Modell der *décadence*, wie es zugleich in Frage gestellt wird. Solchermaßen aber begibt sich dieser Text in einen Skeptizismus gegenüber der Erkenntnis und der Erklärbarkeit des Lebens – jener Kategorie, die wie keine zweite ein epistemisches Zentrum des zeitgenössischen Diskurses bildet. Das Leben, so scheint die Bot-

---

9 »Gleichzeitig mit Herrn Klöterjahn aber war eine üppige, ganz in Rot, Schottisch und Gold gehüllte Person in >Einfried< eingetroffen, und sie war es, die auf ihrem Arme Anton Klöterjahn den Jüngeren, den kleinen gesunden Anton trug. Ja, er war da, und niemand konnte leugnen, daß er in der Tat von einer exzessiven Gesundheit war. Rosig und weiß, sauber und frisch gekleidet, dick und luftig lastete er auf dem nackten, roten Arm seiner betreßten Dienerin, verschlang gewaltige Mengen von gehacktem Fleisch, schrie und überließ sich in jeder Beziehung seinen Instinkten.« (S. 188).

10 Ganz bleibt freilich auch sie, wie sollte es im Falle Thomas Manns schließlich anders sein, von ironischen Winken nicht verschont. Erwähnt sei nur der schon bemerkte Umstand, daß sich die etwas zerbrechliche Frau einem ziemlich ungehobelten Mann in spontaner Sympathie zuwendet, welche Neigung ihrer anderweitigen Zuneigung zu dem skurrilen Spinell nicht im Weg zu stehen scheint. Wenn ich die Ironie dieser Novelle als mitunter beißend bezeichnet habe, dann deshalb, weil auch das nicht vor ihr verschont bleibt, was sich ihr zu entziehen scheint. So wird etwa nicht nur das pralle Leben im Zeichen dekadenter Sublimierung der Lächerlichkeit anheimgegeben, auch das Umgekehrte gilt, und selbst die Krankheit bleibt nicht verschont von ironischer Distanzierung. Zu Beginn der noch des näheren zu besprechenden Szene, in der ein Großteil der Gesellschaft des Sanatoriums sich auf eine Ausfahrt begibt, heißt es: »Ruhe herrschte in >Einfried<. Die Expedition war vor Abend nicht zurückzuerwarten. Die >Schweren< lagen in ihren Zimmern und litten.« (S. 180). *Qui parle?* möchte man mit Gérard Genette fragen.

schaft von Manns *Tristan* zu lauten, entzieht sich aller Theorie. Diese Novelle praktiziert gewissermaßen das *epécho* der Skepsis als narrative Strategie. Sie konfrontiert anhand des Verlaufs des Geschehens, ganz wie es dem Programm der pyrrhonischen Skepsis entspricht, zwei zueinander in Widerspruch stehende Sätze, die gleichermaßen Geltung beanspruchen können. Als Konsequenz aus dieser Geltung des Widersprüchlichen, in der sich alle Möglichkeit zur Identifikation der Wahrheit verliert, enthält sie sich des Urteils.[11]

---

11 In dieser skeptischen Attitüde, mit der die *décadence* gleichermaßen der Ironie anheimfällt wie das Gegenmodell des Konzepts einer ewigen Wiederkehr, scheint mir denn auch der entscheidende Unterschied gegenüber dem Modell der *Buddenbrooks* zu liegen, das die *Tristan*-Novelle, wie gesehen, zitiert. Beide Texte sind in unmittelbarer zeitlicher Nähe zueinander entstanden. Die *Buddenbrooks*, 1901 erschienen, schrieb Thomas Mann 1897-1900, *Tristan* entstand 1901 und erschien erstmals 1903 in dem Sammelband *Tristan. Sechs Novellen*. Gerade diese zeitliche Nähe aber macht den Bezug zwischen beiden Texten, welcher in *Tristan* selbst angedeutet wird, um so virulenter. Wollte man diese Beziehung zwischen beiden Texten auf eine – vielleicht allzu – einfache Formel bringen, so ließe sich der Weg von den *Buddenbrooks* zu *Tristan* als die Ablösung des Pessimismus der Dekadenz durch die Skepsis beschreiben. Denn ungeachtet der Tatsache, daß schon in den *Buddenbrooks*, deren Familienname kurioserweise mit demjenigen des Sekundanten des Crampas in Fontanes *Effi Briest* identisch ist, sich Ansätze zur Ironisierung der *décadence* finden, folgt der in diesem Roman erzählte Handlungsverlauf gleichwohl einem Modell der Dekadenz. Die betreffenden Spuren der Ironisierung sind am deutlichsten wohl an der Gestalt des Christian Buddenbrook zu bemerken. Allerlei Berufe beginnt er, ohne je einen rechten zu finden, und wird so zu einer Parodie des Dilettanten. Merkwürdige Leiden pflegt er; so klagt er darüber, daß auf einer Seite seines Körpers alle Nerven zu kurz geraten seien. All dies sind unverkennbare Hinweise auf typische Eigenheiten der Dekadenz-Literatur oder doch zumindest der Figur eines *décadent*, und diese Hinweise treten ebenso unverkennbar als eine Ironisierung in Erscheinung. Doch ungeachtet *dieser* ironischen Distanzierung folgt der Ablauf der Geschichte insgesamt, von der die *Buddenbrooks* berichten, einem Modell der *décadence*. Der Roman erzählt, wie ja schon sein Untertitel besagt, die Geschichte des Verfalls einer Familie. Die wachsende Prosperität und mit ihr einhergehende Verfeinerung der Lebensumstände ist verbunden mit physischem Verfall, der sich allein schon an dem abnehmenden Lebensalter der männlichen Protagonisten und Firmenleiter ablesen läßt. Durch die Ehe mit der Geigerin Gerda zieht schließlich die Kunst im Hause *Buddenbrook* ein und wird der schon etwas brüchig gewordenen Vitalität dieser Familie im fast möchte man sagen buchstäblichen Sinn den Todesstoß versetzen. Denn der der Musik verfallene Sohn des Thomas, Hanno, der sich in Improvisationen am Klavier ergeht, die allesamt den Geist des *Tristan* zu beschwören, im Grunde freilich wohl eher zu imitieren scheinen, erliegt noch als ein halbes Kind einer Typhuserkrankung. So instrumentiert der Handlungsverlauf der *Buddenbrooks* noch einmal die dekadente Allianz von kultureller Verfeinerung und biologischem Verfall, auch wenn sich Ansätze einer Ironisierung des Modells der *décadence*, wie in der Figur des Christian, be-

II

Diese skeptische Botschaft aber bildet nicht das letzte Wort und gewiß nicht das eigentliche Kennzeichen der Poetik dieser Novelle. Sie bildet vielmehr die Folie, vor deren Hintergrund sich ihre Poetik erst formiert. Um diese Poetik zu rekonstruieren, haben wir uns nun genauer der Beziehung zwischen Manns Novelle und Wagners Musikdrama zuzuwenden. Es wird sich dabei für Manns Erzählung als wesentlich herausstellen, daß *Tristan und Isolde* zumindest in doppelter Weise in diesem Text gegenwärtig ist. Plakativ ist diese Präsenz natürlich in der zentralen Szene der gesamten Novelle, in der Gabriele Klöterjahn, animiert durch Spinell, aus dem Klavierauszug der *Tristan*-Partitur spielt. Doch nicht nur durch diese ›Aufführung‹ ist Wagners Musikdrama in Manns Erzählung präsent. Wie an einem Detail schon beobachtet, finden sich allenthalben motivische Spuren, die das Geschehen der Novelle durchziehen – Spuren freilich, die – wie im oben zitierten Beispiel ebenfalls schon zu bemerken war – auch in die Irre führen. Wir werden uns deshalb zumal mit dem Verhältnis zwischen der expliziten und der impliziten Präsenz des Wagnerschen *Tristan* zu beschäftigen haben.

Beginnen wir mit der expliziten Präsenz von Wagners Musikdrama in der zentralen Szene der Novelle. Die meisten Insassen des Sanatoriums brechen zu einer gemeinsamen Ausfahrt, zu einer Schlittenpartie auf. Gabriele Klöterjahn beschließt indes, zu Hause zu bleiben. So erstaunt es niemanden, daß auch Herr Spinell es vorzieht, das Sanatorium nicht zu verlassen. Denn zwischen beiden hat sich eine allseits bemerkte Sympathie entwickelt. So sehr die Gattin des Herrn Klöterjahn ihrem biederen, wenn auch durchaus nicht grundsoliden Ehemann zugetan ist, auch für den etwas verrückten Litera-

---

reits bemerken lassen. Es hat den Anschein, als radikalisiere die *Tristan*-Novelle diese Ansätze zu einer grundsätzlicheren Distanzierung gegenüber der *décadence*, um sie nun für die Struktur der Handlung selbst wirksam werden zu lassen. Zur strukturellen Figur aber wird diese ironische Distanzierung durch die Konfrontation mit der Ironisierung auch des Gegenmodells der *décadence*, Nietzsches Idee der *ewigen Wiederkunft*. Dieser wechselseitigen Ironisierung entspricht, wie gesehen, die jeweils partielle Geltung beider Modelle. Denn sowohl die zerstörerischen Wirkungen der Kunst in dem fragilen Sprößling aus einem alten hanseatischen Handelshaus wie die Geburt eines allzu vitalen Kindes eines ebenso vitalen Vaters, welcher Nachkommenschaft auch das Erbe der kränkelnden Mutter nichts anhaben kann, setzt diese Novelle in Szene. Mit dieser Gegenüberstellung einander gegenläufiger Konzepte aber begibt sich die Novelle in einen Skeptizismus, der den basalen Pessimismus der *Buddenbrooks* hinter sich läßt.

ten Spinell hegt sie durchaus positive Gefühle. Noch einmal bestätigt sich hieran die skizzierte und für die Struktur dieser Novelle kapitale Ambivalenz der Gestalt der Gabriele Klöterjahn, die sich, wie erwähnt, ebenso zum Urbild aller Gesundheit wie zu dem etwas heruntergekommenen *décadent* hingezogen fühlt. Auch hier scheint das eine das andere durchaus nicht auszuschließen. Unverkennbar zitiert schon der Beginn des betreffenden Kapitels 8, das mit der Schilderung der Landpartie beginnt, den zweiten Aufzug von *Tristan und Isolde*. Denn auch hier bricht eine Jagdgesellschaft auf, freilich nicht zum bloßen Amusement, sondern eben zur Jagd; und so wie sich bei Wagner allmählich der Hörnerklang der Jagdgesellschaft in der Ferne verliert, so wird in Manns Novelle der Schall der Schellen und Peitschen der Schlitten immer leiser, bis »das frohe Geräusch sich verlor«. (S. 180). Man sollte freilich auch die Unterschiede in der Regie der jeweiligen Szene nicht ganz übersehen. An die Stelle einer lauen Sommernacht, die als solche schon zum amourösen Abenteuer einladen mag, tritt in der *Tristan*-Novelle ein Frosttag im Februar, »reiner und leuchtender als alle, die vorhergegangen waren.« (S. 179). Über die Feier der Schönheit dieses Tages mag man fast vergessen, daß er zu besonderen Gefühlseffusionen vergleichsweise wenig Anlaß gibt. Verständlicherweise finden deshalb alle weiteren Geschehnisse im Saal statt, näherhin im Konversationszimmer des Sanatoriums, in dem sich – von entscheidender Bedeutung für alles Kommende – ein Flügel befindet. In diesem Raum treffen nach kurzer Zeit Spinell, Frau Klöterjahn und ihre mütterliche Freundin, die Magistratsrätin Spatz zusammen, deren Eigenname auch in diesem Fall der würdigen sozialen Stellung einen Strich durch die Rechnung macht. Es wird sich bald zeigen, warum. Der Leser, bereits durch den Titel der Novelle hellhörig geworden und deshalb allenthalben auf Spuren des Wagnerschen Musikdramas aufmerksam, wird angesichts der bereits erwähnten unverkennbaren Parallelen zum zweiten Akt von *Tristan und Isolde* kaum umhin können, in diesem Dreigespann das Zitat der Personenkonstellation von Tristan, Isolde und Brangäne zu entdecken. Doch, wie sich zeigen wird, sollte vor allem die Magistratsrätin Spatz in ihrem Wächteramt kläglich versagen.

Anfänglich weigert sich Gabriele Klöterjahn, Herrn Spinells Drängen nachzugeben und sich ans Klavier zu setzen. Ihr Hausarzt wie Doktor Leander haben es ihr um ihrer Gesundheit willen strengstens untersagt. Doch schließlich beugt sie sich seinem Wunsch und beginnt zu spielen – mit tödlichem Ausgang, wie der andere Tag belegen wird. Die intertextuelle Folie dieser Situation ist kaum zu übersehen und in der Forschung denn auch schon bemerkt worden.

Natürlich spielt sie auf E.T.A. Hoffmanns Erzählungen an, näherhin auf seine Erzählung *Rat Krespel* aus den Serapionsbrüdern,[12] die Jacques Offenbach seinerseits auf die Opernbühne holen sollte. Denn auch der Antonia-Akt der *Contes d'Hoffmann* hat die Geschichte einer Sängerin zur Grundlage, der es aus Furcht um ihr Leben verboten ist zu singen und die sich dennoch dazu überreden läßt und ihren Leichtsinn mit dem Tod bezahlt.

Das erste Stück, das Gabriele in dem langsam dunkel werdenden Raum spielt, ist ein Chopinsches *Nocturne*, das berühmteste aus der Sammlung dieser romantischen Nachtstücke, in Es-Dur, opus 9, Nr. 2. Sodann aber entdeckt der begeisterte Spinell den Klavierauszug von *Tristan und Isolde*. Der Titel dieses Werks wird zwar an keiner Stelle ausdrücklich erwähnt, doch schon kurz nachdem die recht geschickte Pianistin mit dem Vorspiel beginnt, gibt es keinen Zweifel, um welche Oper es sich handelt:

> Er saß neben ihr, vornübergebeugt, die Hände zwischen den Knien gefaltet, mit gesenktem Kopfe. Sie spielte den Anfang mit einer ausschweifenden und quälenden Langsamkeit, mit beunruhigend gedehnten Pausen zwischen den einzelnen Figuren. Das Sehnsuchtsmotiv, eine einsame und irrende Stimme in der Nacht, ließ leise seine bange Frage vernehmen. Eine Stille und ein Warten. Und siehe, es antwortet: derselbe zage und einsame Klang, nur heller, nur zarter. Ein neues Schweigen. Da setzt mit jenem gedämpften und wundervollen Sforzato, das ist wie ein Sich-Aufraffen und seliges Aufbegehren der Leidenschaft, das Liebesmotiv ein, stieg aufwärts, rang sich entzückt empor bis zur süßen Verschlingung, sank, sich lösend, zurück, und mit ihrem tiefen Gesange von schwerer, schmerzlicher Wonne traten die Celli hervor und führten die Weise fort... (S. 184)

Schon die Beschreibung von Spinells Haltung, der angesichts der soeben einsetzenden *Tristan*-Musik mit gefalteten Händen dasitzt, beschwört jene weihevolle, quasi-religiöse Aura, die Wagners Musikdrama in der Wahrnehmung durch die Zeitgenossen umgibt. Dem andächtigen Zuhören Spinells korrespondiert das ekstatische Spiel der einfühlsamen Pianistin. Es ist von besonderem Belang, daß die Aura des Religiösen schließlich auch die Paraphrase des Textes selbst erfaßt. »Und siehe« heißt es, und zitiert ist damit offenkundig jene Formel, die in der Bibel zu den topischen Markierungen des Unerwarteten, dessen, was sich übernatürlicher Fügung verdankt, gehört. Das Mysterium der Liebe, die Vereinigung zweier Gleichgesinnter,

12 Vgl. in diesem Sinn bereits L. Kirchberger, »Thomas Manns *Tristan*«, in: *The Germanic Review* 36 (1961), S. 282-97.

nimmt seinen Lauf. Überhaupt verdient diese Paraphrase des Tristan-Vorspiels weitere Beachtung. Sie setzt sich im Grunde aus zwei Bestandteilen zusammen. Zum einen besteht sie aus der Rede eines offensichtlich musikverständigen Erzählers, der die Partitur des *Tristan* recht genau kennt und deshalb ebenso die korrekten Namen der Leitmotive zu nennen weiß, wie er Wagners dynamische Angaben (»sforzato«) aus dem Kopf wiederzugeben versteht. Der Erzähler also ist selbst ein Eingeweihter, und so hört er denn am Ende aus dem Baß des Klaviers die Celli heraus, die Wagner eigentlich für diese Töne vorgesehen hatte. Diese technisch-musikalische Beschreibung des *Tristan*-Vorspiels verbindet sich nun mit einer weiteren Komponente, nämlich mit einer narrativen. Aus den Klängen des Vorspiels liest der Erzähler auch schon, durchaus im Sinne des Dichter-Komponisten, jene Geschichte der unerwarteten Begegnung und Vereinigung zweier Liebender heraus, der das Vorspiel in der Tat präludiert. Es ist genau diese narrative Komponente der Paraphrase, die im folgenden die Grenze zwischen Wagners Musik und den Geschehnissen im Konversationszimmer des Sanatoriums *Einfried* verschwimmen läßt:

> Nicht ohne Erfolg versuchte die Spielende, auf dem armseligen Instrument die Wirkungen des Orchesters anzudeuten. Die Violinläufe der großen Steigerungen erklangen mit leuchtender Präzision. Sie spielte mit präziöser Andacht, verharrte gläubig bei jedem Gebilde und hob demütig und demonstrativ das Einzelne hervor, wie der Priester das Allerheiligste über sein Haupt hebt. Was geschah? Zwei Kräfte, zwei entrückte Wesen strebten in Leiden und Seligkeit nacheinander und umarmten sich in dem verzückten wahnsinnigen Begehren nach dem Ewigen und Absoluten... Das Vorspiel flammte auf und neigte sich. Sie endigte da, wo der Vorhang sich teilt, und fuhr dann fort, schweigend auf die Noten zu blicken. (S.184)

Der Wirkung dieses Klavierspiels scheint sein sich etwas pedantisch ausnehmender Eifer, der Demut und Demonstration zu verbinden trachtet, keinen Abbruch zu tun. Übrigens fragt sich, ob diese Charakteristik von Gabriele Klöterjahns Klavierkünsten nicht zugleich eine höchst prominente Kritik aller dekadenten Kunst zitiert. Denn es war kein geringerer als Nietzsche selbst, der – aus einem unverkennbar klassizistischen Kunstverstand heraus – der *décadence* vorgeworfen hat, sie privilegiere – als Ausweis ihrer Minderwertigkeit – das Detail gegenüber dem Ganzen.[13] Ganz in diesem Sinne heißt es

13 Vgl. etwa seine diesbezüglichen Bemerkungen in *Der Fall Wagner*: »Ich halte mich diesmal nur bei der Frage des *Stils* auf. – Womit kennzeichnet sich jede *literarische décadence*? Damit, daß das Leben nicht mehr im Ganzen wohnt. Das Wort wird souverän und springt aus dem Satz heraus, der Satz greift über und

auch an dieser Stelle von der Pianistin im Konversationszimmer des Sanatoriums *Einfried*, sie »verharrte gläubig bei jedem Gebilde und hob demütig und demonstrativ das Einzelne hervor«. Wollte man diesen Kommentar also aus der kritischen Perspektive Nietzsches lesen, so wäre die bemerkte gläubige Demut gegenüber jeder Einzelheit nur die Kehrseite des schlechten Geschmacks aller *décadents*. Indessen wird auch der Erzähler solche Distanz nicht wahren, wir werden vielmehr beobachten können, wie er mehr und mehr beim Anhören dieser Musik und nicht zuletzt durch seine eigene Paraphrase den beiden Entflammten in diesem Raum ähnlich wird. Daß ungeachtet des armseligen Instruments und der nicht vollkommenen, wiewohl durchaus bemerkenswerten Fertigkeiten der Pianistin Wagners Musik auch hier ihre Wirkung nicht verfehlt, erklärt sich letztlich daraus, daß man hier im Grunde nicht ihr Spiel, sondern eine längst vertraute Musik hört, die musikalische Ikone aller *décadents*, die auch der seinerseits nun der Musik lauschende Erzähler längst verinnerlicht hat. Deutlich wurde dies bereits am Ende des ersten Absatzes, den wir aus der Paraphrase der Tristanmusik zitiert hatten, hieß es doch dort, daß die »Celli« hervortraten, die nur ein Eingeweihter aus dem Klang des Klaviers heraushören kann. So geht die Szene im Kaminzimmer in die Imagination von Wagners Werk selbst über, und diese zunächst auf die Wahrnehmung der Musik beschränkte Identifikation bezieht schon bald die an ihr beteiligten Personen ein.

Letzteres geht nicht zuletzt aus der Antwort hervor, die der Erzähler auf die von ihm selbst gestellte Frage, »Was geschah?« gibt. Denn es läßt sich schon von dieser Frage selbst nicht mehr genau sagen, worauf sie sich genau bezieht. Ist es noch die Erinnerung an das Sujet des Wagnerschen Musikdramas, die hier zu Wort kommt? Oder macht die Beschreibung der Musik nicht auch schon namhaft, was sich in diesem Raum, im Konversationszimmer des Sanatoriums *Einfried*, als Wirkung der Musik an diesem Abend ereignet? Die Paraphrase aber wird auf diese Weise zu einer Demonstration der Wirkung dieser Musik, welcher augenscheinlich auch der Erzähler anheimfällt. Diese Paraphrase erzeugt selbst, was sie darstellt, und zwischen beidem läßt sich nicht mehr unterscheiden. Kunst und Leben werden im Zeichen des Wagnerschen *Tristan* ununterscheidbar. Hier scheint sich das Programm der *décadence* nachgerade in Rein-

verdunkelt den Sinn der Seite, die Seite gewinnt Leben auf Unkosten des Ganzen – das Ganze ist kein Ganzes mehr. Aber das ist das Gleichnis für jeden Stil der *décadence*: jedesmal Anarchie der Atome, Disgregation des Willens, ›Freiheit des Individuums‹, moralisch geredet – zu einer politischen Theorie erweitert ›*gleiche* Rechte für alle‹«. (Nietzsche [wie A 4], III, S. 917)

kultur zu verwirklichen. Die Verwischung der Grenze zwischen den Wirklichkeitsebenen aber ist ein Effekt der Paraphrase, der literarischen Transposition des musikalischen Kunstwerks selbst. Sie ist – in anderen Worten gesagt – weit mehr ein Effekt des Wagnerismus als Wagners selbst. Sie ist determiniert durch eine spezifische Wahrnehmung seines Musikdramas, die in den hymnischen Worten des Erzählers zum Ausdruck gebracht ist.

So setzt die Erzählung hier ein komplexes Spiel zwischen den Ebenen von Realität und Kunst in Gang. Die anfangs mit unverkennbaren motivischen Zitaten aus Wagners *Tristan* versehene Szenerie dieses Kapitels der – fast – gleichnamigen Novelle Manns ersetzt das Geschehen schließlich durch die Darbietung des Kunstwerks, das diese Szene zugleich zitiert. Im Zeichen dieses Kunstwerks, dessen Töne die Paraphrase des Erzählers in Worte verwandelt, verschwimmen das Wagnersche Werk und die Wirklichkeit des Augenblicks. Die Worte, welche die Musik ersetzen, vollziehen also zugleich ihre Wirkung. Doch just im Augenblick der intensivsten Identifikation von Kunst und Leben wird ihre Konvergenz ziemlich unsanft durch den drastischen Einbruch des Lebens gestört:

> Unterdessen hatte bei der Rätin Spatz die Langeweile jenen Grad erreicht, wo sie des Menschen Antlitz entstellt, ihm die Augen aus dem Kopf treibt und ihm einen leichenhaften und furchteinflößenden Ausdruck verleiht. Außerdem wirkte diese Art von Musik auf ihre Magennerven, sie versetzte diesen dyseptischen Organismus in Angstzustände und machte, daß die Rätin einen Krampfanfall befürchtete.
> »Ich bin genötigt, auf mein Zimmer zu gehen«, sagte sie schwach. »Leben Sie wohl, ich kehre zurück...«. (S. 184)

Spätestens an dieser Stelle verläßt die Magistratsrätin die Rolle der sorgsamen Wächterin Brangäne; und ironischerweise ist es gerade die Wirkung der Musik, welche die Identifikation mit der schon durch das Arrangement der Szene zitierten Gemeinsamkeit mit der Situation in Wagners Musikdrama stört. Dem bedingungslosen Willen zur Identifikation der einen (Gabriele Klöterjahn, Spinell, der Erzähler) steht das nicht minder deutlich vorgeführte Unverständnis der Magistratsrätin Spatz gegenüber, deren – in ihrem Namen kenntlich gemachte – zutiefst bürgerliche Existenz sie angesichts des Wagnerschen Kunstwerks schlicht ratlos macht – eine Ratlosigkeit, die sich bis zu physischer Fassungslosigkeit auswirkt. Eben diese letztere Reaktion hat dafür zu sorgen, daß die – zum anderen vom Text durchaus suggerierte – Distanz gegenüber aller Wagneristischen Schwärmerei nicht mit der Antwort der Magistratsrätin Spatz verwechselt werden soll. Auch ihr Unverständnis ist im Grunde nicht ›besser‹ als die Begeisterung der enthousiasmierten anderen. Es ist zutiefst kennzeichnend für Manns ironische Haltung, daß jegliches *repräsentiertes*, d. h. Explizität gewinnendes Verhalten, stets ironieträchtig ist. ›Wahrheit‹ scheint ein solcher Gestus des Erzählens nur noch in Gestalt der Negation und damit zugleich der Suggestion zu kennen. Alles, was ausdrücklich wird, und dies bedeutet auch: alles, was sich faktisch in der erzählten Welt zuträgt, steht ironischer Brechung offen.

So drastisch auch ›das Leben‹ in ziemlich manifester Weise mit der Unpäßlichkeit der Magistratsrätin Spatz in diese kunst-metaphysische Aura des *Tristan* einbricht, bezeichnenderweise kann auch dieser Störfall den euphorischen Erzähler nicht lange beirren. In der Paraphrase des nun erklingenden zweiten Akts erreicht seine Feier dieser Musik, die den Unterschied von Kunst und Leben verschwinden lassen möchte, vielmehr ihren Höhepunkt:

> O überschwenglicher und unersättlicher Jubel der Vereinigung im ewigen Diesseits der Dinge! Des quälenden Irrtums entledigt, den Fesseln des Raumes und der Zeit entronnen, verschmolzen das Du und das Ich, das Dein und Mein sich zu erhabener Wonne. Trennen konnte sie des Tages tückisches Blendwerk, doch seine prahlende Lüge vermochte die Nachtsichtigen nicht mehr zu täuschen, seit die Kraft des Zaubertrankes ihnen den Blick geweiht. Wer liebend des Todes Nacht und ihr süßes Geheimnis erschaute, dem blieb im Wahn des Lichtes ein einzig Sehnen, die Sehnsucht hin zur heiligen Nacht, der ewigen, wahren, der einsmachenden...
> O sink hernieder, Nacht der Liebe, gib ihnen jenes Vergessen, das sie ersehnen, umschließe sie ganz mit deiner Wonne und löse sie los von der Welt des Truges und der Trennung. Siehe, die letzte Leuchte verlosch! Denken und Dünken versank in heiliger Dämmerung, die sich welterlösend über des Wahnes Qualen breitet. Dann, wenn das Blendwerk erbleicht, wenn in Entzücken sich mein Auge bricht: das, wovon die Lüge des Tages mich ausschloß, was sie zu unstillbarer Qual meiner Sehnsucht täuschend entgegenstellte, – *selbst* dann, o Wunder der Erfüllung! Selbst dann bin ich die Welt. – Und es erfolgte zu Brangänens dunklem Habet-Acht-Gesange jener Aufstieg der Violinen, welcher höher ist als alle Vernunft. (S. 185)

Dies ist – unverkennbar – noch einmal eine Paraphrase der *Tristan*-Musik. Der letzte Satz der beiden hier zitierten Absätze, der den aus Paulus bezogenen Segensspruch der lutherischen Liturgie zitiert, um damit die betörenden Violinklänge bei Brangänes »Habet Acht-Rufen« zu kennzeichnen, macht dies unmißverständlich kenntlich. Das Raffinement dieser Paraphrase aber besteht darin, daß sich die Rede des Erzählers versatzstückartig einer ganzen Fülle von Zitaten aus den Worten bedient, die in Wagners Musikdrama die Protagonisten zu diesen Klängen im zweiten Akt singen, um diese Worte zugleich – vordergründig nur unwesentlich, im Effekt aber maßgeblich – zu verändern. Die entscheidende Verwandlung besteht in der Transformation der Figurenrede in Erzählerrede. Was im *Tristan* selbst Vorstellung oder Wunsch, was sozusagen im Optativ der Liebenden verbleibt, die sich mit Schopenhauerschen Anleihen ins Jenseits des Tages und Truges versetzen möchten (und dabei leichtfertig vergessen, daß der Zitierte selbst ihre Liebe als Teil des Willens begriffen und damit als unüberwindliche Behinderung auf dem Weg zur Welterlösung verstanden hätte), wird hier gewissermaßen zur Vollzugsmeldung. Auf diese Weise überspielt die Paraphrase der *Tristan*-Musik hier bezeichnenderweise den *Tristan* selbst. Das ist Wagnerismus, der Wagner verkehrt.

Genau diese Vertauschung von Wunsch und Wirklichkeit, die den Willen des begeisterten Hörers an die Stelle der Vorstellung der Protagonisten bei Wagner treten läßt, aber liefert die Basis für eine nochmalige Identifikation von Wagners Werk mit der Gegenwart des Augenblicks in Manns Novelle: *O sink hernieder, Nacht der Liebe, gib Vergessen, daß ich lebe; nimm mich auf in deinen Schoß, löse von der Welt mich los! Verloschen nun die letzte Leuchte; was wir dachten, was uns däuchte, all Gedenken, all Gemahnen, heil'ger Dämmrung hehres Ahnen löschte des Wähnens Graus welterlösend aus*: So singt Tristan an der wohl berühmtesten Stelle des zweiten Akts von Wagners Musikdrama.[14] Was er für sich selbst und Isolde als Effekt ihrer Liebe erfleht, das wünscht der Erzähler nun – wie der Wechsel des Tempus vom Präteritum ins Präsens unmißverständlich anzeigt – als Wirkung der jetzt erklingenden Musik für die beiden im Kaminzimmer des Sanatoriums *Einfried* Vereinten herbei. Kaum merklich verwandelt sich dabei zugleich der Duktus der Rede. *O sink hernieder, Nacht der Liebe, gib ihnen jenes Vergessen, das sie ersehnen, umschließe sie ganz mit deiner Wonne und löse sie los von der Welt des Truges und der Trennung. Siehe, die letzte Leuchte verlosch*: Das ist priesterliche Rede. Sie zitiert kaum überhörbar liturgisches Gebet, vorzugsweise Totengebet und Sündenlossprechung. Doch dem Zitat ist abgründig – mittels einer versteckten Anleihe beim *Requiem* – seine Verkehrung ins Gegenteil eingeschrieben: *Gib ihnen die ewige Ruhe und das ewige Licht leuchte ihnen*. Doch die vom Erzähler für Gabriele Klöterjahn und Spinell erflehte Ruhe findet sich allein im Dunkel der Nacht, und so verlischt denn – im Blick auf das insgeheim Zitierte pikanterweise – die letzte Leuchte.

14 Wagner, *Dichtungen*, S. 34.

Die Paraphrase von Wagners *Tristan*-Musik verwandelt die Worte, die zu ihr im *Tristan* selbst gesungenen werden, zu einer hochpriesterlichen Rede und läßt den Erzähler zum Magier des Augenblicks und seiner ekstatischen Beschwörung mutieren. Dabei steigert er sich selbst immer mehr in seine eigenen Phantasmagorien hinein. Erfleht er zunächst noch für die anderen das Vergessen der Liebesnacht (*gib i h n e n jenes Vergessen*), so tritt er schließlich selbst in die Rolle dessen, der an den Wirkungen jener Erlösung teilhaben möchte: *Dann, wenn das Blendwerk erbleicht, wenn in Entzücken sich m e i n Auge bricht*. Die Paraphrase gerät zu einer sich beständig steigernden Phantasmagorie, die ihre Wirkungen selbst erzeugt und deshalb den vom Rausch seiner eigenen Worte erfaßten Erzähler schließlich selbst zum Protagonisten seiner Rede geraten läßt. Subtil markiert der Text gerade mit der neuerlichen Beschreibung der Musik selbst, jener überirdisch schönen Geigenmelodie, die zu Brangänes Mahnung erklingt, indessen das Phantasmagorische dieser Paraphrase: *Und es erfolgte [...] jener Aufstieg der Violinen* heißt es schlicht. Hier holt die Musik selbst den Erzähler gewissermaßen auf den Boden ihrer eigenen Tatsachen zurück, denn nicht das ersehnte, soeben noch für gewiß erachtete Wunder der Verschmelzung von Ich und Welt ereignet sich, sondern es erfolgt eben – Musik. Und die Charakteristik dieser Musik ist ihrerseits von äußerstem Raffinement. Daß sie in Paulus' Worten »höher als alle Vernunft« genannt wird, kennzeichnet zum einen ihre in der Tat fesselnde Schönheit. Doch »höher als alle Vernunft« läßt auch an den Verlust des Realitätssinnes denken, den die Protagonisten dieser Szene erfahren und der sie zu letztlich komischen Gestalten geraten läßt.

Die Rede des Erzählers praktiziert zweifelsohne eine äußerst subtile Ironisierung eines Wagnerismus, gegen den Wagners *Tristan und Isolde* selbst ausgespielt wird.[15] Die tiefe Abgründigkeit dieser ironischen Distanzierung aber wird am Ende der Paraphrase des zweiten Akts ersichtlich. Es handelt sich um die Transposition jener Stelle, an der im Wagnerschen Musikdrama die wirklichkeitsvergessenen und dem Tag schon entrückt scheinenden Liebenden durch die Rückkehr der Jagdgesellschaft sehr brutal in die vermeintlich längst überwundene Welt des Tages zurückgeholt werden. Bei Thomas Mann sieht diese Stelle wie folgt aus:

15 Zumal an dieser Stelle wird der zutiefst ironische Zug dieser Paraphrase des Wagnerschen Musikdramas und seiner Musik in den Worten des Erzählers deutlich. Koppen [wie A 1], nimmt demgegenüber eine ironiefreie »literarische Umsetzung der *Tristan*-Musik und ihrer Wirkung« an (vgl. S. 189).

> Wie sie fassen, wie sie lassen, diese Wonne fern den Trennungsqualen des Lichts? Sanftes Sehnen ohne Trug und Bangen, hehres, leidloses Verlöschen, überseliges Dämmern im Unermeßlichen! Du Isolde, Tristan ich, nicht mehr Tristan, nicht mehr Isolde —-
> Plötzlich geschah etwas Erschreckendes. Die Spielende brach ab und führte ihre Hand über die Augen, um ins Dunkel zu spähen, und Herr Spinell wandte sich rasch auf seinem Sitze herum. Die Tür dort hinten, die zum Korridor führte, hatte sich geöffnet, und herein kam eine finstere Gestalt, gestützt auf den Arm einer zweiten. Es war ein Gast von ›Einfried‹, der gleichfalls nicht in der Lage gewesen war, an der Schlittenpartie teilzunehmen, sondern diese Abendstunde zu einem seiner instinktiven und traurigen Rundgänge durch die Anstalt benutze, es war jene Kranke, die neunzehn Kinder zur Welt gebracht hatte und keines Gedankens mehr fähig war, es war die Pastorin Höhlenrauch am Arme ihrer Pflegerin. Ohne aufzublicken, durchmaß sie mit tappenden, wandernden Schritten den Hintergrund des Gemaches und entschwand durch die entgegengesetzte Tür, – stumm und stier, irrwandelnd und unbewußt. – Es herrschte Stille. (S. 186).

»Ich kehre zurück«: Mit diesen Worten hatte sich die Magistratsrätin Spatz verabschiedet. In unerwarteter, unheimlicher Weise erfüllen sich nun ihre Worte. Denn nicht die durch den Überdruß an Wagners Musik entstellte und aus *diesem* Grund leichenhaft aussehende mütterliche Freundin der Gabriele Klöterjahn kehrt zurück. In dem Augenblick, in dem bei Wagner Kurwenal hereinstürzt, um seinen Herrn zu warnen, tritt die furchterregende Gestalt der völlig entkräfteten Pastorin auf, die neunzehn Kindern das Leben geschenkt hat und nun vom Tode gezeichnet ist. Die Abgründigkeit dieser Szene erwächst aus der Fülle der Bezüge, in die sie eingefügt ist und in der sich Ironisierung und nachgerade bedrohlicher Ernst in kaum mehr aufzulösender Weise überkreuzen. Auch den Auftritt der moribunden Pastorin begleiten noch einmal Zitate aus Wagners Tristan. *Stumm und stier, irrwandelnd und unbewußt* tritt sie in Erscheinung. ›Unbewußt – höchste Lust‹ aber ist jenes Schlüsselwort, mit dem in Isoldes Liebestod der *Tristan* endet. Insofern bildet diese finstere Gestalt das Zerrbild des Zustands, den die Liebenden für sich als Erlösung ersehnen.[16] Mag man dies noch einmal als ironische Distanzierung gegenüber der Mystik des *Tristan* lesen, so

16 Eine entsprechende Verwendung des Begriffs »unbewußt« läßt sich auch andernorts in Manns Novelle verfolgen. So heißt es schon am Beginn von dem Kutscher, der das Ehepaar Klöterjahn vom Bahnhof zum Sanatorium fährt: »Der Kutscher, welcher die Herrschaften von der Station zum Sanatorium gefahren hatte, ein roher, unbewußter Mann ohne Feingefühl, hatte geradezu die Zunge zwischen die Zähne genommen vor ohnmächtiger Behutsamkeit, während der Großkaufmann seiner Gattin beim Aussteigen behilflich war.« (S.

gilt dies nicht minder für den Namen dieser armseligen Gestalt. *Höhlenrauch* heißt sie, und dieser Name im Verbund mit der sozialen Rolle der Person, die ihn trägt, nimmt sich wiederum wie eine demaskierende Karikatur jener ganzen pseudo-religiösen Liebes- und Todesmystik aus – wohl nicht ohne mehr oder minder deutlich eine stillschweigende Allianz zwischen christlichem Glauben und der Surrogatreligion einer Tristan-Begeisterung nahezulegen (und dabei ganz souverän über alle konfessionellen liturgischen Unterschiede hinwegzusehen; denn ›Rauch‹ wird man wohl weniger mit jenem Bekenntnis assoziieren wollen, dem eine *Pastorin* unweigerlich angehört). Die skizzierte Abgründigkeit der also zum einen durchaus ironisch gebrochenen Szene des unvermittelten Auftritts der Pastorin Höhlenrauch aber entsteht durch ihren Zusammenhang mit dem weiteren Verlauf des Geschehens der Novelle. Denn unverkennbar ist diese Frau eine *figura mortis*. Sie deutet insofern auch auf den Tod der Gabriele voraus, deren Zustand sich – wahrscheinlich, wie die Logik der Handlung in dieser Novelle nahelegt, infolge ihres unbedachten, vom Arzt untersagten Klavierspiels – schon am anderen Tag rasant verschlechtert und die kurze Zeit später einem Blutsturz erliegen wird. Zwar nicht, wie die Pastorin Höhlenrauch, neunzehn Kindern hat Gabriele das Leben geschenkt und ihnen alle eigene Lebenskraft weitergegeben, wohl aber hat sie einen selten vitalen Sprößling zur Welt gebracht, der ihr die Lebenskraft vieler Kinder geraubt haben mag. So führt von der finsteren Pastorin, die urplötzlich in das Spiel der *Tristan*-Musik als eine *figura mortis* hereinbricht, nicht nur ein ironischer Weg zur unpäßlichen und deshalb leichenblassen Magistratsrätin Spatz zurück, sondern zugleich deutet sie auf den Tod der Gabriele Klöterjahn voraus. Denn es steht durchaus zu befürchten, daß das Spiel dieser magischen, todestrunkenen Musik ihr Ende beschleunigt hat. Die tiefe Abgründigkeit der Ironisierung des *Tristan* und seiner Stilisierung zum säkularen Mysterienspiel erwächst also aus der anderweitigen Wirksamkeit dieses Mythos, der ebenso – eben ironisch – demaskiert wird, wie seine Wirksamkeit davon zum anderen unberührt bleibt. Und was hier paradigmatisch an Wagners *Tristan und Isolde* exekutiert wird, das gilt für den Diskurs der *décadence* in Manns *Tristan*-Novelle schlechthin. Er fällt gleichermaßen der Ironie anheim, wie sich seine Geltung dessen ungeachtet nicht schlechthin ausschließen läßt.

Wie aber verhält sich, diese Frage hatten wir aufgeworfen, die ausdrückliche Vergegenwärtigung von Wagners Musikdrama zu den

165). ›Unbewußt‹ wird hier zum Signum einer Person, deren ungehobeltes Wesen gerade jener Verfeinerung hohnspricht, die sich die *décadents* als ihren wahren Adel gegenüber aller platten Alltäglichkeit zugute hielten.

vielfältigen Spuren dieses Textes, die in die Motivik von Manns Novelle verwoben sind? Es lohnt sich, zur Beantwortung dieser Frage noch einmal auf die Szene im Kaminzimmer zurückzukommen. Das Spiel der *Tristan*-Musik ist, wie gesehen, eingebettet in eine Situation, die ihrerseits die Geschichte des zweiten Akts von Wagners *Tristan und Isolde* aufruft. Doch diese zitathaften Spuren führen nicht zu Wagner allein; sie führen gleichermaßen zu Hoffmans Erzählungen. Wagners Musikdrama wird gewissermaßen kontextualisiert. Er rückt in ein Spiel intertextueller Verweise ein, das ihn zu *einem* Bestandteil der Romantik erklärt – ganz so wie die Nachtmusik seines zweiten Aufzugs in die Nähe von Chopins *Nocturnes* gerückt wird. Das Arrangement der Szene im Kaminzimmer schreitet gleichsam das Paradigma romantischer Nachtstücke ab. Wagners *Tristan und Isolde* aber wird durch eine solche Kontextualisierung historisiert und dadurch seiner (pseudo-)religiösen Aura entkleidet, die ihn aus aller Geschichte wie aus aller Vergleichbarkeit herauszulösen scheint. *Tristan und Isolde* verwandelt sich in ein Bildungsgut, das neben anderen steht und mit ihnen vielfältige Beziehungen unterhält – Beziehungen, die Manns Novelle zugleich sichtbar macht.

Solche Bezüge beschränken sich bei weitem nicht auf den unmittelbaren historischen Kontext von Wagners Musikdrama. Man hat zu Recht auf den Namen des Doktor Leander als ein Emblem des griechischen Mythos von Hero und Leander hingewiesen. In der Tat mag die Erwähnung dieses Mythos durch eine gewisse Nähe der antiken Sage zum Mythos des Tristan zu erklären sein. Denn hier wie dort finden die Liebenden durch die Umstände ihrer sozialen Welt nicht zueinander, und auch für Leander endet diese Liebe im Tod. Doch so signifikant solche Bezüge zwischen beiden Geschichten auch erscheinen mögen, ebenso bezeichnend ist, daß sie für die Geschichte, die Manns Novelle erzählt, im Grunde keine Rolle spielen, ja eine *fausse piste* legen. Denn Doktor Leander, der – wie gesehen, ein wenig zwielichtige – ärztliche Leiter des Sanatoriums, tritt als ein Liebender nicht irgend in Erscheinung, und womöglich bemerkt er nicht einmal das ebenso bemühte wie verborgene Werben des Fräulein von Osterloh um seine Gunst. In unermüdlichem Pflichtbewußtsein steht sie dem Haushalt vor und versieht hingebungsvoll ihren Dienst, ohne doch die Aufmerksamkeit des heimlich begehrten Leander erregen zu können und ihren sehnlichsten Wunsch, seine Gemahlin zu werden, erfüllt zu sehen.[17] Diese Liebesgeschichte, die

17 »Was Fräulein von Osterloh betrifft, so steht sie mit unermüdlicher Hingabe dem Haushalte vor. Mein Gott, wie tätig sie, treppauf und treppab, von einem

nicht stattfindet, repetiert zweifelsohne nicht das Modell von Hero und Leander, sie erinnert – mit einer bezeichnenden Vertauschung der Geschlechterrollen – eher an den Dienst, den ein Minnesänger erfolglos zur Werbung um die Gunst seiner Dame versieht.

Der vorhin benutzte Begriff der Bildung scheint in der Tat geeignet zu sein, jener Poetik von Manns Novelle auf die Spur zu kommen, die sich vor dem Hintergrund der skizzierten skeptischen Enthaltsamkeit dieses Texts gegenüber dem Leben und seinem Wesen formiert. Schon die Wahl des Titels ist auch in dieser Hinsicht bedeutsam. Denn während wir im Geschehen, von dem die Novelle berichtet, die Ironisierung des *Tristan* und seiner Stilisierung zum säkularen Mysterienspiel erleben, gibt dieser Titel für den Leser im Grunde die Struktur eines Rätsels vor. (Nicht zuletzt in diesem Sinn trägt auch die eingangs bemerkte Verkürzung des Originals *Tristan und Isolde* um die Hälfte das Ihrige bei. Denn mit der Kurzformel wird gewissermaßen nur auf etwas Bekanntes hingewiesen.) Allenthalben fühlt sich der Leser deshalb aufgefordert, nach den Spuren dieses Werks in Manns Novelle zu suchen; und bei seiner Suche stößt er ebenso auf zahlreiche Parallelen, wie diese Gemeinsamkeiten auch in die Irre führen und unübersehbare Unterschiede zur Geltung bringen. Wir konnten diese Struktur an einer Reihe von Beispielen verfolgen.[18] Im Zuge dieser Suche aber

---

Ende der Anstalt zum anderen eilt! Sie herrscht in Küche und Vorratskammer, sie klettert in den Wäscheschränken umher, sie kommandiert die Dienerschaft und bestellt unter dem Gesichtspunkt der Sparsamkeit, der Hygiene, des Wohlgeschmacks und der äußeren Anmut den Tisch des Hauses, sie wirtschaftet mit einer rasenden Umsicht, und in ihrer extremen Tüchtigkeit liegt ein beständiger Vorwurf für die gesamte Männerwelt verborgen, von der noch niemand darauf verfallen ist, sie heimzuführen. Auf ihren Wangen aber glüht in zwei runden, karmoisinroten Flecken die unauslöschliche Hoffnung, dereinst Frau Doktor Leander zu werden...« (S. 163).

18 Nur ein letztes Beispiel, und zwar die Schlußszene, sei hier noch erwähnt. Um den furchtbaren Eindrücken am Ende der Erzählung zu entkommen, entschließt sich Spinell zu einem Spaziergang. Wie der Zufall es will, führt die uns schon vertraute, »schottisch gekleidete Person« auch den kleinen Klöterjahn im Kinderwagen aus:
»Er war bekleidet mit einer weißen Flausjacke und einem großen weißen Hut, pausbäckig, prächtig und wohlgeraten in den Kissen, und sein Blick begegnete lustig und unbeirrbar demjenigen Herrn Spinells. Der Romancier war im Begriffe, sich aufzuraffen, er war ein Mann, er hätte die Kraft besessen, an dieser unerwarteten, in Glanz getauchten Erscheinung vorüberzuschreiten und seinen Spaziergang fortzusetzen. Da aber geschah das Gräßliche, daß Anton Klöterjahn zu lachen und zu jubeln begann, er kreischte vor unerklärlicher Lust, es konnte einem unheimlich zu Sinne werden.
Gott weiß, was ihn anfocht, ob die schwarze Gestalt ihm gegenüber ihn in diese Heiterkeit versetzte oder was für ein Anfall von animalischem Wohlbefin-

trifft der Leser auf einen ganzen Fundus von Bezügen zu verschiedenen Beständen seiner Bildung, die gleichermaßen das hier erzählte Geschehen strukturieren, wie sie seine Erwartungen enttäuschen, nun gewissermaßen den Schlüssel zur Lektüre dieses Texts gefunden zu haben. Die Poetik von Manns Novelle nimmt sich darum wie ein Bildungsexperiment aus. Es ruft die Bildung ihrer Leser auf, um sie auf den Prüfstand zu stellen und sie zugleich zu enttäuschen. Es knüpft – häufig unerwartete, im ursprünglichsten Sinne des Wortes ingeniöse – Beziehungen zwischen den Objekten seiner Bildung, die im Wechselspiel von Bestätigung und Enttäuschung seine Lektüre lenken. Was diese Novelle in Szene setzt, ist eine Hermeneutik der Bildung – im doppelten Sinne eines *genitivus subiectivus* wie eines *genitivus obiectivus*. Sie praktiziert – im ersten Verständnis dieser Wendung – eine Hermeneutik der Bildung, insofern sich mit Hilfe überkommener Bildungsgüter die erzählte Welt erschließen, auf Bekanntes zurückführen läßt – freilich nicht ohne auch das Scheitern solcher Erwartungen durch die Erkenntnis nur vermeintlicher Ähnlichkeiten herbeizuführen. Um eine Hermeneutik der Bildung im zweiten Sinne aber handelt es sich, insofern diese Novelle auch das tradierte Bildungsgut selbst auf den Prüfstand stellt und ihm durch die neuartige Kombination überkommener Wissensbestände neue Perspektiven abgewinnt.

---

den ihn packte. Er hielt in der einen Hand einen knöchernen Beißring und in der anderen eine blecherne Klapperbüchse. Diese beiden Gegenstände reckte er jauchzend in den Sonnenschein empor, schüttelte sie und schlug sie zusammen, als wollte er jemand spottend verscheuchen. Seine Augen waren beinahe geschlossen vor Vergnügen, und sein Mund war so klaffend aufgerissen, daß man seinen ganzen rosigen Gaumen sah. Er warf sogar seinen Kopf hin und her, indes er jauchzte.« (S. 197f.)
Daß Kindermund die Wahrheit sage, ist ein altbekanntes Cliché. Aber auch unbändiges Lachen im Angesicht eines Intellektuellen besitzt eine überkommene Kodierung in der bekannten Episode der thrakischen Magd mit dem Philosophen, der in den Brunnen fällt. So offensichtlich diese Schlußszene des Mannschen *Tristan* auf diese Muster anspielt, ihre Pertinenz ist im Grunde ganz in die Perspektive des ängstlichen Spinell gerückt, der die Begegnung mit diesem allzu vitalen Sprößling seines Widersachers Klöterjahn aus Angst vor seiner eigenen Unterlegenheit fürchtet. Ob diese Deutung also *zutrifft* oder ob das Lachen nicht vielmehr zu den üblichen physiologischen Reaktionen des überaus lebendigen Kleinkinds gehört, ob es sich bei der betreffenden Deutung also nicht vielmehr um eine phantasmatische Sorge eines ziemlich Lebensuntüchtigen handelt, dem seine Bildung hier selbst zur Obsession geraten mag, läßt der Schluß der Novelle offen. Bildung aber gerät damit noch einmal in jenen Potentialis, der ihre Funktion für die Entschlüsselung dieser Novelle schlechthin kennzeichnet.

III

Fins de siècle: So lautet, in den Plural gesetzt, das Leitthema unseres Kolloquiums. Betrachtet man die soeben skizzierte Struktur vielfältiger, ja nachgerade labyrinthischer intertextueller Verweise aus der Sicht jener in der Tat etwas endzeitlich wirkenden Rede vom Ende des 20. Jahrhunderts, die sich den Namen der Postmoderne gegeben hat, so scheint für einen ersten Blick die Poetik der *Tristan*-Novelle recht genau ihren Prinzipien zu entsprechen. Die ›Wirklichkeit‹ dieser Erzählung geht sehr weitgehend im Zitat auf. Sie verfängt sich gewissermaßen im Spiel der Zeichen und scheint sich darum geradezu als ein Musterbeispiel zur Demonstration einer der Kernthesen des Poststrukturalismus zu eignen: Die Zeichen gestatten keinen Weg zur Realität; sie heben die Wirklichkeit vielmehr in der unendlichen Verweisstruktur der Zeichen auf. So windschnittig sich die Poetik von Manns Novelle dieser Theorie auch zur Bestätigung ihrer Wahrheit anzubieten scheint, eine solche Sicht der Dinge unterschlägt eine der wesentlichen Voraussetzungen des Ästhetizismus der voraufgehenden Jahrhundertwende. Der betreffende Unterschied ist vor allem darauf zurückzuführen, daß deren Ästhetizismus keine semiotische Grundlage hat. Der Ästhetizismus der *décadence* bildet sich vielmehr vor dem Hintergrund einer philosophischen Ästhetik aus, die den althergebrachten Gegensatz von Kunst und Natur in den – biologisierten – Gegensatz von Kunst und Leben verwandelt hat und deshalb die – autonome, von der Natur verschiedene – Kunst in die Nähe des Gegenspielers des Lebens, in die Nähe des Todes gerückt hat. Der Ästhetizismus ist deshalb nicht auf einen *referentiellen* Bezug zwischen Kunst und Wirklichkeit justiert, sondern auf die Formulierung einer *kategorialen* Differenz zum Leben angelegt.

Insofern scheint die skizzierte Struktur von Manns Novelle, die das in ihr berichtete Geschehen fast durchgängig als Montage anderer Literatur, als Montage von Kunst lesen läßt, zunächst mehr oder minder bruchlos den Ästhetizismus des späten 19. Jahrhunderts, die Substitution des Lebens durch die Kunst, fortzuschreiben. Doch die Behauptung einer solchen weitgehend ungebrochenen Kontinuität übersieht die skizzierte Rätselstruktur, zu der unweigerlich auch das Scheitern der durch die Bildung des Lesers gesteuerten Erwartungen gehört. Der Ästhetizismus verwandelt sich in Manns *Tristan*-Novelle in die oben beschriebene Hermeneutik der Bildung. Kunst stellt sich hier nicht mehr als eine emphatisch behauptete Alternative zum Leben dar. Kunst ermöglicht hier vielmehr so etwas wie die Lesbarkeit des Lebens. Sie hat ihren Ort in der Bildung des Lesers, der sich ihrer bedient, um die erzählte Geschichte mit Hilfe bekannter Muster zu dekodieren, und der gleichermaßen die Erfahrung machen muß, daß das geschilderte Leben seine durch Bildung gesteuerten Erwartungen – zu seinem Vergnügen – immer wieder überspielt, nicht ohne überraschende Kombinationen zu erzeugen.

In dieser Hinsicht scheint mir denn auch die entscheidende Differenz gegenüber jener – postmodernen – Semiotik angelegt zu sein, die im intertextuellen Spiel die Selbstreferentialität aller Kunst je und je bestätigt findet und damit den Beweis für die Unerreichbarkeit aller Wirklichkeit in der Hand zu haben scheint – oder hofft. Die hier für Manns Novelle skizzierte, und als eine ›Hermeneutik der Bildung‹ charakterisierte Poetik setzt statt dessen gerade auf das Umgekehrte. Jene rätselhafte Welt des Lebens, das ohne erkennbaren Grund widersprüchlichen Mustern, dem Dekadenz-Modell ebenso wie dessen Gegenentwurf einer ewigen Wiederkehr zu folgen scheint, gewinnt im Zeichen der Kunst eine Lesbarkeit, ohne zugleich restlos in ihr aufzugehen. So erweist sich gerade das Nebeneinander der gelingenden und der scheiternden Übersetzung des Dargestellten in die vertrauten Muster eines tradierten Bildungsfundus als ein Schlüssel zur Poetik dieser Novelle. Manns Novelle betreibt im Grunde die Versöhnung von Kunst und Leben, ohne sie doch zu einer völligen Kongruenz zu bringen: Kunst ermöglicht es, das Leben zu dekodieren, weil dieses Leben selbst durchsetzt ist mit bekannten Mustern, die sich wiederholen und die dem Leser so ein Verständnis dieses Lebens ermöglichen. Jenseits der Skepsis, die dem Modell der *décadence* wie ihrem theoretischen Gegenmodell der ewigen Wiederkehr ein gleiches Recht zubilligen muß und die sich deshalb jeglicher Aussage über das Wesen des Lebens enthält, zeichnet sich eine bildungsgesteuerte Lesbarkeit dieses Lebens ab, die es als Wiederkehr bekannter Muster zu verstehen erlaubt. Gewiß bleibt dieses Verständnis ein unweigerlich partielles. Denn es stößt allenthalben an Grenzen, an denen das tradierte Wissen versagt und an denen sich das Leben deshalb gerade in der Differenz gegenüber ihnen zu erkennen gibt. Doch weil es sich um Differenzen handelt, werden auch sie lesbar – durchaus ohne sich im infiniten Regress des flotierenden Spiels der Signifikanten zu verlieren.

Der Beginn des Texts, so konnten wir beobachten, schien den Leser zurückzuholen in die Welt des Sanatoriums *Einfried*, der er einstmals wohl selbst angehörte und die sich seiner nun ein neuerliches Mal bemächtigen wollte. Doch die Poetik dieser Novelle gibt die Verwandlung des einstigen *décadent* zu erkennen. Er ist – in des Wortes ursprünglichster Bedeutung – zum Bildungs-Bürger geworden, der mit dem Instrumentarium seiner Bildung der rätselhaften Welt des Lebens gleichwohl habhaft zu werden und so die Todestrunkenheit der *décadence* hinter sich zu lassen vermag. Der kundige Leser der *Tristan*-Novelle scheint die Gesellschaft der »Patienten aller Art« im Sanatorium *Einfried* nun gelassen als ein externer Beobachter betrachten zu können.

NACHWORT:

EINIGE – SKIZZENHAFTE – ÜBERLEGUNGEN ZUR FUNKTION DER IRONIE IN REALISTISCHEM UND NACH-REALISTISCHEM ERZÄHLEN (Gustave Flaubert – Thomas Mann)

Vielleicht ist Ironie nirgends sonst in gleicher Weise zu einem Merkmal des Erzählens geworden wie im realistischen und nach-realistischen Roman. Was die Verwendung dieses rhetorischen Mittels hier in eigentlicher Weise auszeichnet, ist sein Aufstieg zum sozusagen strukturellen Merkmal des Erzählens. Ironie bildet hier kein fallweise eingesetztes Verfahren, keinen sozusagen episodischen Zug dieses Erzählens mehr, sondern avanciert zu seinem universellen Kennzeichen. Ein solcher Wechsel vom Verfahren zur Struktur hat erhebliche Konsequenzen für die erzählte Welt. Denn die Ironie wandelt sich dadurch von einem Instrument zur Markierung spezifischer Defizite zu einem Mittel der Bloßstellung schlechthinniger Mangelhaftigkeit. Ironie gewinnt hier im Grunde eine epistemische Dimension.

Bekanntlich war es Flaubert, der im Roman des französischen Realismus eine solche Radikalisierung der Ironie betrieben hat. Mit ihren Mitteln richtet er eine banale Wirklichkeit, die allen Sinn oder Wert nur mit Hilfe von Diskursen gewinnt, deren Hohlheit die Erzählung im Zeichen der Einsicht in eine ebenso höhere wie ernüchternde Wahrheit ironisch demaskiert. Doch auch bei Flaubert bleibt der historische Ursprung einer solchen universellen Ironisierung des Daseins erhalten. Denn nicht allein all jene Diskurse, die wie derjenige der Romantik oder des Sozialismus der öden Welt einen gleichwohl phantasmatisch bleibenden und als solchen nicht erkannten Sinn abzugewinnen versuchen, werden der Ironie anheimgegeben. Auch Flaubert ironisiert noch immer die zahlreichen kleinen Schwächen, die seine Figuren auszeichnen und die sie nicht – jedenfalls nicht vor dem wachsamen Auge des aufmerksam beobachtenden Erzählers – zu verbergen verstehen. Wo eine solche Demaskierung von Defiziten des Verhaltens indessen universell wird, wo sie nicht auf spezifische Schwächen beschränkt bleibt, deutet sie zurück auf eine Psychologie, die dem Menschen in der Tat einen solchen kategorialen Mangel zugesprochen hat. Man wird kaum fehlgehen, den Ansatz einer solchen universellen Ironisierung in einer moralistischen Psychologie zu vermuten. Wo das Verhalten des Menschen durch einen ebenso unhintergehbaren wie unerkannten, weil zum Selbstschutz vor dem eigenen Ich zu verbergenden *amour-propre* regiert wird, dort lassen sich allenthalben unerkannte Defizite entdecken und ironisch als solche markieren. Vielleicht läßt sich bei keinem zweiten Romancier in gleicher Weise wie bei Stendhal diese Verwandlung moralistischer Psychologie in das narrative Dispositiv eines ironischen Erzählers beobachten.

Wiewohl dieser historische Ansatz bei Flaubert noch immer sichtbar bleibt, wandelt sich hier der Geltungsbereich der Ironie gleichwohl entscheidend. Denn nicht mehr nur die Schwächen eines in heilloser und deshalb blind machender Selbstliebe befangenen Ichs werden hier der Ironie überantwortet, vielmehr gewinnt die Ironie nun neben einer psychologisierend-moralisierenden Dimension eben eine epistemische Qualität. Dabei sollte man nicht übersehen, daß es in aller Regel noch immer Figuren sind, die der Ironie anheimfallen, indem ihnen überkommene, durch ironische Brechung als wohlfeil ausgewiesene Diskurse in den Mund gelegt werden und sie so als Exponenten einer – fremden – Rede in Erscheinung treten. Den berühmtesten Fall stellt zweifellos Madame Bovary dar, die im Zeichen einer nur zitierten romantischen Rede an der Welt scheitert. Insofern bleibt auch hier die *epistemische* Dimension der Ironie noch immer an das Modell einer Psychologie gebunden. Ironie scheint ohne den Rückbezug auf ein *Verhalten* nicht denkbar zu sein, und doch gibt es bei Flaubert auch Gegenbeispiele. Wenn Emma Bovary an einem strahlenden Tag zu Grabe getragen wird, dann wird die Natur selbst ironisch, sie selbst nimmt hier gewissermaßen jene *impassibilité* ein, die der Erzähler ansonsten für seinen Blick auf die Welt in Anspruch nimmt.

Natürlich ist auch dieser Effekt einer ironischen Natur noch immer an die Enttäuschung einer romantischen Erwartungshaltung gebunden, die eine universelle, eine sozusagen kosmologische Korrespondenz zwischen allen Vorkommnissen dieser Welt voraussetzt. Indessen ist eine solche Perspektive hier nicht mehr personal identifizierbar, sondern bezeichnet eine *generelle* Disposition. Gerade damit aber zeigt sich die tiefe Bindung von Flauberts ironischem Diskurs an die Romantik. Gewiß ist es vor allem die Romantik selbst, die mittels der zitathaften Demaskierung ihrer Rede bei ihm ironisiert wird. Indessen sollte dies nicht darüber hinwegtäuschen, daß auch Flauberts Demaskierung der Romantik noch aus *ihrem* Geist geboren ist. Sein Realismus ist deshalb nur vordergründig eine Verabschiedung der Romantik; er läßt sich mit gleichem Recht als eine Potenzierung dieser Romantik verstehen. Er bildet gewissermaßen die Prämissen der Romantik auf sie selbst ab. Ihre Postulate des Authentischen und Originellen, des Einmaligen und Besonderen werden nun auf sie selbst appliziert. Von hierher läßt sich denn auch eine unmittelbare Linie von Flauberts ästhetischem Ideal eines *livre sur rien* zur romantischen Ästhetik des Absoluten ziehen. Aus dieser Perspektive betrachtet, läßt sich noch der ironische Diskurs Flauberts als eine Erscheinungsform eines solchen – seinem Ursprung nach romantischen – poetischen Prinzips erklären. Denn Ironie ist der Modus des Unausdrücklichen. Er gibt zu verstehen, was er nicht explizit sagt, während alles Ausdrückliche der Ironisierung anheimfällt. Eben dieses Schicksal ereilt hier den romantischen Diskurs selbst. Wo er ausdrücklich wird, fällt er der Ironie anheim. Romantische Poetik des Absoluten verbietet letztlich jegliche Explizität. Daß der *Diskurs* der Romantik deshalb ironisch gebrochen wird, liegt in der Logik der romantischen Ästhetik selbst; und daß er selbst wie kein zweiter zur Zielscheibe der Ironie gerät, macht deren Fundament nur um so kenntlicher. Gerade *weil* sich Flauberts Ironie auf keinen anderen in gleicher Intensität wie auf den der Romantik kapriziert, gibt sie ihren konzeptuellen Ursprung zu erkennen. Denn gerade die Explizität romantischer Rede gerät zum provozierendsten Verrat ihrer eigenen Prämissen wie Prinzipien, kommt sie doch dem Selbstverrat gleich. So deutet der scheinbare Widerspruch zwischen der romantischen Grundierung von Flauberts Ironie und seiner Konzentration auf die Ironisierung romantischer Rede nur um so deutlicher auf das Ärgernis, das die Explizität eines Diskurses hervorrufen mußte, dessen fundierendes Programm – im Zeichen der Poetik des Absoluten – alle Ausdrücklichkeit letztlich unmöglich machte.

Zu fragen aber haben wir dann für Flauberts Poetik der Ironie, inwiefern sich ihre verschiedenen Facetten einer einheitlichen Perspektive subsumieren lassen. Was verbindet die Bloßstellung des Apothekers Homais als eines ziemlich beschränkten und unerträglich selbstgefälligen Zeitgenossen mit der ironischen Distanzierung romantischer Rede? Was verbindet, allgemeiner gefragt, eine noch immer der Moralistik verhaftete Markierung von Charakterschwächen selbstverliebter und deshalb für ihre eigenen Mängel blinder Subjekte mit der ironischen Brechung einer bestimmten Ordnung der Rede? Indessen hat es den Anschein, als werde das Erbe einer moralistischen Psychologie hier den Prämissen romantischer Rede subsumiert. Lächerlich wird auch der Apotheker Homais als eine ›uneigentliche‹ Gestalt, durch das Mißverhältnis zwischen seinem Anspruch und dessen Einlösung, wobei sich die Maßstäbe der ›Eigentlichkeit‹ wohl noch immer tradierten ethischen Verhaltensmustern verdanken, indessen nun einer letztlich ästhetischen Wahrnehmung untergeordnet werden. Dabei sind es ja auch in seinem Falle wiederum *clichés*, Versatzstücke der konventionellen Rede eines wohlanständigen Verhaltens, die seine Defizite bloßlegen. Daß sich bisweilen freilich so etwas wie ein ›moralistischer Rest‹ in Flauberts Handhabung seiner Ironie einstellt, wie bei – um ein Beispiel aus der *Education sentimentale* zu wählen – der ironisch gebrochenen Charakteristik des allzu modisch gekleideten, nicht mehr ganz jungen Arztes, der zum vermeintlichen kranken Kind der etwas echauffierten Mme Arnoux eilt, bleibt im Einzelfall kaum aus. Indessen gehört auch der nach herkömmlichen Gesichtspunkten moralische Mangel nun sehr weitgehend einer Ordnung der Rede zu, welche die Welt nicht nach ›gut‹ und ›böse‹, sondern nach Prinzipien des Authentischen beurteilt, wobei letztlich die Einmaligkeit, d. h. die Außergewöhnlichkeit, den Maßstab aller Authentizität bildet. Dieser Wechsel der Perspektive von der Ethik zur Ästhetik bringt eine gehörige Steigerung des Anspruchs mit sich. Denn Tugend mag man lernen können, Exzeptionalität aber entzieht sich per definitionem aller Pädagogik, ja sie verbietet letztlich alle Explizität, und so findet das Programm einer solchen Poetik in der Ironie, die alle Ausdrücklichkeit vermeiden kann und die Wahrhheit nur zu bedeuten vermag, ohne sie zu sagen und sich damit auch schon der Banalität anheimzugeben, ihre vielleicht genuinste Ausdrucksform.

Stellt man Thomas Manns Poetik der Ironie in Bezug zu derjenigen Flauberts, so mag sie zunächst als eine Form der Überbietung erscheinen. Denn zweifelsohne radikalisiert Mann den Einsatz ironischer Verfahren; sie gewinnen in seinem Erzählen eine Komplexität, die diejenige Flauberts noch hinter sich läßt. Doch hat es den Anschein, als ließe sich der Unterschied zwischen beiden Autoren nicht allein auf das Ausmaß der Komplexität in der Handhabung ironischer Techniken beschränken. Was sich bei ihnen maßgeblich ändert, sind die *Prämissen* der Ironie. Folgt man der oben formulierten These, so hat Flauberts Ironie ihren Ansatz noch immer in einer romantischen Poetik, ja erscheint als deren – vielleicht letzte – Steigerung. Nur vordergründig, so sahen wir, kann über diese Fundierung seiner Ironie hinwegtäuschen, daß kein anderer Diskurs in gleichem Maße wie eben der romantische seiner Ironie anheimfällt. Denn es sind die *Prinzipien* romantischen Denkens, die schließlich auch und gerade jenen Diskurs diskreditieren mußten, der das Programm der Romantik explizit machte. Manns Ironie hat sich statt dessen von der Bindung an einen spezifischen, sie fundierenden Diskurs gelöst. Seine Ironie wird gewissermaßen selbstreferentiell, sie wird – in den Kategorien der Erzähltheorie gesagt- zu einem Prinzip der *tellability*. Etwas läßt sich erzählen, *weil* es sich ironisch brechen läßt.

Indessen bleibt dieser Status der Ironie nicht auf eine erzählstrukturelle Leistung beschränkt, er besitzt gleichermaßen einen konzeptuellen Aspekt. Seine konzeptuelle Funktion hängt unmittelbar mit dem Faktum zusammen, daß Thomas Manns Ironie die Anbindung an eine spezifische Position oder einen spezifischen Diskurs fehlt, wie wir dies für Flaubert und die letztlich romantische Fundierung seiner Ironie bemerken konnten. Das Ausbleiben einer bezeichenbaren Position, auf der Manns Ironie aufruhte, und ihre daraus erwachsende Selbstreferentialität mündet schließlich in die Skepsis – in eine Skepsis, die sich ebenso in ethischer wie in epistemischer Hinsicht geltend macht.

Es gehört zu diesem Fundament wie diesem Effekt von Manns Ironie, daß er auch seine eigene Autor/Erzähler-Rolle ironisch brechen kann. Nirgends wird dies wohl deutlicher als anhand der Erzählerfigur in seinem Roman *Doktor Faustus*, anhand jenes Serenus Zeitblom, der sich – wie man zu Recht festgestellt hat – wie eine Selbstparodie Manns ausnimmt. Ebenso aber gehört es zu Manns Ironie, daß sich auch diese selbstironische Erzählerrede des *Doktor Faustus* mit der wohl eher tragisch zu nennenden Biographie des Komponisten Adrian Leverkühn verbindet und verträgt. Diese hier am strukturellen Profil eines ganzen Romans zu beobachtende Abgründigkeit ist uns in Manns *Tristan*-Novelle gewissermaßen paradigmatisch an einem Detail begegnet: in Gestalt der Pastorin Höhlenrauch, die als eine Parodie auf den Zustand jenseits des Bewußtseins erschien, wie Isolde ihn herbeisehnte, und deren Auftritt zugleich zur unheimlichen Vorausdeutung auf den nahen Tod der Gabriele Klöterjahn geriet. Solche Abgründigkeit, in der noch die Ironie relativiert wird und in der zum anderen noch das Bedrohlichste und Ernsthafteste sich mit ironischer Brechung verträgt, ist das erzählstrukturelle Komplement eines zutiefst skeptischen Verhältnisses zur Wirklichkeit. Jede Wahrnehmung, jede Behauptung wird revisibel, und schon die Ironie selbst betreibt permanent eine solche Revision.

Das hier verfolgte Junktim von Ironie und Skepsis bei Thomas Mann bringt es mit sich, daß seine Rhetorik des Erzählens letztlich auch keinem erkennbaren ästhetischen Konzept korrespondiert. Dies war bei Flaubert, wie gesehen, anders. Bei ihm erwies sich die Ironie gewissermaßen als das Medium seiner Ästhetik, die zugleich ein epistemisches Konzept ausbildet. Letztlich wird bei Flaubert beides ununterscheidbar. Denn es ist eben ein ästhetischer Gesichtspunkt, der seine ›Wirklichkeitsperspektive‹ prägt: Die Welt erscheint als trivial, als banal; ihr mangelt es an jenem Reiz des Neuen und ganz Anderen, den die romantische Ästhetik an die Stelle des überkommenen Schönheitskonzepts gesetzt hatte. Epistemische und ästhetische Konzepte werden auf diese Weise bei Flaubert identisch; die Ästhetik nimmt gewissermaßen die Stellung einer Ontologie ein. Bei Thomas Mann fehlt es indessen an einem eigentlich ästhetischen Konzept. Dessen Funktion übernimmt vielmehr das Konzept der Bildung. Dabei meint Bildung durchaus nicht mehr in goethezeitlichem Sinn einen Prozeß der Selbstvervollkommnung. ›Bildung‹ bezeichnet hier vielmehr einen Fundus an Wissensbeständen, die sich durch Tradition, also über die Zeit hinweg, erhalten und damit bewährt haben und die von hierher ihren Wert beziehen. Bildung gibt so etwas wie eine durch die Zeit hindurch gewonnene kulturelle Semantik an die Hand. Mit ihrem Kapital läßt sich erzählerisch eifrig wuchern, aber ebenso läßt sich auch sie ironisch brechen. Bildung in Thomas Manns Verständnis ist so etwas wie eine Semantik der Skepsis.

Luzius Keller

Selbstdarstellung, Porträt und Karikatur im Fin de siècle: Die Gräfin Castiglione, Robert de Montesquiou, Marcel Proust

Die Ankündigung eines Beitrags über Montesquiou muss von den Organisatoren des X. Romanistischen Kolloquiums mit gemischten Gefühlen, ja mit Befremden zur Kenntnis genommen worden sein, hatten sie doch ausdrücklich dazu aufgefordert, den zeitlichen Rahmen weit zu spannen, »um dem Zwang zu entgehen, sich auf minore Autoren konzentrieren zu müssen«. Das Befremden mag sich zu Unverständnis steigern, wenn sie feststellen, dass ich zwar, was den zeitlichen Rahmen betrifft, ihrer Aufforderung nachkomme und mit dem Jahr 1913 beginne, mich aber in der Folge nicht oder nicht ausschliesslich mit majoren Autoren, etwa mit Marcel Proust beschäftige, was doch »in jedem Fall lohnender« wäre. Ich wollte mit Montesquiou den Gegenbeweis erbringen, doch die Vorgabe hat sich bestätigt, so dass im folgenden neben Montesquiou auch ausführlich von Proust die Rede sein wird.

1913 – ein magisches Datum, eine eigentliche Epochenschwelle[1]! 1913 erschien Apollinaires Gedichtsammlung *Alcools*, mit »Zone« als Ouvertüre, einem Gedicht, das schon Hans-Robert Jauss als Schwelle zur Moderne bezeichnet hat[2]. 1913 erschien – sozusagen jenseits der Schwelle, in kühner Kombination von Text und Farbe, wie sie sich das ästhetizistische Fin de siècle wohl kaum hätte träumen lassen – *La Prose du Transsibérien ou de la petite Jehanne de France* von Blaise Cendrars und Sonia Delaunay. 1913 zeigten Futuristen und Kubisten ihre Werke, und Apollinaire veröffentlichte *Les Peintres cubistes.* Am 29. Mai führten die Ballets Russes im Théâtre des Champs-Élysées Strawinskys *Sacre du Printemps* auf und entfachten dabei den wohl heftigsten Pariser Theaterskandal der neueren Zeit. Alle Brücken zur Ver-

1 Vgl. das breitangelegte Sammelwerk *L'année 1913*, hg. L. Brion-Guerry, Paris 1971 (3 Bände).

2 Hans-Robert Jauss, *Die Epochenschwelle von 1912: Guillaume Apollinaires »Zone« und »Lundi Rue Christine«*, Heidelberg 1986. Vgl. auch Karlheinz Stierle, »Babel und Pfingsten. Zur immanenten Poetik von Apollinaires Alcools«, in *Lyrik und Malerei der Avantgarde*, hgg. Rainer Warning/Wilfried Wehle, München 1982, S. 61-112.

gangenheit schienen abgebrochen. Die Begeisterung für die Russen löste den dekadenten Wagnerkult ab. Marinettis Manifest *Contro Venezia passatista* vom 27. April 1910 hatte mit dem dekadenten Venedigkult aufgeräumt, während die Fauves, die Futuristen und die Kubisten den Impressionismus und den Symbolismus für tot erklärten. Der Aufbruch in die Moderne (des zwanzigsten Jahrhunderts) kostete ihren Preis, nämlich die Preisgabe der Modernität (des neunzehnten Jahrhunderts). Gegen Ende dieses aus heutiger Sicht zukunftsorientierten Jahres 1913 erschienen jedoch auch zwei Werke, die – jedes auf seine Weise – auf das vergangene Jahrhundert und im besonderen das Fin de siècle zurückblicken: Marcel Prousts *Du côté de chez Swann*[3] und Robert de Montesquious *La Divine Comtesse. Étude d'après Madame de Castiglione* (mit einem Vorwort von Gabriele d'Annunzio)[4].

Das Fin Siècle im Rückblick

Proust

Als der zweite Band von *À la recherche du temps perdu* 1919 mit dem Prix Goncourt ausgezeichnet wurde, hat möglicherweise bei den Juroren, die sich nicht für den Kriegsroman von Roland Dorgelès *Les Croix de bois*, sondern für Proust entschieden, jene Nostalgie nach einer nun endgültig vergangenen Zeit mitgespielt, die man damals als Belle Époque zu bezeichnen begann und die schon in dem leicht kitschigen Titel *À l'ombre des jeunes filles en fleurs* anklingt. Tatsächlich können jene Teile der *Recherche*, die um Madame Swann oder das Grandhotel in Balbec kreisen, als eine Art Chronik der Belle Époque gelesen werden. Man erfährt, wo und wie man wohnte oder seine Zeit verbrachte, wo man Blumen, Patisserie oder Krawatten kaufte, wie und worüber man redete. Dasselbe gilt avant la lettre oder zumindest hinsichtlich des Fin de siècle für den Mittelteil von *Du côté de chez Swann*: Madame Verdurin repräsentiert die Salonkultur des kunstbeflissenen Bürgertums, Odette den Japonismus und die Anglomanie, Swann schliesslich den Ästhetizismus. Seine Liebe zu Giotto, zu Botticelli oder Vermeer machen ihn zu einem Emissär Ruskins, Walter Paters oder Théophile Thorés.

Der bevorzugte Ort von Prousts Chronik ist das Porträt. Bevor sich die *Recherche* ganz Albertine zuwendet, ist die meistporträtierte

3 Paris, Grasset.
4 Paris, Goupil.

Figur des Romans Odette. Gewiss haben auch die Herzogin und die Fürstin von Guermantes ihre Auftritte, doch wenn es um das eigentlich Modische geht, schickt Proust Odette auf den Laufsteg. Dort zeigt sie sich bald, bei Onkel Adolphe, im rosa Seidenkleid mit einem Perlenkollier[5], bald führt sie die Turnüre mit ihren Rüschen, Fransen, Volants, Bändern und Schleifen vor[6]; es folgen ein Hausgewand aus rosa Seide[7] und ein malvenfarbener Morgenrock aus Crêpe de Chine[8]; dann, in Madame Swanns Wintergarten, ein schneeweisses Crêpe-de-Chine-Morgenkleid oder lange gefältelte Gewänder aus Seidenmousselin in Weiss und Rosa[9]; schliesslich als Schlussbukett, auf der zum Laufsteg umfunktionierten Avenue des Acacias im Bois de Boulogne, die malvenfarbenen Kunstwerke aus Stoff, die Proust ohne weiteres mit einer musikalischen Komposition oder mit einer Kathedrale vergleicht[10]. Wenn Odette in ihrem Mylord durch den Bois de Boulogne fährt, verkörpert sie die Modernität im baudelaireschen Sinn, während später im Roman mit Albertines Fahrrädern und Automobilen die Moderne des zwanzigsten Jahrhunderts sichtbar wird. Den Wechsel von einer Mode zur anderen hat Proust nicht nur in zahlreichen literarischen Porträts vorgeführt, er hat ihn auch mehrmals am Beispiel von gemalten Porträts thematisiert, und in diesem Zusammenhang taucht der Begriff *fin de siècle* denn auch erstmals auf. In einem Gespräch zwischen Madame Cottard und Swann äussert sich die von Proust eben in Besuchsmontur porträtierte Doktorsfrau über ein Porträt Machards, das im Augenblick obligate Gesprächsthema in den Pariser Salons: *Dans tous les salons on ne parle que du portrait de Machard, on n'est pas chic, on n'est pas pur, on n'est pas dans le train, si on ne donne pas son opinion sur le portrait de Machard*[11]. Madame Cottard zeigt sich begeistert, während die blauen und gelben Frauen, die Biche (alias Elstir) malt, oder der blaue Schnurrbart, den er dem Doktor verpasst hat, bei ihr auf Unverständnis stossen: *Mais je dois vous l'avouer franchement, vous ne me trouverez pas très fin de siècle, mais je le dis comme je le pense, je ne comprends pas*[12]. Die Auslassungen Madame Cottards über Machard

5 Marcel Proust, *À la recherche du temps perdu*, Paris 1987-1989 (Bibliothèque de la Pléiade, 4 Bände), Bd. I, S. 75.
6 Ebd., S.194.
7 Ebd., S. 217.
8 Ebd., S. 219.
9 Ebd., S. 584.
10 Ebd., S. 627.
11 Ebd., S. 368.
12 Ebd., S. 369.

und Biche sind Anlass für ein lexikalisches Exerzitium, in dem die von Madame Cottard (beziehungsweise Marcel Proust) genüsslich aufgereihten modischen Ausdrücke gerade das bedeuten, was sie auch sind, nämlich »neumodisch«[13].

In einem analogen Exerzitium lässt Proust in *À l'ombre des jeunes filles en fleurs* die Ausdrücke Revue passieren, die von bürgerlicher Seite einem jungen Mann angehängt werden, der nicht in die bürgerliche Welt passen will. Die Reihe führt von dem altmodischen *joli Monsieur* über *jeune gommeux* zu dem neumodischen *fin de siècle*[14].

Bei der dritten Verwendung von *fin de siècle* in der *Recherche* geht es um Literatur. Legrandin, der in *Du côté de chez Swann* einem dekadentistisch-dilettantistischen Symbolismus huldigte, zeigt sich in *Le Côté de Guermantes* als Anhänger einer neuen Modeströmung, nämlich des Naturismus, was Proust Gelegenheit gibt, gleichzeitig zwei lexikalische Reihen, eine neumodische (naturistische) und eine altmodische (dekadentistische) zu entwickeln (wobei das Neumodische sich bewusst altmodisch gibt):

> Adieu, ne prenez pas en mauvaise part la vieille franchise du paysan de la Vivonne qui est aussi resté le paysan du Danube. Pour vous prouver que je fais cas de vous, je vais vous envoyer mon dernier roman. Mais vous n'aimerez pas cela; ce n'est pas assez déliquescent, assez fin de siècle pour vous, c'est trop franc, trop honnête; vous, il vous faut du Bergotte, vous l'avez avoué, du faisandé pour les palais blasés de jouisseurs raffinés. On doit me considérer dans votre groupe comme un vieux pompier; j'ai le tort de mettre du cœur dans ce que j'écris, cela ne se porte plus; et puis la vie du peuple, ce n'est pas assez distingué pour intéresser vos snobinettes[15].

Snobinettes – das ist schön gesagt von demjenigen, der seinen eigenen Snobismus im Namen trägt: Legrandin heisst etwa *der kleine Gerne-*

13 Entsprechende Gegenüberstellungen traditionell-akademischer und moderner Porträtkunst finden sich schon in *Les Plaisirs et les jours*, »Éventail« (Bouguereau vs. Whistler) und später in *Le Côté de Guermantes*, *Recherche* (wie Anm. 5), Bd. II, S. 520 (Elstir vs Hébert und Dagnan-Bouveret).

14 *Peut-être y avait-il aussi un peu de ce même ennui d'être par erreur crus moins »chic« et de ne pouvoir expliquer qu'ils l'étaient davantage, au fond du »Joli Monsieur!« dont ils qualifiaient un jeune gommeux, fils poitrinaire et fêtard d'un grand industriel et qui tous les jours, dans un veston nouveau, une orchidée à la boutonnière, déjeunait au champagne, et allait, pâle, impassible, un sourire d'indifférence aux lèvres, jeter au Casino sur la table de baccara des sommes énormes »qu'il n'a pas moyen de perdre«, disait d'un air renseigné le notaire au premier président duquel la femme »tenait de bonne source« que ce jeune homme »fin de siècle« faisait mourir de chagrin ses parents.* Ebd., S. 37-38.

15 Ebd., S. 452.

gross. Wer sich daran erinnert, dass Proust sich um 1895 selbst dem Naturismus zuwandte, einen idealistisch-naturistischen Roman (*Jean Santeuil*) zu schreiben begann und in der *Revue blanche* einen Artikel erscheinen liess (»Contre l'obscurité«), in dem er sich nicht nur mit den Legrandins unter den Symbolisten, sondern mit Mallarmé selbst anlegte, der wird – nicht ohne ein belustigtes Schmunzeln – aus der Diatribe gegen Bergotte auch eine Spur Selbstparodie heraushören.

Auch der Lexikologe kann an den Worten Legrandins seine Freude haben, enthalten sie doch eine wörterbuchreife Verwendung des Ausdrucks *fin de siècle*. *Le Robert* gibt als Bedeutung »décadent« und als erstes Beispiel einen Text aus dem Jahr 1886: *Le mot ne date que d'hier, mais il a déjà fait fortune. C'est une si belle trouvaille! [...] Il y a deux ans, c'était un décadent: il fut déliquescent à la saison dernière. Le voici fin de siècle aujourd'hui*[16].

Die Markenzeichen *Fin de siècle* und später auch *Belle Époque* haben sich unglücklicherweise mit Proust und Prousts Werk verbunden. Proust selbst ist daran nicht unschuldig, hat er doch seinen Erstling, *Les Plaisirs et les jours*, in einer Aufmachung erscheinen lassen, die ihm das Signum und gleichzeitig auch das Odium eines mondänen Fin-de-siècle-Literaten eintragen musste. Noch 1913 glaubte André Gide, das Manuskript von *Du côté de chez Swann* nicht näher prüfen zu müssen, da es sich ohnehin nur um Salonliteratur handeln könne, um jene symbolistisch-dekadentistische Literatur von gestern, die man im Umkreis der Nouvelle Revue Française zu überwinden trachtete. Erst als das Buch bei Grasset erschienen war, erkannten Gide und Rivière, dass Proust nicht jenem Fin de siècle angehört, das er in seinem Roman schildert und thematisiert, sondern jener Moderne, die um 1913 aus- und aufbricht.

Nur äussert sich eben in *Du côté de chez Swann* der Bruch mit der Vergangenheit nicht in Form von Manifesten, Erklärungen oder anderen spektakulären Gesten, sondern in der Art und Weise, wie Ironie oder Satire, Zitat, Pastiche oder Parodie die im Roman geschilderte Zeit auf Distanz setzen. Ich zeige diese durch die Moderne gebrochene Perspektive auf das Fin de siècle an zwei Beispielen:

Odette de Crécy in Tournüre

Il faut d'ailleurs dire que le visage d'Odette paraissait plus maigre et plus proéminent parce que le front et le haut des joues, cette surface unie et

16 *Le Grand Robert de la langue française*, s. v. FIN.

> plus plane était recouverte par la masse de cheveux qu'on portait alors prolongés en »devants«, soulevés en »crêpes«, répandus en mèches folles le long des oreilles; et quant à son corps qui était admirablement fait, il était difficile d'en apercevoir la continuité (à cause des modes de l'époque et quoiqu'elle fût une des femmes de Paris qui s'habillait le mieux), tant le corsage, s'avançant en saillie comme sur un ventre imaginaire et finissant brusquement en pointe pendant que par en dessous commençait à s'enfler le ballon des doubles jupes, donnait à la femme l'air d'être composée de pièces différentes mal emmanchées les unes dans les autres; tant les ruchés, les volants, le gilet suivaient en toute indépendance, selon la fantaisie de leur dessin ou la consistance de leur étoffe, la ligne qui les conduisait aux nœuds, aux bouillons de dentelle, aux effilés de jais perpendiculaires, ou qui les dirigeait le long du busc, mais ne s'attachaient nullement à l'être vivant, qui selon que l'architecture de ces fanfreluches se rapprochait ou s'écartait trop de la sienne, s'y trouvait engoncé ou perdu[17].

Tournüren mit dem charakteristischen Cul de Paris waren zu Beginn der siebziger Jahre und in den achtziger Jahren des 19. Jahrhunderts in Mode. Proust entlehnt dem Fin de siècle zwar sein Sujet, nicht aber seinen Porträtstil. Er malt mit den Mitteln seiner Zeit, das heisst mit moderner Collagetechnik. Die Flächen und Linien von Stirn, Wangen und Frisur weisen auf zeitgenössische, kubistische Porträts, während die lexikalische Präzision und die konsequente Verwendung von Fachtermini als eine Übersteigerung, eine Parodie des goncourtschen *style artiste* aufgefasst werden können. Spielerisch folgt die Beschreibung den inkongruenten, labyrinthischen Linien des Kleides, um schliesslich mit der Verballhornung des Racineschen »retrouvée ou perdue«[18] in einer Pointe zu enden.

Les Clochers de Martinville

Einmal jedoch tritt in *Du côté de chez Swann* der literarische Stil des Fin de siècle ohne parodistische Übertreibung zutage. Die Beschreibung der Kirchtürme von Martinville durch den kleinen Marcel auf dem Kutscherbock eines fahrenden Wagens ist ein Stück symbolistischer Prosa, wie man sie überall im Fin de siècle, beispielsweise auch beim jungen Proust finden könnte. Die reflektierende Distanz

17 *Recherche* (s. Anm. 5), Bd. I, S. 194.

18 *Et Phèdre au labyrinthe avec vous descendue*
Se serait avec vous retrouvée ou perdue.
Phèdre, Vers 661-662.

kommt diesmal nicht im Text selbst, sondern in der Art und Weise zum Ausdruck, wie der Text in Szene gesetzt wird[19]. Auch hier verwendet Proust moderne Collagetechnik. Das Prosastück ist ein »papier collé«, ein Zitat. Mehr noch, es handelt sich um ein Selbstzitat nicht nur des Erzählers, sondern auch des Autors. Mit wenigen Änderungen übernimmt Proust an dieser Stelle einen Zeitungsartikel aus dem Jahr 1907: »Impressions de route en automobile«[20]. Es kommt hinzu, dass im Roman der symbolistischen Beschreibung der Kirchtürme durch den kleinen Marcel eine kubistische Version vorangeht, in der das Bild auf ein Spiel von Flächen, Linien, Volumen und Lichteffekten reduziert wird. Ein weiteres Signal für die Moderne findet sich unmittelbar vor dem Zitat von Marcels Prosastück: *[...] je composai malgré les cahots de la voiture [...] le petit morceau suivant que j'ai retrouvé depuis et auquel je n'ai eu à faire subir que peu de changements: [...]*[21]. Es folgt das Prosastück, das durch Anführungszeichen als Zitat gekennzeichnet ist. »Cahots de la voiture« erinnert an den Titel eines Bildes von Carrà, *Cahots de fiacre,* das 1912 bei Bernheim-Jeune in der Ausstellung *Les Peintres futuristes italiens* gezeigt wurde. Auch die distanzierende Pointe (die in dem Porträt Odette de Crécys in das Bild integriert ist) gehört in der Episode der Kirchtürme von Martinville zur Rahmenerzählung. Nachdem Marcel sein Prosastück geschrieben (und der Leser es gelesen) hat, beginnt er laut zu singen, ganz als sei er ein Huhn und habe eben ein Ei gelegt. Ironisch distanziert wird dabei nicht nur die jugendliche Schöperfreude Marcels, sondern auch der naive Glaube des Lesers, Dichtung sei der unmittelbare Ausdruck eines starken Eindrucks:

> [...] Je ne repensai jamais à cette page, mais à ce moment-là, quand, au coin du siège où le cocher du docteur plaçait habituellement dans un panier les volailles qu'il avait achetés au marché de Martinville, j'eus fini de l'écrire, je me trouvai si heureux, je sentais qu'elle m'avait si parfaitement débarrassé de ces clochers et de ce qu'ils cachaient derrière eux, que, comme si j'avais été moi-même une poule et si je venais de pondre un œuf, je me mis à chanter à tue-tête[22].

19 In ähnlicher Weise hat Flaubert in den *Trois Contes* die ironische Distanzierung bald in das Bild (der heilige Geist als Papagei am Ende von »Un cœur simple«), bald in den Bild- beziehungsweise in den Erzählrahmen eingeschrieben (das Glasfenster mit der Julianslegende am Ende von »La Légende de saint Julien l'hospitalier«).

20 *Le Figaro*, 19. November 1907.

21 *Recherche* (s. Anm. 5), Bd. I, S. 179.

22 Ebd., S. 180.

Montesquiou

Auch Montesquious Werk über die Gräfin Castiglione blickt auf das vergangene Jahrhundert zurück, weiter noch als *Du côté de chez Swann*. Proust hat den Rahmen des Fin de siècle, in dem sein Roman spielt, dadurch erweitert, dass er eine Erzählung einfügt (»Un amour de Swann«), deren Handlung von 1879 bis 1881, also vor der Geburt seines Ich-Erzählers spielt. Montesquiou greift auf das Zweite Kaiserreich, genauer auf das Jahr seiner eigenen Geburt zurück. Er wurde am 7. März 1855 geboren, zwei Tage vor dem Sohn jener damals 18jährigen Virginia Oldoini, Gräfin von Castiglione, in der er später mehr als in seinen eigentlichen Verwandten seinesgleichen erkannt hat.

Die Castiglione:
Am 25. Dezember 1855 traf die Familie Castiglione in Paris ein. Offiziell weilte sie in der französischen Hauptstadt, um eine Cousine der Gräfin zu besuchen, die mit dem Grafen Walewski, dem damaligen Aussenminister, verheiratet war. Die Gräfin reiste aber auch in geheimer Mission, hatte doch Cavour ihr nahegelegt, den Kaiser mit allen geeigneten Mitteln für die Sache des werdenden Italiens zu gewinnen. Offenbar hat die junge Italienerin die ihr zugedachte Rolle durchaus verstanden und glänzend gespielt[23]. Schon nach ihren ersten Auftritten galt sie als die schönste Frau der Welt, und der Kaiser war – mit welchen Mitteln auch immer – für die Sache des werdenden Italiens gewonnnen. In der Folge zeigte die Castiglione ihre Schönheit auf den Empfängen und Bällen des Kaiserreichs, besonders den Kostümbällen, die für das Rollenspiel der Gräfin die ideale Bühne bildeten. Man bewunderte sie (und verstand die Anspielung) als *Dame de cœurs* auf einem Maskenball im Aussenministerium am 17. Februar 1857; am 9. Februar 1863 trat sie im Tuilerienschloss (diesmal hatte die Anspielung, nachdem Italien geworden war, politischen Charakter) als *Reine d'Étrurie* auf; oder am 3. Mai desselben Jahres auf einem Benefiz der Baronin Meyendorff völlig überraschend als *Ermite de Passy*. Daneben begann die Castiglione im Juli 1856 eine intensive Zusammenarbeit mit dem Photographen Pierson. In drei Arbeitsphasen, 1856 bis 1858, 1861 bis 1867 und 1893 bis 1895, entstanden unzählige Aufnahmen, die die Castiglione in immer neuen Rollen und immer neuen Posen festhalten. In der ersten Phase sind es herkömm-

23 Zur Gräfin Castiglione und den im folgenden erwähnten Aufnahmen, s. den in Anm. 30 erwähnten Ausstellungskatalog.

liche Porträtaufnahmen. In der zweiten kommt der Photographie die Aufgabe zu, die mondänen Triumphe der Gräfin festzuhalten. Nachdem sie ihre Rolle auf der Bühne der grossen Welt gespielt hat, posiert die Castiglione vor dem Auge der Kamera. So holt sie beispielsweise vier Jahre nach ihrem Auftritt als *Dame de cœurs* ihr Kleid wieder aus dem Schrank, um sich in dieser Rolle von Pierson verewigen zu lassen, nicht ohne den Schnitt und besonders den Ausschnitt des Kleides der neuesten Mode anzupassen. Gleichzeitig wird die Photographie zu einem kreativen Medium; Rollen und Posen werden jetzt – nicht etwa von dem Photographen, sondern von dem Modell – für das Atelier erfunden: *La Marquise Mathilde*, *Elvira* (aus Verdis *Ernani*), Schlaf, Erwachen, Spiegelszenen, Spielereien wie *Scherzo di Follia*, ein Bild das zu einer Ikone der Photographie geworden ist, dann Schultern, Hände, Beine, Füsse... ob wirklich alles, was im Atelier gezeigt und aufgenommen wurde, auch bekannt geworden ist, bleibt – trotz der dokumentarischen Sorgfalt der Firma Mayer & Pierson – eine offene Frage. Jedenfalls treten die narzistischen und exhibitionistischen, am Ende auch die morbiden[24] Aspekte der Beschäftigung der Gräfin mit ihrer eigenen Schönheit immer deutlicher zutage[25]. Die dritte Arbeitsphase ist von den schweren psychischen Störungen gezeichnet, die die letzten Jahre der Gräfin überschatteten. Am 28. November 1899 ist die Castiglione gestorben.

Montesquiou und die Castiglione:
Robert de Montesquiou hat sich schon in jungen Jahren brennend für die bereits zur Legende gewordene Castiglione interessiert, Photos von ihr gesammelt und Gedichte[26] auf sie geschrieben. Auch zog es ihn immer wieder vor die stets verschlossenen Fensterläden ihrer Wohnung an der Place Vendôme, doch hat er sich nie entschliessen können, sich um eine Begegnung mit der Gräfin zu bemühen. Als ihn aber die Nachricht von ihrem Tod erreichte, eilte er herbei: *L'expression banale* ce fut un éclair *reprend ici de la portée, de la grandeur et de la justesse; il y eut, pour moi, d'un éclair, dans l'apparition pâle et brusque de ce beau, de ce grave, de ce noble visage de morte, près de disparaître pour toujours.*[27] Unmittelbar darauf begann er mit fetischistischer Besessenheit, alles zu sammeln, was irgendwie mit der

24 Vgl. *Le Pé* (1894), eine anatomische Studie in Erinnerung an (oder schamloser Anspielung auf) Mantegnas *Cristo morto*.
25 Vgl. Abigail Solomon-Godeau, »The Legs of the Countess«, *October* 39 (1986), S. 65-108.
26 Vgl. »Survivance« in *Les Chauves-souris*.
27 *La Divine Comtesse* (s. Anm. 4), S. 16.

göttlichen Gräfin zu tun hatte: Photographien, Briefe, persönliche Gegenstände, Schmuck, Kleider, ja sogar ein Stück ihres Sarges. Seine grosse Stunde schlug im Juni 1901, als im Hôtel Drouot der Nachlass der Castiglione versteigert wurde. 434 zum Teil prunkvoll gerahmte und kolorierte Photographien, Gipsabgüsse der Füsse und der Beine der schönen Gräfin, ein Schuh der *Dame de cœurs*, ein Nachthemd... Montesquiou kaufte nicht nur als Sammler, sondern auch als Historiker und Literat, hatte er sich doch vorgenommen, der göttlichen Gräfin ein Monument in Buchform zu errichten. Ein erster Text über die Castiglione erschien unter dem Titel »Recluse de beauté« in dem Band *Professionnelles Beautés*. Zu dem Titel dieses Bandes schreibt der Autor, der offensichtlich in Gedanken schon bei seinem Buch über die »divine comtesse« ist:

> *Professionnelles Beautés*, on connaît cette locution, laquelle désigna, d'abord, en Angleterre, puis, traduite, par tous pays, les dames qui font, je ne dis pas métier (c'est fort différent), mais profession d'être belles.
> Fonction magnifique, souvent douloureuse!
> Comme on dit: profession de Foi, ne saurait-on dire: profession de Beauté?
> Transposée, l'expression peut, il me semble, s'appliquer à certaines œuvres d'art, de celles qui font, aussi, moins métier que profession d'être belles, et qui (par un raisonnement semblable à celui dont le fabuliste démontre que c'est le travail qui est le trésor) ne demandent à cet exercice d'autre résultat que celui de s'exercer, sans souci du reste. Pour professer une beauté ainsi comprise, la grâce ne suffit pas, qui, toute seule, risque d'être mièvre; il y faut joindre de la force.
> J'ai bien souvent songé à ce que requiert d'énergie chez une jolie femme, l'accomplissement de sa mission et de sa tâche.
> Pour une beauté d'âme, comme pour une beauté de chair, il n'est pas de souplesse sans vigueur[28].

1913 war das Monument vollendet: ein luxuriös aufgemachter Band mit zahlreichen Illustrationen. Dreizehn Kapitel, teils eher in Form eines Essays (z. B. »Recluse de beauté«), teils eher in Form eines Katalogs (z. B. »Effigies et atours« oder »Bibelots«), ein Kapitel (»Objets non catalogués«) in Form von dreizehn Sonetten und ein weiteres (»Émulation et similitudes«), das die Schönheiten Revue passieren lässt (von der Kaiserin Eugénie bis zu Ida Rubinstein), denen Montesquiou in seinem Leben persönlich begegnet ist; das Ganze ein Monument nicht nur für die göttliche Gräfin, sondern auch für den exzentrischen Grafen. Ebensowichtig wie die Verehrung der Castig-

28 Robert de Montesquiou, *Professionnelles Beautés*, Paris 1905, S. VII-VIII.

lione ist für Montesquiou die Zurschaustellung seiner eigenen Person, seiner Sammlung, seines Literatentums und seiner glänzenden Bekanntschaften. Gerade darin aber zeigt sich die Seelen- oder besser die Wahlverwandtschaft zwischen dem Ästheten des Fin de siècle (dem Wählenden) und der Schönheit des Zweiten Kaiserreichs (der Erwählten). Beide sind unermüdlich im Bekennen ihrer Schönheit beziehungsweise ihres Kunstsinns, beide tun es unter Einsatz ihrer physischen Person – *body art* oder *performance art* avant la lettre –, und beide verwenden die junge Kunst der Photographie als Medium ihrer Selbstdarstellung.

Rollenspiel bei Montesquiou:
Noch bevor Montesquiou die Rollen des Innenausstatters, des Dichters, des Essayisten, des Gastgebers künstlerischer Feste oder schließlich des Conférenciers entdeckte und einstudierte, um sich dem staunenden Publikum darin vorzuführen, hatte er – dem Zeitgeist und gewiss auch dem Vorbild der Castiglione folgend – das Atelier des Photographen als Bühne und den Photographen als Publikum beziehungsweise als Mittler zum Publikum entdeckt. *Robert de Montesquiou ou l'art de paraître* war eine Ausstellung überschrieben[29], in der das Musée d'Orsay vom 12. Oktober 1999 bis zum 23. Januar 2000 parallel zu der gleichzeitigen Ausstellung *La Comtesse de Castiglione par elle-même*[30] die Rollen und Posen zeigte, die Montesquiou vor der Kamera spielte und einnahm. Zuerst die herkömmlichen Familienphotos und Porträtaufnahmen; dann, wie bei der Castiglione, die Wiederholung im Atelier des Photographen von Auftritten in der Gesellschaft: Montesquiou in der Rolle des Zanetto in einer Komödie von François Coppée, *Le Passant*, gespielt bei der Baronin Annette de Poilly, einmal zusammen mit Sarah Bernhardt, aufgenommen von Melandri (1874), einmal als Porträtstudie in einer Aufnahme von Nadar (1874); Montesquiou in dem Fledermauscape, das er auf einem Kostümball bei der Herzogin von Rohan getragen hat, aufgenommen 1889 im Photoatelier Otto, einem Photographen, dessen besondere Qualitäten eher in den Gruppenaufnahmen zum Ausdruck kommen, die Montesquiou in gedankenvoller Betrachtung zweier junger Männer zeigen[31]. Die erstaunlichsten Beispiele von

29 Katalog: Paris, Éditions de la Réunion des musées nationaux, 1999.

30 Katalog: Paris, Éditions de la Réunion des musées nationaux, 1999.

31 Eine Reihe von Gruppenaufnahmen entsprechenden Inhalts und Stils mit Marcel Proust, Robert de Flers und Lucien Daudet soll laut Tadié zu einem Streit zwischen Proust und seiner Mutter geführt haben. Vgl. Jean-Yves Tadié, *Marcel Proust*, Paris 1996, S. 350.

Montesquious photographischer Selbstinszenierung stammen jedoch von anonymen Photographen. Es sind Aufnahmen, die Montesquiou in orientalischen Rollen zeigen – als Prinz Husain aus *Tausendundeiner Nacht*, als Fledermausfänger und als Johannes den Täufer. Das erste Bild bleibt unbeholfen in dem statischen Neben- und hintereinander der einzelnen Requisiten: Teppich, Kaftan, Gürtelspange, Lyra und das gleich einem whistlerschen Schmetterling als Signatur emporgehaltene übergrosse Pensee, das gleichzeitig ein Totenkopf ist. Das zweite Bild zeigt den zukünftigen Autor der *Chauves-souris* und der *Hortensias bleus*, umgeben von den Symbolen seiner Dichtung: blauen Hortensien und Fledermäusen, von denen er eine, wiederum als Signatur, emporhält, wobei im Nachhinein die tote Fledermaus auch als Symbol für die Totgeburt seiner Dichtung verstanden werden kann. Im dritten Bild übernimmt Montesquiou selbst die Rolle des Totenkopfs. In raffinierter Inszenierung hängt diesmal der Teppich vor einem geschlossenen Fensterladen; der japanische Stoff (von William Morris) gehört diesmal nicht zum Kleid, sondern überzieht eine altarähnliche Konsole, auf der in einer Silberschale der Kopf des Porträtierten ruht. Die Photographie verbindet die heterogenen Stoffe (Mauer, Verputz, Wolle, Seide...) und Motive (Fenster, Altar; Ikone, Porträt...), während die goldene Aquarellschrift dem entwickelten Bild ein neues Element hinzufügt, das jedoch seinerseits in das Bildganze eingebunden wird – ein Emblem nicht nur für Montesquious Rollenspiele, sondern auch für das Fin de siècle als solches.

Ego imago:
Wie die 434 Photographien der Castiglione, die in seinem Besitz waren, hat Montesquiou die zahllosen Photographien seiner selbst als Bausteine eines Monuments verwendet. Bevor er seine Memoiren verfasste und seinen zukünftigen Nachlass ordnete, hat er 170 Photos in vier grosse Alben geklebt und beschriftet. Das Titelblatt zeigt Montesquiou an seinem Louis-Quinze-Schreibtisch als Denker. Der Titel EGO IMAGO ist in Aquarell, der Untertitel *Mes Photographies* mit Tinte aufgetragen.

Photographie und Malerei:
Bei aller Faszination vor dem Medium der Photographie hat sich Montesquiou dennoch die Frage gestellt, weshalb sich die Castiglione beinahe ausschliesslich vor der Kamera des Photographen produziert hat und weder Malern noch Bildhauern Modell gestanden ist: *Comment, une telle idole aura vécu, du temps des Ingres et des Ricard, et elle se sera contentée d'un Giraud, pour la reproduction de ses*

traits dont elle était si justement fière[32]? Aus dem leicht herablassenden Ton, in dem er seine Frage beantwortet, spricht neben der Überlegenheit des Ästheten, der weiss, was er der Kunst schuldig ist, die Zufriedenheit des Mäzens, der weiss, seine Schuldigkeit getan zu haben:

> Vraiment, en ce qui concerne l'Italienne Beauté qui fait l'objet de cette Étude, ce serait à n'y pas croire, si la réflexion n'aidait à le comprendre. Certainement la Dame aura été prise entre le désir d'enfanter des chefs-d'œuvre, et la crainte, à la fois puérile et assez grandiose, de les voir égaler, surpasser l'original, lui porter un défi de beauté et de durée... et cette crainte l'aura dominée, anéantissant ainsi, d'un seul coup, les tableaux magnifiques, les admirables statues qu'elle aurait inspirées aux artistes contemporains, peintres et sculpteurs. Telle est la conviction, née pour moi, de mes rêveries autour de cette innombrable iconographie, en même temps si riche et si pauvre[33].

In dem Kapitel »Émulation et similitudes« macht Montesquiou auch gewissen Schönheiten seiner Zeit den Vorwurf, sich nicht den wirklich grossen Porträtisten zu stellen. Über seine Cousine, Élisabeth de Caraman-Chimay, Comtesse Greffulhe, die er nicht nur wegen ihrer Schönheit, sondern auch wegen ihres Kunstsinns verehrte, bemerkt er:

> Malheureusement – avec une moins entière abstention que celle de Madame Standish qui, elle, sur ce propos, me semble impardonnable – elle ne léguera pas l'image définitive que se devrait une renommée à ce point universelle. Cela non plus n'est guère pardonnable, quand on a vécu dans le même temps qu'un Whistler, qu'un Boldini, tous deux dignes, tous deux désireux de se mesurer à l'impossible, et d'en triompher.La seule chose qui me paraît à la hauteur de consoler celle qui aurait pu servir de modèle à ces deux artistes, quand elle s'apercevra de son erreur, c'est l'idée que le Roi Soleil a vécu dans le même temps que Velazquez, et n'a pas posé pour lui[34].

Die Beispiele sind nicht zufällig gewählt, hat sich doch Montesqiou nicht nur von einer ganzen Reihe weniger bedeutender Maler, sondern auch von Whistler und Boldini porträtieren lassen, und weist doch das Whistler-Porträt, »Harmonie in Schwarz und Gold«, deutliche Anklänge an Velázquez auf[35]. Um sich selbst, seine Cousine und den allfälligen Leser über das Fehlen von Whistler- oder Boldini-Por-

32 *La Divine Comtesse* (s. Anm. 4), S. 50.
33 Ebd., S. 50-51.
34 Ebd., S. 199.
35 Vgl. Edgar Munhall, *Whistler et Montesquiou. Le Papillon et la Chauve-Souris*, Paris 1995.

träts der Gräfin hinwegzutrösten, zitiert Montesquiou an dieser Stelle zwei Seiten von sich selbst: *À défaut de ce chef-d'œuvre inexprimé, voici une esquisse à la plume; elle est de l'auteur des* Professionnelles Beautés: *[...]*[36]

Es folgen zwei Seiten aus dem Kapitel »Fleurs et femmes d'Helleu«[37], die keineswegs ein malerisches Meisterwerk ersetzen können, enthalten sie doch nicht etwa ein literarisches Porträt der Gräfin Greffulhe aus der Feder ihres Cousins, sondern lediglich eine summarische Aufzählung der Porträts, die Carolus-Duran, Jacquet, Lami, La Gandara und Helleu von ihr gemalt haben. Einmal mehr, von welchem Modell (die Castiglione oder die Greffulhe) oder von welchem Porträtisten auch die Rede ist, dreht sich alles nur um Montesquiou selbst, hat er sich doch nicht nur von Whistler und Boldini, sondern auch von Carolus-Duran, La Gandara und Helleu abkonterfeien lassen. Der obsessionelle Drang zur Selbstdarstellung hat zwar Montesquious Büchern geschadet, wir verdanken ihm jedoch einige bemerkenswerte Beispiele photographischer und malerischer Porträtkunst des Fin de siècle.

Karikaturen und Imitationen:
Es erstaunt nicht, dass die ausgeprägte und ausgefallene Erscheinung Montesquious nicht nur die Porträtmaler, sondern auch die Karikaturisten seiner Zeit angeregt und herausgefordert hat; es erstaunt ebensowenig, dass der Satiriker und Moralist, als der sich Montesquiou verstand, seinerseits zum Mittel der Karikatur greift; erstaunlich ist aber – wenn man die Empfindlichkeit des Grafen in Betracht zieht –, dass er die Karikaturen seiner Person durchaus begrüsste und einen Karikaturisten wie Sem (Georges Goursat) bewunderte und förderte. So schrieb er zu einem Album Sems ein Vorwort, das in *Professionnelles Beautés* (1907) das Kapitel »Du droit de tracer des caricatures« bildet; am 10. Juni 1907 erschien in *Le Figaro* unter dem Titel »Les Miroirs malins« die Besprechung einer Karikaturenausstellung im Palais de Glace, wiederaufgenommen in dem Band *Assemblée de Notables* (Paris 1908); schliesslich hielt er am 7. Januar 1910 in der Aussstellung *Tout Paris avenue du Bois*, einer Folge von sechs panoramamässig installierter Panneaus von Sem und Auguste Roubille, einen Vortrag beziehungsweise eine Causerie (identisch mit dem Kapitel »Le Film immobile« in *Têtes d'expression*, Paris 1912), in der seine eigenen karikaturistischen Fähigkeiten voll zur Geltung

36 *La Divine Comtesse* (s. Anm. 4), S. 199.
37 Ebd., S. 139-142.

kamen. Am folgenden Tag war in *Le Gaulois* unter dem Titel »Bloc-notes Parisien. Conférence caricaturale« zu lesen: *Faire de la caricature en paroles, dans une conférence sur la caricature, ce n'est donné qu'à un homme de beaucoup d'esprit, et c'est ce qu'a fait hier soir le comte Robert de Montesquiou [...]*[38]. Während Montesquiou die Karikaturen durchaus neben die Porträts seiner selbst stellte und als Teil jenes Monuments betrachtete, an dem er selbst arbeitete, begegnetet er den literarischen Werken, für die er völlig gegen seinen Willen Modell gestanden hat, mit grösstem Misstrauen. Im Mai 1921 hat Montesquiou Proust seinen eben erschienenen Band *Les Délices de Capharnaüm*, eine Sammlung satirischer Prosa und moralistischer Charakterstudien, zugesandt, und Proust revanchierte sich mit dem Band *Le Côté de Guermantes II – Sodome et Gomorrhe I*. Beide – Montesquiou und Proust – glaubten, sich im Werk des anderen porträtiert zu sehen. Dem äusserst beunruhigten Freund versicherte Proust, es gebe keine Schlüssel zu den Figuren seines Romans, signalisierte aber immerhin zwei punktuelle Ausnahmen:

> Pour ce qui est de mes clefs puisque vous voulez bien me demander cela, il n'y en a pas, ou du moins voici. [...] Ce qui m'a donné l'idée de Madame de Villeparisis (dans ce volume-là, non dans le précédent) est Madame de Beaulaincourt. Elle faisait des fleurs, et pour démarquer un peu, je l'ai représentée en peignant. Ce serait mon seul »Portrait« si un Baron Doazan, habitué du salon Aubernon, où je dînais deux ou trois fois avec lui, ne m'avait servi pour M. de Charlus, à sa première apparition dans l'*Ombre des jeunes filles en fleurs*, quand il me regarde en affectant de ne pas me voir. Mais cette ressemblance, comme la mémoire apporte à un peintre le souvenir d'une »vue«, est fugitive[39].

Diesen Beteuerungen kann man Glauben schenken, ebensogut kann man aber annehmen, Proust schiebe Madame de Beaulaincourt vor Madame Lemaire und den Baron Doazan vor den Grafen Montesquiou. Zu seinem Glück, so muss man sagen, ist Montesquiou (am 11. Dezember 1921) kurz vor der Veröffentlichung von *Sodome et Gomorrhe II* gestorben, so dass er nicht mehr erfahren musste, wie viele seiner Züge, Ticks, Worte, ja Tiraden und Diatriben in der Proustschen Figur weiterleben.

Proust jedoch hat *Les Délices de Capharnaüm* gelesen und dabei mehrere auch nicht gerade schmeichelhafte Porträts seiner selbst entdecken können. Ein erstes findet sich in der Erzählung »L'Enfant gâté«:

38 Zitiert in Antoine Bertrand, *Les Curiosités esthétiques de Robert de Montesquiou*, Genf 1996, S. 439.

39 Marcel Proust, *Correspondance*, Paris 1970-1993 (21 Bände), hier Bd. XX, S. 281.

> Je dirai aussi, non pas celui, mais ceux – car ils sont nombreux, atteints de cette infirmité – ceux qui s'essaient à réaliser ce qu'ils croient être des imitations, ce qu'ils désignent ainsi; je ne parle point de cette imitation noble, laquelle s'applique à prendre pour exemples, de vrais mérites, mais cette pauvre simulation simiesque, appliquée à reproduire des intonations, à singer des attitudes; sorte de caricature phonétique et verbale, soulignée par la grimace et le geste, avec cette infériorité morale sur les albums publiés par nos humoristes, qu'elle fait succéder aux protestations de déférence écrite et parlée, envers les modèles, l'essai de les ravaler, en leur absence, à l'emploi de divertissement d'après-dîner, pour un public friand de ces simagrées[40].

In einer Fussnote zitiert Montesquiou ein Beispiel solcher Ehrerbietungen, in dem Proust unschwer ein Pastiche seiner selbst (dessen, was seine Schulfreunde »proustifier« nannten), wenn nicht gar ein eigentliches Zitat eines seiner frühen Briefe an den Grafen erkennen musste: *Cher Maître, je viens d'apprendre la cause à laquelle je dois la tristesse de votre silence, et je possède un tel respect du respect, une telle admiration pour votre œuvre et votre personne qu'il m'est impossible de me taire, etc., etc.*[41] In einem kurz nach dem 7. Juni 1921 geschriebenen Brief beteuert er ein weiteres Mal die Aufrichtigkeit seiner Ehrbezeugungen und versichert, auch seine *imitations* seien nichts anderes als Ausdruck seiner Bewunderung gewesen:

> La seule chose qui me gêne est le contraste que vous dénoncez entre les lettres chaleureuses, et les »singeries« dont je ne peux pas ne pas m'appliquer un peu l'injuste blâme, puisque j'ai été le premier, si j'ai perdu depuis longtemps ce talent et cette habitude, à contrefaire – bien imparfaitement – le tour de votre langage et l'accent de votre voix. Il y a bien dix années que je n'ai refait de ces imitations[42].

Seit gut zehn Jahren... Schon im Dezember 1895 hatte Proust dem Grafen versichert, er habe »seit langem« darauf (auf das Spiel der *imitations*) verzichtet und wolle es nie wieder tun.... Es war Montesquiou offenbar zu Ohren gekommen, »le petit Marcel« habe sich wieder einmal auf seine Kosten amüsiert, und offenbar hatte er darauf seinem jungen Verehrer vorgeworfen, er mache sich zum Handlungsreisenden seines Geistes:

> Mon cher Maître,
> [...] Quant au rôle de commis-voyageur de votre esprit qui n'en avait pas besoin, j'y ai dès longtemps renoncé et, pour vous faire plaisir, le re-

40 Robert de Montesquiou, *Les Délices de Capharnaüm*, Paris 1921, S. 129.
41 Ebd.
42 *Correspondance* (s. Anm. 38), Bd. XX, S. 327.

> prendre est la seule chose que je ne ferais pas. Alors, en effet, par l'effet qui entraîne le corps à la suite de l'âme, la voix, l'accent se rythmaient sans doute sur l'allure de cette pensée empruntée. Si l'on vous a dit plus, et si l'on a parlé de caricature, j'invoque votre axiome: »un mot répété n'est jamais vrai«[43].

Möglicherweise hatte man Montesquiou eine Szene zugetragen, die sich nach einem Diner bei Alphonse Daudet am 12. Dezember 1895 abgespielt hat. Albert Flament berichtet in seinen Erinnerungen an die Belle Époque[44], Montesquiou habe sich wort- und gestenreich über die Haute Couture im Zweiten Kaiserreich geäussert, worauf Marcel Proust im Vorzimmer für die Cousinen der jungen Daudets eine *imitation* des Grafen vorführte. Er habe *imité, avec virtuosité, pour Adeline et Marthe Allard, les cris perçants de M. de Montesquiou* und auf der Rückfahrt im Fiaker mit Flament noch einige weitere Nummern zum besten gegeben. Überhaupt begegnete Montesquiou dem jungen Volk, das sich im Hause Daudet traf und belustigte, mit dem Argwohn, man tue es auf seine Kosten. Besonders misstrauisch war er gegenüber seinen beiden angeblichen jungen Bewunderern Marcel Proust und Lucien Daudet, die sich darauf spezialisiert hatten, sprachliche und gesellschaftliche Clichés[45] sowie persönliche Ticks ihrer Bekannten aufzuspüren und unter Ausbrüchen unbändiger Heiterkeit nachzuahmen und zu verulken. Es ist kein Zufall, dass sich später Lucien Daudet begeistert über Prousts Pastiches geäussert hat[46], ebensowenig, dass in Prousts Pastiches nicht nur Edmond de Goncourt, dem Proust bei den Daudets begegnet ist, sondern auch Lucien Daudet eine wichtige Rolle spielen[47]. Vorläufig aber vergnüg-

---

43 Ebd., Bd. I, S. 449-450.

44 Albert Flament, *Le Bal du Pré-Catelan,* Paris 1946, S. 39-42.

45 *Une personne que nous connaissions – et qui ne savait pas l'anglais – croyait mieux, en s'en allant, de dire »Good bye« ou encore, avec désinvolture: »Bye, bye...« Cela rendait positivement Marcel Proust malheureux; après son départ, il faisait cette grimace de souffrance et d'énervement qui suit l'instant où le bâton de craie a grincé sur le tableau noir. »Comme ça fait mal aux dents, ce genre de choses!« s'écriait-il plaintivement.*
Il y avait pour lui »les choses qui faisaient mal aux dents« (exemple ci-dessus) et il y avait aussi, un peu différentes, »les choses qui faisaient loucher«, que, pour simplifier, il appelait les louchonneries. Lucien Daudet, *Autour de Soixante lettres de Marcel Proust* (Les Cahiers Marcel Proust 5) Paris 1929, S. 29-30.

46 Unter dem Titel »L'Art du pastiche« erschien am 30. März 1908 in *Le Gaulois* ein Lucien Chantal gezeichneter Artikel, für den sich Proust zwei Tage später bei Lucien Daudet bedankt.Vgl. *Correspondance* (s. Anm. 38), Bd. VIII, S. 82.

47 Lucien tritt nicht nur in dem Goncourt-Pastiche der Affaire Lemoine auf, sondern auch in zwei weiteren Goncourt-Pastiches, die Proust dem Freund wohl als Dank für den elogiösen Artikel in *Le Gaulois* zugesandt hat. Die beiden Pa-

ten sich die beiden Freunde mit dem Aufspüren von *louchonneries* und dem Aufführen von *imitations*. Zeitweise litten sie sogar unter einer Art von chronischem Fou-rire, zumindest nahmen sie diese Krankheit als Vorwand, um sich bei Montesquiou für eine Einladung zu entschuldigen[48]. Bei anderer Gelegenheit ist es dann, wie Lucien Daudet in seinen Erinnerungen berichtet, doch passiert[49]. *Jamais*, schreibt Lucien Daudet, *le Comte Robert de Montesquiou ne nous pardonna. Des années plus tard, il me parlait encore de cette »inconvenance [...]*[50]. Tatsächlich kommt Montesquiou in dem Band *Les Délices de Capharnaüm*, wenn auch nicht auf die Episode des Fou-rire, so doch ein weiteres Mal auf die ihm verhasste Kunst der *imitations* zurück. Auf die Erzählung »L'Enfant gâté« folgt ein Essay mit dem Titel »Le multiple Sosie«, der folgendermassen beginnt:

> Je voudrais assembler quelques réflexions sur une forme d'art, qui n'est peut-être que la manifestation d'un travers, je veux dire ce genre dit des imitations, lequel consiste à reproduire, avec plus ou moins d'exactitude ou d'excès, les façons de s'exprimer d'un individu ou d'un personnage, à savoir la mimique, la parole et le jeu de physionomie. Ce genre, il y a quelque vingt années, se borna surtout à contrefaire, dans des scènes de Revues, certaine diction martelée de notre grande Sarah Bernhardt; d'autres vedettes moins sensationnelles, parodiées, faisaient l'appoint, au cours de ces représentations embryonnaires; l'entrée conquérante des amateurs, dans toutes les branches de l'esthétique, marqua un progrès, je maintiens le mot, puisqu'on peut écrire le progrès du mal [...]«[51]

---

stiches wurden bei der Vorbereitung der Hamburger Proust-Ausstellung im Sommer 1999 entdeckt und im Ausstellungskatalog erstmals publiziert. Vgl. *Marcel Proust. Zwischen Belle Époque und Moderne*, Frankfurt am Main 1999, S. 44-49 und 246.

48 *Depuis huit jours nous ne pouvons Lucien ni moi nous trouver en présence l'un de l'autre sans être pris et gardés par le plus aveugle, le plus douloureux et le plus irrésistible fou-rire. Correspondance* (s. Anm. 38), Bd. I, S. 448 (Brief Marcel Prousts und Lucien Daudets an Robert de Montesquiou, Dezember 1895).

49 *Le fou-rire devait finir mal. Le Comte Robert de Montesquiou avait découvert une personnalité »géniale« chez qui il faisait à Marcel Proust et à moi »le grand honneur« de nous inviter. Marcel Proust, imprudent et scrupuleux, écrivit à M. de Montesquiou pour le mettre au courant du fou-rire et le prévenir d'avance qu'il faudrait l'excuser et m'escuser aussi s'il nous voyait rire bêtement et sans raison, que c'était une espèce de maladie, et qu'enfin il le suppliait de ne voir là aucune moquerie ni quoi que ce fût d'impoli. L'aspect sévère et soupçonneux de M. de Montesquiou, quand nous entrâmes, provoqua naturellement et redoubla bientôt ce que Marcel Proust craignait, et après quelques essais de gravité apparente nous ne pûmes que nous sauver en cachette par le buffet, étouffant de rire et courbés en deux.* Lucien Daudet, *Autour de soixante lettres* (s. Anm. 44), S. 31.

50 Ebd.

51 *Les Délices de Capharnaüm*, S. 143.

Anstatt sich nun weiterhin grundsätzlich mit dem Problem der *imitations* auseinanderzusetzen und sie von der Karikatur oder anderen Kunstformen abzugrenzen, begnügt sich Montesquiou ein weiteres Mal mit einer Aufreihung von Beispielen. In einem ersten erinnert er sich an einen »brillanten Schriftsteller, der seither zurecht berühmt geworden ist« und der die Protagonisten der Dreyfus-Affäre glänzend nachzuahmen verstand[52]. Man ist versucht, in dem Schriftsteller den jungen Proust zu sehen, doch ist wenig später von zwei Jünglingen die Rede, die sich offenbar ein Vergnügen daraus machten, den Grafen nachzuahmen, allerdings nur in dessen Abwesenheit. Es handelt sich dabei, so glaube ich, um Lucien Daudet und Marcel Proust:

> On m'a encore parlé de deux jeunes hommes, doués de ce talent ou affligés de cette infirmité, un jeune homme encore jeune et un très vieux petit jeune homme, je ne les ai pas entendus. Deux observations en passant: je ne vois pas mentionner de femmes adonnées à cet exercice; pourquoi, serait-ce indulgence? Plutôt, je le crains, une répugnance à déformer leurs propres traits pour caricaturer ceux d'un autre. Deuxième observation, celle-là plus mystérieuse: pourquoi l'imitateur ne saurait-il réussir son opération en face de ceux qui en sont le prétexte? Sans doute la présence de celui qu'il juge, malgré tout, comme lésé, lui ôte de l'aplomb, il manque d'élan, raterait l'effet et, partant, il préfère supprimer l'effort; c'est évidemment ce qui empêcha ces deux derniers artistes en contrefaçon faciale et verbale, de me donner un échantillon de leurs moyens; ils excellaient, paraît-il, à me simuler, et faute de pouvoir ou de vouloir me montrer à moi-même sous cet aspect amoindri ou hypertrophié, ils aimèrent mieux s'abstenir[53].

Eine bisher nicht beachtete Spur Prousts in einem bisher kaum beachteten Text Montesquious… gewiss, so achtunggebietend ist diese Entdeckung nicht. Im Zusammenhang mit Rollenspiel, Porträtkunst, Karikatur und Pastiche im Fin de siècle darf sie allerdings hoffen, nicht unbeachtet zu bleiben.

---

52 *La première occasion qui me fut offerte de réagir contre elle, me vint d'un brillant écrivain devenu justement célèbre, et qui, dans ce temps-là, se montrait mon ami. La preuve, c'est, qu'un soir, dans le rez-de-chaussée que j'occupais alors, Avenue Bosquet, il vint entre camarades, et, subitement, avec une faconde extraordinaire, transforma ce lieu paisible, en une chaire où tour à tour, Fasquelle succédant à Zola, et Decori à Labori, enfilaient des raisonnements, des diatribes et des plaidoyers, tellement conformes à l'habitus mentis du personnage, que toute réserve, à l'égard du droit des gens de sauvegarder leurs inflexions, disparaissaient devant l'exacte évocation d'eux-mêmes, sans ridicule et presque sans hyperbole, par un impeccable logicien de leurs conceptions, en même temps qu'un phonographe vivant de leurs couacs ou de leurs roulades.* Ebd. S. 144.

53 Ebd. S. 145-146.

Joachim Küpper

Lyrik der Dekadenz

Zu Gabriele D'Annunzios Gestaltung der ›schicksalhaften Begegnung‹ (Ricordo di Ripetta)

0.

Unsere geläufigen Epochenkonzepte, die wir problematisieren können und müssen, die hinter uns zu lassen aufgrund der wesentlich hermeneutischen Verfaßtheit all unserer Bemühungen kaum möglich und auch nicht erstrebenswert wäre, zerfallen in zwei Gruppen: solche mit eher wertend-normativem Profil (Manierismus, Barock, Klassik, Aufklärung, Romantik) und solche, die in ihrem Namen ein bestimmtes Verhältnis zu anderen Epochen stilisieren (Mittelalter, Renaissance, Moderne). Die Mitglieder dieser zwei Reihen partizipieren allesamt nachrangig auch am Ordnungsprinzip der je anderen, aber keiner der uns vertrauten Epochennamen gehört in dem Maße beiden Reihen zu wie der der Dekadenz. Von ›Verfall‹ zu reden setzt voraus, daß man für die Zeit davor meint, sinnvollerweise von einer Epoche der Blüte sprechen zu können. Da der Terminus und mehr noch die lateinischen Entsprechungen allererst auf kulturelle Phänomene referieren und unser Denken des Geschichtlichen linear organisiert ist, scheint der Begriff nicht nur als solcher negativ, es gehen ihm auch die positiven Implikate ab, die mit einer zyklischen Konzeptualisierung von Prozessen verbunden sein können[1]. Wesentlich

1 Insofern Tod, Untergang immer Voraussetzung neuen Lebens ist, scheint im Kontext zyklischer Zeitlichkeitsmodelle die negative Besetzung von ›Verfall‹ zumindest tendenziell suspendiert. – Wenn wir in Abweichung von dem Epochennamen, der im Programm des Kolloquiums figuriert, den Terminus ›Dekadenz‹ bevorzugen, hat dies seine erste Begründung darin, daß in der Ursprungskultur desjenigen Autors, der hier im Mittelpunkt steht, die entsprechende Phase der Literarhistorie so und nicht anders bezeichnet wird. Aber der auf den ersten Blick neutralere Terminus ›Fin de siècle‹ scheint bei näherem Hinsehen nicht weniger arbiträr und auch nicht weniger wertend als der von uns präferierte. Schließlich wird das Fin de siècle erst durch die willkürliche Einteilung nach Jahrhunderten zu einer ›Endzeit‹, und die mit der Vorstellung einer Endzeit einhergehenden negativen Implikate wird man in einer Kultur okzidentalen Zuschnitts bis auf weiteres nicht eskamotieren können.

für die Anlage unseres Arguments ist aber vor allem das auf die zeitliche Entwicklung bezogene Moment. In welchem Verhältnis steht die Lyrik des Fin de siècle zu der jener ›großen‹ Zeit, welche der Dekadenz vorausging?

1.

Die Gedichte der schicksalhaften Begegnung gewinnen ihren Stellenwert in der Tradition der Liebesdichtung, wenn das Konzept ›Liebe‹ sich von einer Metapher für das physische Begehren zum Begriff für eine personale Beziehung wandelt, die zwei und nur diese zwei Personen verbindet[2], kurz, wenn die Selbstreflexion das Konzept ›Individualität‹ hervortreibt, den Gedanken der Unverwechselbarkeit des Einzelnen. Es ist dieses Konzept, welches erst der Vorstellung die Grundlage schafft, es könne nur dieser eine andere sein, den man lieben kann und von dem nicht wiedergeliebt zu werden das weitere Leben ins Zeichen der Vergeblichkeit stellt.

Prägend für die lyrische Bearbeitung des Motivs ist der Beitrag desjenigen geworden, der in Auseinandersetzung mit dem christlichen Individualismus dem dort bereits angelegten, aber durch die Verbindlichkeit normativer Verhaltensregeln in Latenz gehaltenen Konzept ›Subjektivität‹ als erster prägnant Ausdruck verliehen hat[3]. Wie

---

2 Die Vergeistigung der Liebe, für die die Tradition steht, deren Abschluß die Lyrik von Petrarcas Vorgänger Dante bildet, ist (nur) die gewissermaßen seitenverkehrte Entsprechung eines solch funktionalen und a-personalen Liebeskonzepts. – Die in dem vorliegenden Aufsatz verfolgte Linie ist teilidentisch mit der von Rainer Warning in seiner Abhandlung »Imitatio und Intertextualität. Zur Geschichte lyrischer Dekonstruktion der Amortheologie: Dante, Petrarca, Baudelaire« untersuchten Serie (in: Willi Oelmüller [hg.] *Ästhetischer Schein*, Paderborn/ München/ Wien/ Zürich 1982, S. 168 – 282; die Diskussion von Warnings Papier S. 283 – 317). Daß wir Dante nur am Rande einbeziehen, dafür aber den romantischen Prä-Texten von Baudelaire Aufmerksamkeit widmen, und schließlich nicht mit dessen modernistischem, sondern mit D'Annunzios dekadentem Gestaltungsversuch enden, verschiebt die Perspektive. Vor allem aber hat Warnings These ein wesentlich systematisches Profil (»Denn nicht um eine Dekonstruktion poetischer Texte wird es uns gehen, sondern um den Nachweis, daß die poetische Fiktion selbst der systematische Ort aller Destruktionsarbeit [sic] ist.« [S. 171]), mit den angesichts der im Titel genannten Serie selbstverständlichen historischen Aspekten. In unserem Papier ist die Relationierung invers. Ungeachtet der daraus resultierenden grundsätzlichen Unterschiede ergeben sich eine Reihe von möglichen Berührungspunkten; was Dante – Petrarca betrifft, s. insbes. S. 175, S. 179 und S. 187.

3 S. dazu (im Anschluß an prominentere Vorgänger) Vf., »Das Schweigen der Veritas. Zur Kontingenz von Pluralisierungsprozessen in der Frührenaissance

sehr sich Petrarca noch ganz am Beginn der Gestaltungen des Konzepts situiert, reflektiert sich darin, daß der *Canzoniere* zwei Versuche enthält, von denen recht eigentlich nur der eine (*Canz.* III) aus Sicht unseres späteren Verständnisses[4] als Modellierung des skizzierten Motivs gelten kann. Der andere (*Canz.* II) bleibt dem Verfahren der mythologischen Metapher verbunden[5]; die Begegnung inszeniert nicht ein Zusammentreffen von Ich und Geliebter, sondern von Ich und Amor, und Liebe ist figuriert als Kampf. Die der Tradition konforme Substitution des Gemeinten durch ein Figuratum verweist auf das ältere Verständnis von ›Liebe als Funktion‹. Liebe ist Metapher des Begehrens, und zwar eines allgemeinen, jedermann eigenen Begehrens, welches zu seiner Erfüllung des anderen bedarf, von dessen Personalität aber abstrahieren kann[6]. Es sind die Laune eines anthropomorphen Gottes, die ›Schwäche‹ des Liebenden als Kämpfer sowie die Ungunst von Ort und Zeit, was den Beginn der Liebe motiviert, nicht aber ein in der donna selbst zu findendes oder vom Liebenden gefundenes Moment. Die Reduktion des Motivs auf einen Horizont anthropologischer Allgemeinheit und der Funktionalismus des Lie-

---

(Petrarca, *Secretum*)«, in *Poetica* Bd. 23/ 1991, S. 425 – 475. Was die Erscheinungsformen dieser subjektivistischen Wende in der Lyrik angeht, s. »Mundus imago Laurae. Petrarcas Sonett *Per mezz'i boschi* und die ›Modernität‹ des *Canzoniere*«, in *Romanische Forschungen* Bd. 104/ 1992, S. 52 – 88, sowie »Schiffsreise und Seelenflug. Zur Refunktionalisierung christlicher Bilderwelten in Petrarcas *Canzoniere* (Mit einem Post-Scriptum zur Singularität des Lyrikers Petrarca sowie zur epistemologischen Differenz von Literarhistorie und Diskursarchäologie)«, in *Romanische Forschungen* Bd. 105/ 1993, S. 256 – 281 (die Dokumentierung der Tradition der These in den Fußnoten dieser drei Abhandlungen).

4 Zu einer teils affinen, letztlich aber von unserer Position abweichenden Einordnung von *Canz.* III s. Andreas Kablitz, »›Era il giorno ch'al sol si scoloraro per la pietá del suo factore i rai‹. Zum Verhältnis von Sinnstruktur und poetischem Verfahren in Petrarcas *Canzoniere*«, in *Romanistisches Jahrbuch* Bd. 39/ 1988, S. 45 – 72; wir verzichten auf eine Auseinandersetzung und verweisen, was unsere hier nur sehr holzschnittartig vorgetragene Deutung angeht, auf die in Anm. 3 genannten Aufsätze.

5 Obwohl, wie bereits angedeutet, die inhaltliche Besetzung des Liebeskonzepts bei Dante eine andere ist als in der antiken Tradition (auf die die Amor-Metapher verweist), ist von der Figuration des innamoramento her *Canz.* II noch als eine Anlehnung an das erste Gedicht der *Vita nova*, man könnte vielleicht sogar sagen als eine Zuspitzung gestaltet, soweit der hier diskutierte Aspekt betroffen ist: Im Unterschied zu Dante wird die Geliebte bei Petrarca noch nicht einmal genannt.

6 Dies wird noch deutlicher in Petrarcas dritter und an späterer Stelle des Zyklus zu findender Gestaltung des innamoramento (*Canz.* CCXI). Dort ist neuerlich die Amor-Metapher konstitutiv, und die Liebe reduziert sich gänzlich auf das a-personale Begehren.

besverständnisses finden sinnfälligen Ausdruck darin, daß die Geliebte als Person überhaupt keine Erwähnung findet[7].

Das eigentliche Begegnungssonett[8] hält den mythischen Horizont weiterhin präsent[9], aber es ist die donna, deren Präsenz nun im Wortsinn an erster Stelle steht und deren Anblick den Sprecher ›bindet‹, ohne daß er sich dagegen wehrte, sei es, daß er dies nicht könnte, sei es, daß er es nicht wollte. Der Übergang vom Muster des Mythos als metaphorischer Gestaltung einer anthropologischen Situation zum singulären Ereignis stilisiert sich in vier Versen, die die Bedingungen dafür bloßlegen, daß das Konzept der Einzigartigkeit des Einzelnen und damit das einer ›fatalen‹ Liebe in den Horizont des Denkens geraten konnte: Erst wenn ein Mensch den Plan betritt, der zugleich Gott ist, scheint konzeptuell die Möglichkeit gegeben, auch die nicht-

7 »Per fare una leggiadra sua vendetta,/ et punire in un dí ben mille offese,/ celatamente Amor l'arco riprese,/ come huom ch'a nocer luogo et tempo aspetta.// Era la mia virtute al cor ristretta/ per far ivi et negli occhi sue difese,/ quando 'l colpo mortal là giú discese/ ove solea spuntarsi ogni saetta.// Però, turbata nel primiero assalto,/ non ebbe tanto né vigor né spazio/ che potesse al bisogno prender l'arme,// overo al poggio faticoso et alto/ ritrarmi accortamente da lo strazio/ del quale oggi vorrebbe, et non pò, aitarme.« (Zitiert wird nach der Ausgabe von Gianfranco Contini, Torino 1964.)

8 »Era il giorno ch'al sol si scoloraro/ per la pietà del suo factore i rai,/ quando i' fui preso, et non me ne guardai,/ ché i be' vostr'occhi, donna, mi legaro.// Tempo non mi parea da far riparo/ contra colpi d'Amor: però m'andai/ secur, senza sospetto; onde i miei guai/ nel commune dolor s'incominciaro.// Trovommi Amor del tutto disarmato/ et aperta la via per gli occhi al core,/ che di lagrime son fatti uscio et varco:// però al mio parer non li fu honore/ ferir me de saetta in quello stato,/ a voi armata non mostrar pur l'arco.« – *Canz.* III (und nicht II) als das eigentliche Begegnungssonett des *Canzoniere* zu bezeichnen, findet seine Rechtfertigung zunächst in der Wirkungsgeschichte des Zyklus, welche bekanntermaßen die zweite Gestaltung des Motivs privilegiert hat. Indes ist dieses rezeptionsgeschichtliche Faktum seinerseits alles andere als kontingent. Es entspricht dem kulturellen Kontext, in dem sich die mit Petrarca einsetzende neuere Liebeslyrik situiert; es valorisiert das innovative Moment der zwei in dem Band kopräsenten Semantisierungen des Konzepts ›Liebe‹ (wobei dieses Optieren zugunsten des Neuen sich wiederum dem Kontext einer Kultur verdankt, die sich vom naturmythisch-zyklischen Denken gelöst hatte), und es entspricht schließlich der anderweitigen Selbstreflexion des Autors.

9 Die Mythologisierung wird hier gewissermaßen nachgeholt. Sie reintegriert die Situation in einen Horizont anthropologischer Allgemeinheit und macht sie erst auf diese Weise zu einem auch für ›andere‹ nachvollziehbaren Ereignis. Hier wird das grundsätzliche zeichentheoretische Dilemma des Konzepts ›Einzigartigkeit‹ offenkundig: Stricto sensu ist Singularität nicht mitteilbar; wird sie aber zum Zwecke der Mitteilbarkeit codiert, ist sie letztlich immer nur ein rhetorischer Effekt, dessen eigentliche ›Singularität‹ sich dann an der Virtuosität der Rhetorik bemißt.

göttlichen Einzelnen als mehr denn ein Produkt der ›matrizenhaften Vervielfältigung einer stets identischen Wesensform‹[10] aufzufassen. Die Art und Weise, wie die Singularisierung der Liebesbegegnung in *Canz.* III modelliert ist, macht diese Bedingung ihres Möglichwerdens explizit. Es ist des Sprechers Teilhabe am »commune dolor« über den Tod Christi, was die Voraussetzungen dafür schafft, daß gegen seinen Willen der Pfeil des Liebesgottes in sein Herz einzudringen vermag. Nicht anders als für den ›Rest‹ der Gläubigen das ›katholische‹, welches sie an jenem Tag kommemorieren, wird es für den Sprecher dann *dieses* Ereignis sein, das sein Leben bis zum Tod und möglicherweise darüber hinaus bestimmt, und es wird ihm zum auslösenden Moment eines Schmerzes ganz anderer Art werden, welcher nur ihm selber eigen ist. Diese relationalen Verschiebungen operieren über einem nicht weniger komplexen semantischen glissement. In einer schwerlich zu überbietenden Virtuosität wird hier das semantische Grundinventar des überkommenen Glaubens: Liebe, Passion, Schmerz in einer hochkonzentrierten gedanklichen Figur zunächst entgrenzt, sodann verschoben und schließlich einer neuen Begrenzung (Definition) zugeführt, die in Opposition zur ursprünglichen steht: Aus Liebe im Verständnis von agape wird eros, aus der Passion im Wortsinn wird Liebes-Passion, und der Schmerz, der zugleich Freude über die Erlösung ist, hat sich transformiert zu narzißtischem Selbstgenuß.

Bereits Petrarca nutzt die Ressourcen des von ihm erstmals bündig gestalteten Verfahrens einer Selbst-Singularisierung durch das Sich-Beziehen auf den einen, im Wortsinn singulären Menschen der gesamten Menschheitsgeschichte zuweilen so, daß er die in *Canz.* III modellierte ›oblique‹ Relation von donna und Christus weitertreibt bis zur Substitution: Die donna wird ihm zur Erlöserin, zu seiner Göttin[11]. Aber in Bezug auf die Geliebte bleibt dieses Verfahren der Stilisierung einer personalen zu einer einzigartigen Begegnung metaphorisch. Laura ist ein Mensch. Die kultischen Implikate der Liebe sind poetische (rhetorische) Verfahren, die jener strategischen Ressource der Gestaltung von Singularität dienstbar gemacht werden, die der Autor des *Canzoniere* ersonnen hat. Wenn die donna Gott-Christus ersetzt, so dient dies an erster Stelle nicht der Stilisierung der Ge-

10 Nach Hans Blumenbergs Qualifizierung des hochmittelalterlichen (thomistischen) Verständnisses des Einzelnen (*Aspekte der Epochenschwelle: Cusaner und Nolaner*, Frankfurt a. M. ²1982, S. 75).

11 Es bedarf vielleicht nicht der Darlegung, daß diese für sich genommen seit jeher präsente Figur erst unter monotheistischen Bedingungen zu einer Ressource der Selbst-Singularisierung werden kann.

liebten, sondern der des Sprechers, dessen Einzigartigkeit sich darin mitteilt, daß sein Erleben in grundsätzlicher Manier vom ›allgemeinen Weg‹ abweicht (»alma disvïata«)[12].

Eine ›wörtlich‹ zu verstehende Divinisierung, d. h. eine solche, die nicht (wie schon in der Antike bekannt) konventionelles Schönheitslob oder aber Ressource der Selbst-Singularisierung des Liebenden ist, scheint sich erst in den romantischen Gestaltungen des Motivs der schicksalhaften Begegnung zu finden. Die Frage nach den Ursachen dafür wird schwer zu beantworten bleiben. Aber in Ansehung eines der bekanntesten Stücke dieses Musters, Lamartines *Invocation*[13], ist deutlich, was die strukturellen Konsequenzen einer ›wörtlich‹ aufgefaßten Divinisierung sind, bzw., welche strukturellen Transformationen sie ermöglicht[14]: Das Motiv tendiert zu vager Unbestimmtheit, zunächst semantisch, in diesem Fall aber auch formal, durch die Abwendung von der klassischen Form des Sonetts[15].

Man wird aus heutiger Sicht den Lamartine-Text schwerlich noch als ästhetisch eindringliche Figuration eines Phantasmas akzeptieren können, von dem der Okzident während einiger Jahrhunderte fest glaubte, es gebe es: das der lebensbestimmenden Liebe. Indes kann man dem dort inszenierten Versuch nicht absprechen, eine neue Antwort auf eine Frage zu entwerfen, deren ältere, einst bei Petrarca ersonnene Beantwortung nicht mehr greift. Denn trotz aller auch in diesem Gedicht hervortretenden ›Christlichkeit‹: die romantische Literatur entsteht in einer Zeit, in der die Verbindlichkeit des tradierten

12 So die Selbst-Apostrophierung des Sprechers in *Canz*. CCCLXV, V. 7.

13 »O toi qui m'apparus dans ce désert du monde,/ Habitante du ciel, passagère en ces lieux!/ O toi qui fis briller dans cette nuit profonde/ Un rayon d'amour à mes yeux;// A mes yeux étonnés montre-toi tout entière,/ Dis-moi quel est ton nom, ton pays, ton destin./ Ton berceau fut-il sur la terre?/ Ou n'es-tu qu'un souffle divin?// Vas-tu revoir demain l'éternelle lumière?/ Ou dans ce lieu d'exil, de deuil, et de misère,/ Dois-tu poursuivre encore ton pénible chemin?/ Ah! quel que soit ton nom, ton destin, ta patrie,/ Ou fille de la terre, ou du divin séjour,/ Ah! laisse-moi, toute ma vie,/ T'offrir mon culte ou mon amour.// Si tu dois, comme nous, achever ta carrière,/ Sois mon appui, mon guide, et souffre qu'en tous lieux,/ De tes pas adorés je baise la poussière./ Mais si tu prends ton vol, et si, loin de nos yeux,/ Sœur des anges, bientôt tu remontes près d'eux,/ Après m'avoir aimé quelques jours sur la terre,/ Souviens-toi de moi dans les cieux.« (Zitiert wird nach *Œuvres complètes*, hg. Gérard Walter [Bibliothèque de la Pléiade], Paris 1958, S. 72.)

14 Dies wäre die andere Möglichkeit, die Frage nach den Gründen zu bescheiden.

15 S. insgesamt unsere ausführliche Interpretation des Gedichts (»Zum romantischen Mythos der Subjektivität. Lamartines *Invocation* und Nervals *El Desdichado*«, in *Zeitschrift für französische Sprache und Literatur* Bd. 98/ 1988, S. 137 – 165).

Glaubens zerbrochen ist. Zu sagen, daß eine Begegnung einzigartig ist, weil sie nicht nur für den Moment[16], sondern schicksalhaft die Heilssuche verdrängt hat, wäre in einem Zeitalter nach der Aufklärung keine tragfähige Antwort gewesen[17]. So ist denn das Vokabular von Lamartines Gedicht (biblisch-)christlich wie das keines anderen bekannten Liebesgedichts[18], aber die traditionschristliche Opposition von eros und agape ist in dem Text wie nicht länger vorhanden. Es ist dieses Moment, das erst jenes Verfahren ermöglicht, vermittels dessen die Begegnung zu einer einzigartigen gestaltet wird: Nicht der Sprecher, die Geliebte ist als singuläre Instanz aufgefaßt. Sie wird zu einem Wesen stilisiert, dessen Seinsstatus aus Sicht des Liebenden indefinit ist, das Mensch oder Engel sein kann. Gleichermaßen indefinit bleibt, welche Gefühle sie auslöst. Der Sprecher bittet sie, seine Werbung anzunehmen, ob dies nun auf kultische Verehrung oder (sinnliche) Liebe hinauslaufe, und er steigert diese Indefinität, wenn er in der letzten Strophe die konditionierte Alternative von ›Mensch‹ und ›Engel‹, zugleich die entsprechender Gefühle entwickelt, diese aber invers relationiert. Von einer menschlichen Geliebten erbittet er, sie möge ihm ›guide‹ und ›appui‹ sein; ist sie ein Engel, möge sie ihm, wie es heißt, ›für einige Tage hinnieden auf Erden Liebe schenken‹.

Es ist nun nichts Neues, zu sagen, daß der romantische Diskurs Singularität durch ›Unsagbarkeit‹ zu figurieren sucht und ihm zu diesem Zweck gewissermaßen jede Ressource recht ist, die die Tradition vorhält. Von hierher erklärt sich die Reaktivierung der Formeln des religiösen Diskurses und zugleich deren bei Lamartine hervortretende Sinnentleerung. Aber ein solch parasitäres Verhältnis zur Tradition hat seinen Preis darin, daß es die Erosion seiner eigenen Verstehensvoraussetzungen betreibt. Wenn Mitte des 19. Jahrhunderts keineswegs nur aus diesem: der ästhetischen Re-Funktionalisierung des religiösen Diskurses, aber durchaus *auch* aus diesem Grund die christliche Tradition nicht mehr als ganzes[19], sondern nur noch in

---

16 Dies wäre simple luxuria, und insofern, traditionschristlich gesehen, nicht ein singuläres, sondern ein ›allgemeines‹ Problem.

17 - weshalb denn auch die mit der Romantik einsetzende Geschichte der neueren *Canzoniere*-Rezeption diesen semantischen Strang des Zyklus zugunsten der Romantik-affinen Elemente (Landschaft als Projektionsraum der Seele, usw.) hintangestellt, wenn nicht ignoriert hat.

18 S. dazu im einzelnen Andreas Kablitz, *Lamartines* Méditations poétiques. *Untersuchungen zur Bedeutungskonstitution im Widerstreit von Lesererwartungen und Textstruktur*, Stuttgart 1985, S. 223 – 230.

19 D. h.: als systematisch ›gewußter‹ und erst damit bewußter Diskurs.

Bruchstücken vertraut ist, scheint die Wirkung all der Texte, für die das Lamartine-Gedicht stehen kann, erloschen[20].

Die Abwendung von der Stilisierung von Einzigartigkeit als Indefinität[21] signalisiert sich in Baudelaires *Fleurs du mal* in einer Diktion hoher Prägnanz und in der Rückkehr zur klassischen Form. Das Begegnungsgedicht der Sammlung, *A une passante*[22], zitiert das überkommene Inventar, dekontextualisiert aber das Motiv und gewinnt aus dieser Spannung seinen Effekt: Für den Sprecher ist das Konzept der einzigartigen Begegnung nur noch ein Phantasma, das indes als Wunsch real ist und im Bewußtsein seiner prinzipiellen Unerfüllbarkeit zum Quell des Schmerzes und zu einer Erfahrung des Bruchs wird[23]. Die Dekontextualisierung ist mit der Inszenierung des konter-amoenen Orts der chaotischen Metropole auch semantisch zum Auftakt des Gedichts gemacht. Die gesamte übrige Textbewegung folgt dem Prinzip einer schrittweisen Wiederannäherung an die tradierten Kontexte bis hin zur pathetischen Re-Integration, welche allerdings eine nur beschworene bleibt und den einleitenden Bruch

---

20 Schon in den Romanen Balzacs ist die Anrede ›mon ange‹ eine wohlfeile Formel des routinierten Liebesdiskurses, die als solche gerade auf das Gegenteil des bei Lamartine noch anvisierten: die Inszenierung von Einzigartigkeit, verweist. Man müßte also recht eigentlich formulieren, daß Texte wie der besprochene aufgrund der oben skizzierten Entwicklungen schon bald unvermeidlich in die Randzonen der Trivialität geraten. Aber dies ist letztlich das Dilemma der gesamten Romantik, das anhand von Lamartine als eines Vertreters des mainstream nur besonders deutlich wird.

21 Daß es in Baudelaires Sammlung romantische Residuen gibt, wie etwa *Harmonie du soir*, bedarf nicht der Erwähnung. Zumal die Liebesgedichte des Zyklus scheinen mir aber, wenn auch nicht allesamt provokativ anti-romantisch, so doch von positiv zitierter Romantik frei.

22 »La rue assourdissante autour de moi hurlait./ Longue, mince, en grand deuil, douleur majestueuse,/ Une femme passa, d'une main fastueuse/ Soulevant, balançant le feston et l'ourlet; // Agile et noble, avec sa jambe de statue./ Moi, je buvais, crispé comme un extravagant,/ Dans son œil, ciel livide où germe l'ouragan,/ La douceur qui fascine et le plaisir qui tue.// Un éclair ... puis la nuit! – Fugitive beauté/ Dont le regard m'a fait soudainement renaître,/ Ne te verrai-je plus que dans l'éternité?// Ailleurs, bien loin d'ici! trop tard! *jamais* peut-être!/ Car j'ignore où tu fuis, tu ne sais où je vais,/ O toi que j'eusse aimée, o toi qui le savais!« (Zitiert wird nach der Ausgabe von Antoine Adam, Paris 1961.)

23 Zu *A une passante* vgl. auch Warning, »Imitatio und Intertextualität« (s. Anm. 2), S. 198 – 203; auch hier gilt, mutatis mutandis, was bereits oben zu Warnings Analyse von Petrarcas Gestaltung des Motivs gesagt wurde, einschließlich des Aspekts gewisser, sich möglicherweise ergebender Berührungspunkte (»Das ganze Pathos unseres Sonetts gründet wesentlich darin [...], daß es diese Referenztexte [...] in seinem antikisierenden Gestus aufruft und damit das nicht mehr Mögliche vor den Hintergrund des einst Möglichen setzt.« [S. 202]).

durch das brutum factum der Modernität nicht kompensieren kann, vielmehr durch diesen Hiat in ihrer Illusionizität bloßgelegt wird.

Die Faszination des Sprechenden ist zunächst durch das Abweichen vom Normalen oder auch Klassischen begründet. ›Longue, mince‹ sind nach damaliger Vorstellung keine Attribute von Schönheit. Daß sich ein vom Begehren gezeichneter Blick auf eine Trauernde richtet, berührt ein Tabu, es geht bis an den Rand des moralisch Prekären. Sodann aber mischen sich klassische und ›moderne‹ (modische) Schönheitsattribute[24], und die Beschreibung versöhnt schließlich mit den tradierten Mustern, wenn sie im Verweis auf den Gipfel der Stilisierung des Idealschönen mündet, die Statuenkunst. Nochmals hybridisieren sich tradierte und ›extravagante‹ Momente, wenn die Reaktion des Sprechers beschrieben wird. Dem Auge als dem Körperteil, von dem die Faszination ausgeht, der Süße, der sinnlichen Verheißung, die zugleich lockt und durch ihre Übermacht schreckt, diesen konventionellen Elementen stehen die bis zu den Symptomen der Hysterie gesteigerte Körperlichkeit der Reaktionen des Sprechers sowie die zwieschlächtige und in der Summe irritierende Beschreibung des durch die Tradition privilegierten Körperteils gegenüber[25]. Klassisch dann aber die Terzette: Liebe als Wiederge-

24 Baudelaire hat bekanntlich versucht, aus der hier paradigmatisch hervortretenden Mischung von a-temporalen und zeitgebundenen Schönheitsattributen ein der Moderne angemessenes Konzept des Schönen als einer Mischung des éternel und des fugitif zu gewinnen (s. *Œuvres complètes*, hgg. Yves G. Le Dantec/ Claude Pichois [Bibliothèque de la Pléiade], Paris 1961, S. 1163). Es ist hier nicht der Ort, die theoretischen Gründe dafür zu diskutieren, daß dieser Versuch vermutlich doch zu optimistisch gedacht war, was die Möglichkeiten angeht, unter den Bedingungen der Moderne das Schöne zu definieren. Für das hier erörterte Sonett sei nur gesagt, daß auch schon Petrarca den Reiz der Kleidung thematisiert (*Canz.* CXCIX und CC). Psychoanalytisch könnte man auf die a-historische Kategorie des Fetisch verweisen, kulturhistorisch auf ein von den Romantikern, v. a. von Victor Hugo, prominent vertretenes und von Baudelaire übernommenes Konzept: Schönheit ist *immer* künstlich, im Sinne einer bewußten ›Verschönerung‹ des postlapsarisch unabänderlich korrupten naturhaft Gegebenen.

25 Konventionell ist, daß das Auge als ein ›Himmel‹ apostrophiert wird; dies hätte aber in Übereinstimmung mit dem topischen Schönheitskatalog die Farbwertigkeit ›blau‹, ›azur‹ nach sich zu ziehen. Der ›bleierne Himmel‹ appelliert an jene Himmel, wie sie aus den *Spleen*-Gedichten bekannt sind. Das Verb ›germer‹ wäre im Rahmen der Liebesthematik zunächst positiv besetzt, allerdings ist es von einer kontextwidrigen physischen Drastik. Entscheidend ist aber, daß hier nicht Leben keimt, sondern Unheil. ›Ouragan‹ scheint uns von seinem konnotativen Potential hinauszugehen über die (situationsinadäquate, gleichwohl in den weiteren Kontext durchaus passende) Vorstellung des ›Sturms der Leidenschaften‹, es verweist auf das korrespondierende Wort des nächsten Verses, auf Todbringendes.

burt[26], schließlich die archaische Vorstellung vom schicksalhaften Füreinanderbestimmtsein, vom Wissen darum bei der ersten Begegnung, vom Sich-Wiederfinden in einer jenseitigen Welt, der Androgynen-Mythos[27]. Aber das Entscheidende ist eben, daß diese Stilisierung seitens des Sprechers rein phantasmatisch bleibt und sie durchkreuzt wird von der Beschreibung des tatsächlichen Tuns der zwei (nur in seiner Sicht) füreinander Bestimmten, dem ›fuir‹, dem ›aller‹, der Modellierung der Begegnung zu einem Moment, dessen Kontingenz und Flüchtigkeit unvermeidlich mitgegebene Konsequenz des Orts der Begegnung ist.

Was bei Petrarca und bei Lamartine die Singularität des Ereignisses verbürgte: die Einzigartigkeit des Sprechers bzw. die der Angesprochenen, ist bei Baudelaire zur Einzigartigkeit eines Augenblicks transformiert[28]. Diese Umbesetzung konterkariert das im Motiv der einzigartigen Begegnung implizierte Moment des Beginns einer (Liebes-)Geschichte. Figuriert ist damit, daß sich in der Moderne die Bedingungen für Stabilität und schicksalhafte Verbundenheit in grundsätzlicher Weise zersetzt haben. Aber die klassische Moderne hat noch ein Bewußtsein dieser Kategorien. Das Wissen um ihre sich nicht singulär ereignende, sondern prinzipielle Unerfüllbarkeit wird begriffen als Verlust, und es wird erlebt als Schmerz[29].

---

26 Dies als eine seit der Renaissance konventionelle Indienstnahme des religiösen Diskurses für die Zwecke der Stilisierung einer einzigartigen Liebe.

27 S. die Rede des Aristophanes in *Symposion* 189 d – 193 d. Die Resonanz der übrigen Teilnehmer des Gastmahls auf Aristophanes' in ein Zitat des Mythos gekleideten Versuch, den Eros zu definieren, ist bekanntlich gering, und darüber hinaus ist auch das Aristophanische Konzept nachhaltig sexuell bestimmt. M. a. W.: Unsere einleitenden Abgrenzungen der Liebe in antiker und in christlicher Zeit werden u. E. durch den Androgynen-Mythos nicht im grundsätzlichen tangiert.

28 Es fällt auf, daß Baudelaire mit dem quasi-epiphanischen Moment seiner Version der Begegnung nicht anders als die beiden Vorgänger religiöse Schemata in Dienst nimmt, um Einzigartigkeit zu figurieren. Dies verweist auf einen Aspekt, der in Ansehung der zahllosen Versuche der minores in der Zeit zwischen Petrarca und Baudelaire hervortritt: Die Behauptung exzeptioneller physischer Schönheit ist schwerlich in der Lage, das Konzept ›Einzigartigkeit‹ plausibel zu figurieren.

29 Zu diesem Moment als einem konstitutiven Merkmal der Texte des Hoch-Modernismus s. auch unsere Deutung von Flauberts (zeitlich parallelem) ersten Roman (»Das Ende von Emma Bovary«, in: Hans O. Dill [hg.], *Geschichte und Text in der Literatur Frankreichs, der Romania und der Literaturwissenschaft. Rita Schober zum 80. Geburtstag*, Berlin 2000, S. 71 – 93).

2.

Es ist jene Erfahrung, die in der dekadenten Gestaltung des Motivs nicht mehr vorhanden ist, und vielleicht ist es allererst dies Moment, das uns die Literatur der Dekadenz auch noch ein Jahrhundert später als dekadent im wertenden Sinne des Terminus empfinden läßt: Die zwiespältige Bilanz, die sich uns eröffnet, wenn wir auf die Moderne blicken, der Zuwachs an Freiheit und der Verlust an Sinn, der Gewinn an Materiellem und der Schwund all dessen, was nicht materiell im vordergründigsten Verständnis ist, scheint in diesen Texten zugunsten einer Positivierung eskamotiert, die auf den ersten Blick oberflächlich oder gar naiv wirken mag[30]. Indes haben kulturhistorisch die Texte der Dekadenz darin ihre Berechtigung, daß sich in der Tat die Frage stellt, welchen Sinn es haben sollte, dauerhaft über das Entzogen-Sein von etwas zu trauern, das, wie Baudelaire zu erkennen gibt, nicht fallweise, sondern prinzipiell in der Moderne keine Erfüllung finden kann, und noch nicht einmal in Form eines idiosynkratischen Phantasmas. Andererseits bedarf die vielleicht unvermeidliche Auflösung einer fast tausendjährigen Tradition, die Liebe zu denken, möglicherweise einer längeren Zeit als jener Spanne, die zwischen der Post-Romantik der sechziger Jahre und dem Fin de siècle liegt, um akzeptabel zu werden. Gewiß ist die Fin de siècle-Literatur ein Avantgarde-Phänomen. Jedoch ist sie dies vor allem im Konzeptuellen. Fraglich scheint, ob es ihr gelingt, jene Positivierung einer Welt nach der Metaphysik, dem Sinn und der Dauer, die insofern eine Welt auf der Höhe ihrer und noch unserer Zeit ist, ästhetisch glaubhaft zu machen. Denn die äußere Aufmachung der dekadenten Welt ist ganz traditionell. Gibt es aber, wie die Texte jener Phase es signifizieren, nichts als Schein, Oberfläche, Äußerlichkeit, wird dieses Festhalten an einer traditionellen Form und Sprache ästhetisch zum Problem. Klassische Schönheit, die nur Äußerlichkeit ist, tendiert zum Kitsch[31].

---

30 S. dazu, sowie insgesamt zu der hier skizzierten These, unseren Versuch, das Dekadenz-Phänomen aus der Sicht eines narrativen Texts des Autors zu beschreiben (»Dekadenz. Zu Gabriele D'Annunzios *Il Piacere*«, in *Poetica* Bd. 29/ 1997, S. 198 – 233).

31 Wir reproduzieren hier ohne Änderung die Formulierung der Kolloquiums-Version unseres Papiers, die zu aus unserer Sicht recht weitreichenden Mißverständnissen geführt hat, welche indes immer auch eine produktive Dimension haben können. Es sei erlaubt, hier noch einmal darauf hinzuweisen, daß unsere Formulierung nicht besagt, das folgende Sonett sei Kitsch. Wir versuchen mit der obigen Formel zu umreißen, was u. E. und gemäß der communis opinio ausschlaggebend ist, wenn man ein Gebilde als *tendenziell* kitschig be-

Ricordo di Ripetta

E ne l'anima ancor veggovi quale
io da prima vi amai. Alta e pieghevole
passaste, sorridente e luminante,
pe 'l chiaro gelo del mattin iemale.

Lunghi rami di mandorlo la fante
dietro di voi recava. Inconsapevole,
un bellissimo sogno floreale
dietro di voi lasciaste al riguardante.

- Su da la strada chiara e solitaria
rompeano molti al cielo di turchese
mandorli in fiore, per incantamento.

E stava tra la selva imaginaria
il palazzo del principe Borghese
come un gran clavicembalo d'argento[32].

Die Relationen, in denen dieses Gedicht zu Baudelaire und zu Petrarca, zur klassischen und zur hoch-modernen Gestaltung des Motivs[33] steht, sind unverkennbar. Auf Baudelaire verweist die Situierung in einem alltagsweltlichen Metropolen-Milieu, das hier konkretisiert (›[via] di Ripetta‹; ›palazzo Borghese‹), damit jedoch auch de-aurati-

zeichnet (was anderes ist als es rundweg als ›Kitsch‹ zu qualifizieren), und geben dies dem Leser mit Hinblick auf die Lektüre des D'Annunzio-Texts zu bedenken. Aus dem rhetorisierten Diskurs übersetzt in Klartext: Es gibt Texte, und in der Literatur des Fin de siècle möglicherweise besonders viele, für die definit zu sagen, sie seien Kitsch, schwerfällt, denen andererseits zu attestieren, sie seien frei von Kitsch, man zögern würde (in diesem Fall natürlich zunächst der Vf. dieses Papiers). – Was die ästhetische Qualität angeht, ist die décadence ein schillerndes Phänomen. Wir gehen im letzten Absatz dieser Veröffentlichung auf mögliche Transformationen ästhetischer und anderweitiger Normen in unserer eigenen Zeit ein, die erklären könnten, warum man heutzutage mit einem pauschalen Kitsch-Vorwurf, wie er lange für Texte zumal dieses Autors weithin üblich war, vorsichtiger sein würde. Aber wir möchten weiterhin darauf insistieren, daß zumindest unsererseits solches Zögern nicht bereits ineinsfällt mit emphatischer Aufwertung.

32 Zitiert nach: *Poesie*, hg. Federico Roncoroni, Milano 1978. Das Gedicht, das in der heute vorliegenden Form 1894 als drittes Stück der Abteilung ›Eleganze‹ der Sammlung *Intermezzo* erschien, wurde erstmals gedruckt 1884.

33 Was den hier ausgewählten Text angeht, vermögen wir keine relevanten Bezugnahmen auf die romantischen Prä-Texte zu sehen; ob dies ein Phänomen von systematischem Belang ist, kann hier nicht diskutiert werden (zu den literarhistorischen Dimensionen von D'Annunzios narrativen Texten s. unsere in Anm. 30 zitierte Abhandlung).

siert ist, vor allem aber die Beschreibung der Geliebten als einer ›Passantin‹ (V. 3). Auch noch deren Qualifizierung als ›alta e pieghevole‹ wirkt wie ein Zitat von Baudelaires ›longue, mince‹. Daß das Bild der Geliebten so, wie der Liebende sie beim ersten Mal sah, auf Dauer in seinem Inneren aufbewahrt wird und er sie dort vermittels seines ›inneren Sehsinns‹ stets in dieser Form anschauen kann, ist ein von Petrarca zu Prominenz gebrachtes und dann ubiquitäres Element des Motivs der schicksalhaften Begegnung[34]. Und wenn das Ansichtigwerden der Geliebten in der Lage ist, im Liebenden irreale Transgressionen des Gegebenen auszulösen, so ist dies gleichfalls ein von Petrarca bekanntes Moment; man wird auch die Kenntnis voraussetzen können, daß die eindringlichste derartige Halluzination dort, ähnlich wie hier, die Form eines ›Blütentraums‹ hat. – Vor dem Hintergrund dieser Referenzen treten die Eigentümlichkeiten des Texts um so stärker hervor.

Am unmittelbarsten deutlich sind die Abweichungen von Baudelaires Gestaltung des Motivs. Bei D'Annunzio ist die Geliebte nicht länger eine düstere, trauernde Gestalt, sie ist ›sorridente e luminante‹ (V. 3), ihr Aussehen entspricht den Normen weiblicher Schönheit[35], die Begegnung mit ihr hat statt an einem winterlichen Morgen auf unbelebter Straße (VV. 4 und 9). Daß sie die Aufmerksamkeit auf sich zieht, hat nichts Irritierendes; die Situation ist von einiger Nachvollziehbarkeit oder gar Banalität. Auch bei Baudelaire ist es erst der soziale Stand, der das Konzept ›Liebe‹ aufruft[36], und dieser Rang kann

34 S. dazu und auch zu den im folgenden genannten Momenten Vf., »(H)er(e)os. Petrarcas *Canzoniere* und der medizinische Diskurs seiner Zeit (mit einer Nachbemerkung zur Kontingenz des Entstehens von Texten epochalen Rangs)«, in *Romanische Forschungen* Bd. 111/ 1999, S. 178 – 224.

35 Was das Verhältnis von ›alta, pieghevole‹ zu ›longue, mince‹ angeht, kommt alles auf die Nuance der Formulierung an. ›Longue‹ ist ein neutrales Wort und in bezug auf den weiblichen Körper damals und vermutlich noch heute negativ; ›alta‹ bezeichnet das gleiche Faktum, aber mit einem Terminus, der im eigentlichen und damit auch im hier gemeinten figurativen Sinne positiv ist. Ähnliches gilt für das andere Wortpaar; ›mince‹ ist neutral und damals tendenziell eher negativ, das ›pieghevole‹ referiert auf jene Geschmeidigkeit der Bewegung, zu der nur ein schlanker Körper in der Lage ist, ein Moment, das Baudelaire dann im weiteren Verlauf auch bringt, aber eben erst nach dem einigermaßen konsternierenden ›longue, mince‹.

36 Dieses Moment bleibt bei Baudelaire unreflektiert. Ein Echo archaisch-patriarchalischer Figurationen des Weiblichen ist indes gerade in diesem ansonsten eminent modernen Sonett deutlich wahrnehmbar. Zwar geht es auch hier um sinnlichen désir. Aber im Unterschied zu den Begegnungen des Sprechers mit den ›niederen‹ oder kurtisanenhaften Frauengestalten des Bandes wird das Begehren überhöht durch das Konzept eines mehr als nur sinnlichen Füreinanderbestimmtseins, den Gedanken der ›Tauglichkeit‹ für eine auf Dauer (›für

sich bei einer ersten, wortlosen Begegnung nur in Äußerlichkeiten signalisieren, in der Kleidung und der Eleganz der Bewegung. Bei D'Annunzio aber ist diese Veräußerlichung um einiges plakativer. Die Dame wird begleitet von einer Dienerin[37], und diese Dienerin trägt ›lange Zweige von Mandelblüten‹, einen Strauß, der exquisit und kostspielig ist[38].

Wenn Baudelaires Beschreibung der Konstellation die Frage provoziert, warum sich der Sprecher in *jener* Situation in *diese* Frau verliebt hat, bzw.: sich verliebt hätte, worauf dann die wie auch immer gebrochene Antwort der Schicksalhaftigkeit ergeht, so verbleibt in D'Annunzios Variation des Themas kein unverrechenbarer Rest: Warum sollte sich der Sprecher *nicht* in eine Frau verlieben, die schön, wohlgestimmt, reich und von erlesenem Geschmack ist, zumal es in dieser Situation, trotz großstädtischem Kontext, nichts gibt, das sie ihn *nicht* wahrnehmen lassen könnte. Das Unerwartete des Schicksalhaften ist ersetzt durch das Erwartbare. Und die Sprechsituation des Gedichts signalisiert, daß *diese* Liebesbegegnung im Unterschied zu den bei den Vorgängern stilisierten zu dem geführt hat, was dort nicht erfüllter oder gar unerfüllbarer Wunsch des Liebenden blieb bzw. bleiben mußte. Indes unterminiert die hier angedeutete veritable Liebes*geschichte* das Moment der lebensbestimmenden Dauer, welches immer erst aus der Unerfüllbarkeit des Phantasmas resultiert. Diese Figuration von Regularität und Erfüllung suggeriert, was in Ansehung der anderen Gedichte der Sammlung deutlich hervortritt,

---

immer‹) angelegte Paarbeziehung. Dies heißt nicht, daß hier die bürgerliche Ehe anvisiert wäre; gleichwohl ist der für diese Zwecke ausgewählte Typus von Weiblichkeit ein auffallend anderer als in den Gedichten, die den Band bei seinem Erscheinen zu einem Skandalon machten.

37 Dieses Moment irritiert im übrigen die auratische Grundform der Paarbegegnung.

38 Wir befinden uns mit diesem Gedicht in einem Moment des technisch verstandenen Moderne-Prozesses, in dem mit der Errichtung von Gewächshäusern auch außerhalb der fürstlichen Gärten eine Szene wie die bei D'Annunzio modellierte möglich wurde, es andererseits im Unterschied zu heute noch keine großtechnologische Nivellierung der Wachstumszyklen gab (was ja das winterliche Dekorieren des häuslichen Interieurs mit den ›Boten des Frühlings‹ in die Reichweite von jedermann gerückt hat). – Die metaphorische Bedeutung der Mandelblüten scheint sich in der Tat auf die Evokation einer Atmosphäre des Luxuriösen zu beschränken. Eine Konsultation diverser Spezial-Lexika ergibt, daß die symbolische Bedeutung des Baums (soweit man vom christlichen Kontext absieht, der hier selbst als Kontrastfolie kaum eine Rolle spielen dürfte [Paradiesbaum, Sinnbild Mariens, Symbol von Passion und Auferstehung Christi]) eher unspezifisch ist (Vergänglichkeit, Liebe). V. a. aber ist sie von geringer Notorietät.

die potentielle Wiederholbarkeit derartiger Begegnungen[39]. Die letztlich immer Schmerz bergende Erhabenheit des Einzigartigen wird verdrängt durch die lustverheißende Banalität des Seriellen. Die auratische Modellierung der Liebesbegegnung ist wie substituiert durch ein vitalistisch gegründetes Konzept.

Dies Moment wird deutlich in der Flüchtigkeit der Begegnung[40], welche aber eine ganz anders verstandene ist als bei Baudelaire. Handelte es sich dort um das wesentliche Merkmal der Begegnung selbst, so ist es hier die Flüchtigkeit des Eindrucks, den die Begegnung im Sprecher auslöst, was im Mittelpunkt des Gedichts steht. Über die entsprechenden textimmanenten Strukturen hinaus wird dies Moment in der Distanznahme zu Petrarcas Gestaltung des halluzinatorischen Blütentraums sinnfällig[41].

Im *Canzoniere* findet sich die eindrucksvollste Version des Motivs, den Zauber, der von der Geliebten ausgeht, in Form von deren naturverwandelnder Macht zu gestalten, in der Canzone *Chiare, fresche et dolci acque*[42]. Auch dort wird explizit gemacht, daß das »Einswer-

---

39 Dieser Grundton wird bereits im ersten Gedicht des Bandes *Intermezzo* mit Titel *Preludio* angeschlagen. Der Sprecher begegnet dort in einer teils realen, teils halluzinierten Landschaft den »donne/ ambigue dai grandi occhi sibillini«, er verspürt einen Duft »di belle bocche ardenti/ e di tutte le belle cose impure«, wendet sich dem »ignorato/ dominio de L'Inganno e del Piacere« zu, und wenn es dann zur Begegnung mit einer ›individuierten‹ Geliebten kommt, wird über diese aus der Rückschau gesagt: »Era colei che non si noma./ [...]/ [...] la Lussuria Onnipossente/ madre a tutti i misteri e a tutti i sogni.«

40 Wir gehen in Anm. 48 auf den möglichen Einwand ein, daß es sich bei D'Annunzio doch gar nicht um eine flüchtige Begegnung handele.

41 Alfred Noyer-Weidner qualifiziert *Canz.* CXXVI als die »berühmteste Canzone« des ganzen Zyklus, Hugo Friedrich bezeichnet die von uns gemeinte vierte Strophe als einen »Höhepunkt europäischer Lyrik« (»Lyrik und Logik in Petrarcas *Canzoniere*. Zur ›Gedanklichkeit‹ in gattungsverschiedenen Gedichten: *Solo e pensoso* und *Chiare, fresche e dolci acque*«, in: A. N.-W., *Umgang mit Texten*, 2 Bde., hg. Klaus W. Hempfer, Stuttgart 1986, Bd. 1, S. 630 – 667, hier: S. 655; *Epochen der italienischen Lyrik*, Frankfurt a. M. 1964, S. 258). Zentral für das D'Annunzio-Sonett ist die Notorietät von Petrarcas Gestaltung des Motivs von donna und Blütentraum. – Zumal die zeitlichen Relationen von Begegnung und Halluzination hier andere sind als bei Petrarca (dazu die anschließende Fußnote), könnte man sicherlich die Versetzung des D'Annunzianischen Sprechers in einen halluzinatorischen Zustand, im unmittelbaren Anschluß an die Begegnung, als eine Wiederaufnahme jenes Versetztwerdens in einen außergewöhnlichen Zustand auffassen, von dem bei Baudelaire die Rede ist (›comme un extravagant‹); aber es fehlt bei Baudelaire jene Konkretisierung der ›extravaganten‹ Zustände des Liebenden, die D'Annunzio und Petrarca verbindet.

42 »Da' be' rami scendea/ (dolce ne la memoria)/ una pioggia di fior' sovra 'l suo grembo;/ et ella si sedea/ humile in tanta gloria,/ coverta già de l'amoroso

den von Natur und Frau und Liebendem«[43] ein erinnertes ist und sich das, sei es einst Erlebte, sei es nunmehr Erinnerte, zu einer Vision gesteigert hat, die den Liebenden der ›imagine vera‹ des Gegebenen entrückt[44]. Dem Grundgestus des Zyklus entsprechend ist das Motiv melancholisch getönt. Wenn die Fülle der Blüten sich der wirklichkeitsverwandelnden und selbst die Natur ›bezaubernden‹ Präsenz Lauras verdankt, so sind es gleichwohl herabsinkende Blüten. Aber auch die ursprüngliche, gewissermaßen optimistische und im Aphrodite-Mythos[45] vorgeprägte Version des Motivs: daß der Boden, den die Füße der donna berühren, sich in Leben verwandelt und die Natur zu blühen beginnt, hat bereits Petrarca gestaltet[46]. Bei D'Annunzio ist explizit gemacht, was in Petrarcas entsprechendem Sonett ausfällt, in dessen anderen Versuchen, so auch in der Canzone, indes stets markiert wird: Im Zeitalter nach dem Mythos ist die die Natur zum Blühen bringende Macht der donna eine metaphorische, und wenn sie erlebt wird, so in Form eines ›Zaubers‹ (›incantamento‹), der nicht die Naturgesetze, sondern den Realnexus des Liebenden durchbricht, als Halluzination. Dabei ist die ›Macht‹ der donna bei D'Annunzio im Vergleich zur Petrarkischen Vorlage noch um einiges potenziert. Das naturhafte Leben, das sie durch die Berührung des Bodens mit ihren Füßen hervorzurufen in der Lage ist, bricht hier durch das Pflaster der großstädtischen Straße hindurch, und im Winter.

Entscheidend für die Relation von klassischer und dekadenter Gestaltung ist aber, daß in den Petrarkischen Modellierungen die Text-

---

nembo./ Qual fior cadea sul lembo,/ qual su le treccie bionde,/ ch'oro forbito et perle/ eran quel dí a vederle;/ qual si posava in terra, et qual su l'onde;/ qual con un vago errore/ girando parea dir: Qui regna Amore.«

43 *Epochen der italienischen Lyrik* (s. Anm. 41), S. 258.

44 »Cosí carco d'oblio/ il divin portamento/ e 'l volto e le parole e 'l dolce riso/ m'aveano, et sí diviso/ da l'imagine vera,/ [...]« (V. 56 – 60). Der visionäre Charakter der Blütenstrophe wird allerdings auch schon im Moment der ›sprechenden‹ Blüte deutlich.

45 Den Hinweis gibt Friedrich, *Epochen der italienischen Lyrik* (s. Anm. 41), S. 203; s. auch den Art. »Aphrodite« in *Der Neue Pauly*, hgg. Hubert Cancik/ Helmuth Schneider u. Manfred Landfester.

46 »Come 'l candido pie' per l'erba fresca/ i dolci passi honestamente move,/ vertú che 'ntorno i fiori apra et rinove,/ de le tenere piante sue par ch'esca.// Amor che solo i cor' leggiadri invesca/ né degna di provar sua forza altrove,/ da' begli occhi un piacer sí caldo piove/ ch'i' non curo altro ben né bramo altr'ésca.// Et co l'andar et col soave sguardo/ s'accordan le dolcissime parole,/ et l'atto mansüeto, humile et tardo.// Di tai quattro faville, et non già sole,/ nasce 'l gran foco, di ch'io vivo et ardo,/ che son fatto un augel notturno al sole.« (*Canz.* CLXV)

bewegung von der Schau der wie verzauberten Natur wieder zur donna zurückführt. Bei D'Annunzio ist gleichfalls die Geliebte im Moment der Halluzination nicht (mehr) präsent[47], aber sie taucht auch imaginär nicht wieder auf[48]. Die ohnehin nur metonymisch[49], und nicht, wie bei Petrarca, paronomastisch mit der Geliebten verbundenen Blütenzweige[50] lösen die Halluzination aus. Damit jedoch ist die Relevanz der donna für die Entrückung des Liebenden bereits abgegolten. Diese Entrückung wird ›gekrönt‹ nicht von der Geliebten, sondern von einem Objekt, das für eine zugleich materielle und

47 Natürlich sind die zeitlichen Verhältnisse andere: D'Annunzios Geliebte war ›soeben noch‹ präsent (sodann ist sie ›weitergegangen‹ [V. 3] und läßt den ›Betrachter hinter sich zurück‹ [V. 8]), Laura ist zur Zeit der fiktiven Situation schon lange aus dem Gesichtskreis des Sprechers entschwunden.

48 Es wäre eine banalisierende Interpretation der Sprechsituation (»[...] veggovi quale/ io da prima vi amai.« [V. 1 f.]), zu sagen, daß es hier im Unterschied zu Petrarca keiner imaginären Präsentifizierung der donna, oder, im Unterschied zu Baudelaire, keiner Klage über ihre Absenz bedarf, da der Sprecher sie doch offensichtlich in der Sprech-Gegenwart ›hat‹. Die Situation des einzelnen Gedichts ist zunächst als solche zu betrachten; und in dieser Hinsicht fällt auf, daß bei D'Annunzio die donna austauschbares Objekt ist, ein Moment, welches, wie bereits bemerkt (Anm. 39), durch die Struktur der Sammlung bekräftigt wird, deren Bestandteil das hier in den Mittelpunkt gestellte Gedicht ist.

49 Man könnte eventuell noch weitergehende Deutungen mit dem ›mandorlo‹ verbinden, der der donna ›hinterhergetragen‹ wird. Die symbolische Bedeutung des Baums ist, wie schon gesagt, eher unspezifisch, aber das Wort klingt an den kunstwissenschaftlichen Terminus der mandorla an, welch letzterer in historisch-semantischer Perspektive vom Namen des Baumes deriviert. Die die ganze Figur umhüllende Aura ist an erster Stelle ein Motiv der religiösen Malerei, aber in der Renaissance ist die Darstellungstechnik auch, wie könnte es anders sein, auf pagane Gottheiten, v. a. Venus, angewandt worden. Wenn die Rekonkretisierung der (liebes-)göttinnenhaften Aura hier also nicht die donna umgibt, sondern sich ›dietro di lei‹ ausmachen läßt, könnte man hierin möglicherweise ein Bild für jenes Oszillieren zwischen traditioneller Auratisierung und (post-)moderner De-Auratisierung der donna sehen, das die Spezifik von D'Annunzios Text ausmacht.

50 Die Blüten werden nicht von der Geliebten getragen, sie werden ihr nachgetragen (›dietro di voi‹), und dieses ›dietro di voi‹ wird wiederholt, wenn die Traum-Halluzination eingeführt wird. In der konzisen Form des Sonetts ist eine solche wörtliche Wiederholung höchst ungewöhnlich. Man könnte sagen, daß D'Annunzio mit seiner plakativ unterstrichenen metonymischen Modellierung des Verhältnisses von ›donna‹ und ›rami‹ sich bewußt am einen Ende einer Skala situiert, deren anderer Extrempunkt die nicht nur metaphorische, sondern ›organisch-wesenhafte‹, paronomastische und zugleich mythische Modellierung des Verhältnisses von ›Laura‹ und ›lauro‹ (l'aura, l'oro) bei Petrarca ist. Permanente (›Real‹-)Präsenz der donna in der Welt und im Bewußtsein des Liebenden steht hier gegen eine nur noch kontigue Präsenz in dessen Phantasmata, welche sich aus den ›materiellen‹ Gemeinsamkeiten der donna mit anderweitigen Objekten des Begehrens ergibt.

künstlerische Opulenz steht[51], dem palazzo Borghese[52], welcher nicht halluziniert, sondern (dort) vorhanden ist und vom Sprecher aus einer nur begrenzt subjektiven Perspektive zu einem objet précieux überhöht wird[53].

Der von der donna abgelöste Traum des Liebenden gewinnt auf diese Weise einen eigenen, auch semantisch selbständigen Stellenwert. Es hybridisieren sich in ihm Winter und Frühling, Natur und Zivilisation, die am meisten materielle und die am meisten dematerialisierte aller ›arti‹ (Architektur und Musik), Holz, Stein und Metall[54], ›warmes‹ und ›kaltes‹, resonnierendes und ›hartes‹ Material[55]. Indes hat die ›Extravaganz‹ des Traums deshalb nicht die Irritation des Unheimlichen, weil sich das Halluzinierte letztlich doch wieder komplett einer Systematik fügt, die man eine Isotopie des Exquisiten nennen könnte. Es sind keine je für sich genommen phantasmatische[56], es sind als solche existierende, allesamt erlesene Dinge, die hier zusammenkommen, und diese semantische Achse wird durch nichts durchbrochen. Dieser

---

51 - was in Ansehung der Art und Weise, wie Kunstgegenstände in D'Annunzios narrativen Texten modelliert werden, nicht ein Gegensatz, sondern zwei unproblematisch sich fügende Aspekte eines immer positiv interpretierten Phänomens, eben von Opulenz wären.

52 Es gibt natürlich in einem Gedicht (neben dem ›Reimzwang‹) so etwas wie den Zwang, die Verse zu füllen; gleichwohl ist angesichts der Notorietät des Gebäudes und der Standardisierung seines Namens die Formulierung ›il palazzo del principe Borghese‹ auffällig. Sie ist, so würden wir lesen, markiert preziös und auch prätentiös, durch das Abweichen vom Üblichen und sodann durch die Semantik des Wortmaterials, vermittels dessen diese Abweichung inszeniert wird.

53 Die Fußnote der benutzten Ausgabe unterrichtet darüber, daß der palazzo Borghese aufgrund seiner Form gemeinhin ›cembalo‹ genannt werde, wobei die der via di Ripetta zugewandte Seite als Tastatur angesehen wird. Die Farbe, in der das ›cembalo‹ dem Sprecher erscheint, ist einigermaßen ›realistisch‹ motiviert durch die Lichtverhältnisse (klirrend kalter, aber klarer Wintermorgen).

54 Effektiv ist der palazzo aus Stein gebaut, das Bild (›clavicembalo‹) ruft die Assoziation ›Holz‹ auf, aber dieses Cembalo ist aus Metall.

55 Als Resonanzkörper für ein Saiteninstrument dürfte Metall ganz untauglich sein, zumindest, wenn es in einer Materialstärke verarbeitet ist, die in der Lage ist, die Statik eines Klaviers zu erbringen.

56 Dies eben im Unterschied auch zur hochromantischen (Liebes-)Halluzination; die Präsenz einer ›sœur des anges‹ in dem besprochenen Lamartine-Gedicht dürfte eine der eher vorsichtigen (oder auch: frühen) Besetzungen dieses Topos sein, am anderen Ende der Möglichkeiten situieren sich Gedichte der Art, wie sie Gérard de Nerval unter dem in dieser Hinsicht sprechenden Titel *Chimères* zusammengefaßt hat. – Es sei hier nur angefügt, daß auch D'Annunzio, wie allgemein bekannt, in seiner Lyrik ›surreale‹ Phantasmata gestaltet hat. Aber der oben besprochene Fall erscheint uns aus Sicht des Gesamtwerks der repräsentativere.

Isotopie entspricht zum einen die von preziösen Archaismen geprägte Wortwahl, zum zweiten das Reimschema, das durch Anlehnung an die Muster der Canzonen-Strophe das Sonett aufzuwerten sucht. Anvisiert ist mit alledem das klassische Konzept des Idealschönen. Aber dieses hat sich gelöst vom agathon; das kalon ist hier nur noch ein materiell Glänzendes und insofern Reproduzierbares. Es fesselt die Sinne auf Zeit; wenn es in dieser Form vielleicht auch die Funktion hat, vermittels der Perfektion des Scheins das die Moderne zeichnende Entzogensein des metaphysisch Schönen zu kompensieren[57], so bleibt es ein irritierendes Moment, daß die supplementäre Funktion des perfekten Scheins an keiner Stelle als eine solche spürbar gemacht wird. Der geistige Horizont, der die Dekadenz auch einem anderen als einem emphatisch ›dekadenten‹ Leser akzeptabel machen könnte, ist zugunsten einer hedonistischen Positivierung der Moderne-Erfahrung eskamotiert, deren Ungebrochenheit die Frage stellt, ob der Preis des Abschieds von der Metaphysik ein so geringer sein kann oder die Inszenierung in ihrer Selbstgewißheit nicht Selbsttäuschung ist. Die semantische Linie einer zunehmenden ›Kälte‹ des Traum-Inventars, die im letzten Wort des Sonetts: ›argento‹, ihren Gipfel erreicht[58], legt diesen Hiat von Selbstgewißheit und Selbsttäuschung bloß – unfreiwillig vermutlich –, und es ist erst dieser Schlußakzent, der in seinem Gestus: die gesamte Textbewegung zu problematisieren, das Sonett als ganzes ästhetisch rettet, der Trivialität des Genüßlichen enthebt.

Die Situation bricht an diesem Punkt ab. Die Gedanken des Liebenden kehren auch ganz am Ende nicht zur Geliebten zurück. Deren beständige Präsenz als inneres Bild (V. 1 f.) wird damit ex post als rhetorisches Schema bloßgelegt. Die im zeitgenössischen Kontext durchaus nicht ungewöhnliche ästhetisierende Stilisierung der Dingwelt, näherhin: das parnassische Moment[59], gewinnt dadurch ihre provokativen und erst eigentlich ›dekadenten‹ Akzente, daß sie im Kontext eines die klassischen Muster zitierenden Begegnungssonetts figuriert, dann aber das Motiv der Liebesbegegnung als solches verdrängt[60]. ›Reizvoll‹ ist, was das Merkmal des Exquisiten trägt und

57 Was dem beschriebenen Moment ungeachtet seiner ästhetischen Problematik eine Art geschichtsphilosophischer Legitimität verleihen könnte.

58 Man bedenke, daß dieses an Kühle, wenn nicht Kälte appellierende Wort das letzte Wort eines innamoramento-Gedichts ist.

59 Zum Phänomen des Parnasse s. ausführlich Klaus W. Hempfer (hg.), *Jenseits der Mimesis. Parnassische transposition d'art und der Paradigmenwechsel in der Lyrik des 19. Jahrhunderts*, Stuttgart 2000, insbesondere den Beitrag des Herausgebers sowie den von Stefan Hartung.

60 Betont sei nochmals das Moment des Verdrängens. Nicht ungewöhnlich etwa wäre es aus parnassischer Sicht gewesen, die donna selbst zu einem quasi-mi-

sich im je gegebenen Augenblick der Sinneswahrnehmung darbietet. Auch die Geliebte ist nur ein Stück wohlgeformter Materie[61]. Sie wird ›geliebt‹, solange sie wohlgeformt, und mehr noch: sichtbar, verfügbar ist. Ist sie aus dem Horizont des Wahrnehmbaren entschwunden, sieht sie sich augenblicklich durch andere Objekte substituiert. Diese Objekte sind kein ›Ersatz‹. Es haftet ihnen aus Sicht des Sprechers nicht der Mangel des Substituts an. Sie sind andere, aber gleich taugliche Stimulanzien der sinnlichen Wahrnehmung. – Eine vom Subjekt positiv begriffene, wenn nicht gar willentlich hergestellte Flüchtigkeit ist an jene vom Schicksal auferlegte getreten, deren ›Fatalität‹ dem Baudelaire-Text seinen pathetischen Grundton verlieh. Im Zeitalter der Dekadenz ist die personale Liebe zu einem Verhältnis des Benutzens geworden, das sich anderer Möglichkeiten nicht mehr inne ist und sich deshalb nicht in Zerquältheit, sondern in serener Reflexionslosigkeit erfährt.

***

Dekadenz als literarische Epoche erscheint aus der Sicht unseres Arguments als eine neue Art des Hinsehens auf etwas, das bereits ›da‹ ist, als eine Bearbeitung der Tradition. Dies unterscheidet die Dekadenz von den literarischen Revolutionen (Romantik, mehr noch Futurismus und ähnliche Strömungen), die sich im Zeichen des Bruchs inszenieren, und es manifestiert sich nicht zuletzt in der zuweilen schwülstigen Materialgesättigtheit der dekadenten Welten[62]. Die Bearbeitung des Vorhandenen steht im Zeichen einer vitalistischen Replik und damit einer Re-Positivierung der Verlusterfahrungen der Moderne. Es ist jene von Marx als ›Alp‹ beschworene Last des Bewußtseins der (metaphysischen) Tradition[63], die bewirkt, daß dieser Positivierungs-Versuch bis auf den heutigen Tag zu einem gewissen Grad frivol anmutet. Indes: Das Potential des besprochenen Ge-

---

neralischen objet précieux zu stilisieren (ein Moment, das es im übrigen fallweise schon bei Petrarca [*Canz.* XXX, V. 24], und dann in der petrarkistischen Tradition gibt).

61 Dies wiederum reduziert ihren Status als einer ›schicksalhaften Geliebten‹ auf ein Moment reiner Rhetorik.

62 Natürlich ist der Unterschied zwischen ›Neubearbeitung‹ und ›Bruch‹ ein gradueller. Um ihren Anspruch spürbar zu machen, müssen auch die revolutionären Ästhetiken immer auf Vorhandenes Bezug nehmen. Ohne dies hier im einzelnen auszuführen, sollte unser obiger Hinweis auf den Futurismus verdeutlichen können, worauf wir abheben.

63 S. *Der 18. Brumaire des Louis Bonaparte* [1852], wiedergedruckt in *Marx-Engels-Gesamtausgabe*, I. Abt., Bd. 11, Berlin 1985, hier: S. 97.

dichts, das die Naivität des Positiven, in der es für sich genommen zunächst eingeschlossen scheint, aus der historischen Distanz dann vielleicht aufbricht, besteht darin zu fragen, ob nicht *tatsächlich* sich in der späten Moderne die Dinge so verhalten, wie in diesem Text inszeniert. Und möglicherweise erzeugt das Wegbrechen der Metaphysik auch in der Reduktionsstufe des puren Traditionsbestands, das eines der prägenden Momente unserer Zeit ist, jenen geistigen und ästhetischen Wandel, der den Eindruck der Frivolität in den der Serenität zu überführen imstande sein könnte.

Maria Moog-Grünewald

Poetik der Décadence – eine Poetik der Moderne

La décadence ne serait-elle rien d'autre
qu'une métaphore?[1]

Eine Poetik der Décadence zu präkonisieren, scheint ein Paradox, sie gar als eine Poetik der Moderne ausweisen zu wollen, einer Präzisierung literarhistorischer Begrifflichkeit wenig förderlich. Wird doch je nach Perspektive und argumentativer Intention das Epochenprädikat ›Moderne‹ zur Kennzeichnung unterschiedlichster Zeiträume in Anspruch genommen, im ganzen der Zeitraum der ›Moderne‹ bald auf wenige rezente Dezennien verkürzt, bald auf die voraufgegangenen zwei Jahrhunderte und darüber hinaus ausgedehnt; und gilt doch gemeinhin die Literatur der ›Décadence‹ als ein ›Fall‹ der Literatur des Fin de siècle, deren Spezifika zudem eher Ausdruck und Folge eines geschichtsphilosophischen Konstrukts sind, denn Manifest einer impliziten, gar expliziten Poetik. ›Gegen den Strich‹ der durchaus facettendifferenten Opinio communis wollen die nachfolgenden Ausführungen die Literatur, näherhin die Dichtung der Décadence weniger als eine Episode der Moderne ausweisen, vielmehr als die die radikale Moderne poetisch und poetologisch begründende literarische Bewegung kenntlich machen. Dabei ist es ein wesentliches Moment, daß eine epochal aktualisierte geschichtsphilosophische Denk- und Argumentationsfigur – die Dekadenz – in Anspruch genommen wird zur Begründung und Verteidigung einer Poetik, die in ihrer ästhetischen ›Negativität‹ die Struktur der literarischen Moderne unhintergehbar kennzeichnet.

Zur Evidenzierung der These müssen – neben einigen klärenden Bemerkungen vorab zum sog. ›Dekadenz-Syndrom‹[2] insbesondere mit Blick auf Baudelaire – zwei literarische Beispiele respective Autoren hier genügen: Rodenbach und Mallarmé.[3]

---

1 Vladimir Jankélévitch, »La Décadence«, *Revue de métaphysique et de morale* 4/1950, S. 337-369; hier S. 338.

2 So in Variation der Formulierung bei E. Koppen, *Dekadenter Wagnerismus. Studien zur europäischen Literatur des Fin de siècle*, Berlin/New York 1973, S. 66.

3 Die Wahl ist nicht beliebig, erhebt durchaus, wie die nachfolgenden Ausführungen zu zeigen beabsichtigen, einen gewissen Anspruch auf Repräsentati-

I

Die Literatur der Décadence wird geradezu obstinat nach ihren Themen[4] und Motiven, Charakteren und Haltungen bestimmt[5]: Naturferne, Künstlichkeit, Fortschrittsfeindlichkeit, Nervosität, Überfeinerung, krankhaft übersteigerte Reizempfänglichkeit, Schönheitskult und ästhetischer Aristokratismus, biologische und genetische Depravation ineins mit moralischer Verworfenheit, Lebensüberdruß und Todessehnsucht, Hinfälligkeit, kurz: Verfall[6]. Als Typen und Gestalten dominieren die *Dandies* und Dilettanten, die *Femmes fatales* und die *Femmes fragiles*, die Kentauren und Doppelgänger[7]. Eine spezifische Literarizität respective Poetizität, gar eine Poetik wird der Lite-

vität; gleichwohl verlangte die These ein weitaus umfänglicheres Textcorpus zu ihrem Erweis.

4 Geradezu paradigmatisch ist der Artikel von Jacques Lethève, »Le thème de la décadence dans les lettres françaises à la fin du XIXe siècle«, *Revue d'Histoire littéraire de la France* 63/1963, S. 46-61.

5 So in definitorischer Entschiedenheit Koppen, *Dekadenter Wagnerismus* (wie Anm. 2), Kap. A I: »Untersuchungen zu Geschichte und Bedeutung des Terminus ›Décadence-Literatur‹«, S. 46: »[...] Décadence [umreißt] eine Haltung dem Leben und der Gesellschaft gegenüber, deren literarische Phänomene weniger in der Sprache als in bestimmten gehaltlichen Charakteristika (Motiven, Charakteren usw.) in Erscheinung treten.« Und (S. 67): »[...]: das Zusammenwirken bestimmter, die Realität in Frage stellender Motive, Haltungen und Bildungsreminiszenzen ruft jenen Gesamteindruck hervor, den der Literarhistoriker als ›dekadent‹ umschreibt.«

6 Noch die jüngste Studie von R. Bauer, *Die schöne Décadence. Geschichte eines literarischen Paradoxons*, Frankfurt a.M. 2001, untergliedert ihre Ausführungen in drei Teile: »I. Teil: Die Worte – Zur Wort- und Begriffsgeschichte; II. Teil: Die Bilder – Topoi der Décadence; III. Teil: Nachlese«, mithin stehen ›Wörter‹ und ›Sachen‹ im Mittelpunkt des Interesses. Eine eindringliche Reflexion auf Sprache, Stil, Struktur findet – wie in der Mehrzahl der Studien zur Décadence – nicht statt.

7 Beispielhaft dafür das Buch von H. Hinterhäuser, *Fin de siècle. Gestalten und Mythen*, München 1977, dessen Themen »von den neuerlebten, heidnischen Kentauren bis zur neu vitalisierten Christusgestalt und zu deren minderem weiblichen Pendant, der engelhaften Frau des Präraffaelitismus« (S. 9) reichen und dessen einzelne Kapitel den »Doppelgänger Christi«, die »Toten Städte«, den »Aufstand der Dandies«, »Praeraffaelitische Frauengestalten«, den »Liebestod«, zudem »Zwiegestalt und Übertier« als Motive literarischer Texte zur Sprache bringen. – Auch W. Rasch, *Die literarische Décadence um 1900*, München 1986, präsentiert – neben Werkinterpretationen im ›Zweiten Teil‹ seiner Studie – im ersten Teil »Motive der Décadence-Literatur« (S. 38-134). Analoges gilt für das Buch von Bauer, *Die schöne Décadence* (wie Anm. 6) sowie für die Studie von Koppen, *Dekadenter Wagnerismus* (wie Anm. 2), die – verkürzt formuliert – den literarischen Wagnerismus, verstanden als Thema und Motiv, zum Gegenstand der Untersuchung hat.

ratur der Décadence nicht zuerkannt; sie eigne vielmehr jener Dichtung, die gemeinhin unter dem Rubrum ›Symbolismus‹[8] firmiert[9]. Diese prinzipale Unterscheidung ist keineswegs willkürlich, sie kann historisch legitimierte Argumente ins Feld führen, zudem auf Positionen verweisen, die in der zeitgenössischen Diskussion selbst eingenommen wurden[10]. Denn der geschichtsphilosophisch strapazierte, zudem im letzten Drittel des 19. Jahrhunderts auch gesellschaftspolitisch und moralisch verfemte und schließlich in der Alltags- und Modesprache verkommene Begriff ›Dekadenz‹ mit seinem Abkömmling ›dekadent‹[11] sollte bereits nach dem Willen seiner Pro-

8 Die konkurrierenden, doch keineswegs synonymen Begriffe ›Ästhetizismus‹, ›Impressionismus‹, ›Jugendstil‹, die ihrerseits häufig auch unter den Oberbegriff ›Fin de siècle‹ subsumiert werden, sollen hier außer Betracht bleiben; die Unternehmung, jeweilige thematische und/oder formale Übereinstimmungen und Differenzen zu bestimmen, dürfte sich aufgrund ihrer unüberwindbaren begrifflichen Unschärfe noch als weitaus schwieriger erweisen als der Versuch, Décadence und Symbolismus in ein sachangemessenes Verhältnis zu setzen.

9 Dazu wiederum Koppen, *Dekadenter Wagnerismus* (wie Anm. 2), S. 64: »Die formalen und sprachlichen Merkmale, die (sc. in einigen theoretischen Texten der Zeit) als ›dekadent‹ bezeichnet werden (Musikalität, Evokationstechnik, ›Nuance‹, Hermetismus und nicht zuletzt die weiter oben charakterisierte Art der Sprache) werden nun einmal historisch richtiger und präziser durch den Terminus Symbolismus abgedeckt [...]. Mallarmé war ebensowenig Décadent wie Huysmans Symbolist; eine *poetica del decadentismo* ist ein Unding.«

10 Ausführliche Darstellungen und Dokumentationen finden sich bei G. Michaud, *Message poétique du Symbolisme*, Paris 1947, sodann bei N. Richard, *A l'aube du Symbolisme. Hydropathes, Fumistes et Décadents*, Paris 1961, und dems., *Le Mouvement décadent. Dandys, Esthètes et Quintessents*, Paris 1968. – Bereits die Titel der Studien lassen die Übergängigkeit, ja Austauschbarkeit der Etikette erkennen, machen im ganzen die Verlegenheit der Nomenklatur evident.

11 Die Entfaltung der Geschichte des Begriffs ›Décadence‹ bzw. Dekadenz ist geradezu eine Pflichtübung aller älteren und auch noch neueren und neuesten Publikationen zur Literatur und Kunst des Fin de siècle; zu nennen sind insbesondere Koppen, *Dekadenter Wagnerismus* (wie Anm. 2), S. 7-68: »Untersuchungen zu Geschichte und Bedeutung des Terminus ›Décadence-Literatur‹; J.M. Fischer, *Fin de siècle. Kommentar zu einer Epoche*, München 1978, S. 78-93: »Décadence und Fin de siècle«; Rasch, *Die literarische Décadence* (wie Anm. 7), S. 17-37: »I. Die Darstellung des Verfalls und Untergangs«. Bauer, *Die schöne Dekadenz* (wie Anm. 6) sowie ders., »Altes und Neues über die Décadence«, *Literaturwissenschaftliches Jahrbuch* N.F. 32/1991, S. 149-173, erkennt – durchaus zurecht – in der spezifischen historischen Situierung der literarischen Dekadenz die unabdingbare Voraussetzung für das Verständnis der Texte um 1900. Eine Folgerung für die Klärung der Spezifika in Sprache, Stil, Bildlichkeit, im ganzen der Struktur wird allerdings nicht gezogen. Auch der gut dokumentierte Artikel ›Dekadenz/dekadent‹ von Wolfgang Klein in Karlheinz Barck u.a. (Hrsg.): *Ästhetische Grundbegriffe*, Bd. II, Stuttgart/Weimar 2001, S. 1-41 entfaltet breit die Begriffsgeschichte, um in ihr die »Übergänge

motoren kurzerhand durch ›Symbolismus‹ ersetzt werden[12]. Klarheit wurde mit diesem voluntativen Akt allerdings nicht gewonnen[13].

Von größerem Aufschluß für die hier zu diskutierende Problematik ist hingegen jene Textpassage, die in der Rede von der Décadence nachgerade ikonischen Rang[14] gewonnen hat: Charles Baudelaires

zum ästhetischen Begriff« sowie die »Ausprägungen des ästhetischen Begriffs im 19. Jahrhundert« zu situieren. Der Ordnungspunkt III.2: *Das Programm eines dekadenten Stils* (S. 11f.) führt allerdings keine stilistischen bzw. formalen Spezifika auf – der zitatengestützte Hinweis auf Künstlichkeit, Exuberanz, »extreme[r] kulturelle Fülle« geht über die bekannten Kennzeichnungen nicht hinaus.

12 In aller Knappheit formuliert Richard, *Le Mouvement décadent* (wie Anm. 10), S. 8 den Sachverhalt im ›Avant-propos‹ wie folgt: »L'année 1885-86 peut être considérée comme la ligne de partage entre la décadence et le symbolisme, du moins si l'on considère la décadence comme le stade préliminaire du symbolisme. Les critiques de l'époque continueront longtemps encore, à taxer de ›décadents‹ les novateurs et les irréguliers. C'est de l'intérieur même du nouveau mouvement que proviendra l'idéale mutation des termes. Dès le mois d'août 1885, Jean Moréas avait proposé à la critique de substituer à l'étiquette péjorative de ›Décadents‹ le mot combien plus évocateur! de ›Symbolistes‹. »

13 Repräsentatives Beispiel für die ja auch durch die Zeitgenossen selbst verursachte begriffliche und sachliche Unklarheit sind die Ausführungen im VII. Kapitel »Symbolisme et Décadence« des Büchleins von Henri Peyre, *La Littérature symboliste*, Paris 1976 (*que sais-je?* 82), S. 86: »La littérature symboliste des deux dernières décennies du XIXe siècle chérit tout ce qui était langueur, lassitude de vivre, isolement loin d'un public qu'elle voulait tenir à l'écart de ses arcanes, opposition à la civilisation technologique accusée de matérialisme. Il n'est que médiocrement étonnant que les symbolistes des cénacles parisiens aient été, par beaucoup d'observateurs et soient encore par bien des historiens, confondus avec d'autres groupes qui s'étaient parés des noms de ›décadents‹ ou ›décadentistes‹. Un volume d'essais, dont plusieurs comptent parmi les premières études sérieuses consacrées à Rimbaud et à Laforgue, par Gustave Kahn, est intitulé *Symbolistes et Décadents* (1902). L'auteur, qui avait bien connu les uns et les autres, ne les sépare pas.«

14 Kein Werk, das die Begriffsgeschichte von ›Décadence‹ respective Dekadenz aufarbeitet, unterschlägt diese Passage, die allgemein als »entscheidende[r] Wendepunkt« in der »Entwicklung des Begriffs der Décadence-Literatur« gilt (so Koppen, *Dekadenter Wagnerismus* [wie Anm. 2], S. 25ff.) und die Bauer, *Die schöne Décadence* (wie Anm. 6, S. 33ff.) gar unter der Kapitelüberschrift ›*Enfin Baudelaire vint*‹ paraphrasiert. – Nicht anders Fischer, *Fin de siècle* (wie Anm. 11), S. 79 und Klein, Art. ›Dekadenz/dekadent‹ (wie Anm. 11), S. 13: »Immer noch polemisch, nicht programmatisch, begann weitere vier Jahre später Baudelaire seine *Notes nouvelles sur Edgar Poe*. Aber die Bestimmungen wurden genauer: [...] Es waren diese Bestimmungen, die im folgenden Jahrzehnt verfeinert wurden und zu einem ästhetischen Dekadenzbegriff führten, der von der Last seiner Geschichte befreit schien für kaum zwei Jahrzehnte.« Nicht gesehen wurde bislang, daß der »entscheidende[n] Wendepunkt« nicht so sehr darin beruht, daß der Dekadenzbegriff ›ästhetisch‹ wurde respective für die Ästhetik in Anspruch genommen wurde, vielmehr darin, daß die ästheti-

provokante Inszenierung der ›littérature de décadence‹, die seinen 1857 erstmals publizierten Essay über Edgar Poe eröffnet und die zugleich als Poetologie – nicht nur – seines eigenen Werkes gelesen werden muß.

> *Littérature de décadence!* – Paroles vides que nous entendons souvent tomber, avec la sonorité d'un bâillement emphatique, de la bouche de ces sphinx sans énigme qui veillent devant les portes saintes de l'Esthétique classique. [...] Le mot *littérature de décadence* implique qu'il y a une échelle de littératures, une vagissante, une puérile, une adolescente, etc. Ce terme, veux-je dire, suppose quelque chose de fatal et de providentiel, comme un décret inéluctable; et il est tout à fait injuste de nous reprocher d'accomplir la loi mystérieuse. Tout ce que je puis comprendre dans la parole académique, c'est qu'il est honteux d'obéir à cette loi avec plaisir, et que nous sommes coupables de nous réjouir dans notre destinée. – Ce soleil qui, il y a quelques heures, écrasait toutes choses de sa lumière droite et blanche, va bientôt inonder l'horizon occidental de couleurs variées. Dans les jeux de ce soleil agonisant, certains esprits poétiques trouveront des délices nouvelles; ils y découvriront des colonnades éblouissantes, des cascades de métal fondu, des paradis de feu, une splendeur triste, la volupté du regret, toutes les magies du rêve, tous les souvenirs de l'opium. Et le coucher du soleil leur apparaîtra en effet comme la merveilleuse allégorie d'une âme chargée de vie, qui descend derrière l'horizon avec une magnifique provision de pensées et de rêves.[15]

Littérature de décadence! In wenigen Sätzen formuliert Baudelaire eine Poetik der Décadence, die zugleich eine Poetik der Moderne ist[16].

---

sche Inanspruchnahme des Dekadenzbegriffs den »Wendepunkt« zu einer Poetik der Moderne markiert. Dazu Präziseres weiter unten.

15 Charles Baudelaire, »Notes nouvelles sur Edgar Poe«, in: *Curiosités esthétiques, L'Art romantique et autres Œuvres critiques*, Éd. Henri Lemaître, Paris 1962, 619f.

16 Von den Zeitgenossen hat Théophile Gautier die insbesondere durch Baudelaire repräsentierte spezifische Modernität der Décadence wohl am besten erkannt. In seinem vom 20. Februar 1868 datierten großen Baudelaire-Essay, der – wie zu erinnern – den ersten Band der im selben Jahr bei Michel Lévy in Paris erschienenen *Œuvres complètes*, näherhin *Les Fleurs du Mal*, einleitete, sucht er u.a. den ›style de décadence‹ zu beschreiben – mit deutlicher Paraphrasierung der Baudelaireschen Ausführungen, doch ohne die dort implizit formulierte ›apokalyptische‹ Konfiguration zu erkennen. Der nachfolgende Textausschnitt ist die übliche, und das heißt bis auf den heutigen Tag in der Forschung geltende Charakteristik sowohl des Werks Baudelaires wie der Décadence; ihn zu zitieren, verlohnt nicht allein wegen seines durchaus poetischen Sprachduktus, vielmehr um des Unterschieds zu Baudelaires konziser und poetologisch differenter Bildlichkeit willen: »Le poète des *Fleurs du mal* aimait ce qu'on appelle improprement le style de décadence, et qui n'est autre chose que

Ein Zeitbewußtsein, hier ein Endzeitbewußtsein, wird zur Legitimation einer Poesie, die intendiert, Endzeitlichkeit[17] als ›sujet‹ und Struktur zu konfigurieren, um gerade hieraus ihre radikale Anders-

---

l'art arrivé à ce point de maturité extrême que déterminent à leurs soleils obliques les civilisations qui vieillissent: style ingénieux, compliqué, savant, plein de nuances et de recherches, reculant toujours les bornes de la langue, empruntant à tous les vocabulaires techniques, prenant des couleurs à toutes les palettes, des notes à tous les claviers, s'efforçant à rendre la pensée dans ce qu'elle a de plus ineffable, et la forme en ses contours les plus vagues et les plus fuyants, écoutant pour les traduire les confidences subtiles de la névrose, les aveux de la passion vieillissante qui se déprave et les hallucinations bizarres de l'idée fixe tournant à la folie. Ce style de décadence est le dernier mot du Verbe sommé de tout exprimer et poussé à l'extrême outrance. On peut rappeler, à propos de lui, la langue marbrée déjà des verdeurs de la décomposition et faisandée du bas-empire romain et les raffinements compliqués de l'école byzantine, dernière forme de l'art grec tombé en déliquescence; mais tel est bien l'idiome nécessaire et fatal des peuples et des civilisations où la vie factice a remplacé la vie naturelle et développé chez l'homme des besoins inconnus. Ce n'est pas chose aisée, d'ailleurs, que ce style méprisé des pédants, car il exprime des idées neuves avec des formes nouvelles et des mots qu'on n'a pas entendus encore. A l'encontre du style classique, il admet l'ombre et dans cette ombre se meuvent confusément les larves des superstitions, les fantômes hagards de l'insomnie, les terreurs nocturnes, les remords qui tressaillent et se retournent au moindre bruit, les rêves monstrueux qu'arrête seule l'impuissance, les fantaisies obscures dont le jour s'étonnerait, et tout ce que l'âme, au fond de sa plus profonde et dernière caverne, recèle de ténébreux, de difforme et de vaguement horrible. On pense bien que les quatorze cents mots du dialecte racinien ne suffisent pas à l'auteur qui s'est donné la rude tâche de rendre les idées et les choses modernes dans leur infinie complexité et leur multiple coloration. Ainsi Baudelaire, qui, malgré son peu de succès aux examens du baccalauréat, était bon latiniste, préférait assurément, à Virgile et à Cicéron, Apulée, Pétrone, Juvénal, saint Augustin et ce Tertullien dont le style a l'éclat noir de l'ébène. Il allait même jusqu'au latin d'Église, à ces proses et à ces hymnes où la rime représente le rhythme antique oublié, et il a adressé sous ce titre: *Franciscae meae Laudes*, ›à une modiste érudite et dévote‹, tels sont les termes de la dédicace, une pièce latine rimée dans cette forme que Brizeux appelle ternaire, composée de trois rimes qui se suivent au lieu de s'enlacer en tresse alternée comme dans le tercet dantesque.« (Zit. nach *Baudelaire par Théophile Gautier*. Présentation et notes critiques par C.-M. Senninger avec la collaboration de Lois Cassandra Hamrick, Paris 1986, S. 124f.)

17 Hugo Friedrich, *Die Struktur der modernen Lyrik. Von der Mitte des neunzehnten bis zur Mitte des zwanzigsten Jahrhunderts*, erweiterte Neuausg. 1985 (zuerst 1956), hat dieses Phänomen luzide erkannt, doch gleichfalls ausschließlich auf die Thematik bezogen. Unter dem Kapitel »Endzeit und Modernität« schreibt Friedrich (ebd., S. 42): »Das eschatologische Bewußtsein, das Europa seit dem 18. Jahrhundert durchzieht und bis in unsere Gegenwart reicht, trat bei ihm in die Phase erschreckter wie erschreckender Scharfsicht. [...] Die Symbolik (sc. des Gedichts *Le coucher du soleil romantique*) ist unmißverständlich. Sie deutet auf endgültige Verdüsterung, auf Verlust der auch in Untergängen noch möglichen Vertrautheit der Seele mit sich selbst.«

heit, ihre absolute Neuheit zu gewinnen. Es ist die Konfiguration der ›Apokalypse‹[18], durchaus im Verständnis der biblischen Apokalyptik: Ein Anderes, Neues, in seiner Andersheit und Neuheit letztlich Unsagbares tritt an die Stelle dessen, was nicht mehr ist, untergegangen ist, gewaltsam, oder auch nur unaufhaltsam, in fataler Bestimmung. Untergang, ja Vernichtung wird geradezu zur Voraussetzung des Anderen, Neuen, wird deren Ermöglichungsgrund. Die Realisation des Neuen, des Anderen freilich steht aus. Auch anders: Das Neue, Andere scheint poietisch nicht realisierbar, ist bestenfalls im Momentum ästhetisch erfahrbar: als Aufschein dessen, was nicht ist, noch nicht ist und zugleich nicht mehr ist. Mithin konstituiert sich das Neue immer nur als Verweis und im Verweis auf seinen Ermöglichungsgrund, den Untergang, das Ende des Vorausgegangenen.

Die Literatur des ausgehenden 19. Jahrhunderts, einer Epoche, die Fin de siècle zu nennen man übereingekommen ist, ist ›dekadent‹ in jenem von Baudelaire bestimmten Sinne, und sie ist damit absolut modern. In Differenz zur Dichtung der Romantik steht der Topos ›le coucher du soleil‹ nicht mehr ein für eine durchaus inszenierte Naturerfahrung, in der das lyrische Ich sich spiegelt, vielmehr für eine Poetik der Décadence, die – symbolistisch – als Poetik der Suggestion sich realisiert und die vorausweist auf die die Dichtung der Mo-

---

18 Um die Verwendung von Begriff und Sache der ›Apokalypse‹ im vorliegenden Kontext zu plausibilisieren, ist daran zu erinnern, daß ›Apokalypse‹ – durchaus zunächst im biblischen Verständnis – nicht bzw. nicht nur Weltuntergang meint, vielmehr Enthüllung. Als Enthüllung ist sie Offenbarung von ›Eigentlichem‹, ist sie endgültige Unterscheidung von Gut und Böse, Richtig und Falsch, Gerechtigkeit und Unrecht. Zugleich erfolgt dieses Sichtbarmachen von Differenz im ›Jüngsten Gericht‹, das das Versprechen einer finalen und permanenten Einrichtung einer neuen Ordnung enthält. Herausragendes Beispiel hierfür ist die Offenbarung des Johannes. Aber auch den prophetischen Büchern des Alten Testaments scheint diese Struktur zugrunde zu liegen. Allerdings ist nicht nur eine utopische Imagination herausgefordert, vielmehr geht es darum, die Vorstellung des Neuen als eines ethisch wie ästhetisch Unüberbietbaren – eben nicht nur als *dies irae*, sondern zugleich als eines ›jüngsten‹ Tages – sichtbar und erfahrbar zu machen in einer Sprache, die letztlich vor der Vorstellung des Neuen immer ›versagen‹ muß. Von Interesse für den hier in Rede stehenden Zusammenhang ist nun die Beobachtung, daß im ästhetisch-literarischen Bereich seit der Spätantike, vermehrt seit der Frühen Neuzeit, ›Apokalypse‹ als Thema, Motiv und Topos rekurriert, zugleich aber und vor allem – und dies möglicherweise als eine der deutlichsten Signaturen einer mit der ihrerseits spätantik begründeten Frühen Neuzeit beginnenden Moderne – auch als *Struktur* der Texte sich manifestiert und damit als Bedingung der Möglichkeit ästhetischer Erfahrung überhaupt erscheint. Siehe dazu die Beiträge des Bandes von M. Moog-Grünewald/V. Olejniczak Lobsien (Hrsgg.), *Apokalypse – der Anfang im Ende*, Heidelberg 2002.

derne weitestgehend bestimmende Poetik der Präsenz. Das Spezifikum der Literatur der Décadence ist nun, daß sie den epochalen Zeitkontext thematisiert, ihn sich als ›sujet‹ und Topos aneignet, um daraus die ihr zugrunde liegende neue poetische Figuration zu gewinnen. Im Unterschied zur modernen Dichtung des 20. Jahrhunderts, wofern dieser eine Poetik der Präsenz eignet, verweist die Literatur der Décadence in Thematik und Motivik, in Lexik und Semantik noch auf ihre epochale Origo, das Dekadenzbewußtsein des Fin de siècle. Doch während in der politischen, ökonomischen, auch allgemein kulturellen Rede das Jahrhundertende zugleich als Zeit des Niedergangs perhorresziert wurde in – bezeichnenderweise verkürzter – Wiederaufnahme des geschichtsphilosophischen Konzepts des Zyklus, rekurriert die Kunst auf dieses in seiner Verschränkung mit dem Endzeitbewußtsein historisch einzigartige Modell der Dekadenz, um es in ästhetischer Hinsicht ›apokalyptisch‹ zu wenden: im Untergang einen Aufgang, im Ende einen Anfang zu präkonisieren. Baudelaire – noch einmal – verweist auf diesen Zusammenhang:

> Mais ce à quoi les professeurs jurés n'ont pas pensé, c'est que dans le mouvement de la vie, telle complication, telle combinaison peut se présenter, tout à fait inattendue pour leur sagesse d'écoliers. Et alors leur langue insuffisante se trouve en défaut, comme dans le cas – phénomène qui se multipliera peut-être avec des variantes – où une nation commence par la décadence et débute par où les autres finissent.[19]

In aestheticis hat die ›apokalyptische‹ Konfiguration geradezu emblematisch ihren Ausdruck gefunden in ›Spleen‹ und ›Idéal‹, näherhin in einer Komplementarität, für die Name und Sache der ›Fleurs du Mal‹ einstehen, mithin in der die Ästhetik und Poetik der Baudelaireschen Dichtung bestimmenden Programmatik. Die Semantik des ›Spleen‹, die von der Evokation des ›Abgrunds‹ bis zu der des ›Todes‹ reicht, hat ihr Komplement in der Semantik des ›Idéal‹, die im Verweis auf den ›Azur‹ ohne Konkretion bleibt: die ›apokalyptische‹ Konfiguration wird somit zum Ermöglichungsgrund einer Poesie, die jegliche Referentialität zugunsten der ›Suggestion‹ aufzuheben intendiert, zugunsten einer – um die Metaphorik des oben zitierten Textes aufzunehmen – »magnifique provision de pensées et de rêves«. Mallarmé formuliert in analoger Bildlichkeit:

> *Nommer* un objet, c'est supprimer les trois-quarts de la jouissance qui est faite de deviner peu à peu : le *suggérer*, voilà le rêve. C'est le parfait usage de ce mystère qui constitue le symbole : évoquer petit à petit un

19 Baudelaire, *Curiosités esthétiques* (wie Anm. 15), S. 620f.

> objet pour montrer un état d'âme, ou, inversement, choisir un objet et en dégager un état d'âme par une série de déchiffrements.[20]

Unbestimmtheit, Vagheit, Rätselhaftigkeit[21] sind Wirkungen einer Poetik der Suggestion[22], deren Verfahren intendieren, allmählich ei-

---

20 Mallarmé, *Œuvres complètes*, texte établi et annoté par H. Mondor et G. Jean-Aubry, Paris 1945 [Bibliothèque de la Pléiade], S. 869.

21 Die in ihrer analytischen Präzision beeindruckende Dissertation von Gerhard Regn, *Konflikt der Interpretationen. Sinnrätsel und Suggestion in der Lyrik Mallarmés*, München 1978, unternimmt es, die die Mallarmé-Forschung generell beherrschende Frage nach der ›Obscuritas‹ des Mallarméschen Werkes grundsätzlich zu beantworten mit der These, »daß mit Kenntnis der Verwendungsregeln für die zugrundeliegenden Systeme und der für den jeweils konkreten Kommunikationskontext wichtigen Situationsdaten der individuelle Textsinn greifbar wird; daß dieser also ganz einfach situationsadäquate Realisierung des Systems bzw. der Systeme sei«. (S. 70) Die ›Dunkelheit‹ des Mallarméschen Werkes wird mithin nicht als radikal negative verstanden; vielmehr wird Negativität als solche aufgelöst in suspendierten, durch Einbezug von literarischen ›Diskursstrukturen‹ und ›kommunikativer Kompetenz‹ restituierbaren Sinn. Gleichzeitige Sinnintention und Sinnoffenheit ließen sich mit der Interferenz der Systeme erklären: «Wenn sich konventionalisierte, die Regularitäten des linguistischen Primärkodes modifizierende oder spezifizierende Sekundärsysteme nachweisen lassen, dann ist zumindest ein interpretativer Rahmen abgesteckt, der die Sinntendenz des jeweiligen Einzeltextes zutreffend zu situieren vermag und elementare Fehldeutungen ausschließt. Denn diese Sekundärsysteme vermitteln grundlegende Instruktionen zur Behandlung *der* Formanten der Textoberfläche, welche durch die Applikation der Regeln des linguistischen Primärsystems nicht mehr zu einem geordneten Sinnverband synthetisiert werden.« (S. 89) Die generelle und schon von den Zeitgenossen formulierte Kennzeichnung der Mallarméschen Gedichte als ›dunkel‹ verweist nach Regn auf »Sekundärsysteme, die sich als Diskurstypen des ›Sinnrätsels‹ und der ›Suggestion‹ benennen lassen« (ebd.). Regn unternimmt es, Struktur und Funktion dieser Diskurstypen im Detail zu beschreiben mit dem Ziel, ›Obscuritas‹ als erwartbare ›Ausdeutbarkeit‹ zu plausibilisieren.

22 ›Suggestion‹ und ›suggestif‹ sind in den poetologischen Äußerungen der Zeit ubiquitäre Begriffe – dies hat die Studie von Regn, *Konflikt der Interpretationen* (wie Anm. 21) noch einmal in genauer Recherche gezeigt. Hervorzuheben ist, daß ›suggestion‹ und ›suggestif‹ nicht wirkungs-, gar rezeptionsästhetisch zu verstehen sind, vielmehr produktionsästhetisch. Wenn Karlheinz Stierle (»Möglichkeiten des dunklen Stils in den Anfängen moderner Lyrik in Frankreich«, Wolfgang Iser [Hrsg.]: *Immanente Ästhetik – Ästhetische Reflexion*, München 1966 [= Poetik und Hermeneutik II], S. 157-194, hier S. 169) zur »neuen Poetik« Mallarmés bemerkt, daß diese sich »nicht mehr mit dem wirkungspoetischen Begriff der Suggestion begreifen« lasse, damit zugleich Distanz nimmt zu einer entsprechenden Passage aus Friedrich, *Struktur der modernen Lyrik* (wie Anm. 17), ist ihm insofern zuzustimmen, als die Poetik Mallarmés in der Tat keine Wirkungspoetik ist, gleichwohl aber eine ›Poetik der Suggestion‹, die – produktionsästhetisch – spezifische Wirkungen intendiert, wie bspw. die oben genannten: Unbestimmtheit, Vagheit, Rätselhaftigkeit. Das zeitgenössische Verständnis von ›suggestion‹ und ›suggestif‹ kann aus der nach-

nen Gegenstand zum Vorschein zu bringen, um auf einen *état d'âme* zu verweisen oder auch nur einen Gegenstand auszuwählen und mittels seiner einen *état d'âme* freizusetzen[23]. Freilich bleibt die Bestimmung der Verfahren, gar der für die Verfahren konstitutiven Strukturen ebenso vage und rätselhaft wie die durch diese Verfahren intendierte Realisierung der ›Suggestion‹. Denn sie zu ›benennen‹, liefe dem – gleichwohl präzise kalkulierten – Effekt zuwider. Mithin muß die poetologische Reflexion selbst poetisch werden und der Poesie die sie hervorbringende Poetologie inhärieren[24]. Baudelaires vielleicht berühmtestes Sonett *Correspondances* reflektiert nicht allein das Verfahren der intratextuellen Verweisungen, mithin der Analo-

---

folgend angeführten Passage deutlich werden, einer Passage aus Baudelaires großem Delacroix-Essay von 1864, kurz nach dem Tod des Malers verfaßt: In konzentrierter Form enthält sie die wesentlichen Vorstellungen der zeitgenössischen Kunsttheorie, die in dem Begriff der ›suggestion‹ sich kristallisieren; die Vorreiterrolle Baudelaires wird auch hier deutlich: »Mais enfin [...], quel est donc ce je ne sais quoi de mystérieux que Delacroix, pour la gloire de notre siècle, a mieux traduit qu'aucun autre? C'est l'invisible, c'est l'impalpable, c'est le rêve, c'est les nerfs, c'est l'*âme* ; et il a fait cela [...] sans autres moyens que le contour et la couleur ; il l'a fait mieux que pas un ; il l'a fait avec la perfection d'un peintre consommé, avec la rigueur d'un littérateur subtil, avec l'éloquence d'un musicien passionné. C'est, du reste, un des diagnostics de l'état spirituel de notre siècle que les arts aspirent, sinon à se suppléer l'un l'autre, du moins à se prêter réciproquement des forces nouvelles. – Delacroix est le plus *suggestif* de tous les peintres, celui dont les œuvres [...] font le plus penser, et rappellent à la mémoire le plus de sentiments et de pensées poétiques déjà connus, mais qu'on croyait enfouis pour toujours dans la nuit du passé. »(*Curiosités esthétiques* [wie Anm. 15], S. 424f.) Das semantische Feld der ›Suggestion‹ – Traum, Mysterium, Seele, auch das Unsichtbare und das nicht Berührbare – ist erweitert durch den Verweis auf die *forces nouvelles*, die aus dem ›Zusammenspiel‹ der Künste, der Synästhesie generiert werden; die Vorstellung der Synästhesie wird zudem in dem vorliegenden Text ›auf den Begriff‹ gebracht in der Zuordnung von ›éloquence‹ zu ›musicien‹. Um hier nicht weitere Versuche der ›Umschreibung‹ dessen, was ›Suggestion‹ ästhetisch und poietisch meint, anzuführen, sei verwiesen auf die Dokumentenanthologie von Guy Michaud, *La Doctrine symboliste (Documents)*, Paris 1947, und hier insbesondere auf das Zitat aus Charles Morice, *La Littérature de tout à l'heure* (1889, S. 378f.), S. 76.

23 Regn, *Konflikt der Interpretationen* (wie Anm. 21), S. 112, Anm. 86 verweist auf die »große Breitenwirkung« dieser »poetologischen Formulierung«: »Mehrere Symbolisten beziehen sich bei ihren Darlegungen zum Symbol ganz offen auf diesen Passus [...].«

24 Auch auf dieses die Kunst der Moderne kennzeichnende Phänomen hat bereits Hugo Friedrich, *Die Struktur der modernen Lyrik* (wie Anm. 17), S. 51 hingewiesen: als ein »ebenfalls wesentliches Symptom der Modernität« erkennt er »jenes Zusammentreffen von Dichtung und ranggleicher [...] Reflexion über Dichtung«. Die Begründung für dieses Symptom suchen wir mit unseren Überlegungen zu geben.

gien, als ein spezifisches Verfahren symbolistischer Dichtung und sucht dieses zugleich poietisch zu realisieren; vielmehr wird – wiederum implicite – die Forderung nach synästhetischer Transposition, mithin nach transtextueller Erweiterung des Verfahrens der ›Correspondance‹ formuliert. Intention aber ist es, eine Sprache zu finden, die nicht allein die erfahrbare Realität überschreitet, vielmehr die die Sprache selbst transzendiert – auf ein Anderes, ›Jenseitiges‹, nicht ›Benennbares‹, eine ›poésie pure‹ hin.

Die unhintergehbare Verwiesenheit der Poetik der Suggestion auf jene die Dichtung der Décadence kennzeichnende ›apokalyptische Konfiguration‹ präzisiert Mallarmé unter anderem in *Crise de Vers*:

> A quoi bon la merveille de transposer un fait de nature en sa presque disparition vibratoire selon le jeu de la parole, cependant; si ce n'est pour qu'en émane, sans la gêne d'un proche ou concret rappel, la notion pure.[25]

»[...] transposer [...] en sa presque disparition [...] pour qu'en émane [...]« ist eine genaue Paraphrase der in Rede stehenden ›apokalyptischen Konfiguration‹; die Transposition der Realität, des »fait de nature«, aber ist eine ästhetische Leistung, eine Leistung der Poetik der Suggestion, deren Effekt wiederum die »notion pure« ist: ein Bild – nicht ein Abbild –, das nur mehr aufscheint, um sich im Aufscheinen zu verflüchtigen. Adorno[26] spricht mit Verweis auf Benjamin und Baudelaire von ›apparition‹ – Kennzeichen der ästhetischen Moderne schlechthin.

Littérature de décadence! Die die Literatur der radikalen Moderne begründende Poetologie Baudelaires und – *a fortiori* – Mallarmés folgt einer Reflexionsfigur, die im Dekadenzsyndrom des Fin de siècle ihre Voraussetzung und ihr Analogon hat. Noch der Constat einer »exquise crise, fondamentale«[27], der die Literatur unterliege, reflektiert die ›apokalyptische Figuration‹, die die Moderne als Duktus

25 Mallarmé, *Œuvres complètes* (wie Anm. 20), S. 368.

26 Th. W. Adorno, *Ästhetische Theorie*, Frankfurt a.M. 1970 (u.ö.), S. 130f.: »Als apparition, als Erscheinung und nicht Abbild, sind die Kunstwerke Bilder. [...] Ist apparition das Aufleuchtende, das Angerührtwerden, so ist das Bild der paradoxe Versuch, dies Allerflüchtigste zu bannen. [...] Sind Kunstwerke als Bilder die Dauer des Vergänglichen, so konzentrieren sie sich im Erscheinen als einem Momentanen.« Zum Konzept der apparition im Kontext der Kunst der Moderne siehe die Ausführungen von Tilo Wesche: »Adornos Engführung von Kunst und Moderne. Zum Begriff des Neuen in der *Ästhetische*[n] *Theorie*«, in: Maria Moog-Grünewald (Hrsg.), *Das Neue. Eine Denkfigur der Moderne*, Heidelberg 2002, S. 73-89.

27 Mallarmé, *Œuvres complètes* (wie Anm. 20), S. 360.

im allgemeinen und als Struktur im besonderen kennzeichnen wird, und er birgt deren oxymorale Semantik, die der Literatur und Dichtung des Fin de siècle par excellence eignet. Zudem ist die dekadenztypische Thematik – Untergang und Tod, Morbidität und Verfall, komplementiert und sublimiert in Erlesenheit und Artifizialität – eine Spiegelung der ›dekadenten‹ Lexik und Semantik: Sie motiviert und profiliert eine textinterne Spekularität, die den ›effet de réel‹ als ›effet d'irréel‹ inszeniert, Präsenz in Absenz suggeriert[28], kurz: das ›reine Werk‹, »l'œuvre pure«[29] hervorzubringen ermöglicht respective genauer: hervorzubringen intendiert.

II

J'apprécie en ce livre le poème infini par soi, mais littérairement un de ceux en prose le plus fièrement prolongé.
[Mallarmé an Rodenbach, 28. Juni 1892]

Als Paradigma eines ›reinen Werkes‹ aus dem Geist der Dekadenz kann *Bruges-la-Morte* (1892) von Georges Rodenbach gelten[30] – und

28 Vgl. dazu noch einmal Mallarmé, *Œuvres complètes* ([wie Anm. 20], S. 365), der diesen Sachverhalt konzis auf den Begriff bringt: »Décadente, Mystique, les Écoles se déclarant ou étiquetées en hâte par notre presse d'information, adoptent, comme rencontre, le point d'un Idéalisme qui (pareillement aux fugues, aux sonates) refuse les matériaux naturels et, comme brutale, une pensée exacte les ordonnant; pour ne garder de rien que la suggestion. Instituer une relation entre les images exacte, et que s'en détache un tiers aspect fusible et clair présenté à la divination ...«

29 Ebd., S. 366.

30 In den letzten beiden Dezennien und insbesondere anläßlich des 100. Todestages von Rodenbach im Jahre 1998 sind sowohl zu *Bruges-la-Morte* wie zum gesamten Werk des belgischen Dichters mit Pariser Wahlheimat eine Fülle von Aufsätzen, Aufsatzsammlungen und Monographien erschienen. Als wichtigste seien genannt: C. de Grève, *Georges Rodenbach. Un livre – Bruges-la-Morte – Une œuvre*, Bruxelles 1987; P. Laude, *Rodenbach. Les décors de silence – Essai sur la poésie de Georges Rodenbach*, Bruxelles 1990; *nord'* – revue de critique et de création littéraires du nord 21/juin 1993: *Georges Rodenbach*. Etudes réunies par Y. Baudelle et P. Renard; Ph. Mosley (Hrsg.), *Georges Rodenbach. Critical Essays*, London 1996; *Le Monde de Rodenbach*. Etudes et documents réunis par J.-P. Bertrand, Bruxelles 1999. Weiterhin ist zu verweisen auf die ›lecture‹ von Christian Berg zur 1986 bei Editions Labor in Brüssel erschienenen Ausgabe von *Bruges-la-Morte* sowie auf den ausführlichen Kommentar von J.-P. Bertrand und D. Grojnowski zur 1998 bei Flammarion in Paris erschienenen Ausgabe des nämlichen Werkes. Allerdings ist alles Wesentliche und zudem in luzider Darstellung bereits gesagt von P. Gorceix, »›Bruges-la-Morte‹, un roman symboliste«, *L'Information littéraire* 37:5/1985,

dies nicht trotz, sondern wegen seines geradezu klischeehaften Arsenals an ›dekadenten‹ Topoi in Motivik, Semantik, Lexik[31]. Denn erst diese Verdichtung generiert jene textinterne Relationalität, die – im Sinne Mallarmés – abstrahiert von Motivik, Semantik, Lexik, doch gerade in der Abstraktion selbst wieder auf sie verweist. Damit nicht genug ist der Text zugleich eine metapoetische Reflexion auf seine eigene Poiesis: er ›tut‹ nicht nur, worüber er ›spricht‹, er ›spricht‹ auch darüber, was er ›tut‹. Insofern ist die Geschichte, die der Text erzählt, eine große Allegorie über Dichtung.

»Das Brügge Rodenbachs ist bekannt geworden; man vergißt, daß es ein Gleichnis war, von einem Dichter erfunden für seine Seele, und man besteht auf dem Wortlaut«[32], schreibt Rilke. Wofür immer das »Gleichnis« steht – der »Wortlaut« ist in aller Knappheit etwa folgender: Hugues Viane ist seit fünf Jahren Witwer. Seine Raison d'être besteht ausschließlich darin, der Trauer zu leben und sie zu kultivieren, ja geradezu einen Kult der Toten zu zelebrieren. Der ideale Ort ist Brügge, die ›tote Stadt‹, in die er sich um seiner Trauer willen zurückgezogen hat. Eines Spätnachmittags begegnet ihm auf einem seiner wiederholten und immergleichen Spaziergänge durch die stillen und leeren Straßen der Stadt eine Frau, die der Toten – wortwörtlich – bis aufs Haar gleicht. Einige Zeit überläßt sich Hugues Viane dem trügerischen Rausch dieser Gleichheit, um in der Folge in kruder Weise desillusioniert zu werden. Jane – so der Name der Frau – zeigt sich als das, was sie ist: als gewöhnliche Maitresse mit gewöhnlichen Instinkten. Bei Gelegenheit der Prozession des Heiligen Blutes verschafft sie sich Einlaß in das Haus von Hugues Viane, dringt bis ins Arcanum des Totenkultes vor, entreißt einem gläsernen Schrein das dort ausgestellte Haargeflecht der Verstorbenen, windet es sich blasphemisch um den Hals – um mit ihm durch die Hand Hugues' erdrosselt zu werden.

Durchaus ein *fait divers* also – in der Nachfolge der Brüder Goncourt, auch Zolas[33], mit flandrischen Akzenten. Dies um so mehr, als

---

S. 205-210; seinen Ausführungen verdanken wir wichtige Anregungen bzw. richtiger: Bestätigungen. Auf diesen wie die übrigen Werke und weitere Artikel wird in der Folge verwiesen.

31 Wenn Gorceix, »›Bruges-la-Morte‹« (wie Anm. 30) den Roman Rodenbachs als ›symbolistischen Roman‹ qualifiziert und ihn näherhin als »un roman de l'analogie« kennzeichnet, ist dies kein Widerspruch, vielmehr eine Bestätigung unserer These der Motivierung der strukturellen durch die thematische Ebene.

32 Rainer Maria Rilke, *Werke*, 6 Bde., Frankfurt am Main (Insel) 1966, Bd. VI, S. 1006.

33 Siehe dazu Sylvie Guiochet, »Jane Scott: Une femme de spectacle naturaliste?«, *Le Monde de Rodenbach* (wie Anm. 30), S. 157-170.

Rodenbach im »Avertissement« seinen »Roman« – so der Untertitel – als »étude passionnelle« bezeichnet. Tatsächlich aber dient diese deutliche Verweisung der markanten Unterscheidung. Der »Avertissement« hat in seiner ersten Hälfte den folgenden Wortlaut, den zu zitieren mit Blick auf die Analyse lohnt[34]:

> Dans cette étude passionnelle, nous avons voulu aussi et principalement évoquer une Ville, la Ville comme un personnage essentiel, associé aux états d'âme, qui conseille, dissuade, détermine à agir.
>
> Ainsi, dans la réalité, cette Bruges, qu'il nous a plu d'élire, apparaît presque humaine ... Un ascendant s'établit d'elle sur ceux qui y séjournent.
>
> Elle les façonne selon ses sites et ses cloches.
>
> Voilà ce que nous avons souhaité de suggérer: la Ville orientant une action; ses paysages urbains, non plus seulement comme des toiles de fond, comme des thèmes descriptifs un peu arbitrairement choisis, mais liés à l'événement même du livre. (S. 49f.)

Nicht eine Person ist Protagonist jener »étude passionnelle«, vielmehr ist eine Stadt – »la Ville«, »cette Bruges« – Agens des Geschehens. Mit dieser Wendung wird jegliche subjektive Sprechinstanz aufgehoben, »zum Verschwinden gebracht«[35], zugleich die Voraussetzung geschaffen für jenen den Text konstituierenden Analogismus, der seine Motivation aus einer außertextlichen Instanz, der Atmosphäre einer Stadt, zu beziehen vorgibt und der doch diese Atmosphäre nur mehr intratextuell erst hervorbringt: durch Dissemination semantischer und syntagmatischer Rekurrenzen[36]. Um ein Beispiel zu geben, sei das Incipit zitiert:

---

34 Ich zitiere im folgenden aus der jüngsten, textkritischen Ausgabe, die der Erstausgabe von 1892 insbesondere aufgrund der Reproduktion der 35 Photographien am nächsten kommt und die darüber hinaus ein vorzügliches Vorwort hat: *Bruges-la-Morte*, présentation, notes et dossier documentaire par J.-P. Bertrand et D. Grojnowski, Paris 1998. Alle Zitate aus dieser Ausgabe werden im folgenden durch Seitenangabe im Text nachgewiesen.

35 So die bekannte Passage aus Mallarmés *Crise de vers* (*Œuvres complètes* [wie Anm. 20], S.366): »L'œuvre pure implique la disparition élocutoire du poète, qui cède l'initiative aux mots, par le heurt de leur inégalité mobilisés; ils s'allument de reflets réciproques comme une virtuelle traînée de feux sur des pierreries, remplaçant la respiration perceptible en l'ancien souffle lyrique ou la direction personnelle enthousiaste de la phrase.«

36 Insbesondere auf die semantischen Rekurrenzen des Textes wird in der Forschung verwiesen, so z.B. von Laude, *Rodenbach* (wie Anm. 30), chap. VI: »Le lexique imaginaire«, S. 83-100. Laude bemerkt zurecht (ebd., S.83): »Il est des mots dont l'usage récurrent doit révéler chez un écrivain de profonds complexes imaginaires et ouvrir par là l'analyse à une plus vaste compréhension de son texte.« Und: »Ce qui nous intéresse ici, c'est surtout de déceler ce que l'on

> Le jour déclinait, assombrissant les corridors de la grande demeure silencieuse mettant des écrans de crêpe aux vitres.
>
> Hugues Viane se disposa à sortir, comme il en avait l'habitude quotidienne à la fin des après-midi. Inoccupé, solitaire, il passait toute la journée dans sa chambre, une vaste pièce au premier étage, dont les fenêtres donnaient sur le quai du rosaire, au long duquel s'alignait sa maison, mirée dans l'eau. (S. 51f)

Alle Register sind gezogen: Es ist später Nachmittag, der Tag neigt sich dem Ende, es beginnt zu dämmern – drinnen wie draußen. Es ist die Tages-, genauer Spätzeit, zu der Hugues Viane das weite, stille Haus zu verlassen pflegt – nicht, um sich zu zerstreuen, wie es an anderer Stelle heißt, sondern um »analogies à son deuil dans de solitaires canaux et d'ecclésiastiques quartiers« (54) zu suchen. Die Analogie wird nicht nur behauptet, vielmehr textuell realisiert: Die Einsamkeit des Hugues Viane hat ihre Entsprechung in den »einsamen Kanälen«, seine zölibatäre Existenz in den »ecclésiastiques quartiers«. Spätzeit, Dämmerung, Stille, Regungslosigkeit, Abgeschiedenheit, zudem Trauer und Tod bilden semantische Isotopien, die den Text strukturieren, ihn organisieren, indem sie aufeinander verweisen, sich bespiegeln in dem Element, das die semantischen Konnotationen der einzelnen Zeichen in sich bündelt und reflektiert: im stagnierenden Wasser der stillen Kanäle. Prägnant hat diese Fokussierung ihr Bild gefunden in Ophelia[37]: Es verweist auf Bruges-la-Morte, auf Hugues Viane und auf die Tote, und es verweist auf die Verweisungen, die zwischen den drei Figuranten jeweils und untereinander be-

---

pourrait appeler les ›sèmes‹ lexicaux de la poésie de Rodenbach, lexicaux de base qui nous permettront de nous ouvrir des accès imaginaires plus circonstanciés sur les grandes avenues de la rêverie à la fois multiple et cohérente du poète. Pour nous le mot sera donc avant tout un appel d'images, un réservoir de correspondances et de suggestions symboliques.« Diese in ihrer Allgemeinheit durchaus zutreffenden Einsichten werden allerdings nicht in einer präzisen strukturalen Analyse, gar durch eine Bestimmung der Funktionen der Rekurrenzen plausibilisiert.

37 Der Verweis auf Ophelia wird im Text zweimal ausdrücklich: »Il l'avait mieux revue (sc. la morte), mieux entendue; retrouvant au fil des canaux son visage d'Ophélie en allée, écoutant sa voix dans la chanson grêle et lointaine des carillons.« (69) – »Il semblait [...] qu'une voix chuchotante montât de l'eau – l'eau s'en venant au-devant de lui, comme elle vint au-devant d'Ophélia, ainsi que le racontent les fossoyeurs de Shakespeare.« (71) – Der für die Erstausgabe von *Bruges-la-Morte* von Fernand Khnopff gestaltete Frontispiz zeigt vor einem brückenüberspannten und von Häusern flankierten Kanal im Vordergrund eine auf einem liliengeschmückten Totenbett liegende Frau, das Gesicht von langen, reich wallenden Haaren umgeben; suggeriert wird die Vorstellung, daß die Tote auf den Wassern schwebt. Modell ist zweifellos John Everett Millais' *Ophélia* (1852).

stehen. Denn Bruges-la-Morte steht nicht allein für den *état d'âme* Hugues' ein, sondern korrespondiert zugleich mit der Toten, die wiederum über Bruges-la-Morte mit Hugues korrespondiert[38]. *Ophélisation* könnte man mit Gaston Bachelard[39] jenes Netz der Verweisungen und Beziehungen bezeichnen, die den Text des Romans organisieren – ein Netz aus ›Wasser‹ gewirkt und in ›Wasser‹ gewirkt. In der Schlußpassage des ersten Kapitels sind Lexeme des ›Wassers‹, des ›Regens‹, der ›Nässe‹ mit Lexemen des ›Webens‹, ›Wirkens‹, ›Nähens‹ verbunden, so daß der Text semantisch und strukturell »das Wasser webt« (»tisse de l'eau«), mithin auf eine Diaphanie und Reflexivität weist, die dem ›œuvre pure‹ eignet:

> [...] il se décida à son ordinaire promenade du crépuscule, bien qu'il ne cessât pas de pluviner, bruine fréquente des fins d'automne, petite pluie verticale qui larmoie, tisse de l'eau, faufile l'air, hérisse d'aiguilles les canaux planes, capture et transit l'âme comme un oiseau dans un filet mouillé, aux mailles interminables! (S.63)

Die Grundstimmung ist allerdings auch hier ›Dämmerung‹ und ›Spätzeit‹; sie ›färbt‹ die Lexeme des ›Wassers‹, ›trübt‹ sie ein, vermindert ihre Transparenz: ›pluviner‹, ›bruiner‹, auch ›larmoyer‹ sind semantische Varianten des ›soleil agonisant‹ in jeweils einem Begriff und machen deutlich, daß der ›notion pure‹ als Spur inhärent bleibt, was sie in ihrer Genese ›zum Verschwinden‹ brachte[40].

Analog der ›notion pure‹ – immer verstanden als Effekt der ›apokalyptischen‹ Figuration – ist die Photographie. *Bruges-la-Morte* ist begleitet von 35 Photographien[41]: »quais, rues désertes, vieilles de-

38 »La ville, elle aussi, aimée et belle jadis, incarnait de la sorte ses regrets. Bruges était sa morte. Et sa morte était Bruges. Tout s'unifiait en une destinée pareille. C'était Bruges-la-Morte, elle-même mise au tombeau de ses quais de pierre, avec les artères froidies de ses canaux, quand avait cessé d'y battre la grande pulsation de la mer.« (69f) – »Une équation mystérieuse s'établissait. À l'épouse morte devait correspondre une ville morte. Son grand deuil exigeait un tel décor.« (66)

39 Gaston Bachelard, *L'Eau et les Rêves* (1942), Paris 1976, S. 121: »On pourrait interpréter *Bruges-la-Morte* de Georges Rodenbach comme l'*ophélisation* d'une ville entière.«

40 Poetisch eingelöst wird damit nicht allein das Bild des ›soleil agonisant‹, vielmehr zugleich die ›apokalyptische‹ Konfiguration der ästhetischen ›Décadence‹, im ganzen das poetologische Konzept der Negativität.

41 Die Erstausgabe von 1892 hatte folgenden Titel: *Bruges-la-Morte*, roman, frontispice de Fernand Khnopff et 35 illustrations [similigravures par Ch.-G. Petit et Cie, d'après les chlichés des maisons Lévy et Neurdein], Librairie Marpon et Flammarion, Paris, 1892. – Die wohl einläßlichste Studie zu den Photographien in *Bruges-la-Morte* bietet P. Edwards: »La Photographie dans *Bruges-la-Morte*«, *Littérature et photographie : la tradition de l'imaginaire (1839-1939,*

meures, canaux, béguinage, églises, orfèvrerie du culte, beffroi [...]« (S. 50); die Absicht ist nicht schiere Illustration, vielmehr, wie Rodenbach im Vorwort schreibt,

> afin que ceux qui nous liront subissent aussi la présence et l'influence de la Ville, éprouvent la contagion des eaux mieux voisines, sentent à leur tour l'ombre des hautes tours allongée sur le texte.

Die Photographien sind Teil des Textes, genauer: sie haben teil am Textverfahren des Analogismus, der Korrespondenzen, und sie widerspiegeln dieses Verfahren in der Spiegelung der Häuser, Brücken, Quais im Wasser der Kanäle: Die Sememe des Textes werden in korrespondierende pikturale Sememe transponiert. Darüber hinaus – und darauf kommt es an – vermögen diese Photographien den Effekt der Präsenz in der Absenz zu evozieren. Roland Barthes hat auf diese prinzipale Eigenheit des Mediums verwiesen: « [...] plus qu'un autre art, la Photographie pose une présence immédiate au monde [...] »[42] – unter der Bedingung, daß das, was ist, gewesen ist, doch als solches *ist*: *ça-a-été*.[43] Die Suggestion des Gegenwärtigen ist ›Pose‹[44]; ihre Voraussetzung hat sie in der Unwiederbringlichkeit des Abgeschiedenen.

Das ästhetisch ›Gegenwärtige‹, auch ›Reale‹ unterscheidet sich generisch vom materiell ›Lebendigen‹[45]. In dieser Hinsicht wird auch

---

Royaume-Uni et France), doctorat, Paris XII, 1992. Edwards informiert genauestens über Herkunft, technische Herstellung und Reproduktion, Verteilung der Photographien im Text bzw. deren Zuordnung zum Text und formuliert darüber hinaus einige zutreffende Einsichten zu den Photographien selbst. Allerdings wird deren Verhältnis zum Text nurmehr auf der ›histoire‹-Ebene erörtert, was zur Folge hat, daß die Photographien letztlich als ›kongeniale‹ Illustrationen erachtet werden. Im ganzen gilt dem Autor die Photographie als »rappel de la mort« und als »une espèce de relique«. Roland Barthes' Essay zur Photographie, *La Chambre claire. Note sur la photographie*, Paris 1980, sowie das dort reflektierte spezifische Verhältnis von Tod und Photographie findet keine Erwähnung.

42 Barthes (wie Anm. 41), S. 131

43 Barthes' Reflexionen über die Photographie, der letzte zu Lebzeiten veröffentlichte Essay, sind, wie in gewisser Hinsicht jede seiner nur scheinbar thematisch wie stilistisch so heterogenen Schriften, letztlich Reflexionen über den ›utopischen‹ Status des Kunstwerks, den »degré zéro de l'écriture«, zugleich Titel seines frühesten, 1953 erstmals in Buchform erschienenen Essays. Näheres dazu siehe weiter unten.

44 Ebd., 122: »[...] ce qui fonde la nature de la Photographie, c'est la pose. Peu importe la durée physique de cette pose; même le temps d'un millionième de seconde [...], il y a toujours eu pose [...]; en regardant une photo, j'inclus fatalement dans mon regard la pensée de cet instant, si bref fût-il, où une chose réelle s'est trouvée immobile devant l'œil. Je reverse l'immobilité de la photo présente sur la prise passée, et c'est cet arrêt qui constitue la pose.«

45 Ebd., S. 123: »Car l'immobilité de la photo est comme le résultat d'une confusion perverse entre deux concepts : le Réel et le Vivant.«

die metapoetische Funktion der Figur der Jane, der der Toten bis aufs Haar gleichenden Tänzerin, einsehbar: Das nur mehr ästhetisch ›Gegenwärtige‹ ›lebendig‹ machen zu wollen, muß scheitern; auch anders und in poetologischer Lektüre: Unmittelbarkeit ist ›naturalistisch‹[46] nicht vermittelbar, sie kann nur mehr ein Effekt der Kunst, mithin der ›Poetik der Suggestion‹ sein. Es ist daher bezeichnend, daß die Ähnlichkeit Janes mit der Toten vornehmlich mit den Begriffen ›ressemblance‹ und ›ressembler‹, auch ›pareil[le]‹, zum Ausdruck gebracht wird[47], die Übereinstimmung des Protagonisten, der Toten und der Stadt aber in der Regel als ›Analogie‹ verstanden wird, zudem die Annäherung Hugues' an Jane eine Distanzierung gegenüber *Bruges-la-Morte* und selbst der Toten zu Folge hat. Wahre Identität zwischen der Toten und Jane ist erst dann hergestellt, als auch diese tot ist. ›Le démon de l'Analogie‹[48] hat – trivial gesprochen – ›obsiegt‹ – ›Leben‹ ist ausgesondert[49]. Mithin ist auch die Opposition von

46 Insofern die Episode ›Jane‹ die Klischees naturalistischer Romane um Maitressen, Prostituierte, ›Femmes fatales‹ aufnimmt, ja geradezu parodiert, formuliert *Bruges-la-Morte*, allegorisch und poetologisch gelesen, eine Kritik am Naturalismus.

47 Der Hinweis auf die ›ressemblance‹ Janes mit der Toten bildet eine der Rekurrenzen des Textes, hat damit durchaus teil am Textverfahren der ›Analogie‹: »comme elle ressemblait à la morte!« »Elle lui apparaissait comme la morte plus ressemblante.« »[...] en une ressemblance qui maintenant donnait presque l'illusion d'une présence réelle.« »[...] elle lui apparut d'une ressemblance totale, absolue et vraiment effrayante.« Et passim. Das Ansichtigwerden der zum Verwechseln ähnlichen Jane wird im Text wiederholt mit den Begriffen ›apparition‹ und ›apparaître‹, auch ›vision‹ benannt: »Trouble d'une telle apparition! Miracle presque effrayant d'une ressemblance qui allait jusqu'à l'identité.« »Ce fut une secousse, une apparition.« Et passim.

48 In der Tat nimmt Rodenbach mit dieser ›Formel‹ deutlichen Bezug auf Mallarmés gleichbetiteltes Poème en prose: Nachdem Hugues, der Protagonist von *Bruges-la-Morte*, in Wiederholung die überwältigende Ähnlichkeit Janes mit der Toten bis hin zur Stimme erfahren hat, bemerkt er – in einer Art inneren Monologs: »La voix aussi! La voix de l'autre, toute semblable et réentendue une voix de la même couleur, une voix orfévrée de même. Le démon de l'Analogie se jouait de lui!« (S. 102)

49 G. Michaux (»La logique du meurtre dans *Bruges-la-Morte*«, *Lettres romanes* 40/1986, S. 227-233) begründet den Mord durch die Logik der Dramaturgie der Handlung. Unsere Lektüre erkennt in der Erdrosselung Janes mit dem Haargeflecht der Toten die geglückte Unternehmung, das ›Lebendige‹ des trivialen materialen ›Lebens‹ auszulöschen, dagegen das ›Reale‹ der Kunst zu restituieren. Diesen meines Erachtens wichtigen Aspekt der literarisch und bildkünstlerisch inszenierten Frauenleiche übersieht Elisabeth Bronfen in ihrer im übrigen erhellenden Studie *Nur über ihre Leiche. Tod, Weiblichkeit und Ästhetik*, München 1994 (engl. Originalausgabe: *Over her dead Body. Death, feminity and the aesthetic*, 1992); Rodenbachs *Bruges-la-Morte* wird S. 485-488 in dem Kapitel »Gefährliche Ähnlichkeiten« verhandelt.

›Kunst‹ und ›Leben‹ – unter der Voraussetzung der die Literatur der Décadence begründenden und bestimmenden ›apokalyptischen Figuration‹ – unhintergehbar Ausdruck und Folge einer die literarische Moderne kennzeichnenden poetologischen und poietischen Reflexion[50]. Dem widerspricht nicht die komplementäre, fast zeitgleiche Intention – zunächst insbesondere der Avantgarden zu Beginn des 20. Jahrhunderts –, diese Opposition aufzuheben.

Bruges-la-Morte ist ein symbolistischer Roman, insofern er ein Roman der Décadence ist, und als Roman der Décadence ist *Bruges-la-Morte* ein radikal moderner Roman[51]. Die Ebene der ›histoire‹, genauer: der Darstellung ist bestimmt von Abschied und Trauer, von Einsamkeit, Isolation, Stille, Reglosigkeit; die Handlung ist in ihrem Gleichmaß und in ihrer Wiederholung nur mehr Ritual; der Ort, eine ›tote Stadt‹, ist leer, die Hauptfigur allein[52]; die Zeit ist eine ›Endzeit‹:

50 Als markantes Beispiel ist – neben der einschlägigen ›dekadenten‹ Literatur wie bspw. *À Rebours* von Joris-Karl Huysmans, die frühen Romane und Erzählungen von Thomas Mann, D'Annunzios *Il Piacere* und andere – Oscar Wildes Essay *The Decay of Lying* zu nennen.

51 Hinzuweisen ist auf die Monographie von J.-P. Bertrand, M. Biron, J. Dubois, J. Paque, *Le roman célibataire. D'»À Rebours« à »Paludes«*, Paris 1996: Gegenstand der Analyse sind dreizehn Romane der letzten beiden Dezennien des 19. Jahrhunderts (darunter Werke von Huysmans, Barrès, Dujardin, Gourmont, Gide, auch Rodenbach). Die Autoren unterscheiden zurecht den ›dekadenten Roman‹ vom ›Roman der Décadence‹ mit dem generellen Verweis, daß letzterer den ersten einbegreift (ebd. S. 16), und bestimmen den ›Roman der Décadence‹ u.a. wie folgt: »Par ›romans de la décadence‹ ou ›romans célibataires‹, nous convoquons une série limitée de textes qui ont en commun, explicitement ou non […], de mettre en crise l'ensemble de la mimésis romanesque. Cette déconstruction, qui vise autant les présupposés philosophiques du roman que ses aspects techniques, s'opère dans les sens du resserrement et de l'autonomisation. […] ›Célibataires‹, les ›romans de la décadence‹ le sont non seulement parce qu'ils refusent d'être embrigadés dans des catégories littéraires apprises et figées, mais plus positivement, parce qu'en eux cristallise l'utopie d'un monde romanesque totalement replié sur lui-même, doté d'une langue qui se met à l'abri de toute socialité et en dehors de l'histoire, pour refaire en vase clos un univers à part entière, comble de l'artifice et de l'intellect«. Nicht überzeugend ist allerdings die Behauptung, der Roman der Décadence würde eine ›Leerstelle‹ besetzen, die der naturalistische Roman gelassen habe; vielmehr handelt es sich – berücksichtigt man auch Baudelaire – um eine parallele ›gegenwendige‹ Entwicklung.

52 Es ist zu erinnern, daß in der französischen Sprache die Wörter ›vide‹ und ›veuf‹ das lateinische Etymon ›viduus‹ haben. Hugues Viane äußert in einer Art inneren Monologs: »›Veuf! Être veuf! Je suis le veuf!‹ Mot irrémédiable et bref! d'une seule syllabe, sans écho. Mot impair et qui désigne bien l'être dépareillé.« Zudem ist die Äußerung eine Reminiszenz an die erste Zeile des Sonetts *El Desdichado* von Gérard de Nerval, »Je suis le Ténébreux, – le Veuf, – l'Inconsolé […].« (*Œuvres*, 2 Bde., Paris 1960 [Bibliothèque de la Pléiade], Bd. I, S. 3.)

dem Ende des Tages, dem Ende des Jahres entsprechen Dämmerung, Nebel, feiner Regen; die Atmosphäre ist blaß, grau, farblos. Die den gesamten Text thematisch und tropisch strukturierende Isotopie des ›Abschieds‹ und des ›Endes‹ generiert aber einen neuen eigenwertigen poetischen Raum[53] der immanenten Verweisungen, die sich ineinander spiegeln und die als ›symbolistische‹ Poiesis die ›dekadente‹ Semiosis reflektieren und zugleich annihilieren[54]. Es ist nun diese zweifache und zugleich gegenwendige Spekularität, die Baudelaire im Bild des ›soleil agonisant‹ zur Vorstellung gebracht hat und die die Dichtung der Moderne im konkreten Wortsinne begründet. Deren Anspruch, als Ausdruck der reinen Imagination radikal neu zu sein[55], fand in der geschichtsphilosophischen Reflexionsfigur der Dekadenz eine Anschauungsform, die – ›apokalyptisch‹ konfiguriert – die Poetik der Suggestion als eine Poetik der Décadence nicht nur plausibilisierte, vielmehr als unabweislich, geradezu ›gesetzmäßig‹ legitimierte. Dem Konzept der ›apokalyptisch‹ konfigurierten Poetik der Suggestion entspricht es, daß diese selbst unbestimmt bleibt, nur mehr in Analogien und Korrespondenzen Impressionen evoziert[56]. Nicht anders findet die Poetik der Décadence, wie sie Baudelaire in der oben

53 In diesem Verständnis unterscheiden wir uns grundlegend von Karl Heinz Bohrer: *Der Abschied – Theorie der Trauer: Baudelaire, Goethe, Nietzsche, Benjamin*, Frankfurt a. M. 1996. Zu Begriff und Sache einer ›Theorie der Trauer‹ s. bereits Vf.in, »Noch einmal: Baudelaire und Delacroix gelegentlich eines Porträts«, in: dies. und Christoph Rodiek (Hrsgg.), *Dialog der Künste – Intermediale Fallstudien zur Literatur des 19. und 20. Jahrhunderts* – Festschrift für Erwin Koppen, Bern/Frankfurt a.M./New York 1989, S. 215-228, hier S. 225.

54 Selbst die luzide Analyse von J.-P. Bertrand: »Une chevelure d'un jaune fluide et textuel. *Bruges-la-Morte* de Georges Rodenbach«, *Correspondance* 3/1993, S. 23-30, erkennt nur mehr eine ›Verflechtung‹ der unterschiedlichen Ebenen, nicht eine unaufhebbare Komplementarität (S. 28): »*Bruges-la-Morte* entrelace [...] trois textes: un *poème en prose*, sur lequel il a démarré et qui fait son lit dans les évocations symboliques de Bruges ; un *roman*, qui fait fond d'une intrigue triviale, qui se noue et se dénoue ; et un *discours autoréflexif*, grâce auquel la rhétorique de l'analogie qui commande l'écriture du texte dans son ensemble est explicitée dans ses mécanismes.«

55 Programmatisch formuliert bekanntlich Baudelaire die entgrenzende Funktion der Einbildungskraft, »La Reine des Facultés«, in seinem kunstkritischen Essay *Salon de 1859*, in: *Curiosités esthétiques* (wie Anm. 15), S. 321: »[L'imagination] a créé, au commencement du monde, l'analogie et la métaphore. Elle décompose toute la création, et, avec les matériaux amassés et disposés suivant des règles dont on ne peut trouver l'origine que dans le plus profond de l'âme, elle crée un monde nouveau, elle produit la sensation du neuf.«

56 Die ›Impressionen‹ als solche bleiben bestehen; dessen unbeschadet muß und kann eine genaue Analyse, wie sie bspw. Regn, *Konflikt der Interpretationen* (wie Anm. 21) durchführt, die Verfahrenstechniken freilegen. Siehe dazu auch noch einmal unsere Bemerkungen in Anmerkung 22.

zitierten Passage entwirft, nur mehr in einer höchst bildhaften, selbst wiederum poetischen Sprache Ausdruck: in den für die Dichtung Baudelaires konstitutiven Oxymora eines »paradis de feu« einer »splendeur triste«, einer »volupté du regret«, im ganzen einer »âme chargée de vie, qui descend derrière l'horizon avec une magnifique provision de pensées et de rêves«.

III

»C'est le rêve, les nuances, l'au-delà, l'art qui voyage avec les nuages, qui apprivoise des reflets, pour qui le réel n'est qu'un point de départ et le papier lui-même une frêle certitude blanche d'où s'élancer dans des gouffres de mystère qui sont en haut et qui attirent »[57] – so Georges Rodenbach, der zweifellos zu den Minores zählt[58], doch gerade deswegen vorzüglich geeignet ist, die »zugrundeliegenden Systemstrukturen«[59] offenzulegen[60] – Strukturen, an denen die Maiores partizipieren, doch die sie zugleich in entscheidendem Maße überwinden. Die sogenannte Obscuritas der Dichtung Mallarmés hat ihren Grund im poetologischen Décadence-Verständnis nicht anders als die ihr eigene Transparenz. Noch die »Ästhetisierung des perpetuierten *suspens*«[61] folgt jener die Poetik der Décadence kennzeichnenden ›apokalyptischen‹ Figuration, wofern gerade der Sinnentzug eine – unerwartete, neue – Sinnsetzung zu Folge hat, die sich freilich der herkömmlichen Hermeneutik verweigert, mithin einen Sinnentzug auf einer zweiten Ebene inszeniert[62]. Das dialektische Verhältnis von

---

57 Georges Rodenbach, »La poésie nouvelle. A propos des décadents et symbolistes«, *Revue bleue* 47/4 avril 1891, S. 422-430, hier S. 423.

58 Mit dieser Qualifikation sollen die respektablen Unternehmungen insbesondere der belgischen Forschung, Rodenbach zu rehabilitieren, keinesfalls geschmälert werden.

59 So Regn, *Konflikt der Interpretationen* (wie Anm. 21), S. 89.

60 Gleichermaßen geeignet, den poetologischen und poetischen Diskurs der Epoche der Décadence, mithin des Fin de siècle, mit dem Anspruch auf allgemeine Geltung zu dokumentieren, sind die literaturkritischen Schriften Paul Bourgets, insbesondere die *Essais de psychologie moderne*, und dort wiederum der Essay über Charles Baudelaire und die »Théorie de la décadence«, sodann die zahlreichen Schriften Albert Mockels, hier wiederum der 1899 erstmals erschienene Essay *Stéphane Mallarmé, un héros*, weiterhin Gustave Kahns *Symbolistes et Décadents* von 1902.

61 Regn, *Konflikt der Interpretationen* (wie Anm. 21), S. 237.

62 In dieser Hinsicht unterscheiden wir uns von Regn, *Konflikt der Interpretationen* (wie Anm. 21), für den »die Spannung zwischen Sinngebung und Sinnentzug« nur mehr ein »Prozeß des Sinnvoll-Werdens« (S. 237 u.ö.) darstellt.

Setzung und Entzug des Sinns aber ist kalkulierter Ausdruck einer spezifischen syntaktischen Struktur, die wiederum in der Semantik des *clair-obscur* topische Spiegelung erfährt: doch in einer Weise, die auf ihre ›dekadente‹ Genese nur mehr alludiert, um in der Folge gänzlich zu verschwinden, genauer: allein noch in der Struktur zu figurieren[63].

Es ist möglich, ja letztlich unabweisbar, den Sinn resp. das Sinnpotential eines jeden Mallarméschen Poems zu entfalten, zudem die je differente Sinnentfaltung zu typisieren[64]; doch wird der jeweilige, dem einzelnen Gedicht zuzuweisende Sinn überführt in eine – durchaus auch vom Sinn generierte – Poetik, die zugleich eine poetologische Reflexion zur Vorstellung bringt. Diese läßt sich mit Mallarmés Worten selbst wie folgt knapp bestimmen: « (...) après avoir trouvé le Néant, j'ai trouvé le Beau (...). »[65] Der ›apokalyptische Gestus‹, der dieser Poetologie inhäriert, findet Ausdruck in einer Poetik der Suggestion, die im wesentlichen von der isotopischen Semantik des Anfangs im Ende, des ›Lichten‹ im ›Finsteren‹[66] getragen ist, mithin einer Bildlichkeit des *clair-obscur*, der ihrerseits eine syntaktische Struktur korrespondiert, die in der Auflösung selbst neu errichtet. Es ist also das Zusammenspiel einer ›dekadenten‹ Bildlichkeit und einer diese Bildlichkeit spiegelnden ›suggestiven‹ Struktur, das die Dichtung und gleichermaßen die Dichtungstheorie Mallarmés kennzeichnet und das die Kunst der Moderne begründet. Vorläufer ist Baudelaire, dessen Werk – die Dichtung nicht anders als die kunstkritischen Schriften – jene die Moderne fundierende ›apokalyptische Konfigu-

63 Kunst, mithin auch Dichtung, ist – das ist eine Plattitüde – wesentlich, wenn nicht ausschließlich durch ihre Struktur, ihre Poiesis bestimmt – Themen, Motive, gar ›Inhalte‹ haben keine oder doch nur untergeordnete, ›dienende‹ Funktion. Die Kunst und Literatur der Moderne radikalisiert die Konzentration auf die Poiesis bis zur ›Unverständlichkeit‹ hin. Dies aber – das wollen unsere Überlegungen zeigen – ist eine Folge des ästhetisch gewendeten Dekadenz-Syndroms, jener ›apokalyptischen Konfiguration‹, in der das Andere, das Neue eine Sprache sucht, die die Sprache transzendiert: Frühe Verfahren sind eben jene der Suggestion, der Korrespondenzen und der Analogien, der Synästhesien.

64 So Regn, *Konflikt der Interpretationen* (wie Anm. 21), der mit Blick auf Mallarmé paradigmatisch »Realisierungsmöglichkeiten der ›Suggestion‹« und »Realisierungsmöglichkeiten der Allegorie« in genauer Textanalyse präsentiert.

65 Brief an Henri Cazalis [juillet 1866], in: Stéphane Mallarmé, *Correspondance* 1862 – 1871, recueillie, classée et annotée par Henri Mondor, Bd. 1, Paris 1959, S. 220. Zur genauen Datierung (13.2.1866) siehe *Documents Mallarmé* VI, S. 321.

66 Vgl. die Fortführung des o.a. Zitats: »– et que tu ne peux t'imaginer dans quelles altitudes lucides je m'aventure.« Mallarmé, *Correspondance* (wie Anm. 65), S. 220f.

ration‹ derart deutlich in Motivik, Semantik, Lexik realisierte, daß Mallarmé sie zwar einerseits pastichieren und parodieren konnte[67], doch anderseits radikalisierte: als ›suggestive‹ Struktur, die der ›dekadenten‹ Bildlichkeit künftig entraten konnte[68].

Das knapp Skizzierte soll an zwei Beispielen gezeigt werden: den Sonetten *Renouveau* und *Le Tombeau de Charles Baudelaire.*

Renouveau

Le printemps maladif a chassé tristement
L'hiver, saison de l'art serein, l'hiver lucide,
Et, dans mon être à qui le sang morne préside
L'impuissance s'étire en un long bâillement.

Des crépuscules blancs tiédissent sous mon crâne
Qu'un cercle de fer serre ainsi qu'un vieux tombeau
Et triste, j'erre après un rêve vague et beau,
Par les champs où la sève immense se pavane

Puis je tombe énervé de parfums d'arbres, las,
Et creusant de ma face une fosse à mon rêve,
Mordant la terre chaude où poussent les lilas,

J'attends, en m'abîmant que mon ennui s'élève...
– Cependant l'Azur rit sur la haie et l'éveil
De tant d'oiseaux en fleur gazouillant au soleil.

Biographismen sind obsolet – und dennoch: Mallarmé bemerkte zu diesem Gedicht in einem Brief an Henri Cazalis vom 4. Juni 1862 unter anderem: »Emmanuel t'avait peut-être parlé d'une stérilité curieuse que le printemps avait installée en moi. Après trois mois d'impuissance, je m'en suis enfin débarrassé et mon premier sonnet est consacré à la décrire, à la maudire. C'est un genre assez nouveau que cette poésie où les effets matériels du sang, des nerfs sont analysés et mêlés aux effets moraux, de l'esprit, de l'âme. Cela pourrait s'appeler *Spleen printanier.* Quand la composition est bien harmonisée et que l'œuvre n'est ni trop physique ni trop spirituelle, elle peut représenter quelque chose.«[69] Das Gedicht zu lesen als »ein Sonett über das

---

67 Beispiel par excellence ist *L'Azur* (*Œuvres complètes* [wie Anm. 20], S. 37 sowie der hinreichende Kommentar zu diesem Gedicht: ebd., S. 1430-1432).

68 Stierle, »Möglichkeiten des dunklen Stils« (wie Anm. 22), S. 170 verweist in einem analogen Verständnis auf »die Bedeutung, die dem thematischen Impuls im Prozeß seines ›Verschweigens‹ zukommt«.

69 Mallarmé, *Correspondance* 1862-1871 (wie Anm. 65), S. 30f.
Vgl. auch Mallarmé, *Œuvres complètes* (wie Anm. 20), S. 1425.

Leiden des Dichters an künstlerischer Impotenz in der Jahreszeit, in der die Natur zu neuer Potenz erwacht«[70], vereinseitigt, ja verfehlt seine Intention, die darin besteht, etwas Unbestimmtes zur Vorstellung zu bringen: « représenter quelque chose ». Dies zu erkennen, bedürfte es nicht des epistolaren Kommentars, der gleichwohl höchst bemerkenswert ist: ihm eignet jene Bewegung, die auch das Poem konfiguriert und die im wesentlichen von einer Gegenläufigkeit bestimmt ist, die auf Harmonie in der Simultaneität des Gegenläufigen zustrebt. Bereits die Verbindung ›stérilité curieuse‹ enthält das Moment der Überwindung der ›Sterilität‹ in der ›Curiositas‹, die als eine vornehmlich geistig-seelische Haltung mit der Nennung des ›printemps‹ ins Naturhaft-Physische überführt wird, um letztlich die ›Sterilität‹ als eine gleichermaßen geistige wie körperliche erscheinen zu lassen. Demgemäß ist auch die Überwindung der ›Sterilität‹ Folge einer geistigen ›Fruchtbarkeit‹, die ihre Voraussetzung wiederum im ›Physischen‹ hat, das es seinerseits geistig zu übersteigen gilt.

Das Sonett *Renouveau* treibt nun diese in den kommentierenden Zeilen realisierte Simultaneität des Gegenläufigen an die Grenze des Paradoxen in einem fortgeführten Zusammenspiel oppositiver Sememe, die in ihrer syntagmatischen Abfolge das Paradigma des ›Re-nouveau‹, der ›Er-neuerung‹ konstruieren: das Ende wird im Anfang mitgeführt, der Tod im Leben, die Dunkelheit in der Helligkeit, die Tristesse in der Heiterkeit, die Spätzeit des Winters in der Neuheit des Frühlings. Seelenstimmungen des Sprechers korrespondieren, ja interagieren mit Wechselzeiten des Jahres und des Tages, wiederum nicht analog, sondern ihrerseits kontrastiv[71]. Zur Vorstellung kommt – wenngleich noch in deutlicher Übernahme romantischer ›Seelenlandschaften‹ und Baudelairescher Bildlichkeit[72] – eine ›Idee‹, die Idee des ›Re-nouveau‹, näherhin die ›Idee‹ neuer Möglichkeiten des Dichtens. Der Re-nouveau der Jahreszeiten, zudem die erneuerte Kreativität des

70 So der Kommentar in der Ausgabe: Stéphane Mallarmé, *Gedichte.* Französisch und Deutsch. Übers. und kommentiert von Gerhard Goebel unter Mitarbeit von Frauke Bünde und Bettina Rommel, Gerlingen 1993, S. 302.

71 Ein weiteres plakatives Beispiel ist das Sonett *Tristesse d'été*, das mit dem vorliegenden Sonett *Renouveau* unter dessen ursprünglichem Titel *Vere novo* in einigen Autographen zusammen unter dem Titel *Soleils mauvais*, auch *Soleils malsains* aufgeführt war. Siehe dazu den Kommentar in Mallarmé, *Correspondance* 1862 – 1871 (wie Anm. 65), S. 31, Anm. 1 sowie den Kommentar in Mallarmé, *Œuvres complètes* (wie Anm. 20), S. 1425.

72 Siehe dazu den Kommentar in Mallarmé, *Correspondance* 1862 – 1871 (wie Anm. 65), S. 31, Anm. 1: »C'est au sujet de ce sonnet que Lefébure écrivait à Mallarmé le 25 juin 1862: ›Et Baudelaire, s'il rajeunissait, pourrait signer vos sonnets.‹«

Sprechers sind nur mehr motivierte thematische Impulse[73], die gleichwohl ihre Konkretheit im Verweis auf das Abstractum nicht verlieren. Das hat seinen Grund in der prinzipiellen Austauschbarkeit der im wesentlichen zwei oppositiven semantischen Bereichen zuzuordnenden Lexeme, die eine ebenso prinzipielle Austauschbarkeit der drei Gegenstandsbereiche – Natur, *état d'âme* des Sprechers, Dichtung – zur Folge hat. Das unerhört Neue dieser ›suggestiven‹ Konstruktion liegt nun darin, daß Anders-Rede[74], Allegorie, zum Symbol, zur Gleich-Rede wird, genauer: daß Anders-Rede und Gleich-Rede, Allegorie und Symbol ein und dasselbe werden. Dieses Verfahren vermag ein ›Etwas‹, »quelque chose«[75], zur Vorstellung zu bringen, das sich jeglicher ›Benennung‹, gar Konkretisierung entzieht und dennoch ›Etwas‹ ist, genauer: gerade dadurch ›Etwas‹ ist, daß es nicht konkretisierbar, nicht benennbar ist: Seine Evidenz gewinnt es rein aus sich selbst. Die Ermöglichungsstruktur dieser ›absoluten‹ Evidenz, Korrelat des Nichts, ist aber jene ›apokalyptische Konfiguration‹, die das Sonett *Renouveau* in Thematik und Konstellation par excellence repräsentiert und die – allgemein formuliert – in einer fortgeführten Setzung und Aufhebung von Oppositiva besteht, in einer Positivierung der Negation in der Negation und aus der Negation heraus.

Die sog. ›Kritischen Schriften‹ Mallarmés sind – wie die lyrischen Texte – Poesie und Poetologie ineins[76], und sie nehmen deren Bildlichkeit und Verfahren auf. *Plainte d'automne*[77] ist nachgerade eine Abbreviatur dekadenter Topik. Im emblematischen Raffinement überlegen sind die späten poetisch-poetologischen Reflexionen, für die paradigmatisch der nachfolgende Satz aus *Le Mystère dans les Lettres* einstehen kann:

> Appuyer, selon la page, au blanc, qui l'inaugure son ingénuité, à soi, oublieuse même du titre qui parlerait trop haut : et, quand s'aligna, dans une brisure, la moindre, disséminée, le hasard vaincu mot par mot, indéfectiblement le blanc revient, tout à l'heure gratuit, certain maintenant, pour conclure que rien au delà et authentiquer le silence –[78]

---

73 Zum Begriff siehe Stierle, »Möglichkeiten des dunklen Stils« (wie Anm. 22), S. 170 (s.o. Anm. 68).

74 Den treffenden Begriff entnehme ich dem Titel des Buches von Heinz J. Drügh, *Anders-Rede. Zur Struktur und historischen Systematik des Allegorischen*, Freiburg i. B. 2000.

75 »[R]eprésenter quelque chose« – so ist in Aufnahme des obigen Zitats zu erinnern – ist die poietische Absicht, die Mallarmé mit der Niederschrift dieses Sonetts – und letztlich aller Poeme – verfolgt.

76 Auch hierin folgt Mallarmé den Vorgaben Baudelaires und radikalisiert sie.

77 Mallarmé, *Œuvres complètes* (wie Anm. 20), S. 270f.

78 Ebd., S. 382-387.

Der Bewegung der Setzung und Aufhebung, der Positivierung in der Negation eignen Gedankenbilder, die in der Fügung »authentiquer le silence« kulminieren und die ihren Ausdruck finden in der für Mallarmés Poetik, im ganzen in der für die Poetik der Décadence repräsentativen Destruktion der normierten, zugleich Restruktion einer abweichenden Syntax. Die ›Beglaubigung‹ des ›Schweigens‹ gelingt nur mehr in der Verzögerung des Satzsinnes, zudem in der immer variierten Rekurrenz der Begriffe, die semantisch eine Intention und eine Unabgeschlossenheit zur Vorstellung bringen – ›appuyer‹, ›inaugurer‹, ›s'aligner‹, ›disséminée‹ –, zudem das ›Weiß‹, »le blanc«, als Ausgangs- und Zielpunkt eines Prozesses reklamieren. Demgemäß kennzeichnet der den Abschnitt mittig teilende Satz »le hasard vaincu mot par mot« einerseits präzise das vorgängige semantisch-syntagmatische Verfahren, das es darauf anlegt, ein »rien au delà«, ein ›Jenseitiges‹ der Sprache zu suggerieren, das als ein Nichts gleichwohl ein Etwas (»rien«) mitführt, und er behauptet anderseits, daß eben die Inszenierung dieses ambigen »rien« die Kontingenz elimiert habe, wofür der Begriff »indéfectiblement«, zudem die ein zeitenthoben Präsentisches zur Vorstellung bringenden Wörter »tout à l'heure gratuit« und »certain maintenant« einstehen. Folgerichtig ist die Conclusio (»pour conclure«) durch das Syntagma »rien au delà« selbst in Suspens gehalten.

Fortgesetzte Sinnsuspendierung als Wechselspiel von Sinnsetzung und Sinnentzug ist Kennzeichen der Mallarméschen Poiesis[79]. Ihre spezifische semantisch-syntaktische Prägung, zudem ihre Bildlichkeit sind aber eine Realisation jener hier in Frage stehenden ›apokalyptischen‹ Konfiguration, die ihre epistemologische Voraussetzung in der die Epoche prägenden Denkfigur der Dekadenz hat. Dieser Constat kann auch und gerade dort Geltung beanspruchen, wo das Dekadenzsyndrom weniger deutlich in Themen und Tropen zum Vorschein kommt. Als Beispiel steht das Sonett *Le Tombeau de Charles Baudelaire.*

LE TOMBEAU DE CHARLES BAUDELAIRE

Le temple enseveli divulgue par la bouche
Sépulcrale d'égout bavant boue et rubis
Abominablement quelque idole Anubis
Tout le museau flambé comme un aboi farouche

Ou que le gaz récent torde la mèche louche
Essuyeuse on le sait des opprobres subis
Il allume hagard un immortel pubis
Dont le vol selon le réverbère découche

79 Dies in genauen Textinterpretationen nachgewiesen zu haben, ist das Verdienst der Studie von Regn, *Konflikt der Interpretationen* (wie Anm. 21).

Quel feuillage séché dans les cités sans soir
Votif pourra bénir comme elle se rasseoir
Contre le marbre vainement de Baudelaire

Au voile qui la ceint absente avec frissons
Celle son Ombre même un poison tutélaire
Toujours à respirer si nous en périssons.

Das Sonett gehört zu den sogenannten ›Hommages et Tombeaux‹-Gedichten, einer Gattung, die im letzten Drittel des 19. Jahrhunderts, mithin im Fin de siècle, außergewöhnlich verbreitet war[80]. Das Gedicht[81] ist nun insofern eine Hommage an Baudelaire, als es in konzentriertester Form Poetik und Poetologie der Baudelaireschen Dichtung reflektiert, dessen Themen, Tropen und oxymorale Syntagmen in Variationen aufnimmt und zugleich kühn erneuert – derart, daß das Modell kaum mehr erkennbar ist und nur mehr als Palimpsest fungiert. Durchaus im Verweis auf den äußeren Anlaß – die Ehrung eines toten Dichters im Bild des ›tombeau‹ – nehmen die Quartette mit den oppositiven Bildbereichen »le temple enseveli« und »le gaz récent« auf Baudelaires Werk allgemein wie im besonderen auf die Poetik der modernen Großstadt Bezug, darüber hinaus reformulieren sie dessen Definition der ästhetischen Modernität – »tirer l'éternel du transitoire«[82] –, wobei die Partikel »ou« weniger ausschließende, denn einschließende Funktion hat, mithin die spezifische Reziprozität zwischen dem Transitorisch-Rezenten und dem Ewig-Antiken zur Vorstellung zu bringen intendiert. Befördert wird diese Verwiesenheit, die zudem in der oppositiven Bildlichkeit des Dunkel-Verborgenen und des Hell-Sichtbaren zum Ausdruck kommt, durch das Wort »flambé«: von seiner Stellung in der letzten Zeile des ersten Quartetts dem Bereich des »temple enseveli« zugehörig, näherhin in grammatischem Bezug zu »quelque idole Anubis« stehend, leitet es semantisch über in den Bereich des »gaz récent«, mithin in die das zweite Quartett bestimmende Isotopie des ›Lichten‹ – »la mêche«, »il allume«, »le réverbère« –, die wiederum ›gestört‹ ist durch die Begrif-

80 Siehe dazu wiederum Regn, *Konflikt der Interpretationen* (wie Anm. 21), S. 90ff. u.ö. Man könnte nun so weit gehen, in der ›Mode‹ der Tombeaux-Gedichte mit der ihnen eigenen oppositiven Semantik ein weiteres Dokument für die epochale Faszination der Denkfigur des ›Endes‹ zu sehen.

81 Eine eindringliche Analyse des Gedichts in ebenso einläßlicher Auseinandersetzung mit der Forschungsliteratur bietet Regn, *Konflikt der Interpretationen* (wie Anm. 21), S. 206-238.

82 Baudelaire, *Curiosités esthétiques* (wie Anm. 15), S. 466.

fe »louche« und »opprobres«, auch »découche«, das einerseits auf »enseveli« und »sépulcrale« verweist, doch anderseits im privativen ›de-‹ diesen Verweis unterbindet, näherhin die beiden reziproken Bildbereiche in einem einzigen Begriff zusammenführt. Analoge Funktion kommt dem Wort »immortel« zu: im ›Unsterblichen‹ zugleich ›sterblich‹ führt es je nach Zuordnung entweder in der Negation die Positivierung mit – so im grammatischen Bezug auf »pubis«, mit dessen körperlicher Vergänglichkeit es damit in Kontrast steht; oder es beläßt Positivierung und Negation in der Schwebe – im semantisch begründeten Bezug auf das seinerseits unbestimmte »quelque idole Anubis«. ›Janusgesichtigkeit‹ wäre denn auch das hier praktizierte Verfahren näherhin zu kennzeichnen, das die für die Baudelairesche Poetik charakteristische Komplementarität der Gegensätze sukzessive überführt in ein ununterscheidbares Zugleich. Geradezu ikonisch steht dafür das Wort ›Ombre‹ im letzten Terzett ein: herausgehoben durch Majuskel, scheint ›Ombre‹ prima vista auf das Œuvre Baudelaires selbst zu verweisen. Tatsächlich aber wird dieses konfiguriert in den für Baudelaires Poetik spezifischen, zugleich kühn erneuerten Komplementen »boue et rubis«, auch »poison tutélaire«, zudem in der das Sonett abschließenden Zeile »toujours à respirer si nous en périssons«. ›Ombre‹ hingegen fokussiert nicht nur in einem einzigen Begriff die Oppositiva des Hellen und des Dunklen, konzentriert mithin nicht allein die ›apokalyptische‹ Gegenwendigkeit in einem einzigen Bild, vielmehr neutralisiert ›Ombre‹ diese Gegenwendigkeit, ja hebt sie auf, generiert eine Unentschiedenheit, genauer: eine Schwebe. Der Effekt ist, daß ›Ombre‹ de-realisiert ist, zu einer ›notion pure‹ wird, »absente/avec frissons«[83]. Der Absenz der Materialität korrespondiert die prekäre Präsenz der »idée même et suave«[84] – Aufschein dessen, was das Velum[85] umgibt: »au voile qui la ceint«.

Gleichwohl ist ›Ombre‹ nicht das letzte Wort – und kann es aufgrund seiner poietischen Intention nicht sein: das Absolute, mithin

83 Vgl. jene berühmte Passage aus *Crise de vers*, die als poetologischer Kommentar – nicht nur – zu *Le Tombeau de Baudelaire* gelesen werden, zudem selbst als poetischer Text gelten kann: »Je dis: une fleur! Et, hors de l'oubli où ma voix relègue aucun contour [...] musicalement se lève, *idée même et suave, l'absente de tous bouquets.*« (Mallarmé, *Œuvres complètes* [s. Anm. 20], S. 368; Hervorhebung durch MMG.)

84 Ebd.

85 Zum Bild des Schleiers als Anschauungsform des Imaginären siehe Patricia Oster: *Der Schleier im Text. Funktionsgeschichte eines Bildes für die neuzeitliche Erfahrung des Imaginären*, München 2002.

das Nichts vorzustellen. Denn vorstellbar, genauer: inszenierbar ist allein die das Absolute – im Sinne von Nichts – ermöglichende Struktur und das dieser Struktur entsprechende Textverfahren: in dem ›Ombre‹ nachfolgenden, wiederum nur mehr bildlich-topischen, näherhin oxymoralen Syntagma »un poison tutélaire« und in der das Sonett abschließenden ›apokalyptisch‹ semantisierten Wortfolge »toujours à respirer si nous en périssons«. Komplementarität und Gegenwendigkeit von Oppositiva realisieren somit eine Poetik der Suggestion, die in Genese, Bildlichkeit und Verfahren eine Poetik der Décadence ist und deren Wesen allgemein bestimmt werden kann als Positivierung der Negativität. Letzteres aber ist Signum der Kunst und der Literatur der Moderne.

IV

Roland Barthes konstatiert in einem seiner frühesten und auch bekanntesten Essays[86] den ›Nullpunkt der Literatur‹ und postuliert eine ›Utopie der Sprache‹. Der ›Nullpunkt der Literatur‹ sei am reinsten in Mallarmés »Littérature-Objet« repräsentiert, deren Konstruktion einer Destruktion der Sprache gleichkomme[87], mithin ›Erfüllung des orphischen Traums‹[88] sei: Abwesenheit, Negation, ›weiße Schrift‹. Die ›Utopie der Sprache‹ wiederum bleibe nur mehr Entwurf: eines Schreibens, das – eingedenk seines unaufhebbaren Zerrissenseins – die Vorstellung ›einer neuen adamischen Welt‹ zu vermitteln vermöge, ›in der die Sprache nicht mehr entfremdet sei‹[89]. Läßt man außer

86 *Le Degré zéro de l'écriture*, zuerst in Buchform 1953 erschienen, jetzt in *Œuvres complètes*, éd. établie et présentée par Eric Marty, Tome I : 1942-1965, Paris 1993, S. 135-187.

87 Ebd., S. 140: »Mallarmé, enfin, a couronné cette construction de la Littérature-Objet, par l'acte ultime de toutes les objectivations, le meurtre : on sait que tout l'effort de Mallarmé a porté sur une destruction du langage, dont la Littérature ne serait en quelque sorte que le cadavre.«

88 Ebd., S. 140f.: »[...] dans ces écritures neutres, appelées ici ›le degré zéro de l'écriture‹ on peut facilement discerner le mouvement même d'une négation, et l'impuissance à accomplir dans une durée, comme si la Littérature, tendant depuis un siècle à transmuer sa surface dans une forme sans hérédité, ne trouvait plus de pureté que dans l'absence de tout signe, proposant enfin *l'accomplissement de ce rêve orphéen*: un écrivain sans Littérature.« (Hervorhebung von MMG).

89 In etwas ausführlicherer Zitation (ebd., S. 186): »Se sentant sans cesse coupable de sa propre solitude, [l'écriture littéraire] n'en est pas moins une imagination avide d'un bonheur des mots, elle se hâte vers un langage rêvé dont la fraîcheur, par une sorte d'anticipation idéale, figurerait *la perfection d'un nouveau monde adamique où le langage ne serait plus aliéné*.« (Hervorhebung von MMG).

acht, daß den Überlegungen Barthes' eine deutliche sozialengagierte Komponente eigen ist, so ist zu sehen, daß die ›Utopie der Sprache‹ nur mehr das dialektische Komplement des ›Nullpunkts der Literatur‹ ist[90]. Auch anders: Der Negation ist immer schon eine Positivierung inhärent. Mallarmés Sprache und Dichtung repräsentiert freilich eine einzigartige Radikalisierung der Negativität[91]: sie provoziert jenen ›Orphismus‹, den außersprachlich und transtextuell (wieder) zu gewinnen die nachfolgenden Generationen der Moderne bestrebt sind; ihr Programm ist nunmehr eine Poetik der Präsenz in der Folge einer Poetik der Suggestion. Deren Ermöglichungsgrund aber ist die epochale Denkfigur der Dekadenz, die – ›apokalyptisch‹ gewendet – eine Ästhetik der Décadence hervorgetrieben hat, die als Poetik die radikale Moderne inauguriert.

90 Und das heißt: Barthes' Entwurf einer ›Utopie der Sprache‹ ist selbst wiederum Teil und unmittelbare Folge des von ihm konstatierten ›Nullpunkts‹.

91 In dieser Radikalisierung ist ihm vielleicht nur noch Samuel Beckett vergleichbar.

Gerhard Neumann

Verdichten und Verströmen

Zum Wahrnehmungs- und Darstellungsparadox des *Fin de siècle*

Rosengeruch ist klassischer Art und stärkend, dem Wein gleich;
Heliotrop und Jasmin edel, doch immer modern.

Eduard Mörike

Trouver une langue [...] le temps d'un langage universel viendra! [...] Cette langue sera de l'âme pour l'âme, résumant tout, parfums, sons, couleurs [...].

Rimbaud an Paul Demeny, 15.5.1871[1]

Du hast eine zu feine Nase – [...] Deine Gegenwart schleppt immer eine ganze schwere Last von unverarbeiteter Vergangenheit mit sich... Und nun fangen die ersten Jahre deiner Liebe wieder einmal zu vermodern an, ohne daß deine Seele die wunderbare Kraft hätte, sie völlig auszustoßen.- Was ist nun die natürliche Folge -? – Daß auch um die gesundesten und blühendsten Stunden deines Jetzt ein Duft dieses Moders fließt – und die Atmosphäre deiner Gegenwart unrettbar vergiftet ist.

Arthur Schnitzler, Anatol

I

Am 27. Januar 1687 fand in der Académie française eine stürmische Literaturdebatte statt. Charles Perrault hatte, unter der Akklamation Fontenelles, die Überlegenheit der zeitgenössischen gegenüber der klassisch-antiken Literatur behauptet, während eine Gegenpartei, vertreten durch Bossuet, Fénelon, Boileau, La Fontaine, Racine und La Bruyère, nachhaltig die Unübertrefflichkeit der Antike reklamierte. Eine Entscheidung wurde damals nicht getroffen.[2]

---

1 Eduard Mörike, *Sämtliche Werke. Briefe*. Ausgabe in drei Bänden, hg. von Gerhart Baumann in Verb. mit Siegfried Grosse, Stuttgart 1961, Bd. 1, S. 263: »Unterschied«; Arthur Rimbaud, Œuvres complètes, texte établi et annoté par Rolland de Renéville et Jules Mouquet, Paris 1954, S. 271. (Bibliothèque de la Pléiade)

2 Vgl. hierzu das wegweisende Werk von Peter K. Kapitza, *Ein bürgerlicher Krieg in der gelehrten Welt. Zur Geschichte der Querelle des Anciens et des Modernes in Deutschland*, München 1981.

Der Name dieser Debatte aber hat sich unter dem Titel der »Querelle des anciens et des modernes« im Prozeß der Kultur behauptet; ja er ist zu einer Art von geistesgeschichtlichem Topos geworden, der seither an den Begriff jeder ›Moderne‹ geknüpft erscheint. Kulturhistorisch bedeutsam erscheint an diesem Vorgang noch ein weiterer Umstand: nämlich der Querelle-Charakter nicht nur dieser ersten, sondern aller folgenden Situationen dieser Art von ›Umbrüchen zu Modernen‹. Es scheint nämlich, als artikulierte sich der Ausbruch einer ›Moderne‹ – und es gibt deren ja inzwischen in der Tat eine ganze Reihe in der europäischen Geschichte – nahezu grundsätzlich im Zeichen eines Streits, einer Krise – und zwar als eine vehemente Auseinandersetzung mit den Wissens- und Verfahrensbeständen, mit ›Memoria‹-Modellen und Wahrnehmungsmustern der vorangegangenen Kulturen und kulturellen Formationen. Moderne, so könnte man unter dieser Voraussetzung auch sagen, bedeutet ›Secession‹ (ein Begriff, der im letzten Drittel des 19. Jahrhunderts neue Kontur gewann) – eine frenetische Konfrontation mit der für den geschichtlichen Prozeß der Selbstvergewisserung einer Nation wesentlichen Dialektik von Erinnern und Vergessen, von Anknüpfen an das Bestehende und Verwerfen des Überlieferten.[3] Und noch ein anderes scheint sich in diesem Zusammenhang anzudeuten: Das Aufbrechen solcher Sezessionen wird durch epochale Markierungen provoziert, wie sie – unter anderem – etwa die Jahrhundertschnitte darstellen, die ›Fins de Siècles‹.

3 Zum schier unüberblickbaren Bestand der Moderne-Forschung seien mindestens die folgenden Werke angeführt: Zygmunt Bauman, *Moderne und Ambivalenz*, Frankfurt am Main 1995; Georg Fülbert, Gabriele Dietz (Hg.), *Hundert Jahre Jahrhundertwende. (Katalog)*, Berlin 1988; Rolf Grimminger, Jurij Murasov, Jörn Stückrath (Hg.), *Literarische Moderne. Europäische Literatur im 19. und 20. Jahrhhundert*, Reinbek bei Hamburg 1995; Hans Ulrich Gumbrecht, »Modern, Modernität, Moderne«, in: *Geschichtliche Grundbegriffe. Historisches Lexikon zur politisch-sozialen Sprache in Deutschland*, hg. von Otto Brunner, Werner Conze, Reinhart Koselleck, Stuttgart 1978, Bd. 4, S. 93-131; Jürgen Habermas, *Der philosophische Diskurs der Moderne. Zwölf Vorlesungen*, Frankfurt am Main 1989; Hans Robert Jauss, *Studien zum Epochenwandel der ästhetischen Moderne*, Frankfurt am Main 1989; Bruno Latour, *Wir sind nie modern gewesen. Versuch einer asymmetrischen Anthropologie*, Berlin 1995; Hans Joachim Piechotta, Ralph-Rainer Wuthenow, Sabine Rothmann (Hg.), *Die literarische Moderne in Europa*, 3 Bde, Opladen 1994; Wolfdietrich Rasch, *Die literarische Décadence um 1900*, München 1986; Gotthart Wunberg (Hg.), *Die literarische Moderne. Dokumente zum Selbstverständnis der Literatur um die Jahrhundertwende*, Frankfurt am Main 1971; Gotthart Wunberg (Hg.), *Die Wiener Moderne. Literatur, Kunst und Musik zwischen 1890 und 1910*, Stuttgart 1981; Beat Wyss, *Der Wille zur Kunst. Zur ästhetischen Mentalität der Moderne*, Köln 1996. Die vorliegende Abhandlung verdankt diesen Studien zahlreiche Anregungen.

So ereignet sich die »Querelle des anciens et des modernes« kurz vor dem Jahr 1700; so feiert die deutsche Romantik ihren Aufbruch in die ›Moderne‹ um das Jahr 1800; und so gibt es jene selbsternannte Moderne der *décadence* – die ›Wiener Moderne‹ –, um die es in diesen Erörterungen gehen soll, die sich auf der Wende vom 19. zum 20. Jahrhundert einstellt. Es wäre einer den Kulturprozeß schärfer in den Blick fassenden und dessen Zäsuren genauer bedenkenden Erörterung wert, wie in solchen Modernitäts-Krisen arbiträre oder ideologisch geprägte Argumentationsmuster oder Strategien mit notwendigen, aus dem materialen Prozeß der Zivilisation gleichsam ›naturwüchsig‹ (und emergent) hervortretenden in Konflikt geraten, einander überlagern und sich gegenseitig subvertieren, oder aber auch in produktive Wechselwirkung kommen.

Wie es sich damit auch verhalten möge: Es ist unbezweifelt, daß sich auch auf der gerade eben zurückliegenden Schwelle zum 21. Jahrhundert erneut ein Paradigmawechsel im Sinne eines Fin de Siècle abzeichnet, der den vorangegangenen Krisen durchaus vergleichbar ist, eine abermals sich erneuernde Sezession – und zwar im Zeichen jener ›Post-Moderne‹ der 80er Jahre[4], die auf die ›Avantgarde‹ der 20er und 30er Jahre eine Antwort sucht; einer Avantgarde wiederum, die sich ihrerseits als eine Replik auf die ›Moderne um 1900‹ verstanden hatte. Hier erweist sich noch deutlicher als in allen vorangegangenen ›Fins de Siècles‹, daß diese Wahrnehmungs- und Darstellungskrise zugleich als eine Medienkrise aufzufassen ist, eine *décadence* in der Auffassung von den Zeichen und ihrem kulturellen Spiel.

Eine vorläufige These zum Zusammenhang zwischen dem Erscheinen von ›Modernen‹ in Gestalt von ›Fins de Siècles‹[5] könnte also lauten: Das Argument der Moderne, welches stets an die dialektische Erfahrung von Erinnern und Vergessen geknüpft ist, erscheint namentlich in jenen Umbruchsepochen virulent, in denen sich eine je anders geartete Umwälzung des doppelten Wahrnehmungsmusters von Welt und Selbst ereignet; und zwar als eine Krise in der Geschichte der Wahrnehmung, jener ›aisthesis‹ im griechischen Sinne, wie sie durch die fünf Sinne des menschlichen Körpers und seiner Organe der Wahrnehmung ins Werk gesetzt wird. Eine Krise der ›Umwertung aller *Sinne*‹, könnte man sagen. Diese Wahrnehmungs-

4 Rolf Günter Renner, *Die postmoderne Konstellation. Theorie, Text und Kunst im Ausgang der Moderne*, Freiburg im Breisgau 1988.

5 Die Edition 10/18 (Christian Bourgois Éditeur, Paris) enthält eine Serie ›Fins de Siècles‹, in der u.a. auch Huysmans publiziert wird.

krise – im gewissermaßen ›eigentlichen‹ Sinne des Wortes ›aisthetikos‹ als einer Auffassung der Welt durch die fünf Sinne verankert – erweist sich aber nun zunehmend verkoppelt mit der Geschichte und Theorie der Kunst, die ihrerseits den Namen ›Ästhetik‹ trägt; also verknüpft mit einer Krise im Verständnis des Begriffes ›aisthesis‹ selbst, die seit der Mitte des 18. Jahrhunderts – namentlich aber seit dem wegweisenden Werk Alexander Gottlieb Baumgartens[6] – ›Ästhetik‹ nicht nur als Schlüsselbegriff eines Wahrnehmungsparadigmas, sondern zugleich als Grundwissenschaft des Schönen etabliert.

Faßt man nun die in den vorliegenden Überlegungen in Frage stehende Moderne um 1900 in den Blick, so muß auch diese, wie das ihr vorangegangen ›Fin de siècle‹ der deutschen Romantik unter der Perspektive der Sezessionalität gesehen werden – als Fortsetzung der Aufklärung mit neuen Mitteln. Aber nunmehr nicht im Zeichen eines romantischen Optimismus, sondern unter der Ägide des Pessimismus und des ›Ennui‹, gleichsam im Zeichen der Tragödie einer Kultur, wie sie dann – in den zwanziger Jahren unseres Jahrhunderts – von der eben entstehenden Kulturwissenschaft (etwa eines Georg Simmel) neu und zivilisationskritisch gefaßt wurde.[7] Auch hier geht es, wie im vorherigen Fall, erneut um eine Wahrnehmungs-, eine Erkenntnis- und eine Darstellungskrise, die kulturprägende Wirkungen haben – kulminierend in einer Krise der verschiedenen kulturstiftenden Medien. Im Feld der Wahrnehmung sind es die Thesen des Darwinismus, der neuen Naturwissenschaften, der Psychoanalyse, aber auch des auf paradoxe Weise an die Avantgarde gekoppelten Okkultismus[8]; nicht zuletzt der Anthropologie und Ethnologie. Eine Schlüsselstelle in der Wahrnehmungskrise der stürmisch sich entwickelnden Naturwissenschaften bildet dabei – angesichts einer rasanten Entwicklung naturwissenschaftlicher Aufklärung – die Kapitulation des hoch angesehenen Mathematikers Jules Henri Poincaré angesicht der Chaosstellen, der ›schwarzen Löcher‹ im System der modernen Wissenschaft, der Unlösbarkeit wissenschaftlicher Fragestellungen wie des Dreikörperproblems oder der nicht integrierbaren Systeme im Feld der Thermodynamik. Es ist ein Vorgang, der sich in Hofmannsthals ›Bankrotterklärung‹ im Chandos-Brief (wenn auch in versetzter Form) ebenso dokumentiert wie in Paul Valérys poetologi-

6 Alexander Gottlieb Baumgarten, *Aesthetica*, 2 Bde, Frankfurt an der Oder 1750-58.

7 Ralf Konersmann (Hg.), *Kulturphilosophie*, Leipzig 1996.

8 Veit Loers (Hg.), *Okkultismus und Avantgarde. Von Munch bis Mondrian, 1900-1915*, Katalog, Frankfurt am Main 1995.

schen Entwürfen im Konfliktfeld zwischen Kunst- und Naturwissenschaft. Poincarés legendärer Satz angesichts des Dreikörperproblems – »Die Dinge sind so bizarr, daß ich es nicht aushalte, weiter darüber nachzudenken«[9] – ist von vielen Autoren der Jahrhundertwende gehört und in iihrem Feld nachgesprochen worden: neben Hofmannsthal und Valéry könnte man an Rudolf Kassner, Rilke oder Robert Musil erinnern.[10]

Ein zentrales Problem der Kulturkrise um 1900, das seine prominenteste Artikulation in Hofmannsthals Chandos-Brief gefunden hat, ist der Umschlag eines aufgeklärten Kulturoptimismus in dasjenige, was man Wissens- und Erinnerungs-Melancholie nennen könnte; das Umkippen der als lückenlos und enzyklopädisch aufgefaßten kulturellen Wissensbestände in die Erfahrung einer nicht mehr erträglichen Last der Tradition und ihrer Kenntnisse. Es ist das Bewußtsein von der zerstörerischen Dialektik von Erinnern und Vergessen.

Hugo von Hofmannsthals Werke, die im Umfeld der Jahrhundertwende entstehen, lassen sich als minuziöse Problematisierungen und produktive Aufarbeitungen dieses Sezessions- und Querelle-Charakters der Moderne und ihrer Herausforderung an die Kultur, die Kunst wie die Wissenschaft lesen – als scharfsichtige Seismogramme und szenische Inszenierungen eben dieser seit dem Ende des 19. Jahrhunderts schwelenden kulturellen Krise und ihrer medialen Implikationen. Hofmannsthal hat – so scheint es – wie kaum ein anderer die Diagnose und die poetisch-experimentelle Durcharbeitung dieser Kulturkrise und ihrer Schlüsselfunktion in der Signatur der Moderne geliefert; und zwar, indem er im Rahmen dieses Problemkomplexes Antworten zu formulieren suchte, die von drei leitenden Fragen bestimmt waren: *zunächst* von der Frage nach einem prädiskursiven, produktiven Sensorium, das den Konflikt zwischen Ordnung und Chaos zu heben vermag; *sodann* von der Erkundung eines Wahrnehmungs- und Erkenntnisorgans, das einen schöpferischen Weg aus der Aporie der übermächtigen Last kultureller Erinnerung zu öffnen vermöchte; und *schließlich* von der Forderung nach einer Semiotik, die aus dem Körper und seinen Bewegungs- und Gebärdenmustern erwächst und eine neue Form der Selbsterfahrung und Selbsterkundung stiften könnte.

---

9 Jules Henri Poincarés Bücher tragen Titel, die geradezu programmatisch das Kulturinteresse der Jahrhundertwende ausdrücken: *Wissenschaft und Hypothese* 1902 und *Wissenschaft und Methode* 1908.

10 Vgl. meinen Aufsatz »Tourbillon«. Wahrnehmungskrise und Poetologie bei Hofmannsthal und Valéry. In: Etudes Germaniques 53 (1998), numéro 2, S. 397-424.

II

Das Erfahrungsmodell, durch dessen Vermittlung in der europäischen Kultur Wirklichkeit aufgefaßt und dargestellt wird, ist seit der Antike dasjenige der »Lesbarkeit der Welt«. Niemand war sich dessen genauer bewußt als der junge Hugo von Hofmannsthal, der in der kulturgesättigten Atmosphäre der Jahrhundertwende aufwuchs: einer Welt aus Schriftzeichen, einer Welt der Aufzeichnungen und Archive, einer Welt schließlich der universellen Verfügbarkeit allen Wissens aus allen Kulturen. In der Gestalt des Wunderkindes Hofmannsthal war auf vollkommene Weise die Sprach-, Wahrnehmungs- und Wissenskrise der Jahrhundertwende repräsentiert, die – wie keine andere Epoche der Kulturgeschichte – aus Glanz und Last der Überlieferung ihr Selbstbewußtsein wie ihre tödliche Melancholie bezog.

Hofmannsthals Einsicht in diese Aporie ist präzise dokumentiert. Im Jahr 1909, also schon im Rückblick auf jene Zeit früher Verwirrungen der neunziger Jahre, macht Hofmannsthal sich eine Reihe merkwürdiger Notizen. Sie nehmen ihren Ausgang von der Idee des Schöpferischen und der Möglichkeit solchen Schöpfertums in einer übersättigten Kultur und mögen wohl Vorstudien zu einem geplanten Aufsatz über dieses Thema sein. In den genannten Aufzeichnungen heißt es:

> Das Schöpferische ist eine dämonische Kraft. [...] Ist sie bei uns, dann ist auch Mut und eine magische Unbesiegbarkeit da. [...] Sie löst alles Dunkle auf, läßt nichts Starres bestehen, anerkennt keine Grenzen. Vermöge des Schöpferischen ergibt sich jede Hemmung als ein lösbares Geheimnis. Mit seiner Atmosphäre [sc. der schöpferischen Kraft] ist das Ich ohne Schranken. (RA III, 498)

Erstarrung dagegen – so fügt Hofmannsthal hinzu – stelle sich ein, sobald es um Fessel und Bindung durch das tradierte Medium der Schrift gehe, durch den Zeitgeist, durch eine fremde, mechanisierte Welt:

> Der Anfang eines wahren Kunstwerkes ist göttlich wie der Schwung eines wundervollen Vogels, wie ein Traumübergang. (RA III, 499)

Schließlich – nach einer längeren Sequenz von Gedanken und Bildern – stellt sich jene prägnante Formel ein, die sich beinahe wie ein kulturpolitisches Programm ausnimmt: »Kunst des Nicht-lesens« – die Suche nach einem prädiskursiven Medium der Kunst.

Schöpfertum, menschliche Vollkommenheit und Selbsterfahrung, der Inbegriff des »lösbaren Geheimnisses«: Dies alles erscheint hier nicht an kulturelle Traditionen, nicht an Archiv und Lesbarkeit einer wissensgesättigten Welt, nicht an die Schrift und ihre Überlieferungskraft, nicht an das Buch der Kultur geknüpft, das die europäische Überlieferung geschrieben hat, sondern gerade an die Verweigerung all dessen: als Kunst des *Nicht-lesens* des so vielfach Übermittelten.

Was sich in solchen Entwürfen und Projektionen Hofmannsthals in einem kritischen Augenblick europäischer Zivilisation – nämlich zwischen 1902 und 1907 – und der mit diesem verknüpften Poetologie abzeichnet, ist der Versuch, das kulturell tradierte Erbe preiszugeben, es in seiner ›digitalen‹ Verfassung zu verschwenden um eines Neuen, Freien, Schöpferischen willen, das zugleich Züge des Exotischen trägt; es ist eine Transzendierung der Schrift der Seele auf das Visionäre und Flüchtige hin; eine Transzendierung des in der Tradition erstarrten Körpercodes und seiner Pathosformeln hin auf eine ›Ästhetik des Flüchtigen‹, in der sich das Paradox von Differenzierung und Vergeudung, von Verdichten und Verströmen in einem prädiskursiven Medium äußert.

Es sind – so könnte man fast sagen – Versuche, das Paradox einer literarischen Ästhetik der Verweigerung der Schrift zu konzipieren: der Schrift als bislang unveräußerlicher Form des kulturellen Erbes und als jenes Mediums kulturellen Schöpfertums, das die europäische Poetologie von Anfang an fraglos und unangefochten beherrschte. Dieser – man könnte fast behaupten: singuläre – Versuch des Entwurfs einer neuen Poetik ist in dem Gedicht »Lebenslied« von 1896 niedergelegt. Er ließe sich als Entwurf einer ›Ästhetik des Flüchtigen‹ auffassen.[11] Dieser Entwurf ist an ein einziges Motiv geknüpft, dasjenige des exotischen und gestaltlosen *Aromas*: Duft und Essenz, Parfum oder »Salböl«, wie das Gedicht Hofmannsthals, in Anlehnung an die Bildwelt des Hohen Liedes, sich ausdrückt: eines Aromas und seiner Rück-Verschwendung an eine stumme Welt des Natürlichen.[12]

Die hiermit skizzierten Bedingungen und Voraussetzungen von Hofmannsthals poetologischem Konzept nach der Jahrhundertwende könnten dazu ermutigen, dieses Gedicht Hofmannsthals, das »Lebenslied«, auf doppelte Weise zu lesen: als den Entwurf einer Kultur-

11 Auf die Paradoxie einer solchen Poetologie der Schrift, hinter der sich eine ›authentische‹ Poetologie der Stimme verbirgt, ist durch Derridas Buch »De la grammatologie« von 1967 und die aus dieser abzuleitende ›Dekonstruktion‹ etwa eines Paul de Man aufmerksam gemacht worden.

12 Es handelt sich um das Phänomen einer gleichsam punktuellen poetologischen Epiphanie: Denn dieses hier unvermittelt postulierte Prinzip der ›Verschwendung‹ wird von Hofmannsthal alsbald wieder geradezu ängstlich zurückgenommen.

theorie zum einen, als das Konzept einer neuen Ästhetik, die sich als eine Poetik des Nicht-Lesens auffassen ließe, zum anderen; eines Wahrnehmungsmodells mithin, an das zugleich die paradoxe Konstruktion einer akulturellen Ästhetik geknüpft ist.

III

Neben einer Reihe von Textvarianten sind für Hofmannsthals Gedicht mit dem Titel »Lebenslied« zwei Reinschriften überliefert: eine fünf- und eine vierstrophige Version, die hier in einer Synopse dargeboten seien[13]:

Den Erben lass verschwenden
An Adler, Lamm und Pfau
Das Salböl aus den Händen
Der todten alten Frau!
Die Todten, die entgleiten,
Die Wipfel in dem Weiten,
Ihm sind sie wie das Schreiten
Der Tänzerinnen werth!

Er geht, wie den kein Walten
Vom Rücken her bedroht,
Er lächelt, wenn die Falten
Des Lebens flüstern: Tod!
Ihm bietet jede Stelle
Geheimnissvoll die Schwelle,
Es gibt sich jeder Welle
Der Heimatlose hin!

Der Schwarm von wilden Bienen
Nimmt seine Seele mit,
Das Singen von Delphinen
Beflügelt seinen Schritt:
Ihn tragen alle Erden
Mit mächtigen Geberden,
Der Flüsse Dunkelwerden
Begrenzt den Hirtentag!

Das Salböl aus den Händen
Der todten alten Frau
den Enkel lass verschwenden
an Adler, Lamm und Pfau!
Die Todten, die entgleiten,
die Wipfel in dem Weiten
ihm sind sie wie das Schreiten
der Tänzerinnen werth!

Er geht, wie den kein Walten
vom Rücken her bedroht.
Er lernte: in den Spalten
des Lebens wohnt der Tod!
Es bietet jede Stelle
geheimnissvoll die Schwelle,
es giebt sich jeder Welle
der Heimatlose hin!

Im Schwarm von wilden Bienen
hat seine Seele Halt
das Singen von Delphinen
umgiebt ihn mit Gewalt:
ihn tragen alle Erden
mit mächtigen Geberden,
der Flüsse Dunkelwerden
umrauscht den Hirtentag!

13 Vgl. die Varianten und Erläuterungen zu Gedichte 1, S. 286-297; ferner das wegweisende Buch von Richard Exner, Hugo von Hofmannsthals »Lebenslied«. Eine Studie, Heidelberg 1964; Hinweise zur weiteren Forschung (Wolfdietrich Rasch, Werner Kraft) bei Mathias Mayer, Hugo von Hofmannsthal, Stuttgart / Weimar 1993, S. 26f. (Sammlung Metzler 273)

	Die schattenlosen Gassen des Meeres und der Luft sind offen, und gelassen in tausendfacher Gruft begrüsst er die Gefährten! die schwebend unbeschwerten Abgründe und die Gärten des Lebens tragen ihn!
Das Salböl aus den Händen Der todten alten Frau den Enkel lass verschwenden an Adler, Lamm und Pfau: Er lächelt der Gefährten, die schwebend unbeschwerten Abgründe und die Gärten des Lebens tragen ihn!	Lass lächelnd ihn verschwenden an Adler, Lamm und Pfau das Salböl aus den Händen der todten alten Frau: Er lächelt der Gefährten, die schwebend unbeschwerten Abgründe und die Gärten des Lebens tragen ihn!

Es ist nicht auszuschließen, daß die in der Abschrift als fünfstrophig erscheinende Version des »Lebensliedes« genau genommen ihren größeren Umfang nur einer Strophenvarianz verdankt, also im Grunde bloß zwei gleichzeitig erwogene Fassungen der Schlußstrophe hintereinanderreiht. Die schließlich vom Autor zum Druck gebrachte Gestalt des Gedichts weist jedenfalls nur noch vier Strophen auf, deren letzte wie eine Kontamination der *beiden* letzten der Vorfassung anmutet.

Vom Augenblick ihres Erscheinens an sind die Verse des »Lebensliedes« als unverständlich empfunden worden. »Die Gedichte«, berichtet ein Brief Hofmannsthals an Clemens von Franckenstein schon am 9.12.1896, »haben in Wien einen unglaublichen Lärm hervorgerufen durch ihre völlige Unverständlichkeit.«[14] Hofmannsthal hat sich im folgenden wiederholt gegen diesen Vorwurf der Unverständlichkeit zur Wehr gesetzt und Faktisches zur Erklärung der Verse beigesteuert. Diese Zeugnisse einer Explikation des dunklen Textes durch den Autor selbst sind freilich erst viel später an den Tag gekommen. Sie beziehen sich namentlich auf zwei Stellen des Gedichts: die Formel vom »Dunkelwerden der Flüsse« einerseits und die Vorstellung vom Verschwendungsgestus des Erben und dem »Salböl aus den Händen der todten alten Frau« andererseits. Zum ersten Problem, dem Motiv der im Dunkel versinkenden Flüsse, ist eine von Carl Jacob Burckhardt aufgezeichnete Erinnerung an eine Begegnung mit Hofmannsthal und an einen gemeinsamen Blick der beiden Männer auf das abendliche Salzburg im Jahr 1929 überliefert. Sie lautet:

14 Gedichte 1, S. 291.

> Rasch wurde es finster und kühl, nur der Lauf der Salzach spiegelte noch klar durch die Dämmerung. Hofmannsthal schaute über die Ebene und sagte: »Als ich in einem Jugendgedicht die Stelle schrieb
> *Der Flüsse Dunkelwerden*
> *Begrenzt den Hirtentag* -
> Sie verstehen: Wasserläufe, das letzte, was löscht nach Sonnenuntergang –, damals sagte man mir, das sei unverständlicher Zierat, dabei ist es eine der allereinfachsten Naturbeobachtungen, die jedem Jäger, jedem Bauer geläufig sind.« Dann aber, nach einer Weile, setzte er hinzu: »Ein schönes Ende, alles Licht des Tages sammelt sich dort, so müßte es mit unserem letzten Gedanken sein.«[15]

Zum Verständnis des zweiten Rätsels im Text, des dunklen Motivs vom »Salböl aus den Händen der todten alten Frau«, gibt Heinrich Gomperz erst 1942 in einem Brief (vermutlich an Heinrich Zimmer) einen Bericht über ein dem Gedicht zugrundeliegendes, freilich in Ansätzen schon 1903 zur Sprache gekommenes Erlebnis Hofmannsthals. Die Notiz über »die faktische Grundlage zu ›Den Erben laß verschwenden‹« von Heinrich Gomperz ist auf den 10. April 1942 datiert:

> Hofmannsthal erzählte mir, daß ihm meine Cousine Alice Morrison [...], die in ihrer Jugend eine strahlende und vielgefeierte Schönheit war, folgendes erzählte: Sie lebte einige Jahre in Indien, wo ihr Mann Fabriksdirektor war. Eines Abends waren sie bei einer hochgestellten oder sehr reichen Persönlichkeit geladen, die ein palastartiges Gebäude bewohnte, dem ein eigener Tierpark angeschlossen war. Es war ein sehr heißer Abend und Alice trat auf einen Altan hinaus, vom dem aus man in den Tierpark hinabsah. Unten sah man in unbestimmten Umrissen allerlei Getier – Vögel, Vierfüßer und Kriechtiere, die sich in der warmen Abendluft hin und her bewegten. Unter dem Eindruck der Wärme, der Nachtstimmung und dieses Anblicks überkam sie ein so heftiges mystisch-pantheistisches Gefühl der Allverbundenheit, daß sie in einem Drang, sich all diesem Leben noch inniger zu verbinden, ein Flakon öffnete, das sie von ihrer Großmutter (Sophie Todesco) ererbt hatte, und ein als besonders kostbar geltendes Parfum, das darin geborgen war, auf die Tiere hinabträufelte. Unter dem Eindruck dieser Erzählung habe er das Gedicht verfaßt, das also – und das ist eben das Merkwürdige – den zugrundeliegenden Tatsachen fast wörtlich entsprach, denn die Erbin hatte wirklich das Salböl der toten alten Frau an Vögel und Vierfüßler verschwendet. Ich kann mich noch erinnern, daß mir der Dichter das so ungefähr mit den Worten erzählte: »Ich weiß gar nicht, warum die Leute das so unverständlich finden: es hatte mir eben Mrs. Morrison das folgende erzählt...«.[16]

15 Helmut A. Fiechtner (Hg.), Hugo von Hofmannsthal. Der Dichter im Spiegel der Freunde, Bern und München 1963, S. 143.
16 Gedichte 1, S. 295, nach Exner S. 84f.

Wenn das Gedicht, das so entstand, den Titel »Lebenslied« trägt, so verbindet sich damit ein hoher Anspruch. Hofmannsthal war sich dessen, wie die Gestalt des Gedichts zeigt, sehr genau bewußt: Das Spiel mit der Form der Stanze – eine achtzeilige Strophe; jeder Vers dann freilich nur dreihebig; eine durch drei Reimzeilen mit stärker raffendem Effekt einsetzende Coda; eine die Strophe jeweils wieder öffnende letzte reimlose Zeile – alles dies könnte (wie schon Hans Lindau 1903 meinte) auf »Gedankenlyrik« hinauslaufen. Herder, Schiller und Goethe – sie alle hatten, aus einem strengen Formbewußtsein heraus, Stanzen als die Form philosophischer Erhebung genutzt; hatten sich, für grundsätzliche Äußerungen über Leben, Gott, Kunst und Welt, gerade diesem Medium anvertraut. Aber ausgerechnet diesen durch die Form nahegelegten philosophischen Gestus scheint das Gedicht Hofmannsthals dann doch fast im selben Atemzug auch schon zu widerrufen. Was das »Lebenslied« gleich zu Beginn zur Erscheinung bringt – wir wissen es durch Überlieferung des faktischen Ereignisses, das den Versen zugrunde liegt – ist eine Gebärde nicht der Raffung des Überlieferten zu spruchhafter Essenz und Gedankenformel, sondern ein Gestus der Vergeudung, der Verschwendung, des Verströmens eines Verflüssigt-Sinnlichen an die Natur. Das Gedicht beruft sich dabei ganz offensichtlich auf ein neues und unerhörtes Kulturgefühl: das der Löschung von Erinnertem und des gleitenden Verschwebens und Verströmens alles Überlieferten. Es deutet auf das Vergessenwerden der Toten; es nennt die Entrückung des Gegenständlichen in dämmernde Ferne (»die Wipfel in dem Weiten«); es verweist auf die flüchtige, unwiederbringliche Bewegung der Tänzerinnen, die dieser Entrückung in die Transparenz gleicht – der Tanz ist die Verschwendungskunst schlechthin.[17]

Die zweite Strophe nimmt diesen Gestus der Preisgabe auch für denjenigen in Anspruch, von dem im Gedicht als einem Handelnden die Rede ist: den Erben. Sein Gehen ist selbst eine flüchtige Bewegung; das Vergangene in seinem Rücken zeigt sich ihm nicht als Bedrohung, da es folgenlos verlischt; dem Tod antwortet nicht Furcht, sondern ein Lächeln; des Erbes nicht eingedenk erfährt er die befreiende Wirkung des Überschreitens der Schwelle als ein sanftes Sich-Öffnen, das Hintersichlassen der Heimat, das zugleich eine strömende Hingabe an das Fremde, Exotisch-Unverhoffte gewährt.

Die dritte Strophe des »Lebensliedes« nimmt das Thema der Vergeudung, die ein Verströmen an die Kreatur ist, wieder auf – es war, zu Beginn der ersten Strophe, mit der Formel von der Verschwen-

17 Vgl. hierzu den Hofmannsthalschen Dialog »Furcht« von 1907.

dung des Aromas an Adler, Lamm und Pfau, schon einmal angeklungen. Von solcher Verschwendung alles Kulturellen an die Natur und ihre exotische Magie spricht also auch diese Strophe: von dem Einschweben der Seele in den Schwarm wilder Bienen; von dem Erklingen des Lebensliedes aus dem Naturlaut der Delphine; von dem kosmischen Umfangenwerden des Selbst im »Hirtentag«, seinem natürlichen Wechsel zwischen Licht und Dunkel, der dunstigen Grenze, die das Sterben des Lichtes setzt.

Die vierte Strophe schließlich läßt das Thema von Vergeudung, von Verschwendung und lächelnder Verausgabung ein letztesmal erklingen. Das hier zum zweitenmal genannte Lächeln, die Unbeschwertheit der Hingabe und des Dahingleitens über den dunklen Abgründen gilt nun den Gefährten, gegenwärtigen wie abwesenden: Es ist ein Loslassen, bedingungslose Preisgabe von Besitz und Bindung, eben jener Kräfte kultureller Überlieferung, die alles Schöpferische in die Starre des Erinnerbaren verwandelt und zu Zeichen, Ordnungen und Institutionen verfestigt. Es ist eine lächelnde Absage an jenes Bewahren durch die verewigende Schrift der Tradition, die in der Vorstellung von der Lesbarkeit der Welt, als eines überdauernden Buches, beschlossen liegt. Dieses Überschreiten der Schwelle, das zugleich ein behutsames Zurücktreten und Loslassen bedeutet, ein Schwinden und Verströmen, verräumlicht sich dann im Gedicht ein letztes Mal in einer den Horizont der Wahrnehmung öffnenden Gebärde, die die Gärten des Lebens wie die unmeßbare Tiefe des Abgrunds, der keine Grenze mehr besitzt, umgreift: als die paradoxe Erfahrung eines Getragenwerdens im Akt des Loslassens selbst, das Vergeuden und Verausgabung ist.

Es gibt wohl keinen anderen Text im Werk Hofmannsthals, der auf so suggestive Weise eine Gebärde der Verschwendung und des Verströmens in Szene setzt, wie gerade das »Lebenslied«; als Ausdruck eines Lebensgefühls, dessen der Dichter sich gleichsam zitierend (und vielleicht nur ein für allemal) versichert, und zugleich gerichtet gegen jenes Erbe, das die zitierbaren Zeichen der Kultur aufbewahrt. Das Parfum, das in den Naturgarten strömt, und das Salböl, von dem ausdrücklich im Text die Rede ist, deuten wie in doppeltem Gestus auf Irdisches wie auf Sakrales in solcher Gebärde der Verschwendung.[18] Eigentlich ist es ja die Tränkung des Naturkörpers der Tiere mit der Essenz der Kultur, von der dieses Gedicht auf so dunkle wie offen-

18 Auf den für die Kulturgeschichte zentralen Zusammenhang von Opfer und Geruch erfolgen Hinweise bei Jean-Pierre Albert, Odeurs de sainteté. La mythologie chrétienne des aromates, Paris 1990.

bare Weise spricht: das Sich-Verströmen und die Rück-Vergeudung des Wesensaroms des Kulturellen an die bewußtlose, sprach- und schriftlose Kreatur; an Adler, Lamm und Pfau, an Bienen und Delphine, von denen im Text die Rede ist.

Damit steht Hofmannsthals Gedicht »Lebenslied« mitten in jener kritischen Situation, die den Weg gerade dieses Dichters markiert, die Schwierigkeiten eines frühbegabten Autors, mit dem Überlieferten und dem Erinnerten – als Reichtum und als Last zugleich – umzugehen: das Lebensgefühl eines Fin de siècle schlechthin. Hofmannsthal erprobt – wie übrigens nicht wenige seiner Zeitgenossen im Umfeld der Wiener Moderne – alle Möglichkeiten, die eine Lösung dieser Krise gewähren könnten – und die ja in gleichem Maße auch eine Zeitkrise des Wahrnehmens und des Erkennens ist.

Hofmannsthals Anfänge sind gekennzeichnet durch eine exzessive, ja maßlose Aufnahme alles Überlieferten, jener Fülle, die die Tradition schenkt; sie sind geprägt durch die souveräne Kunst zitierenden Spiels, die Selbstverständlichkeit des Aufnehmens und Verwandelns, zuletzt der Einschmelzung alles Aufgenommenen; und zwar aus der Überlegenheit dessen, der »alle Bücher gelesen hat« – »j'ai lu tous les livres«, sagt das Gedicht eines französischen Vorläufers. Und schon der ganz junge Hofmannsthal repliziert mit der preziösen Gebärde: »Laßt mich, ich muß im Wörterbuche lesen«.

Ein zweites poetologisches Muster auf Hofmannsthals Weg ist dann dieses: Er sucht in einer ganzen Reihe seiner Texte nach einer Möglichkeit symbolisierender Transzendierung und Verwandlung des Ererbten. Hier steht er wohl am deutlichsten in einer Tradition, die durch Baudelaire, aber auch Verlaine und Mallarmé begründet wurde.

Ein Drittes tritt alsbald hinzu: Hofmannsthal erwägt – und dies ist von großer Bedeutung für die Poetologie der Jahrhundertwende insgesamt – die Stiftung des Poetischen als eines zutiefst Sakralen durch den Kulturgestus des Opfers und seiner Ritualisierung. Das »Gespräch über Gedichte« von 1903 zeigt diesen Zusammenhang auf unvergeßliche Weise in der suggestiven Vision eines solchen archaischen Opfers, das die Ersetzung des Menschenkörpers durch das Tieropfer als den entscheidenden Schritt aus Chaos und Wildheit in die Kultur vor Augen stellt.[19]

---

19 Sämtliche Werke XXXI, Erfundene Gespräche und Briefe, S.80f. Vgl. dazu die Kritik Adornos in Theodor W. Adorno, »George und Hofmannsthal. Zum Briefwechsel: 1891-1906«, in: Prismen. Kulturkritik und Gesellschaft. München 1963, S. 190-231, hier S. 226f.

Eine vierte von Hofmannsthal erwogene Möglichkeit der Inszenierung des Poetischen – und, wie ich meine, die für die Ästhetik des Fin de siècle zentrale – wird dann durch das hier zu behandelnde »Lebenslied« repräsentiert. Dieser Text bekennt sich zur Gebärde der Verschwendung als eigentlich poetischem Akt: nicht pandemisch sich übersteigernde Anspielungsfülle also, nicht der Symbolismus der französischen Tradition, und ebenso wenig das sakrale Opfer als Modell poetischer Schöpfung, als Form der Zeichenstiftung, die hervorgeht aus dem hieratischen Akt der Substitution; sondern die Verschwendung der Essenz des Kulturellen an den rätselhaften und stummen Naturkörper des Lebendigen. Dies ist es und nichts anderes, wovon dieses Gedicht mit dem Titel »Lebenslied« spricht. An die Stelle des Opfers und seines Tauschwerts tritt nun das Verströmen, die Gebärde purer und selbstloser Verausgabung, die Rückkehr der Sinnlichkeit des Menschen in die Natur des Tieres selbst. Nicht Opferraum, nicht Opferritual, sondern lösende aromatische Entgrenzung in einem schöpferischen, das Selbst und sein Ausdrucksvermögen vergeudenden Augenblick.

IV

Im Blick auf den eigentümlichen Gestus von Hofmannsthals »Lebenslied« könnte man sich nun fragen, in welcher größeren Tradition ein solches poetologisches Argument der Verschwendung wohl zu verankern wäre, wie es Hofmannsthal im »Lebenslied« thematisiert und – ganz ohne Zweifel – ja auch ›zitierend‹ beglaubigt. Es ist in jedem Fall eine apokryphe Tradition der ›décadence‹, des immer wieder periodisch sich einstellenden Bewußtseins eines Fin de siècle, der Hofmannsthal sich hier verpflichtet; eine poetische Gebärde, die sich gegen das für die europäische Kultur fast ausnahmslos geltende Prinzip der Lesbarkeit der Welt als Erinnerung der Überlieferung und ihrer Texte richtet; eine Auffassung des Schöpferischen, die Vergeudung, nicht Ansammlung und Bewahrung ist; eine »Kunst des Nicht-lesens«, deren Prinzip im aromatischen Verströmen beschlossen liegt, nicht in der Fixierung durch Schrift, Zeichen, Archiv oder Denkmal – eine *Ästhetik des Flüchtigen* im eigentlichen Sinne des Wortes.

Die europäische Welt hat von Anbeginn an Wahrnehmungstheorie und Schöpfungstheorie miteinander verknüpft. Der aristotelische Begriff der Mimesis bezeugt dies in all seiner Komplexität und in den zahllosen Metamorphosen seines Verständnisses, die sich zwischen

Darstellung, suggestiver Vergegenwärtigung, Abbildung und schöpferischer Evokation auffinden lassen.[20] Die Ästhetiken von Baumgarten über Kant und Hegel bis zu Georg Lukács tragen diesem Umstand einer Zwiespältigkeit zwischen Wahrnehmung und Schöpfung Rechnung; sie sind – bei aller substantiellen Verschiedenheit – mit ihren Argumentationen zwischen den konkurrierenden Feldern von ›Wirklichkeitswahrnehmung‹ und ›Schöpfertum‹, von Replik und Konstruktion angesiedelt und setzen sich mit der Frage der Sinne und ihrer Kraft, die Vernunft zu belehren, auseinander – sinnliche Wahrnehmung also, die zum Erkenntnisakt wie zum Kunstakt zu werden vermag. Dabei zeichnet sich – von Anfang an und mit entschiedenem Nachdruck – eine streng valorisierende Hierarchie der Sinne ab.[21] Der Gesichtssinn – gleichsam als das ausgezeichnete Organ der Lesbarkeit der Welt – steht obenan, dem regierenden Doppelprinzip des Geistigen, Vernunft und Verstand, eng benachbart. Ihm folgt mit beträchtlichem Abstand das Gehör als Instrument der Wahrnehmung von Sprache und Klang – mit der Fähigkeit, die Grenze zwischen Naturlaut und Sprachzeichen zu ermitteln. Eine heikle Zwischenstellung nimmt der Tastsinn ein: wechselnd in seiner Bewertung und Funktionalisierung in der Geschichte der europäischen Ästhetik; von Herder – und seinen materialistischen Vorgängern wie Condillac – dann für einen beschränkten Zeitraum in das Zentrum menschlichen Wahrnehmungs- und Erkenntnisvermögens gestellt.[22] Geschmack und Geruch schließlich bleiben auf lange und vielleicht für immer auf den untersten Rängen: Die Ausnahmen bestätigen nur

---

20 Zur neueren Forschungsdiskussion – nach den Arbeiten von Auerbach, Blumenberg, Flasch, Gadamer, Jauß, Koller, Tomberg und Zuckerkandl – vgl. Andreas Böhn, Vollendete Mimesis. Wirklichkeitsdarstellung und Selbstbezüglichkeit in Theorie und literarischer Praxis, Berlin 1992; Harald Feldmann und Jan M. Broekman (Hg.), Darstellung und Sinn. Zur Bedeutung der Mimesis in Kunstphilosophie und Psychiatrie, Würzburg 1990; Harald Feldmann, Mimesis und Wirklichkeit, München 1988; Maria Kardaun, Der Mimesisbegriff in der griechischen Antike. Neubetrachtung eines umstrittenen Begriffes als Ansatz zu einer neuen Interpretation der platonischen Kunstauffassung, North-Holland, Amsterdam/New York/Oxford/Tokyo 1993.

21 Einen knappen, aber wohlabgewogenen Überblick gibt das schöne Buch von Annick Le Guérer, Les pouvoirs de l'odeur. Essai, Paris 1988. (Editions François Bourin)

22 Gerhard Neumann, »Der Körper des Menschen und die belebte Statue. Pygmalion – ein kulturgeschichtliches Paradigma«. In: Claudia Monti, Walter Busch, Elmar Locher, Isolde Schiffermüller (Hg.), Körpersprache und Sprachkörper. Semiotische Interferenzen in der Literatur. La parola del corpo – il corpo della parola. Tensioni semiotiche nella letteratura tedesca, Bozen 1996, S. 195-231.

umso entschiedener die Regel.[23] Der Geruch, als der gröbste, aller kulturstiftenden Semiologie am weitesten entrückte Sinn des Menschen, nimmt, als das Stiefkind unter den Organen menschlicher Sinnlichkeit, seinen Platz ganz zuunterst in der Hierarchie ein.[24]

Eine umfassende Geschichte der philosophischen Argumentation über den Geruchssinn wäre wohl noch zu schreiben. Man hätte sich dabei einer langen Reihe von Argumenten zu versichern. Da ist zunächst und an prominenter Stelle Aristoteles, für den der Geruch als der allergewöhnlichste unserer Sinne erscheint. Da ist die Entwertung des Geruchs und seiner die Sinnlichkeit weckenden Kraft durch das Christentum: Die Wahrnehmung von Geruch, so könnte man sagen, erscheint als ein ›décadence‹-Signal. Da ist die Aufklärung, die, wie Descartes, zwar immer noch – gemäß der aristotelischen Tradition – dem Gesicht den höchsten Rang zuteilt, aber dem Geruch, kraft seiner größeren ›Festigkeit‹ gegenüber dem Tastsinn, mittlere Qualität – freilich kaum Erkenntniskraft – zuspricht. Eine charakteristische Wende bahnt sich dann mit den sensualistischen Philosophen des 18. Jahrhunderts an. Vielleicht ist Condillac mit seinem »Traité des sensations« von 1754 die wichtigste Station in der Geschichte der Argumentation über eine solche ›Ästhetik‹ als Wissenschaft der Sinne.[25] Er ersinnt das Modell einer Statue, die, Schritt für Schritt, mit je einem der fünf Sinne begabt wird, dem Geruch zuallererst, der ihr den Weg in die Welt der Objekte allerdings nicht zu öffnen vermag. Jene Rose, deren Duft die (nur mit dem Geruchssinn begabte) Statue Condillacs wahrnimmt, hält diese für einen Bestandteil ihrer selbst: »La statue se sent odeur de rose«. Erst der Tastsinn ist es, der die Statue zuletzt zum Subjekt macht und ihr die sie umgebenden Objekte als ihr Gegenüber erschließt. Und Rousseau wird es dann sein, der

23 Hier ist vor allem Charles Fourier mit seinen einschlägigen Hauptwerken »Théorie des quatre mouvements et des destinées générales« von 1808 und »Théorie de l'Unité universelle« von 1822 zu nennen; Œuvres complètes, hg. Anthropos, Paris 1966-1970, Bd. I und Bd. IV; vgl. auch das auf Fourier (und Bachelard) bezügliche Kapitel bei Le Guérer, Pouvoirs, S. 283-292. Der Geschmack als gespaltenes Organ der Wahrnehmung wie als Element der Ästhetik nimmt hier eine bislang in dieser Doppelqualität ungeklärte Sonderstellung ein; vgl. Gerhard Neumann, »Geschmack-Theater. Mahlzeit und soziale Inszenierung«, in: GeschmackSache. Bonn 1996, S. 35-64. (Kunst- und Ausstellungshalle der Bundesrepublik Deutschland, Schriftenreihe Forum Bd. 6)

24 Eine umfassende Bibliographie zur Erforschung des Themas Geruch bieten Constance Classen / David Howes / Anthony Synnott (Hg.), Aroma. The Cultural History of Smell, London and New York 1994.

25 Condillac, Traité des sensations. Traité des animaux, Paris 1984. (Corpus des Œuvres de Philosophie en Langue Française) Hier vor allem das erste Kapitel: »Des premières conoissances d'un homme borné au sens de l'odorat«, S. 15ff.

das »odorat, un de nos premiers maîtres de philosophie«[26] nennt, dabei aber das Argument der Differenzierung von Natur und Kultur ins Spiel bringt – mit der für Rousseaus Kulturkonzept so zentralen Unterscheidung des Geruchssinns der Wilden, die durch dessen Stärke sich in der Welt zwar orientieren, aber diese nicht zu genießen imstande sind, von dem Geruchssinn der Zivilisierten (als der Natur weiter Entrückten), der zwar beträchtlich schwächer ist, aber eben darum Imagination und Phantasie weckt, als »der wollüstigste aller Sinne«, wie Rousseau sagt: »ébranlant plus l'imagination que les sens«.[27] Durch Kulturisation wird der Geruchssinn – so Rousseau weiter – zum Medium der Phantasie, einem Zivilisation stiftenden Medium, das semiotische Kraft und Dignität beanspruchen kann. Hier spätestens ist eine Ästhetik des Geruchs zugleich eine solche kulturellen Verfalls. Herder, in seinem legendären »Plastik«-Aufsatz von 1777, geht einen anderen Weg. Er macht im Gefolge Condillacs den Tastsinn zum Organ von Kultur und ihrer Zeichenwelt insgesamt. ›Plastik‹, als Inbegriff des Tastsinns und der Berührung, wird für Herder zur »Kulturformel« schlechthin. Die berührbare antike Statue erscheint ihm nunmehr – im Gefolge Winckelmanns – als »beständige Allegorie«, als eine »Art von Plastik der Seele«, in der Welt und Mensch »mit den Händen des Berührenden« gelesen werden können.[28]

Kant und Hegel werden in der Abwertung des Geruchssinns an eine lange Tradition anknüpfen; dem ersten »dient«, wie es bei ihm heißt, »der Geruchssinn schlechterdings zu nichts«; Hegel, der nach alter Tradition der Ästhetiken auch seinerseits alle fünf Sinne systematisch im Zusammenhang von Wahrnehmung und Darstellung behandelt, schließt den Geruch zuletzt ganz und gar aus dem Wissen über die Kunst aus.[29]

Eine merkwürdige Ausnahmestellung nimmt, wie gesagt, der französische Philosoph Charles Fourier, ein Zeitgenosse Goethes, ein. Bei ihm – zum ersten Mal in der Geschichte unseres Problems – erlangt das »Aroma« erkenntnistheoretische Würde. Er gründet eine Wis-

26 Jean-Jacques Rousseau, Émile ou de l'éducation, in: Œuvres complètes, Paris 1969, Bd. 4, S. 370.

27 Ebd. S. 415.

28 »Die Plastik von 1770«, in :Herders Sämmtliche Werke, hg. von Bernhard Suphan. Achtundzwanzigster Band. Berlin 1884, S. 116-163; hier 152f.

29 »Deshalb bezieht sich das Sinnliche der Kunst nur auf die beiden *theoretischen* Sinne des *Gesichts* und des *Gehörs*, während Geruch, Geschmack und Gefühl vom Kunstgenuß ausgeschlossen bleiben.« Georg Wilhelm Friedrich Hegel, Werke 13. Vorlesungen über die Ästhetik I, Frankfurt am Main 1970, S. 61.

senschaft universeller Art auf das Organ des Geruchssinns und konzipiert das Universum selbst als aus einer »Kopulation der Aromen« hervorgegangen.[30] Als wichtige Stationen auf dem – nach wie vor apokryphen und unter der Oberfläche abendländischer Episteme verlaufenden – Weg einer Privilegierung des Geruchssinns als Organ der Wahrnehmung und Erkenntnis erweisen sich dann wohl die Erkenntniskonzepte Feuerbachs, der der fleischlosen Philosophie Hegels respektlos einen Mangel an »Nase« bescheinigt, und Nietzsches, der einmal beteuert, sein ganzes Genie liege in seinen ›Nüstern‹ verborgen, in seinem feinen Gespür für den ›Stil‹ von Erkenntnis: und zwar einer nun metaphorisch verstandenen ›Witterung‹, im Sinne eines schöpferischen Instinkts, aus dem intuitive Erkenntnis erwächst.

V

Neben die philosophische Reflexion über eine Hierarchie der Sinne als Wahrnehmungsorgane tritt dann freilich auch noch eine zweite: die poetische, in den Texten der Literatur vergegenwärtigte; auch sie weitgehend dem Sinn des Auges als privilegiertem Organ sich anvertrauend. Nur eine schmale, gleichsam ›orientalische‹ Linie scheint sich hier unvermerkt in das Europäische einzuflechten – sie ist, gleich auf den ersten Blick, an der Rezeption des »Hoheliedes« ablesbar: »Köstlich ist der Duft deiner Salbe, dein Name hingegossenes Salböl« (Vers 3).[31] Die semitischen Kulturen messen dem Geruch, den Salben und Ölen, den flüchtigen Düften und dem Atem der Gewürze eine bedeutende Rolle im Feld der Wahrnehmung wie im Bezirk der Ästhetik zu; und dies wiederum im Gegensatz zur griechischen wie vor allem zur römischen Literatur, wo kaum Geruchsqualitäten in den kulturbestimmenden Diskurs eintreten. Eine Ausnahme bildet hier, aus einer griechischen Tradition abgeleitet, der Geruch von Op-

30 »copulations aromales«; Fourier, Unité universelle, Bd. IV, S. 242. (s. Anm. 17)

31 Aufschluß über diese Tradition geben: Marcel Detienne, Les jardins d'Adonis. La mythologie des aromates en Grèce, Paris 1972; hierzu das Vorwort von Jean-Pierre Vernant: »Zwischen Tieren und Göttern«, in: Jean-Pierre Vernant, Mythos und Gesellschaft im alten Griechenland, Frankfurt am Main 1987, S. 132-169; ferner Jean-Pierre Albert, Odeurs de sainteté (s. Anm. 11); Paul Faure, Parfums et aromates de l'antiquité, Paris 1987; Rolf Dragstra, »Der witternde Prophet. Über die Feinsinnigkeit der Nase«, in: Dietmar Kamper, Christoph Wulf (Hg.), Das Schwinden der Sinne, Frankfurt am Main 1984, S. 159-178 (= edition suhrkamp 1188); Ulrich Raulff, »Chemie des Ekels und des Genusses«, in: Dietmar Kamper, Christoph Wulf (Hg.), Die Wiederkehr des Körpers, Frankfurt am Main 1982, S. 241-258. (= edition suhrkamp 1132)

feraltären; in ihm öffnet sich eine sakrale Dimension der Wahrnehmung, die den Kontakte zwischen Menschen und Göttern betrifft.[32]

Wenige Texte in der Geschichte der Literatur sind es, die – wiederum in einem gleichsam unterirdisch verlaufenden Argumentationsfaden in den Gefilden der Poesie – von der Verbindung von Geruchswahrnehmung und Schöpfertum sprechen, sie zum Argument einer Ästhetik der Flüchtigkeit und des Aromas machend. Da ist die unvergeßliche Geschichte, die über das musikalische Genie Mozart erzählt wird – ich meine Mörikes Novelle »Mozart auf der Reise nach Prag« aus dem Jahre 1855. Ist diese Geschichte doch einer jener singulären Texte in der ganzen Weltliteratur, dem es wahrhaft gelingt, die Darstellung des schöpferischen Augenblickes selbst als eines Rätsels menschlichen Subjektseins sich zum Gegenstand zu machen und so – im tiefsten Sinne des Wortes – eine ›Schöpfungsgeschichte‹ (am Faden der Sinne) zu erzählen. Diese Geschichte spricht nun aber, ganz und gar aus der Eigenart des Mörikeschen Weltgefühls und seiner eigentümlichen poetologischen Disposition erwachsend, nicht von Vollendung und Überleben im Werk, sondern vom Aufleuchten und Verlöschen des Inspirationsaugenblicks, vom Verströmen und von der Verausgabung in einer Situation verschwenderischer Improvisation, die nichts ist als Flüchtigkeit. Das »Riechwasser« im Reisewagen der Eheleute Mozart, das mitten in der Idylle einer Naturszenerie sich verströmt; das Eindringen des reisenden Komponisten in den Schloßpark; Mozarts Pflücken und bewußtloses Öffnen der Orange, das Einatmen ihres Duftes: ein Schöpfungsaugenblick voll Verschwendung, in dem der Geruch der Frucht – die auch die Frucht des Sündenfalls ist – sinnliche Formkraft und essenzhafte Verfeinerung zum Vergänglichkeitszauber einer Wunschvision verschmelzen läßt, die Gedächtnis und Utopie zugleich ist: jener neapolitanischen Erinnerung Mozarts nämlich, in der Erotik und Kunst aus einer zartfrivolen Kinderphantasie zu quellen scheinen. Es ist ein nie wiederkehrender Improvisationsaugenblick, von Mörike ins dunkle Licht von Melancholie und Todeswissen gestellt.[33]

Man hätte sich aber auch Charles Baudelaires zu erinnern, der – in der zweiten Hälfte des 19. Jahrhunderts – in seinen Gedichten, vor allem in den »Blumen des Bösen«, den Geheimnissen des Geruchs –

32 Albert, Odeurs de sainteté.

33 Gabriele Brandstetter / Gerhard Neumann, »Zur Melancholie des schöpferischen Augenblicks. Mörikes Novelle ›Mozart auf der Reise nach Prag‹ und Shaffers ›Amadeus‹«, in: Günter Blamberger, Manfred Engel, Monika Ritzer (Hg.), Studien zur Literatur des Frührealismus, Frankfurt am Main/Bern/New York//Paris 1991, S. 306-337.

und seines ›dekadenten‹ Umkippens in den Ekel – nachgegangen ist und dessen Funktion in der Kulturwelt der Moderne zu rekonstruieren sucht, nicht zufällig gerade auf den Spuren des »peintre de la vie moderne«, Constantin Guys.[34] Und man hätte an Marcel Proust zu denken, der zu Beginn des 20. Jahrhunderts aus dem Geschmack und Geruch der Madeleine, des Muschelgebäcks, und dem Duft des Tees, in den sie getunkt wird, die Erzähl-Kathedrale seiner »Recherche«, eine Kathedrale der Erinnerung aus der Schrift errichtet. Der Geruch ist es, der das Wesen der Dinge weckt und ihnen erst mit Hilfe des olfaktorischen Reizes den Weg in das Kultursystem der Schrift und ihrer verflochtenen Spuren öffnet.[35] Valéry wird es noch einmal formulieren: »Les arômes sont appropriés à la vertu principale de chaque substance.«

Für die in den vorliegenden Überlegungen bedeutsamen Zusammenhänge, namentlich aber für die Frage nach der Argumentationstradition, in der Hofmannsthals Gedicht »Lebenslied« seinen Platz findet, ist noch ein weiterer Autor von kaum zu überschätzender Bedeutung: Joris-Karl Huysmans mit seinem Roman »A rebours« von 1884.[36] Was Huysmans in diesem für die europäische Wahrnehmungsgeschichte zentralen Erzählwerk in Szene setzt, mutet wie ein Versuch an, das Experiment Condillacs – als eine serielle Erprobung aller fünf Sinne zur Errichtung einer neuen Ästhetik der Wahrnehmung – unter der Ägide der Jahrhundertwende noch einmal zu wiederholen: aber nicht wie bei Condillac anhand des Menschenmodells der griechischen Statue, die dieser als Erkundungsmuster für die ›Normalität‹ des Menschen in einer wissenschaftlichen Welt nutzt; sondern als Experiment auf jenen neurotischen Status der Moderne, dem man den Namen der ›décadence‹ verliehen hat. Des Esseintes, der Held des Romans, stellt denn auch – man ist versucht zu sagen: more geometrico – sukzessive Experimente auf die verschiedenen Möglichkeiten sinnlicher Wahrnehmung an: durch die Privilegierung des Gesicht – anhand der Gemälde Gustave Moreaus; des Tastsinns – im erotischen Feld zwischen Mann und Frau; des Gehörs – in der Wahrnehmung der Musik; des Geschmacks – im kulturästhetischen

34 Vgl. hierzu das Kapitel »Baudelaire, ou de l'infini, du parfum et du punk« in Julia Kristeva, Histoires d'amour, Paris 1983, S. 394-422.

35 Gerhard Neumann, »Heilsgeschichte und Literatur. Die Entstehung des Subjekts aus dem Geist der Eucharistie«, in: Walter Strolz (Hg.), Vom alten zum neuen Adam. Urzeitmythos und Heilsgeschichte, Freiburg 1986, S. 94- 150, hier S. 105-120.

36 Joris-Karl Huysmans, A rebours. Le drageoir aux épices, Paris 1975 (série »Fins de Siècle«); Zitatnachweise künftig im Text.

Feld von Diät und morbider Dinierpraxis; und des Geruchs zuletzt – durch Erschaffung und Konstruktion einer künstlichen Welt des Parfums. Wesentlich an all diesen Experimenten ist das Prinzip artifizieller Essentialisierung (»Des Esseintes«) und der Versuch, die aus der Neurose geborenen, halluzinierten Empfindungen in ein künstliches, hochelaboriertes System der Zeichen zu überführen; jener Zeichen, deren Spiel sich in der Transformation in die Buchstaben, in die Grammatik und Semantik, mithin in die sprachliche Stilisierung des Textes vollendet. Die Geruchskunst, so postuliert Des Esseintes, sei an Nuancen ebenso reich wie die Literatur (141). Es komme nur darauf an, das sie entziffernde Organ der Wahrnehmung auch entsprechend zu schärfen. »Il déchiffrait«, wird von Des Esseintes gesagt, »maintenant cette langue, variée, aussi insinuante que celle de la littérature [...]« (194). Man müsse Grammatik und Syntax der Gerüche begreifen und für das Kulturverständnis nutzbar machen (142), fordert Des Esseintes. Die Geschichte der Gerüche, so fügt er hinzu, folge Schritt für Schritt derjenigen unserer Sprache (142). Des Esseintes, so heißt es dann abschließend einmal, studierte und analysierte geradezu die Seele dieser Essenzen, triebe mit diesen ›Textexegese‹ (143):

> Des Esseintes étudiait, analysait l'âme de ces fluides, faisait de l'exégèse de ces textes [...] et, dans cet exercice, son odorat était parvenu à la sûreté d'une touche presque impeccable. (196)

Es kann kein Zweifel bestehen, daß Hofmannsthals Gedichttext des »Lebenslieds« aus der Auseinandersetzung mit dieser dreifachen, hier in Umrissen skizzierten Tradition erwächst: der Geschichte der Wahrnehmung (als einer philosophischen Ästhetik) zum einen, der Geschichte der literarischen Überlieferung und Gestaltung zum anderen und der Geschichte der im Kulturgeschehen wirksamen Semiotik der Sinne zuletzt. Was Hofmannsthal – wie in einem großen Resümee der europäischen Kulturentwicklung – in seinem Fin de siècle noch einmal berührt, ist einerseits die lange, nie endende Auseinandersetzung mit der philosophischen Aufarbeitung des Verhältnisses von Wahrnehmung und Schöpfung, der Situierung des Ästhetischen im Spannungsfeld zwischen solcher Wahrnehmung und Schöpfung: die Auffindung und Situierungen des Geruchs, als des niedrigsten und verkanntesten aller Sinne, in diesem Feld; einem kulturellen Idikator der décadence. Es ist aber gleichermaßen und unter einer zweiten Perspektive die Auseinandersetzung mit der Geschichte der Literatur selbst, die dem Geruchssinn – im diffizilen Feld zwischen Flüchtigkeit des Sinnlichen und Lesbarkeit der Welt – eine nur periphere Rolle zuschreibt. Und es ist, gerade aus der intimen Nähe zu all diesen Texten von Mörike bis zu Huysmans und Marcel Proust, schließlich und unter einer dritten Perspektive doch immer die Schrift des Textes, auf die das Flüchtige des Aromas zugeordnet, als dessen bloßes Inzitament dieses Aroma verstanden wird: Geruch als Weckung von Phantasie, als Erweckung von Erinnerung und als Ablösung der Empfindungen von ihrem materiellen Substrat; aromatische Essenz, die in das Zeichensystem der Texte transponiert wird und so allererst den Status von Dauer und Verfestigung erlangt: in der Partitur, im Gemälde, im Gedicht oder im Roman. Diese merkwürdige Konstruktion des menschlichen Wahrnehmungsfeldes, daß nämlich Gerüche zunächst und grundsätzlich aus dem semantischen Feld ausgeschlossen sind (Dan Sperber)[37]; daß sie – im Lauf der menschlichen Entwicklung – in Phantasie umschlagen, bei zunehmend sich vermindernder, im Verfall begriffener Sinnlichkeit des zivilisierten Menschen (eine These Rousseau[38]); daß sie schließlich ein Geflecht apokrypher kultureller Argumentation unterhalb und außerhalb der klassisch-kanonischen Memoria-Ästhetik bilden, und diese gleichsam subvertieren – dies alles ist die dauernde Crux der doppelten philosophischen wie literarischen Rede über eine Ästhetik des Aromas geblieben.

Ganz ohne Zweifel ist es die orientalische Tradition, die mit dem Geruch, der an das Opfer gebunden bleibt, einen Bezug zum Übernatürlichen, zum Heiligen und zum Prinzip des Lebens schlechthin stiftet – man denke an die topischen Vorstellungen vom »Geruch der Heiligkeit«, »odeur de sainteté«[39]; ein Bedeutungszusammenhang, der nur gelegentlich in der europäischen Überlieferung aufflackert. Es ist das Verdienst Marcel Detiennes und Jean-Pierre Vernants gezeigt zu haben, daß die Semiotik des Geruchs in der griechischen Welt ambivalent besetzt erscheint: als Opfergeruch, der eine positive Beziehung zu den Göttern stiftet; als Aroma der Erotik, das durch Evokation des Begehrens die Institution der Ehe bedroht. Opfer und Verführung treten auf zwiespältige Weise in ein und demselben Zeichensystem, dem der Aromen, zusammen.[40]

---

37 Dan Sperber, Über Symbolik, Frankfurt am Main 1975, S. 161-172.

38 Rousseau, Œuvres complètes, Bd. 3, Discours sur l'origine et les fondements de l'inégalité parmi les hommes, S. 144.

39 Albert, Odeurs de sainteté.

40 »Dieselben duftenden und unverweslichen Substanzen, welche die Erde mit dem Himmel und die Menschen mit den Göttern verbinden, zerstören, wenn sie Männer und Frauen zu intim zusammenbringen, die Ehe [...] Wie ist nun zu erklären, daß in einem derart strengen und kohärenten Codesystem dasselbe

Hofmannsthals Gedicht »Lebenslied« wagt – vielleicht ganz und gar als einziges Beispiel innerhalb seiner Texte – einen Gegenentwurf gegen das antike Muster, gerade indem es aus all diesen Quellen wie beiläufig und ganz unvermerkt zu ›sprechen‹ beginnt. Das »Lebenslied« tut dies ohne die rituelle Stütze des Opfers und seines Brandgeruchs und insistiert auf der zwanglosen Gebärde purer Vergeudung; einer Verausgabung der Sinnlichkeit und des Begehrens, die selbst zum schöpferischen Akt wird: entspringend aus der sanften Verweigerung des Lesens und aus dem Verzicht auf Verzeichnung im Schriftraum der Kultur. Es tut dies auch abweichend von dem griechischen Kontext, in dem das Aroma in zwiespältigen Bezug zur Transzendenz wie zur Erotik tritt. Bei Hofmannsthal setzt sich eine dritte Größe an deren Stelle, die der Kunst; einer Kunst freilich, die nicht an die Kraft bewahrender Erinnerung, der ›Memoria‹, geknüpft wird, sondern an das Vergessen, an Verausgabung und Vergeudung.[41] Damit setzt der junge Hofmannsthal – vielleicht nur für einen kurzen ›literarischen‹ Augenblick – einen Gedanken poetisch in Geltung, der erst in der zweiten Hälfte unseres Jahrhunderts in Anknüpfung an Nietzsches »Philosophie des Begehrens« von Autoren wie Baudrillard, Bataille, Caillois oder Klossowski zur Sprache gebracht wurde: die Entrückung menschlicher Schöpfung und menschlicher Ausdrucksenergie aus dem Tauschzusammenhang der Kultur und ihrem verewigenden Schriftprinzip, aus dem Feld der Verrechenbarkeit der Werte und der ubiquitären Geltung der Grundfigur des Metaphorischen, als eines figuralen, dauernden geschichtlichen Sinn stiftenden Prinzips. Es sind Gedanken, die ihrerseits an fremde, außereuropäische Gesellschaften und Kulturformen anknüpfen, deren Wahrnehmungs- und Erkenntnisprozesse, deren Formen sozialen Verkehrs keinem rationalen Gewinnkalkül – als einer Verrechnung von ›Geist‹ und ›Geld‹ – gehorchen, sondern eine Struktur der Verausgabung

Element in zwei homologen und parallelen Institutionen entgegengesetzte Bedeutungen annimmt? [...] In beiden Formen, in denen uns die aromatischen Pflanzen begegnet sind – als Weihrauch, der Götter und Menschen verbindet, und als Duftstoff, der Männer und Frauen zusammenführt –, haben sie durch ihre Mittlerfunktion eine gewisse Ambiguität [...].« Vernant, Mythos und Gesellschaft, S. 155. Diese Überlegungen Vernants finden sich in dem Kapitel »Zwischen Tieren und Göttern. Von den Gärten des Adonis zur Mythologie der aromatischen Pflanzen«, das auf die Studien Marcel Detiennes zur Sinnenwelt der Antike Bezug nimmt.

41 Ähnlichen Überlegungen, freilich abgelöst von dem Motiv des Aromas, geht Jean Starobinski in einem Ausstellungskonzept des Centre Pompidou nach. Jean Starobinski, Gute Gaben, schlimme Gaben. Die Ambivalenz sozialer Gesten, Frankfurt am Main 1994.

enthalten, wie sie Marcel Mauss' Buch »Essai sur le don« so eindrucksvoll zum Thema gemacht hat.[42]

Hofmannsthals Aufmerksamkeit hat immer wieder Phänomenen dieser Art gegolten. Seine Essays bezeugen es. So hat er etwa im Bereich des Tanzes und namentlich seiner außereuropäischen Formen solchen Vorstellungen nachgespürt, und er hat einzelne Gestalten, gleichsam anthropologische Muster der europäischen Kultur, aufgesucht, die solchen Prinzipien der Verausgabung jenseits allen Tauschwertes nahestehen. In »Ad me ipsum« werden sie einmal aufgezählt: der Verschwender, der Wahnsinnige, der Abenteurer, der Schwierige.[43] Das Gedicht »Lebenslied« aber geht über solche bloß dem Phänomen geltende Aufmerksamkeit hinaus; denn es ›zeigt‹ diese Struktur *selbst* als ›Gestus‹, als Habitus des Ausdrucks, als vollkommene, der europäischen Kultur entrückte Gebärde, die – zwar ihrerseits noch Sprache – doch den sprachlichen Anspruch auf Lektüre der Welt preisgibt: ein lächelndes Sich-Lösen von allem Besitz und aus aller Bindung. Dekadenz ist Verfall und Neuanfang; hohe Auflösung der Wahrnehmung, die zu einer anderen Art von Verdichtung – jenseits der Sprache – wird. Es ist »Kunst des Nicht-lesens«, als Akt souveräner sprachlicher Vergeudung in Szene gesetzt; ein poetisches Geschehen, das Verzicht darauf leistet, Sein in Sinn zu überführen, das Gut der Kultur in überdauernden Zeichen zu horten und zu archivieren.

VI

Um das Besondere und vielleicht Unvergleichliche des Hofmannsthalschen Experiments noch deutlicher ins Licht zu rücken, möchte ich die Aufmerksamkeit im folgenden auf ein Gedicht Rainer Maria Rilkes lenken, das zwölf Jahre nach dem »Lebenslied« entstand, das, wie dieses, auf das Phänomen des Geruchs gerichtet ist und das sich mit eben diesem poetisch auseinandersetzt. Es läge nahe, im Werk Rilkes, der von ähnlichen Erfahrungen geprägt ist wie Hofmannsthal, der ähnlichen Krisen ausgesetzt war wie dieser, auch vergleichbare Experimente zu erwarten, was die Problematik der Wahrnehmung, was die Bedeutung sinnlicher Erfahrung und ihrer suggestiven Flüch-

42 Marcel Mauss, Essai sur le don. Forme et raison de l'échange dans les société archaïques, Paris 1925.

43 »Ad me ipsum« in Hugo von Hofmannsthal, Gesammelte Werke in Einzelausgaben. Aufzeichnungen, hg. von Herbert Steiner, Frankfurt am Main 1959, S. 211-244.

tigkeit, was schließlich den Entwurf einer neuen, aus den Aporien der Sprach- und Wahrnehmungskrise erwachsenden poetischen Sprache angeht. Rilkes sogenannte »Dinggedichte« werden gern unter solchen Auspizien gelesen.

Ich möchte versuchen, diese – aus ähnlichen Vorbedingungen erwachsende, aber grundsätzlich von Hofmannsthals Fassung des Themas abweichende – poetische Struktur und ihren Zusammenhang mit dem Problem der Wahrnehmung an Rilkes Gedicht »Persisches Heliotrop« von 1908, in Paris entstanden, zu verdeutlichen.[44] Das Gedicht lautet:

> Es könnte sein, daß dir der Rose Lob
> zu laut erscheint für deine Freundin: Nimm
> das schön gestickte Kraut und überstimm
> mit dringend flüsterndem Heliotrop
>
> den Bülbül, der an ihren Lieblingsplätzen
> sie schreiend preist und sie nicht kennt.
> Denn sieh: wie süße Worte nachts in Sätzen
> beisammenstehn ganz dicht, durch nichts getrennt,
> aus der Vokale wachem Violett
> hindüftend durch das stille Himmelbett -:
>
> so schließen sich vor dem gesteppten Laube
> deutliche Sterne zu der seidnen Traube
> und mischen, daß sie fast davon verschwimmt,
> die Stille mit Vanille und mit Zimmt.

Auf den ersten Blick, der seiner Thematik gilt, ließe sich dieser Text ohne weiteres als ein Liebesgedicht lesen: sich einreihend in die europäische Tradition jener »Laudes«, die, von Franz von Assisi über Jacopone da Todi bis zu Shakespeare oder Gabriele d'Annunzio, das Lob des oder der Geliebten singen. Formal gesehen stellt das Gedicht sich in die Tradition des Sonetts als eines literarischen Diskurses über Bedingungen und Möglichkeiten einer Liebessprache schlechthin, wie sie der Petrarkismus begründet hatte; freilich in einer charakteristischen Variante. Denn Rilke setzt, mit spielerischer Reimvarianz, die beiden Terzette des klassischen Sonetts als Mittelstrophe, welche von dessen beiden Quartetten gleichsam umrahmt wird: einen Prozeß der Argumentation auslösend, der vom Thema der Liebes-Spra-

44 Rainer Maria Rilke, Sämtliche Werke, hg. vom Rilke-Archiv in Verbindung mit Ruth Sieber-Rilke, besorgt durch Ernst Zinn, Frankfurt am Main 1962, S. 630f. Ist ein Anstoß, wie man vermutet hat, von Kierkegaards »Tagebuch des Verführers« ausgegangen: Hans Berendt, Rainer Maria Rilkes Neue Gedichte. Versuch einer Deutung, Bonn 1957, S. 324?

che über die Schwelle einer gleichsam enharmonischen Verwechslung von Sprache und Aroma in das zweite Thema des Duftes und seiner erotisch-poetischen Evokationskraft mündet.

So könnte man denn mit einigem Recht behaupten, daß »Persisches Heliotrop« als ein Gedicht aufzufassen sei, das, wie zahllose andere der lyrischen Tradition, auf der Suche nach einer Liebessprache und deren Inbegriff ist, und den Satz »ich liebe dich« im strengen Bewußtsein seiner mimetischen Unmöglichkeit nachspricht[45]: mithin in jener Krise angesiedelt sich zeigt, die die Sprach-Krise schlechthin ist, ein Unsagbarkeitstopos, wie er im Buche steht. Ist es ein ›Überstimmen‹ der poetischen *fleurette*, der ›Sprache durch die Blume‹? Rilke greift hierbei denn auch auf ein altes topisches Modell aus diesem Kontext zurück: das Idiom der Blumen als eine den Doppelbindungen der Sprache entrückte Form des unmittelbar sinnlichen Ausdrucks, gesättigt mit Farben und Düften, die die Stelle von Worten einnehmen und für diese zu sprechen vermögen. Rilke knüpft aber auch mit ›Rose‹ und ›Bülbül‹, der orientalischen Nachtigall, an Goethes im »west-östlichen Divan« erfundene künstliche Liebessprache solcher Floralität an: die ›Anthologie‹ (›Blüten-Lese‹) der Rhetorik. Vermittelt durch Goethe und womöglich durch Rückerts Orientalisieren klingt so zugleich noch eine sekundäre intertextuelle Reminiszenz an: das Liebesgespräch zwischen Rose und Nachtigall, wie es aus der persischen Dichtung, aus den Gedichten eines Hafis und deren Erneuerung durch Goethe geläufig ist; als ein Rühmen der Geliebten.

Aber noch eine weitere, an das topische Thema des Findens einer Liebessprache anknüpfende literarhistorische Evokation ist in Rilkes Gedicht wahrnehmbar: Es ist die Anspielung auf Heinrich von Kleist. Kein Autor hat wie dieser in seinen Werken wie in seinen Briefen alle nur denkbaren Explorationen dieses Problems der Findung einer Liebessprache in Szene gesetzt: so beispielsweise in der »Familie Schroffenstein«, so in der »Penthesilea« und im »Käthchen von Heilbronn« – bis hin zur ergreifenden ›Todeslitanei‹ der letzten Briefe.[46] Für den hier angesprochenen Zusammenhang ist wohl die Szene II,1 aus dem »Käthchen von Heilbronn« von größter Bedeutung. Man könnte diesen Monolog des Grafen Wetter vom Strahl als

45 Roland Barthes, Fragments d'un discours amoureux, Paris 1977, Stichwort »je t'aime« S. 175-183; »comme profération, *je t'aime* n'est pas un signe, mais joue contre les signes«, S. 182.

46 Gerhard Neumann, »Hexenküche und Abendmahl. Die Sprache der Liebe im Werk Heinrich von Kleists«, in: Freiburger Universitätsblätter 25. Jg. (1986) Heft 91, S. 9-31.

die Urszene der Kleistschen Bemühungen um die ›Erfindung‹ einer Liebessprache lesen. Wetter vom Strahl durchforscht das Arsenal der überlieferten Sprache nach geeigneten Ausdrucksmustern: »Ich will meine Muttersprache durchblättern, und das ganze, reiche Kapitel, das diese Überschrift führt: Empfindung, dergestalt plündern, daß kein Reimschmied mehr, auf eine neue Art, soll sagen können: ich bin betrübt.« (674-678) Wetter schickt sich an, »alle Phiolen der Empfindung«, die in diesem Archiv gelagert sind, zu öffnen, und ihren Duft freizusetzten. Dabei stößt er auch auf das ›orientalische‹ Argument des Aromas, dessen sich Rilke dann in seinem »Heliotrop«-Gedicht mit der Formel vom »hindüftenden Himmelbett« erinnern wird: »Warum kann ich dich nicht aufheben«, wendet er sich an das abwesende Käthchen, »und in das duftende Himmelbett tragen, das mir die Mutter, daheim im Prunkgemach, aufgerichtet [...] Du, deren junge Seele, als sie heut nackt vor mir stand, von wollüstiger Schönheit gänzlich triefte, wie die mit Ölen gesalbte Braut eines Perserkönigs, wenn sie, auf alle Teppiche niederregnend, in sein Gemach geführt wird!« (688-694)

Das ursprünglich so naheliegende (und durch die literarischen Reminiszenzen gestützte) Argument, daß es sich bei Rilkes »Persischem Heliotrop« um ein Liebesgedicht handeln könnte, wird freilich relativiert durch den distanzierenden Sprachgestus des Textes: die Anrede nicht des Liebenden an die Geliebte, sondern die Suggestion einer bestimmten Sprechhaltung durch einen Dritten, geradezu in Gestalt eines Artikulationsprogramms: »Es könnte sein, daß Dir der Rose Lob / zu laut erscheint für Deine Freundin [...]«. Ob dieses Du, das hier im Konjunktiv angesprochen wird, wirklich ein Dritter oder doch nur ein anderer Erster, nämlich der liebende Autor selbst ist, der sich ermahnt, in seinem Rühmen behutsam zu sein, bleibt jedenfalls offen. Hofmannsthals »Lebenslied« bedient sich übrigens des gleichen distanzierenden Anredegestus: »Den Erben laß verschwenden ...«. Ich deute diesen Abstand stiftenden Habitus als poetologische Gebärde, die – mit den Worten von Rilkes Gedicht – das Erotische »überstimmt«. Es ist die Suggestion eines zu erzielenden Sprechtons und Sprechaktes, der im Konjunktiv vorgetragen wird: »Es könnte sein [...]«; seinerseits gefolgt von einer Aufforderung: »Nimm / das schön gestickte Laub [...]«; und abermals gefolgt von einer Begründung, die – wie so häufig bei Rilke – die Form eines Vergleichs, einer ›Kehre‹ gleichsam, nicht aber eines ableitenden Begriffs hat:

> Denn sieh: wie süße Worte nachts in Sätzen
> beisammenstehn ganz dicht, durch nichts getrennt,

> aus der Vokale wachem Violett
> hindüftend durch das stille Himmelbett – :
>
> so schließen sich vor dem gesteppten Laube
> deutliche Sterne zu der seidnen Traube [...]

Der Rat des Sprechenden richtet sich – im wahrsten Sinne des Wortes – auf eine neue Ästhetik: auf die Nutzung der Wahrnehmung durch den (liebenden?) Dichter; auf die Umsetzung dieser Wahrnehmung in Darstellung, in poetische Sprache.

Damit bringt aber Rilke noch einmal – wie schon Huysmans in seinem Roman – jenes Condillacsche Experiment ins Spiel, in dem die Erkenntnis- und Darstellungskraft der fünf Sinne auf die Probe gestellt wird. Es sieht fast so aus, als habe sich Rilke sogar durch Huysmans' problematischen Helden Des Esseintes unmittelbar inspirieren lassen. Dieser härtet sich nämlich – im zehnten Kapitel von »A rebours« – durch eine Reihe von Fingerübungen für die zuletzt voll Kunstverstand ins Werk gesetzte Herstellung seines Parfum-Kunstwerks:

> Ainsi que Balzac que hantait l'impérieux besoin de noircir beaucoup de papier pour se mettre en train, des Esseintes reconnut la nécessité de se refaire auparavant la main par quelques travaux sans importance; voulant fabriquer de l'héliotrope, il soupesa des flacons d'amande et de vanille, puis il changea d'idée et se résolut à aborder le pois de senteur.
> Les expressions, les procédés lui échappaient; il tâtonna; en somme, dans la fragrance de cette fleur, l'ornage domine; il tenta de plusieurs combinaisons et il finit par atteindre le ton juste, en joignant à l'oranger de la tubéreuse et de la rose qu'il lia par une goutte de vanille.
> Les incertitudes se dissipèrent; une petite fièvre l'agita, il fut prêt au travail; il composa encore du thé en mélangeant de la cassie et de l'iris, puis, sûr de lui, il se détermina à marcher de l'avant, à plaquer une phrase fulminante dont le hautain fracas effondrerait le chuchotement de cette astucieuse frangipane que se faufilait encore dans sa pièce. (197f.)

Nicht nur das Spiel der Duftnoten Heliotrop, Vanille und Rose, sondern auch die Klangkonstellation von Schrei und Flüstern ist hier – wie bei Rilke – in ein Experimentierfeld sinnlicher Wahrnehmung versetzt, ein Spiel, in dem es darauf ankommt, Duftnoten in Worte, Sätze und syntaktische Konstruktionen zu bringen, sie mithin in ein anderes Medium zu ›übersetzen‹. Rilkes Gedicht verfährt nicht unähnlich, nur ist das Spiel der Sinneswahrnehmungen, das Rilke daraus entbindet, komplizierter. Das Gedicht beginnt mit dem Organ des Gehörs, dem allzu lauten Lob der Rose, dem ein dringendes Flüstern – statt eines schreienden Preisens – als angemessen entgegengesetzt wird. Dieses Flüstern mündet schließlich in die »Stille« der letzten Zeile des Gedichts, deren serener Weitung freilich ein »still« in der Mitte des Gedichts schon den Weg geöffnet hatte. Eine zentrale Vorstellung ist dann die des »Überstimmens«, einer Klangfigur, in der Laut und Leise sich ineinander verflechten. Nach dem Gehör erst kommt der Gesichtssinn ins Spiel, und zwar in jenem Augenblick des Gedichts, wo vom »gestickten Kraut« die Rede ist; einer im übrigen exakten biologischen Beobachtung, die der Behauptung rechtzugeben scheint, Rilke habe sich zur Information über Blütenstand und Blattstruktur eines Lexikon-Artikels bedient[47]; wo aber sprachlich auch die »Sterne« in der »seidnen Traube« evoziert werden, die sich »vor dem gesteppten Laube« abheben. Gestickt – gesteppt – und wie von Seide: Es ist das Bildfeld der Textur, dem Stoff wie dem sprachlichen Text eigen, das hier in den Mittelpunkt rückt. An dieser Stelle des Gedichts vollzieht sich denn auch eine erste Orientierung auf die Verwandlung von sinnlicher Wahrnehmung in Schrift. Diesem artifiziell verflochtenen Feld der ›Textur‹ wird aber, ineins damit, auch Farbigkeit zugesprochen: das (Blau-)Violett – oder ›Heliotrop‹.

Als drittes Medium sinnlicher Wahrnehmung treten alsbald Geschmack und vor allem Geruch hinzu: die Süße der Worte, zwischen Lautgestalt und Kalligraphie erblühend: Heliotrop, hindüftend »mit Vanille und mit Zimt«. Der Tastsinn allein – das Herdersche Kapitalorgan von Wahrnehmung und Kulturstiftung – bleibt ausgespart; ganz ohne Zweifel ein Symptom für Rilkes vielgerühmtes Prinzip »gegenstandsloser Liebe« (- wie übrigens auch in Hofmannsthals Gedicht der Tastsinn fehlt).

Bestimmendes Merkmal dieses Vorgangs sinnlicher Schichtung im Wechselprozeß von Wahrnehmung und Darstellung ist dann die Struktur der Überlagerung: des »Überstimmens«, wie der Text so schön sagt. Es ist ein gleitender Vorgang der Überlagerung akustischer Vorgänge (»laut« und »leise«) durch solche des Optischen (»Licht« und »Dunkel«; »Violett«) und durch jene anderen schließlich des Olfaktorischen (Heliotrop – in dem »Vanille« und »Zimt«, als Gegensätze im Feld des Geruchs, ineinanderspielen)[48]: Blumen

47 Rilke-Kommentar zum lyrischen Werk, von August Sahl unter Mitarbeit von Werner Jost und Reiner Marx, München 1978, S. 243; Anregung durch zwei Beschreibungen in Lexika nach der Auffassung von Wolfgang Müller, Rainer Maria Rilkes Neue Gedichte. Vielfältigkeit eines Gedichttypus, Meisenheim 1971; durch Kierkegaard nach Hans Berendt, Rainer Maria Rilkes Neue Gedichte. Versuch einer Deutung, Bonn 1957; vgl. noch B.L. Bradley, Rainer Maria Rilkes Der neuen Gedichte anderer Teil, Bern 1976.

48 Zum technischen Hintergrund der Geruchsphänomene vgl. Anne Sibylle von Blomberg, Die Welt der Düfte, München 1990. Ferner Das Riechen. Von Nasen, Düften und Gestank, Bonn 1995. (Kunst- und Ausstellungshalle der Bundesrepublik Deutschland, Schriftenreihe Forum Bd. 5)

unten und Sterne oben, die, von einem künstlichen Himmel herabgesenkt, sich mit dem Irdischen vermischen.

Wohl am bedeutendsten aber in diesem kunstvollen Spiel des Überstimmens der Klänge durch das Licht, des Lichts durch den Geruch und Geschmack ist zuletzt die Verwandlung der sinnlichen Wahrnehmung in Schrift. Hier mag eine dritte intertextuelle Anspielung ihre Wirkung entfalten, jene legendäre lettristische Phantasie nämlich, die Rimbaud in seinem Gedicht »Voyelles« von 1883 entfaltet hat:

> A noir , E blanc, I rouge, U vert, O bleu: voyelles,
> Je dirai quelque jour vos naissances latentes [...][49]

Wenn nach dieser sensoriellen Farbgrammatik »I« rot und »O« blau bedeuten, so ergibt, *farbtechnisch* gesehen, deren Vermischung »violett«; *phonetisch* gesehen verbinden sich, im gleichen Zug, »I« und »O« zum Diphthong »IO« im Wort »Violett«. Wenn in dieser ersten Überstimmung die Farbe in Klang und Buchstabe umspringt, so parallel hierzu die Farbe Violett ihrerseits, in einem zweiten Register, in den Duft des Heliotrops: Und zwar wiederum durch ein Klangspiel. Denn der aus »I« und »O« gebildete Laut, der auf eine Farbqualität deutet, wird zugleich in die Klangformel eines Parfums umgesetzt und eingeschmolzen: »hel*io*trop« bezeichnet ja in der Tat *beides*, die Farbnuance wie die Geruchsqualität – eine Buchstaben-Hochzeit im »stillen Himmelbett«, wie der Text Rilkes sich ausdrückt.

Das Spiel, das Rilke in seinem Gedicht in Gang setzt, ist nicht wie bei Hofmannsthal ein gegen das Erinnern des Erbes und der Schrift sich entfaltender Akt der Vergeudung von Duft und Aroma, ja der verschwenderischen Verausgabung, sondern vielmehr ein poetisches Ereignis des Äquivalententausches, der Überstimmung des einen sensoriellen Registers durch das andere, der Verschmelzung mit dem anderen; es ist ein Spiel serieller Figuralisierung, der Übersetzung von Sinneswahrnehmung in Sprache, von Literalsinn in Figuralsinn. Worte werden zu Metaphern der Düfte und Farben; Düfte werden zu Gleichnissen der Worte; Klänge werden zu Übersetzungen von Farben und Düften. ›Heliotrop‹: Das Wort bedeutet »Sonnenwende«; es spricht vom Gesicht der Blume, das sich dem Gestirn zuwendet, vom Gestirn am Himmel aber auch, das durch seine sphärische Bahn das Blütenantlitz bewegt. Das Wort ›Heliotrop‹ wie das Phänomen, dem es gilt, sind dem Gesetz der Korrespondenz, der differentiellen Verschiebung und Wechselrepräsentanz unterworfen: Stern und Blume –

49 Rimbaud, Œuvres complètes, texte établi et annoté par Rolland de Renéville et Jules Monquet, Paris 1954. (Bibliothéque de la Pléiade) hier S. 103.

Blume *als* Stern, Stern *als* die Blume ›Heliotrop‹ – in einem nicht enden wollenden Übersetzungsspiel. Dies und nichts anderes sagt auch Rilkes Gedicht. Das Gedicht »Persisches Heliotrop« ist ein Wort-Spiel im ausgezeichneten Sinne. Es handelt von der Figuralität der Sprache und setzt das Bewußtsein solcher Figuralität mit hoher Kunst in Szene. Jacques Derrida hat in einer sprachphilosophischen Beobachtung den Vorgang, der sich hier ereignet, mit großer Präzision ausgedrückt:

> Métaphore veut donc dire héliotrope; à la fois mouvement tourné vers le soleil et mouvement tournant du soleil.[50]

Man hat mit Recht bemerkt, daß es sich bei Rilkes dichterischem Verfahren um eine Poetik des »Vorwands« handelt und hat damit einen von Rilke selbst stammenden Begriff aufgenommen[51]: das Sichtbare, das als Vorwand des Unsichtbaren dient, das Sagbare, das als Vorwand des Unsagbaren erscheint. In Rilkes »Persischem Heliotrop« erscheint ›Aroma‹ als Vorwand des Textes selbst, des in ihm befestigten Paradoxes der Darstellung des Nicht-Darstellbaren, in einer doppelten Übersteigerung zugleich gekleidet in den Vorwand einer ›Sprache der Liebe‹, die keinen Gegenstand hat.[52]

VII

Wollte man einen Epilog auf das rhythmisch wiederkehrende Muster von ›fins de Siècles‹ skizzieren, so dürfte ein Blick auf Patrick Süs-

---

50 Jacques Derrida, Marges de la Philosophie, Paris Minuit 1972, S. 247-324, hier S. 251.

51 Anthony R. Stephens, Rilkes Malte Laurids Brigge. Strukturanalyse des erzählerischen Bewußtseins, Bern und Frankfurt am Main 1974, »Der Bereich der Vorwände«, S. 133-161.

52 Das Motiv des Heliotrops – in dem sich die Momente von Duft und Farbe, Blume und Text, Materialität und Metapher kreuzen – gehört zu den Lieblingsvorstellungen der Autoren des endenden 19. Jahrhunderts und der Jahrhundertwende. Es sei nur an Zolas Roman »L'Œuvre« (1886), an Maeterlincks Einakter »Les Aveugles« (1891), an Hofmannsthals »Märchen der 276. Nacht« (1995) und an Heinrich Manns »Das Wunderbare« (1997) erinnert. Eine Sonderstellung in dieser Konfiguration der verschiedensten Texte spielt Theodor Fontanes »Effi Briest« (1894/95), wo das leitmotivisch wiederkehrende Heliotrop in ein komplexes Bedeutungsspiel eintritt. Vgl. hierzu den freilich wenig ergiebigen Aufsatz von Klaus Dieter Post, »›Das eigentümliche Parfüm des Wortes‹. Zum Doppelbild des Heliotrop in Theodor Fontanes Roman ›Effi Briest‹«, in: Walter Seifert (Hg.), Literatur und Medien in Wissenschaft und Unterricht. Festschrift für Albrecht Weber zum 65. Geburtstag, Köln / Wien 1987, S. 47-54.

kinds Roman »Das Parfum« von 1984 nicht fehlen, der, unter dem Aspekt einer Ästhetik des Flüchtigen, die Jahrhundertwende 2000 einleitet. Dieser Roman gehört offensichtlich in diese nun zweihundertjährige Entwicklungsgeschichte unseres Problems. Sein Besonderes ist darin zu suchen, daß er ein auf den Geruchssinn allein ausgerichtetes Experiment darstellt. Nur Joris-Karl Huysmans Dekadenzroman »A rebours« von 1884 hat etwas Ähnliches versucht: freilich dann zuletzt doch ein Experiment auf die serielle Erprobung aller fünf Sinne. Die Grundfrage, die beide Romane stellen, lautet: Wie bilde ich mich und mein Selbst durch Wahrnehmung der Welt und durch Aufnahme des Wissens und der Techniken, die an ihrer Bildung, an ihrer Konstruktion beteiligt sind? Und welche Möglichkeiten der Wahrnehmung eröffnen sich, wenn ein bislang kulturell verkümmerter Sinn, wie der des Geruchs, in den Mittelpunkt rückt?

Die Experimente beider Autoren sind darum so außerordentlich, weil die europäische Wahrnehmungs-Kultur den Geruchssinn aus dem Erkenntnisakt generell ausgeschlossen hatte: damit aber auch aller semantischen Qualität beraubte. Gerüche lassen sich nicht versprachlichen. Rousseau hat, wie gesagt, darauf verwiesen, daß der Geruch allenfalls dort wirksam wird, wo er, aus einer Schwächung der Sinnlichkeit heraus, in das kulturelle Organ der Phantasie umspringt. Zwar führt er so zur Fähigkeit einer Unterscheidung feinster Differenzen. Aber Gerüche bleiben doch grundsätzlich unterhalb und außerhalb der Memoria-Ästhetik. Denn sie sind mit kulturellen Zeichen nicht fixierbar. Für eine Ästhetik des Flüchtigen, wie sie sich aus dem Geruchssinn entwickeln ließe, gibt es in der europäischen Kultur eigentlich keinen Ort.

Süskinds Protagonist Grenouille reagiert in seismographischer Weise auf das, was ihm begegnet. Er stellt gewissermaßen Kontakt-Kopien her. Aber er vermag diese Erfahrungen nicht an das symbolische Universum der Kultur zu vermitteln, nicht zur sozialen Mitteilung zu machen. Er reagiert sensoriell – aber er strömt selbst keinen Geruch aus, der Ausdruck seiner Eigentümlichkeit sein könnte. Grenouille wird nicht zum Subjekt und kann nicht mit Subjekten kommunizieren. Es gelingt ihm zwar – aufgrund seiner technischen Kenntnisse – den Duft eines Menschen zu konstruieren. Aber er provoziert dadurch keinen Dialog, keine sein menschliches Gegenüber anerkennende Kommunikation. Das Ende ist Zerstörung, eine menschenfresserische Orgie der Einverleibung, die Vernichtung menschlicher Gesellschaft und ihrer symbolischen Ordnung.

Indem Süskind diese Geschichte Grenouilles als ›negative‹ Bildungsgeschichte erzählt, als eine Diagnose der zeitgenössischen

Kultur, macht er aber auf zwei wesentliche Momente eben dieser Kultur aufmerksam und legt zugleich ihre historischen Wurzeln frei.

Süskinds erste Beobachtung zielt darauf, daß das entscheidende Merkmal dieser postmodernen Kultur – als einer *décadence*–, einer *Fin de siècle*-Kultur, deren unendliche Differenzierbarkeit ist, die aus jenem Ausdifferenzierungs-Potential der Wahrnehmung erwächst, wie es den modernen Wahrnehmungsmedien zu verdanken ist. Es ist ein Prinzip, auf das auch der Soziologe Niklas Luhmann nachhaltig hingewiesen hat.

Eine zweite Beobachtung Süskinds besagt, daß es die Löschung des Eigentümlichkeits-Kerns des Subjekts ist, die als wesentliches Merkmal der Postmoderne ausgemacht werden kann. Das Subjekt sei aus unserer Kultur verschwunden; es sei durch die Diskurse, die einander im Gewebe der Kultur Konkurrenz machen, aus diesem herausgedrängt. Es habe seine Kontur verloren, wie eine Spur im Sand, vom Meer überspült. Michel Foucault hat diese These historisch entwickelt, Jacques Derrida hat ihr philosophische Kontur gegeben. Das Geruchsgenie Grenouille, das unerhörte Geruchsnuancen wahrzunehmen und ebenso unerhörte Geruchsnoten zu konstruieren vermag und gleichwohl als ›Subjekt‹ keine Anerkennung in der Gesellschaft finden kann, repräsentiert die paradoxe Verbindung beider Beobachtungen.

Es gibt aber in Süskinds Roman noch ein anderes diagnostisches Moment. Seine Aufmerksamkeit zielt nämlich auf die Wiederentdeckung des Körpers in der Postmoderne; und zwar des Körpers in enger Verknüpfung mit dem in ihm angelegten ins Unendliche differenzierten Wahrnehmungspotential. Dabei konzentriert sich der Roman auf jene olfaktorische Lücke, die durch den Geruchssinn markierte Leerstelle, die in der Ästhetik des Abendlandes seit der Antike klafft, die aber in der zeitgenössischen Kultur auf paradoxe Weise besetzt erscheint. Einerseits ist alle Anstrengung der Industrie geradezu panisch auf die Austilgung des Körpergeruchs ausgerichtet, des »Gestanks«, wie er noch das 18. Jahrhundert ›wie selbstverständlich‹ geprägt hatte.[53] Begriff und Funktion des ›Deodorants‹ markieren diesen Zusammenhang. Andererseits aber ist unsere Kultur von einer exzessiven Produktion von Parfums bestimmt, die künstliche Paradigmen der Wahrnehmung erschaffen. In den emblematischen Namen dieser Parfums spiegelt sich förmlich der ganze kulturelle Kos-

53 Alain Corbin, Le miasme et la jonquille. L'odorat et l'imaginaire social XVIIIe – XIXe siècles, Paris, 1982.

mos der gegenwärtigen Zivilisation wieder.[54] Und schließlich zeigt sich eine beinahe fieberhafte Suche der Wissenschaft wie der Industrie nach einem ›Parfum, das nicht riecht‹, das aber gleichwohl menschliches Verhalten allgemein steuert und unbemerkt reguliert, ja das sich in strategische Konzepte der Manipulation der Menschen umsetzen läßt. Diese letztere Absicht könnte man mit einigem Recht jener Freudschen Entdeckung des Unbewußten an die Seite stellen, die ja bekanntlich eine Revolution in der Wahrnehmungs- und Kommunikationssituation der Moderne – seit dem Fin de siècle -herbeigeführt hat. Die Konstruktion eines Parfums, dessen Geruch nicht ins Bewußtsein dringt und das gleichwohl unser Verhalten steuert, unsere Kommunikationsakte, ja unsere Philosophie, als die lebensnotwendige Kunst, Freund und Feind zu unterscheiden – ein solches Parfum wäre nichts anderes als die Herrschaft des Mediums über das Subjekt, ein Triumph der virtuellen Diktatur. Stellt man diese Konstruktion des Süskindschen Romans in Rechnung, so zeigt sich, daß es nur wenige Autoren der Gegenwartsliteratur gibt, die diese komplexe Frage nach dem noch möglichen Subjekt in einer Welt der Ausdifferenzierung so präzise gestellt haben wie Süskind; und zwar in ständiger Rücksicht auf die medialen Möglichkeiten, mit deren Hilfe sich das Wirkliche darstellen und virtuell konstruieren läßt. Süskinds »Parfum« erzählt die Krise einer Kultur immer noch einmal als Bildungsroman; fußend auf einer Ästhetik des Flüchtigen, die ›unser‹ Fin de siècle affiziert.

54 Eine Erforschung dieses ›enzyklopädischen‹ Konzepts der Parfum-Namen verdiente eine eigene Untersuchung. Eine keineswegs vollständige deutsche Warenliste verzeichnet weit über tausend Namen.

Helmut Pfeiffer

Der Hals der Taube

Ernest Renan und die Stillstellung der Geschichte

I) Dialogizität und dialogische Form

Die 1992 postum erschienene Autobiographie des von Prag nach Brasilien emigrierten Kulturwissenschaftlers Vilém Flusser trägt den Titel ›Bodenlos‹[1] und weist eine eigenartige Struktur auf: Der erste Teil mit dem Titel ›Monolog‹ entfaltet weitgehend narrativ und chronologisch eine exemplarische Geschichte der Entwurzelung und kultureller Reorientierungen, der zweite Teil heißt ›Dialoge‹ und rekapituliert Gespräche mit brasilianischen Freunden[2]. Flusser begründet sein Vorgehen folgendermaßen: Der Unterschied von Diskurs und Dialog liege darin, daß letzterer nicht eine feststehende Information einem Empfänger übermittelt, sondern als ein Prozeß des Austauschs von »zweifelhaften und bezweifelten Teilinformationen«[3] funktioniert. Insofern habe der Dialog durch seine Offenheit, durch seine Grundsätzlichkeit und angesichts der Unverfügbarkeit des Gegenübers eine »spezifisch existentielle Stimmung«[4]. Der Dialog bringt eine fundamentale Agonalität ins Spiel. Flusser übersetzt diese »religiöse Dialektik«[5] des Selbstzweifels, der Unergründlichkeit des Gegenübers und einer prinzipiellen wechselseitigen Infragestellung nicht in nachträgliche ästhetisierende Dialogfiktionen, sondern evoziert im eigenen Diskurs den Widerstand der fremden Stimme. Damit soll eine Zweistimmigkeit zur Geltung kommen, die das eigene durch das fremde Wort irritieren läßt. Seine Authentizität bricht die monologische Narration von außen.

1888, gut hundert Jahre vorher, hatte Ernest Renan im Vorwort zu seinen ›Drames philosophiques‹ festgehalten, die Form des Dialogs sei *en l'état actuel de l'esprit humain, la seule qui, selon moi, puisse*

1 Vilém Flusser, *Bodenlos. Eine philosophische Autobiographie,* mit einem Nachwort von Milton Vargas, Bensheim und Düsseldorf 1992.

2 Der dritte und der vierte Teil, *Diskurse* und *Reflexionen*, sprengen im Grunde den autobiographischen Diskurs.

3 Flusser, *Bodenlos,* S. 99.

4 Flusser, ebd., S. 100.

5 Flusser, ebd., S. 116.

convenir à l'exposition des idées philosophiques[6]. Die Umkehrung scheint flagrant: Flusser inszeniert eine Form des dialoggesättigten Monologs, in der die fremde Stimme die eigene in Frage stellt, Renan verwendet den Dialog zu diskursiv-expositorischen Zwecken: Der Dialog ist für das späte 19. Jahrhundert der privilegierte Modus der Vergegenwärtigung philosophischer Ideen. Das Dialogische, in welchen Formen auch immer es sich manifestieren mag, hat für Renan den Charakter einer unabweisbaren Darstellungsnotwendigkeit, wenn es um eine philosophische Ortsbestimmung der eigenen Zeit gehen soll. Die Philosophie, so scheint es, ist in ihrem Spätstadium genötigt, noch einmal auf jene Form zurückzugreifen, in der sie sich in ihren Anfängen bei Platon manifestiert hatte, die sie aber doch später im Zuge monologischer Begründungsversuche zu beherrschen, wenn nicht gar zu tilgen suchte. Das gilt auch und gerade für die Begründungsversuche eines modernen *pouvoir spirituel*, an denen sich das 19. Jahrhundert seit Saint-Simon und Comte versucht hat, und in deren Diskurshorizont Renan steht. Seine Ortsbestimmung gebärdet sich zunächst als Abkehr von magistraler Monologizität. Andererseits wird man in seinen Dialogfiktionen und -inszenierungen vergeblich jenen Aspekt des platonischen Dialoges suchen, der mit der Maieutik, der Hebammenkunst, zu tun hat: die im Spiel von Frage und Antwort solizitierte und schließlich auch erreichte Einsicht, die den Schlußakkord des platonischen Dialogs bildet. Für Renan trägt die eigene historische Situation den Charakter einer ›Spätkultur‹ (A. Gehlen), auf die er mit einer spezifischen Konzeption des philosophischen Dialogs antwortet.

In zentraler Hinsicht präsentiert sie sich als die eines unabschließbaren *éternel dialogue*, der durchaus Selbstzweckcharakter trägt und nur schwer mit dem dynamischen Programm einer Hermeneutik von Frage und Antwort zu versöhnen sein dürfte. Vielmehr dominieren bei Renan Konzepte des Bildes und der Anschauung, sie gehen zurück auf die antiken Konzepte der *theoria* bzw. *contemplatio*, gewinnen aber eine veränderte Funktion. Eine visuelle Metaphorik beherrscht das Feld, sie modelliert eine Vielfalt der Anschauung, aber keine Evidenz der Wahrheit. Philosophische Ansichten oder ›Ideen‹ zu Grundfragen der Politik, der Moral oder der Ökonomie können

6 Ernest Renan, *Drames philosophiques* (1888), in: *Œuvres complètes de Ernest Renan*, hg. von Henriette Psichari, Paris 1947-49, Bd. 3, S. 371. Im folgenden beziehen sich die Seitenangaben im fortlaufenden Text und in den Fußnoten auf diese Ausgabe. Die einzelnen Titel der Werke werden dabei wie folgt abgekürzt: Drames philosophiques = Dr; Dialogues philosophiques = Di; Souvenirs d'enfance et de jeunesse = S usw.).

nach Renans skeptischer Überzeugung weder bewiesen noch widerlegt werden, aber man kann sie von allen Seiten, *par leurs faces diverses* (Dr 371), besichtigen. Der Raum, in dem Renan seine ›Drames philosophiques‹, in denen die Philosophie dialogisch wird, situiert, ist daher strikt metaphorisch, die Anschauung, die er anstrebt, ist durchgängig die einer Vergegenwärtigung in der Imagination. Die Texte Renans inszenieren die Philosophie im Zustand eines spätzeitlichen *raffinement*, die Behandlung und Durcharbeitung des tradierten Materials folgt dem Gesetz der Metamorphose – ihr Stammvater ist weniger Platon als Ovid, mit dem Renan auch eine gewisse Frivolität teilt. Insgeheim sympathisiert Renan eher mit einer mythischen Narrativität, die die Bilder hervorbringt und wieder verschlingt, als mit der Eidetik des platonischen Ideenkosmos und seiner Hierarchie der Wahrheitsfähigkeit: *La philosophie, au point de raffinement où elle est arrivée, s'accommode à merveille d'un mode d'exposition où rien ne s'affirme, où tout s'induit, se fond, s'oppose, se nuance* (Dr 372).

Nur als ästhetisches Phänomen, so könnte man Nietzsche abwandelnd formulieren, ist die Philosophie gerechtfertigt. Letztlich ist für dieses Raffinement der Nuancen und Übergänge, wie Renan durchaus konsequent folgert, die sprachliche Form des Dialogs eine zu eingeschränkte Form; die Oper, *la musique et les illusions de la scène lyrique*, muß dort eintreten, wo die Nuancenfähigkeit sprachlicher Semantik zu kurz greift. Die Oper, so Renans Luzidität und Illusionsbedürfnis verbindende Intuition, triumphiert als die historische Gestalt der dialogischen Philosophie im späten 19. Jahrhundert. Eine nuancierte Übergänglichkeit der Dialogpositionen ist dabei an die Stelle der agonalen Grundsätzlichkeit getreten, die Flussers Dialogkonzept voraussetzt.

Im Blick auf die 1876 erschienenen, aber bereits 1871 geschriebenen ›Dialogues philosophiques‹[7] ist die Situation noch eine andere: Das Vorwort ist von einem dramatischen Kontrast von politischer Situation und philosophischer Selbstvergewisserung beherrscht. Der philosophische Dialog ist hier noch Kompensation der Heillosigkeit des historischen Augenblicks. Geschrieben habe er die Dialoge im Mai 1871 in Versailles, mit anderen Worten: im Gefolge des deutsch-französischen Krieges und in den Tagen der Pariser Kommune. Er habe, so Renan, Paris Ende April verlassen, um das Geschehen von Versailles aus zu beobachten. Reflexive Distanz tritt damit an die Stelle von Partizipation. Politische Analysen zur Situation wird man

7 Ernest Renan, *Dialogues et Fragments philosophiques* (1876), in: *Œuvres* (Anmerk. 6), Bd. 1.

allerdings in den Dialogen vergeblich suchen, die Vergegenwärtigung ist vielmehr ganz um die Opposition von Vernunft und Unvernunft, von *raison* und *aberration*, gebaut, die parallel zu der Opposition von Beobachten und Handeln geschaltet ist. In diesem binären Schematismus ist der politische Diskurs immer schon übersprungen. Renan ist nunmehr und für die Zwecke seiner Dialoge (passiver) *témoin* eines entfesselten Geschehens, und diese Zeugen- oder Beobachterposition ist zugleich für ihn die einzig mögliche Option der Vernunft, die eben immer eine distanziert beobachtende ist. Die entscheidende diskursive Weichenstellung ist die Identifikation von Vernunft und Beobachtung, von Unvernunft, Handeln und Illusion[8]. *Die Erkenntniss tödtet das Handeln, zum Handeln gehört das Umschleiertsein durch die Illusion – [...]*[9]. Der Illusionsbegriff hat hier und anderswo eine zentrale Funktion bei Renan: Er dient als unüberwindbare Sperre zwischen den Sphären der Beobachtung und des Handelns, er verhindert die ›(Selbst-)Aufklärung‹ der Illusionsverstricktheit des Handelns. Der Rückzug aus der Politik wird damit dekulpabilisierbar.

Angesichts der desperaten politisch-militärischen Situation Frankreichs gewinnen die ›Dialogues‹ den Charakter einer philosophischen Selbstvergewisserung, einer Rekapitulation des *état sommaire de mes croyances philosophiques* (Di 551). Der Dialog erscheint Renan dafür die geeignete Form, weil er angesichts der Unmöglichkeit, die *profondeur de l'abîme* auszuleuchten und in der Gestalt des Systems (*système déterminé*[10]) zu arretieren, immerhin als eine Art sich selbst

8 Daß die Illusion notwendig zum Handeln gehört, daß eine illusionäre Qualität für politisches Handeln konstitutiv ist, wird am Ende überdeutlich: »Nous vivons de l'ombre d'une ombre. De quoi vivra-t-on après nous? [...] Une seule chose est sûre, c'est que l'humanité tirera de son sein tout ce qui est nécessaire en fait d'illusions pour qu'elle remplisse ses devoirs et accomplisse sa destinée.« (Di 557) Der Satz ist fragwürdig und intelligent zugleich: Intelligent, weil er das Problem des Handelns und der Illusion unter der Bedingung schwindender kultureller Normen thematisiert (daran wird Georges Sorel in ›Réflexions sur la violence‹ wie in ›Les illusions du progrès‹ anschließen), entschieden fragwürdig allerdings wegen der finalistischen Zumutungen. Deren Fragwürdigkeit zeigt sich etwa 557: »La meilleure base de la bonté, c'est l'admission d'un ordre providentiel, où tout a sa place et son rang, son utilité, sa nécessité même. Les hommes ne sont pas égaux, les races ne sont pas égales. Le nègre, par exemple, est fait pour servir aux grandes choses voulues et conçues par le blanc.«

9 Diese Formulierung Friedrich Nietzsches findet sich in der *Geburt der Tragödie* und wird dort als die »Hamletlehre« apostrophiert, vgl. Friedrich Nietzsche, *Die Geburt der Tragödie. Unzeitgemäße Betrachtungen.* Kritische Studienausgabe, Bd. 1, hg. von Giorgio Colli und Mazzino Montinari, München 1980, S. 57.

10 Im Gegenteil: »[...] autrefois chacun avait un système [..] maintenant nous traversons successivement tous les systèmes [...] nous les comprenons tous à la

perpetuierender Dialogmaschine zum Antrieb der Reflexion (*exciter à réfléchir*) werden kann. Genauer: Der Dialog wird zum Ort, wo eine der zentralen ästhetischen Normen der zweiten Hälfte des 19. Jahrhunderts, Flauberts poetologisches Postulat des *ne pas conclure*, in verwandelter Form in die Philosophie einwandert. Damit wendet der Positivismus sich gegen sich selbst. Für den Leser Renans ergeben sich daraus spezifische Verunsicherungen, insofern der Dialog seine visuelle Panoramatik ohne den Ausweis ihrer auktorialen Verankerung inszeniert. Seinen Dialogfiguren gegenüber wahrt Renan ebenso Distanz wie gegenüber den Akteuren der Politik: *Je n'écris que pour des lecteurs intelligents et éclairés. Ceux-là admettront parfaitement que je n'aie nulle solidarité avec mes personnages et que je ne doive porter la responsabilité d'aucune des opinions qu'ils expriment*[11]. (Di 552)

Von der Textoberfläche her gesehen, entsprechen Renans ›Dialogues philosophiques‹ allerdings keineswegs dieser affichierten Distanzmarkierung – allzusehr dominiert jeweils einer der Gesprächspartner, der damit eine auktoriale Funktion annimmt. Die Dialoge versammeln eine Reihe fiktiver, mit griechischen Kunstnamen ausgestattete Philosophen, die sich durch eine gemeinsame Grundorientierung, den *culte de l'idéal*, die *négation du surnaturel* und die *recherche expérimentelle de la réalité* (Di 559), auszeichnen, sie sind also allesamt *renaniens*. Die Sequenz ihrer drei, auf den Mai 1871 datierten Gespräche im Park von Versailles behandelt weniger eine diskrete Reihe von Themen, sondern ist nach einer Logik abnehmender Gewißheit geordnet. Gegenstand sind in größtmöglicher Allgemeinheit *nos idées générales sur Dieu et l'univers* (Di 563), die in den Modalitäten von *certitudes*, *probabilités* und *rêves* abgehandelt werden. Es geht angesichts politischer Katastrophen um eine Revue von Grundorientierungen: Was ist gewiß, was nur wahrscheinlich und wovon läßt sich nur träumen? Aber diese Hierarchie ist selbst in Frage gestellt. Renan fordert, dieses Verfahren der philosophischen Selbstvergewisserung alle zehn Jahre im Blick auf eingetretene Veränderungen zu wiederholen, die Orientierungen stehen also selbst im

fois.« (Di 552) Zum Motiv des Allesverstehens vgl. Hans-Robert Jauss, *Wege des Verstehens*, München 1994, S. 11ff.

11 Renans Verhalten in unübersichtlichen politischen Situationen ist von keinem anderen Impetus geleitet, wie er in einem Brief an die Schwester vom 30.7.1848 festhält: »Dans le moment actuel, ne manifester aucune opinion [...] Avec les autres, je suis exactement de leur opinion et de leur nuance [...] Longtemps encore je suivrai ce système. Il n'y a rien de plus mauvais goût que de s'engager jeune dans ces luttes, sans s'être fait une autorité à un autre titre.«

Zeichen temporalisierter Kontingenz. Die epistemologische Hierarchisierung wird durch Verzeitlichung panoramatisch nivelliert. Die Sequenz der renanschen Dialoge trägt diesem Sachverhalt durchaus Rechnung, wie beispielsweise am Verhältnis des ersten zum dritten abzulesen ist.

Das Thema in ›Certitudes‹ ist die Idee eines Ziels der ›Evolution‹ (Renan verwendet den Begriff an dieser Stelle nicht), einer *œuvre mystérieuse* der Natur. Renans Antipoden sind in diesem Zusammenhang insbesondere die philosophischen Materialisten des 18. Jahrhunderts, inhaltlich geht es Renan darum, daß nichtutilitaristisches Handeln (wie selbstlose Tugend oder die Askese des Gelehrten) sekundär, nämlich im Blick auf den postulierten Zweck der Natur, nützlich ist. Renan pflegt insistent die anthropomorphe Rede von der List der Natur (statt der geschichtsphilosophischen List der Vernunft), die sich in Wendungen wie der Rede vom *machiavélisme de la nature* (Di 579) und ähnlichen niederschlägt. Die Natur instrumentalisiert das menschliche Begehren durch illusionäre Verstrickungen, in denen die Menschen mit ihrem Handeln einem Zweck dienen, den sie nicht kennen[12].

Renan wird wohl Recht gehabt haben, als er die regelmäßige Wiederbesichtigung solcher vermeintlichen Gewißheiten mit (auch im Blick auf epochale philosophische Standards) geringem Differenzierungsgrad angemahnt hat; ihr Verfallsdatum dürfte absehbar gewesen sein: Schon strukturell unterscheiden sich *certitudes* und *rêves* bei Renan kaum. Aufschlußreich ist nun allerdings die Bemerkung eines Dialogpartners, der die Perspektive der Exposition gerade an der Stelle insgesamt situiert, wo Philalèthe, der Sprecher, normative Schlüsse ziehen möchte, indem er sagt, das Böse bestünde darin, sich dem Machiavellismus der Natur mit eigener, menschlicher List entziehen zu wollen. Das aber sei, so die Replik, eine ironische *forme paradoxale*. Die Ironie liegt gerade darin, daß der Beobachter sich autorisiert, die als nichtbeobachtbar apostrophierte Intentionalität der Natur als eine Art Komplize der Natur beobachten zu können. Die einverständige Beobachtung der List der Natur ergibt Orientierungsgewinn angesichts einer gewißheitsentleerten Lage, und sie ist damit, wie später Sigmund Freud in der Intention der Begriffsklärung sagen wird, »Illusion«, das heißt eine Orientierung, die nicht auf Überprüf-

12 »Nous sommes dupés savamment par la nature en vue d'un but transcendant que se propose l'univers et qui nous dépasse complètement.« (Di 574) Oder: »Nous servons à un dessein de la nature, que la nature ne nous révèle pas.« (Di 578).

barkeit zielt, sondern von einer *Motivierung der Wunscherfüllung*[13] getragen ist, welche sich in ihrer paradoxen Form anzeigt. Man könnte sagen: Renan setzt eine Metaillusion, die der List der Natur, an die Stelle der entzauberten Illusionen der Politik, von denen sie zugleich dispensiert.

Die thematische Revision dieser Illusion setzt allerdings, wie ein Blick auf *Rêves* zeigt, bereits in den Dialogen selbst ein. Im letzten der Dialoge herrscht nicht mehr die traditionelle Begrifflichkeit der Philosophie, sondern die Logik dessen, was Renan *imagination* nennt. Der Text breitet ein Imaginäres aus, das sich unschwer in eine Reihe ambivalenter bis alptraumhafter Phantasien[14] einreihen läßt, die die zweite Hälfte des 19. Jahrhunderts in Frankreich und die zweite Generation des Positivismus heimsuchen: Bilder einer durchaus negativen technokratischen Utopie, die sich allerdings immer noch der Prämisse verdankt, daß der Zweck der Evolution eine wie auch immer zu fassende Vervollkommnung der *conscience réfléchie* sei. Was für Renan im Gegensatz zur *solution démocratique*[15] als *grand œuvre* (Di 610) der Zukunft im Vordergrund steht, ist eine hierarchische Gesellschaftsordnung, die sich abwechselnd technologischer (*machine*) und biologistischer (*polypier*) Leitmetaphern bedient. Im Modus des Imaginären entfaltet Renan seine eigene Version der Dialektik der Aufklärung, Wissenschaft verschafft sich demnach mit technologisch raffinierten Waffensystemen eine universelle Herrschaft. In dieser *brave new world* avant la lettre werden die Wissenschaftler zu positivistischen Tyrannen (*tyrans positivistes*), Herrschaft der Vernunft als Herrschaft des Terrors ist die neue Form legitimer Herrschaft (*puissance légitime*) der Zukunft – Zerrspiegel jenes modernen *pouvoir spirituel*, dessen Notwendigkeit angesichts der intellektuellen Anarchie der Moderne Auguste Comte zu erläutern nicht müde wurde.

---

13 Sigmund Freud, »Die Zukunft einer Illusion«, in: *Fragen der Gesellschaft/Ursprünge der Religion* (Studienausgabe IX), Frankfurt/Main 1974, S. 165: »Wir heißen also einen Glauben eine Illusion, wenn sich in seiner Motivierung die Wunscherfüllung vordrängt, und sehen dabei von seinem Verhältnis zur Wirklichkeit ab, ebenso wie die Illusion selbst auf ihre Beglaubigungen verzichtet.«

14 Für Renan ist die Vorstellung des Alptraums immer wieder mit der Figur des *peuple* assoziiert, wie er beispielsweise in einem Brief an die Schwester Henriette vom 17.11.1850 festhält: »Se figurer la hideuse décomposition de la figure humaine dans ces mouvements de fanatisme populaire, est chose impossible; j'ai vu la réalisation de ce que j'avais parfois rêvé dans mes cauchemars.« Die Erfahrung der Februarrevolution, die Renan hier evoziert, läßt erkennen, welchen Realitäten er sich 1871 durch den Rückzug nach Versailles nicht mehr aussetzen wollte.

15 Diese sei ohnehin »l'antipode des voies de Dieu« (Di 609).

Renan läßt am Ende den Leser in auktorialer Unverantwortlichkeit mit der Figur seines träumenden Philosophen allein. Aber der Text selbst springt wiederum in eine Metaebene: Théoctiste berauscht sich an den Bildern seiner technokratischen Utopie, die ihm die *grande fête de l'univers* (Di 614) verkörpert und die vom Druck der Gegenwart entlastet. Die politischen Ängste des Fin de siècle mögen damit momenthaft stillgestellt sein. Das eigentliche Paradies aber ist für ihn (wie für seinen Autor) die Vergangenheit, denn sie ist das keineswegs alptraumhafte, sondern entlastete Asyl einer ästhetisierenden Imagination, die in den Bildern der Vergangenheit ihr Paradies findet: *[...] je me réfugie dans le passé, dans le XVIe siècle, le XVIIe, dans l'antiquité; tout ce qui a été beau, aimable, juste, noble me fait comme un paradis* (Di 625).

II) Intellektuelle Genese: Rasse und Geschichte

In den ›Souvenirs d'enfance et de jeunesse‹ präsentiert sich Renan insistent als genuines und typisches Produkt der *race bretonne* (S 761). Diese Redeweise besitzt im Gefolge des ›Essai sur l'inégalité des races humaines‹ Arthur de Gobineaus die Plausibilität einer *idée reçue*; ihr diskursives Funktionieren im Kontext des autobiographischen Textes hängt aber zweifellos davon ab, daß ihre Semantik zwischen einem biologischen und einem kulturellen Rassenbegriff changiert, daß Renan also, wie es Claude Lévi-Strauss einmal in kritischer Retrospektive formuliert hat, den *péché originel de l'anthropologie* wiederholt, nämlich »la confusion entre la notion purement biologique de race [...] et les productions sociologiques et psychologiques des cultures humaines.«[16]

Das bretonische Erbe prägt, so sieht es der Autobiograph Renan, die Figur seiner Intellektualität, insofern seine Grundcharakteristik die Modernitätsresistenz ist, eine letztlich allerdings vergebliche Opposition gegen das Ensemble jener Tendenzen, die sich mit dem ökonomischen Fortschritt und den für Renan zunehmend katastrophischen Revolutionen des 19. Jahrhundert durchgesetzt haben: Egoismus, Materialismus, Interessiertheit. Die *Souvenirs* inszenieren eine intellektuelle Biographie an der Schnittstelle epochaler Konzepte von Rasse und Geschichte. Die spezifische Signatur renanscher Intellektualität wird einerseits über eine Figur des Erbes naturalisiert, die Opposition von Interessiertheit und Ideal begründet andererseits

16 Claude Lévi-Strauss, *Anthropologie structurale deux*, Paris 1973, S. 378.

durchgängig das Pathos der ›Reinheit‹, der kontemplativen Interesselosigkeit im Verhältnis des Intellektuellen zu seinen Gegenständen. Der bretonische Charakter, so sieht es Renan, ist ›rein‹ in seiner unbedingten Opposition gegen die Welt der Interessiertheit, ein Vorzug, der allerdings keineswegs eine besondere Wahrheitsaffinität impliziert, sondern durchaus Formen illusionärer Verstrickungen zuläßt, ja befördert, die sich der *poursuite d'une fin morale ou intellectuelle, souvent erronée, toujours désintéressée* (S 761) verdanken.

Wichtiger ist allerdings eine andere Differenz, mit der der autobiographische Text an die Konzeptualität der Dialoge anknüpft: Die Illusionen, die sich der Spezifik des bretonischen Erbes verdanken, interferieren nicht mit der Dynamik der Geschichte, sie bilden vielmehr die Gestalt eines in sich ruhenden Traditionalismus, in dem die Ambiguität von biologischem und kulturellem Rassenbegriff verklammert ist. Bei Renan schlagen sie sich in einem ästhetischen Konservativismus nieder, er selbst gebraucht schon früh das Wort *réactionnaire*[17] als Kategorie der Selbstbeschreibung. Über einen *atavisme* (S 762) der Rasse verdanke er dem bretonischen Erbe seinen *romantisme moral* (S 762), in einer Welt spätkultureller Entwurzelung ist ihm noch der unerschütterte Grund gegenwärtig, der die Rasse ist: *[...] j'avais touché à ce que notre monde aryen a de plus primitif* (S 764). Die Grundfigur seiner in den ›Souvenirs‹ evozierten intellektuellen Sozialisation ist der Umschlag von unbewußter Verwurzelung zu gewußten, damit zugleich distanzierten und affirmierten Ursprüngen[18]. Verwurzelung in der Tiefe der Rasse und kontemplatives Heraustreten aus ihr treffen sich in der lebenslangen Faszination durch die *études historiques* (S 766). Daß die Ursprünge einerseits unmittelbar präsent sind, daß sie zugleich aber in der Distanz der Vergegenständlichung dem Zugriff historischen Wissens und ästhetischer Genießbarkeit erschlossen sind, macht den Kern jener von Renan notorisch affichierten Unbelangbarkeit aus: In einer Zeit des Ursprungsverlusts, in der kulturelle Hybridisierung den immer auch

---

17 Etwa im Brief an Daremberg vom 4.3.1850: »[...] nous serons des réactionnaires. Si la révolution se fait dans un sens absolutiste et jésuitique, nous réagirons vers l'intelligence et le libéralisme. Si elle se fait au profit du socialisme, nous réagirons dans le sens de la civilisation et de la culture intellectuelle [...]«.

18 Zu einer ähnlichen Gedankenfigur im Blick auf den Begriff der Nation vgl. Alain Finkelkraut, *La défaite de la pensée*, Paris 1987. Vgl. etwa S. 49: »[...] tout en rendant au lien social l'épaisseur historique dont l'avaient appauvri les révolutionnaires, Renan est amené, en dernière instance, à leur donner raison: ce n'est pas le *Volksgeist*, communauté organique de sang et de sol ou de mœurs et d'histoire, qui soumet à la loi les comportements individuels, c'est le concours volontaire des individus qui forme les nations.«

kulturell interpretierten Rassenbegriff subvertiert, ist ihm der Ursprung doppelt gegenwärtig, in der Gestalt des unbewußten Erbes und in der Bildhaftigkeit historischer Vergegenwärtigung. Renans Begriff der Geschichte und ihrer Metamorphosen ist durch eine Metaphysik der Tiefe gedoppelt, der es auf das Ursprüngliche und Authentische ankommt; diese transhistorische Vertikalität manifestiert sich in der *habitude de voir sous terre et de discerner des bruits que d'autres oreilles n'entendent pas* (S 766).

Ursprünglichkeit mit den Konnotationen von Authentizität, Reinheit und geprägter Form steht also gegen geschichtliche Modernität mit den Konnotationen von Fortschritt, Hybridisierung und Identitätsverlust. Der Autobiograph Renan situiert sich zwischen der Authentizität des Ursprungs und der Inauthentizität der Moderne, zwischen Verwurzelung und Haltlosigkeit, zwischen der Bretagne und Paris, zwischen der Imagination und dem Intellekt. Die Vermittlungsfigur des Ursprungs und der Entfremdung läßt ihn als einen lebenden Widerspruch erscheinen: *[...] j'étais prédestiné à être ce que je suis, un romantique protestant contre le romantisme, un utopiste prêchant en politique le terre à terre [...] un tissu de contradictions* (S 760). Als gewissermaßen personaler Ort des Austrags eines Antagonismus von Ursprünglichkeit und historischer Entfremdung wäre er allerdings auf den ersten Blick disponiert, eine Gestalt der Zerrissenheit und des unglücklichen Bewußtseins zu verkörpern. Renans Kunstgriff indes ist die Positivierung dieser Entzweiungsfigur. An die Stelle des Antagonismus setzt er eine Kunst nuancenreicher Metamorphosen, die den Beobachter in eine unbelangbare Position des Genusses, der *plus vives jouissances intellectuelles qu'on puisse goûter* (S 760), manövriert. Die historische Kritik, die Renan von der protestantischen Theologie des 19. Jahrhunderts gelernt hat, ist die Schaltstelle, die die Geltung des Vergangenen suspendiert, aber zugleich seine Bewahrung im Bild sichert.

Dieser Umschlag aber hat seinen Preis, doch Renan ist nur allzu bereit, ihn zu zahlen. Er impliziert zunächst die Verstellung des Zugangs zur Welt des Handelns und das heißt die politische Abstinenz[19]. Die bretonische Welt der Kindheit ist tot, von der Bewegung

19 Im ersten Kapitel des dritten Bandes seiner Romantrilogie *Le culte du moi*, ›Le jardin de Bérénice‹, läßt Barrès Renan auftreten, um seine Stellungnahme zu den autoritär-reaktionären Staatsstreichabsichten des Generals Boulanger zu fingieren. Renan bringt zunächst seinen Mangel an politischer Glaubensbereitschaft ins Spiel: »[...] je ne me sens pas l'abnégation d'être boulangiste ou antiboulangiste. C'est la foi qui me manquerait.« An ihre Stelle tritt »le sens précieux de la curiosité«: »La curiosité! C'est la source du monde, elle le crée

der Geschichte überrollt: *Toute cette vieille société dont je viens d'essayer un crayon a maintenant disparu* (S 781). In der Gestalt Renans lebt sie allerdings doppelköpfig fort: als atavistischer Idealismus und als geschichtliches Bild. Pragmatisch aber, im Blick auf eine potentielle Orientierung gegenwärtigen Handelns, sind beide Gestalten, der Atavismus wie das Bild, untauglich. Die Welt politischer und ökonomischer Gegenwart verkörpert, Renan wird nicht müde, die Diagnose zu wiederholen, ein *âge matérialiste*. Eine solche sozialpsychologische Verfassung mag historisch oder soziologisch erklärbar sein – Hippolyte Taine hat dies aufgrund der gleichen historischen Traumatisierung von 1870/71 in seinen monumentalen ›Origines de la France contemporaine‹ unternommen –, aber die epochale Realität ist weder ein Gegenstand interesseloser Intervention noch genießender Wahrnehmung. Es fehlt die Distanz und darüber hinaus die Möglichkeit, die fatale Kausalität interessegeleiteten Handelns aufzubrechen. So bleibt nur die resignative Feststellung: *[...] l'idéal et la réalité n'ont rien à faire ensemble* (S 763). In der Politik folgt Renan der *règle singulière de prendre pour mes jugements pratiques le contre-pied exact de mes jugements théoriques* (S 783). Als gewissermaßen (intellekt-) mechanisch erzeugbarer Gegensatz der Theorie ist die Praxis blinde Rationalität des Interesses. Sie folgt ihren eigenen trostlosen Gesetzen, die Renan hypostasiert, ohne daß sie für ihn jemals jene bildhafte Anschaulichkeit gewinnt, für die die literarische Fiktion im 19. Jahrhundert, etwa der Roman Balzacs, die Figurationen des Dämonischen mobilisiert.

Die Erfahrung der Revolutionen des 19. Jahrhunderts ist in diese Opposition von Theorie und Praxis integriert:

> Les événements qui suivirent la Révolution de 1848 me fortifièrent dans cette idée. Il se trouva que les plus beaux rêves, transportés dans le domaine des faits, avaient été funestes et que les choses humaines ne commencèrent à mieux aller que quand les idéologues cessèrent de s'en occuper. (S 783)

Die politische Welt des 19. Jahrhunderts widersetzt sich jedem Zugriff einer praktischen, aufgeklärten oder utopischen Vernunft. Ganz im Gegenteil: Der praktisch gewendete Anspruch der aufgeklärten Vernunft schlägt in sein Gegenteil um. Anders als Adorno und Horkheimer empfiehlt Renan der Vernunft den Verzicht auf die Praxis. Diese Wendung ist der Kern von Renans prinzipieller Skepsis gegenüber dem Projekt der Aufklärung, aus ihr speist sich die Allego-

---

continuellement; par elle naissent la science et l'amour...« (Maurice Barrès, *Le culte du moi*, Paris 1986, S. 259).

rese des 19. Jahrhunderts, die seine ›Drames philosophiques‹ inszenieren, insbesondere ›Caliban‹ und ›L'eau de Jouvence‹. Der evolutionäre Optimismus der Dialoge und der historische Pessimismus der Dramen ist kein Selbstwiderspruch Renans, sondern das Ergebnis von Operationen mit inkommensurablen Zeithorizonten. Die Horizonte der historischen und der evolutionären Zeit fallen ihm vermittlungslos auseinander, der Fatalismus der ersteren wird im Imaginären der letzteren kompensiert.

Die ›Souvenirs‹ haben ihre eigene exemplarische Gestalt, die diesen irreparablen Riß zwischen Theorie und Praxis und zugleich Renans Abrechnung mit der Tradition der Aufklärung illustriert. Es ist die Gestalt des Bonhomme Système, eines ehemaligen Jakobiners, der in der Welt des 19. Jahrhunderts resignativ verstummt und seine aufklärerisch-revolutionären Überzeugungen in eine private Weisheit ummünzt, deren Kern die Emigration aus der geschichtlichen Zeit bedeutet: Er lebt *très haut et très loin* (S 777), ganz auf weltzeitlich-evolutionäre Perspektiven bezogen. Er hat die Wendung seines Autors gewissermaßen vorweggenommen. Das Verstummen des Bonhomme Système exemplifiziert sowohl den Geltungsschwund aufgeklärter Politik wie den Zwang zur Surrogatbildung: Aus der vermeintlich heillosen Kontingenz der Geschichte rettet sich das Individuum in die Binnenwelt der bei sich selbst bleibenden Subjektivität, die aus sich das zweideutige Imaginäre weltzeitlich-evolutionärer Horizonte gebiert[20].

III) La critique: Endlose Gespräche

Am 6. Oktober 1845 verläßt Renan das Priesterseminar Saint-Sulpice. Der Bruch ist einschneidend, nachdem seine bisherige Biographie ganz auf eine glänzende kirchliche Karriere hinzudeuten schien. Vorausgegangen ist eine längere Periode des Zweifels an der christlichen Religion, genauer: der Infragestellung der dogmatischen Substanz des Katholizismus. Die Gründe für den Bruch haben nach Renans Bekenntnis weder mit Metaphysik noch mit Moral oder Politik zu tun, sondern sind allesamt *de l'ordre philologique et critique* (S 869). Die philologische Bibelexegese als spektakuläre Errungenschaft der protestantischen Theologie des 19 Jahrhunderts tötet das (katholische) Dogma, das Zeitenthobenheit beansprucht. Die vor allem über seinen

20 »Il faut créer le royaume de Dieu, c'est-à-dire de l'idéal, au dedans de nous [...] Le commerce des âmes est la plus grande et la seule réalité.« (S 785, in: *Œuvres* [Anmerk. 6], Bd. 2).

Lehrer Arthur-Marie Le Hir vermittelte historische Bibelkritik, auch von Renan stets als eine Errungenschaft der (deutschen) protestantischen Theologie verstanden, stellt (im Verbund mit der Religionsgeschichte eines Eugène Burnouf, dem Renan ›L'avenir de la science‹ widmet) für ihn ein schlüssiges wissenschaftliches Verfahren dar, das die Widersprüche der biblischen Überlieferung sichtbar werden läßt. Seine desaströse Wirkung ist die Zerstörung der Glaubensgewißheit – ein Ergebnis, das die aufgeklärte Vernunft gerade nicht zustande brachte: *Ma foi a été détruite par la critique historique, non par la scolastique ni par la philosophie* (S 849). Während der Lehrer Le Hir noch imstande scheint, die elementare Gewißheit des Glaubens und das neue historische Wissen der Theologie durch *cloisons étanches* (S 858) getrennt zu halten, so daß ihm der das Leben tragende Glaube nicht fragwürdig wird, brechen bei Renan alle Dämme. Die historische Bibelkritik läßt die Grenze zwischen Glauben und Wissen kollabieren; ihr Ergebnis ist weniger eine hegelianische Aufhebung des Glaubens in der Philosophie als eine Zersetzung seiner dogmatischen Gehalte, die allenfalls den Schatten einer universellen, von der geoffenbarten Religion entkoppelten Moral übrig läßt[21]. Der neue Tempel, der sich auf den Ruinen der scholastischen Theologie erhebt, ist die deutsche Philologie und protestantische Theologie in ihrer Negativität, die das Dogma zerstört, um so etwas wie die Reinheit des religiösen Bewußtseins freizulegen:

> L'esprit particulier de l'Allemagne, à la fin du dernier siècle et dans la première moitié de celui-ci, me frappa; je crus entrer dans un temple. C'était bien là ce que je cherchais, la conciliation d'un esprit hautement religieux avec l'esprit critique. (S 865f.)[22]

Für Renan allerdings ist der ›deutsche‹ Weg der philologischen Kritik nur gangbar über den Bruch mit dem katholischen Dogma, das ihn seit den bretonischen Kindheitstagen zutiefst geprägt hat, gerade weil es so bruchlos das Erbe der bretonischen ›Rasse‹ aufzunehmen schien. Die Philologie ist deshalb unweigerlich eine Figur der Entwurzelung, des Verlusts von Heimat: *J'étais terriblement dépaysé* (S 886).

---

21 Das dogmatische Gebäude des Katholizismus zerbricht für Renan angesichts der methodischen Kritik, »un seul aveu d'erreur ruine l'édifice de la vérité absolue et la ravale au rang des autorités humaines, où chacun fait son choix, selon son goût personnel.« (S 866) Ähnlich: »Dans une Eglise fondée sur l'autorité divine, on est aussi hérétique pour nier un seul point que pour nier le tout.« (S 870) Das ist auch der Kern von Renans Kritik an der *illusion des catholiques laïques qui se disent libéraux*. Für sie gibt es weder Theologie noch Exegese, sondern nur Zugehörigkeit zu einer *coterie*.

Was sich biographisch als Konversion vom Dogma zur Kritik niederschlagen muß, hat freilich aus der Perspektive des späten autobiographischen Renan noch einen anderen, gegenläufigen Aspekt. Die Faszination durch die Philologie impliziert für ihn nämlich zugleich Verführung zum Verzicht auf Zukunft, genauer: Abwendung von jenen Wissenschaften, denen nach Renans saint-simonistisch bzw. positivistischer Perspektive die Zukunft gehört, den Wissenschaften vom Leben wie der Biologie oder der Physiologie. Insofern bedeutet das Priesterseminar von Saint-Sulpice für Renan auch eine fatale Konversion zur Vergangenheit statt zur Zukunft. Die Schule der Philologie sanktioniert den Riß von Erwartung und Erfahrung, von Handeln und Kontemplation. Hätte er Saint-Sulpice früher verlassen, hätte er sich den *sciences vitales* verschrieben, so Renan durchaus unbescheiden, hätte er der französische Darwin werden können[23]. Die historischen Wissenschaften hingegen leiden nicht nur am doppelten Manko der Destruktivität und der bloß konjekturalen Gewißheit, vielmehr ist ihre gesellschaftliche Bedeutung insgesamt marginal und wird in der Zukunft, wie es prophetisch heißt, weiter abnehmen:

> Je fus entraîné vers les sciences historiques, petites sciences conjecturales qui se défont sans cesse après s'être faites, et qu'on négligera dans cent ans. On voit poindre, en effet, un âge où l'homme n'attachera plus beaucoup d'intérêt à son passé. (S 852)[24]

Der Nutzen der philologischen Historie besteht in ihrer Verbindung von Kritik und Genuß, ihr Nachteil in ihrer Zukunftsunfähigkeit und -indifferenz. Die Philologie bewahrt die Vergangenheit, aber suspendiert ihre Geltung. Sie wahrt Distanz zur Praxis der Gegenwart und setzt für die Zukunft auf eine elitäre Technokratie, die der Philologie nicht bedarf.

---

22 Wie Renan in dem Brief festhält, in dem er seinem *directeur* die »longue confidence de mes luttes intérieures« (S 881) mitteilt, habe er deshalb auch eine Weile mit einer sozusagen deutschen und protestantischen Lösung seines Glaubensproblems gespielt, nämlich wie Herder, Kant und Fichte gleichzeitig freier Denker und gläubiges Kind zu sein und damit einen *christianisme rationnel et critique* (S 880) zu etablieren.

23 »[...] je fusse arrivé à plusieurs des résultats de Darwin que j'entrevoyais.« (S 852).

24 Ähnlich in der *Préface* zu *L'Avenir de la science,* in: *Œuvres* (Anmerk. 6), Bd. 3: »Les sciences historiques et leurs auxiliaires, les sciences philologiques, ont fait d'immenses enquêtes depuis que je les embrassai avec tant d'amour, il y a quarante ans. Mais on en voit le bout. Dans un siècle, l'humanité saura à peu près ce qu'elle peut savoir sur son passé; et alors il sera temps de s'arrêter; car le propre de ces études est, aussitôt qu'elles ont atteint leur perfection relative, de commencer à se démolir.« (A 723).

Die ›Dialogues philosophiques‹ breiten diese Vision vergangenheitsloser Zukunft aus. Zwar ist für Renan das 19. Jahrhundert unbestreitbar das Jahrhundert der Geschichte, aber es ist damit zugleich absolut singulär. Die Zukunft wird das Verschwinden der Vergangenheit, welche die historische Kritik erst in ihrer wirklichen Gestalt freigelegt hat, bewirken. Die großen Kontroversen zwischen dem theologischen Dogma und der historischen Kritik, die das 19. Jahrhundert entzweien und zu seiner singulären Leistung der Desillusionierung antreiben, werden in der Zukunft auf Verständnislosigkeit stoßen, vergessene Differenzen aber können keine Leidenschaften mehr mobilisieren. Der Philologe betreibt eine ephemere Disziplin, deren gegenwärtig spektakuläre Erfolge nur ihre zukünftige Marginalität kaschieren. Die Abschneidung von den Zukunftswissenschaften und vom politischen Handeln eröffnet auf dem Boden der philologischen Kritik das heitere Posthistoire einer Subjektivität, die sich am Genuß der panoramatischen Bilder historischer Wirklichkeiten delektiert. Ihre Verlaufsform, nicht ihre inhaltliche Substanz empfindet Renan dem rousseauistischen Modell des Spaziergangs nach, allerdings ist die *charmante promenade qu'il m'a été donné d'accomplir à travers la réalité* (S 909) nicht mehr durch die normative Instanz eines *sentiment de l'existence* zentriert, sondern durchaus zentrifugal und zerstreut.

Die ›(p)remiers pas hors de Saint-Sulpice‹, so der Titel des letzten Kapitels der ›Souvenirs‹, sind für Renan eine *crise terrible* (S 886), verstärkt durch seinen gänzlichen Mangel an Weltklugheit (*ignorance du monde*). Sowohl die alten Gewißheiten wie die institutionellen Sicherungen sind verloren. Bewältigt wird diese Krise der Entwurzelung im Dialog, im nichtabreißenden Gespräch, in der neuen, aber lebenslangen Freundschaft mit Marcelin Berthelot, dem Begründer der Thermochemie und späteren Außenminister. In zentraler Hinsicht verkörpert der aus dem liberalen Bürgertum[25] stammende Berthelot genau jene Wendung zu den zukunftsmächtigen *sciences naturelles*, die Renan in Saint-Sulpice versäumt hat. Im Dialog schreiten sie die epistemologischen und politischen Horizonte des 19. Jahrhunderts ab. Das Gespräch des Philologen mit dem Naturwissenschaftler, die

25 Die politische Differenz von Renan und Berthelot wird auch späterhin bestehen bleiben. Während Berthelot dem Republikanismus seines Vaters treu bleibt, liebäugelt der aus kleinbürgerlichen Verhältnissen stammende Renan mit der Idee eines aufgeklärten Tyrannen: »[...] je me résignerais volontiers, si l'occasion s'en présentait (je dois dire qu'elle s'éloigne de jour en jour), à servir, pour le plus grand bien de la pauvre humanité, à l'heure qu'elle est si désemparée, un tyran, philanthrope, instruit, intelligent et libéral.« (S 888f.).

entpersönlichte, ganz von der Anschauung der Sache bestimmte Freundschaft mit Berthelot präfiguriert die Konzepte einer dialogischen Philosophie, die Renans Auffassung von gegenwärtiger Philosophie bestimmen. Und doch ist auch hier Renans Konzept des Dialogs von einem Erkenntnisbegriff überlagert, der das Subjekt als ein passives und kontemplatives begreift. Noch in seinem ›Examen de conscience philosphique‹[26] von 1888 insistiert er auf dieser Passivität, wobei ihm gerade die neue Technologie der photographischen Abbildung als Analogon dient:

> Le premier devoir de l'homme sincère est de ne pas influer sur ses propres opinions, de laisser la réalité se refléter en lui comme en la chambre noire du photographe, et d'assister en spectateur aux batailles intérieures que se livrent les idées au fond de sa conscience. On ne doit pas intervenir dans ce travail spontané; devant les modifications internes de notre rétine intellectuelle, nous devons rester passifs. (E 1162)[27]

Unpersönlichkeit, Objektivität, Passivität – diese Kategorien gelten auch für das endlose Gespräch mit Berthelot als einer dialogischen Konkretisierung jenes Spaziergangs durch die Wirklichkeit, als den Renan seine intellektuelle Biographie begreift. »Dem Historismus geht es um die Photographie der Zeit«[28] hat Siegfried Kracauer einmal notiert. Renan und Berthelot repräsentieren zwar durch Herkunft und Interessen durchaus unterschiedliche Horizonte, und gelegentlich läßt Renans Darstellung davon auch etwas erkennen, etwa im Blick auf divergierende Wahrnehmungen der politischen Situation. Das Interesse seiner Rekapitulation der Gespräche aber ist ein anderes. Er wie Berthelot seien *natures objectives* (S 889), die vom Utilitarismus der *conscience claire, réfléchie, égoïste*[29] nicht berührt werden. *Nos discussions étaient sans fin, nos conversations toujours renaissantes* (S 889). Renan und Berthelot fungieren gewissermaßen als Photoapparate, die die Wirklichkeit passiv abbilden – und noch dazu

26 Ernest Renan, »Examen de conscience philosophique«, in *Œuvres* (Anmerk. 6), Bd. 2.

27 Ähnlich auch schon in den ›Souvenirs‹: »Les personnes qui n'ont pas l'esprit scientifique ne comprennent guère qu'on laisse ses opinions se former hors de soi par une sorte de concrétion impersonnelle, dont on n'est en quelque sorte que le spectateur.« (S 868) Garant für diesen Erkenntnisbegriff mit den Merkmalen der Passivität und der Unpersönlichkeit ist Malebranche »dont le premier principe est que la raison doit être contemplée, et qu'on n'est pour rien dans sa procréation; en sorte que le devoir de l'homme est de se mettre devant la vérité, dénué de toute personnalité, prêt à se laisser traîner ou voudra la démonstration prépondérante.« (S 868).

28 Siegfried Kracauer, *Das Ornament der Masse*, Frankfurt/M. 1964, S. 24.

29 Ernest Renan, »*Drames philosophiques*«, in: *Œuvres* (Anmerk. 6), Bd. 3, S. 396.

sind die Objektive identisch, die Linsentrübungen durch Herkunft und Biographie, alle situative Begrenzung, ja der Horizont der Lebenswelt insgesamt bleiben bei Renan außer Betracht. Der ateleologische Dialog mit seinem endlosen *mouvement de va-et-vient* findet zwar vor dem Hintergrund geschichtlichen Ernstes und Entscheidungsbedarfs statt, doch vermögen auch die Gesprächspartner jene Knoten nicht zu lösen, welche die Geschichte selbst ungelöst läßt:

> Il faut que les questions sociales et philosophiques soient bien difficiles pour que nous ne les ayons pas résolues dans notre effort désespéré. La crise de 1848 nous émut profondément. Pas plus que nous, cette année terrible ne devait résoudre les problèmes qu'elle posait. (S 889)

1848 – wie häufig bei Renan und seinen Zeitgenossen bildet die Februarrevolution mit ihren Folgen auch hier eine Zäsur. Der vergebliche Parallelismus von Theorie und Praxis – in der Welt der Gedanken wird nicht gelöst, was die Praxis des Handelns selbst auch nicht löst – kippt in den Antagonismus der beiden Pole. In Zukunft werden Theorie und Praxis, kontemplativer Genuß und illusionsverstricktes Handeln, getrennte Existenzen zu führen haben.

Die Lösungen, von denen die Gespräche zwischen Renan und Berthelot allenfalls handeln, beziehen sich auf weltzeitliche Maßstäbe jenseits der Verwerfungen der Epoche. Wie die ›Dialogues‹ sprengen sie die Anschlußfähigkeit von Lebenszeit bzw. historischer Zeit und Weltzeit. Für den einzelnen gehören sie zu jenen nützlichen Fiktionen, deren Lebensdienlichkeit Renan in seinem *Examen de conscience philosophique* betont[30], weil sie einen unhintergehbaren, wenn auch epistemologisch unerfüllbaren Bedeutsamkeitsbedarf abdecken. Je mehr der Dialog die Dimensionen der Weltzeit ausschreitet, desto massiver kann die Lebenszeit von Orientierungsansprüchen entlastet werden. Das 19. Jahrhundert als Epoche der Historie und der Kritik ist für Renan eine Zeit der Illusionszerstörung, es demonstriert die *caducité d'une foule de choses tenues pour solides* (S 889). Dieser Verlust aber kann nur durch weltzeitliche Fiktionen kompensiert werden, deren Parameter gegen geschichtliche Erfahrung immun sind. Der ›Fortschritt‹, den die Evolution mit sich bringt, wird jedenfalls nicht als Resultat von Handlungen begriffen, sondern als eine von Intentionen abgekoppelte Höherentwicklung. Eine Gesellschaft – so

30 »L'attitude la plus logique du penseur devant la religion est de faire comme si elle était vraie.« (E 1177) »L'humanité est ainsi acculée à cette singulière impasse que, plus elle réfléchit, mieux elle voit la nécessité morale de Dieu et de l'immortalité, et mieux aussi elle voit les difficultés qui s'élèvent contre les dogmes dont elle affirme la nécessité.« (E 1178).

wird es später im Kontext einer mit dem Evolutionsbegriff arbeitenden Gesellschaftstheorie heißen[31] – kann nicht durch Planung ihre Evolution bestimmen, obwohl sie durch ihre eigenen Operationen evoluiert. Für diese Differenz hat Renan keinen Begriff. Die Evolution, die er im Auge hat, ist nicht auf gesellschaftliche Operationen angewiesen, obwohl sie die Gesellschaft betrifft. Sie entlastet den Menschen von den Zumutungen der Geschichtsphilosophie, weil sie ihm ohnehin nichts mehr zutraut.

IV) Dialog der Kulturen

Der Historiker Renan zeigt sich immer wieder fasziniert von Orten, an denen heterogene Kulturen eine Konfrontation austragen oder einen kulturellen Dialog in Szene setzen. Sie bilden den Boden seiner Topik kultureller Bilder und Metamorphosen. Ein zentraler Ort dieser Topik ist das antike Athen (mit dem Areopag und der Akropolis), weil die Stadt für ihn ein Doppeltes erlaubt, sowohl die Inszenierung der Konfrontation kultureller Welten wie auch die Veranschaulichung der Relation des Relativen und des Absoluten von Kulturen. Das mythische Zentrum der klassischen Antike tritt dem Historiker Renan nicht für sich selbst in Erscheinung, als Gegenstand einer kulturgeschichtlichen Beschreibung (wie in Jacob Burckhardts *Griechischer Kulturgeschichte*), sondern in der Brechung durch einen fremden Blick und durch den Bezug auf eine fremde, ja entgegenstehende Welt. Nicht so sehr als Brennspiegel der griechischen Welt, sondern als Ort einer dialogischen Konfrontation von Kulturen gewinnt Athen in Renans Texten Plastizität. Diese diskursive Inszenierung hat Renan verschiedentlich aufgenommen, strukturell läuft sie in drei Modalitäten ab: Opposition, Steigerung, Relativierung.

Im dritten Band seiner ›Histoire des origines du christianisme‹, ›Saint-Paul‹, berichtet Renan von der Reise, die Paulus im Jahre 53 nach Athen unternimmt[32]. Die in der Apostelgeschichte (17, 22f.) erwähnte Rede des Paulus auf dem Areopag gibt Renan die Möglichkeit, den Kontrast von jüdisch-christlicher, zum Fanatismus tendierender Religiosität und antiker, philosophisch-ästhetischer Vollkom-

31 Vgl. Niklas Luhmann, *Die Gesellschaft der Gesellschaft,* Frankfurt/M. 1997, S. 413ff.

32 Ich nehme hier Überlegungen auf, die ich zuerst in »Die Gegenwart der Spätantike. Christentum und Antike in Ernest Renans ›Histoire des origines du christianisme‹« (*Poetica*, Bd. 22, 1990, S. 323-354) entfaltet habe.

menheit Anschaulichkeit gewinnen zu lassen. Der Antagonismus läßt sich in seiner ›Reinheit‹ umso besser konstruieren, als man über die tatsächlichen Reaktionen des Paulus wenig weiß und der einstige Glanz Athens im ersten nachchristlichen Jahrhundert nur noch spurenhaft gegenwärtig war. Eine derartige Situation treibt die Produktivität von Renans historischer Einbildungskraft an. Die ›Origines‹ schieben Interferenzen und Überlieferungslücken beiseite, um einen idealtypischen Gegensatz auf die Szene zu projizieren, der seine Prägnanz erst dem retrospektiven Blick verdankt:

> [...] on effleure cette terre vraiment sainte, où la perfection s'est une fois dévoilée, où l'idéal a vraiment existé, cette terre qui a vu la plus noble des races fonder en même temps l'art, la science, la philosophie, la politique. Paul n'éprouva pas sans doute, en y abordant, l'espèce de sentiment filial que les hommes éprouvaient dès lors en touchant ce sol vénérable. Il était d'un autre monde; sa terre sainte était ailleurs. (O 848)

Indem Renan aus einer Perspektive spätzeitlicher *admiratio* der Reinheit des Ursprungs spricht, kann demgegenüber umso massiver die sprachlose Fremdheit des Paulus hervortreten. Immer wieder insistiert die Darstellung in ›Saint-Paul‹ auf der Unvereinbarkeit, ja Unversöhnlichkeit von paulinischem Fanatismus und athenischer Welt der Schönheit[33]: auf der einen Seite die unvergleichliche Kunstwelt Athens; auf der anderen Seite die Blindheit und Häßlichkeit des Paulus, der für Renan zugleich der erste (Ver-)Fälscher der authentischen christlichen Lehre ist. Indem Renan das Bild antiker Vollkommenheit zeichnet, ist zugleich das Urteil über den verblendeten Paulus gesprochen. So scheint die Opposition von Antike und Christentum stabil, die Markierung der Terme eindeutig. Paulus bleibt – in eklatantem Gegensatz zu seinen missionarischen Erfolgen andernorts – in Athen zur Wirkungslosigkeit verurteilt.

Aber die ursprungsgeschichtliche Perspektive der ›Origines‹, die der symbolischen Produktivität der Einbildungskraft nachspürt, kann sich im Blick auf die Wirkungsgeschichte mit der Statik dieses Kontrasts nicht zufriedengeben. Schon die ›Vie de Jésus‹ handelt ja implizit von der Begrenzung der antiken Kunstwelt, wenn sie auf der Lehre von der *liberté des âmes* insistiert, die Jesus Christus, der ›vollkommene Mensch‹, in die Welt gebracht hatte, um damit dem Bewußtsein kognitive und imaginäre Potentiale zu eröffnen, die der paganen Antike abgingen. Renans historistische Bilderwelt lebt viel zu

33 »Tant de merveilles touchèrent peu l'apôtre [...] Les préjugés du juif iconoclaste, insensible aux beautés plastiques, l'aveuglèrent; il prit ces incomparables images pour des idoles.« (O 851f., in: *Œuvres* [Anmerk. 6], Bd. 4).

sehr vom Erbe der Geschichtsphilosophie, als daß er das Moment der ›Aufhebung‹ nicht wenigstens als Figur der Überschreitung wiederholen müßte. So wird denn auch bereits in ›Saint-Paul‹ die zur Verwandlung unfähige Welt Athens zum Bild, das seine Relativierung fordert. Die Vollkommenheit Athens gründet in einem Prinzip der Geschlossenheit, welches die Erfahrung der geschichtlichen Metamorphosen dementiert. So provoziert die Konfrontation des ästhetisch-philosophischen Vorrangs der Antike mit dem düsteren Fanatismus des Paulus doch zugleich die Reflexion auf die Defizite der antiken Schönheit: Virtuos arbeitet Renans Text mit dem Umschlag von Thema und Horizont. Dem Athener fehlen – und hier steht Renan tief in seit Chateaubriand etablierten Topoi der nachaufklärerischen Poetik und Geschichtsphilosophie – alle Attribute des ›Romantischen‹[34]. Damit aber vollzieht der Text der ›Origines‹ eine bemerkenswerte Wendung: von der Identifikation zur Distanz. Auch wenn er aus der Welt seiner Herkunft längst herausgetreten ist, gehört Renan zu den Kelten und Germanen, deren für die Griechen unzugängliche Welt die Relativierung paganer Vollkommenheit erlaubt – so wie andererseits die Antike Renans Relativierung seines keltischen Erbes vorantreibt. So wird das Vollkommene des Griechentums zur historisch perspektivierten Begrenzung, der beschränkte Fanatismus des Paulus zu einer Figur der Überschreitung. Nähe und Distanz verschränken sich: Die Bewegung der historischen Kontemplation geht von der Identifikation zur Distanz, von der Distanz zur Identifikation. Die Oppositionen der Geschichte verwischen sich in der Metamorphose, das Eigene und das Fremde verlieren ihre Stabilität in wechselseitigen Perspektivierungen.

Renan selbst besucht Athen im Jahre 1865, er ist bereits über vierzig Jahre alt. Die Konfrontation mit der griechischen Antike initiiert eine Rückwendung des Blicks auf die eigene Vergangenheit, die dem in die *lutte pour la vie* verstrickten Renan, der in und zwischen den Diskursen der Philosophie, Philologie und Theologie seinen Ort sucht, bislang verwehrt war. Die Anschauung der griechischen Welt aber trägt nach dem Bericht der *Souvenirs* Züge der Offenbarung (*révélation*) göttlicher Vollkommenheit, einer Triade des Schönen, Guten und Wahren, die diskursives Wissen suspendiert: *L'impression que me fit Athènes est de beaucoup la plus forte que j'aie jamais ressentie* (S 753).

34 »Nous autres, Celtes et Germains, la source de notre génie, c'est notre cœur [...] la Grèce ne fut jamais sérieusement chrétienne: elle ne l'est pas encore. Aucune race ne fut moins romantique [...]« (O 871).

Man mag die Fortschreibung einer solchen platonisierenden Griechenlandvorstellung für anachronistisch halten; Nietzsches *Geburt der Tragödie* mit ihrer Opposition des Apollinischen und des Dionysischen datiert immerhin von 1872 und markiert einen bedeutsamen Schritt in der Relativierung antiker Klassizität zugunsten eines neuen Blicks auf die Archaik. Insofern ist Renans Bild durchaus topisch. Hier aber kommt es auf die Funktion solcher Fortschreibungen von topischem Material an. Der tiefe Hiatus von (diskursiv vororientierter) Erwartung und (passiver) Anschauung wird nämlich durch eine zweite Kluft zwischen der Vollkommenheit Athens und der heterogenen Bildervielfalt anderer Kulturen gedoppelt. Erstere depotenziert das Panorama der alten Kulturen (einschließlich des Mittelalters) zur Zweitrangigkeit kultureller Barbarei: *Le monde entier alors me parut barbare. L'Orient me choqua par sa pompe, son ostentation, ses impostures [...] Je trouvai notre moyen âge sans élégance ni tournure, entaché de fierté déplacée et de pédantisme* (S 753f.). Erst diese Sprengung des panoramatischen Kontinuums kultureller Bildwelten[35] eröffnet die Möglichkeit jener Konfrontation, die bereits ›Saint-Paul‹ in Szene gesetzt hatte und deren Topik im Diskursraum des 19. Jahrhunderts beispielsweise durch Heinrich Heines Begriffsdoppel von Hellenismus und Nazarenertum oder Matthew Arnolds Opposition von Hellenism und Hebraism besetzt worden war: *Quand je vis l'Acropole, j'eus la révélation du divin, comme je l'avais eue la première fois que je sentis vivre l'Evangile, en apercevant la vallée du Jourdan des hauteurs de Casyoun* (S 753). Renan geht es weniger um Opposition als um Steigerung. Die Anschauung der Akropolis wiederholt die Erfahrung der Landschaft Palästinas, beide sind Exemplare göttlicher Vollkommenheit. Anders als für Paulus, für den Athen eine feindliche Welt darstellt, der er seinen Vernichtungswillen entgegensetzt, wird für Renan, den Anti-Paulus, das christliche und das antike Ideal zu einer komplementären Manifestation des Göttlichen. Neben das *miracle juif* tritt überbietend das *miracle grec*. Vollkommenheit heißt für Renan Reinheit, Kontingenztilgung in der Kontingenz des geschichtlichen Ereignisses. Die Vollkommenheit des Ideals

35 Vgl. zum »Zwang zur vollkommensten Illusion« Dolf Sternberger, *Panorama oder Ansichten vom 19. Jahrhundert*, Frankfurt/M. 1974, S. 11, vgl. 13f.: »Im gemalten Panorama aber überwog bei weitem die Natur. Eine ringsum künstlich hergestellte Natur, deren nirgends unterbrochene illusionistische Einheit auch die schwächste Andeutung eines Rahmens verbot und den Charakter eines Bildes auf alle nur mögliche Weise zu verleugnen, den sonst selbstverständlichen Abstand des Betrachters vom Gemälde zu verringern oder zu überbrücken forderte.«

hat die Spuren der Besonderheit, der Rasse, der Nation, des Augenblicks abgestreift, sie ist *sans nulle tache locale ou nationale* (S 753). Fast kehrt die Winckelmannsche Formel edler Einfalt und stiller Größe in der Rede von einer *grandeur vraie et simple* (S 754) wieder. Der kulturelle Antagonismus von Hellenismus und Nazarenertum ist in dieser Perspektive immer schon eine wirkungsgeschichtliche Partialisierung und Verfallsform.

Renans Vollkommenheitstopik läßt den kulturellen Antagonismus von Hellenentum und Nazarenertum, den der Apostel Paulus austrägt, ins Leere laufen. Der sistierte Dialog von Antike und Christentum schlägt um und treibt stattdessen eine vertikale Asymmetrie einer Generalbeichte des Betrachters (*confession générale*) hervor, die Renan sogleich als *prière sur l'Acropole* zu Papier bringt – ein *vieux papier*, das er als eine ‚mise en abyme‹ in den autobiographischen Text der *Souvenirs* einbringt. Die *prière sur l'Acropole* spricht aus einer Perspektive der Entfremdung: Renan evoziert den *laid petit juif* (S 756) Paulus, der die nachantike Geschichte geprägt hat, und der für das Verschütten der Antike verantwortlich gemacht wird, er evoziert die Stationen seiner eigenen Bildungsgeschichte in einem *culte étranger* (S 755).

Die Wiedergewinnung der antiken Vollkommenheit kann nur in einer Reflexionsfigur sich ereignen, die historische Arbeit (*consciencieux travail*) und beschwörend-pathetische Kaskade der Namen verbindet. Sie ist immer schon sentimentalisch. Gerettet werden kann die Antike nur in der paradoxen Einheit von Reflexion und Beschwörung, Denken und Gebet, diese Rettung wäre zugleich die Rettung der Welt insgesamt: *Le monde ne sera sauvé qu'en revenant à toi, en répudiant ses attaches barbares* (S 757). Aber diese Rettung ist zugleich das Unmögliche, verklammert sie doch die nivellierende Distanz des Blicks und den sakralen Gestus der Beschwörung. Niemand bezeugt das besser als Renan selbst, dessen Konversion zur klassischen Antike scheitert[36]. Die Wirkung der an die Einheit des Schönen, Guten und Wahren gerichteten Beschwörungsformeln zerschellt an der unhintergehbaren Realität eines *esprit profondément gâté*, einer *dépravation intime de mon cœur* (S 759), die selbst das Produkt der geschichtlichen Bilderwelt ist. Seine Momente sind: die Skepsis (als Suspens von Geltungsansprüchen), die *inquiétude d'es-*

36 Vgl. dazu auch die einleitende Bemerkung: »[...] ce qu'il y avait de plus singulier, c'est qu'en confessant mes péchés, j'en venais à les aimer; mes résolutions de devenir classique finissaient par me précipiter plus que jamais au pôle opposé.« (S 754).

prit (S 758), die Versatilität der *fantaisie*, des Imaginären, das sich dem Griff der Vernunft wie der Unbedingtheit des Sakralen entzieht.

Die Perversion des modernen historischen Bewußtseins hat essentiell damit zu tun, daß es keine Ausschließlichkeit kennt, daß es Grenzen allenfalls setzt, um sie zu überschreiten. Es lebt von einer Kunst der Übergänge und der changierenden Perspektiven, die kulturelle Identitäten aushöhlt und selbst wurzellos ist. Als Kunst der Nuance hat sie ihr bildhaftes Analogon in den Farbenspielen am Hals der Taube, in denen das Prinzip der Metamorphose über das der Identität triumphiert: *Une philosophie, perverse sans doute, m'a porté à croire que le bien et le mal, le plaisir et la douleur, le beau et le laid se transforment les uns dans les autres par des nuances aussi indissociables que celle du cou de la colombe* (S 758). Die Veränderung der eingespielten *habitudes d'esprit* der modernen Perversion würde eine paradoxe Konversion zur Intoleranz implizieren[37]. Die wiedergewonnene Antike wäre unter diesen Bedingungen nicht mehr selbstgenügsame Totalität, sondern gewaltsame Ausgrenzung, Kontingenz mit oszillierenden Rändern, Blindheit für die unterschiedlichen *genres de beauté* (S 759). Als kontingente Selbstabschließung könnte antike Vollkommenheit nur im Modus des *ennui* vollzogen werden[38], stets irritiert durch die interferierenden Metamorphosen des Ausgegrenzten. Das Paradigma der Vollkommenheit erweist sich unter den Bedingungen des Jahrhunderts der Geschichte als nicht haltbar. Renan zieht für sich selbst daher eine Konsequenz, die die *Querelle des anciens et des modernes* in immer neuen Ansätzen längst vor ihm gezogen hatte. Im Zeitalter der Kritik sind die Götter hinfällig – das spricht gleichermaßen gegen neue wie die wiedererweckten alten. Der Abgrund, in dem der *immense fleuve d'oubli* die Hervorbringungen der Geschichte verschlingt, ist der einzige Gott, der bleibt. Nur als Zeichen, als *symbole* und *songe*, als vielfältig verwandlungsfähige Bilderwelt vermag die Geschichte zu überleben. Ihr inne zu werden, erfordert aber, die Ketten des Glaubens abzuwerfen. Das imaginäre Museum der Bilder und Metamorphosen der Geschichte ist immer schon eine Welt, die die Illusionen des alten und des neuen Glaubens hinter sich gelassen hat, um sie in der Gestalt des musealen Bildes zu bewahren. Die Freiheit des historistischen Bewußtseins praktiziert ein endloses Ritual der Grablegung: *La foi qu'on a eue ne doit jamais*

37 »Chose plus difficile! pour toi, je me ferai, si je peux, intolérant, partiel.« (S. 758).

38 »Une littérature qui, comme la tienne, serait saine de tout point n'exciterait que l'ennui [...] Il viendra des siècles où tes disciples passeront pour les disciples de l'ennui. Le monde est plus grand que tu ne crois.« (S. 759).

être une chaîne. On est quitte envers elle quand on l'a soigneusement roulée dans le linceul de pourpre où dorment les dieux morts (S 759).

V) Symptomatik und Konsequenzen

(1) Das Programm einer dialogisch exponierten Philosophie ersetzt bei Renan das Konzept jenes laizistischen *pouvoir spirituel*, wie es der Positivismus des 19. Jahrhunderts seit Auguste Comtes ›Considérations sur le pouvoir spirituel‹ eingefordert hatte. Es gehöre, so hatte Comte festgehalten, zu den revolutionären Vorurteilen der letzten Jahrhunderte, daß die nachmittelalterliche Gesellschaft kein *pouvoir spirituel* mehr benötige. Mit der Revolution von 1789 und ihren Folgen wird die Kehrseite dieser Illusion sichtbar. Für den Positivismus Comtes ist es gerade die im *pouvoir spirituel* verkörperte monologische Instanz des Wissens, die die *anarchie intellectuelle*, die *désorganisation spirituelle des peuples modernes* zu bannen vermag[39]. In der zweiten Generation des Positivismus treten bei Renan dialogische Suggestionen an die Stelle geschichtsphilosophischer und wissenschaftstheoretischer Gewißheiten. Renan hält strukturell an der Instanz des *pouvoir spirituel* fest, obwohl seine Skepsis das Postulat der *unité de croyance* dadurch dementiert, daß sie es nur noch unter der Signatur des *fanatisme* vorzustellen vermag, aber er verzichtet auf seine gesellschaftsintegrative Potenz, weil er an sie nicht mehr zu glauben vermag[40].

(2) Renans intellektueller Parcours zeichnet insofern exemplarisch eine Figur nach, die Heinz Schlaffer auf den Begriff des ›ästhetischen Historismus‹ gebracht hat: »Das Denken von Geschichte löst Geschichte in eine imaginäre Welt erinnerter Bilder auf.«[41] Die kritische Leistung der Philologie besteht gerade darin, daß sie den Geltungsanspruch des Vergangenen suspendiert. Wie Schlaffer gezeigt hat, ist es der Übergang von der Kritik zur Anschauung, welcher die ästhetische Konfiguration der Vergangenheit, als Bild, Nuance und Metamorphose, in Szene zu setzen erlaubt. Renan partizipiert im Zeichen der Kritik am Projekt der Aufklärung, welches er doch im Zeichen ästhetischer Betrachtung suspendiert, die den Nexus von Vergangenheit und Zukunft zertrennt, und die Gegenwart als Posthistoire stillstellt.

(3) *L'ordre social, comme l'ordre théologique, provoque la question: Qui sait si la vérité n'est pas triste? L'édifice de la société porte sur un*

39 Auguste Comte, *Du pouvoir spirituel*, hg. P. Arnaud, Paris 1978, S. 289/292.
40 Vgl. *Préface* zu *L'Avenir de la science*, *Œuvres* (Anmerk. 6), S. 721.
41 Heinz und Hannelore Schlaffer, *Studien zum ästhetischen Historismus*, Frankfurt/Main 1975, S. 18.

grand vide[42]. Die gesellschaftliche Ordnung (unter der unterschwellig das Chaos herrscht) ruht auf einem Grund, der sich entzieht. Diese Struktur provoziert eine nichtabreißende Produktion von Fiktionen, die in der Geschichte als handlungsleitende Illusionen funktionieren. Die geschichtstranszendenten, weltzeitlichen Imaginationen eines metaphysischen Optimismus, in denen Renan die Horizonte geschichtlichen Handelns überschreitet, haben ihrerseits die Funktion eines suggestiven Palliativums angesichts eines fundamentalen Gewißheitsentzugs. Es gehört zu Renans Luzidität, daß ihm ihr Charakter als Metaillusionen nicht ganz verborgen bleibt. *L'humanité est [...] acculée à cette singulière impasse que, plus elle réfléchit [...] mieux aussi elle voit les difficultés qui s'élèvent contre les dogmes dont elle affirme la nécessité*[43]. Das Handeln lebt unausweichlich von Illusionen, diese werden von fortschreitendem Wissen als Fiktionen entlarvt. Der Rhythmus von Illusion und Desillusion setzt aber die Notwendigkeit der Fiktionen nicht außer Kraft. *Le sage est celui qui voit à la fois que tout est image, préjugé, symbole, et que l'image, le préjugé, le symbole sont nécessaires, utiles et vrais*[44].

(4) »Die Epoche selbst machte den polyphonen Roman möglich [...] Vielschichtigkeit und Widersprüchlichkeit waren als objektive Fakten in der Epoche vorgegeben.«[45] An die Stelle dieser Logik der Polyphonie, die die Identität der Stimme und die Kohärenz ihrer Horizonte voraussetzt, setzt Renan die Logik der *diversité*[46] und der Metamorphose. Für die Dimension des Handelns bedeutet das die Option für einen *impassible libéralisme*[47], für den Geltungsansprüche unentscheidbar sind, für das Verhältnis zur Geschichte bedeutet es die Option für eine Strategie zwischen Distanz und Identifikation, die den Betrachter aus der Verantwortung entläßt: *Rien de ce qui est de l'humanité n'est à dédaigner, mais rien non plus n'est à embrasser d'une manière absolue*[48]. So werden Identitäten zu Nuancen, Gewißheiten zu Bildern.

(5) Renans ›Dialogues‹ und ›Drames‹ haben einen Replikcharakter, der auf die Fundamente der Aufklärung zielt: Sie nehmen deren kri-

42 *Préface* zu Le prêtre de Némi, *Œuvres* (Anmerk. 6), Bd. 3, S. 530.

43 Renan, »Examen de conscience philosophique«, *Œuvres* (Anmerk. 6), Bd. 2, S. 1178.

44 Renan, »L'avenir religieux des sociétés modernes«, *Œuvres* (Anmerk. 6), Bd. 1, S. 1179.

45 Michail Bachtin, *Probleme der Poetik Dostoevskijs,* München 1971, S. 34.

46 Renan, »L'avenir religieux des sociétés modernes«, in: *Œuvres* (Anmerk. 6), Bd. 1, S. 242: »Le vieux monde romain a péri par l'unité, le salut du monde moderne sera sa diversité.«

47 Ebd., S. 278.

48 Ebd., S. 278.

tische Verfahren in Anspruch, klammern ihre Postulate indes ein. Indem sie sich als balancierte ästhetische Ganzheiten präsentieren, negieren sie den Charakter der Replik. Renan will in seinen Texten *penseur* (und nicht Priester) sein, und das heißt: *[...] je dois voir tout.* Die polemische Relation des Textes wird durch das Konzept eines *ouvrage bien complet* überlagert, das die zwei Seiten der Medaille präsentiert. Der Autor ist sich darüber im klaren, daß er durch dieses Verfahren mit den Lesegewohnheiten des Publikums kollidiert: Die *habitudes des lecteurs à demi cultivés* identifizieren den Autor mit den im Text vergegenwärtigten Positionen. Damit macht der Leser den Autor verantwortlich (*responsable*), während dieser sich der Verantwortung gerade entziehen will, um sich als objektivistischer Photoapparat zu präsentieren.

(6) Renans dialogische Philosophie verkörpert damit ein Programm ›kultivierter Verantwortungslosigkeit‹. Die Metaposition der Organisation der Position ist für Renan nicht selbst eine Position, sondern Ermöglichungsstruktur eines endlosen Spiels von Distanz und Identifikation, in der die Identität der Positionen verwischt. Renan präfiguriert das Programm einer *culture des idées*, die sich in *dissociations d'idées*, im Zerspielen tradierter Gewißheiten realisiert[49]. Die Verweigerung der Verantwortung für die Positionen ist indes nicht gleichbedeutend mit ihrer Vernichtung (auch nicht mit ihrer ›Aufhebung‹). Das unterscheidet Renan vom *esprit positif*. Dieser destruiert moralische, metaphysische und religiöse Geltungen, indem er die Illusionen als Irrtümer denunziert. Anders Renan, seine Kritik läßt alles bestehen. *J'ai tout critiqué, et, quoi qu'on dise, j'ai tout maintenu*[50]. Kritik als Rettung – aber eben nicht zu den Bedingungen des Geretteten, sondern in einer von Geltungsansprüchen entlasteten Anschauung. Das ästhetische Programm eines *ne pas conclure* – bei Renan wird es zum Verfahren einer ästhetischen Philosophie, die im Durchlauf durch die Metamorphosen der Bilder der Geschichte zu sich selbst kommt, indem sie sich unendlich an das seiner Identität beraubte Andere verliert.

---

49 Vgl. dazu Remy de Gourmont, *La culture des idées*, hg. von Hubert Juin, Paris 1983, S. 81; vgl. auch S. 85: »[...] le cerveau de l'homme civilisé est un musée de vérités contradictoires. Il n'en est pas troublé, parce qu'il est successif.«

50 *Préface* zu Le prêtre de Némi, in: *Œuvres* (Anmerk. 6), Bd. 3, S. 529.

K. Ludwig Pfeiffer

(Selbst-)Inszenierung: Stilformen und Masken des Begehrens bei Oscar Wilde

Einleitend: Aktualitätsmotive

In seiner 2000 noch deutlich vor dem hundertsten Todestag Wildes erschienenen Monographie *Oscar Wilde. Leben und Werk*[1] hat Norbert Kohl die unübersehbare Aktualität von Oscar Wilde eingeklagt. Sie bestehe u.a. in radikaler Ich-Bezogenheit, in der Fetischisierung der Jugend, dem Ersatz von (aufklärerischen?) Glückshoffnungen durch genußsüchtige und kurzlebige Konsumbefriedigungen. Zum historisch wie genußpsychologisch einschlägigen Beispiel hat, nebenbei bemerkt, Wilde selbst die Zigarette erklärt: *A cigarette is the perfect type of a perfect pleasure. It is exquisite, and it leaves one unsatisfied.* (Eine Variante, die Wilde als Wiederaufbereitungsanlage seiner eigenen Aphorismen bietet, lautet etwa: *Cigarettes have at least the charm of leaving one unsatisfied.*) Wilde nehme, so Kohl, derart die »Erlebnisgesellschaft« unserer Tage vorweg; sein Dorian Gray verschaffe sich auf märchenhafte Weise, was Fitneß-Studios und kosmetische Chirurgie heutzutage verheißen. Die Programme der Yuppies und ähnliche Generationsfragmente seien in Sätzen wie jenen von der Eigenliebe als Beginn einer lebenslangen Romanze vorformuliert[2].

Vorläufige Problemmodellierung

Kohl hat die Motive Wildescher Aktualität wie auch, worauf ebenfalls zurückzukommen sein wird, seiner viktorianischen Verstaubtheit präzise benannt. Man könnte, um die motivische Aktualität weiter zu erhärten, auch auf die vielleicht doch einigermaßen eindrucksvollen Fusionen von Theorie und ästhetischer Praxis bei Wilde (im Roman, in Briefen und Dialogen) hinweisen, um die sich

1 Frankfurt/M. 2000 (vgl. auch das frühere Werk Kohls, auf das ich mich hier nicht weitere beziehe, *Oscar Wilde: The Works of a Conformist Rebel,* Cambridge [England] 1990).

2 Vgl. *The Complete Works of Oscar Wilde,* with an introduction by Vyvyan Holland, New York 1989, S. 70 (aus *The Picture of Dorian Gray*), 1019 (aus »The Critic as Artist«); Kohl, *Wilde,* S. 130 f., 290 f. (s. Anm. 1). Alle Seitenangaben im Text beziehen sich auf Wildes *Complete Works.*

Spielarten des Poststrukuralismus – mit einiger Anstrengung, wie es scheint – bemüht haben.

Solche Aktualitätsmotive sollen indes hier nicht weiter verfolgt werden. In den Vordergrund rückt demgegenüber die Motivation einer Theorie und/als Praxis, die in dem gipfelt, was man als Programm und den Stil einer (natürlich immer relativ und komparativ zu sehenden) ›posthumanen‹ Kunst bezeichnen könnte. In diesem Programm bilden das gemeinhin Kunstwerk Genannte und die Kunst der Selbstinszenierung (bis hin zum Selbst als »Gesamtkunstwerk«) zwar unterscheidbare, aber ineinander übergehende Ebenen.

Negativ schattet sich das Programm in der Kälte bzw. »Kaltschneuzigkeit«[3] und Gleichgültigkeit ab, die Wilde den überlieferten Kunstformen, humanen, etwa moralischen Werten wie seinen eigenen Triebrollen gegenüber an den Tag zu legen imstande war. Das klingt zunächst nach wenig mehr als einer weiteren Variante amoralischer Programmatik, wie sie sich in Taineschen Sätzen von Laster und Tugend als Produkten wie Vitriol und Zucker, in Nietzscheanischen Theoremen usw. niedergeschlagen hat. Auch könnte die Karriere einer Selbstzerstörung, auf welche die Beziehung zu Lord Alfred Douglas hinauslief, als Bestätigung wie als Widerlegung meiner These gedeutet werden. Die ebenfals im Jahre 2000 erschienene Biographie zu Lord Afred Douglas von Douglas Murray, einem zum Zeitpunkt des Erscheinens 21-jährigen Oxford-Studenten, deutet zwar eher darauf hin, daß Wilde auch seinen Untergang kaltschnäuzig in Szene gesetzt hat[4]. Aber in dieser Hinsicht setzt man nur allzu leicht die bis zu Kohl reichende Tradition analytischer Hilflosigkeit fort (wie erklärt man das Festhalten an Douglas?). Daher soll auch der mögliche indexikalische Stellenwert dieser Beziehung im Folgenden keine besondere Rolle spielen.

Auch in den Werken Wildes taucht das hier reklamierte, vorläufig ganz unscharf posthuman genannte Programm in versteckten oder in der Virtuosität komischer Inszenierung nur indirekt wahrnehmbaren Formen auf. Daher mag zunächst ein Umweg die folgenden groben Analysen vorbereiten.

---

3 Kohl, *Wilde*, S. 138 (s. Anm. 1). Im Blick auf *The Importance of Being Earnest* spricht Kohl S. 192 von einer »Logik des Absurden«, was die hier ebenfalls nur gestreifte Frage der Beziehung Wildes zum sogenannten Theater des Absurden aufwirft.

4 Douglas Murray, *Bosie. A Biography of Lord Alfred Douglas,* London 2000, vgl. S. 110, 118, 136 und die S. 311 zitierten Auslassungen von G. B. Shaw zu Wilde als *comedian,* dessen *gaiety of soul invulnerable* gewesen sei: *Even on his deathbed he found himself no pity for himself, playing for laugh with his last breath.*

Bekanntlich hat Rainer Warning die französischen ›Realisten‹ aus der undankbaren Rolle realistisch-naturalistischer, gar wissenschaftlich beglaubigter Repräsentationsrollen erlöst. Er bedient sich zu diesem Zweck Diderots »Paradoxe sur le comédien«, welches ›Nachahmung‹ aus jedem Seinsbezug löst, »um sie an ein vom Künstler selbst geschaffenes Wirklichkeitsmodell« zu binden. Wer aber ist dieser Künstler? Bei Diderot ist es vorderhand der/die Schauspieler/in. Die kalte Präzision einer Schauspielerin wie Mlle Clairon (und man könnte auch an Diderots Beschreibung des englischen Schauspielers David Garrick erinnern) hebt weder auf die Inszenierung einer Thematik, eines Stoffes, auf die Expression einer Emotion, noch auf die Inszenierung einer sogenannten eigenen Persönlichkeit ab. Das Spiel bietet vielmehr die Prozessualisierung – vielleicht: die unwiderstehliche Dynamik – einer Konstruktivität, welche Repräsentation, sei es einer vermeintlichen Wirklichkeit, sei es eines Selbst, hinter sich läßt. In der Prozessualisierung – berühmt waren etwa die gelegentlich zeitlupenartig verlangsamten Bewegungen Garricks – gewinnt das Schauspielen eine Art Autonomie, die an Repräsentation und Expression nur noch erinnert und allenfalls vom Zuschauer mit bestimmten Ausdruckswerten neu codiert werden kann. In der kaltblütig gesteuerten Dynamik eines »acting« (wie der Anglist hier wohl sagen sollte) zwischen Darstellung und Selbstwert verwandelt sich jedes *modèle* einer Wirklichkeit oder eines vorgestellten Ideals des Schauspielens selbst in ein *fantôme*. Um sich der repräsentationalen Zumutungen zu entledigen, müssen Schauspieler entweder kaltblütig oder aus den Eingeweiden heraus agieren: Kaltblütigkeit wie (der eher seltene Fall einer) *mobilité d'entrailles* bezeichnen die polaren, größtmöglichen Abstände zu Repräsentation und Expression, mit welchen sie erst *post festum* wieder verrechnet werden könn(t)en. Das »acting« umhüllt die Marionette (*mannequin*) Mlle Clairon nicht mit einer Seele (auch wenn dies Diderot im Code des 18. Jahrhunderts als *âme* bezeichnet), sondern lediglich mit einem Effekt des Seelischen.

Kann also das Ästhetische nicht auf Repräsentation (›Nachahmung‹ usw.) zurückgeschnitten werden, dann wird plausibel, daß auch ein sogenannter Naturalist wie Zola eher durch seine »wilde Ontologie« als durch die durch seine Romane geisternden Wissenschaftsmodelle im Blick auf Gesellschaft und ›Charakter‹ zu fesseln vermag. Hatte man gelegentlich auch früher schon Zola nicht für einen Naturalisten, sondern Symbolisten gehalten (der in *La Bête humaine* dahinrasende lokführer- und heizerlose Zug als Symbol des Kaiserreichs usw.), so entzieht Warning auch solchen Deutungen die in ihnen obwaltende, die naturalistische nur vordergründig ersetzende symbolische Fixierung. Die Transgressionsphantasien steigern sich in die entfesselte Bildlichkeit von Phantasmagorien, in den »Irrealisierungseffekt hypertropher Bilder«[5].

In diesem präzisen Übergang von Diderot zu Zola rumort allerdings eine ›mediale‹ Zweideutigkeit fort, die man bei Diderot selbst, später vor allem bei Stendhal, jedenfalls da besser als bei Zola, beobachten kann. Diderot hat sein Paradox, in dieser Schrift jedenfalls, auf den/die Schauspieler/in beschränkt. Es geht ihm weder um die Schauspiele (etwa als Texte) noch um Literatur schlechthin etwa in der für das 19. Jahrhundert vor allem hegemonialen Gattung des Romans. Erzeugt das Schauspielen einen fesselnden ästhetischen Effekt jenseits der Repräsentation, so ist damit noch kaum etwas darüber ausgesagt, wie und wodurch sie etwa im Schreiben und Lesen literarisch genannter Texte zustande kommen. Stendhals Bild der Welt als einer »universellen Maskerade« läßt sich attraktiv in der Komödie, attraktiver in der Oper, am attraktivsten in der *opera buffa* inszenieren (und das heißt nicht etwa nur: darstellen) – nur letztere, so Stendhal, könne ihn zu Tränen rühren (und dies ist beileibe kein Paradox[6]). Was der (Stendhalsche) Roman unter solchen medial-ästhetischen Bedingungen zu leisten imstande ist, wäre vermutlich immer noch unter dem Stich- bzw. Schlagwort der Intermedialität verhandelbar.

Jedenfalls darf man, in einem sicher sehr unhistorischen Sprung, zusätzlich noch Goethes *Wilhelm Meister* bemühen, um die Motivationen einer ›posthumanen‹ Wildeschen Ästhetik im Kontakt wie in der Differenz zu Warnings Sicht von Zola etwa zu konturieren. Die These lautet, der Aristokrat bei Goethe verkörpere das, was Diderot dem Schauspieler ansinnt. Im Gegensatz zum Bürger kombiniert der Adlige Leichtigkeit des Daseins mit vornehmem Anstand. Man kann das auch – was Ulrich Schulz-Buschhaus jedenfalls als Tendenz für andere aristokratische Kontexte bzw. deren textuelle Verhaltensregulierungen wiederholt gezeigt hat – als Spiel vielfältiger Verhaltensrollen ohne festes Selbst umschreiben[7]. Dem zur Arbeit und ernsthaften Daseinssicherung verdammten Bürger ist dergleichen nicht vergönnt. Er muß sich Ersatz beschaffen und findet diesen, wie er eine Zeitlang meint, auf den Brettern des Theaters. Nun ist aber das ästhetische Potenzial des Sprechtheaters schon im *Wilhelm Meister* höchst labil. Vornehmlich muß Shakespeare herhalten, um diesem Theater kurzfristig auf die Sprünge zu helfen. Unternehmungen im größeren

5 Rainer Warning, *Die Phantasie der Realisten,* München 1999, S. 16 f., 245, 254.
6 Ebd., S. 19-21.
7 Vgl. Ulrich Schulz-Buschhaus, *Moralistik und Poetik,* Hamburg 1997, vor allem die Gracián gewidmeten Aufsätze.

Stil, wie etwa dem Plan eines Nationaltheaters, ist wenig oder überhaupt kein Erfolg beschieden.

Goethes Roman läßt sich vielleicht (und auch) als Selbstvergewisserungstext, als Wünschelrutengang im Blick auf den Sitz bzw. Inszenierungsbedarf ästhetischer Wirkungen lesen. Sollte seine Funktion (und die anderer Romane) aber tatsächlich und vor allem darin bestehen, so wären ›bürgerlicher‹ Roman und ›bürgerliches‹ Theater mit einer schweren Hypothek belastet. Das vergleichsweise freie Spiel der aristokratischen Rollen setzt eine im Blick auf gesellschaftliche Macht insgesamt, wenn auch nicht im konkreten situativen Aushandeln gesellschaftlich-kultureller Energie geordnete Wirklichkeit voraus. Hof und Hoftheater fallen in ihren stilisierenden Inszenierungen nicht zusammen. Sie befinden sich aber auch nicht in jener fatalen Distanz von Leben und Kunst, welche die bürgerliche Epoche mit ihren angestrengten theatralischen Exerzitien, vor allem aber ihren komplizierten Schreibübungen im Roman und anderswo eine Zeitlang vergessen machen möchte. Wie bei Warning[8], so stünde auch hier eine jetzt nicht zu leistende verschärfte Lektüre von Blumenbergs Wirklichkeitbegriffen und ihren möglichen ästhetischen Korrelaten an. Kurz: Ist die Wirklichkeit nicht mehr vorgeordnet, kann sie aber auch nicht schlechthin als kontingent verstanden werden, so wird die Kunst in die gegenläufigen Forderungen nach Nachahmung (etwa der »Dialektik der Kulturbewegung« nach G. Keller) und freierem imaginärem Appeal eingeklemmt.

Warnings Buch lockert den Würgegriff der Nachahmungsforderung, vor allem im Vergleich zu Auerbach. Karl Eibl hatte ihn vorher bereits dadurch gelockert, daß er den »Nichtwelten« der Poesie, der Literatur und des Theaters die Aufgabe flexibel-komplexer Poblemformulierungen im Rahmen mobil, und damit konflikt- und paradoxieanfällig gewordener Gesellschaftsstrukturen zuwies[9]. Oscar Wilde hätte beide Ansätze respektiert. Aber sie wären ihm nicht weit genug gegangen.

Der Bürger Wilde rechnet aristokratisch, wenn auch nicht immer vornehm, mit der ästhetischen Tradition ab

Oscar Wildes ›literarisches‹ Werk birgt, bei aller oberflächlichen Konventionalität seiner Formen (Roman, Erzählungen, Theaterstücke, Gedichte, Essays), eine klare Vorentscheidung zugunsten eines in seiner Eigenart freilich erst noch zu bestimmenden Theaters.

---

8 *Realisten,* S. 12-14 (s. Anm. 5).
9 *Die Entstehung der Poesie,* Frankfurt/M. 1995.

For the stage is not merely the meeting-place of all the arts, but is also the return of art to life[10]. Vorläufig läßt sich festhalten, daß ein solcher Satz zwar nicht gegen ästhetische Arbeitsteilung schlechthin, wohl aber gegen bestimmte Formdifferenzierungen und ihre Implikationen seit dem 18. Jahrhundert votiert; ferner, daß dieses Votum im Namen dessen abgegeben wird, was Goethe dem Edelmann bescheinigte (das freie Spiel der Rollen in der offenbar keineswegs unerträglichen Leichtigkeit des Seins). Natürlich setzt Wilde die entsprechende Sozialstruktur nicht mehr voraus. Er weigert sich aber genauso, der empirischen Ausdehnung proletarischer bis bürgerlicher Lebensformen irgendein ästhetisches Potential zuzugestehen. So bleiben, unbeschadet einer soziologischen oder ideologiekritischen Einschätzung der Lage, aristokratische soziale Werte oder Normen als Stilforderung an (Selbst-)Inszenierung zumindest im Sinne des Gentleman-Ideals für Wilde noch weithin unangefochten. (Biographisch ist immerhin nicht uninteressant, daß der bürgerliche Vater u.a. für seine Verdienste um die Augenheilkunde geadelt wurde und sich ab 1864 Sir William Wilde nennen durfte.) Zwar hat Wilde die nicht untheatralische, aber jeder spielerischen Eleganz beraubte mögliche Härte aristokratischer Verhaltensformen am eigenen Leibe durch den Marquess of Queensberry erfahren (jenes Vaters von Lord Alfred Douglas, der als erster die Regeln der »noble art of self-defence«, vulgo: des Boxens formulierte und zwar nicht mehr das Spielerische, aber doch eine gewisse Rollenvielfalt des Aristokraten als »prizefighter, gambler, adulterer, and atheist« sowie Fast-Bankrotteur verkörperte). Gleichzeitig läßt sich Queensberry aber auch als eine für Wilde durchaus nicht uninteressante gleichsam atavistisch-brutale Frühform posthumaner und insofern hochmoderner Orientierungen sehen[11]. Auch deshalb wirken die eleganteren Möglichkeiten aristokratischen Rollenspiels bzw. dessen, was Wilde als solches imaginierte, als Stilideal fort. Seine Einlösung allerdings kann nur unter erheblich erschwerten und daher variationsbedürftigen Bedingungen erfolgen.

Auf die Schaffung solcher Bedingungen hat Wilde zunächst erfolgreich hingearbeitet. Es entbehrt nicht der Ironie, daß ausgerechnet ein Aristokrat, Lord Alfred Douglas eben, mit dem Wilde das ästhetisierte Spiel des Lebens und der Kunst vervollkommnen wollte, diese Möglichkeit schließlich *nolens volens* zunichte gemacht hat. Und man

---

10 »The Truth of Masks«, *Complete Works,* S. 1067.

11 Vgl. Richard Ellmann, *Oscar Wilde,* Harmondsworth 1988, S. 534; Murray, *Bosie,* S. 8 f., 18 f., 56 f., 67, 73 f., 117 (s. Anm. 4).

mag versucht sein, zum Begriff der tragischen Ironie zu greifen, wenn man sieht, daß Wilde der aristokratischen Nonchalance, mit der Lord Alfred sein Spiel weit über Wildes Tod hinaus spielte, nur die mit Pathos und erheblich zu spät aufgemachten (und überdies inkorrekten) finanziellen Bilanzen gleichermaßen durchtränkte Suada von *De Profundis* (ein ›Brief‹ an Douglas von ca. 85 Seiten als doch eher bürgerliche *Apologia pro vita sua*) entgegenzusetzen hatte. Es ist im Rahmen des vorliegenden Essays unmöglich, das virtuose Spiel dieses Briefs mit wie auch immer empfundenen pathetischen, ja tragischen Rollen im Detail auseinanderzulegen. Wilde schreckt nicht davor zurück, sich in eine Christus-Rolle hineinzustilisieren. Auf der anderen Seite sieht er klar, daß Bosie, ganz wie sein Vater, am ehesten als die nichtintellektuelle Version des posthumanen Menschen zu beschreiben wäre[12].

Jedenfalls könnte es ein, daß »De Profundis« Grenzen einer homogen posthumanen Orientierung aufschimmern läßt. Freilich wird das, womit Wilde ästhetisch abrechnet, dadurch keineswegs *per se* rehabilitiert. Jenseits der motivischen besteht die theoretische Aktualität Wilde *in aestheticis* u.a. in der (in anderer Weise ja doch auch bei Hegel und Nietzsche gestellten) Frage, ob sich eine Kunst (noch) lohnt, die von der Analyse, Problematisierung, bestenfalls der imaginären Anreicherung, oft aber auch der bloßen Verklärung pauschal als bürgerlich zu bezeichnender Problem- und Affektlagen lebt. Wilde berührt die »wilde Ontologie« Zolas, wenn er (bzw. der Wilde am nächsten stehende Dialogpartner in »The Decay of Lying«) ihm bescheinigt, er sei *not without power. Indeed at times, as in Germinal, there is something almost epic in his work*. Aber eigentlich könne man sich für das Schicksal seiner Figuren (*an account of the doings of the lower orders*) nicht interessieren. *In literature we require distinction, charm, beauty and imaginative power*[13]. Das sind Kriterien, welche bei Diderot wie bei Wilde offenbar am ehesten die großen Schauspieler/innen, nicht jedoch der schon bei Nietzsche als »Gorgon-Zola«

12 Vgl. »De Profundis«, *Complete Works*, S. 883, 885, 887 f., 919 f., 925 f. Douglas replizierte Jahre später mit einer Sonett-Sequenz *In Excelsis* auf »De Profundis«. Über diese und andere, zwischen Spiel und Extremaffekten pendelnden Grotesken in der Beziehung Wilde/Douglas wie auch Wildes Gentleman-Posen informiert Ellmann, *Wilde*, z. B. S. 536. Zu Einzelkorrekturen an Ellmann und zur Rechtfertigung eines »both/and treatment« Wildes vgl. vor allem Merlin Holland, »Biography and the art of lying«, in *The Cambridge Companion to Oscar Wilde*, hg. Peter Raby, Cambridge (England) 1997, S. 3-17, hier S. 4, 5 f., 10-14.

13 »The Decay of Lying«, *Complete Works*, S. 974.

apostrophierte Romancier[14] erfüllen. Auch Bourget täusche sich, wenn er annehme, man könne das Personal modernen Lebens unbegrenzt und in unzähligen Kapiteln analysieren. Je mehr man analysiert, umso mehr kommen die Gründe für solche Analysen abhanden: *Sooner or later one comes to that dreadful universal thing called human nature* (975). Noch bei Balzac war das alles anders. Wilde folgt Baudelaire im Urteil, Balzacs Figuren durchglühe dasselbe Feuer des Lebens wie ihren Schöpfer selbst; seine Texte seien eigentlich Traumerzählungen (976). Je stärker sich ein zwangsläufig mißverstandener realistischer Druck geltend macht, umso schwerer fällt es der Kunst, Momente ästhetischer Wirkung, gelegentlich auch *mythopœic faculty* (989) genannt, mehr als nur okkasionell zu erzielen. Wildes Urteil über Meredith ist einschlägig und ohne weiteres in eine analytischere Terminologie übersetzbar:

> Ah! Meredith! Who can define him? His style is chaos illuminated by flashes of lightning. As a writer he has mastered everything except language: as a novelist he can do everything except tell a story (...) But whatever he is, he is not a realist. Or rather I would say that he is a child of realism who is not on speaking terms with his father (976).

Wilde spielt hier sehr präzise auf einen kapitalen ›Bruch‹ in Merediths Romanproduktion an. In ihr stehen sich brillant-obskure Texte ohne rechte Geschichten und Geschichten ohne intellektuell-imaginativen Glanz – Versuche, sich der Realismus-Forderung zu beugen, ohne ihr zu erliegen – gegenüber. Von Ausnahmen wie Balzac abgesehen steckt freilich der Roman als ›Medium‹ für Wilde in der skizzierten Situation: *I quite admit that modern novels have many good points. All I insist on is that, as a class, they are quite unreadable* (975).

Das Dilemma bürgerlicher Kunst offenbart sich daher deutlicher im Drama, weil das Drama als Medium in der vorbürgerlichen Zeit von ganz anderen Wirkungspotentialen zehrte. Wilde startet hier mit der problematischen These, daß ›Kunst‹ zunächst die abstrakt-dekorative Stilisierung des ›Unwirklichen‹ leistet. Diese etwas dunkle, u.U. auch gänzlich falsch anmutende Behauptung gewinnt vielleicht eine zumindest bedenkenswerte Plausibilität, wenn man sie von der darauf folgenden zweiten Phase der Kunstentwicklung her sieht. Denn irgendwann interessiert sich das ›Leben‹ (bzw. das, was sich als je historische Vorstellung davon durchsetzt) für das als anders, eben als verführerisch-unwirklich wahrgenommene Phänomen des Ästhetischen und möchte es sich zum Zwecke der Selbststilisierung und

14 Vgl. Ellmann, *Wilde*, S. 156 (s. Anm. 11), Kohl, *Wilde*, S. 100 (s. Anm. 1).

-nobilitierung einverleiben. Mit ›Leben‹ ist hier aber offensichtlich eine bereits teilweise oder weitgehend normalisierte oder konventionalisierte Version gemeint, die sich vor allem in den Bezugsproblemen zwischen z. B. ›Individuum‹ und ›Gesellschaft‹ abspielt (also mit einer ›alteuropäischen‹ Denkfigur abplagt, deren endgültige Verabschiedung erst die Systemtheorie zu ihrem großen Anliegen erhob). Nur dazu paßt Wildes Behauptung, das mittelalterliche Drama der Kleriker habe seiner Forderung nach Verzauberung durch die abstrke Dekoration des Unwirklichen entsprochen.

Zunächst aber geht auch mit dem zweiten Schritt noch alles gut. Denn die Kunst, die sich etwa seit Shakespeare des neuen Lebens in Gestalt sehr bald alt aussehender Konventionen annimmt, schreibt dieses Leben in eine pathos- oder komikbesetzte Imaginativ- und Intensivversion um. Cleopatra und Caesar, englische Könige, dänische Prinzen, schwarze Generäle und andere mehr paradieren nun auf der Bühne in einer Weise, wie sie im Leben nie einhergeschritten wären, führen große Reden, die sie im Leben nie gehalten hätten. In dieser labilen, aber faszinierenden Phase einer Art angemessenen Übertreibung erzeugt das Drama *complex beauty* – und begibt sich stracks auf den Weg in den Untergang. Shakespeare, wer anders, hat Größe wie Ruin dieses Dramas am komplexesten und packendsten in Szene gesetzt. Das Überhandnehmen der Prosa signalisiert einen fatalen ›Realismus‹, gar ›Naturalismus‹ *avant la lettre*: An das Drama ergeht die ›dumme‹ Forderung, es habe da zuzugehen wie im sogenannten richtigen Leben (»Decay«, 978f.; differenzierter, aber mit derselben Stoßrichtung »The Truth of Masks«, 1064-1076).

In solcher Denkweise ergibt sich insgesamt die doch recht weitreichende Folgerung, daß man ästhetische Effekte verstärkt woanders suchen muß als in dem, was das bürgerliche Zeitalter als Kunst kanonisiert hat. Wilde liefert gleich Vorschläge mit: die Reden Ciceros und die Biographien des Sueton, Tacitus *at his best*, die *Historia naturalis* des Plinius, Heiligenviten, Marco Polos ›Reiseberichte‹, die Autobiographie Benvenuto Cellinis, Casanovas Memoiren. Apart ist die Erwähnung von Carlyle (insbesondere seiner *French Revolution* als einem der faszinierendsten historischen Romane); bedenkenswert, im Blick auf eine Archäologie protoliterarischer Schreibweisen (im Vergleich zu welchen sich manches an ›Literatur‹ professionell dünn ausnimmt), die Wahl von Boswells *Life of Johnson* (980).

Die ursprüngliche Hypothese bleibt aber indirekt immer in Kraft: Je abstrakter und (im nichtidealistischen Sinne) idealer eine Kunst ist, je mehr sie richtig (d.h. nicht um eines monatlichen Salärs in der Fleet Street willen) lügt, d.h. Imaginäres als großen Effekt inszeniert, umso mehr verrät sie über *the great soul* eines Landes oder einer Zeit. Will man darüber Aufschlüsse, so schaut man sich also besser die Architektur oder die Musik als die Literatur an (988). Oder man läßt sich von den radikalen (Aus-)Wanderungen des Ästhetischen in den USA des 19. Jahrhundert in Colorado überraschen: *The most graceful thing I ever beheld was a miner in a Colorado silver mine driving a new shaft with a hammer; at any moment he might have been transformed into marble or bronze and become noble in art forever*[15].

Wildes andere Essays spitzen diese Argumentationsrichtung in der bekannten und teilweise verblaßten aphoristisch-paradoxen Überanstrengung zu[16]. Da sind einmal die etwas billigen Provokationen zum Thema Mord als schöne Kunst: Der virtuose Giftmörder Wainewright rechtfertigt den Mord an Helen Abercrombie mit den Worten: *Yes, it was a dreadful thing to do, but she had very thick ankles* (»Pen, Pencil and Poison. A Study in Green«, 1006). »The Critic as Artist« variiert das nun schon ernster zu nehmende Thema, daß jeder einen dreibändigen Roman, wenige aber gute Kunstkritik schreiben könnten (z.B. 1022)[17].

Salome: Ästhetisch-theatralische Zeitlosigkeit als Inszenierung und Maskierung des Begehrens

Salome ist Wildes Abgesang auf die literarische, sich in den wie immer angereicherten Varianten des Realistischen erschöpfende Kultur des 19. Jahrhunderts[18]. Bekanntlich spielt Salome in der biblischen Geschichte (*Matthäus,* 14.1-12, *Markus,* 6.14-29) kaum eine Rolle. Vermutlich aber waren die historischen Verhältnisse um Herodes Antipas, Herodias und den Täufer kompliziert genug, um als auslegbare Folie für die schwankenden ästhetischen Selbstverständigungs- und Selbststilisierungsversuche des 19. Jahrhunderts und darüber hinaus herhalten zu können. In Flauberts »Hérodias« (*Trois Contes*) geschieht Bedeutsames in Form gedämpft-vielsagender Komplexität.

---

15 »The Decorative Arts«, zit. bei Ellmann, *Wilde*, S. 184 (s. Anm. 11).

16 Allerdings kann man auch heute hin und wieder Texte lesen, die das fortwirkende Potential der Wildeschen Schreibweise erhärten; vgl. etwa Gerhard Fischer, *Das Ei des Damokles. 333 Kurzromane*, Bietigheim 1999. Zu denken wäre auch u.a. an Texte Ingomar von Kieseritzkys.

17 Vgl. zu diesem Komplex Gernot Krämer, *Der Mord als eine schöne Kunst betrachtet. Zur ästhetischen Valenz eines Motivs bei Thomas de Quincey, Oscar Wilde und Marcel Schwob*, Bielefeld 1999. Krämers Analysen eines »ästhetischen Anarchismus« (S. 56-71) bewegen sich in der Nähe der hier vorgelegten Thesen.

18 Vgl. auch K. Ludwig Pfeiffer, *Das Mediale und das Imaginäre. Dimensionen kulturanthropologischer Medientheorie*, Frankfurt/M. 1999, S. 506-508.

Bei Malern wie Moreau und Klimt gewinnt die Gegenständlichkeit gerade insoweit an Bedrohlichem, als sie weitgehend verschwimmt. Huysmans (dessen Des Esseintes in *À Rebours* das Bild Moreaus wie einen Schatz hütet) treibt das *femme-fatale*-Motiv in eine zwar mythologisch enthobene, gleichzeitig aber in der feierlichen Emphase des Sinnlichen auch ins Schlüpfrige.

In der geistesgeschichtlichen Bilanz, wie sie Frank Kermode am Zentralmotiv des »romantic image« aufgemacht hat, soll das »romantisch« Genannte die Ablösung einer gesellschaftsgebundenen, sei es realistisch gedrosselten oder mythologisierend geschönten Imagination durch die – wie Wilde gesagt hätte: abstrakte, wie man später sagen wird: autopoietische – Einbildungskraft benennen. Dieses romantische Bild verwirklicht der Tanz, und nur er, in Vollendung. Impliziert ist dabei, das ist für Wilde nicht ohne Bedeutung, eine Art sexueller Neutralität des Tänzerisch-Ästhetischen, weil, wie W. B. Yeats vermerkte, ästhetische Erfüllung und sexuelle Suggestion sich an den Körper eines Mannes oder einer Frau gleichermaßen heften können[19]. Yeats freilich bleibt insofern der Literat des 19. und frühen 20. Jahrhundert, als der derartig gedeutete Tanz eher als Metapher für die einzuklagenden Leistungen der Poesie dient. Das gilt wohl selbst dann, wenn Gedichte wie »Among Schoolchildren« (»How can we know the dancer from the dance?«) dem Tanz direkten Tribut zu zollen scheinen.

Die Beispiele nun freilich, die Yeats als Modelle einer dem Tanz wörtlich oder metaphorisch verpflichteten Poesie anführt (Catull, englische Autoren der frühen Stuart-Zeit, Verlaine, Baudelaire), verkörpern hetero- wie homosexuelle Devianz. Die in dieser Hinsicht einschlägigen Kollegen seiner Zeit beschreibt Yeats als Gruppe von – allerdings mit bezaubernden Manieren ausgestatteten – Alkoholikern, Perversen und Verrückten. Diese Diagnose mag zutreffen, gestattet aber keine erneuerte Korrelation – die ja nur eine Variante der bürgerlichen Trennung wäre – von Kunst und Leben. Die Virtuosität, die etwa Annette Runte im Entwerfen und Distanzieren von Interpretamenten ausgerechnet bei einem Tänzer entfaltet, der im schwerelosen Tanz zum »androgynen Fetisch« sich aufzuschwingen scheint, läßt es dem im Dickicht psychoanalytischer Schulen sich nicht ebenso souverän Bewegenden geraten erscheinen, sich derartiger Kopplungen zu entschlagen[20]. Kohls Buch, das diesen Ratschlag nicht offen erteilt,

19 Frank Kermode, *The Romantic Image,* London 1957, S. 58, 67 und generell Kap. IV.

20 In welche Interpretationskalamitäten man bei solchen Versuchen käme, hat Annette Runte lehrreich am Beispiel der oft mit Wilde/Douglas verglichenen

läßt ihn indirekt umso dringlicher erscheinen: Dem ständigen Versuch, Wildes Texten und Stücken bestimmten oder präferentiellen, letztlich Wilde spiegelnden sexuellen Orienierungen zuzuordnen, steht die Schwierigkeit gegenüber, Wildes Selbstinszenierungen selbst in schwersten Stunden, d.h. im Zuchthaus und danach, eine bestimmte Realität zu unterstellen[21]. Kohl weist sicher zutreffend darauf hin, daß man selbst Wildes vermeintlich in größter Geldnot geschriebene Schnorrerbriefe und die entsprechenden Verhaltenstaktiken nicht, wenn das sicher nicht Wilde-Niveau erreichende Wortspiel gestattet ist, für bare Münze nehmen darf. Die schon erwähnten Informationen in der Douglas-Biographie von Murray und die Hinweise Merlin Hollands, immerhin Wildes Enkel, fallen noch weniger schmeichelhaft aus. Sie werfen aber ein bezeichnendes Schlaglicht auf Wildes Fähigkeiten der Selbstinzenierung auch in dieser Hinsicht: Den versehentlichen zweimaligen Gebrauch ein und derselben Ausrede charakterisiert Wilde, sich *dafür* entschuldigend, selbst *als utter collapse of my imagination* – das, nicht die vermeintliche Not, mache ihm zu schaffen. Ich folge im übrigen z.B. Alan Sinfield, der es etwa für anachronistisch hält, Wilde als Alliierten der Schwulen-Bewegung 100 Jahre später zu rekrutieren[22].

Wohl aber wird man die Modernität eines Stücks wie *Salome* daran ermessen können, wie schnell die maskierte Neutralität des Begehrens in eine Dynamik ständig wechselnder Triebrollen umschlagen kann. Das verhandelte Flaubert bereits mit *Salammbô* als Kombination von Jungfräulichkeit und Grausamkeit; das hatte Richard Strauss im Blick, als er der Sopranistin Elisabeth Schumann erklärte, er brauche keinen dramatisch-heroischen Sopran, sondern eine durchsichtige, fast mädchenhafte Stimme, deren vermeintliche Unschuld und Affektferne allerdings jederzeit in kompromißlose Begierde und zerstörerische Bösartigkeit umschlagen könne[23]. Auf ein

---

Nijinsky/Diaghilew-Beziehung demonstriert. Vgl. »Nijinsky, der ›Gott des Tanzes‹ als ›Clown Gottes‹?«, in *Erinnern und Wiederentdecken. Tabuisierung und Enttabuisierung der männlichen und weiblichen Homosexualität in Wissenschaft und Kritik,* hg. Dirck Linck, Wolfgang Popp, Annette Runte, Berlin 1999, S. 319-364, hier besonders S. 326, 330f.

21 Vgl. Kohl, *Wilde,* S. 70 ff., 76, 94, 132, 237 f., 240, 265 f., 268, 290 (s. Anm. 1).

22 Vgl. Merlin Holland, »Biography«, S. 9 (s. Anm. 12); Sinfield, *The Wilde Century. Effeminacy, Oscar Wilde and the Queer Movement,* London 1994, S. 69f. Die Gegenposition vertritt Gary Schmidgall, *The Stranger Wilde. Interpreting Oscar,* London 1994.

23 Vgl. Kermode, *Romantic Image,* S. 73f. (s. Anm. 18) und zu einem analogen Problem Rainer Kohlmeyer, »From saint to sinner: The demonization of Oscar Wilde's *Salomé* in Hedwig Lachmann's German translation and in Richard

flaches Profil (eine Frau ohne Eigenschaften?) mit gewaltigen Umschlagsmöglichkeiten hatte Wilde seine Figur freilich selbst schon angelegt. Im übrigen auch Beardsley seine Illustrationen: keine illusionistische Tiefe, kein Volumen, keine Perspektive, nur Linien und Details mit Kontrastfarben, Vorder- und Hintergrund oft austauschbar; der Schwerpunkt liegt hoch, die Figuren scheinen zu schweben oder irgendwo aufgehängt zu sein. Dies gilt auch dann, wenn man weiß, daß Wilde mit Beardsleys Illustrationen gelegentlich nicht zufrieden war. Er hielt sie – im Vergleich zu seiner ›byzantinischen‹ Salome – für zu ›japanisch‹. Seine Salome sei eine Mystikerin, die Schwester Salammbôs und der Hl. Theresa. Es ist aber klar, daß derartige Scherze Wildes einer tieferen oder konsistenten Bedeutung meist entbehren.

Der Mangel an ›realistischer‹ oder auch nur bestimmter Wahrnehmungsfokussierung zeigt sich schon in schaurig-beiläufigen Details: Salome bemerkt etwa nicht, daß sich Narraboth ihretwegen umbringt. Dialoge greifen beliebige Motive auf und lassen sie ebenso beliebig wieder fallen. Viele der Figuren, auch der Nebenfiguren, wehren sich geradezu gegen die Verpflichtung, über irgendetwas Bestimmtes reden zu müssen. Herodes vergißt gelegentlich auf offener Bühne, was er will, wollen sollte oder wollen könnte. Er hält sich für wunschlos glücklich und möchte doch unbedingt, daß Salome für ihn tanzt. Salome meint nicht zu wissen, warum sie Herodes immerfort anblickt; als Unsagbares weiß sie es aber doch. Blickt sie nacheinander auf die verschiedenen Körperteile Iokanaans, so wird ihr Begehren in flüchtigen Formen zwar jeweils geweckt, verflüchtigt sich aber ebenso schnell wieder. Nur die Stimme des Täufers zieht Salome in einen absoluten Bann. Weder aber entspricht der Stimme noch suggeriert sie einen bestimmten Wunsch (vgl. 556, 558 und 574: *Thy voice was censer that scattered strange perfumes, and when I looked on thee I heard a strange music*). Die Musik von Richard Strauss intensiviert affektive Energie, drückt aber keine bestimmte Emotion aus. Die – je nach Opernaufführung vor allem – offenkundige bis schamlose Inszenierung sexueller Reize im Tanz verschwindet sofort, als der Tanz vorbei ist. Nunmehr will Salome den Kopf des Täufers mit der gleichen unmotivierten Unbedingtheit wie vordem den Kuss seines Mundes. Was der – meist lange – Kuss des Mundes im abgeschlagenen Haupt triebtheoretisch besagt, darf man sich ausmalen; einer Entscheidung weiche man tunlichst aus.

Strauss' opera«, in *Translation as Intercultural Communication,* hg. Mary Snell-Hornby, Amsterdam 1997, S. 111-122, hier und zum Folgenden S. 114.

Es versteht sich, daß sich der Interpretationsbetrieb der Geisteswissenschaften an solche Empfehlungen nicht gehalten hat. Das Spiel mit den Masken variablen, von Fall zu Fall, aber nicht konsequent imperativischen Begehrens hat – verständlicherweise gewiß – heftige Interpretationen auf den Plan gerufen[24]. Die feministische Romantik (Kate Millett) erblickte ein Drama homsexueller Schuld und Sühne. Kohl und andere trösten sich mit dem Gedanken, Wilde habe seine Homosexualität mit der unterstellten Grausamkeit der Frauen rechtfertigen wollen. Man kann nicht bestreiten, daß Wilde bei seinen nicht eben sparsam ins Werk gesetzten Selbstinszenierungen solchen Fixierungen Vorschub geleistet hat: Ausgerechnet Frank Harris, einen der größten Schürzenjäger des englischen späten 19. und frühen 20. Jahrhunderts, suchte Wilde vor der unersättlichen Eitelkeit der Frauen zu retten, indem er ihm die große romantische Passion einer Knabenliebe ans Herz legte. Wie weit sich diese Passion mit der zeitgenössischen und Wildeschen Praxis der »rentboys« oder »renters« vereinbaren ließ, bleibe dahingestellt.

Auch Kohl hangelt sich eine Zeitlang an den Interpretationstereotypen entlang. Die Rede ist von »dämonisierter Weiblichkeit«, von Figuren, die alle von einem einzigen Motiv, dem »Eros« getrieben, aber dem *thanatos,* »einer geheimnisvollen, schicksalhaften Macht« geweiht seien, von der »voyeuristischen Lüsternheit« und »Geilheit des impotenten Alten«, der »erotomanen Besessenheit« der Salome, den »misogynen Tiraden« des Täufers und seiner Dämonisierung aggressiver Weiblichkeit als »Maske für seine latente Präferenz des eigenen Geschlechts«. Am Schluß aber räumt Kohl doch ein, daß man nichts Genaues wisse. Wenn alle Kunst nach Wilde zugleich Oberfläche und Symbol ist, dann verdankt sich das Symbolische an Salome doch wohl eher den konventionellen Vorstellungen des 19. Jahrhunderts. Für diese Vorstellungen mußte eine Figur wie sie wohl die »Züge einer dekadenten *femme fatale*«, von »Taube und Tigerin« (so Marie-Luise Becker 1901/1902) in der Gesellschaft von Carmen, Cléopâtre (Gautier), Faustine (Swinburne) und Lulu annehmen[25]. Gerade eine an Wildes posthumanen Paradoxien geschulte Lektüre muß sich darauf aber nicht mehr einlassen.

24 Über sie informiert Joseph Donohue, »Distance, death and desire in *Salome*«, in *The Cambridge Companion*, S. 118-142, hier und zum Folgenden vor allem S. 128. Über die entsprechenden Banalisierungseffekte – vgl. oben zu Nijinsky – solcher Interpretationen wird man dabei gleich mitaufgeklärt.

The Importance of Being Earnest und die posthumane Drift des Sprechtheaters

Systematisch aktuell bleiben daher die Masken des Begehrens, wie sie *Salome* als inszenierungbedürftig *und* umschlagsmächtig – und keineswegs natürlich als Privilegierung des Heterosexuellen – vorstellt. Das Medium solcher Masken aber ist vornehmlich die Oper, weil sie musikalisch auf die gebrochene Einheit von semantischer Diffundierung und situativer Intensität besser als das Sprechtheater abheben kann. Wilde hatte seinen Text mit Hilfe von Freunden, darunter Pierre Louÿs, französisch geschrieben, um, wie er meinte, die Möglichkeiten von Leitmotiven, Refrains, Alliterationen, Assonanzen und anderen Effekten voll ausschöpfen zu können[26]. Wilde geht daher vor allem in *De Profundis* auf Distanz zur archaisierenden und in der Archaisierung sowohl semantisch vereindeutigenden wie affektiv pathetisierenden Übersetzung ins Englische durch Alfred Douglas (*it is one of the refrains whose recurring motifs make Salome so like a piece of music and bind it togther as a ballad*, 922). Noch während ihrer Beziehung hatte das Douglassche »translation fiasco« Wilde krank gemacht und zur Kur in Bad Homburg veranlaßt[27]. Argumente dafür, daß die Verflüssigung, das ständige Umschlagen des Begehrens vornehmlich aus der direkten oder indirekten Musikalisierung folgen, lassen sich auch auf dem Umweg über das eher fragmentarische Stück *La Sainte Courtisane or The Woman Covered with Jewels* beschaffen. Hier möchte die Kurtisane Myrrhina den Einsiedler Honorius mit eindeutig erotischen Angeboten vom Weg der Frömmigkeit abbringen. Die Darstellung des Erotischen aber bedient sich der Bilder einer mythisch-megalomanen sexuellen Anziehungskraft. Wie wenig ein solches vermeintlich eindeutiges Extrem freilich seinerseits stabilisierbar ist, erhellt aus der paradoxen Überkreuzung wiederum extrem eindeutiger Neuorientierungen: Am Ende bekehrt sich die Kurtisane zur Frömmigkeit, während der Einsiedler in Alexandria die weltlichen Vergnügungen genießen will. Hier, in dieser ›prosaischeren‹ Version, verläuft der Umschlag also nicht als musikalisierte, damit indirekt performative Verflüssigung, sondern als sprachlich-repräsentationaler Austausch von Extremen.

Eine Situierung von *The Importance of Being Earnest*, eines Stücks, das sich im signifikanten, später noch einzuschätzenden Ge-

25 Kohl, *Wilde,* S. 154-163 (s. Anm. 1).

26 Kohlmeyer spricht von »the soft impressionistic music inherent to the French original«, »Saint«, S. 115 (s. Anm. 22)

27 Vgl. Ellmann, *Wilde,* S. 356, 379-381 (s. Anm. 11).

gensatz zu den anderen Stücken (trotz des neuen Films *An Ideal Husband*) mühelos bis heute auf den Bühnen gehalten hat, kann an die starke implizite, von Strauss explizit gemachte Strukturierungsleistung der Musik in *Salome* anschließen. Schon zeitgenössische Kritiker haben darauf aufmerksam gemacht, wie die komikträchtigen Wiederholungen im Dialog, vor allem am Beginn des dritten Aktes, das Stück der Struktur eines komischen Opernlibretto anähneln. W. H. Auden sprach von »pure verbal opera« des Dialogs; die *Times* hielt nach Uraufführung dafür, die Geschichte sei so absurd, daß sie eigentlich nicht ohne Musik auskomme. Der Zusammenhang von formaler, ›stilistischer‹ Strenge und ›inhaltlicher‹ Leere hat seinerseits Vergleiche mit dem Tanz motiviert[28].

Solche Vergleiche mögen forciert oder vordergründig wirken. Aber sie umkreisen den schwer vermeidbaren Eindruck selbst-bewußter bzw. selbstreferentieller Künstlichkeit, welche Stil zur alleinigen Mutter aller Sachverhalte erhebt: *In matters of grave importance*, so der Gwendolen in den Mund geschobene, von Wilde wiederum mehrfach benutzte Aphorismus, *style, not sincerity is the vital thing* (371, vgl. 1205: diese Version erweitert den Geltungbereich des Stils auch auf die unwichtigen Dinge). Die stilistische Strenge, die in Sprache und Verhalten obwaltet, verhindert, daß das Stück umstandslos mit einer eher motivisch markierten zeitgenössischen Dekadenz verrechnet werden kann: Gurken-Sandwiches und ein gelegentlicher Champagner, die Genauigkeit, mit der etwa ein durch einen Gerichtsvollzieher verstärkter Rechtsanwalt zwischen »supper« und »dinner«, zwischen der »middle class«-Umgebung eines Gefängnisses und dem stilvollen, gutbelüfteten Gefängnis selbst unterscheidet, mit der er ganz in Übereinstimmung mit dem stilbewußten Algernon festhält, er habe so viele Gentlemen getroffen, daß er nicht wisse, was diese eigentlich seien (vgl. 351) – all dies hat mit den Exzessen überlasteter Sinnlichkeit (in *À Rebours* usw., in Großbritannien gelegentlich bei George Moore und anderen) wenig gemein.

Das Stück weist zunächst die *stock characters* einer farceartigen Komödie auf. Auf eine jede moralische Verantwortlichkeit zur Abdankung nötigende ›herzlose‹ Farce wollten es denn auch G. B. Shaw und andere reduzieren. In die von Wilde im Stück selbst gelegentlich ›zitierte‹ Metapher der Herzlosigkeit ist freilich die noch radikalere Absage an eine human(istisch)e, anthropozentrische Kunst verpackt.

28 Vgl. Russell Jackson, »*The Importance of Being Earnest*«, in *The Cambridge Companion,* S. 161-177, hier S. 171 (s. Anm. 12).

Man kann das mit Kohl auch eine Logik des Absurden nennen. Wenn damit aber auf das Theater des Absurden angespielt werden soll (was Kohl nicht ausdrücklich tut), so wird man einen ›gravierenden‹ Unterschied zur manchmal doch etwas existentialistischen, und insofern restanthropomorphen Schwere dieser Richtung in der durchgehenden komischen Verve und dem ununterbrochenen Sperrfeuer des Witzes bei Wilde erblicken müssen. In Becketts Dramen flackert das Lachen der Zuschauer immer wieder auf, um ebenso schnell wieder zu verlöschen (»ersticktes Lachen« nach W. Iser). Das Lachen als sehr humanes, aber als Krisenreaktion des Körpers bei kognitiver Überforderung mobilisiertes und insofern schon entsemantisiertes Vermögen wird nun von Wilde flächendeckend zum Verlachen von Sachverhalten in einer Weise eingesetzt, welche die in der Theorie des Komischen oft geforderte Kombination von moralischer Gleichgültigkeit (etwa Schiller) *und* Unschädlichkeit, von Vergnügen und harmloser Aggressivität kaum mehr respektiert[29]. Ich teile Isers Charakterisierung des Lachens bei Beckett als ersticktes nicht ganz, weil ich glaube, daß man auch bei Beckett recht ungeniert, freilich nur ab und an dann lachen kann, wenn man sich der Kehrseiten bzw. Altlasten vermeintlich human(istisch)er Orientierungen einigermaßen kaltblütig und unpathetisch versichert hat. So oder so aber betreibt Beckett die Abrechnung mit dem, was man gemeinhein als menschliche Werte beschreiben würde, weder durchgängig komisch noch dehnt er sie auf die bei Wilde inszenierten Situationen aus. Bei diesen nämlich mag den Zuschauern der für eine frommere Denkungsart erschreckende Mangel an Menschlichkeit vor allem deswegen entgehen, weil sich Wilde einer elegant durchgestylten Version eines ganz traditionellen theatralischen Genres (der Gesellschaftskomödie, der Farce o.ä.) bedient. Das gewährleistet eine bestimmte, aber gleichsam nur vorgetäuschte Unschädlich- und Harmlosigkeit des Komischen. Man mag die absolute ›Gefühllosigkeit‹ von Äußerungen bei Figuren wie Lady Bracknell vom Rollentypus her erwarten (die nach dem Tod ihres Mannes so sehr veränderte, nämlich 20 Jahre jünger aussehende Witwe 328; der zur Entscheidung, ob er denn nun sterben oder leben wolle, aufgeforderte fiktive und mit seinem ebenso fiktiven explosionsartigenTod wegen seiner Morbidität, nämlich dem Interesse für »social legislation« zu Recht bestrafte

29 Zu Beckett vgl. W. Iser, *Die Artistik des Mißlingens. Ersticktes Lachen im Theater Becketts,* Heidelberg 1979, zur Theorie des Komischen für vorliegende Zwecke u.a. Volker Schulz, *Studien zum Komischen in Shakespeares Komödien,* Darmstadt 1971, S. 16 ff.

Bunbury 329, 372f.; die Charakterisierung der von Jack, dem versehentlich in der Handgepäckaufbewahrung der Victoria Station in einer Handtasche ausgesetzten Erben und Justice of the Peace und Lady Bracknells Tochter Gwendolen angestrebten Heirat als »to marry into a cloak-room, and form an alliance with a parcel« 334 usw.).

Überraschender noch wirkt die Beiläufigkeit, mit der die Gouvernante Miss Prism und der Pfarrer Dr. Chasuble – Figuren, von denen man auch in einer Komödie anderes erwarten könnte – sich über mögliche Formen der Betroffenheit hinwegsetzen. Prism vor allem scheint die Funktion zu übernehmen, den Kommentaren zu bestimmten Ereignissen jenen Rest an Menschlichkeit auszutreiben, den sie in den Reaktion von Chasuble ab und zu in konventioneller Form noch besitzen. So reagiert sie auf die Nachricht vom – erfundenen – Tod Ernests (»Quite dead«) mit dem Kommentar: *What a lesson for him: I trust he will profit by it* (345, vgl. auch 347). Kann man das noch mit einer Logik des Absurden verrechnen, so hat ihr Kommentar auf die neuerliche Nachricht, daß Ernest doch noch lebe, eine etwas härtere Qualität: *After we had been resigned to his loss, his sudden return seems to me peculiarly distressing* (347; cf. 379f. zur Wiedergewinnung der verlorenen Handtasche). Gespielt wird also »in diesem verbalen Capriccio mit allem, was den Viktorianern aus den oberen Schichten der Gesellschaft heilig war«, aber nicht nur damit[30]. Denn jenseits definierbarer Normen und codierter Gefühle (nach Kohl in etwa: Herkunft und Stand, Ehe und Familie, Achtbarkeit, Pflichtgefühl, Ernsthaftigkeit im Umgang mit Sinnfragen), spielt Wilde, indem er Stil-, Motivations- und Angemessenheitskriterien ständig gegeneinander ausspielt, mit den Definitions und Codierungsmechanismen selbst. Insofern wird man das »subversive Potential [dieser] Spielwelt« (Kohl) über die vorliegenden komödienhaften und viktorianischen Motive hinaus erweitern müssen. Diese unbestimmte Erweiterbarkeit ist es wohl, welche die Produktion einer unvergleich hohen Anzahl von Inszenierungen und Adaptionen des Stückes angetrieben hat. Nicht mehr, aber nicht nicht weniger soll der Begriff ›posthuman‹ andeuten.

Menschliches als leere Melodramatik

In der Gruppe der zwei heiratswilligen Paare und insofern der Hauptfiguren schlägt die beschriebene Drift vor allem in der Anpassung erwähnter Gefühle an stilistische Kriterien und in der unvermittelten Aneinanderreihung heterogener Aspekte (Entlobung/Wet-

30 Kohl, *Wilde,* S. 201, zum Folgenden S. 203 (s. Anm. 1).

ter usw.) durch (vgl. 327, 335, 338, 358f. 370f., 374). Nun könnte man natürlich die Richtung meiner Wilde-Situierung dadurch abschwächen oder vollends blockieren, indem man auf die Gattungserwartungen bei Komödien oder Farcen hinweist. Diese könnten uns instruieren, das Nichternstnehmen basaler menschlicher Sachverhalte unsererseits auch nicht ernst zu nehmen. Allerdings müßte man sich dann wohl genauer mit der – auch im Blick auf die Situierung von Shaws eigener dramatischer Produktion – signifikanten Reaktion G. B. Shaws auseinandersetzen, der sich gegen die systematische ›Artifizialität‹ des Stücks verwahrte, ohne doch wirkliche Gründe für seine Abneigung namhaft machen zu können[31]. Man müßte sich ferner überlegen, wie man sich im Blick auf eine weniger mit Gattungserwartungen versehene Geschichte wie »Lord Arthur Savile's Crime« verhält, die sich auch mit der seit de Quincey geläufigen und von Wilde andernorts perfektionierten Rede vom Mord als schöner Kunst oder mit der von Wilde ebenfalls gepflegten Gattung des Kunstmärchens nicht identifizieren läßt. Dort wird dem Lord von einem Handleser ein von ihm vor seiner Heirat zu begehender Mord prophezeit und insofern zur Aufgabe gemacht. Der Auftrag läßt Lord Arthur zunächst erschaudern (175). Dieser Zustand verflüchtigt sich schnell; Wahl des Opfer, Technik und schließlich die Freude über das Gelingen (nicht im Sinne der schönen Kunst) schieben sich, von der Robustheit des Tatmenschen gesteuert, in den Vordergrund. Andere Gefühlsregungen machen sich nur noch geltend, wenn, wie in den ersten beiden Fällen, der Mordversuch mißlingt. Dies passiert mit einem Giftanschlag (mit dem Wirkstoff aus der Knolle des Echten Sturmhuts) auf eine ältere, von Lord Arthur an sich sehr geschätzte Verwandte, die eines natürlichen Todes stirbt. Auch das Sprengstoffattentat auf seinen Onkel, den Dekan von Chichester, schlägt fehl (vielleicht weil, wie der Lieferant und Konstrukteur der Uhren-Bombe, ein durch nichts mehr zu erschütternder Deutscher namens Winckelkopf nüchtern-fröhlich andeutet, selbst Dynamit nicht mehr in Reinform zu bekommen ist). Lord Arthur hält sich dann am Handleser selbst schadlos: Er kippt ihn, als er ihn dort zufällig antrifft, über ein Geländer in die Themse. Solange sich Arthur im Glauben wiegt, der jeweilige Mord sei geglückt, fühlt er sich glücklich, oder besser: beschwingt (»with a light step and a buoyant

31 Vgl. Kohl, *Wilde,* S. 194 (s. Anm. 1), Russell Jackson, *»Importance«,* S. 173 (s. Anm. 27), mit Jacksons treffender, auch den vorliegenden Kontext viel genauer als Kohl treffenden Feststellung: »Wilde's [paradoxes and parodies] seem constantly to undermine the very idea of seriousness«.

heart«, 183). Die Nachricht vom Mißlingen verursacht einen Schock (184, 189). Trauer stellt sich beim Gedanken an die Fruchtlosigkeit auch der besten, das heißt herkömmlicherweise: der schlechtesten Absichten ein (189).

Auch diesen Versuch, Evidenzen für ›posthumane‹ Trends zu beschaffen, mag man für arg angestrengt halten. Vielleicht ist die Erzählung wirklich nur, wie Kohl meint, ein exemplarisches Kabinettsstückchen schwarzen Humors. Ich greife daher zu einem letzten, negativen Argument, um meine Version einer zugegeben in meist verdaulicher Form vorgetragenen posthumanen Orientierung Wildes zu erläutern.

Es fällt auf, daß Wilde mit allen Versuchen, eine Art Ernsthaftigkeit von Sachverhalten, eine Art *enjeu* im Blick auf menschliche Relevanz oder gar Werte zu konstruieren oder zu inszenieren, mehr oder weniger gescheitert ist. Das läßt sich in krasser Form an dem Debakel ablesen, welches Wilde mit seinen Tragödien erlebte. Tragödien, so kann man für vorliegende Zwecke festlegen, sind jene Kunstformen, in welchen sich menschliche, bisweilen ›individuell‹ genannte Orientierungen mit den scheinbar oder tatsächlich objektiveren Setzungen höherer Mächte, des Schicksals, der Gesellschaft, vielleich sogar der Systeme verknoten und damit einen irgendwie gearteten ausweglosen Wertekonflikt auslösen. In den zwei an dieser Stelle vor allem in Frage kommenden Tragödien *The Duchess of Padua* und *Vera, or the Nihilists* hat Wilde versucht, derartige Bezugsprobleme als Konflikte von Politik und Liebe in der italienischen Renaissance, von revolutionärer Pflicht und konterrevolutionärer Neigung im spätzaristischen Russland durchzudeklinieren. Aber die Sekundärliteratur wie die Reaktionen auf die wenigen Aufführungen haben sich in seltener Einmütigkeit darauf geeinigt, daß weder die politischen Probleme und schon gar nicht das individuelle Pathos noch irgendeine Art von historischer, menschlicher oder ästhetischer Verbindlichkeit beanspruchen können. Auch wenn man diverse Anachronismen ignoriert, belegen die Stücke mit mehr als hinreichender Drastik, daß das Ende nicht der Kunst, aber definitiv einer Kunstform gekommen ist. Tragik gerät zur Melodramatik, oder auch zur unfreiwilligen Komik.

Die Neutralisierung des Tragischen hat Wilde in einer gemeinhin weniger beachteten, da fragmentarischen ›Tragödie‹ durchexerziert. *A Florentine Tragedy* widmet sich einem klassischen bzw. schon eher klischeehaften Dreiecksverhältnis, dem Konflikt zwischen dem jüdischen Kaufmann Simone, seiner jungen Frau Bianca und dem Sohn des florentinischen Herrschers Guido Bardi. Simone gibt zunächst vor, den ehebrecherischen Zweck der Hausbesuche des Aristokraten bei seiner Frau nicht zu kennen, zieht Bardi aber mittels eines zunächst spielerischen Tests von Schwertern in einen Kampf auf Leben und Tod hinein. Der Kampf endet mit dem Tod Guidos, das Stück selbst mit einer überraschenden, durch zwei kurze Regieanweisungen und zwei bündige Fragen vollzogenen antitragischen Volte:

> *He [Guido] dies.* SIMONE *rises and looks at* BIANCA: *She comes towards him as one dazed with wonder and with outstretched arms.*
> BIANCA: Why/Did you not tell me you were so strong?
> SIMONE: Why/Did you not tell me you were beautiful?
> (*He kisses her on the mouth.*) (700)

Der Vorhang fällt; eine Interpretation erübrigt sich. Eindeutig würde sie wohl ohnehin nicht ausfallen. Unstrittig aber dürfte sein, daß dieses lapidare Ende den Akzent vom menschlich repräsentativen Konflikt in eine – ganz allgemein formulliert – wertfreie Zone verschiebt.

Kann man der Melodramatik im Roman des 19. Jahrhunderts – ganz zu schweigen natürlich vom ›eigentlichen‹ *melodramma* der Oper – noch Funktionen zubilligen, weil sie hier von ›realistischer‹ Dynamik immer wieder überlagert wird, so wirkt die Melodramatik in Wildes bekannteren, wenn auch erfolglosen Tragödien leer, weil die Emotionalisierung basaler oder entscheidender Situationen (der sich unter die Revolutionäre, seine »Brüder« mischende Zarewitsch, 661f., die mit ihrem Tod Russland »rettende« Vera, 688) über keinerlei Gegenhalt verfügt. Herkömmlicherweise könnte man auch sagen, Konflikte und Figuren seien nicht, jedenfalls bei weitem nicht hinreichend ›motiviert‹. Nur sollte man das nicht, wie Kohl, der »Unerfahrenheit« des Autors in die Schuhe schieben[32]. Denn der erfahrene Autor Wilde hat wohlweislich auf weitere tragische Versuche verzichtet. Revolutionäres Handeln wäre natürlich auch heute noch (psychologisch, moralisch, historisch, sozial) motivierbar. Aber das ästhetisch erzeugte Pathos des Konflikts zwischen individuellem Begehren und transpersonalen Institutionen hat sich im Gefolge realgeschichtlicher Ereignisse und theatralischer Schablonen verbraucht. Wo das Pathos nicht wie im Roman realistisch unterfüttert oder, wie in der Oper, im Gesang performativ intensiviert, aber semantisch beiseite gestellt werden kann, muß der pathosträchtige Konflikt, das heißt der Bezug auf Institutionen, gekappt und die innere Dynamik eines ›psychischen Systems‹ entfaltet werden. Dies geschieht, mit im übrigen vielleicht immer noch nicht zureichend gewürdigter Moder-

32 Kohl, *Wilde,* S. 45 (s. Anm. 1).

nität, auch im Blick auf larvierte posthumane Orientierungen vor allem bei monologisch inszenierten Renaissance-Figuren (die man im 19. Jahrhundert gern als entlaufene Insassen von Irrenanstalten gesehen hätte), in der eher lyrischen Gattung des sogenannten dramatischen Monologs bei Tennyson und Browning. Und auch bei Wilde erzeugt die lapidare, direkte Bezüge zum Sozialsystem meidende Diktion der »Ballad of Reading Gaol« mehr an latentem Pathos als seine aufdringliche Präsenz in den Tragödien. Es versteht sich daher, daß Wildes Traktat »The Soul of Man under Socialism« weder mit seelischem Pathos noch mit den üblichen sozialistischen Programmen etwas gemein hat, sondern als Programm eines ästhetischen Individualismus in einer Freizeitgesellschaft gelesen werden sollte.

Mit solchen Bemerkungen möchte ich einen Bruch in Wildes Werk insgesamt andeuten, der sich in einigen seiner bekannteren Texte bzw. Stücke, diese in disparate Teile spaltend, wiederholt. In *Picture of Dorian Gray* betrifft das die posthumanen (meist als zynisch o.ä. qualifizierten) Aphorismen des Vorworts bzw. von Lord Henry Wotton einerseits, die wegen dieser oft übersehenen melodramatischen Versatzstücke dessen, was man wohl als Handlung oder *plot* des Romans bezeichnen muß, andererseits. Das Vorwort spitzt die Positionen von »The Decay of Lying« aphoristisch zu: Musik als formales Vorbild aller Kunst, der Schauspieler als Modell der Kunst insoweit diese es zwar mit Gefühlen, nicht aber ihrer Repräsentation oder Expression, sondern ihren stilistischen Valeurs zu tun hat (cf. Lord Henry: *I love acting. It is so much more real than life*, 70, und den Kontrast zur pathetischen *staginess* des unzulänglichen Schauspielerns von Sibyl Vane, 72). Auch wird hier deutlich, wie labil und flüchtig das im Vorwort neben der »Oberfläche« zum zweiten Bestandteil der Kunst erhobene »Symbol« ist. Denn wer unter die Oberfläche geht oder das Symbol »liest«, tut das auf eigenes Risiko (17; vgl. Wotton: *It is only shallow people who do not judge by appearances*, 32; *the nineteenth century has gone bankrupt through an over-expenditure of sympathy [...] Humanity takes itself too seriously*, 44). Im Kontrast dazu erneuert Wilde, freilich mit dem deutlichen Preisabschlag des dreifach Epigonalen, das faustische Motiv dessen, der seine Seele für ein vermeintliches Ideal verkauft (1.). Als trivialromantischer Doppelgänger (2.) wird der Verkauf mit der melodramatischen Verstärkung von Selbstmorden, Mord(en), abscheulichen Juden (49), Schreckensgefühlen (92, 150 usw.), Opiumsucht (141) und Ähnlichem abgewickelt. Dorians hedonistisches Leben verläuft als bloße *imitatio* von Des Esseintes, bis hin zur möglichen Konversion zum Katholizismus (3., vgl. 101-105).

Angesichts der Beziehungslosigkeit dieser Pole – ›Lord Henry‹ und Melodrama – sind Interpretationen zu einer »Identitätskrise«, sind Fragen nach dem »Scheitern« von Dorian Gray zu hoch angesetzt[33]. Natürlich *kann* man ferner sagen, *Dorian Gray* sei der »erste große homoerotische Roman der englischen Literatur«, in welchem die Existenz des homosexuellen Außenseiters nach Hans Mayer nur als ästhetische Existenz (vor allem also der Maler Basil Hallward) denkbar ist. Und man *kann* sich dazu versteigen, im Roman die »reale Tragik eines Homosexuellen« bzw. deren Mimesis zu sehen, der in der Beziehung zu seiner Frau die Bürgermaske aufsetzt und derart immer wieder eine Zeitlang am Skandal vorbeischrammt.

Freilich: Bei einer Dinner-Party wandert die Konversation leichthin von der Erwähnung des *Fin du siècle* zum *Fin du globe* (137). Wird der Vorstellungskomplex des *fin du siècle* zu einem historischen Motiv oder zum Konversations-Spielzeug entmächtigt, so wird man eine derartige Schwächung von Themen zu verfügbaren Motiven auch für die von Kohl angezogenen ›großen‹ Probleme jedenfalls nicht einfach von der Hand weisen können. Das gilt auch für die ›Gesellschaftskomödien‹ Wildes, die mit *The Importance of Being Earnest* nahe verwandt und doch von diesem Stück streng zu unterscheiden sind. Hier nun plötzlich sieht Kohl die melodramatische Steigerungsstrategie, den »rhetorischen Bombast«, die »schrille Larmoyanz«, die aus möglichen problemträchtigen Themen leere Motive macht (z.B. die pseudo-masochistischen Neigungen der Mrs. Arbuthnot in *A Woman of No Importance*, das ständige Motiv der Frau mit Vergangenheit bzw. des Manns mit Geheimnis, das den Stücken wenig mehr übrig läßt, als zwischen »Intrigenstück und »Ehemelodram« hin und her zu pendeln). Jetzt plötzlich gewärtigt Kohl den »grelle[n] Kontrast zwischen Pathos und Paradoxon« und die »Disharmonien, die der ästhetischen Homogenität der Stücke nicht eben zuträglich sind«. Ja, er regt sich darüber auf (»unsägliche Tirade«), daß ausgerechnet der Dandy und das Sprachrohr Wildes, Lord Goring in *An Ideal Husband* (jener, der das große Wort von der Eigenliebe als Anfang einer lebenslangen Romanze im Kontext von Knopfloch-Fragen so gelassen ausspricht, 522), zu einer pathetischen, nicht nur politisch-feministisch absolut inkorrekten Rede ansetzen muß, um Lady Chiltern wieder an den heimischen Herd zurückzuholen, den sie aufgrund ihrer hehren Grundsätze glaubte verlassen zu müssen. *An Ideal Husband* demonstriert den »grellen Kontrast« zwischen Paradoxon und Pathos deswegen so nachhaltig, weil hier auch

33 Kohl, *Wilde*, S. 128 f., zum Folgenden S. 131 f. (s. Anm. 1).

die Frau mit Vergangenheit sich als elegante und risikobereite Spielerin in Szene zu setzen weiß und das *happy end* entsprechend störrisch gefährdet. Daher muß Lord Goring, der seine Zeit für ernste Gespräche erheblich knapper bemessen kann als ein deutscher Professor seine Semester-Sprechstunden (*During the Season, father, I only talk seriously on the first Tuesday in every month, from four to seven*, 524), aus der Rolle fallen, um das wacklige melodramatische Gefährt ins Ziel zu dirigieren[34].

(Selbst-)Inszenierung

Neben dem, was die Wildeschen Gesellschaftskomödien mehr oder explizit verhandeln bzw. als posthumane Paradoxien und leere Melodramatik des Menschlichen nebeneinander stehen lassen, darf man, woran Peter Raby erinnert, nicht vergessen, was diese Stücke nicht oder kaum der Erwähnung für wert erachten. Für sie spielen vor allem Kunst und Literatur eine allenfalls als Witz oder Besitz thematisierbare Rolle. Das mag satirisch, der Satz: *All art is quite useless* (Vorwort zu *Dorian Gray,* 17) ambivalent oder im Sinne des *l'art pour l'art* gemeint sein. Andererseits wird man kaum bezweifeln, daß Wilde auch seiner eigenen ästhetisch-literarischen Produktion, von seiner Meinung zu den Vorgängern einmal ganz abgesehen, als solcher keinen allzu großen Wert beigemessen, sondern sie auch, vielleicht vor allem, als Moment und Phase einer mehrfach gestaffelten Selbstinszenierung verstanden hat.

Das Stichwort »Dandy« reicht als historischer, wohl aber nicht systematischer Index dafür aus. Zunächst sind vor allem die Stücke als Gesellschaftsereignisse, das heißt wohldosierte Provokationen angelegt. Ihre Inszenierung (im ganz normalen Sinn) verschafft Wilde sowohl die Gelegenheit zum Selbstauftritt (Ansprachen ans Publikum nach der Erstaufführung von Stücken usw.). Zwar bietet auch Wilde das Beispiel des obsessiven Künstlers und der leidenschaftlichen Kunsterfahrung. Aber die Kunstproduktion dient auch, vielleicht vor allem, einer höheren Lebenart. Man muß, wie immer, Wilde nicht auf seine Sprüche verpflichten: Er spielt sicher mit der Larmoyanz, wenn er klagt: *The intense energy of creation has been kicked out of me*, wenn er meint, er schreibe nicht mehr, weil er den Sinn des Lebens oder gar seine Seele nun gefunden habe. Aber auch in besseren Tagen fungiert die Kunst nur als ein Wert auf einer Skala luxuriöser Selbst-

34 Vgl. Kohl, *Wilde*, S. 171 f., 175 f., 178, 189 (s. Anm. 1).

inszenierung. Wilde über- und untertreibt, als er 1891 in Paris auf seine Schriften angesprochen wird:

> Oh let's drop that! I consider those things to be so unimportant. I do them to relax and to prove to myself, as your Baudelaire used to do with more genius, that I am not inferior to my contemporaries whom I hold in low esteem. My ambition is not to to stop with composing poems. I want to make of my life itself a work of art. I know the price of a fine verse but also of a rose, of a vintage wine, of a colourful tie, of a delicate dish[35].

Aber die ›Wahrheit‹ liegt doch wohl in der Richtung, welche solche Über- und Untertreibung andeuten.

Kohl hat daher recht, wenn er die meisten der Schriften Wildes als verkappte Selbstinzenierungen, als Steuerungen eines Selbstbildes liest. Er hat auch recht, wenn er den »Meister der Selbstinzenierung, der noch die Katastrophe seines Lebens zur Bewährungsprobe eigener Vollkommenheit stilisierte«, als den seiner Wirkung bewußten *entertainer* und charismatischen *talker* beschreibt[36]. Aber angesichts der Reichweite ästhetischer Energien und der jedenfalls inszenierten möglichen Distanz zu Triebrollen aller Art ist es fraglich, ob man Wilde den Ideologemen des späten 19. Jahrhunderts entwinden kann, um ihn auf die Betroffenheiten des späten 20., von Fitneßstudios bis hin zum *coming out*, zu vereidigen. Wenn man nach Grenzen der posthumanen Spielwelt sucht, dann wird man am ehesten bei ihren Praktikanten selbst fündig. Lord Henry gesteht ein, daß man man zwei Tatsachen des 19. Jahrhunderts, Tod und Vulgarität, nicht hinwegerklären könne (159). Dem fügt er wenig später das Alter hinzu (162). Wie ernst man auch diesen Ansatz einer leicht larmoyanten Reanthropomorphisierung nehmen sollte, steht freilich dahin. Denn die Tragödie des Alters besteht darin, daß man (geistig?) jung ist (162). Tod und Vulgarität konkurrieren ausgerechnet mit Witzen über die Ehe als schlechter Gewohnheit. Lord Henry ist die Ehefrau mit einem exquisit Chopin spielenden Pianisten davon gelaufen: *But then one regrets the loss even of one's worst habits* (159).

35 Zit. bei Ellmann, Wilde, S. 329 (s. Anm. 11). Vgl. zu den vohergehenden Zitaten S. 537, 544.

36 Vgl. *Wilde,* S. 94, 131 f., 201 ff., 237 f., 240, 290 (s. Anm. 1). Vgl. auch hier das in Anm. 4 von Shaw Zitierte.

Gerhard Regn

»Un sapore d'incesto«

D'Annunzios *L'Innocente*, der *Familienroman der Neurotiker* und die Ambivalenz der Kunst

Max Nordaus *Entartung*[1] ist der Versuch, Kultur und Kunst des Fin de siècle als Krankengeschichte zu erzählen. Nordaus viel gelesene und schon ein Jahr später ins Italienische übersetzte Studie[2] liegt damit ganz im Trend der Zeit. Denn sie macht in zugespitzter Form deutlich, wie sehr das ausgehende 19. Jahrhundert Aufklärung über die eigene Verfaßtheit durch den Rekurs auf medizinisches Wissen zu gewinnen suchte. Titel und Widmung – das Werk ist mit Cesare Lombroso einem hoch renommierten Vertreter der medizinischen Degenerationstheorie zugeeignet – geben aber noch ein Weiteres zu erkennen: Sie indizieren, daß die Kulturkritik Nordaus ihre wirklichkeitsdeutende Kraft aus einer – trotz aller Aktualität – bereits diskursiv verfestigten Medizin-Konzeption gewinnt[3]. Eine derartige Prominenz der Medizin als kultureller Leitdiskurs ist zeittypisch. Sie findet sich schon einige Jahre vor Nordau, und zwar gerade auch auf dem Felde der Poetik des Erzählens. Zolas Konzept des *Roman expérimental* von 1880 ist dafür nur das bekannteste Beispiel[4]. Zieht man

1 Berlin 1892.

2 *Degenerazione*, Mailand 1893.

3 Zu Nordau, seinem Bezug zur Degenerationstheorie und insbes. zu Lombroso vgl. Annamaria Cavalli Pasini, *La scienza del romanzo. Romanzo e cultura scientifica tra Ottocento e Novecento*, Bologna 1982, S. 99, Anm. 56. Zur – differenzierten – Beurteilung Nordaus durch Lombroso vgl. Cesare Lombroso, *Entartung und Genie*, hg. Hans Kurella, Leipzig 1894, S. 29 f. (enthält eine Sammlung von Materialen für die 6. erweiterte Auflage von *L'uomo di genio in rapporto alla psichiatria, alla storia ed all'estetica*, Turin 1894, sowie weitere Schriften Lombrosos). Zum Konzept der Entartung und seiner Bedeutung für den Medizin-Diskurs des späten 19. Jahrhunderts vgl. Daniel Pick, *Faces of Degeneration*, New York 1989; Edward Shorter, *A History of Psychiatry. From the Era of the Asylum to the Age of Prozac*, New York 1997, 93-99 und Lino Rossi, »La degenerazione tra istanze sociali ed eredità darwiniana: il dibattito sulla ›Rivista sperimentale di freniatria‹«, in *Passioni della mente e della storia. Protagonisti, teorie e vicende della psichiatria italiana tra '800 e '900*, hg. Filippo M. Ferro, Mailand 1989, 351-362.

4 Die Ausrichtung narrativer Wirklichkeitsmodellierung an den Vorgaben positivistischer Medizin ist in Zolas poetologischen Schriften zugleich Programm und Provokation.

allerdings die einschlägige Erzählpraxis etwas genauer in Betracht, dann zeigt sich sehr rasch, daß insbesondere viele der postnaturalistisch orientierten Romane des Fin de siècle ihr Verhältnis zum medizinischen Wissen anders definieren als die ihnen gleichzeitige, medizinalisierte Kulturkritik. Diese Romane greifen das etablierte medizinische Wissen nämlich vor allem dergestalt auf, daß die Grenzen seiner Erklärungsmächtigkeit sichtbar werden[5]. Dies bedeutet aber nicht zwangsläufig den Abschied von der Tendenz zur Medizinalisierung der Erzählliteratur. Im Gegenteil. In dem Maße, in dem die fiktionale Wirklichkeitsmodellierung die Aussagekraft des vorfindlichen medizinischen Wissens zum Schwinden bringt, produziert sie imaginäre Deutungsmuster, die im Hinblick auf die weitere Diskursentwicklung der Medizin antizipatorischen Charakter besitzen.

Der Wandel des medizinischen Wissens, mit dem sich die Erzählliteratur solcherart verflochten zeigt, ist angestoßen durch die Defizite der organologischen Medizin[6]. Denn aus organologischer Warte erwies sich vieles, was nach Deutung verlangte und was gerade auch die für die »casi di patologia« empfänglichen Romanciers interessierte, als nur unzureichend interpretierbar. Diese vor allem außerhalb der Medizin so empfundene Erklärungsschwäche betrifft in erster Linie den Bereich der positivistischen Psychiatrie, deren organologische Erklärungsmuster mehr und mehr in das Spannungsfeld zwischen manifester Aussagearmut und kaschierter Spekulation gerieten. Daß dabei verschiedene Ansätze – von der älteren Irritations- und Reflexbogentheorie über die klinische Anatomie bis hin zum rezenten Degenerationsmodell – ineinander griffen[7], ist weniger von Be-

5 Dies gilt im übrigen bereits für das naturalistische Erzählen Zolas, das »fiktionale Lösungsangebote« bereitstellt, durch die die »Lücken der positiven Wissenschaften [...] durch die Schaffung neuer Mythen« geschlossen werden; vgl. dazu Elke Kaiser, *Wissen und Erzählen bei Zola*, Tübingen 1990, S. 21 f. und passim.

6 Der Begriff des »organologischen Paradigmas« meint die Ablösung der taxonomisch-ontologischen Krankheitslehre, die auf dem Konzept der »species morbosa« basiert, durch eine physiologisch orientierte Medizin, in deren Rahmen sich ein lokalistischer Krankheitsbegriff (pathologische Störungen haben ihren Sitz in bestimmten Organ- und Gewebebereichen) herausbildet, der jedoch problemlos mit anderen Krankheitsbestimmungen (z.B. derjenigen des Reflexparadigmas) verbunden werden konnte. Zu diesem Paradigmenwechsel vgl. die 1998 angenommene Berliner Habilitationsschrift von Marc Föcking, *Pathologia litteralis. Biologische und medizinische Erzählmodelle im französischen Roman (1826-1871)* (erscheint voraussichtlich 2001).

7 Vgl. dazu Edward Shorter, *Moderne Leiden. Zur Geschichte der psychosomatischen Krankheiten*, Reinbek bei Hamburg 1994, 55-76 sowie Georges Canguilhem, *Le normal et le pathologique*, Paris 1966, 18-31 (zur Irritationstheorie);

lang als der gemeinsame organologische Bezugsrahmen. Die Medizinhistoriker haben detailliert nachgewiesen, wie das Ungenügen an der organologischen Psychiatrie in der Psychiatrie selbst post-organologische Betrachtungsperspektiven hervortrieb[8], wie aber zugleich deren disseminiertes Auftreten – hier sind, um nur einige zu nennen, Forscher wie Benedikt, Meynert, Ribot, Breuer oder Dallemagne von Belang – sich erst dank der synthesebildenden Kraft einiger weniger, meist heterodoxer Persönlichkeiten zu einem neuen Paradigma verfestigen konnte: dem Paradigma der Tiefenpsychologie, das spätestens seit der Jahrhundertwende ins Blickfeld einer breiteren Öffentlichkeit trat und vor allem mit dem Namen Freud verbunden wurde[9].

Anders als in der Medizin, in der sich das neue Paradigma eher in der Isoliertheit seiner verstreuten und meist auch noch diskursiv randständigen Elemente ankündigt[10], wird es in der Erzählliteratur bereits vor seiner diskursiven Verfestigung in verdichteter Form greifbar. In seiner fiktional-imaginären Gestalt gewinnt der neue, tiefenpsychologische Blick erwartungsgemäß weder die analytische Explizitheit der Wissenschaft noch deren theoretische Reflektiertheit. Dies ist freilich kein Nachteil. Denn die Erzählliteratur macht schon im Voraus faßbar, was die neue Wissenschaft selbst weithin im Verborgenen lassen wird und wohl auch lassen muß: Die Narrativik demonstriert nämlich, daß das Bemühen um eine neue Sicht des Menschen nicht einfach eine wissenschaftsimmanente Angelegenheit ist, sondern vielmehr aus den geschichtlichen Bedingungen der zeitgenössischen Lebenswelt geboren ist; sie macht also verständlich, daß die neue Wissenschaft weniger ein universal gültiges anthropologi-

---

Moderne Leiden, 77-123 (zur Reflextheorie), 125-166 und 341-371 (zu klinischer Anatomie und Neuropathologie); zum Degenerationsmodell vgl. *Faces of Degeneration* (Anm. 3).

8 Vgl. dazu *Moderne Leiden* (Anm. 7), 393-411.

9 Vgl. dazu bes. Henry F. Ellenberger, *Die Entdeckung des Unbewußten. Geschichte und Entwicklung der dynamischen Psychiatrie von den Anfängen bis zu Janet, Freud, Adler und Jung*, Zürich 1985. Wesentliche Etappen bilden die mit Breuer verfaßten *Studien über Hysterie* aus dem Jahre 1895, dann *Die Sexualität in der Ätiologie der Neurosen* von 1898, die *Traumdeutung* von 1900, die *Psychopathologie des Alltagslebens* von 1904 sowie die *Drei Abhandlungen zur Sexualtheorie* von 1905. Neben der freudschen Psychoanalyse ist bes. die psychologische Analyse Janets für die Implementierung des neuen Paradigmas von Belang. Ein wichtiger Anstoß für die Konstitution des neuen post-organologischen Paradigmas waren die Hysterieforschungen Charcots und die dadurch ausgelösten Diskussionen. Vgl. dazu *Die Entdeckung des Unbewußten*, 143-160.

10 Vgl. dazu ebd., bes. 422-488.

sches Modell erstellt – dies ist ja die Prämisse der Tiefenpsychologie –, als daß sie vielmehr auf Obsessionen antwortet, die dem Druck spezifischer kultureller Normen geschuldet sind.

In der italienischen Erzählliteratur des Fin de siècle wird der medizinische Paradigmenwechsel von der – zugespitzt gesprochen – Physiologie zur Psychologie in vielfältiger Weise antizipiert. Ein ebenso prominentes wie illustratives Beispiel ist Gabriele D'Annunzios *L'Innocente*. Dieser Erfolgsroman, der innerhalb kürzester Zeit in zwölf Sprachen übersetzt wurde[11], kommt 1892 im gleichen Jahr wie Nordaus *Entartung* in Buchform heraus. Bei flüchtiger Lektüre mag es scheinen, als entspreche die Welt von *L'Innocente* ganz der nordauschen Wirklichkeitsdeutung, deren Quelle ja die etablierten Diskussionsschemata der organologischen Medizin sind. Bei genauerer Betrachtung allerdings wird deutlich, daß die organologische Sichtweise hauptsächlich als Folie dient, vor deren Hintergrund der Entwurf anderer und medizinhistorisch zukunftsweisender Interpretationsmuster Konturen gewinnen kann. Und eine faßbare Gestalt erhält die unvertraute Sicht humaner Wirklichkeit nicht zuletzt deshalb, weil die Öffnung für das diskursgeschichtlich Neue unlösbar mit dem Willen zur Neuorientierung im Ästhetischen verbunden ist.

I.

L'Innocente erzählt die Geschichte eines Ehebruchs in den gehobenen Ständen: Von ihrem notorisch untreuen Ehemann Tullio sexuell und emotional vernachlässigt, begeht Giuliana Hermil einen Fehltritt; sie bringt einen Knaben zur Welt, dem die Rolle des Stammhalters der Familie zufallen würde; der betrogene Ehemann sucht die von ihm als unhaltbar empfundene Situation zu bereinigen, indem er den Säugling heimlich der eisigen Winterluft aussetzt und so absichtsvoll seinen Tod herbeiführt. Auf den ersten Blick scheint es, als sei die Ehebruchsgeschichte als Kriminalfall und damit auch als moralischer Kasus perspektiviert. Dieser Eindruck jedoch trügt. Das Verbrechen wird nicht entdeckt, Tullio erfährt keine Bestrafung, er geht auch nicht an seinen

11 Vgl. dazu Maria Teresa Giannelli, »Introduzione«, in: Gabriele D'Annunzio, *L'Innnocente*, Oscar Mondadori, Cles [18]1997, S. 13 f. Ebd. weitere Hinweise auf den großen Erfolg des Romans, der sich u.a. an der hohen Anzahl von mehr als 70 Rezensionen innerhalb der ersten beiden Jahre nach der Erstpublikation ablesen läßt. Zur in Italien zunächst problematischen Rezeption des Romans vgl. Maria Rosa Giacon, »Introduzione«, in: Gabriele D'Annunzio, *L'Innocente*, Oscar Mondadori, Cles 1996, S. XXXIXf.

Schuldgefühlen zugrunde. In der Forschung ist *L'Innocente* deshalb auch als D'Annunzios erste Feier eines amoralischen »superomismo« gedeutet worden, für den die kurz nach der Niederschrift des Romans erfolgte Nietzsche-Lektüre dann die explizite Begründung nachgeliefert habe[12]. Diese Interpretation erfaßt gewiß eine Reihe wichtiger Aspekte. Das Wesentliche aber blendet sie aus. Dies besteht darin, daß der Ehebruchroman zuallererst eine Krankengeschichte ist.

Die Dimension der Krankengeschichte gewinnt eine geradezu plakative Deutlichkeit, sobald man den Fokus des Interesses vom Ich-Erzähler Tullio ab- und auf die *adultera* hinlenkt. Von Anbeginn ist Giuliana leidend, und ihr Krankenlager verläßt sie, wie eine der raren Kritikerinnen mit Gespür für die Medizinalisierung des Romans spitz angemerkt hat, nur solange, wie es für den Vollzug des Ehebruchs unabdingbar ist[13]. Anders als besagte Kritikerin mutmaßt und anders auch als ihre berühmte literarische Schwester Emma Bovary ist Giuliana Hermil keine Hysterikerin[14]. Dies verdient insofern festgehalten zu werden, als D'Annunzio, in dessen Romanschaffen weibliche Hysterie ja sonst ein beliebtes Thema ist[15], durch den Verzicht

---

12 So bes. Giusi Oddo De Stefanis, »*L'Innocente*: il mito del superuomo e il mondo della ›trascendenza deviata‹«, in *Forum Italicum* 20, 1 (1986), 83-99. Ebd., S. 83 ff.: Skizze der Forschungspositionen zur Interpretation von *L'Innocente*.

13 Barbara Spackman, *Decadent Genealogies. The Rhetoric of Sickness from Baudelaire to D'Annunzio*, Ithaca 1989, S. 157. Mit Blick auf Tullio findet die Dimension der »psicopatologia« eine gewisse Berücksichtigung in Maria G. Balducci, »Per un'interpretazione dell'*Innocente* di Gabriele D'Annunzio«, in *Dal ›Piacere‹ all' ›Innocente‹. XV Convegno nazionale. Chieti-Penne. 15-16 maggio 1992*, hg. Edoardo Tiboni, Montesilvano 1992, 81-105, wo sie in eine existentialistische Deutung verwoben wird, deren Kern die Einsicht des Protagonisten ist, »che non vi è alcun senso alla vita umana, ma solo miserevole dissoluzione« (S. 100). Als möglicher historischer Rahmen für diese Deutung wird skizzenhaft das Denken Schopenhauers in Anschlag gebracht, vgl. ebd. S. 105, Anm. 99.

14 *Decadent Genealogies* (Anm. 13), S. 185. Wollte man nach Maßgabe des zeitgenössischen medizinischen Wissens eine »Diagnose« erstellen, so würde der Befund vermutlich »Chlorose« lauten. Zur Chlorose vgl. Joan J. Brumberg, »Chlorotic Girls. 1870-1920: A Historical Perspective on Female Adolescence«, in *Child Development* 53 (1982), 1468-1477 und Irvine Loudon, »The Diseases called Chlorosis«, in *Psychological Medicine* 14 (1984), 27-36. Chlorose und Hysterie wurden beide in Zusammenhang mit den weiblichen Geschlechtsorganen gebracht und stehen insofern in einem Verhältnis der Komplementarität. Interpretiert man – in Anlehnung an Susan Sontag, *Illness as Metaphor*, New York 1977 – Krankheit als kulturelle Metapher, dann markiert die Chlorose die sanfte »femme fragile« und damit einen zur Hysterikerin alternativen Frauentyp.

15 Eine der berühmtesten Hysterikerinnen der italienischen Literatur ist – neben der Ippolita aus *Trionfo della morte* – die Elena aus *Il Piacere*, deren Prägung

auf diese Modekrankheit des späten 19. Jahrhunderts die organologische Beschaffenheit von Giulianas Leiden mit unmißverständlicher Eindeutigkeit herausstellen kann. Denn spätestens seit Charcots Vorstellung von der »grande hystérie« als funktioneller Störung europaweite Resonanz beschieden war, begann sich die Hysterie, auch im Verständnis einer interessierten Öffentlichkeit, aus einem dominant organologischen Erklärungszusammenhang heraus- und von der Bindung an den weiblichen Geschlechtstrakt abzulösen[16]. Giulianas Frauenleiden ist demgegenüber von unzweideutiger organischer Bedingtheit. Ihr machen *malattie della matrice e dell'ovaia* zu schaffen, *che turbano in una donna tutte le funzioni della vita* (368)[17], Beschwerden also, die man eher in der Vergangenheit als in der Gegenwart mit der Hysterie verbunden hatte. Giulianas Affektion durch die zweite Modekrankheit des Fin de siècle, die Neurasthenie[18] – die Rede ist von ihren *nervi estremamente indeboliti* (369) –, wird als direkte Folge ihrer gynäkologischen Beschwerden dargestellt. Daß es sich um eine organische Krankheit handelt, wird vor allem auch dadurch sinnfällig gemacht, daß Giuliana durch eine Unterleibsoperation und damit durch einen Eingriff am Organ selbst geholfen werden soll. Damit soll, so der Text, den fatalen *degenerazioni* (373) entgegengewirkt werden, denen die *matrici* (373) der Frauen und damit diese selbst ausgesetzt seien. D'Annunzios Wortwahl ist kein Zufall, denn mit der Rede von den *degenerazioni* wird signalhaft das rezenteste unter den etablierten organologischen Krankheitsmodellen aufgerufen.

---

durch den »isterismo« im Roman selbst explizit thematisiert wird, vgl. Gabriele D'Annunzio, *Il Piacere*, in ders., *Prose di romanzi*, hg. Annamaria Andreoli, Mailand 1988, 1-358, darin S. 261: *Chi era ella mai? Era uno spirito senza equilibrio in un corpo voluttuario. [...] La sua facoltà precipua, il suo* asse *intellettuale, per dir così, era l'imaginazione: una imaginazione romantica, nudrita di letture diverse, direttamente dipendente dalla matrice, continuamente stimolata dall'isterismo.* Die Literatur zu Geschichte und Symptomatik der Hysterie füllt Regale. Vgl. dazu insbes. Ilza Veith, *Hysteria. The History of a Disease*, Chicago 1965; Jean-Marie Bruttin, *Différentes théories sur l'hystérie dans la première moitié du XIXe siècle*, Zürich 1969; Georges Didi-Huberman, *Invention de l'hystérie. Charcot et l'iconographie photographique de la Salpétrière*, Paris 1982. Zu Hysterie und Literatur vgl. bes. Karin Westerwelle, *Ästhetisches Interesse und nervöse Krankheit. Balzac, Baudelaire, Flaubert*, Stuttgart 1993, und *La scienza del romanzo* (Anm. 3), bes. 242-257.

16 Vgl. dazu bes. *Die Entdeckung des Unbewussten* (Anm. 9), 209-213.

17 *L'Innocente* wird zitiert nach der Meridiani-Ausgabe: Gabriele D'Annunzio, *Prose di romanzi*, Bd. I, hg. Annamaria Andreoli, Mailand 1988, 359-635. Auf diese Ausgabe beziehen sich die Seitenangaben im Text.

18 Zur Neurasthenie vgl. bes. *Moderne Leiden* (Anm. 7), 371-391.

Die Schilderung von Giulianas Krankheit mag sich zwar dem Rekurs auf ein positivistisch grundiertes medizinisches Wissen verdanken; auf die Erzeugung eines naturalistischen »effet de réel« ist sie aber nicht berechnet. Sie ist vielmehr Ausgangspunkt für eine imaginäre Deutung der Wirklichkeit, die ihrerseits Antwort gibt auf elementare kulturelle und ästhetische Vorstellungen der Zeit. Gerade in ihrer Krankheit wird Giuliana zur modellhaften Verkörperung des Frauentyps, der wie kein zweiter das Fin de siècle repräsentiert: die »femme fragile«[19]. Giuliana ist sanft und vornehm, eine *dolce e nobile figura* (398); sie ist *quasi fragile* (390) und *piena di finezze fisiche* (398); insbesondere, wenn das Gesicht der Kranken den Ausdruck einer *finezza estrema* (375) annimmt, geschieht dies dergestalt, daß sich damit die Ausstrahlung von *una specie d'immaterialità apparente* (375) verbindet. In meditativer Haltung zeigt sie sich passiv und schmachtend, bis an den Rand des Vergehens, etwa wenn Tullio sie am Fenster sitzend vorfindet, *con un libro su le ginocchia, tutta languida, [...] nell'attitudine di chi sia per venir meno* (383); wenn sie sich in dem ihr eigenen Zustand der Schwäche ihrem Mann gestisch zuwendet, dann scheint das Zittern ihrer weißen Hand eins zu werden mit dem Flirren der Luft. Ihre Haut, die der *trasparenza di certi alabastri* (462) gleicht, ist von durchscheinender Blässe, wie überhaupt die Termini *pallore*, *pallido* und *pallidissimo* leitmotivisch die Beschreibung Giulianas begleiten[20]. In ihrer Funktion als Leitmotiv wird die Blässe zum Zeichen der »femme fragile« und zugleich zum Indikator einer Pathologisierung, die die Figurencharakterisierung ins Imaginäre öffnet und dabei aus dem Ästhetischen das Häßliche hervorbrechen läßt[21]. Die Blässe ist sinnlich faßbarer Ausdruck der Blutarmut, die im Roman aber anderes sein will als ein bloß nosologisch interpretierbarer Befund – etwa dahingehend, daß wir es bei Giuliana mit einer der zahlreichen chlorotischen Frauen zu tun hätten, von denen die medizinischen Fallgeschichten ebenso berichten

19 Zur »femme fragile« vgl. Ariane Thomalla, *Die ›femme fragile‹. Ein literarischer Frauentyp der Jahrhundertwende*, Düsseldorf 1972, und Hans Hinterhäuser, *Fin de siècle*, München 1977, bes. 107-145. Zu Giuliana als »femme fragile« vgl. auch Marc Föcking, »‚Fra le pure dita l'ostia santa'. Die Sakralisierung des Profanen in den Romanen Gabriele D'Annunzios«, in *Germanisch-Romanische Monatsschrift* 41 (1991), 193-196.

20 S. 365, 373, 375, 379, 383, 393, 395, 403, 457, 458, 471, 474, 479, 480, 484, 518, 523, 537, 564, 566, 569, 576, 585, 615, 623. Für »bianco« würde sich annähernd der gleiche statistische Befund erheben lassen.

21 Formulierungen wie *ella s'era coperta d'un pallore cadaverico* (457) bringen dies in verdichteter Form zum Ausdruck.

wie die Romane der Zeit[22]. Durch seine Art des Erzählens suggeriert D'Annunzio nämlich eine rein imaginäre Ätiologie. Giulianas Blutarmut ist direkter Ausdruck ihres gynäkologischen Leidens und damit ihrer Weiblichkeit. Bereits beim ersten Auftritt Giulianas kurz nach Beginn des Romans wird ihr Erscheinungsbild als »femme fragile« mit ihrer *malatti[a] della matrice* (368) kurzgeschlossen, und dies wird über den ganzen Roman hinweg so bleiben. Und wenn in dieser ersten Szene Tullio auf seine sieche Ehefrau im Krankenbett niederschaut, dann verwandelt sich vor seinem inneren Auge – *vidi* heißt es im Text – der affizierte Geschlechtstrakt in die häßliche Urwunde – die *turpe [...] piaga originale* (373) – der Frau, die zu immerwährender Blutung verdammt ist, und die deshalb, so dürfen wir ergänzen, zum Ausbluten führt.

D'Annunzio stilisiert die anämische Giuliana zur Repräsentantin der zeittypischen »femme fragile«, und er tut dies dergestalt, daß das soziokulturell spezifizierte Frauenbild als Inkarnation des Wesens der Frau erscheinen kann: Die Frau ist essentiell krank, Weiblichkeit wird im Modus des Pathologischen gedacht[23]. Dies beinhaltet zugleich, daß auch die großen und edlen Gefühle als letztlich ohnmächtige Strebungen eines kranken Organismus demaskiert werden. Die weiblichen *aspirazioni indefinite verso le idealità dell'amore* (373) sind Ausdruck von *agitazione* und *smania*, also von organischer Überreizung; *deboli, [...] malsane, [...] imperfette* (373) wie sie nun einmal sind, müssen die Frauen zum lebenden Dementi prätendierter Idealität werden. Diese mit De-Idealisierung verbundene Pathologisierung der Frau ist nun an sich nichts Ungewöhnliches, denn sie findet sich auch in der positivistisch grundierten, anthropologischen

---

22 Zur Chlorose im medizinischen Diskurs vgl. Anm. 14. Chlorotische Frauen im zeitgenössischen italienischen Roman sind die Camilla aus Vergas *Il Marito di Elena* (1882), die bereits am exponierten Romanbeginn explizit als »ragazza clorotica« tituliert wird: vgl. Giovanni Verga, *Il marito di Elena*, hg. Maurizio Vitta u. Carla Riccardi, Mailand 1989, S. 35, ferner die Lucia aus Svevos *Una Vita* (1892), sowie die Camilla oder die Cristina aus dem *Trionfo della morte* (1894).

23 Prägnant dazu Barbara Ehrenreich u. Deirdre English, *Complaints and Disorders: The Sexual Politics of Sickness*, Old Westbury 1973, S. 22: »Not only were women seen as sickly – sickness was seen as feminine«. Die Auffassung von Krankheit als natürlicher Zustand der Frau ist wesentlich in der Pathologisierung der Menstruation grundgelegt. Zum »drame« der Menstruation vgl. etwa Jules Michelet, *L'amour*, in *Oeuvres complètes*, hg. Paul Viallaneix, Bd. XVIII, Paris 1985, S. 64: »La femme n'est pas seulement une malade, mais une blessée. Elle subit incessamment l'éternelle blessure d'amour«. Weiteres zum Komplex »Krankheit und Weiblichkeit« sowie zur Inferiorität des weiblichen Geschlechtes im medizinischen Diskurs des späten 19. Jahrhunderts in *La scienza del romanzo* (Anm. 3), 203-257.

Medizin der Zeit. Es genügt, in diesem Zusammenhang auf die einschlägigen Studien Lombrosos zu verweisen, die ja über ein engeres Fachpublikum hinaus Verbreitung gefunden hatten[24]. Die fiktionale Literatur spitzt dabei lediglich zu, was die Wissensdiskurse eher verhalten zum Ausdruck bringen. Dennoch gewinnt die Pathologisierung der Frau bei D'Annunzio eine Qualität, die über die einschlägigen Medizindiskurse hinausreicht. Bewirkt wird dies durch die narrative Kontextualisierung. Denn nicht die Pathologisierung des weiblichen Geschlechtes als solche ist D'Annunzio wichtig, sondern vielmehr die Reaktion, die sie im männlichen Betrachter, der mit dem Ich-Erzähler personal identisch ist, hervorruft.

Denn die Erkenntnis, daß die kranke Giuliana nichts weniger repräsentiert als die pathologische Natur der Frau, wird nicht einfach neutral konstatiert, etwa im Modus positivistischer »impassibilité«; sie wird vielmehr so dargestellt, daß sie den, dem sie zuteil wird, also Tullio, bis ins Mark erschüttert. Giuliana hatte dies vorausgesehen, und deshalb hatte sie auch – vergebens – versucht, Tullio von ihrem Krankenlager zu entfernen: *Vattene, vattene, [...] Se tu rimarrai qui, mi prenderai in odio. Sono odiosa così; sono odiosa ...Non mi guardare* (369). Und in der Tat: Die vermeintlich altruistische *pietà*, die Tullio anfänglich zu empfinden glaubt, verwandelt sich rasch in Schrecken, in Entsetzen, in Ekel. Der Blick auf die Kranke gerät zur atavistischen Offenbarung, deren Plötzlichkeit einen fast religiösen Schauer erzeugt. Denn in der Rede von der *piaga originale*, der Urwunde, ist unvermeidlich die Vorstellung vom *peccato originale* mit aufgerufen:

> E una disperata pietà strinse le mie viscere d'uomo, per quella creatura che i ferri del chirurgo violavano non soltanto nella carne miserabile, ma nell'intimo dell'anima [...] – una pietà per quella e per le altre, agitate da aspirazioni indefinite verso le idealità dell'amore, [...] smanianti d'inalzarsi, e così deboli, così malsane, così imperfette, uguagliate alle femmine brute dalle leggi inabolibili della Natura; che impone a loro il diritto della specie, sforza le loro matrici, le travaglia di morbi orrendi, le lascia esposte a tutte le degenerazioni. E in quella e nelle altre, rabbrividendo per ogni fibra, io vidi allora, con una lucidità spaventevole, vidi la piaga originale, la turpe ferita sempre aperta »che sanguina e che pute«... (373)

Tullio sucht die Wirklichkeit, mit der er sich konfrontiert sieht, mit den Kategorien zu bewältigen, die das naturalistische Denken und die damit aufs engste verbundene organologische Medizin bereitstellen. Die heftigen Emotionen, die dieser Bewältigungsversuch auslöst, sind ein unmißverständlicher Indikator seines Scheiterns. Tullios Entset-

24 Vgl. dazu u.a. ebd., 211-222.

zen verweist auf eine Wirklichkeitsschicht, vor der die organologische Erklärung ebenso versagt wie das rationale Erkenntnisvermögen. Die Luzidität, die Tullio reklamiert – *vidi [...] con una lucidità spaventevole* –, ist nicht diejenige des rationalen Bewußtseins, sondern sie meint die Leuchtkraft eines traumatischen Bildes. Dieses wiederum evoziert einen Bereich, den Tullio selbst nur erahnen kann, an den er sich intuitiv heranzutasten sucht, ohne dabei freilich zu einer analytischen Explikation zu finden. Was dem um Selbstanalyse bemühten Ich-Erzähler verborgen bleibt, entbirgt der implizite Autor. Er und nicht der fiktive Erzähler ist der wirkliche Herr des narrativen Diskurses. Er erzählt dem Leser neben der manifesten Krankengeschichte Giulianas noch eine zweite, und diese ist von verdeckter Art. Diese verdeckte Krankengeschichte betrifft Tullio selbst, und sie ist so beschaffen, daß sie sich einer Interpretation durch das Modell der organologischen Medizin entzieht.

II.

Nicht nur Giuliana, sondern auch sich selbst beschreibt Tullio Hermil immer wieder nach Maßgabe des organologischen Paradigmas[25]. So gibt er für seine starke Sexualität rekurrent physiologische Erklärungen: Schon nach kurzer Enthaltsamkeit gerate sein Blut in Wallung, und sein heftiges, sinnliches Begehren begreift er als nichts anderes denn als ein *semplice fenomeno fisiologico* (435); wenn dabei der *bisogno fisico* (449) sexuellen Verlangens als *accesso [...] di follia* (449) erscheint, wenn die Erotik zur Besessenheit wird, die bis an den *confine della demenza* (395) heranführen kann, wie dies in seinem Verhältnis zu Teresa Raffo geschieht, dann wird klar, daß Tullio sich eine ins Pathologische überschießende Sexualität zuschreibt. Er schildert sich selbst jedenfalls so, daß er bestens in einer der zahlreichen Ausgaben von Krafft-Ebings 1886 erstmals erschienenen *Psychopathia sexualis* hätte Platz finden können; genauerhin im Kapitel über die »Hyperaesthesia sexualis«, also in den Ausführungen über den, um es in den Worten des berühmten Sexualpathologen zu sagen, »krankhaft gesteigerten Geschlechtstrieb«[26]. Doch diese organologi-

25 Zur Rolle des organologischen Paradigmas und der »fisiologia« für das Denken D'Annunzios vgl. seinen Artikel über Moleschott, zitiert in *Prose di romanzi* (Anm. 17), S. 1240 f. Zu D'Annunzios medizinischem Wissen vgl. bes. Maria Rosa Giacon, »Introduzione« (Anm. 11), S. XIX f.

26 Vgl. Richard v. Krafft-Ebing, *Psychopathia sexualis. Mit besonderer Berücksichtigung der konträren Sexualempfindung*, 14. vermehrte Auflage, Reprint

sche Perspektivierung der eigenen Sexualität vermag das Wesentliche von Tullios Verhalten nicht verständlich zu machen. Sie versagt insbesondere im Hinblick auf die Erklärung seiner entsetzlichen Tat. Denn die Tötung des Kindes ist aufs engste verknüpft mit sexuell grundierten Obsessionen, die auf einen ganz anderen Vorstellungshorizont als den des organologischen Denkens bezogen sind. Tullios Tat wird nämlich in einer Weise erzählt, daß sie sich fügen kann zum Familienroman eines Neurotikers, der, wie dies auch in Freuds berühmtem und analog betiteltem Essay von 1909 vorausgesetzt ist[27], um psychopathologische Familienbeziehungen kreist, in denen Inzestwünsche und Beseitigungsphantasien ineinandergreifen.

Betrachtet man Tullios Erschrecken über die kranke Weiblichkeit retrospektiv aus der Warte der bereits konsolidierten Psychoanalyse, dann wird das Phantasma von Giulianas verwundetem Geschlecht als Ausdruck von Kastrationsangst deutbar. In Tullios Imagination sind es die *ferri del chirurgo* (373), die Giuliana Gewalt – *violare* (373) heißt es im Text – antun, so daß ihr Geschlecht – die *ferita [...] che sanguina* (373) – als Kastrationswunde erscheinen muß; und diese wiederum traumatisiert die männliche Psyche, weil ihr »Anblick« eine auf das eigene Selbst bezogene Kastrationsdrohung infolge illegitimen, inzestuösen Begehrens wirksam werden läßt. »Anblick weiblicher Penislosigkeit« und »Kastrationsdrohung«, so bekanntlich Freud, fügen sich »zum größten Trauma des (männlichen) Lebens«[28]. Nun ist dieser freudianische Vorstellungskomplex bei D'Annunzio natürlich nicht explizit ausformuliert; einer Heuristik historischer Interpretation ist er gleichwohl dienlich. Denn erst über diese Bezugnahme auf das freudianische Denken, so wie es sich seit Beginn des 20. Jahrhunderts konturiert hat, tritt mit voller Schärfe in den Blick, daß D'Annunzio im Fin de siècle eine Geschichte erzählt, in der die tastende Bewegung hin auf die Tiefenpsychologie repräsentiert erscheint und damit hin auf ein neues Wissen vom Menschen[29].

München 1997, 60-67. Der krankhaft gesteigerte Sexualtrieb ist eine Ausdrucksvariante des »Entartungsmenschen«, ebd. S. 67. Bei Krafft-Ebing steht insgesamt die organologische Erklärung sexualpathologischen Verhaltens im Vordergrund. Vgl. ebd. S. 45, wo insbes. auf die Rolle der »funktionellen Degenerationszeichen« hingewiesen wird, die aus einer »meist erblichen krankhaften Veranlagung des Zentralnervensystems« erklärt werden.

27 Sigmund Freud, »Der Familienroman der Neurotiker«, in ders., *Studienausgabe*. Bd. IV: *Psychologische Schriften*, hg. Alexander Mitscherlich, Angela Richards, James Strachey, Frankfurt am Main 1970, 221-226.

28 Sigmund Freud, *Abriß der Psychonalyse. Das Unbehagen in der Kultur*, Frankfurt am Main 1953, S. 16.

29 Schon *Decadent Genealogies* (Anm. 13), S. 150, konstatiert, daß *L'Innocente* als ein »prereading« Freuds einzustufen sei. Spackmans Interpretation des Romans

Daß D'Annunzios Roman einen narrativen Gang einschlägt, der in die Richtung Freuds weist, wird schon vom Erzählauftakt her deutlich. Giulianas Frauenleiden wirkt, wie wir gesehen haben, auf Tullio traumatisierend. Gleichzeitig – oder besser: gerade deswegen – kann es auch als Erleichterung – *alleggerire* (368) – empfunden werden. Es läßt die *separazione di letto* (368) als ärztlich gebotene Notwendigkeit erscheinen; dadurch kann Tullio die De-Sexualisierung der Beziehung zu seiner Ehefrau legitimiert sehen, die bereits auf der allerersten Seite des Romans als ein schon mehrere Jahre währender Zustand Erwähnung findet. Tullio selbst schreibt der Ausblendung des Geschlechtlichen aus seiner Ehe eine kompensatorische Funktion zu. Die de-sexualisierte Ehefrau soll einen Verlust heilen, den er in einer nicht präzisierten, aber doch als weit zurückliegend konnotierten Vergangenheit erlitten hatte: den Verlust der einzigen Schwester. Costanza, so ihr zeichenhafter Name, war im Alter von nur neun Jahren gestorben, bevor sie, wie es im Text heißt, Tullio den *tesoro della sua tenerezza* (363) hatte offerieren können. Dieser *amore sororale* (363) nimmt sich für Tullio als das größte denkbare Gut aus. Er ist der Inbegriff von Reinheit (*amicizia pura*, 363), von Tröstung (*consolazione*, 363), von ideeller Höhe (*alto*, 363), von Beständigkeit. Und in dieser Verfaßtheit ist er Korrektiv all dessen, was die *passione carnale* (395), für die das außereheliche Verhältnis zu Teresa Raffo steht, an *ignominie* (395) bereithält. Denn die sinnliche Leidenschaft ist nichts anderes als unreine *sozzura* (395), sie ist von unstetem Auf und Ab, voll von *agonie*, *frenesie* und *miserie* (395). Diese Idealität schwesterlicher Liebe, die die traumatisierende Geschlechtlichkeit der Frau ausblendet und damit auch die Urerfahrung ihrer essentiellen Krankhaftigkeit domestizieren hilft, soll nun also Giuliana spen-

---

läuft aber letztlich auf eine Lektüre hinaus, die in zugespitzter Weise postfreudianisch ist und dadurch die Chancen einer diskursgeschichtlichen Kontextualisierung des Romans weitgehend verspielt. Ihre Analyse von D'Annunzios »rhetoric of sickness« zehrt von einem zu Rhetorik geronnenen Poststrukturalismus, in dessen Rahmen (unter besonderer Betonung der Signifikantenzentrierung) freudianische Interpretationselemente für die »gender«-Problematik in Dienst genommen werden: Ziel ist der Nachweis, daß in den »romanzi della rosa« (*Il Piacere*, *L'Innocente* und *Trionfo della morte*) die »feminization« (S. 58 ff. und passim) der männlichen Protagonisten als kulturanthropologische Obsession ausgeschrieben werde. Den Aspekt des »prereading« freudianischer Tiefenpsychologie bringt – allerdings indirekt und ohne den Gedanken weiterzuverfolgen – kurz vor Spackman auch Charles Klopp, *Gabriele D'Annunzio*, Boston 1988, S. 46 ins Spiel, wenn er in seiner Präsentation des *Innocente* den Roman als »version not of the story of Oedipus but of the counter-tale of Oedipus's father Laius« charakterisiert und in diesem Zusammenhang auch auf den – freudianisch besetzten – Begriff des »family romance« (S. 44) rekurriert.

den, von der es daher heißt: *ella doveva essere la mia sorella* (363). *La sorella* wird in der Folge geradezu zur Antonomasie für den Namen der Ehefrau[30]. Doch nicht nur dies: Giuliana wird auch wiederholt *l'Unica* (370, 442) genannt, auch dies eine Bezeichnung, die ursprünglich für Costanza galt: *una mia sorella, l'unica, Costanza* (363); und im Einklang mit der Semantik des schwesterlichen Namens, also Costanza, wird die schwesterliche Ehefrau als *la mia adorazione costante* (440) apostrophiert.

Das Bild der entsexualisierten Giuliana läßt sich natürlich bruchlos in die Vorstellungen sublimierter Familienbande einfügen, wie sie dem 19. Jahrhundert geläufig waren. In Michelets halb naturgeschichtlicher, halb moralischer Darstellung der bürgerlichen Familie etwa ist die Ehefrau dem Gatten zunächst einmal Schwester: »elle est sa sœur, elle marche de front aux plus rudes chemins, et faible, elle soutient sa force«[31]; sie kann ihm aber auch Tochter und Mutter werden[32]; die einzige Rolle, die Michelet ausspart, ist bezeichnenderweise die der Geliebten. Und diese Rolle sucht, wie wir gesehen haben, auch Tullio zu tilgen. Das Wesentliche aber ist nun, daß D'Annunzio es nicht bei dieser Idealisierung beläßt. Denn zur Schwester wird die Ehefrau letztlich nur deshalb verwandelt, um einen Ermöglichungsgrund für den Tabubruch par excellence zu schaffen: den Inzest[33].

Giuliana befindet sich noch im Zustand der Rekonvaleszenz, da läßt sie – übrigens nur einige wenige Seiten nach der Thematisierung der blutenden Wunde der Weiblichkeit – in Tullio sinnliches Begehren wach werden, und zwar just in dem Augenblick, in dem Tullio sich anschickt, ein weiteres Mal Befriedigung bei Teresa Raffo zu suchen. In eben dieser Situation, in der Tullio Giuliana einen gemeinsa-

30 Vgl. dazu auch *Decadent Genealogies* (Anm. 13), S. 145.

31 *L'amour* (Anm. 23), S. 73.

32 Vgl. dazu ebd.: »Elle est sa fille, il retrouve en elle et jeunesse et fraîcheur […] Elle est sa mère, l'environne«. Entsprechende Semantisierungen finden sich übrigens auch in *L'Innocente*: In funktionaler Äquivalenz zur Tochter-Rolle der Ehefrau bei Michelet bringt bei D'Annunzio die Wiederannäherung an Giuliana in Villalilla Tullio seine *prima giovinezza* (455) zurück; und die demonstrative Überblendung von Mutter und Ehefrau in Kap. XXVIII (591-596) entspricht Michelets Vermütterlichung der Gattin.

33 Während Richard v. Krafft-Ebing in der *Psychopathia sexualis* (Anm. 26), S. 455, das Inzest-Tabu als »Frucht der Kulturentwicklung« vor allem für den »intakten Kulturmenschen« reklamiert, begründet Freud in *Totem und Tabu* (1912-13) den »hohen Grad an Inzestscheu« als kulturanthropologisches Universale, das bereits für die Gesellschaft der »Wilden« konstitutiv sei, vgl. Sigmund Freud, *Studienausgabe.* Bd. IX: *Fragen der Gesellschaft. Ursprünge der Religion*, hg. Alexander Mitscherlich, Angela Richards, James Strachey, Frankfurt am Main 1974, 295-310.

men Aufenthalt auf dem Landgut der Familie in Aussicht stellt, kommen Erinnerungen auf an vergangene Momente der Sinnlichkeit, und Giuliana wird in der Vorstellung Tullios wieder, was sie früher einmal war: die Geliebte: *La sorella ridiventava l'amante a un tratto* (382). Und diese Verwandlung verdichtet sich für Tullio zu einer, wie es heißt, *fantasia scellerata* (384). Nicht nur, daß er sich ausmalt, wie der Liebesakt die geschwächte Giuliana an den Rand des Todes bringt. Diese *crudeltà* (383) wird gewürzt mit dem Geschmack des Inzestes:

> Ed io pensai, curioso e perverso, che avrei veduto la debole vita della convalescente ardere e struggersi sotto la mia carezza; e pensai che la voluttà avrebbe avuto quasi un sapore di incesto. (383)

Tullios Begehren entzündet sich also an der Vorstellung, sittsame Eheliebe in inzestuöse Lust zu wandeln. Dies hat konsequenterweise zur Folge, daß er sich den Vollzug des Liebesaktes mit Giuliana in der Weise ausmalt, daß das Geschwister die Ehefrau verdrängt:

> Così, [...] allo scopo di rendere più acre quel »sapore d'incesto« che m'attraeva [...], io cercai di rappresentarmi i momenti in cui più profondo era stato in me il »sentimento fraterno« e più schietta mi era parsa l'attitudine di sorella in Giuliana. (384)

Dabei bleibt es auch, als es im weiteren Verlauf des Romans, während des Aufenthaltes auf dem Landgut der Familie, tatsächlich zum ehelichen Verkehr kommt. Denn obschon Tullio in dieser Situation die schändlichen Phantasien des Inzestes aus seinem Bewußtsein verbannt zu haben scheint, behalten sie doch ihre Wirksamkeit. Dies spricht aus den Worten, in die er seine Liebesbekundungen Giuliana gegenüber kleidet. Seine Rede fungiert damit gewissermaßen als Indikator einer Schicht unterhalb des Bewußtseins, und es ist der implizite Autor, der dem Leser dieses Stratum zur Interpretation überantwortet. Die Verschiebung aus dem Bereich des luziden Denkens ist wichtig, weil dadurch das Inzestuöse nicht mehr als bloßer Ausdruck moralischer *depravazione* (384) verstanden und dem Paradigma der überkommenen Degenerationstheorie zugeschlagen werden kann, so als ob es sich um einen Fall lombrososcher »follia morale« handele[34]. So sucht der Entflammte seine vormalige De-Sexualisie-

34 Zur Theorie der »follia morale« vgl. bes. Cesare Lombrosos posthumes Werk *L'uomo alienato*, hg. Gina Lombroso, Turin 1913, wo »moralischer Irrsinn« unter den »alienazioni mentali congenite« geführt wird. Zu Lombroso vgl. auch Pier Luigi Baima Bollone, *Cesare Lombroso ovvero il principio dell'irresponsabilità*, Turin 1992.

rung der Gattin als bloß oberflächliche Verdrängung einer wahren Liebe erscheinen zu lassen, in der Körper und Seele innig verschmelzen; mit anderen Worten, er sucht die Rolle der *sorella* als eine letztlich trügerische und damit auch betrübende Zuschreibung zu markieren: *Quando tu eri per me una sorella, [...] non t'accorgevi che io morivo di tristezza* (440). Doch der unmittelbare Fortgang der ekstatischen Rede[35] entbirgt, daß die Re-Sexualisierung eben keine Rücknahme des Inzestuösen beinhaltet, sondern diese vielmehr insgeheim affirmiert. Denn die körperliche Zuwendung zu Giuliana ist in eben die Worte gefaßt, die eigentlich der *sorella* zugehören: Giuliana wird in just dieser Situation als jene *Unica* (442) benannt, die ja, wir haben es gehört, Costanza gewesen war; Giuliana wird gerade in diesem Moment zur Personifikation der *adorazione costante* (440) und damit zur Re-Präsentation der Schwester; und sie gewinnt Gestalt als das, was die *sorella, l'unica, Costanza* (363) immer schon war, nämlich der *primo unico amore intatto* (440). Die Verwandlung der körperlich begehrten Frau in die Schwester ist unmißverständlich, und im Grunde genommen gelingt erst an dieser Stelle ohne das Gefühl moralischer Depravation und damit auch effizient, was sich zuvor die *fantasia scellerata* (384) bloß ausgemalt hatte: die Steigerung erotischer Ekstase dadurch, daß die Geliebte die Gestalt der Schwester annimmt[36].

Die inzestuös modellierte Wiederaufnahme ehelichen Verkehrs zeichnet sich aber noch durch eine weitere Besonderheit aus. Sie ist, anders als die Phantasien Tullios am Beginn des Romans, motiviert durch die – imaginäre – Präsenz eines Rivalen. Denn eine wirklich obsessive Kraft hat das Verlangen nach Giuliana erst ab dem Zeitpunkt gefunden, ab dem in Tullio der Verdacht aufgekeimt war, Giuliana könnte ihn möglicherweise betrogen haben; ein Verdacht, der sich dann auch unmittelbar nach dem Sexualakt bestätigen wird. Die gemutmaßte Untreue läßt Giuliana als *impura* (399) erscheinen; und

35 Tullios Rede zehrt in ihrem Hauptteil (439-442) von einer Rhetorik der Wiederholung und der Rhythmisierung, durch die die Figurenrede in einen lyrisierten und zugleich mystisch kolorierten Leidenschaftsdiskurs überführt wird.

36 D'Annunzios Held bekräftigt damit im Modus der Positivierung, was bei Krafft-Ebing lediglich als irritierende Beobachtung in den Blick zu geraten beginnt: daß nämlich das organologisch fundierte Degenerationsparadigma den Komplex des Inzestuösen nur unzureichend abzudecken vermag: »In einer großen Anzahl von Fällen [...] läßt sich jedoch eine pathologische Begründung [des Inzestes] [...] nicht erweisen. In gar manchem Falle« – so Krafft-Ebing mit unüberhörbarer Erleichterung – »[...] ist [...] eine psychopathische Begründung zur Ehre der Menschheit möglich« (*Psychopathia sexualis*, Anm. 26, S. 456). »Psychopathisch« und »pathologisch« sind bei Krafft-Ebing – wie bei Lombroso – rein organologisch fundierte Begriffe.

als eine Unreine bestätigt die schwesterliche Geliebte nur einmal mehr das Urbild der Frau mit ihrer *ferita [...] »che sanguina e che pute«* (373).

III.

Als seinen Rivalen verdächtigt Tullio den Erfolgsschriftsteller Filippo Arborio. Der Verdacht kommt auf, als Tullio im Boudoir seiner Frau ein Exemplar von Arborios jüngstem Roman findet, versehen mit einer persönlichen Widmung für Giuliana, die – wir Leser dürfen dies als »ironia« deuten – auf Allerheiligen datiert ist. Eine Bestätigung, daß der Romancier tatsächlich der Vater des illegitimen Kindes ist, erfolgt aber nie. Dies ist schon ein erster Hinweis darauf, daß die Wirklichkeit des Rivalen für Tullio vor allem eine imaginäre ist. Und in diesem Raum des Imaginären wird der Nebenbuhler dann auch zum Teil von Tullios eigenem Familienroman. Den imaginären Charakter der Familienbeziehung zu Arborio arbeitet D'Annunzio hauptsächlich dadurch heraus, daß er Tullio brüderliche Gefühle für den verhaßten Arborio zuschreibt, allerdings dergestalt, daß er sie auf die Romane des Rivalen verschiebt und dabei insbesondere ein Werk markiert, das den Namen des fiktiven Helden im Titel trägt:

> Non avevo io chiamato quel suo *Giorgio Aliora* un libro ›fraterno‹? Non avevo io ritrovato in qualcuna delle sue creature letterarie certe strane rassomiglianze col mio essere intimo? (400)

Die Familiarisierung Arborios geht aber noch weiter. Denn über das semantische Potential des Erzähldiskurses kann D'Annunzio den Nebenbuhler mit Tullios leiblichem Bruder Federico überblenden. Nach außen hin inkarniert Federico für Tullio die religiös getönte Sozialethik eines tolstoischen Helden, wobei übrigens nur am Rande erwähnt sei, daß für Nordau gerade auch der »Tolstoismus [...] eine Erscheinungsform der geistigen Entartung ist«[37]. Tullio will an diesen »Jesus der Scholle«[38] denn auch sein Erstgeborenenrecht abtreten[39]; er sieht in ihm – dies wird noch näher zu kommentieren sein – eine uneingeschränkte

37 *Entartung* (Anm. 1), S. 225. Die Bedeutung, die der russische Roman und in Sonderheit Tolstoi und Dostojevskij für D'Annunzio an der Wende von den 80er zu den 90er Jahren hatten, ist bekannt. Ein wichtiger Anstoß war Vogüés' *Le roman russe* von 1886. Vgl. dazu bes. Ettore Paratore, »D'Annunzio e il romanzo russo«, in *Lettere italiane* 28 (1976), 316–324; und, mit bes. Berücksichtigung von *L'Innocente*, Giuseppe Traina, »*Giovanni Episcopo*, *L'Innocente* e Dostojevskij«, in *Dal ›Piacere‹ all' ›Innocente‹* (Anm. 13), 139-150.

38 *Gesù della Gleba* (415).

39 *Avrei voluto cedere la primogenitura a lui* (415).

Autoritätsfigur. Der Erzähldiskurs freilich ist dergestalt angelegt, daß diese an der Oberfläche so plakativ herausgestellte Vorbildlichkeit[40] unterlaufen und Federico unterschwellig mit dem verhaßten Rivalen verquickt wird. Den Ansatzpunkt dafür liefert, wie schon im Fall der Überblendung von Ehefrau und Schwester, die Namenssemantisierung.

Im April und damit einige Monate nach jenem Novembertag, an dem in Tullio erstmals der Verdacht auf Giulianas Untreue aufgekeimt war, reisen die Hermils – Tullio, Giuliana, die beiden Töchter sowie Tullios Mutter – auf das Landgut der Familie, das von Tullios Bruder bewirtschaftet wird. Der Landaufenthalt soll der Rekonvaleszenz der erneut kränkelnden Giuliana dienlich sein, doch auch Tullio hofft darauf, in der Gesundheit des Landlebens an seiner Seele genesen zu können. Unmittelbar vor Ende des umfangreichen Romkapitels, das als eine Art Proömialteil dem in 50 Kurzkapitel aufgegliederten Hauptteil aus Schilderung von Schwangerschaft, Niederkunft und Mord vorausgeht, fühlt sich Tullio *corroso da un morbo ignoto e spaventevole* (404), eine Konstatation, an die sich direkt die Schilderung einer traumatischen Begegnung anschließt: Er trifft Arborio in einem Fechtclub, und die quälende *imagine odiosa* (406) des Rivalen setzt sich erneut in seinem Inneren fest. Mit diesem Bild im Inneren und belastet durch den gleichzeitigen Bruch mit Teresa Raffo kommt Tullio auf die Badiola, mit der Hoffnung, in der zu neuem Leben erwachenden Natur selbst zu einem neuen, gesunden Leben finden zu können, wie es Federico repräsentiert. Und so kommt es, gleich nach Beginn des Hauptteils, im zweiten Kurzkapitel, zu einem Ausritt mit Federico – *la compagnia di Federico mi purificava e mi fortificava* (413) – in die frühlingshaft erblühende Natur. Federico zeigt sich für Tullio als »Herr der Bäume«, und zwar »seiner« fruchtbringenden Bäume: *egli dice*, so Tullio, *che io vedrò i frutti dei suoi alberi* (414) – das Possessivpronomen verdient besondere Beachtung. Für Tullio erscheint das insistent formulierte Versprechen Federicos – *vedrai, vedrai i frutti* (414) – als eine Sache von höchster Bedeutung, von *importanza grave* (414), und die Zeit des Reifens der Frucht, der *periodo del parto arboreo* (414), nimmt sich aus als Vorspiel einer *vita nuova* (414), wie es in zeittypischer Hybridisierung von Biologismus und Dantebegeisterung heißt[41]. Am Schluß die-

40 Die Interpretation von Jacques Goudet, *D'Annunzio romanziere*, Florenz 1986, 92-95, bleibt ganz in dieser Vorbildlichkeit der Oberfläche verhaftet, was im übrigen im Einklang steht mit Goudets Bemühen, D'Annunzios *Innocente* eine moralische Botschaft zuzuschreiben.

41 Die biologistische Perspektivierung der *Vita nuova* findet sich bis zu Gozzanos *Le due strade*, vgl. Guido Gozzano, *Poesie*, hg. Giorgio Barberi Squarotti, Mailand 1977, 135-140.

ses durch und durch positiven Kapitels setzt D'Annunzio nun einen abrupten Bruch. Gänzlich unvermittelt schildert er, wie Tullio unter tiefer Mißbilligung Federicos einen Akt »roher Verletzung« begeht, einen blühenden Zweig von einem von Federicos Fruchtbäumen abbricht und aus dem keimenden Leben einen *germe [...] condannato* (416) werden läßt. Das symbolische Potential des Dargestellten ist so deutlich markiert und auch so eindeutig auslegbar, daß man nicht fehlgeht, wenn man hier bewußte auktoriale Intention am Werke sieht. Als erstes sticht die Funktion narrativen Vorgriffs ins Auge. Die Frucht von Federicos Baum, die Tullio sehen wird, und die nicht umsonst mit der ungewöhnlichen Formulierung vom *parto arboreo* angekündigt wird, antizipiert die Frucht Arborios, die Geburt des illegitimen Kindes. Massiver als hier kann das sinnsteuernde Spiel der Signifikantenähnlichkeit – »arboreo« / »Arborio« – kaum genutzt werden. Und das Brechen des Zweiges nimmt die Tötung des Säuglings vorweg, der, wie der Fortgang der Handlung bestätigen wird, schon vor seiner Geburt als abzutreibende Leibesfrucht perspektiviert ist[42]. D'Annunzio baut also über die Baum-, Zweig- und Fruchtmotivik eine dichte Entsprechung zwischen Nebenbuhler und Bruder auf. Doch nicht nur dies. Die Metonymie von Frucht und Baum wird darüber hinaus noch in eine Similaritätsrelation umgebogen. Denn die Tötung des Säuglings, auf die das Brechen des Zweiges vorauszeigt, ist in ein unifizierendes Bildparadigma eingebunden: das Paradigma der Kastrationssymbolik.

Tullio bringt den Knaben zu Tode, indem er ihn der abendlich-eisigen Winterluft aussetzt. Diese wird ins Bild gesetzt vom *crepuscolo glaciale, [...] quasi direi tagliente* (608). Eine Variante des Schneidens ist das Brechen. Das Brechen des Zweiges ist dergestalt dargestellt, daß es nicht anders denn als Kastrationsbild gelesen werden kann. Dazu braucht man gar nicht die Tatsache bemühen, daß schon vor den großen einschlägigen Abhandlungen Freuds[43] die Fokussierung

42 Bereits im Kap. XVII verbindet sich für Tullio der Gedanke an das Ungeborene mit Phantasien des Aborts: *L'aborto doveva essere facilissimo* (527). Beim Geschlechtsverkehr mit der schwangeren Giuliana in Kap. XVIII ist Tullio vor allem von dem Gedanken besessen, durch die Gewaltsamkeit des Sexualaktes einen Abort herbeizuführen: *Ebbene io da prima, nella mia demenza, non pensai se non alla probabilità di distruggere il figlio* (531). In Kap. XX wird das Abort-Motiv erneut eingebracht: *Mi pareva che quell'orrore, da lei confessato con un fremito, la distacasse dalla creatura che ella nutriva* (535).

43 Vgl. dazu die *Traumdeutung* von 1900, dort vor allem im Kapitel über die »Traumarbeit« die Ausführungen zu den »Symbolen im Traum«, Sigmund Freud, *Studienausgabe.* Bd. II: *Die Traumdeutung*, hg. Alexander Mitscherlich, Angela Richards, James Strachey, Frankfurt am Main 1972, 345-395.

auf Sexualsymbole Konjunktur hatte. Insbesondere Naturbilder zirkulierten allenthalben als Bilder des Sexuellen. So hatte der Italiener Angelo De Gubernatis ein mythologisch verankertes System der Sexualsymbolik umrissen, bei der die Ableitung aus dem Pflanzenreich zentral war[44]. Und daß es sich insbesondere bei der Pflanze, auf die der Name Arborios verwies, also beim Baum, um ein männliches Sexualsymbol handelte, war über De Gubernatis hinaus kurrente Münze[45]. Doch D'Annunzio verläßt sich nicht auf diese potentielle Systemreferenz. Er markiert die Symbolisierung im Text selbst. Der Zweig des *albero* – symbolisch: Arborios –, den Tullio abbricht, bekommt nämlich Merkmale des Fleisches zugespielt. Seine Blüten sind *un po' carnicini* (416); darüber hinaus ist er *umid[o] di linfa* (416), auch dies eine Charakterisierung, die im gegebenen Kontext eine sexualsymbolische Auslegung geradezu provoziert. Doch nicht genug. Angesichts der Mißbilligung Federicos sucht Tullio nach einer Erklärung für die *crudezza* (416) seiner *manomessione* (416), und genau in dem Moment, in dem er den Zweig, aus dem Lymphflüssigkeit austritt, vollends abreißt, bringt er ihn in Bezug zu Giuliana: *Io dissi allora [...]: – È per Giuliana.* (416)

Wie sehr D'Annunzio an der eindeutigen Dekodierbarkeit der Sexualsymbolik gelegen war, wird sichtbar, wenn man in Rechnung stellt, daß er die Kastrationsbildlichkeit der Zweigepisode des zweiten Kapitels mit Kalkül vorbereitet hat. Nur einige Seiten zuvor, am Ende des Proömialteils, plaziert er die schon erwähnte Begegnung mit Arborio im Fechtclub. Auf Arborio trifft Tullio, als er sich mit Fechtübungen auf ein Duell mit einem gewissen Eugenio Egano vorbereitet[46]. Der aufsteigende Haß auf Arborio führt dazu, daß er dessen Bild mit dem seines Duellanten zum Verschwimmen bringt: *E io confondevo [...] nel medesimo odio Filippo Arborio ed Eugenio Egano* (404). Der Wunsch, Arborio zu invalidisieren, ist also an den Gebrauch des Degens geknüpft, den, so erfahren wir, Tullio weit besser glaubt handhaben zu können als sein Rivale. Daß dieser Wunsch auf eine unmißverständliche Kastrationsphantasie hinausläuft, wird klar,

44 Angelo De Gubernatis, *La Mythologie des plantes, ou les légendes du règne végétal*, Bd. II, Paris 1882. Vgl. dazu auch *Die Entdeckung des Unbewussten* (Anm. 9), S. 701.

45 Vgl. *La Mythologie des plantes* (Anm. 44), S. 138 f., 142, 301, zu den »arbres phalliques«. Vgl. entsprechend auch George William Cox, *The Mythology of the Aryan Nations*, Bd. II, London 1870, S. 112 ff., zur phallischen Symbolik allgemein, und S. 127 f., zum Baum als phallisches Symbol. De Gubernatis und Cox situieren ihre Darstellung der Sexualsymbolik im Rahmen der Mythenforschung. In diesem Zusammenhang ist daran zu erinnern, daß auch für Freud der Mythos eine wichtige Bezugsdimension ist.

wenn man das Ende der Begegnung in Anschlag bringt. Die Wege der beiden Männer kreuzen sich nach ihren Fechtexerzitien ein letztes Mal in der Umkleidekabine. *Con un sussulto*, erzuckend, fällt der Blick Tullios auf die Nacktheit Arborios, an die sich sogleich wieder die *imagine odiosa* (406) des Ehebruchs heftet. Im *spogliatoio* (406) trifft der Blick des Fechters den entblößten Körper seines Gegners und damit implizit auch sein Geschlecht. Der Degen, den Tullio auf dem Fechtboden schwingt, und der Blick im *spogliatoio* (406) können nicht zuletzt deshalb unter dem Vorzeichen der Kastration aufeinander bezogen werden, weil D'Annunzio das sexualsymbolische Potential ausspinnt und unter erneuter Indienstnahme der Signifikantenähnlichkeit in die Zweigszene des zweiten Kapitels hinüberspielt. Als Tullio den sexualsymbolisch markierten, blühenden Zweig bricht, kommentiert dies Federico mit mißbilligender Ironie: *Spoglia pure tutto l'albero* (416)[47]. Quod erat demonstrandum: D'Annunzio hat seinen Erzähldiskurs dergestalt strukturiert, daß sexualsymbolisches Interpretieren aus der spezifischen Beschaffenheit des Textes selbst resultiert[48] und damit mehr und anderes ist als eine Tiefenhermeneutik, die ihr Deutungsmodell dem Text apriorisch voranstellt, wie dies in der »klassischen« psychoanalytischen Literaturkritik der Fall ist.

Die narrative Technik D'Annunzios besteht also darin, über Verfahren der Verschiebung und der Verdichtung[49] illegitimen Sproß, Ri-

46 Eugenio Egano ist Tullios Rivale im Rahmen seines Verhältnisses mit Teresa Raffo. Zwischen Egano und Arborio besteht mithin Motiväquivalenz.

47 Das »spogliare«-Motiv evoziert nicht nur den Kastrationswunsch, sondern indirekt auch die Kastrationsangst Tullios, den ja die Furcht umtreibt, durch den Rivalen selbst zum »spogliato« zu werden. Vgl. dazu näherhin unten, S. 302. Wie später dann bei Freud ist das Kastrationsmotiv als ein »bewegliches« Motiv eingesetzt, das die Kommutierbarkeit von Subjekt und Objekt beinhaltet. Bei Freud sind grausam kastrierender Vater und Kastrationswunsch gegenüber dem Vater komplementäre Größen. Vgl. dazu auch *Die Entdeckung des Unbewussten* (Anm. 9), S. 698 f.

48 Ein nicht unwesentlicher Bedingungsfaktor ist die explizite Thematisierung der Symbolhaltigkeit, die D'Annunzio rekurrent vornimmt. Vgl. z.B. S. 507: *Tutto era simbolo*, oder S. 501: *Le foglie morte si mescevano quivi con le viventi nuove, [...] i cadaveri coi neonati vegetali, in un denso intrico allegorico*; S. 425: *Quel fiume [...] aveva [...] fascino delle cose simboliche*. Das Präludium des tiefenpsychologischen Wissensdiskurses und die Öffnung auf eine symbolistisch orientierte Poetik gehen in D'Annunzios Erzählwerk Hand in Hand. Zum Symbolismus D'Annunzios, mit bes. Berücksichtigung von *L'Innocente*, vgl. Isabella Nardi, *Dal ›simbolo‹ all' ›ignoto‹. Studi sul simbolismo dannunziano*, Mailand 1976, 9-45.

49 Vgl. dazu auch *Decadent Genealogies* (Anm. 13), S. 145. Verdichtung und Verschiebung werden aber, wie zu sehen war, nicht als Opazität erzeugende Verfahren eingesetzt, sondern stehen in einem Horizont potentieller Transparenz.

valen und Bruder unter dem Vorzeichen der Kastrationsphantasie übereinander zu blenden und auf diesem Wege die manifeste Schicht der erzählten Geschichte auf eine latente durchsichtig zu machen. Erst dadurch erhält der Familienroman seine Abgründigkeit. Denn auch der an der narrativen Oberfläche durch und durch positive Bruder gerät in das Kraftfeld der Aggressionen, deren Quelle die im Dunklen angesiedelten Obsessionen Tullios sind, sein *morbo ignoto e spaventevole* (404). Erst von hier aus erklären sich für den Leser Handlungen, deren Ungeheuerlichkeit der Ich-Erzähler ahnt, die er aber gleichwohl nicht in luzide Gedanken fassen kann. Am Morgen, nachdem er die definitive Bestätigung von Giulianas Schwangerschaft erhalten hat, findet ein weiterer Ausritt mit dem Bruder statt. Erneut verschränken sich die Figuren: *Tra me e mio fratello s'intrapponeva la figura di Filippo Arborio* (498); erneut kommt die Kastrationsbildlichkeit auf, und zwar erneut verwoben mit der Motivik des Fechtens, der Entblößung und des »spogliare«. Denn der Haß, den Tullio in diesem Augenblick empfindet, erscheint ihm

> qualche cosa di simile al fremito selvaggio da cui ero stato preso talvolta trovandomi sul terreno, di fronte all'avversario spogliato di camicia, al segnale dell'attacco. (498)

Der Rückbezug auf die Fechtbodenszene ist nicht zu überlesen. Und der unmittelbare Fortgang der Handlung zeigt, daß sich die Attacke, von der die Rede ist, zu Tullios Entsetzen de facto gegen Leib und Leben des Bruders richtet. Die Nähe des Bruders, dessen Virilität just an dieser Stelle betont wird[50], zeitigt negative Wirkungen – *la vicinanza di mio fratello aumentava straordinariamente il mio male* (498) – und zwar dahingehend, daß Tullio am Hochufer eines tosenden Stromes in einen wilden Galopp ausbricht und dabei den vor Schrecken bleichen Federico mit sich reißt und so nicht nur das eigene, sondern vor allem auch das Leben des Bruders an den Rand der Vernichtung bringt:

> La mia follia lo ha esposto al rischio estremo [...] Quale fatalità vuole che io sia così nocivo alle persone che mi amano? (501).

Tullio sieht seinen jüngeren Bruder als Autorität. Nicht nur, daß er ihm gerne seine Rechte als Erstgeborener abtreten würde; er will sich ihm regelrecht unterwerfen: *Avrei voluto essere da lui [...] dominato* (415). Damit ist ein neues Kapitel des Familienromans aufgeschlagen. Das Bild des Bruders wird auf die Vater-Imago transparent. Erneut

50 Die Rede ist vom *ideale di forza e di semplicità virile, ispiratomi dall'esempio fraterno* (498).

tut D'Annunzio alles, um die Interpretation in diese Richtung zu lenken. In der Familienkonstellation der Hermils ist die Rolle des Vaters realiter unbesetzt. Daß Federico diese Leerstelle okkupieren kann, hängt zunächst einmal mit den schon erwähnten Stilisierungen zur Autoritätsfigur zusammen. Dem entspricht, daß im Falle Federicos die Nähe zum Vater ausdrücklich thematisch wird. Vom Porträt des Vaters, das im Zimmer der Mutter hängt, heißt es: *il ritratto di mio padre [...] somigliava molto a Federico* (556). Doch dabei beläßt es D'Annunzio nicht. Vielmehr stellt er Federico gleichsam als Double noch eine Figur zur Seite, die alle Eigenschaften einer geradezu archetypischen Vatergestalt besitzt. Einer seiner Landarbeiter, Giovanni di Scordio, genießt Federicos höchste Verehrung, und er wird an entscheidender Stelle im weiteren Verlauf der Handlung auch gemeinsam mit Federico auftreten: bei der Taufe und der Beerdigung des Kindes[51]. Narrativ eingeführt wird er unmittelbar im Anschluß an die für Federico bedrohliche *cavalcata* und die damit verbundene Evokation der Kastrationsthematik. Dieser Giovanni di Scordio ist der Vater von nicht weniger als 14 Kindern. Mit dieser hohen Zahl zielt D'Annunzio ersichtlich auf den Punkt, der den Umschlag von einer wirklichkeitsreferentiellen hin zu einer archetypischen Lesbarkeit markiert. Doch von entscheidender Bedeutung ist etwas anderes. Zum Urbild des Vaters wird der *gran vecchio* (539) – so die mythisierende Hyperbolik D'Annunzios – nun gerade deshalb, weil er Federico als Opfer seiner eigenen Geschöpfe erscheint: *Egli [...] ha esperimentata la perversità [...] delle sue creature* (508). Und diese Opferrolle wird nun erneut kurzgeschlossen mit eben jenem Motiv, das schon zu wiederholten Malen, zuletzt nur wenige Seiten zuvor, mit der Evokation der Kastrationsthematik verbunden worden war: dem Motiv des »spogliare«: *I figli l'hanno spogliato* (508). Doch nicht genug. Der ins Mythische vergrößerte Alte wird auch mit dem Bild des *albero* (508), der seiner Früchte verlustig geht, verglichen. Unter diesen Voraussetzungen ist es geradezu zwangsläufig, daß Federico nach der Geburt des Kindes Giovanni di Scordio zu dessen Paten bestimmt.

IV.

In der Tötung des kleinen Raimondo – so wird der Säugling heißen – findet eine syntagmatisch entfaltete Motivkette an ihr Ende, die von

51 Vgl. Kap. XXXVIII: *Mia madre e mio fratello stavano [...] dietro a Giovanni* (594) und Kap. LI: *Federico e Giovanni di Scordio si sollevarono, presero la bara* (634).

der Vater-Imago di Scordios über den väterlichen Bruder bis zum Rivalen zurückverfolgt werden kann. In der Vernichtung des *innocente* entlädt sich der Haß auf einen Konkurrenten, hinter dem sich eine imaginäre Vatergestalt abzuzeichnen beginnt. Deshalb ist die Tat Tullios mehr als nur Ausdruck eines gekränkten Narzißmus, wie es die manifeste Ehebruchsgeschichte nahelegt. Und gerade deshalb bleibt auch in der Figur des Säuglings die Vater-Imago lebendig. Es wurde schon erwähnt, daß in der Beschreibung des Mordes das Paradigma der Kastrationsbildlichkeit – »tagliare« – aufscheint[52], was natürlich voraussetzt, daß das Neugeborene männlichen Geschlechtes ist. Für den Erzähler Tullio, der selbst »nur« der Erzeuger zweier Töchter ist, die innerhalb des imaginären Familienromans gleichsam nicht zählen und daher auch ganz an den narrativen Rand gedrängt sind, stand das männliche Geschlecht des illegitimen Sprosses von Anfang an außer Frage. Es war imaginäre Wirklichkeit, längst bevor die Geburt die Existenz eines *bel maschio* (567) bestätigen wird. Die Phantasie Tullios kreist vom Beginn der Schwangerschaft an um den wie selbstverständlich so benannten *figlio*, und der Text macht klar, daß es sich dabei um eine imaginäre Projektion handelt: *Il piccolo fantasma perverso era una emanazione diretta del mio odio* (528); und schon vor der Geburt ist klar, daß in dem Kind die Vater-Imago wieder aufleben wird: Bereits als Phantasma erhält das noch Ungeborene den Namen, den es dann, gleichsam in Form ironischer Wunscherfüllung, tragen wird, und der natürlich kein anderer ist als der Name des Vaters: Das Bild des Ungeborenen *s'animò di una intensa vita fittiva, prese perfino un nome: [...] il nome di mio padre: Raimondo* (528). Der Text macht deutlich, daß damit nicht nur Tullios konkreter Vater, sondern das Bild eines »Vaters des Geschlechtes«, eines »Urvaters« und damit des »Vaters an sich« gemeint ist. Denn der Name verweist in eine ferne Vergangenheit, hin zu einem Raimondo Hermil, auf den Tullio seine *razza* (503) zurückführt, und der, ganz machtvolles Renaissance-Individuum, Inkarnation der *ferocia* (503) ist[53]. Mit dem Vaterbild verbindet sich also nicht bloß patriarchalische Güte, wie dies die Vater-Figuren, die Federico und Giovanni sind, nahelegen, sondern auch die Vorstellung von Macht und Potenz, die im Kern

52 S. 608.

53 D'Annunzios Renaissance-Bild ist unverkennbar durch Michelet und, mehr noch, durch Burckhardt geprägt. Vgl. dazu Maurizio Pistelli, *Il ›Divino Testimonio‹ D'Annunzio e il mito dell'eroica Rinascenza*, Modena 1995, bes. 11-15, sowie Simone Costa, »D'Annunzio e Burckhardt«, in *D'Annunzio e la cultura germanica. Atti del VI convegno di studi dannunziani*, hg. Centro nazionale di studi dannunziani, Pescara 1985, 299-307.

Wildheit und Grausamkeit ist. Der Mord an Raimondo gewinnt so Züge einer archaischen Befreiungstat.

Schon vor seiner Geburt nimmt Raimondo für Tullio die Gestalt eines *despota* (527) an, der Tullio sein Terrain kontestiert und die Macht im Hause reklamiert. Wenig überraschend wählt D'Annunzio für die Beschreibung von Tullios Angst eine Formulierung, deren Konnotationen eine nunmehr ums Tyrannische angereicherte Vater-Imago aufleben lassen: Der Knabe, so Tullios Furcht, *cresceva, [...] si faceva robusto e bello; [...] s'impadroniva della mia casa* (527). Und in der Tat, die Befürchtungen Tullios werden Wirklichkeit. Wild, mit einer *specie di rabbia* (568) gibt Raimondo bei seiner Geburt die *prova della sua vitalità* (568); das Blut, das die Vorstellung von Lebenskraft und Potenz repräsentiert, und das Giuliana bei der Geburt so massiv verloren hat, füllt den Körper des Kleinen. Immer wieder ist bezüglich des Säuglings von Blutfülle die Rede: von seinem *corpicciuolo rossastro* (566), vom *rossore paonazzo* (568), vom *viso arrossato* (594), vom *afflusso di sangue* (594). Die Machtergreifung des mit potenter Lebenskraft gesegneten Raimondo äußert sich nicht zuletzt in einer von Tullio so empfundenen affektiven Usurpation, mit der denn auch das letzte Kapitel des Familienromans aufgeschlagen ist: *usurpava l'amore di mia madre* (527).

Wenn D'Annunzio seine Ehebruchsgeschichte als symbolisches Inzestdrama erzählt, dann tut er dies dergestalt, daß nicht nur im Rivalen die Vatergestalt aufscheint, sondern daß gleichzeitig auch die Ehefrau auf die Mutter hin transparent wird. Explizit geschieht dies nur unter dem Vorzeichen der Idealisierung. Tullio hofft, in Giuliana die Reinheit der Mutter wiederzufinden, und diese Hoffnung schlägt sich nieder in der Verschmelzung der Figuren:

> Vedendo le due donne respirare nel medesimo cerchio con una concordia così dolce io le avevo confuse in una medesima irradiazione di purità. (423)

Genau diese Idealisierung freilich war zuvor schon die Basis der Überblendung von Ehefrau und Schwester gewesen, und dort war sie ganz explizit Ermöglichungsbedingung der Inzestphantasie[54]. Die *santa [...] madre* (423) wird in eine derartige Phantasie zwar nirgendwo ausdrücklich einbezogen. Die Logik des Textes läßt das Ungesagte indes als eine im Raume stehende Möglichkeit erscheinen, die zwar dem Ich-Erzähler undenkbar sein mag, die aber der Leser als Implikat der vom Autor verfaßten Geschichte verstehen kann und

54 S. 382-384. Vgl. dazu auch oben, S. 292-295.

soll. Dazu trägt nicht nur bei, daß der Inzestgedanke als solcher schon zuvor in den semantischen Raum, den die Familie bildet, Eingang gefunden hat; dazu trägt auch bei, daß die Verschmelzung von Ehefrau und Mutter ausdrücklich in einem erotisch aufgeladenen Kontext erfolgt und auch dann noch beibehalten wird, als Giulianas Fehltritt offenbar ist. So schildert der exponierte Beginn des Hauptteiles zunächst, wie Tullio nach dem Bruch mit Teresa Raffo und infiziert vom Keim der Eifersucht die erotische Wiederannäherung an Giuliana sucht, ein Versuch, der ja kurz danach in eine leidenschaftliche Eroberung der Frau, eine regelrechte »conquista«, einmünden wird. In exakt dieser erotischen Situation verschränkt sich nun die Figur der Ehefrau mit derjenigen der Mutter:

> Io stavo tra lei e mia madre [...] Una voglia mi venne, di chinarmi sul davanzale cingendo l'una e l'altra con le mie braccia. Avrei voluto mettere in quella semplice familiarità tutta la tenerezza [...] e riconquistarla [d. i. Giuliana] intera con quell'unico atto. (410)

Später, als Giuliana unmittelbar vor ihrer Niederkunft steht und ihre »impurità« für Tullio sichtbar geworden ist, spielt D'Annunzio ein weiteres Mal die Überblendung der beiden Frauenfiguren aus, und zwar dergestalt, daß eine andere Überblendung, die von Giuliana und Costanza, in Erinnerung kommen muß: Tullio tritt ins Zimmer der Mutter, das ihm nicht weniger zu sein scheint als ein *santuario* (555), hört den Atem des Schlafes, fokussiert seinen Blick und sieht erst die schlummernde Mutter in ihrem Sessel, dann die schlafende Schwangere. Still läßt er das Auge schweifen, und dieses nimmt an der Wand das Bild Costanzas, der Schwester, wahr. Doch nicht genug. Auch das Bild des Vaters hängt im Raum und schwebt damit über der ganzen Szene[55]. Spätestens jetzt ist klar, daß die Verquickung von Mutter und Gattin zum Dementi der ursprünglich angezielten Idealisierung gerät. Die Gattin wird nicht durch die Mutter »geheiligt«, sondern im Gegenteil, die Mutter gerät potentiell ins semantische Strahlungsfeld von Unreinheit, Untreue und Inzest.

D'Annunzio beläßt es nicht bei der bloßen Überblendung der Frauenfiguren und damit bei einem Verfahren, das Freud später Verdichtung nennen wird. Vielmehr läßt er im Verlauf der Narration die Technik der Verschiebung vor die der Verdichtung treten, so daß er auch das zweite der Zentralverfahren aktualisiert, die Freud in der Logik des Traumes wirksam sieht[56]: Je stärker die Geburt naht, desto

---

55 *Su una parete pendeva il ritratto di mio padre, che somigliava molto a Federico; su l'altra, il ritratto di Costanza* (556).

56 Vgl. *Die Traumdeutung* (Anm. 43), bes. 282-308.

mehr nimmt Tullios *madre*, die namenlos bleibt und damit nur über ihre Mutterrolle benannt ist, Giulianas Stelle ein. Sie ist es, die Tullio die entscheidende Botschaft überbringt und ihn von der Schwangerschaft Giulianas in Kenntnis setzt[57]. Allein sie ist es, die den Kleinen umsorgt, ihm – anders als die leibliche Mutter – ihre ganze Liebe vorbehält, so daß, wie Tullio mißbilligend konstatiert, nichts mehr für die anderen übrig bleibt. Und er kleidet diesen Vorwurf in eine konventionelle Eifersuchtssemantik: *Hai dato il cuore a Raimondo* (606). Schon vor der Geburt war Raimondo der Mutter als eine Art Wiedergeburt ihres längst verstorbenen Mannes und damit von Tullios Vater erschienen:

> [La madre] aveva nominato Raimondo; aveva anzi rinnovato il diminutivo: Mondino, richiamando lontanissimi ricordi di mio padre morto. (533 f.)

Und als der Kleine stirbt, bricht sie in rasende Verzweiflung aus[58], während von der leiblichen Mutter keinerlei Regung berichtet wird. Mehr noch: Mit dem Moment, in dem Raimondo tot ist, verschwindet Giuliana aus dem Text. Sie wird in den drei letzten Kapiteln, in denen die Agonie Raimondos auf dem Wege einer narrativen Analepse nochmals gegenwärtig und seine Grablegung neben Costanza geschildert wird, überhaupt nicht mehr erwähnt, ganz anders als Tullios *madre* in ihrem Schmerz.

V.

L'Innocente erzählt zwei Geschichten, eine manifeste und eine weniger offen zutage liegende. Die manifeste Geschichte ist die des realen Ehebruchs Giulianas und seiner Auswirkungen auf den Protagonisten. Doch in dieser vordergründigen Geschichte nistet die verdeckte eines imaginären Familienromans. Dieser schildert die Idealisierung bürgerlicher Familienbeziehungen als Symptom einer Krankheit, indem er sichtbar werden läßt, daß es gerade diese Idealisierung selbst ist, die ihr Gegenteil hervortreibt. Erst die an die Vorstellung pathologisierter Weiblichkeit geknüpfte De-Sexualisierung der Ehefrau führte zu deren Annäherung an Schwester und Mutter und ermöglichte das Entstehen der Inzestphantasie. Der Ehebruch selbst ist nur mehr noch äußerer Anlaß für eine krisenhafte Zuspitzung dieses Tatbestandes. Er bringt den Rivalen ins Spiel und schafft

57 Kap. X, S. 475.
58 Kap. L: *E mia madre, come una pazza, si gittava sul morticino* (633).

so die Voraussetzungen dafür, daß ein inzestuös eingefärbtes Begehren als Komplement erotischer Konkurrenz erscheint, hinter der die Vater-Imago sich in Umrissen abzeichnet. Der imaginäre Familienroman präsentiert sich so als eine Krankengeschichte, die die zuhandenen medizinischen Erklärungsmuster nur deshalb anzitiert, um sie als unzureichend hinter sich zu lassen. Getastet wird nach einer neuen Deutungsmöglichkeit für den *morbo ignoto* (404) des Erzählers und Protagonisten. Die Tiefenpsychologie Freuds wird nach einigen Präludien spätestens im Jahre 1900 mit der *Traumdeutung* ein Interpretationsmodell bereitgestellt haben, in dem Sexualneurosen vom ödipalen Schema her gesehen werden[59]. Vor diesem Hintergrund zeigt sich D'Annunzios Familienroman aus dem Jahre 1892 als ein Text, in dem der (psycho)analytische Prozeß der Rückführung einer konkreten Fallgeschichte auf ihr tiefenpsychologisches Explikationsmodell gleichsam auf halbem Wege stillgestellt erscheint. Die Selbstanalyse des Ich-Erzählers rückt das Inzestmotiv ins Bewußtsein, das dann jenseits aller analytischen Reflexion als Movens eines Familienromans Gestalt gewinnt, der horizonthaft die Möglichkeit des Undenkbaren aufscheinen läßt: einer erotisierten Mutterbindung wie einer mizidialen Rivalität mit dem Vater[60]. Entscheidend ist mithin, daß auch ohne explizite Thematisierung bzw. ohne analytische »Übersetzung« die ödipale Konstellation aufgrund der Art ihrer narrativen Vermittlung im Diskurs als Sinnzentrum der erzählten Geschichte und als Fluchtpunkt ihrer Interpretation in den Blick treten kann.

Für die Öffnung des Familienromans auf den Horizont der Tiefenpsychologie sind indes noch weitere Ermöglichungsbedingungen in Anschlag zu bringen. Dazu zählt in Sonderheit die ausdrückliche Markierung der Grenzen rationalen Bewußtseins. Wie schon gerade

59 Erste Annäherungen an das Konzept des Ödipuskomplexes seit Mitte der 90er Jahre; vor allem in den Briefen an Fliess. Vgl. dazu *Die Entdeckung des Unbewußten* (Anm. 9), S. 609. Ebd., 675-679, zum Ödipuskomplex im Rahmen der Traumtheorie. Zum Ödipuskomplex vgl. auch Alex Holder, »Der Ödipuskomplex«, in hg. Dieter Eicke, *Die Psychologie des 20. Jahrhunderts.* Bd. II: *Freud und die Folgen*, Zürich 1976, 608-615, und ebd. Helmuth Stolze, »Ödipale Situation, ödipaler Konflikt, Ödipuskomplex«, 616-622.

60 In der zweiten Hälfte des 19. Jahrhunderts finden sich auch außerhalb von Psychiatrie und Psychologie tastende Annäherungen an das Konzept des Ödipuskomplexes, am deutlichsten vermutlich bei Michelet. Vgl. insbes. die weit verbreitete pädagogische Abhandlung *Nos Fils* von 1869 (in Jules Michelet, *Oeuvres complètes*, hg. Paul Viallaneix, Bd. XX, Paris 1987, bes. 388-399). Verwandte Vorstellungen tauchen auch in anderen Kontexten auf, z.B. im Rahmen von Evolutionstheorie, Ethnologie und Anthropologie. Auf die diesbezügliche Relevanz von Darwins Theorie der Urhorde verweist Freud in *Totem und Tabu* bekanntlich selbst, vgl. *Fragen der Gesellschaft* (Anm. 33), S. 425.

angeklungen, ist *L'Innocente* auch die Geschichte einer Selbstanalyse. Anders als die naturalistischen Krankengeschichten, die zumindest von ihrem Programm her dem Ideal unpersönlicher, »objektiver« Vermittlung frönen, ist D'Annunzios Roman eine Ich-Erzählung. Der Ich-Erzähler ist jedoch nicht einfach eine Instanz der Subjektivität[61]. Im Gegenteil, ihn zeichnet das Bemühen um luzide Bewußtheit ebenso aus wie der Wille zur Distanz zu sich selbst. Mit diesen Eigenschaften ist der Erzähler eine – allenfalls intensivierte – Doppelung des erlebenden Ich. Bereits im Vorwort, das dem Roman nach Manier einer Herausgeberfiktion vorgeschaltet ist, schreibt das erzählende dem erlebenden Ich eine *perfetta lucidità di conscienza* (360) zu. Im Text selbst werden diese Eigenschaften dann ebenfalls thematisch. So wird Tullio etwa gleich zu Beginn als wahrer Heros der Intelligenz präsentiert, wobei der Erzähler eine Fremdcharakterisierung des erlebenden Ich, die er sich natürlich zu eigen macht, zitiert und so die Glaubwürdigkeit der Charakterisierung unterstreicht: *Giuliana*, so der Erzähler, *riconosceva la superiorità della mia intelligenza* (362). So erstaunt es nicht, daß in der Folge das intellektuelle Potential Tullios – sei es als Erzähler, sei es als Protagonist – vielfach betont und ebenso vielfältig unter Beweis gestellt wird. Wir erfahren von seinen *terribili facoltà analitiche* (418). Wir sehen immer wieder, daß er im Duktus des Wissenden auftritt, spricht und argumentiert. Von besonderem Belang für seine Analysen ist dabei erwartungsgemäß sein medizinisches Wissen. So versucht er beispielsweise, sich seine eigene Persönlichkeit mit den Kategorien der positivistischen Neurophysiologie zu erklären[62]; des weiteren schöpft er ausgiebig aus dem konzeptuellen Repertoire der Degenerationstheorie[63], der Hereditätslehre[64] oder der klinischen Psychiatrie[65]; oder aber er zieht gar einen *trattato di patologia speciale medica* (548) zu Rate, wenn er

61 Giorgio Barberi Squarotti, »Lettura de *L'Innocente*«, in *Dal ›Piacere‹ all' ›Innocente‹* (Anm. 13), 7-32, tendiert auf S. 16 zu dieser Lesart, die sich jedoch durch den Text selbst nicht erhärten läßt.

62 *Io ero insomma un violento e un appassionato consciente, nel quale l'ipertrofia di alcuni centri cerebrali rendeva impossibile la coordinazione necessaria alla vita normale dello spirito* (503).

63 S. 373 zu den konstitutionellen *degenerazioni* des weiblichen Organismus; S. 498 zur pathologisierenden Wirkung der *abitudini dell'analisi*; S. 503 zu den Eruptionen des Atavismus.

64 S. 503: Thematisierung des Zusammenhangs von *razza* und *eredità*; S. 553: Rekurs auf das – vor allem durch Zola popularisierte – Konzept der *eredità d'influenza*; S. 551: Hinweis auf die Vererbbarkeit zerebraler Störungen.

65 S. 385: Rekurs auf das Konzept der multiplen Persönlichkeit. Zur multiplen Persönlichkeit vgl. auch *Die Entdeckung des Unbewußten* (Anm. 9), 186-209.

Klarheit gewinnen möchte, ob die Informationen, die ihm über die Erkrankung seines Rivalen Arborio zugeflossen sind, tatsächlich als das Todesurteil einer *paralisi bulbare progressiva* (546) gedeutet werden können. Kurz, der Text streicht auf vielfältige Weise die ausgeprägte Wissensmächtigkeit und Intellektualität Tullios samt seiner Gabe zur Persönlichkeitsanalyse heraus. Wissen, Wachheit des Bewußtseins und Schärfe des Intellekts sind aber keineswegs bloß Instrumente uneingeschränkter Erklärungsmächtigkeit. Im Gegenteil. In dem Maße, in dem sie genutzt werden, machen sie ihre eigenen Grenzen sichtbar.

Immer wieder konstatiert Tullio im Zuge seiner Selbstbeobachtung, daß das eigene Leben sich ins Fragmentarische, Alogische, Inkohärente aufzulösen beginnt. Gewiß sucht er dafür gelegentlich wissenschaftlich referenzierbare Erklärungen anzubieten, beispielsweise wenn er das psychiatrische Konzept der multiplen Persönlichkeit bemüht[66]. Viel häufiger jedoch betont er die Erfahrung, an die Grenze des Verstehbaren gestoßen zu sein. Zu diesem Behufe gebraucht D'Annunzio vorzugsweise eine Begrifflichkeit, die einen Bereich jenseits von Rationalität, Bewußtheit und Willensmächtigkeit bezeichnet. *Una moltitudine di sensazioni involontarie, spontanee, inconscienti, istintive componeva la mia esistenza reale* (412), so Tullio über sich gleich zu Beginn des Hauptteils. Signifikanterweise wird nicht näher bestimmt, worin die unbewußten Empfindungen bestehen. Sie können daher als das rational nicht mehr Faßbare erscheinen. Ja mehr noch: Je stärker die Komplexität der Psyche in den Blick tritt, desto expliziter wird der Ausfall bewußtseinsgesteuerter Analyse betont. Bilanziert werden kann nur mehr noch das Geheimnisvolle als solches, das Unauslotbare, das sich in der Tiefe der Ursprungslosigkeit Verlierende:

> In quel periodo che rimarrà nella storia della mia anima sempre misterioso, la mia nativa perspicacia sembrava interamente abolita. Tutte le mie terribili facoltà analitiche [...] sembravano esauste [...] Innumerevoli sensazioni, innumerevoli sentimenti di quel tempo mi riescono ora incomprensibili, inesplicabili, perché non ho alcuna guida per rintracciarne l'origine, [...] (418)

Diese Thematisierung der Grenzen luzider Bewußtheit findet vielfältige Entsprechungen in der Rhetorik des narrativen Diskurses. Hierher gehören die vielen offenen Fragen, die den Text durchziehen[67]. Und hierher gehört vor allem der rekurrente Einsatz der Semantik

66 S. 385.
67 S. 423, 434, 464, 501.

der Dunkelheit. Exemplarisch dafür ist der Besuch in Villalilla und damit einer der Höhepunkte der Handlung. Als Tullio während des Ausflugs nach Villalilla den ehelichen Verkehr mit Giuliana wiederaufnimmt, geschieht dies, ohne daß ihm die inzestuöse Kolorierung, die der implizite Autor ja ganz gezielt markiert, bewußt wäre. Dem Mangel an Bewußtheit korrespondiert die Situierung der Szene im Dunkeln, unter ausdrücklicher Erwähnung von Blindheit und Instinkt:

> Quasi non ci si vedeva. Io ero come guidato da un istinto. Ritrovai la maniglia; aprii. Entrammo [...] Ci avanzammo insieme, ciechi. Un ostacolo ci arrestò, nell'ombra. Era il letto, il gran letto delle nostre nozze e dei nostri amori... Fin dove s'udì il grido terribile? (453)

Der weitere Kontext dieser zentralen Szene macht deutlich, daß die Semantik der Dunkelheit ein funktionales Komplement in der Semantik des Traumes findet. Das Haus, in dem sich der abgründige und nicht umsonst gleich mehrfach mit der Motivik des *terribile* verknüpfte Liebesakt vollzieht, scheint traumhaft entrückt: *Stava d'innanzi a noi la casa, come in un sogno* (450), eine Formulierung, die nur wenige Sätze später chiastisch wiederholt und dadurch besonders bedeutungsträchtig gemacht wird: *Come in un sogno stava d'innanzi a noi la casa* (450). Es ist nur folgerichtig, daß auch die Figuren selbst gleichsam traumhaft zu leben beginnen: *respiravamo in un'atmosfera di sogno* (450).

Wie zentral für D'Annunzio die Markierung der Grenzen rationalen Verstehens war, ersieht man nicht zuletzt daraus, daß sich in ihr die übergreifende Struktur des narrativen Diskurses spiegelt. D'Annunzio baut die »mise en abyme« der gesamten Diskursstruktur an entscheidender Stelle auf, und zwar als sich Tullio darüber klar wird, wie er Raimondo aus dem Weg räumen wird. Die Idee, den Kleinen den Elementen, genauer: der schneidenden – also kastrierenden – Winterluft auszusetzen, kommt blitzartig; es scheint ihm aber, als würde er dabei Befehl und Vorbild eines unbekannten anderen – *qualcuno estraneo* (604) – folgen:

> Mi pareva che qualcuno a un tratto fosse venuto [...] dicendomi: *»Bisogna che tu faccia così, come fece quell'altro nel tuo caso.«* Ma chi era *quell'altro?* (604)

Tullio sieht sein Tun als unfreiwillig an; es ist fremdbestimmt, zwanghafte Nachahmung – das Stichwort *imitare* (604) fällt explizit – eines vorgegebenen Kasus, der aus der Tiefe und dem Dunkel alter Bewußtseinsschichten aufsteigt. Die Rede ist von einem *stato di conscienza preesistente [...] immerso nell'oscurità* (603).

Wenn Tullio den *caso*, der sein Handeln bestimmen wird, als gleichsam präexistent ausweist und ihn an einen eigenen präexistenten *stato di conscienza* bindet, so impliziert dies, daß der fragliche Fall erinnerbar sein müßte. Er müßte aus einer tiefen Schicht des Inneren, dem *strato profondo della [...] memoria* (603) gehoben werden können. Und so scheint es auch zu sein: *Sentivo di ricordarmi* (603)[68]. Doch der Akt willentlichen Erinnerns gelangt in wesentlichen Punkten nicht ans Ziel. Im Dunkel bleibt insbesondere der Ursprung des Erinnerten und damit die Schicht, von der her sich seine wahre Natur und damit auch seine wahre Bedeutung überhaupt erst erschließen ließe:

> ma, per quanti sforzi io facessi, non giungevo a rintracciare le origini del ricordo né a scoprirne la natura. (603)

Diese Thematisierung versagender Erinnerung ist unverkennbar als »mise en abyme« der übergreifenden Diskursstruktur angelegt.

Auf den ersten Blick präsentiert sich der Roman als Konfession; bei genauerem Zusehen erkennt man jedoch, daß es sich um das Buch einer Erinnerung handelt[69], und zwar eines Erinnerungsversuches, der die wahre Natur des Erinnerten trotz aller Ahnungen im Dunkel läßt. Tullios Konfession der *cosa tremenda* (409) ist strukturell in zwei Teile gegliedert, die umfangmäßig ein Verhältnis von zirka eins zu vier aufweisen: in das »Vorspiel« in Rom und die Haupthandlung, die im wesentlichen auf dem Landgut der Hermils situiert ist. Beide Teile beginnen mit der exakt gleichen Formulierung: *Il primo ricordo è questo* (361; 409)[70]. Obschon die Geschichte im Kern chronologisch durcherzählt wird, vom Beginn der Ehe über den Ehebruch bis zum Mord, simuliert der narrative Diskurs die Struktur eines doppelten Beginns. D'Annunzio signalisiert dadurch zweierlei: Er stellt zum einen die *cosa tremenda*, den Ehebruch und alles, was damit zusammenhängt, zentral, denn genau darauf bezieht sich der *primo ricordo*; zum anderen zeigt er an, daß die Erinnerung der zentral gestellten Ereignisse

68 Hervorhebung im Text.

69 Die mangelnde Aussagekraft des Konfessionsschemas betont auch Spackman (*Decadent Genealogies*, Anm. 13, S. 144), die den Roman deshalb auch als eine »anticonfession« qualifiziert, die durch die Dynamik des Unbewußten gesteuert wird. Erst unter dem Vorzeichen der »anticonfession« erhält der plakative Intertextualitätsbezug zu Maupassants Novelle *La Confession* (1884) seine richtige Bedeutung.

70 Eine ausführliche Analyse des Verhältnisses von Erzählzeit und erzählter Zeit gibt Valeria Giannantonio, »Il tempo ne *L'Innocente* e la poetica dannunziana«, in *Studi su D'Annunzio. Un seminario di studi*, hg. Annamaria Andreoli u.a., Genua 1991, 145-159, unter Betonung des Ineinander von »temps« und »durée«, allerdings ohne Hinweis auf den hier interessierenden Problemzusammenhang.

schwierig ist, daß sie mehr als nur eines Anlaufs bedarf. Die Zeitstruktur, die mit der Doppelung verknüpft ist, gibt einen Hinweis darauf, worin die Schwierigkeiten bestehen: in der Entdeckung des Ursprungs. Bereits am Beginn des ersten Teils verknüpft Tullio den *primo ricordo* an die *cosa tremenda* mit den ersten Tagen des gemeinsamen Aufenthaltes auf dem Landgut, und genau zu diesem Zeitpunkt setzt der zweite Teil erneut an. Gleich zu Beginn der Konfession erweist sich somit die Notwendigkeit, die erste bewußte Erinnerung an den Ehebruch auf eine tiefer zurückliegende Vergangenheit hin zu öffnen, die ihrerseits gestaffelt ist in die dem Ehebruch vorausliegende Ehesituation und den noch viel früheren Verlust der Schwester, der in einer bezeichnenderweise nicht mehr genauer bestimmten, fernen Vergangenheit liegt. Der Roman als Ganzes schreibt lediglich aus, was die Doppelung des Erinnerungsaktes erwarten läßt und was die rekurrenten Thematisierungen der Grenzen des luziden Bewußtseins stets gegenwärtig halten: daß die bewußte Erinnerung nicht zum Ursprung vordringt und daß damit auch die wahre Natur der *cosa tremenda* dem erinnernden Subjekt nicht klar werden kann. Die Unbestimmbarkeit des Ursprungs läßt D'Annunzio am deutlichsten dadurch sichtbar werden, daß er seinem Erzähler und Protagonisten die Bestätigung über Arborios Vaterschaft versagt. Dadurch wird der Rivale imaginär, und gerade deshalb kann er zum Kristallisationspunkt eines Familienromans werden, der sich tief im Inneren des Subjekts abspielt und der die wahre *natura* des Kasus hervortreten läßt.

Die Verknüpfung von Erinnerungsstruktur und Motivik des verborgenen Ursprungs ist nicht nur ein Verweis auf die Abgründigkeit der Psyche, die das luzide Bewußtsein nicht mehr auszuleuchten vermag, sondern sie illustriert auch den Gedanken von der Macht des Unbewußten. Die Rede vom Vorgänger, der Tullio in seinem Handeln bestimmt, suggeriert den *predecessore* (604) als eine gleichsam eigenständige und fremde Kraft, die das Handeln des Ich bestimmt. Darauf wurde bereits hingewiesen, ebenso wie auf den Sachverhalt, daß das Bild vom Vorgänger auch die Idee der Vorgängigkeit, und zwar einer nicht mehr faßbaren Vorgängigkeit, akzentuiert[71]. Stellt man nun in Rechnung, daß D'Annunzio Tullios wahre Geschichte als ein imaginäres Familiendrama entworfen hat, in dem Inzest und Vatermord Triebfeder des Handelns sind, dann beginnt sich der Horizont des Mythisch-Archaischen abzuzeichnen. Tullio handelt nach einem Schema, das nicht nur in die Tiefe der Psyche, sondern auch in die Anfänge der Menschheit zurückverweist, in die Zeit des Mythos. Im

71 Vgl. dazu oben, S. 310 f.

überfeinerten Kulturmenschen des Fin de siècle, der Tullio ist, kehrt der Primitive aus der Frühgeschichte der Menschheit wieder. Dies ist mehr als bloßer Widerschein der Faszination durch das Primitive, wie sie in der Ästhetik des Fin de siècle allgegenwärtig ist[72]. Es ist auch Reflex der Wissensdiskurse. Angeregt durch Darwin und Atkinson hat die medizinische Anthropologie des späten 19. Jahrhunderts das Atavismus-Konzept in ihre Krankheitslehre eingearbeitet[73] und, wie der Fall Lombrosos bezeugt, auch an die Literatur weitergegeben[74]. Bei D'Annunzio nimmt das Atavismus-Konzept aufgrund seiner insgeheimen Verwebung mit dem Mythos eine Gestalt an, die eher auf Freud voraus- denn auf Lombroso zurückweist. Denn nach ersten Präludien in der *Traumdeutung* wird Freud 1912 in *Totem und Tabu* breit ausführen, daß das menschliche – oder besser: männliche – Individualdrama des Ödipuskomplexes mit seiner Verschränkung von Inzestwunsch und Vatermordphantasie der Widerschein eines Archaischen ist, das mit der Entstehung der Kultur in der Vorgeschichte der Menschheit verknüpft ist[75]. D'Annunzios Vorverweis auf Freud ist aus der Warte der Nachgeborenen auch als ein subtiler Vorab-Kommentar lesbar. Wenn Tullio nach der Herkunft des Kasus forscht, der sein Tun bestimmt, dann kann er, wie zu sehen war, diesbezüglich nur Mutmaßungen anstellen. Dabei taucht wiederholt der Gedanke von der narrativen bzw. literarischen Vermittlung auf: Vielleicht, so Tullio, sei der *caso* ein erzählter – *narrato* –, vielleicht ein gelesener, *trovato [...] in qualche libro* (603). Die Ausleuchtung der Psyche rückt dadurch in die Perspektive einer Texthermeneutik. Sie wird gebunden an die Auslegung von Erzählungen, in denen die Urerzählungen, die Mythen, schlummern; und dies ist nicht weniger als eine skizzenhafte Beschreibung dessen, was die kommende Tiefenpsychologie sein wird.

---

72 Vgl. dazu (mit dem Fokus auf der bildende Kunst) Werner Schmalenbach, *Die Kunst der Primitiven als Anregungsquelle für die europäische Kunst bis 1900*, Köln 1961.

73 Vgl. bes. Stefania Nicasi, »Atavismo: patologia di un ritorno«, in *Passioni della mente e della storia* (Anm. 3), 363-372. Bereits bei Lombroso ist das Atavismus-Konzept mit einer Anti-Ästhetik des Wahnsinns verknüpft, die wiederum mit der Ästhetik des Genies korreliert wird. Vgl. dazu Cesare Lombroso, *Genie und Irrsinn: in ihren Beziehungen zum Gesetz, zur Kritik und zur Geschichte*, Leipzig 1887 (dt. Fassung der 4. Aufl. von *Genio e follia in rapporto alla medicina legale, alla critica ed alla storia*, Turin 1882) sowie *L'uomo alienato* (Anm. 34), S. 5 und passim.

74 Das bekannteste Beispiel ist Zolas *La bête humaine* von 1889/1890, das außer auf Tardes *Homme criminel* von 1888 auch direkt auf Lombrosos *Uomo delinquente* von 1876 zurückgreift.

75 Vgl. dazu *Die Entdeckung des Unbewußten* (Anm. 9), S. 728 f.

VI.

L'Innocente ist ein »roman d'analyse«, der von den Grenzen eines analytischen Bewußtseins handelt, das der Rationalität positivistischen Denkens verpflichtet ist und sich insbesondere aus den Wissensbeständen positivistischer Medizin speist. Der Roman zeigt, wie sich jenseits des Bezirks luzider Bewußtheit ein Reich auftut, das für den homodiegetischen Ich-Erzähler mit den ihm zuhandenen Kategorien nicht mehr angemessen erkundbar ist. Insbesondere die Medizin als die erklärungsmächtigste unter den neuen Wissenschaften vom Leben versagt. Im Reich der Dunkelheit, des Unlogischen, des Unbewußten grassiert die Angst: *angoscia*, *terrore* und *paura*, die leitmotivisch den Text durchziehen, sind Zeichen einer kranken Seele, doch dieser selbst bleibt ihre Krankheit unfaßbar: Sie bleibt ein *morbo ignoto* (404). Was begrifflich nicht einholbar und analytisch nicht erklärbar ist, erhält, wie zu sehen war, gleichwohl narrative Gestalt als eine zweite Erzählung, die der Primärerzählung eingeschrieben ist. Indem Tullio die tatsächliche Geschichte von Giulianas Ehebruch und seinen Folgen erzählt, erzählt er zugleich und ohne sich dessen bewußt zu werden, seinen imaginären Familienroman.

Erst von hier aus wird verstehbar, was sich hinter der Ankündigung des Erzählprojektes im Vorwort verbirgt. Er wolle, so der Ich-Erzähler, mit seiner Konfession seinen *segreto* (360) enthüllen. Für wen die Offenbarung des bedrängenden Geheimnisses gedacht ist, vermag er allerdings nicht zu sagen: *Bisogna che io riveli il mio segreto a qualcuno. A chi?* (360). Das Vorwort endet mit einer offenen Frage, die damit die Fragestruktur, die dem Erzähldiskurs selbst eingeschrieben sein wird, vorwegnimmt. Im Hinblick auf den Erzähler ist die Setzung der Frage Indiz eines Nicht-Wissens, das auch und vor allem das Geheimnis selbst betrifft. Denn den eigentlichen *segreto*, gleichsam das Geheimnis im Geheimnis, kennt Tullio ebenso wenig wie den Adressaten, an den sich seine doppelbödige Konfession richtet. Die Textpragmatik macht indes unmißverständlich klar, wer dieser Adressat ist: der Leser, der das Buch in die Hand nimmt. Und eben dieser Leser kann das wahre Geheimnis entbergen, indem er im Zuge seiner Lektüre den verdeckten Familienroman an die Oberfläche bringt[76]. Nicht der Ich-Erzähler, der in der Rolle des Analyti-

76 Barberi Squarottis Auffassung, daß die Konfession »senza destinatari« sei und der Roman zu einer »scrittura chiusa in sé« tendiere, »priva di communicazione«, verkennt die kalkulierte Doppelbödigkeit der Kommunikationssituation und damit auch den Kern des Romans, vgl. »Lettura de *L'Innocente*« (Anm. 61), S. 16.

kers seiner selbst auftritt, leistet die wirkliche Interpretationsarbeit, sondern der Leser, der deshalb auch als tastende Annäherung an die Deutungsinstanz erscheinen kann, die wenig später der Psychoanalytiker besetzen wird. Für die Lesbarkeit des imaginären Familienromans hat nun der wirkliche Autor, also D'Annunzio, Sorge getragen. Wie dies geschieht, wurde bereits ausgeführt und braucht an dieser Stelle nur knapp rekapituliert werden: Die Thematisierung der Grenze luzider Bewußtheit ist Anstoß, die gezogene Grenze zu überschreiten und das fremde Terrain zu erkunden; die Erwähnung inzestuösen Begehrens, die der Erzähler im Rahmen seiner Selbstanalyse macht, legt für den Leser die entscheidende Spur zur Aufdeckung des dunklen Geheimnisses; die Markierung undeterminierter Symbolhaftigkeit des Realen – *tutto era per me simbolo* (507), so der Ich-Erzähler – und das dicht geknüpfte Netz interner Querbezüge tun ein Übriges, damit die reale Ehebruchsgeschichte als imaginärer Familienroman interpretierbar wird.

Wenn die Geschichte von Tullios doppelbödigem Geheimnis damit in die Richtung der kommenden Tiefenpsychologie weist, so ist sie dabei doch mehr und anderes als die bloß unvollkommene Antizipation eines neuen Wissensdiskurses. D'Annunzios Ehebruchsroman wird in wissens- und diskursgeschichtlicher Hinsicht bedeutsam, weil er auch ästhetisch innovativ ist[77]. *L'Innocente* ist ein Roman, der sich formal jenseits eines Naturalismus situiert, der aufs engste mit dem positivistischen Denken verbunden war. Über die Revitalisierung der von den Naturalisten ausgeblendeten Ich-Erzählsituation findet D'Annunzios postnaturalistischer Roman zu einer neuen Komplexität, die sich aus der textimmanent generierten Symbolik ebenso speist wie aus deren Verknüpfung mit der Doppelbödigkeit und Beweglichkeit narrativer Pragmatik. Daraus erwächst eine poetische Hermeneutik, die, weit stärker als die wissenschaftliche der kommenden Psychoanalyse, ihren prekären Status zu erkennen gibt und dadurch die reklamierte Erklärungsmächtigkeit kritisch reflektiert. Doch nicht nur dies: Im Gefolge der narrativen Pragmatik gewinnt auch das Literaturkonzept, das der Roman repräsentiert, eine schillernde Ambivalenz zwischen Ermöglichung von Wissen und Willen zur Macht. Um dies zu erläutern, gilt es ein letztes Mal auf das Erzählervorwort und die Motivik des »*segreto*« (360) zurückzukommen.

---

77 Auf den Innovationsanspruch weist D'Annunzio selbst nachdrücklich in den Briefen zum *Innocente* hin; so im Brief an Treves vom 20.8.1891: »[...] ho dato un saggio di quel che a me debba essere il romanzo nuovo«, in *Prose di romanzi* (Anm. 17), S. 1250.

Das Erzählervorwort expliziert, daß das Buch, das *L'Innocente* sein wird, die Beichte eines Geheimnisses ist: *Bisogna che io riveli il mio segreto* (360). In seiner Buchform nimmt Tullios *segreto* den Platz eines anderen Geheimnisbuches ein, desjenigen seines Rivalen. Filippo Arborios letzter vollendeter Roman hieß *Il Segreto* (400). Wie erinnerlich gab just dieser Roman Arborios den Anstoß für Tullios Obsessionen, für die Kindstötung und letztlich auch für die daraus resultierende Konfession, die Tullio als sein Geheimnis – *il mio segreto* – tituliert. Tullios Buch, das ja bis auf die Titelei mit dem wirklichen Roman, für den D'Annunzio zeichnet, identisch ist, ist Resultat der imaginären Kastration des Rivalen. Arborio hatte ein Exemplar seines Romans Giuliana als Offerte dargebracht, und, so zumindest die quälende Vorstellung Tullios, damit Giuliana nicht nur als Leserin gewonnen: *A voi, Giuliana Hermil, Turris Eburnea, indegnamente offro* (400), so der Wortlaut der Widmung[78]. Auch Tullio macht eine Offerte. Er offeriert seiner des Ehebruchs verdächtigen Frau den *ramo [...] rotto* (416), den er vom symbolträchtigen *albero* (416) abgebrochen hatte, und dies war, wie wir gesehen haben, eine symbolische Kastration des Rivalen und zugleich zeichenhafter Vorgriff auf die Tat, der dann das eigene Buch entspringen wird. Wie sehr die Invalidisierungsphantasien bezüglich Arborio sich mit der Vorstellung verbinden, den Rivalen nicht nur seiner physischen, sondern vor allem seiner geistigen Potenz zu berauben, bestätigt sich, als Tullio *alla caccia di Filippo Arborio* (544) nach Rom reist und von der *paralisi bulbare* (546) seines Rivalen erfährt. Arborios Leiden scheint ihm eine *malattia provvidenziale* (545), nicht nur deshalb, weil es ihm ein skandalträchtiges Duell erspart, sondern weil diese Krankheit das imaginäre Ziel, die Impotenz des Rivalen, weit besser zu realisieren verspricht:

> Io posso ben rinunziare a una voluttà sanguinaria, a un castigo inflitto con la mia mano [...], [der Rückverweis auf die *manomessione* (416) der Zweigepisode ist unüberlesbar][79] quando so paralizzato dalla malattia, ridotto all'impotenza l'uomo che detesto. (545)

Tauglicher als das Duell ist die Zerebralparalyse deshalb, weil Tullio sich ausmalen kann, daß sie Arborio im Kern seines Wesens trifft und

78 Erst die Lektüre der Widmung löst in Tullio den Verdacht der Untreue Giulianas aus, und die Verführungskraft Arborios ist für Tullio von Anfang an an seinen Status als Schriftsteller gebunden: Dies nicht zuletzt deshalb, weil Arborio für Tullio nur über seine Romane Kontur erhält. Vgl. dazu insbes. S. 399 ff.

79 Vgl. Kap. II: *Spezzavo a un melo qualche ramo fiorito [...] Io dissi allora, come ad attenuare la crudezza di quella manomessione: – È per Giuliana. E, strappando le ultime fibrille vive, distaccai il ramo già rotto.* (416)

damit nachhaltigere Wirkungen erzielt, als er es mit dem Degen je könnte: Sie beraubt ihn, so die Phantasie Tullios, der Macht des Wortes und der Macht der Schrift:

> consideravo [...] i due disturbi cerebrali più terribili per un uomo di lettere, per un artefice della parola, per uno stilista: – l'afasia e l'agrafia. E avevo la visione fantastica dei sintomi (545 f.).

Unmittelbar nach dieser Wunschvorstellung erfolgt die Wunscherfüllung. Tullio erfährt, daß Arborio tatsächlich seine Sprachmächtigkeit eingebüßt hat und daß deshalb sein in Arbeit befindlicher neuer Roman nicht mehr vollendet und gedruckt werden kann. Der Titel dieses »abgeschnittenen« Romans entstammt der Widmung, die das Giuliana zugeeignete Exemplar von *Il Segreto* enthalten hatte: *Turris eburnea* (546). Tullio kann dies nicht anders verstehen, als daß dieser mit dem symbolischen Namen Giulianas betitelte Roman das Geheimnis von Giulianas Ehebruch in sich geborgen hätte; und am Ursprung dieses Ehebruchs stand nach Tullios Meinung wiederum ein anderer Roman Arborios, eben *Il Segreto*. Der Ehebruch und seine Folgen werden demnach aufs engste mit der Macht der Literatur verwoben. In Tullios Imagination muß deshalb die ersehnte Ohnmacht des Rivalen mit dessen schriftstellerischer Impotenz verschwimmen. Doch dies ist nur der Kontrasthintergrund für die Inszenierung eigener Potenz. Denn wo der Rivale versagt, reüssiert der Ich-Erzähler. Anders als Arborio kann Tullio seine Version des *segreto* zu Ende schreiben und sie dem Leser als seine Konfession offerieren. Tullios Buch ist somit nicht nur eine Beichte und damit die Folge einer schrecklichen Tat. Sie ist darüber hinaus zugleich deren Steigerung ins Extrem. Erst im geschriebenen Buch ist die Kastrationsphantasie wirklich effizient »ausagiert«. Das Buch wird zum höchsten Zeichen einer Machtphantasie, deren Basis Tullios imaginärer Familienroman ist[80].

Nun ist es, wie wir gesehen haben, dem Leser aufgetragen, den verdeckten Familienroman aus der manifesten Ehebruchsgeschichte herauszulesen und damit – dies wäre an dieser Stelle noch zu ergänzen – zugleich zu erkennen, daß noch die Beichte selbst Teil der Tat ist. Aus dieser Erkenntnis könnte gewiß ein kritisches Licht auf eine

80 Die hier vertretene Interpretation ist damit diametral entgegengesetzt zu der von Goudet, die auf der Annahme eines reuigen und geläuterten Erzählers aufbaut: »Indubbiamente [sic!] il Tullio che scrive prova [...] quel sentimento di colpevolezza che fece seguito al delitto. La severità della sentenza che egli dà su se stesso è segno di una sensibile evoluzione della sua mentalità«, *D'Annunzio romanziere* (Anm. 40), S. 95.

Literatur fallen, die aus der Krankheit kommt, und in der sich ein kranker Wille zur Macht entfaltet. Auch D'Annunzios Roman scheint damit auf eine Kritik des Kranken zuzulaufen, wie sie Nordau in *Entartung* vertritt. Doch anders als Nordau hat D'Annunzio eine Distanzierung des als problematisch Erkannten – der kranken Literatur – nicht im Sinn. Hätte er dies gewollt, dann wäre es ihm ohne weiteres möglich gewesen, etwa durch eine geeignete, auktoriale Rahmung. Doch gerade darauf verzichtet er. Als Teil der Tat ist Tullios Buch völlig identisch mit dem Roman, für den D'Annunzio als Autor verantwortlich zeichnet. Der einzige Unterschied liegt in der Titelei, die allein dem realen Autor zuzurechnen ist. D'Annunzio hat die Struktur der Ich-Erzählung dergestalt genutzt, daß nicht nur das Potential der Distanznahme des erzählenden vom erlebenden Ich getilgt wird, sondern daß darüber hinaus auch noch die Grenzen zwischen Autor und Erzähler zu verschwimmen beginnen[81]. Dazu trägt nicht zuletzt der Wille zu artistischem Schreiben und zu stilistischer Brillanz bei[82]. Bravourstücke wie die bekannte Nachtigallenepisode[83] sind nur der augenfälligste Ausdruck einer »écriture« mit ästhetischem Anspruch, die nach Anerkennung durch den Leser heischt[84].

81 Mit der Verwischung der Grenzen zwischen Autor und Erzähler spielt D'Annunzio auch in den metapoetischen Kommentaren zu *L'Innocente*, z.B. in dem Brief an Hérelle vom 14.11.1892: »*L'Innocente* [...] è scritto da un uomo che ha molto sofferto e che ha guardato dentro di sé con occhi lucidi e attentissimi«, in *Prose di romanzi* (Anm. 17), S. 1251.

82 Auch zu diesem Punkt äußert sich D'Annunzio mit unmißverständlicher Deutlichkeit in den Briefen an Hérelle. Am 23.3.1892 heißt es: »Vi sarete accorto [...] che nel mio romanzo tornano spesso, come temi dominanti, certi gruppi di parole. È qualcosa di paragonabile al *leit-motiv* wagneriano. Bisogna che questi motivi siano *perfetti,* come ritmo e come efficacia di espressione«; und am 14.11.1892 bekräftigt er: »La musicalità è stata la mia principale ricerca d'arte, e la più attenta«, in *Prose di romanzi* (Anm. 17), S. 1250.

83 Kap. IX, S. 469-471. In der Nachtigallenepisode mutiert der Ich-Erzähler vollends zum Dichter, bezeichnenderweise unter Betonung der Thematik des *inconscio* (S. 471): Diskurs des Unbewußten und poetischer Diskurs werden somit überblendet. Auch unter werkgenetischer Perspektive bestätigt sich die Verquickung von Erzähler und Autor: Die 12 Briefe an Barbara Leoni vom 4.4. bis zum 16.6.1891 variieren mit Insistenz das Thema des Nachtigallenschlags aus der Perspektive D'Annunzios und spiegeln den (entstehungsgeschichtlich damit verwobenen) Diskurs des Ich-Erählers Tullio. Vgl. dazu *Prose di romanzi* (Anm. 17), S. 1247. Zur stilistischen Analyse der Nachtigallenepisode vgl. Piero Maragoni, »L'estro periarmonico. Padre orchi e l'usignolo dell'*Innocente*«, in *Studi su D'Annunzio* (Anm. 70), 65-72.

84 Seine Idealleser denkt sich D'Annunzio entsprechend seinem ästhetischen Programm als Mitglieder einer elitären Gruppe: Im Brief an Treves vom 20.8.1891 spricht er von den »Eletti«, die, anders als der ablehnend gestimmte Verleger, die

Der kranke Text wird auf diese Weise zur Basis einer postnaturalistischen Literatur, die sich auf neue anthropologische Horizonte der analytischen Erkenntnis menschlicher Psyche öffnet, die aber diese Erkenntnis, ungleich der sich wenig später formierenden Tiefenpsychologie, nicht in den Dienst der Gesundung stellt. Denn das Kranke scheint vom Odium der Schwäche befreit und gerät zum Ausdruck einer Potenz, die sich erst im Schreiben und damit als Ästhetik wirkungsvoll affirmiert, und die gerade deshalb auch den von Nordau verworfenen, dekadenten Ästhetizismus hinter sich lassen kann[85].

Daß D'Annunzio just daran gelegen war, die kritische Erkenntnis über den Familienroman eines Neurotikers und die ästhetische Identifikation mit dem Kranken zu überblenden, mag man auch daraus ersehen, daß er selbst den realen Titel noch in das Spiel der Ambivalenz mit einbezieht. Der Titel *L'Innocente* ist zunächst einmal nur die italienische Übersetzung des biblischen Mottos, mit dem Tullio das Vorwort zu seiner Konfession überschrieben hat, und das in deren letztem Kapitel in die erzählte Geschichte eingeführt worden war: *Beati immaculati...*[86]. Die pluralische Form ist ein diskreter Hinweis auf die Doppelbödigkeit des Titels, den der Autor seinem Roman gegeben hat. Genau wie der Roman zwei Geschichten erzählt, hat – wie in der Forschung schon wiederholt vermerkt wurde[87] – auch der Titel zwei Referenzen: eine manifeste und eine verborgene. Die manifeste betrifft den kleinen Raimondo, die verborgene Tullio. Indem er Tullio selbst zum *innocente* macht, zieht der Autor von der Einsicht in die wahre, problematische Beschaffenheit des Konfessionsbuchs das Distanzierungspotential ab, dessen die kritische Erkenntnis bedürfte, um zur Wirksamkeit zu gelangen. *L'Innocente* wächst damit eine Ambivalenz zu, deren Quell die Positivierung des als fragwürdig Erkannten ist. Und eben darin liegt die emblematische Bedeutung, die der Roman für D'Annunzios Ästhetik insgesamt besitzt.

»Ars Severa« des *Innocente* sehr wohl zu würdigen wüßten, in *Prose di romanzi* (Anm. 17), S. 1250.

85 In diesem Sinne inszeniert der Roman, um die Formulierung von Oddo De Stefanis aufzugreifen, »il trionfo dell'Io« (»*L'Innocente*«, Anm. 12, S. 89). Der Triumph des Ich kann aber allenfalls dann als Ausdruck einer »conversione al superomismo« (ebd., S. 84) gelesen werden, wenn das Konzept des »superuomo« von vornherein unter dem Signum seiner Dekonstruktion gedacht wird: Der dannunzianische »superomismo« formiert sich unter dem Vorzeichen des Pathologischen.

86 S. 356 und S. 634, jeweils kursiviert und mit »punti di sospensione«.

87 Vgl. u.a. »Per un'interpretazione dell'*Innocente*« (Anm. 13), S. 87: »Il titolo [...] rimanda a Raimondo e a Tullio insieme«, oder »*L'Innocente*« (Anm. 12), S. 93 f.

Ulrich Schulz-Buschhaus

Multiplizität der Kultur und Einheit des Lebens

Über ein Fin-de-siècle-Motiv in Musils *Mann ohne Eigenschaften*

Am Beginn dieses Beitrags erscheint eine wesentliche Einschränkung angebracht. Sie betrifft die Absicht unserer Lektüre von Musils großem, wiewohl unvollendetem Roman[1]. Deren Ziel ist – das sei gleich vorweg festgehalten – nicht der Entwurf einer Gesamtinterpretation und noch weniger die (überaus schwierige) Deutung der als Nachlaß überlieferten Fragmente, Pläne und Skizzen[2]. Was ich im Folgenden darstellen möchte, läuft auf etwas anderes hinaus, nämlich die Profilierung einer bestimmten einzelnen Thematik unter den vie-

---

1 Zu den besonderen Modalitäten, die der Fragment-Status des *Mann ohne Eigenschaften* aufweist, vgl. Adolf Frisé, »Unvollendet – unvollendbar? Überlegungen zum Torso des *Mann ohne Eigenschaften«*, *Merkur* 34(1980), 1099-1115, oder Ursula Link-Heer, »Fragment und Roman. Notizen zu Proust und Musil«, in *Über das Fragment – Du fragment*, hgg. Arlette Camion/Wolfgang Drost/Géraldi Leroy/Volker Roloff, Heidelberg 1999, S. 85-125. Nach Link-Heers erhellendem Aufsatz, der den *Mann ohne Eigenschaften* in eine gewissermaßen chiastische Beziehung zu der weit weniger ausgeprägten »Unvollendetheit« der *Recherche* versetzt, hat der Fragment-Status des Musilschen Romans unter anderem damit zu tun, daß Musils Aufmerksamkeit »sich auf die hologrammatische Geschlossenheit der Einzelskizze, ihre Abrundung und gedankliche Präzision, nicht ihre Verkettung im Gesamtzusammenhang [...] richtet« (ebd. S. 114) und daß überdies »das fiktionale Schreiben bei Musil zunehmend durch ein grübelnd-selbstkritisches Schreiben über die Modi, wie zu schreiben wäre, ersetzt wird« (ebd. S. 122). Bei der letztzitierten Beobachtung würde ich freilich das Adverb »zunehmend« doppelt unterstreichen; denn die Beobachtung gilt ja nicht für den gesamten Text, sondern aus guten Gründen – und eben zunehmend – für die Romanteile, welche im Sinne »taghellen Mystik« von dem Eintritt in einen utopischen »anderen Zustand« sowie von den anderen, teils konfligierenden Utopien handeln sollten.

2 Bekanntlich zählen die Erfassung und die interpretative Ordnung des – inzwischen digital gespeicherten – Nachlasses zu den kompliziertesten Aufgaben, mit denen sich die germanistische Literaturwissenschaft heute konfrontiert sieht. Von ihrer Schwierigkeit kann bereits der bloße Umfang des Materials eine Vorstellung geben. Schon in der Auswahl, welche die von Adolf Frisé veranstaltete neunbändige Musil-Ausgabe (Robert Musil, *Gesammelte Werke,* Reinbek bei Hamburg 1978) bietet, umfaßt es nicht weniger als zwei Bände (4 und 5, S. 1045-2159); vgl. dazu auch Frisés knappen Editionsbericht Bd. 5, S. 2047-2051. Auf die Frisésche Ausgabe von 1978 verweisen wir im Aufsatztext jeweils durch Angabe von Band- und Seitenzahl.

len, welche der Roman entwickelt oder andeutet[3], einer Thematik allerdings, der meines Erachtens für das Verständnis des Textes hervorragende Bedeutung zukommt. Gemeint ist das Thema kultureller, ästhetischer und moralischer Multiplizität, die einen Sachverhalt bildet, welcher – als zeitspezifisch diagnostiziert – im Widerstreit mit einer gewünschten, ja ersehnten Einheit des Lebens liegt. Mit der Akzentuierung dieses Themas, das speziell die zu Musils Lebzeiten veröffentlichten Teile des Romans prägt, schließt *Der Mann ohne Eigenschaften* – so unsere Ausgangsthese – an eine Problematik an, welche man als ein charakteristisches Thema der Fin-de-siècle-Literatur betrachten kann, zumal der französischen, die Musil wenigstens durch mannigfache Vermittlungen wohl stärker präsent war, als die meisten neueren Musil-Studien ahnen lassen.

Unter die Musilschen Leitkategorien der »Seele« und der »Genauigkeit« gestellt, ist das Thema des Widerstreits von Multiplizität und Einheit – wie gesagt – in hohem Maß einer zeitdiagnostischen Aufgabe und folglich dem Imperativ der »Genauigkeit« verpflichtet[4]. In einer solchen Funktion macht es – wenn man so will – die gleichzeitig motivierende und begrenzende Prämisse für jene utopischen Erfahrungen der »Seele« aus, an denen die Vollendung des Romans – am Ende unvermeidlich – scheitern sollte[5]. Zu der Bestandsaufnahme der

---

3 Daß diese Vielfalt der Thematiken alias »Grundideen« nicht zuletzt auch für die »Unvollendetheit« oder vielmehr »Unvollendbarkeit« des Romanprojekts verantwortlich war, vermutet – plausibel argumentierend – Link-Heer, »Fragment« (s. Anm. 1), S. 116.

4 Als Zeitdiagnose läßt sich *Der Mann ohne Eigenschaften* bezeichnenderweise auf die verschiedenartigsten Phänomene ein, so etwa auf das Phänomen einer modernen Apotheose des Körpers, des Sports und des Spektakulären, wegen der er in Karl Ludwig Pfeiffers »kulturanthropologischer Medientheorie« *Das Mediale und das Imaginäre* (Frankfurt a. M. 1999) eine nicht unwichtige Rolle spielt. Die Berücksichtigung der zeitdiagnostischen Komponente müßte allerdings verbieten, die komplexe Poetik des Romans allzu einseitig mit der Behauptung festzulegen: »Ulrich, im *Mann ohne Eigenschaften,* führt die obsessive und schließlich explodierende Selbstreferentialität des Schreibens vor« (ebd. S. 161). Treffender, weil differenzierter, heißt es diesbezüglich einige Seiten zuvor: »Musils *Mann ohne Eigenschaften* verabschiedet in den Kapiteln ›Seinesgleichen geschieht‹ die Ziele des realistischen Romans, auch wenn er einen ironisch-realistischen Stil selbst noch pflegt« (ebd. S. 157).

5 Eines der größten Probleme der eventuellen Romanvollendung bestand für Musil sicherlich darin, zu zeigen, wie *alle Linien [...] in den Krieg münden* (vgl. Bd. 5, S. 1902), das heißt: *die tiefe Beziehung der Liebesgeschichte zum Krieg* (ebd. S. 1876) ebenso plausibel zu machen wie die These *Seinesgleichen führt zum Krieg* (ebd. S. 1902). Hier sehe ich auch eine Schwierigkeit bei Jürgen Links sonst suggestiver Skizze über »Musils experimentelle Simulation eines historischen ›GAU‹«, in Jürgen Link, *Versuch über den Normalismus,* Opladen

Ideologien, welche von Musil am Anfang unter dem Titel »Seinesgleichen geschieht« durchgeführt wird, trägt das Motiv indes mit einer in der Tat unvergleichlichen Genauigkeit bei. Daher wollen wir uns auch auf diesen Teil des Romans beschränken, wenn wir nun versuchen, den *Mann ohne Eigenschaften* als eine Art Summa zu präsentieren, die den Konflikt zwischen real erfahrener Multiplizität und utopisch oder restaurativ gewollter Einheit[6] anhand verschiedener Gestalten, Konstellationen und Register geradezu systematisch durchspielt.

I

Ein erster Abschnitt unseres Beitrags ist demnach für das Resümee dessen vorgesehen, was von der humanwissenschaftlichen, essayistischen oder fiktionalen Literatur in der zweiten Hälfte des Dix-Neuvième als emphatisch artikulierte Erfahrung von Multiplizität vermittelt wird. Dabei versteht sich von selbst, daß solche Multiplizitätserfahrungen im Rahmen eines umfassenden Prozesses der Modernisierung zustande kommen, eines Prozesses, der offenkundig von langer Dauer ist und sich nun lediglich – gleichsam in einer diskursgeschichtlichen Stretta – eklatant beschleunigt. Ein wenig schematisierend könnte man an diesem Prozeß zwei einander ergänzende Aspekte von Pluralisierung hervorheben: einen systemischen, bei dem es um die Ausdifferenzierung unterschiedlicher sozialer Funk-

---

1997, S. 283-286. Link privilegiert als kriegsauslösenden Faktor im *Mann ohne Eigenschaften* die offenkundig »protonormalistischen« Kräfte, wie sie Hans Sepp vertritt, in ihrem »Tauziehen« mit den ›moderneren‹ Kräften »flexibel-normalistischer Strategie« (vgl. ebd. S. 285). Dagegen beharrt Musil in seinen Entwürfen, die Ulrich beispielsweise den Gedanken eingeben *Krieg ist das gleiche wie aZ* [anderer Zustand, U. S.-B.]; *aber (lebensfähig) gemischt mit dem Bösen* (Bd. 5, S. 1932), darauf, daß wirklich »alle Linien« in den Krieg münden, also neben den »protonormalistischen« auch Tendenzen, die nach Links Terminologie als »flexibel-normalistisch« und zumal als »transnormalistisch« (man denke an die »Liebesgeschichte« zwischen Ulrich und Agathe) bezeichnet werden müßten. Zum Motiv des Kriegsausbruchs, der die Romanhandlung quasi als Horizont umschließt, vgl. insgesamt Alexander Honold, *Die Stadt und der Krieg. Raum- und Zeitkonstruktion in Robert Musils Roman »Der Mann ohne Eigenschaften«*, München 1995.

6 Was die letztere neben dem zeitdiagnostischen Repertoire von Pluralitäten für Musil bedeutet, läßt in den Projektskizzen die Notiz »Ahnung der Lebenseinheit« erkennen, welche dann in eine Reihe von Varianten aufgefächert wird, unter denen die Spielart des Protagonisten Ulrich als *Liebe ohne Güte* figuriert (vgl. Bd. 5, S. 1859).

tionen sowie der ihnen entsprechenden, mehr oder weniger autonomen Diskurse geht[7], und einen eher kulturellen, der sich durch die Entdeckung und – wichtiger noch – die zunehmende Anerkennung unterschiedlicher Kulturen oder kultureller Überlieferungen ergibt. Was der systemische Aspekt von Multiplizität besagt, kann etwa durch die sukzessiven Verselbständigungen philosophischer, politischer oder ökonomischer Diskurse in der abendländischen Geschichte verdeutlicht werden: man denke hier insbesondere an die spätmittelalterliche Lehre von der Möglichkeit einer Koexistenz zweier Wahrheiten, an Machiavellis Hinweise auf ein spezifisches, mit den Maximen der allgemeinen Moral(philosophie bzw. -theologie) nicht unbedingt übereinstimmendes Regelsystem des politischen Handelns oder an die Rehabilitation christlicher Laster als ökonomische Tugenden, wie sie sich seit dem Merkantilismus unter dem nur leicht karikierenden Motto von Mandevilles *Private Vices, Publick Benefits* vollzieht[8]. Nicht weniger evident zeigt sich der kulturelle Aspekt der Entwicklung als eine Folge hermeneutischer Anerkennungen, Aufwertungen oder Umwertungen: so zunächst der Kanonisierung einer mit dem Christentum nie völlig harmonisierten antik-paganen Kultur seit dem Humanismus der Renaissance oder – neuartiger – des anteilnehmenden, gelegentlich sogar verklärenden Interesses für die nah- und fernöstlichen Hochkulturen seit der frühen Aufklärung.

Das spätere Dix-Neuvième erlebt nun eine bemerkenswerte Diffusion des Bewußtseins kultureller wie systemischer Pluralität. Bald euphorisch als Bereicherung und bald pessimistisch als Desintegration

---

7 Dabei denke ich in erster Linie natürlich an den Differenzierungsprozeß, der das makrohistorische Gerüst von Niklas Luhmanns Systemtheorie konstituiert. Es genügt indessen schon, auf Max Webers – dem Kontext des Musilschen Romans näheres – Konzept einer Ausdifferenzierung verschiedener »Wertsphären« hinzuweisen, um zu verdeutlichen, was gemeint ist. Für die deutschsprachige Literatur der Jahrhundertwende wird Webers Konzept beispielsweise in einem interessanten Aufsatz von Walter Müller-Seidel produktiv gemacht; vgl. »Zeitbewußtsein um 1900. Literarische Moderne im wissenschaftsgeschichtlichen Kontext«, in *Europäische Jahrhundertwende,* hg. Ulrich Mölk, Göttingen 1999, S. 13-34, bes. S. 30 ff.

8 Vgl. dazu Vf., *Moralistik und Poetik,* Hamburg 1997, insbesondere das zusammenfassende Nachwort, S. 247-253. Für die angesprochenen Subversionen ist im übrigen bezeichnend, daß Mandevilles paradoxaler Neudefinition der »privaten« Laster als »öffentlicher« Wohltaten in Machiavellis *Principe* mit analogen Begriffen bereits den folgenden, strikt politischen Erwägung entspricht: »[...] se si considerrà bene tutto, si troverrà qualche cosa che parrà virtú, e seguendola sarebbe la ruina sua, e qualcuna altra che parrà vizio, e seguendola ne riesce la securtà et il bene essere suo« (Machiavelli, *Il Principe* e *Discorsi sopra la prima deca di Tito Livio,* hg. Simona Bertelli, Milano [6]1979, S. 66.

empfunden, dehnt es sich in dieser Epoche mit zunehmender Stärke und Reichweite von den Feldern der selbst schon häufig literarisierten Humanwissenschaften auf das Feld fiktionaler Literatur aus. Autoren und Texte zu nennen, die dafür exemplarisch erscheinen, fällt nicht schwer; ja sie präsentieren sich dem Betrachter mit einem *embarras de richesse,* der in erster Linie wohl aus dem Willen zu einer umfassenden, von den klassischen Normen entlasteten Verstehens- und Deutungskompetenz herzuleiten ist, wie ihn während der zweiten Hälfte des 19. Jahrhunderts auch in Frankreich die Hermeneutik bewirkt hat. In unserem Zusammenhang mag es daher genügen, die *sensu stricto* humanwissenschaftlichen Tendenzen stichwortartig durch die epochenspezifischen Interessen zu resümieren, welche in den Werken Renans und Taines zum Ausdruck kommen.

Im Falle Renans lag das epochal bedeutsame Moment in dem so faszinierenden wie beängstigenden Phänomen einer hermeneutischen Duplizität, die dem gleichen Christentum, dem sie den überlieferten Glauben aufkündigte, doch nichtsdestoweniger ihre – obwohl unübersehbar distanzierte – moralische Loyalität versicherte. Die vom Autor nachdrücklich thematisierte Zwiespältigkeit mußte den Zeitgenossen um so irritierender erscheinen, als Renan – etwa in seinen *Souvenirs d'enfance et de jeunesse* – nicht müde wurde, sie mit geheimem Stolz als seinen persönlichen Habitus, ja als einen Grundzug seines Charakters zu reklamieren. *Alors s'établit en moi [...] une dualité qui a été le secret de toutes mes opinions* lautet eines dieser nicht ohne Koketterie formulierten Renanschen Geständnisse[9], oder einfacher und grundsätzlicher: *Je suis double*[10]. Positiviert wird die Duplizität vor allem als eine unabdingbare Voraussetzung aller historisch-hermeneutischen Wissenschaft; denn für jegliche Geschichtsschreibung und historische Kritik kommt es nach Renan darauf an, für verschiedenartige und im Extremfall konträre kulturelle Welten gleichermaßen offen und sozusagen zugänglich zu sein: *L'essence de la critique est de savoir comprendre des états très différents de celui où nous vivons*[11].

---

9 Vgl. Ernest Renan, *Souvenirs d'enfance et de jeunesse*, Paris 1966, S. 77.

10 Ebd. S. 89.

11 Ebd. S. 60. Es ist wohl kein Zufall, wenn Renan diesen Grundzug hermeneutischer Kompetenz eben dort formuliert, wo er auf der autobiographischen Ebene die Dualität, ja Multiplizität seiner bretonisch-gaskognischen Herkunft, die dann noch um eine imaginäre »lappische« Komponente bereichert wird, in Erinnerung ruft. Die »formule ethnique«, zu der Renans Selbstporträt im epistemologischen Duktus seiner Epoche gelangt, lautet schließlich: *Un Celte, mêlé de Gascon, mâtiné de Lapon* (ebd. S. 61).

Dabei gründet Renan seinen Stolz immer wieder auf eine ganz bestimmte Figur des geschichtlichen Verstehens, nämlich den abgeklärten Ausgleich zwischen der Berücksichtigung eigener axiologischer Präferenzen und der Einsicht in die historische Notwendigkeit, oder genauer: in Prozesse, die *a posteriori* als historische Notwendigkeit sinnvoll zu deuten waren. Beispielhaft dafür wirkt im Band *L'Eglise chrétienne* der *Histoire des origines du christianisme* die Betrachtung des vierten Evangeliums, des sogenannten Johannes-Evangeliums. Bei ihr tritt der Argumentationsstil des unablässig vermittelnden und zugleich relativierenden Einerseits – Andererseits, den Renan liebt, besonders frappant hervor. So gibt es hier ein stark negativierendes Einerseits, das in teils massiv formulierten Einwänden besteht. Sie werfen dem Evangelium des »Pseudo-Jean« literaturkritisch ein unechtes, geschwollenes Pathos vor, nehmen philosophisch Anstoß an der ›Trockenheit‹ seiner abstrakten Metaphysik und beklagen theologisch den Verlust der ›galiläischen Idylle‹, das heißt: die systematische Verdrängung der menschlichen und der jüdischen Komponente im Leben des Erlösers. Demgegenüber bleibt das positivierende Andererseits im einzelnen relativ schwach; doch fehlt es ihm am Ende gleichwohl nicht an Entschiedenheit. Indem der Verfasser des Johannes-Evangeliums seine Geschichte dem ›Geschmack der Zeit‹ und speziell den Sprachgewohnheiten der griechischen Philosophie anpaßte, vollzog er nach Renan nämlich den ersten Schritt zur Universalisierung seiner Botschaft und verwandelte die – literarisch anrührende – Erzählung von einem jüdischen Propheten aus Galiläa in ein – literarisch weniger anrührendes, aber religiös verbindlicheres und dogmatisch ausbaufähiges – ›metaphysisches Drama‹, weshalb das Fazit des Historikers und Religionswissenschaftlers dann lautet:

> Ce qui est le défaut littéraire du quatrième Évangile fera de la sorte son caractère universel. Cet Évangile débarrasse le christianisme d'une foule d'attaches originelles; il lui permet la chose la plus essentielle aux créations qui veulent vivre, l'ingratitude envers ce qui a précédé[12].

Wie eine solche Manier des Eindeutigkeiten suspendierenden Abwägens auf den individuellen Habitus übertragen wird, skizziert Renan sein Selbstverständnis – wie bereits angedeutet – als das eines ›Bün-

12 Ernest Renan, *L'Église chrétienne*, Paris [17]1935, S. 75. Weitere analoge Passus, in denen Renans Argumentation die Figur eines wechselseitig relativierenden Einerseits – Andererseits entwickelt, begegnen etwa bei den Reflexionen über das Verhältnis zwischen demokratischen und aristokratischen Impulsen in der frühen Kirche oder bei den Überlegungen, welche der Antinomie von mystischer religiöser Spontaneität und hierarchisierender Institutionalisierung des kirchlichen Lebens gelten (vgl. ebd. S. 90 ff.).

dels von Widersprüchen‹ (»tissu de contradictions«) in einem Porträt, das er unter anderem durch die folgende Trias ideologischer Oxymora ausmalt: *un romantique protestant contre le romantisme, un utopiste prêchant en politique le terre à terre, un idéaliste se donnant inutilement beaucoup de mal pour paraître bourgeois*[13]. Aus diesen Gegensätzen leitet Renan nicht zuletzt eine tief verwurzelte Unentschiedenheit des Urteilens, zumindest eine Bereitschaft zur reflexiven Verzögerung jeglicher Entscheidung zwischen ›idealistischen‹ Interessen und ›realistischer‹ Wahrnehmung ab. So wird die ›Neigung zum Ideal‹, die Renan sich zuschreibt, an einer anderen Stelle zunächst moralisch exaltiert, um gleich darauf mit einem scharfen Wechsel der Perspektive historisch für obsolet erklärt zu werden:

> En fait, je n'ai d'amour que pour les caractères d'un idéalisme absolu, martyrs, héros, utopistes, amis de l'impossible. De ceux-là seuls je m'occupe [...]. Mais je vois ce que ne voient pas les exaltés; je vois, dis-je, que ces grands accès n'ont plus d'utilité et que, d'ici à longtemps, les héroïques folies que le passé a déifiées ne réussiront plus[14].

Demnach ist es kaum verwunderlich, wenn manche Zeitgenossen wie Edmond de Goncourt, der Renan wenig gewogen war, in dem priesterlichen Agnostiker den Vertreter eines moralisch selber dubiosen Charaktertypus erblickten. Unter ihm verstanden sie – um mit dem älteren Goncourt zu sprechen – etwa *ces bâtards de Renan qui n'ont l'indignation de rien et, au fond, éprouvent une indulgence sympathique pour la canaillerie morale*[15].

---

13 Vgl. Renan, *Souvenirs* (s. Anm. 9), S. 54.

14 Ebd. S. 77. Hier ist freilich unbedingt festzuhalten, daß die Hinweise auf solche Widersprüche von Renan nie als Indizien unheilvoller Zerrissenheit oder wirklicher existentieller Krisen geäußert werden. Eher sind sie in dem Ton einer ruhigen, oft sogar heiteren Resignation gehalten, welche Renan offensichtlich jener hermeneutischen Lust und Lust an der Hermeneutik verdankt, die wohl das zentrale Motiv seines intellektuellen Lebens ausgemacht hat. Zum »Genußcharakter«, den die Historie bei Renan gelegentlich annimmt, um dann von Nietzsche, der den Typus des kontemplativen Historikers als »Genüßling vor der Historie, halb Pfaff, halb Satyr, Parfum Renan« zeichnete, besonders leidenschaftlich verworfen zu werden, vgl. Helmut Pfeiffer, »Die Gegenwart der Spätanike. Christentum und Antike in Ernest Renans *Histoire des origines du Christianisme*«, *Poetica* 22(1990), 323-354, hier S. 347 ff.

15 Vgl. Edmond et Jules de Goncourt, *Journal. Mémoires de la vie littéraire*, hg. Robert Ricatte, Paris 1956, Bd. 4, S. 536. Die Formulierung geht offenbar auf Flaubert zurück, der 1878 gesagt haben soll: *C'est vrai que Renan n'a pas l'indignation du juste ou de l'injuste* (ebd. Bd. 2, S. 1220). Der gleichen Tendenz entspricht eine Notiz, mit der Édouard de Goncourt 1892 einigermaßen gehässig auf die Nachricht von Renans Tod reagiert: *Au fond, Renan n'est que le rhéteur du Je-m'en-foutisme* (ebd. Bd. 4, S. 313).

Auf ähnliche Weise wird das Denken von Ambivalenz und Multiplizität als moralisch-kulturelle Sachverhalte, die in einem geradezu systematischen Zusammenhang stehen, durch Taine befördert. In Taines Schriften sind es vor allem zwei Dimensionen, in denen dem Phänomen der Multiplizität dezidierte Anerkennung zuteil wird: zum einen die des Ich, zum anderen jene der Ästhetik bzw. der Vorstellung des Schönen. Was das Ich anbelangt, hat sich speziell Taines Abhandlung *De l'Intelligence* – und von ihr wiederum das thesenhafte Vorwort – als überaus folgenreich erwiesen. In Anlehnung an John Stuart Mill und Herbert Spencer war das Ich dort als eine *série de petits faits qui sont des phénomènes de conscience* erklärt worden, mit Konsequenzen, die vor allem für den anti-metaphysischen Empirismus von William James' *Principles of Psychology*[16] oder – in der auch für Musil prägenden Wiener Moderne – für die Wissenschaftslehre Ernst Machs beträchtliche Bedeutung erlangten[17]. Welche skandalisierende Potenz solche Thesen in Frankreich entfalteten, verrät neben anderen Protesten die symptomatische Reaktion von Paul Bourget. Sie kommt nicht nur im Taine-Aufsatz der *Essais de*

16 Wo sich die Perspektive des Betrachters allerdings verschiebt und dem dann in *Varieties of Religious Experience* diskutierten Problem zuwendet, wie aus den Teilen des Ich – etwa durch den ›Glauben‹ des Individuums – erneut eine (wie auch immer fiktive) »unity of consciousness« hergestellt werden kann (vgl. Klaus-Jürgen Bruder, »William James: Das Ich – Der gegenwärtige Augenblick im Strom des Bewußtseins«, in *Die Modernisierung des Ich*, hg. Manfred Pfister, Passau 1989, S. 74-83, besonders S. 78). Dieser Blickrichtung kommt im übrigen Pirandello erstaunlich nahe, wenn er im Traktat über den »Umorismo« die Konstruktion des Ich – durch »limiti che noi imponiamo, componendoci una coscienza, costruendoci una personalità« – gleichfalls zu einer zivilisatorischen (und tendenziell stets lebensmindernden) Leistung erklärt, mit der das Individuum das Chaos der ursprünglichen Multiplizität seiner »anime diverse e perfino opposte« zu überwinden pflegt (vgl. Luigi Pirandello, *Saggi, Poesie, Scritti varii*, Milano [4]1977, S. 150 f.). Einen aspektreichen Überblick über die Ich-Thematik bei Pirandello, Svevo und D'Annunzio gibt Rudolf Behrens, »Metaphern des Ich«, in *Die literarische Moderne in Europa*, hgg. Hans Joachim Piechotta/Ralph-Rainer Wuthenow/Sabine Rothemann, Bd. 1: *Erscheinungsformen literarischer Prosa um die Jahrhundertwende*, Opladen 1994, S. 334-356; vgl. vor allem die Abschnitte »Svevos Positivierung des multiplen Ich« (ebd. S. 343-347) und »Pirandellos Zerstörung der Form im Namen des Lebens« (ebd. S. 347-352).

17 Vgl. dazu Gotthart Wunberg, *Der frühe Hofmannsthal. Schizophrenie als dichterische Struktur*, Stuttgart/Berlin/Köln/Mainz 1965, S. 24 ff. Wunberg geht hier insbesondere auf Machs berühmtes Diktum vom »unrettbaren Ich« und dessen literarische Ausbeutung durch Hermann Bahr ein. Wenig später wurde Mach dann gleichfalls zu einem Inspirator der schriftstellerischen Existenz Musils, der bekanntlich mit einem *Beitrag zur Beurteilung der Lehren Machs* dissertierte.

psychologie contemporaine zum Ausdruck[18], sondern mehr noch in dem seinerzeitigen Erfolgsroman *Le Disciple*[19], wo die Jüngerschaft des Protagonisten Robert Greslou sich eben auf die Lehre eines *maître* Adrien Sixte alias Hippolyte Taine bezieht[20] und wo der Jünger sich seinem Meister mit der Probe eines Manuskripts vorstellt, das den bezeichnenden Titel trägt: »Contribution à l'étude de la multiplicité du Moi« .

Früher schon hat Taine im Sinne einer oft verkannten Hermeneutik der Alterität[21] seine Ansichten von der Multiplizität des Schönen entwickelt, und zwar mit bemerkenswertem Nachdruck bereits in den um die Mitte der fünfziger Jahre entstandenen *Essais de critique et d'histoire*. Sie stellen im Bereich der französischen Kultur wohl das eindrucksvollste Dokument eines entschiedenen ästhetischen Historismus dar, welcher wenigstens prinzipiell zur Auffassung einer Gleichwertigkeit der verschiedenartigsten Epochen und Stile führt. Am Ende des Aufsatzes über Mme de La Fayette manifestiert sich dieser Historismus in einer Art Credo, mit dem Taine in der ihm eigenen »scharfen Art« (Erich Auerbach) postuliert:

> [...] chaque siècle, avec des circonstances qui lui sont propres, produit des sentiments et des beautés qui lui sont propres; et, à mesure que la race humaine avance, elle laisse derrière elle des formes de société et des sortes de perfection qu'on ne rencontre plus. Aucun âge n'a le droit d'imposer sa beauté aux âges qui précèdent; aucun âge n'a le devoir

18 Dort erinnert Bourget an Pascals »ordre du coeur« und stellt dann im Hinblick auf Taines »implacable analyse« die rhetorische Frage: »Hélas! où donc prendre cet ordre du cœur [...], si notre *moi* nous échappe presque à nous-mêmes, sans cesse envahi par les ténèbres de l'inconscience, sans cesse à la veille de sombrer d'un naufrage irréparable dans les flux et les reflux de la morne et silencieuse marée des phénomènes dont il est un flot?« (vgl. P. Bourget, *Essais de psychologie contemporaine*, Paris 1924, Bd. 1, S. 243 f.).

19 Vgl. zu diesem *roman à thèse* über die sozialen Konsequenzen einer ›verantwortungslosen‹ analytischen Wissenschaft näherhin Vf., »Die Gesellschaft als Opfer des Buchs: Paul Bourgets Roman *Le Disciple*«, *Lendemains* 45(1987), 49-57.

20 Zur erzählerischen Problematik des Schlüsselromans, die von dem »alias« in meiner Formulierung impliziert wird (Taine reagierte auf sie übrigens mit einem Protestbrief an Bourget), vgl. die pointiert treffende Kritik von Albert Thibaudet, *Réflexions sur le roman*, Paris 1938, S. 141 ff. (»Le roman de l'intellectuel«, zunächst in der *Nouvelle Revue Française*, 1. Mai 1921).

21 Zu den wenigen Ausnahmen, welche Taine vom stigmatisierenden Ruf des Erzpositivisten zu entlasten suchen, zählt ein Aufsatz von Jean-Thomas Nordmann, der es vorzieht, Taine mit Dilthey oder Max Weber zu vergleichen und in der »grande tradition, florissante outre-Rhin, de réflexion sur l'herméneutique« zu situieren (vgl. »Situation de Taine«, *Romantisme* 32(1981), 5-12, hier S. 10 f.).

> d'emprunter sa beauté aux âges qui précèdent. Il ne faut ni dénigrer ni imiter, mais inventer et comprendre[22].

Ein solches historistisches Credo schlägt sich bei Taine nicht zuletzt in einer radikalisierten anti-normativen Wendung nieder. Sie erfüllt seine praktische Literatur- und Kunstkritik im Gegensatz zur seinerzeit üblichen akademischen Literaturgeschichtsschreibung mit einer geradezu begeisterten Feier der »diversité«, die sich gerne des Bildes vom »naturaliste de l'âme« bedient[23]. Über diesen »naturaliste de l'âme«, der nichts anderes ist als der ideale, vom Geist der Wissenschaft durchdrungene Kritiker bzw. Interpret, heißt es beispielsweise am Ende des Essays über Michelet:

> Il accepte ses formes diverses; il n'en condamne aucune et les décrit toutes; il juge que l'imagination passionnée est une force aussi légitime et aussi belle que la faculté métaphysique ou la puissance oratoire [das ist zur Apologie von Michelets damals umstrittenem Stil gesagt]; au lieu de la repousser avec mépris, il la dissèque avec précaution; il la met dans le même musée que les autres et au même rang que les autres; il se réjouit, en la voyant, de la diversité de la nature[24].

Berühmter geworden ist der Gedanke noch in der Fassung, welche ihm ungefähr zehn Jahre später die Vorlesungen der *Philosophie de l'art* gegeben haben. Dort wird die Historisierung, die gleichzeitig eine Pluralisierung des Schönen bedeutet, explizit zum Programm einer jeden wissenschaftlichen Kunstbetrachtung erhoben, und zwar wiederum mit Formulierungen, die eine gleichsam kindliche Freude an der Fülle des Verschiedenartigen erkennen lassen:

> [...] la science ne proscrit ni ne pardonne; elle constate et explique. Elle ne vous dit pas: »Méprisez l'art hollandais, il est trop grossier, et ne goûtez que l'art italien«. Elle ne vous dit pas non plus: »Méprisez l'art gothique, il est maladif, et ne goûtez que l'art grec«. Elle laisse à chacun la liberté de suivre ses prédilections particulières [...]. Quant à elle, elle a des sympathies pour toutes les formes de l'art et pour toutes les écoles, même pour celles qui semblent le plus opposées; elle les accepte comme autant de manifestations de l'esprit humain; elle juge que, plus elles sont

---

22 Hippolyte Taine, *Essais de critique et d'histoire*, Paris [10]1904, S. 255.

23 Vgl. dazu Vf., »Taine und die Historizität des Stils«, in *Stil. Geschichten und Funktionen eines kulturwissenschaftlichen Diskurselements*, hgg. Hans Ulrich Gumbrecht/Karl Ludwig Pfeiffer, Frankfurt a. M. 1986, S. 189-199; dort auch Hinweise auf die *Histoire de la littérature française* von Désiré Nisard, dem prominentesten Repräsentanten der klassizistischen Norm, gegen die Taine seine teils ausgeprägt oppositionellen literaturkritischen Versuche richtete.

24 Taine, *Essais* (s. Anm. 22), S. 127 f.

> nombreuses et contraires, plus elles montrent l'esprit humain par des faces nouvelles et nombreuses[25].

Wo bei Taine vor allem der Enthusiasmus von Anfang und Entdeckung zu verspüren ist, entsteht an den gleichen Phänomenen des kulturellen und ästhetischen Historismus indes wenig später ein vielleicht noch prononcierteres Unbehagen. Es resultiert in erster Linie aus der Sorge, daß die Vielfalt kulturell und ästhetisch gleichberechtigter Anschauungen, über die der histor(ist)isch gebildete Mensch der Moderne verfügt, zu einer Lähmung seines Willens und zu einem Verlust aktiver Gestaltungskraft in Kunst und Politik führen könnte. Auch hier existiert, was die epochentypischen Dokumente angeht, ein *embarras de richesse*[26]. Im deutschen Sprachraum muß in dieser Hinsicht selbstverständlich Nietzsches zweite »Unzeitgemäße Betrachtung« als der schlechthin exemplarische Text gelten. Er handelt unter anderem von der *Austreibung der Instincte durch Historie*, welche bewirke, daß *der moderne Mensch [...] an einer geschwächten Persönlichkeit [...] leidet*; denn:

> Wie der Römer der Kaiserzeit unrömisch wurde im Hinblick auf den ihm zu Diensten stehenden Erdkreis, wie er sich selbst unter dem einströmenden Fremden verlor und bei dem kosmopolitischen Götter-, Sitten- und Künste-Carnevale entartete, so muß es dem modernen Menschen ergehen, der sich fortwährend das Fest einer Weltausstellung durch seine historischen Künstler bereiten läßt; er ist zum genießenden und herumwandelnden Zuschauer geworden und in einen Zustand versetzt, an dem selbst große Kriege, große Revolutionen kaum einen Augenblick lang etwas zu ändern vermögen[27].

Die Art und Weise, in der Nietzsche diese Besorgnis über den *kosmopolitischen Götter-, Sitten- und Künste-Carneval* ausdrückt[28], stimmt verblüffend genau mit den Analysen der etwas später, 1883

---

25 Taine, *Philosophie de l'art*, hg. Guillaume de Bertier de Sauvigny, Paris/Genève 1980, Bd. 1, S. 12 f.

26 Er reicht erneut bis in die Wiener Moderne, wo insbesondere Hermann Bahr von der »Willensproblematik« besessen gewesen zu sein scheint; vgl. dazu Wunberg, *Der frühe Hofmannsthal* (s. Anm. 17), S. 24 f. Anm. 55. Freilich betrachtet Wunberg das Thema im Kontext eventueller Schopenhauer-Lektüren vorwiegend auf einer philosophischen bzw. (anti)metaphysischen Ebene und übersieht die praktisch-mentalitätsgeschichtlichen Aspekte der Willensproblematik, die sowohl für Hofmannsthal wie für Bahr, der sogar einen poetologischen »Bourgetismus« gegen den »Naturalismus« ausspielte, außer durch Nietzsche vor allem durch Bourgets *Essais de psychologie contemporaine* vermittelt wurden.

27 Friedrich Nietzsche, *Sämtliche Werke. Kritische Studienausgabe*, hgg. Giorgio Colli/Mazzino Montinari, München/Berlin/New York 1980, Bd. 1, S. 279.

und 1885, publizierten *Essais de psychologie contemporaine* Paul Bourgets überein, jenes Bourget, der ja auch einen sorgenvollen Thesenroman mit dem Titel *Cosmopolis* (1892) verfaßt hat, dessen Ziel es war, vor dem Typus des Kosmopoliten als einem sozial gefährlichen, weil gesellschaftliche Bindungen auflösenden »déraciné« zu warnen[29]. Was Nietzsche in der Gestalt des *genießenden und herumwandelnden Zuschauer[s]* kritisiert, wird von Bourget speziell unter dem Begriff des »Dilettantisme« bzw. des »Dilettante« angegriffen, das heißt: als der vor allem im Werk Renans manifeste Komplex einer Geisteshaltung, die mit distanziertem Verständnis die Vielfalt des Historischen genießt, statt sich für eine bestimmte Tradition und deren bestimmte Werte zu engagieren und dementsprechend entschlossen zu handeln[30]. Oder mit den damals berühmten Worten von Bourgets »Dilettantisme«-Definition gesagt:

---

28 Entgegengehalten wird ihm bezeichnenderweise die Idee der *Einheit des künstlerischen Stiles in allen Lebensäußerungen eines Volkes*. Sie fungiert als Norm, wenn Nietzsche, der sich hier speziell *von uns Deutschen der Gegenwart* distanziert, anschließend verlangt: *Wer die Cultur eines Volkes erstreben und fördern will, der erstrebe und fördere diese höhere Einheit und arbeite mit an der Vernichtung der modernen Gebildetheit zu Gunsten einer wahren Bildung, er wage es, darüber nachzudenken, wie die durch Historie gestörte Gesundheit eines Volkes wiederhergestellt werden, wie es seine Instincte und damit seine Ehrlichkeit wiederfinden könne* (vgl. ebd. S. 274 f.).

29 Den Charakter des *roman à thèse* unterstreicht bereits das erste Kapitel, das nach Art einer Molièreschen Exposition überaus plakativ (was – nebenbei gesagt – eine der schriftstellerischen Schwächen von Bourgets Romanen ausmacht) »Un dilettante et un croyant« konfrontiert. Im Sinne dieser Antithese muß der »dilettante«, der Romancier Julien Dorsenne, in Rom die Cosmopolis erblicken, während der »croyant«, der traditionalistische Marquis de Montfanon, der von Anfang an durch einen instinktiven Haß auf den jüdischen Baron Justus Hafner charakterisiert (und leider auch empfohlen wird), es vorzieht, in Rom die »Metropolis« zu sehen. Um die Gestalt Dorsennes zu charakterisieren und ideologisch einzuordnen, übernimmt Bourget im übrigen wörtlich die zentralen Formulierungen seines Renan-Aufsatzes (vgl. Paul Bourget, *Cosmopolis*, Paris 1921, S. 23 f. und 46 f.).

30 Den Begriff »engagieren« verwende ich hier mit voller Absicht; denn tatsächlich entwickelt zumal der frühe Bourget einen Typus von *littérature engagée*, welcher als deren »rechte« Variante durchaus manche Züge der Sartreschen Poetik vorwegnimmt. Dabei betreffen die Analogien bei Sartre nicht nur die Wiederkehr gewisser »Dilettante«-Gestalten (man denke diesbezüglich etwa an den »Pédagogue« in *Les mouches*, dessen »scepticisme souriant« mit schneidender Schärfe von Orestes Maxime »il faut se donner« negiert wird!), sondern gleichfalls die Sartre und Bourget gemeinsame Neigung zu einer betont kommunikativen Schreibweise, welche sich unbefangen der jeweils geläufigen Begrifflichkeit bedient, oder zum Arrangement oft beinahe »klassisch« konzis entworfener Handlungskonstellationen.

> C'est beaucoup moins une doctrine qu'une disposition de l'esprit, très intelligente à la fois et très voluptueuse, qui nous incline tour à tour vers les formes diverses de la vie et nous conduit à nous prêter à toutes ces formes sans nous donner à aucune[31].

Gemeint ist also eine Art von hermeneutischem Hedonismus, wie wir ihn aus dem Diversitätsenthusiasmus der Taineschen Essays kennen, und zugleich eine für Bourget suspekte *théorie du détachement sympathique à l'égard des objets de la passion humaine*, die in der Manier von Renans *Histoire* des *origines du christianisme* den Überlieferungen der Religion wohl mit freundlichem Verständnis, nicht aber mit einem festen Glauben gegenübertritt[32].

Eine solche Haltung genüßlicher Skepsis, welche sich – wie es heißt – an der »Legitimität ganz verschiedenartiger gegensätzlicher Standpunkte« zu erfreuen weiß[33], ist in Bourgets Augen nun (nicht anders als für Nietzsche) ein in hohem Maß zeit- und gesellschaftsspezifisches Phänomen, ein *produit logique de notre société contemporaine*[34]. Um zu erklären, daß der Religionshistoriker Renan sich im Gegensatz zu einem gläubigen Theologen vor verschiedenen Altären verbeugen und an verschiedenen Liturgien teilnehmen kann, fragt Bourget mit – wie so oft – suggestiver Rhetorik:

> Une des lois de notre époque n'est-elle pas le mélange le plus chaotique des idées, le conflit dans nos cerveaux, à tous, des rêves de l'univers élaborés par les diverses races[35]?

Dieser Mélange der Ideen ließe sich bis in das Mobiliar und bis in die Konversation der seinerzeitigen Moderne verfolgen[36], weshalb

31 Bourget, *Essais* (s. Anm. 18), S. 55.

32 Vgl. ebd. S. 57. Für die Tendenz des Renan-Aufsatzes, der Bourgets expliziteste Theorie und Kritik des »Dilettantisme« enthält, ist in der Tat charakteristisch, daß er die Vollendung der *Histoire des origines du christianisme* als seinen Anlaß und Ausgangspunkt benutzt (vgl. ebd. S. 37).

33 Vgl. ebd. S. 60; ähnlich ebd. S. 215 f., wo Renan durch eben diesen Gedanken mit Taine verbunden wird: *Nous avons tant multiplié les points de vue, si habilement raffiné les interprétations, si patiemment cherché la genèse, partant la légitimité relative de toutes les doctrines, que nous en sommes arrivés à penser qu'une âme de vérité se dissimule dans les hypothèses les plus contradictoires sur la nature de l'homme et celle de l'univers*, ein Resultat, aus dem sich dann eine *anarchie d'un ordre unique* ergeben habe.

34 Vgl. ebd. S. 61: *Avant d'agir sur elle, il résulte d'elle.* Derart erscheint der »Dilettantisme« als eine Art Fieber, das nicht die Ursache, wohl aber die Konsequenz einer tieferen Erkrankung sei.

35 Ebd. S. 62.

36 Den Punkt des »ameublement« als Indiz von Modernität wird auf Bourgets Spuren dann auch Hofmannsthal aufgreifen, wenn er im ersten D'Annunzio-

der Zeit- und Gesellschaftskritiker fordert: *considérez les mœurs et la société, l'ameublement et la conversation*, um danach aufs neue eine rhetorische Frage zu stellen: *Tout ici n'est-il pas multiple?*[37]. Und wenn Nietzsche davon spricht, daß der »moderne Mensch« *sich fortwährend das Fest einer Weltausstellung durch seine historischen Künstler bereiten läßt*, dann beschreibt Bourget den gleichen Sachverhalt mit größerer Ausführlichkeit am Beispiel eines zeitgenössischen Salons, in dem Kunstwerke aus diversen Zeiten und diversen Kulturen zu koexistieren pflegen: *laques de Yédo ou bronzes de la Renaissance, orfèvrerie du XVIIIe siècle ou flambeaux d'un autre âge*[38]. Für gefährlich hält Bourget eine solche Atmosphäre des allumfassenden Synkretismus (»cette atmosphère chargée d'électricités contraires«), weil in ihr die ›Einheit der Empfindungen‹ (»unité de sentiments«) verloren gehe und weil das Fehlen tief gegründeter Überzeugungen (»cette absence de parti pris«) eine ›moralische Anämie des nationalen Bewußtseins‹ (»une anémie de la conscience morale d'un pays«) zur Folge haben müsse. So spielt er gegen den »Dilettantisme« und dessen Lust an historischer und kultureller Multiplizität die Affirmation von Einheit aus; denn wo keine Fähigkeit, etwas wie ein unverrückbares Prinzip zu affirmieren, sei, da drohe auch die von der gesamten Epoche gefürchtete »incapacité de vouloir«[39]. Schließlich könne als sozialpsychologische Regel gelten,

---

Essay vom »Triumph der Möbelpoesie« spricht: »Modern sind alte Möbel und junge Nervositäten« (vgl. Hugo von Hofmannsthal, *Prosa I,* Frankfurt a. M. 1956, S. 147, 149 und 157).

37 Bourget, *Essais* (s. Anm. 18), S. 64.

38 Daher drängt sich am Ende dieser Beschreibung auch die Frage auf: *Est-ce que ce salon n'est pas un musée?* (ebd. S. 66). Sie wird wohl vor allem durch den Gedanken an die »Maison d'un artiste« der Brüder Goncourt ausgelöst. Über die Goncourt als Sammler und Liebhaber der Kunst oder vielmehr des »bibelot« heißt es in dem ihnen gewidmeten Essay nämlich: *Les frères de Goncourt ont éte des hommes de musée, et en cela des modernes, dans toute la force du mot, car cet esprit de dilettantisme et de critique s'est développé chez nous à ce point qu'il a étendu le musée bien au-delà des collections publiques et privées, en l'introduisant dans le moindre détail de l'ameublement et en créant le bibelot.* Unter »bibelot« versteht Bourget ein *minuscule fragment de l'œuvre d'art*, das sich als pures Schmuckstück ohne inneren Zusammenhang mit seiner Umgebung darbietet, *comme détachée du coin spécial, comme déracinée du monde pour lequel l'artiste l'avait conçue et créée* (ebd. Bd. 2, S. 145 f.).

39 Vgl. ebd. Bd. 1, S. 68. Aus der »incapacité de vouloir« entwickelt sich dann so etwas wie ein Leitmotiv der *Essais*, welches mit zunehmender Häufigkeit beschworen wird: als »ruine de la volonté« im Flaubert-Aufsatz (ebd. Bd. 1, S. 159), als »vacillation de la volonté« im Taine-Aufsatz (ebd. Bd. 1, S. 216) oder als »affaiblissement de la volonté«, das heißt: als jene »maladie du siècle«, die den spezifischen Gegenstand der Goncourtschen Romanstudien bilde (ebd.

que l'extrême intelligence répugne aux conditions imposées à l'action: äußerste Intelligenz oder – mit anderen Worten – ein geschärftes Bewußtsein der Vielfalt und der Kontingenz von Handlungsmöglichkeiten offenbarten gleichsam als ihr dunkles Revers den gesellschaftlich fatalen Effekt, die Konklusion notwendiger Entscheidungen zu verhindern und eben den Willen zum Handeln zu untergraben[40].

Bd. 2, S. 166). Höhepunkt und Synthese dieses Motivs ist zweifellos das Kapitel »La maladie de la volonté«, das 1884 unter dem Eindruck der Lektüre von Huysmans' *A rebours* verfaßt wurde und den Aufsatz über Amiel abschließt (ebd. Bd. 2, S. 287-297). Ihm entspricht in der Prosa des jungen Hofmannsthal ein Amiel-Aufsatz, der analog zu Bourget den Titel »Tagebuch eines Willenskranken« trägt (vgl. Hofmannsthal, *Prosa* I [s. Anm. 36], S. 22-35). Ansonsten fällt auf, daß die von Bourget eher distanziert analytisch gesehene Willenskrankheit bei seinem Wiener Leser gewissermaßen eine Wendung ins Existentielle erfährt, da Hofmannsthal dazu neigt, sich selbst in die Gruppe der Willenskranken einzuschließen, etwa mit Formulierungen wie *wir Menschen mit sehr entwickelten Nerven und geschwächtem Willen* oder *Wir haben nichts als [...] einen gelähmten Willen und die unheimliche Gabe der Selbstverdoppelung* (vgl. ebd. S. 47 und 148).

40 Als Idealtyp der *incapacité de vouloir* führt Bourget zumal im Amiel-Essay mit Vorliebe Shakespeares Hamlet an, dem im Essay über Turgenev Goethes Wilhelm Meister als Gegentypus zugeordnet wird (vgl. Bourget, *Essais* [s. Anm. 18], Bd. 2, S. 287 ff. und 220). Auch diese Konstellation wiederholt sich bei Hofmannsthal, der Amiel zu einer modernen »Hamletvariation« erklärt und den Gegentypus – freilich in einem anderen Kontext – gleichfalls im »Verfasser des Wilhelm Meister« identifiziert (vgl. Hofmannsthal, *Prosa* I [s. Anm. 36], S. 23 und 43). Den »anderen Kontext« bildet hier übrigens eine Würdigung von Maurice Barrès' *Culte du Moi*, bei der Hofmannsthal Barrès als einen Anwalt der Einheit des Lebens im Goetheschen Sinn vorstellt. So habe *Herr Maurice Barrès den ehrenwerten und achtbaren Versuch gemacht, in seine, eines modernen Franzosen, Existenz Klarheit, Einheit [...] zu bringen, eine Übereinstimmung zwischen äußerem und innerem Leben herbeizuführen* (vgl. ebd. S. 43). Noch symptomatischer wirkt der Schluß des Aufsatzes, wo der Barrès-Leser ausruft: *Denn dieses Wort des Barrès könnte aus jeder Seele gesagt sein: »Je suis perdu dans le vagabondage, ne sachant où retrouver l'unité de ma vie«* (ebd. S. 52). An solche und ähnliche Stellen schließt dann – um ein wenig vorzugreifen – auch Robert Musil an, zunächst allerdings nicht, um sie zu vertiefen, sondern um sie durch die vergeblichen Bemühungen der Parallelaktion zu ironisieren. Beispielhaft dafür sind unter zahllosen vergleichbaren Passus etwa eine Rede Diotimas, für die es sich bei der Parallelaktion *um nichts Geringeres handelt, als jene menschliche Einheit wiederzufinden, welche durch die so sehr verschieden gewordenen menschlichen Interessen verlorengegangen sei*, oder die Charakteristik des Grafen Leinsdorf, dem der *Begriff Amt ersetzte [...], was Diotima als die seit dem Mittelalter abhanden gekommene religiöse Einheit des menschlichen Tuns bezeichnete* (vgl. Bd. 1, S. 178 und 101).

II

Bourgets Wahrnehmung der Multiplizität, auf die sich mit Renan oder Taine viele Zeitgenossen – insbesondere Gelehrte und Künstler – sympathetisch einlassen, wird demnach essentiell als Wahrnehmung eines Defekts artikuliert. In den Augen eines »docteur en santé sociale«, als welcher Bourget sich stilisiert[41], führt er dazu, daß gerade die in gewisser Hinsicht avanciertesten Vertreter des Zeitgeistes vor den Gesundheitswerten von Überzeugung, Willen und Tat kraß versagen. Mit dieser Darstellung des »Dilettantisme« als latenter Willenskrankheit, die auf das Virus der Multiplizität zurückgehe, hat Bourget nun wie kaum ein anderer den Nerv der Epoche getroffen. An den Dichtungen und Aufsätzen des jungen Hofmannsthal, welche manche Bourgetschen Formulierungen quasi wörtlich übernehmen[42], kann man das ebenso gut ablesen wie im Bereich der italienischen Literatur an den Texten Guido Gozzanos[43]; der letztere verwendet in einem *Intossicazione* betitelten Artikel ja sogar Bourgets Zentralbegriff der »intoxication littéraire«, das heißt: der lebensentfremdenden Vergiftung durch multiple Lektüre[44], wie sie im Flaubert-Essay theoretisch betrachtet und im Roman *Le Disciple* dank einer wirkungsvoll inszenierten Handlungskonstellation praktisch vorgeführt wird[45].

---

41 Vgl. Bourget, *Essais* (s. Anm. 18), Bd. 1, S. 67; außerdem im Vorwort von 1885 (ebd. S. XXVI f.) den genaueren Hinweis auf Balzac, den »docteur des sciences sociales«, mit dem Bourget solcherart essentielle, sowohl ideologische wie erzähltechnische Gemeinsamkeiten reklamiert.

42 Vgl. dazu im Detail Vf., »Der Tod des ›Dilettanten‹. Über Hofmannsthal und Paul Bourget«, in *Aufstieg und Krise der Vernunft. Festschrift für Hans Hinterhäuser*, hgg. Michael Rössner/Birgit Wagner, Wien/Köln/Graz 1984, S. 181-195.

43 Insbesondere an einigen Gedichten der Sammlung *I Colloqui* (vgl. zu ihnen Vf., »Anti-Petrarkismus und Fin de Siècle. Zu Guido Gozzanos *Elogio degli amori ancillari*«, in *Literatur ohne Grenzen. Festschrift für Erika Kanduth*, hgg. Siegfried Loewe/Alberto Martino/Alfred Noe, Frankfurt a. M. etc. 1993, S. 421-440).

44 Vgl. ebd. S. 438 f. sowie Edoardo Sanguineti, *Guido Gozzano. Indagini e letture*, Torino ^{3}1973, S. 27-38.

45 Vgl. Bourget, *Essais* (s. Anm. 18), Bd. 1, S. 157. Als *deux cas très curieux d'intoxication littéraires* gelten dort *Madame Bovary* und *L'Éducation sentimentale.* Wirkliche Prominenz gewann die Wendung freilich erst durch den Sensationserfolg von *Le Disciple* (1889), der dem Konzept eine zentrale Rolle in Robert Greslous Verführungsstrategie zuweist (vgl. Bourget, *Le Disciple,* Paris o. J., S. 226). Wie Gozzanos Artikel *Intossicazione* zu einem realen Mordfall Stellung nimmt, ist im übrigen wohl auch die Handlung des *Disciple* von einer seinerzeit aktuellen Kriminalaffäre, der »affaire Chambige«, inspiriert worden; darüber informiert ausführlich Michel Mansuy, *Un moderne: Paul Bourget,* Paris 1968, S. 482 ff.

Indessen gibt es die zum Thema erhobene Erfahrung desorientierender Multiplizität gleichfalls im Werk von Autoren, denen das Moralisieren unter extrem konservativen Perspektiven, das Bourget – wenn man so will – als seine ideologische Spezialität betreibt, eher fremd ist. Ich denke hier an durchaus analoge, obwohl ideologisch weit diskreter (und ambivalenter) formulierte Befunde, die den Romanen Flauberts zu entnehmen sind und sich keineswegs auf die offensichtliche Renan-Affinität der *Tentation de saint Antoine* beschränken lassen[46]. Bemerkenswert erscheinen bei Flaubert vor allem manche Episoden und Motive, die im Register ›trauriger Komik‹ Beispiele eines speziell ästhetischen »Dilettantisme« präsentieren. Emblematisch wirkt unter diesem Aspekt etwa die Episode von Bouvards und Pécuchets Gartenarchitektur, welche geradezu als eine Allegorie des Phänomens historistischer Stil- und Geschmackspluralität gelesen werden kann. Dabei hat, wie die beiden ›Dilettanten‹ (die sie auch im umgangssprachlichen Sinn des Wortes sind) ihr Kunstwerk durch die Lektüre von Boitards Enzyklopädie *L'architecte des jardins* vorbereiten[47], zunächst schon die pure Vielfalt der Genera möglicher Gärten etwas Verwirrendes. Zwar müssen Bouvard und Pécuchet auf das große »genre fantastique« verzichten, weil es sie in allzu fürstliche Unkosten stürzen würde; doch wird historistische Multiplizität von den bürgerlichen Architekten dann auch in dem bescheideneren Rahmen, der für sie realisierbar ist, erreicht. So enthält die Anlage außer umgestürzten Bäumen – wohlgemerkt nebeneinander – zumindest noch einen Felsen, der wie die Baumruinen romantische Stimmung auslösen soll, ein etruskisches Grab, eine chinesi-

46 Diese Affinität kommt auch dadurch zum Ausdruck, daß Renan seinerseits über die letzte Fassung der *Tentation* 1874 einen Aufsatz im *Journal des Débats* verfaßt hat, auf Bitten von Flaubert, für den die sonst äußerst negative Reaktion der journalistischen Literaturkritik eine schwere Enttäuschung darstellen mußte. Andererseits kann man mit Victor Brombert, der sich hier auf Jean Seznec (*Nouvelles études sur »La Tentation de saint Antoine«*, London 1949) stützt, sagen: »Flaubert's *Tentation* anticipated Renan's *Origines du Christianisme«* (Victor Brombert, *The Novels of Flaubert,* Princeton UP 1966, S. 190). Am Ende seiner immer noch lesenswerten Studie konstatiert Brombert zu der intellektuellen Beziehung zwischen Flaubert und Renan übrigens treffend: »Better than any contemporary, Flaubert was spiritually equipped to understand the noble melancholy of Renan's ›Prière sur l'Acropole‹: ›Tout n'est ici-bas que symbole et que songe. Les dieux passent comme les hommes...‹« (ebd. S. 288).

47 Vgl. dazu Alberto Cento, *Commentaire de »Bouvard et Pécuchet«,* Napoli 1973, S. 37. Als weitere Quellen für die künstlerische Ausgestaltung der Episode nennt Cento Delilles Lehrgedicht *Les Jardins* und vor allem den fünften Band der Zeitschrift *La Maison rustique.*

sche Pagode und eine Rialtobrücke[48]. Damit kommt auch dieser provinzielle Garten in der Normandie nach Nietzsches Begriffen dem »Fest« einer kulturgeschichtlichen »Weltausstellung« nahe, welches bei den völlig banausischen Honoratioren des Ortes, die in ihrer Mentalität ein wenig zurückgeblieben sind, allerdings den von den Künstlern gewünschten Eindruck verfehlt[49].

Szenerien eines ästhetischen Historismus, der mit Absicht das kulturell Heterogene vermengt, häufen sich im übrigen bereits in der *Éducation sentimentale.* Man denke – um nur zwei Beispiele zu nennen – an die Beschreibung des Père Lachaise, wenn vom Begräbnis des Bankiers Dambreuse berichtet wird[50], oder mehr noch an eine frühere Episode, die sich im neueröffneten *Bal public* »Alhambra« auf den Champs Elysées abspielt. Bei der letzteren Episode antizipiert das durch die Schilderung hervorgehobene Gewimmel verschiedener Nationalitäten und sozialer Schichten Bourgets essayistische Vision von Paris als einem immensen *caravansérail où la sensation d'exister revêt mille formes piquantes et variées*[51]. Den Rahmen für

---

48 Daß Flaubert als Exempel für ein historistisches Kunstverständnis hier gerade die Gartenarchitektur einsetzt, ist kein Zufall; denn der Landschaftsgarten tendierte bereits im 18. Jahrhundert zu einer prononcierten »Stilpluralität« und demnach zu einer Art Historismus *avant la lettre.* So empfahl etwa der Prince de Ligne in seiner Schrift *Coup d'œil sur Belœil et sur une grande partie des jardins* de *l'Europe* (Bruxelles 1781) einen bewußten Synkretismus heterogener Elemente, da es »auch des größten Herrschers [...] nicht unwürdig« sei, *d'avoir des parties traitées dans le goût des différentes nations* (vgl. dazu Hans-Joachim Lope, »Coup d'œil sur Belœil: Gartenarchitektur und Parkästhetik bei Charles-Joseph de Ligne«, in *Französische Literatur im Zeitalter der Aufklärung. Gedächtnisschrift für Fritz Schalk,* hg. Wido Hempel, Frankfurt a. M. 1983, S. 208-223, hier S. 215, und Birgit Wagner, *Gärten und Utopien. Natur- und Glücksvorstellungen in der französischen Spätaufklärung,* Wien/Köln/Graz 1985, S. 53-57.

49 Vgl. Flaubert, *Bouvard et Pécuchet,* hg. Claudine Gothot-Mersch, Paris 1979, S. 107 ff. Besonders charakteristisch fällt die Reaktion von Mme Bordin aus, die sich – ganz auf ihre Küchenrezepte konzentriert – mit dem Kleid in einer der romantischen Baumruinen verfängt und nur zu sagen weiß: *Mon Dieu! quelle bêtise que cet arbre!* Das Ende der Episode zeigt ansonsten deutlich, daß die beiden komischen Helden, deren Wahrnehmungsfähigkeit sich im Laufe des Romans immer stärker der Sichtweise ihres Autors angleicht, der romaninternen Umgebung schon von Anfang an durch den guten Willen ihrer intellektuellen Neugier überlegen sind bzw. erscheinen sollen.

50 Vgl. Flaubert, *L'Éducation sentimentale,* hg. Peter Michael Wetherill, Paris 1984, S. 384. Ein Satz wie *Les tombes se levaient au milieu des arbres, colonnes brisées, pyramides, temples, dolmens, obélisques, caveaux étrusques à porte de bronze* stellt hier eine bemerkenswerte Äquivalenz zwischen dem normannischen Landschaftsgarten und dem Pariser Friedhof her.

51 Vgl. Bourget, *Essais* (s. Anm. 18), Bd. 1, S. 66 f.

ein solches Gewimmel liefert wiederum eine Architektur des »Dilettantisme«, welche offenbar den gleichen Einflüssen unterliegt wie die Kunst des Gartenbaus in *Bouvard et Pécuchet.* Da gibt es etwa »deux galeries moresques«, an die ein ›gotischer Kreuzgang mit farbigen Fenstern‹ anschließt. Die Musik spielt unter einem chinesischen Pagodendach; Licht spenden venezianische Laternen, und nur der Boden ist so gegenwärtig wie prosaisch geartet: da es auf ihn beim Tanzen funktional ankommt, besteht er aus Asphalt[52].

Gleichsam figural wird die Vielfalt der Stile und künstlerischen Schulen in *L'Éducation sentimentale* von der Gestalt des unglücklichen Malers Pellerin repräsentiert[53]. Wie Frédéric, der Protagonist des Romans, ihn kennenlernt, sieht er zum einen Pellerins Jugendwerke, und die scheinen einer prononciert romantischen Vorstellungswelt à la Delacroix entsprungen zu sein: *des académies de femmes échevelées, des paysages où les troncs d'arbres tordus par la tempête foisonnaient, et surtout des caprices à la plume, souvenirs de Callot, de Rembrandt ou de Goya.* Andererseits proklamiert der aktuelle Pellerin in brüsker Abwendung von seinen »travaux de jeunesse« nun aber eine ebenso ausgeprägt neoklassische Ästhetik: *Maintenant, il était pour le grand style; il dogmatisa sur Phidias et Winckelmann, éloquemment*[54]. Als er später den Auftrag erhält, Rosanette zu porträtieren, hat er seine ästhetischen Konzepte dagegen aufs neue geändert; jedenfalls heißt es jetzt in bezug auf die Wahl der Vorbilder: *Il passa en revue dans sa mémoire tous les portraits de maître qu'il connaissait, et se décida finalement pour un Titien, lequel serait rehaussé d'ornements à la Véronèse*[55]. Während der Revolution

52 Vgl. Flaubert, *L'Éducation sentimentale* (s. Anm. 50), S. 70. Eine weitere allegorische Funktion des »Alhambra« im Kontext des Prostitutionsmotivs, das den Roman durchzieht und das Motiv »steriler Proliferation« gewissermaßen komplettiert, erläutert Brombert, *The Novels* (s. Anm. 46), S. 131.

53 Vgl. zu ihr näherhin Alison Fairlie, »Pellerin et le thème de l'art dans *L'Éducation sentimentale*«, in dies., *Imagination and Language. Collected Essays* on *Constant, Baudelaire, Nerval and Flaubert,* Cambridge UP 1981, S. 408-421. Fairlie betont zurecht, daß Pellerin als Typus des scheiternden Künstlers keineswegs nur einen Gegenstand der Satire abgibt, sondern gleichzeitig »pantin et pèlerin« ist, das heißt: sowohl über karikaturale als auch pathetische Züge verfügt. Unter den pathetischen Zügen interessiert Frau Fairlie allerdings vorrangig der Hiat zwischen Theorie und Praxis, weniger die geschichtlich noch spezifischere Problematik eines eklektischen Historismus.

54 Vgl. Flaubert, *L'Éducation sentimentale* (s. Anm. 50), S. 37.

55 Ebd. S. 150. Daß Pellerin in der Zwischenzeit eine erneute Kehrtwendung vollzogen hat, bezeugt er schon vorher, indem er sich – bezeichnenderweise auf Rosanettes Kostümfest – im *style indirect libre* für die »diversité des choses« und gegen die Werte von ›Schönheit‹ und ›Einheit‹ ausspricht: *Il avait fait*

ist dann weder von Tizian noch von Rembrandt oder Phidias die Rede, sondern es entsteht ein allegorisches Monumentalgemälde: *Cela représentait la République, ou le Progrès, ou la Civilisation, sous la figure de Jésus-Christ conduisant une locomotive, laquelle traversait une forêt vierge*[56]. Wie Pellerin schließlich Rosanettes und Frédérics totes Kind malen soll, gibt er ein letztes Mal seiner spätzeitlichen Perplexität Ausdruck, welche sich angesichts einer Multiplizität gleichrangiger Modellierungsmöglichkeiten für kein bestimmtes Programm mehr zu entscheiden weiß: *Il vantait les petits saint Jean de Corrège, l'infante Rose de Vélasquez [sic], les chairs lactées de Reynolds, la distinction de Lawrence, et surtout l'enfant aux longs cheveux qui est sur les genoux de lady Gower*[57]. So hat es wohl seine Folgerichtigkeit, wenn uns Pellerin im Schlußkapitel des Romans als Photograph begegnet[58], und zwar nach einer gleichsam zeugmatisch verlaufenen Karriere: *après avoir donné dans le fouriérisme, l'homéopathie, les tables tournantes, l'art gothique et la peinture humanitaire*[59].

Nun ist offensichtlich, daß heterogene malerische Œuvres wie das Pellerins oder heterogene Architekturen wie die des »Alhambra« in der *Éducation sentimentale* nicht bloß Randphänomene von – letzt-

beaucoup de progrès, ayant reconnu définitivement la bêtise de la Ligne. On ne devait pas tant s'enquérir de la Beauté et de l'Unité, dans une œuvre, que du caractère et de la diversité des choses (ebd. S. 119).

56 Ebd. S. 302. Das Milieu für die hier implizierte, den Gedichten Maxime Du Camps nahe Fortschrittsrhetorik (vgl. ebd. S. 485) bildet ja auch nicht länger Rosanettes ausgelassener Maskenball, sondern die fanatisierte Atmosphäre jenes »Club de l'Intelligence«, dem sich in revolutionären Zeiten selbst ein großbürgerlicher Bankier wie Dambreuse anzupassen bereit ist.

57 Ebd. S. 403.

58 Wobei der Medienwechsel von der Malerei zur Photographie hier zweifellos nichts – im Sinne von Walter Benjamin oder Roland Barthes – Nobilitierendes besitzt, sondern durchaus noch nach Baudelaires *Le public moderne et la photographie* als Indiz für eine »société immonde« verstanden werden soll: *Comme l'industrie photographique était le refuge de tous les peintres manqués [...], cet universel engouement portait non-seulement le caractère de l'aveuglement et de l'imbécillité, mais avait aussi la couleur d'une vengeance* (vgl. Baudelaire, *Œuvres complètes*, hgg. Yves-Gérard Le Dantec/Claude Pichois, Paris 1961, S. 1034 f.).

59 Flaubert, *L'Éducation sentimentale* (s. Anm. 50), S. 425. Zum Begriff der »zeugmatischen Karriere«, die zu den für *L'Éducation sentimentale* charakteristischen sinnzerstörenden Reihungen und Gleichordnungen gehört und außer Pellerin auch noch andere Romangestalten wie Deslauriers oder Mlle Vatnaz betrifft, vgl. Vf., »Zeugma und zeugmatische Erfahrung in Flauberts *L'Éducation sentimentale*«, in ders., *Flaubert – Die Rhetorik des Schweigens und die Poetik des Zitats,* Münster 1995, S. 47-61, bes. S. 57 ff.

lich beliebiger – grotesker Wirkung darstellen. Was sie signifikant und beziehungsreich macht, ist im Grunde nichts Geringeres als die Gestalt des Protagonisten selbst, der ja ebenfalls das Leben eines »Dilettante« im Sinne Bourgets führt, das heißt: die entschlußschwache und tatenarme Existenz eines Menschen, der sich, statt mehr oder weniger geradlinig zu handeln, den Verführungen der kulturellen und sozialen Multiplizität überläßt[60]. Zumindest gäbe es für den Typus des »genießenden und herumwandelnden Zuschauer[s]«, wie ihn Nietzsche umreißt, keinen geeigneteren romanesken Repräsentanten als den so sensiblen wie zögerlichen (Anti)Helden der *Éducation sentimentale* in seinem kontinuierlichen Schwanken zwischen verschiedenen Frauen, verschiedenen gesellschaftlichen Milieus und verschiedenen, niemals wirklich ergriffenen Berufskarrieren. Nicht zuletzt durch den Charakter und das Verhalten Frédérics vermittelt Flauberts größter Roman jenen Eindruck einer a-teleologischen Pluralität[61], der noch jeden Leser gereizt und verunsichert hat. Dabei teilt sich dieser Eindruck nicht allein auf der Ebene der narrativen Gesamtstruktur mit, sondern spiegelt sich in zahlreichen Einzelepisoden, die wie eine *mise en abyme* für das Ganze einstehen. Als ein Beispiel unter vielen, die man diesbezüglich anführen könnte, zitiere ich

60 Bekanntlich hat ihm das von Henry James bis zur rezenten Literaturkritik manchen übertriebenen Tadel eingetragen, so etwa den von Dolf Oehler, »Der Tourist. Zu Struktur und Bedeutung der Idylle von Fontainebleau in der *Éducation sentimentale*«, in *Erzählforschung. Ein Symposion,* hg. Eberhard Lämmert, Stuttgart 1982, S. 490-505. Oehler stellt in Abrede, daß Flauberts Perspektive irgendeine sympathetische Anteilnahme an der »evasiven Praxis« Frédérics nehmen könne, und beurteilt das Verhalten des Romanprotagonisten daher mit äußerster Strenge: »der Jüngling, der stets auf dem Sprung steht, einen Wunsch für einen anderen aufzugeben, ist vom Triumph der Republik bis zu ihrem Untergang der klassische Mitläufer aus dem schwankenden Kleinbürgertum« (ebd. S. 501). Die Strenge dieses Urteils, das Flaubert ideologisch entlasten und Frédéric dafür umso stärker belasten soll, erklärt sich unter anderem dadurch, daß es im wesentlichen nach der Richtschnur von Sartres *littérature engagée* gefällt wird, was in gewisser Hinsicht (nach der Notiz unserer Anm. 30) auch wieder eine Rückkehr zum Duktus von Bourgets Dilettantisme-Kritik bedeutet.

61 Zu ihm äußert sich im Vorwort seiner Ausgabe unter der Überschrift »L'incohérence« besonders suggestiv Peter Michael Wetherill (vgl. Flaubert, *L'Éducation sentimentale* [s. Anm. 50], S. LXI-LXVIII). Freilich sollte der Eindruck von »incohérence« nie vergessen lassen, daß er paradoxerweise nur durch eine extreme kompositorische Anstrengung zustande kommt, und Brombert hat unbedingt Recht, wenn er zur Korrektur der ersten Rezensionen, die den a-teleologischen Charakter des Romans als schriftstellerische Verfehlung beklagten, anmerkt: »No poem is in fact more ›constructed‹ than *L'Éducation sentimentale*« (vgl. Brombert, *The Novels* [s. Anm. 46], S. 174 f.).

einen winzigen Abschnitt aus Kapitel I 3, wo Frédérics anfängliche Pariser Existenz in dicht gedrängter und zugleich höchst zufälliger Folge Stationen berührt, die etwa »Lektüre der *Revue des Deux Mondes*«, »Vorlesungen über Chinesisch oder politische Ökonomie« und »Komposition von deutschen Walzern« heißen:

> Il feuilletait des brochures sous les arcades de l'Odéon, allait lire la *Revue des Deux Mondes* au café, entrait dans une salle du Collège de France, écoutait pendant une heure une leçon de chinois ou d'économie politique. [...] Il loua un piano, et composa des valses allemandes[62].

Als eine solche *mise en abyme* der umfassenden Multiplizitätsthematik im Sinne einer weniger euphorisch genossenen als vielmehr problemreich erlittenen Vielfalt von Alternativen ist am Ende sicher auch die Erinnerung an den kindlichen Bordellbesuch »chez la Turque« zu bewerten; denn dieser Besuch mißlingt ja vor allem deshalb, weil Frédéric vor der puren Fülle von erotischen Möglichkeiten, die sich ihm plötzlich auftun, ein Übermaß an Lust und gleichzeitig Verlegenheit erfaßt. Was ihn am stärksten hindert, die Schwelle zum vitalen Vollzug der Sexualität zu überschreiten, wird hier neben den Motiven von Hitze, schlechtem Gewissen und Furcht vor dem Unbekannten bezeichnenderweise als letzter Grund genannt, nämlich das *plaisir de voir, d'un seul coup d'œil, tant de femmes à sa disposition*[63].

III

Freilich wirkt die Intonation, mit der Flaubert und Bourget von der epochenspezifischen Erfahrung einer Überwältigung, ja eines Choc durch Multiplizität handeln, ganz unterschiedlich. Aus Bourgets *Essais* spricht die Attitüde konkreter Sorge um Gesellschaft und Nation, welche von einem traditionalistischen Standpunkt aus nach politischen oder wenigstens pädagogischen Maßnahmen verlangt[64]. Der

62 Flaubert, *L'Éducation sentimentale* (s. Anm. 50), S. 25.

63 Vgl. ebd. S. 428.

64 Wie das dann explizit der an einen »jeune homme« gerichtete Widmungsbrief des *Disciple* tut, der sich gewissermaßen als die patriotische (und im Hinblick auf 1871 revanchistische) Nutzanwendung der früheren *Essais* präsentiert. Einer in diesem Sinn verstandenen Nutzanwendung dient gleichfalls Barrès' Roman *Les Déracinés*, mit dem der Autor des *Culte du Moi* 1897 seinen vormaligen »Dilettantisme« endgültig verabschiedet und die Rückgewinnung eines nationalen »lien social« propagiert, bezeichnenderweise mit einer *dédicace* »A Paul Bourget«. Einen allerdings etwas einseitig Barrès favorisierenden Ver-

Gedanke an solche praktischen Folgerungen liegt Flaubert völlig fern; aber auch der Befund selbst wird in seinen Romanen eher ambivalent als strikt negativ gesehen. Daß die Verhältnisse kultureller Multiplizität die Bereitschaft zu entschiedenen Taten wie jeglichen *élan vital* schwächen mögen, scheint von Flaubert nicht ohne Melancholie registriert zu werden; doch impliziert solche Melancholie immer auch Züge empathischer Anteilnahme am ›unglücklichen Bewußtsein‹ seiner schwachen Helden.

Wieder anders wird der Themenkomplex realer Multiplizität und imaginärer Lebenseinheit nun in Musils *Mann ohne Eigenschaften* entfaltet, wobei vielleicht nicht ganz belanglos ist, daß Musil in seinen Tagebüchern – wohl um 1920 – einmal an einen »Essay über Flaubert« denkt, *der ihn gegen das Mißverständnis in Schutz nimmt, daß er artistisch, schmal sei udgl.*[65]. Wie schon eingangs gesagt, hängt dieser Roman – und zwar nicht nur, weil seine Handlung dem Ausbruch des Ersten Weltkriegs vorausgeht und folglich im Laufe der Niederschrift immer ›historischer‹ wurde – sehr eng mit der Literatur des Fin-de-siècle und der Jahrhundertwende zusammen: ein Sachverhalt, auf dem Musil übrigens auch selber insistiert. So vermerkt er in den eben erwähnten Tagebüchern, »in gewissem Grade« sei »das Problem des *Spions*«, wie der *Mann ohne Eigenschaften* ursprünglich heißen sollte, »das der Generation seit 1880«[66], und fügt danach nicht ohne Nostalgie hinzu :

> Mit welchem Elan setzte der Naturalismus ein und welche positive Aktivität steckte auch in der Decadencestimmung [des] fin de siècle. Wieviel Hoffnung war das! Der geschlossene Zug löste sich dann auf und mit einemmal stand jeder allein den nicht gelösten Problemen gegenüber. Das war dann die geistige Situation vor dem Krieg; sie war ohne innere Direktion[67].

Darüber hinaus soll die Affinität zum Fin-de-siècle sogar das im engeren Sinn Schriftstellerische betreffen. Jedenfalls beteuert Musil an einer anderen Stelle (chronologisch, nebenbei gesagt, nicht ganz einleuchtend):

---

gleich der beiden Thesenromane skizziert Jean Borie im Vorwort seiner Ausgabe von Maurice Barrès, *Les Déracinés*, hg. Jean Borie, Paris 1988, S. 32-35.

65 Vgl. Robert Musil, *Tagebücher, Aphorismen, Essays und Reden*, Hamburg 1955, S. 209.

66 Man erinnere sich, daß auch Flaubert mit *L'Éducation sentimentale*, wie er 1864 in einem Brief an Mlle Leroyer de Chantepie versichert, »l'histoire morale des hommes de ma *génération*« [Kursivierung U. S.-B.] schreiben wollte.

67 Musil, *Tagebücher* (s. Anm. 65), S. 253.

> Ich habe mich spezifisch dichterisch geöffnet: Dostojewski, Flaubert, Hamsun, d'Annunzio u.a.: Nicht ein Zeitgenosse ist darunter gewesen! 20-100 Jahre früher haben sie geschrieben[68]!

Daß die in Musils Roman beständig angesprochene Pluralitätsthematik bei diesem Zusammenhang das wesentliche Bindeglied darstellt, offenbaren bereits die ersten Kapitel. Geradezu programmatisch inszeniert das Incipit, also das Kapitel »Woraus bemerkenswerter Weise nichts hervorgeht«, die synchrone Pluralität der Diskurse[69], worauf dann bald der Übergang zur historistischen Pluralität von diachron an sich ungleichzeitigen Stilen und künstlerischen Verfahrensweisen erfolgt. Das geschieht im fünften Kapitel, wie der Protagonist Ulrich sich mit der Aufgabe konfrontiert sieht, *sein verwahrlostes kleines Besitztum nach Belieben vom Ei an neu herrichten zu müssen*, und dabei die verstörende Erfahrung macht:

> Von der stilreinen Rekonstruktion bis zur vollkommenen Rücksichtslosigkeit standen ihm dafür alle Grundsätze zur Verfügung, und ebenso boten sich seinem Geist alle Stile, von den Assyrern bis zum Kubismus an. Was sollte er wählen? (Bd. 1, S. 19)

Immerhin gibt es bei den Wahlmöglichkeiten eine für Ulrich tröstliche Einschränkung, die in dem folgenden, ironisch mitgeteilten Umstand besteht: *Zu Ulrichs Glück besaß das Schloßhäuschen, so wie er es vorfand, bereits drei Stile übereinander, so daß man wirklich nicht alles damit vornehmen konnte, was verlangt wurde* (Bd. 1, S. 20). Freilich vermag auch die Vorgegebenheit von bloß (!) drei Stilen die Last der Verantwortung, die Ulrich nun als Renovator seines Heims spürt, kaum zu erleichtern. Die Perplexität, welche dazu führt, daß der Mann ohne Eigenschaften die Einrichtung am Ende *einfach dem Genie seiner Lieferanten* überläßt, hält unvermindert an, da Ulrich eine weitere unbehagliche Erfahrung macht. Der gutwillig vorurteilslose Renovator muß nämlich erleben, daß jede Idee für eine bestimmte Gestaltung – wie nach Bourgets Analysen der »légitimité

68 Ebd. S. 457. Wenn Hamsun und D'Annunzio hier aus dem Kreis der ›Zeitgenossen‹ ausgeschlossen werden, so liegt das wohl daran, daß Musil sich bei Hamsun vorwiegend auf die in den neunziger Jahren des 19. Jahrhunderts entstandenen Romane wie *Pan* oder *Hunger* bezieht, während D'Annunzio für ihn essentiell der Autor des frühen ästhetizistischen Romans *Il Piacere* war.

69 Vielleicht auch nur den »Leerlauf der Diskurse«, wie es in einer neueren Interpretation des Romanbeginns heißt; vgl. Inka Mülder-Bach, »›Abreißende Anfänge‹. Über Literatur und Unfall«, in *Literaturwissenschaft und politische Kultur. Eberhard Lämmert zum 75. Geburtstag*, hgg. Winfried Menninghaus/Klaus R. Scherpe, Stuttgart/Weimar 1999, S. 107-116, hier S. 115.

relative de toutes les doctrines« zu erwarten – sofort eine alternative und nicht weniger attraktive Gegenidee provoziert:

> [...] wenn er sich soeben eine wuchtige Eindrucksform ausgedacht hatte, fiel ihm ein, daß man an ihre Stelle doch ebensogut eine technisch-schmalkräftige Zweckform setzen könnte, und wenn er eine von Kraft ausgezehrte Eisenbetonform entwarf, erinnerte er sich an die märzhaft mageren Formen eines dreizehnjährigen Mädchens und begann zu träumen, statt sich zu entschließen (ebd.).

Offenkundig ist das – anläßlich einer »Angelegenheit«, die Ulrich *im Ernst nicht besonders nahe ging* – die unscheinbare, doch *pars pro toto* bedeutsame Vorwegnahme jener Problematik unentscheidbarer Ambivalenzen[70], an der sich später die Parallelaktion abarbeiten wird, als sie – um mit General Stumm von Bordwehr zu sprechen – versucht, zum Jubiläum des »Friedenskaisers« eine Idee zu bestimmen, *die gleichsam die rangshöchste unter allen Ideen darstellt* (vgl. Bd. 2, S. 371). Daß ein solches Verlangen nach der *Einheit ohne Widersprüche* (Bd. 2, S. 373) oder zumindest nach einer hierarchisch gegliederten Wertordnung nicht ohne weiteres zu befriedigen ist, muß außer dem gewitzten General ja auch Ulrichs idealistische Kusine Diotima eher widerwillig einsehen, indem sie *zu ihrer Verwunderung*

70 Als einen Roman der »Ambivalenz« hat den *Mann ohne Eigenschaften* wiederholt Peter V. Zima charakterisiert (vgl. vor allem Zima, *Roman und Ideologie. Zur Sozialgeschichte des modernen Romans,* München 1986, S. 55-69, und ders., »Robert Musil und die Moderne«, in *Die literarische Moderne* [s. Anm. 16], S. 430-451). Damit wird an Musils Roman ein in der Tat zentraler Aspekt erfaßt. Problematisch erscheinen mir dagegen die quasi geschichtsphilosophischen Folgerungen, die Zima aus seinem Befund, der »extreme[n] Ambivalenz als unaufhebbare[r] Einheit der Gegensätze« (»Robert Musil«, S. 433), zieht. Sie laufen darauf hinaus, Musils Roman im Kontext der überwiegend deduktiv postulierten Abfolge von ›Roman der Ambivalenz‹, ›Roman der Indifferenz‹ und ›Nouveau Roman‹ eine weitgehende Zerstörung der »narrativen Syntax« zuzuschreiben und ihn unter diesem Gesichtspunkt mit den ungefähr gleichzeitigen Romanen Prousts, Joyces oder Svevos umstandslos gleichzusetzen. Meines Erachtens wirkt eine solche Homologisierung nicht übermäßig produktiv: was Musil beispielsweise von Proust trennt, zeigt überzeugend Link-Heer, »Fragment« (s. Anm. 1), und gegenüber Joyce, dessen Werk er auf den Begriff »der spiritualisierte Naturalismus« bringt, bei dem es um den »Sprachprozeß«, nicht um den »Denkprozeß« ginge, hat Musil selbst schon seine Distanz erklärt (vgl. *Tagebücher* [s. Anm. 65], S. 584). Für fragwürdig halte ich auch die Feststellung, »die Auflösung der Syntax« ziehe »notwendig [!] die Auflösung des Subjekts in der ›Utopie des anderen Zustands‹ [...] nach sich« (»Robert Musil«, S. 439), da sie eben den utopisch-experimentellen Status, der dem *anderen Zustand* in der Komposition des Romans neben weiteren Utopien – einer *Utopie des tausendjährigen Reichs* oder einer *Utopie der induktiven Gesinnung* – zukommen sollte (vgl. Bd. 5, S. 1881 f.), verkennen muß.

bemerkt, *daß es jede ewige Wahrheit doppelt und mehrfach gibt.* Wann immer sie sich für eine der *großen Ideen*, von denen *die Zeit voll war,* entscheiden möchte, wird ihr nämlich verwirrend bewußt, *daß es auch etwas Großes wäre, das Gegenteil davon zu verwirklichen* (vgl. Bd. 1, S. 229)[71]. *So ist es nun einmal, und sie konnte nichts dafür* lautet an dieser Stelle der ironische Erzählerkommentar, der sogleich an die transindividuelle Bedeutung des Phänomens erinnert, wie sie eben im fünften Kapitel am Beispiel der Stil-Alternativen beim Umbau des Schloßhäuschens erstmals angesprochen wird. So ist verständlich, daß der Erzähler eine einzelne Erscheinung entscheidungsbehindernder Ambivalenz[72] auch dort schon umgehend auf eine allgemeinere Ebene der Analyse erhebt und – wiederum mit leicht mokanter Ironie – zeitdiagnostisch kommentiert:

> Es war das [...] die bekannte Zusammenhanglosigkeit der Einfälle und ihre Ausbreitung ohne Mittelpunkt, die für die Gegenwart kennzeichnend ist und deren merkwürdige Arithmetik ausmacht, die vom Hundertsten ins Tausendste kommt, ohne eine Einheit zu haben (Bd. 1, S. 20).

Damit zeigt sich in der Stilvielfalt der Architektur, daß die kulturelle Multiplizität, die aus dem historistischen Bewußtsein erwächst, zugleich die Multiplizität der prononciert modernen Welt bezeichnet, einer Welt, welche für Ulrichs Kontingenzdenken ebenfalls bloß *eine [...] mehr oder weniger zufällig verwirklichte Möglichkeit aus einer*

---

71 Bei der *Bestandaufnahme des mitteleuropäischen Ideenvorrats*, den Stumm von Bordwehr gemeinsam mit Korporal Hirsch und Leutnant Melichar unternimmt, versieht der militärische Ordnungsstifter Diotimas Bemerkung dann noch mit einem Zusatz, der für Zimas Konzeption der Musilschen Ambivalenz als »Einheit der Gegensätze« wichtig ist. Der Zusatz besagt, daß der mitteleuropäische Ideenvorrat nicht nur – zu Stumms *Bedauern – aus lauter Gegensätzen* besteht, sondern *daß diese Gegensätze bei genauerer Beschäftigung mit ihnen ineinander überzugehen anfangen*, wie Stumm jetzt *zu seinem Erstaunen* feststellt (vgl. Bd. 2, S. 373).

72 Die handlungs- und erst recht entscheidungshemmende Wirkung, die von solchen Phänomenen ausgeht, macht im übrigen klar, daß die Musilsche Ambivalenz das ihr typologisch nächste Analogon weniger bei Proust oder Joyce als vielmehr eben in Flauberts *Éducation sentimentale* findet. Bestätigt wird diese Analogie durch zahlreiche Projektnotizen Flauberts zu einem Roman *Sous Napoléon III*, welche Musils Leitsatz *Die Gegensätze gehen ineinander über* (Bd. 5, S. 1876) teils verblüffend genau entsprechen, wie etwa: »la philosophie et la religion moderne en opposition, – & s'infiltrant l'une dans l'autre«; »en parallèle: abjection causée par une lorette et abjection causée par une bonne mère de famille –«; »montrer parallèlement l'immoralité par la Famille – & celle du demi-monde, identiques« (vgl. Marie-Jeanne Durry, *Flaubert et ses projets inédits*, Paris 1950, S. 258, 272 und 378).

Vielzahl darstellt[73]. Demzufolge ist Ulrichs historistisches Bewußtsein gleichbedeutend mit einem kritischen Bewußtsein: in der Tat systematisiert es nach Aspetsbergers treffender Formulierung »die Relativität der Wirklichkeit und macht sie zum Prinzip des Verstehens«[74]. Indem Ulrichs Perspektive die Relativität und Pluralität, welche den gesellschaftlichen Verhältnissen seiner Gegenwart innewohnen, anerkennt und nachgerade als Verstehensprinzip zu benutzen weiß, kommt ihr innerhalb der Figurenkonstellation des Romans jedoch ein besonderer und durchaus privilegierter Rang zu.

Dabei muß man sich über die wohl gravierendste Eigentümlichkeit klar werden, welche diese Konstellation auszeichnet. Gemeint ist der Umstand, daß die Stellung der Romanfiguren zueinander nicht unwesentlich von einem ideologischen Kriterium bestimmt wird, und zwar von ihrer jeweiligen Reaktion auf den Hiat zwischen der Mittelpunktlosigkeit real vorgefundener Multiplizität und ideal begehrter, gleichsam zentrierter Einheit des Lebens. In dieser Hinsicht besitzen die Musilschen Figuren tatsächlich auch etwas Typenhaftes[75], da sie wie Thomas Manns Settembrini und Naphta – oder aber Flauberts Sénécal und Cisy – gewisse intellektuelle wie soziale Positionen repräsentieren, deren Verteilung entscheidend zur narrativen Struktur und Sinnbildung des Romans beiträgt[76]. So wird die Struktur des

73 Vgl. Friedbert Aspetsberger, »Musil und der Historismus. Am Beispiel des Romans *Der Mann ohne Eigenschaften*«, in ders., Der *Historismus und die Folgen. Studien* zur *Literatur in unserem Jahrhundert*, Frankfurt a. M. 1987, S. 127–145, hier S. 132.

74 Vgl. ebd. S. 133. Auch Aspetsberger versteht den Stilpluralismus des Schloßhäuschens dort als eine Art Emblem für den »Pluralismus der Wirklichkeiten«, wie er sich andererseits in den verschiedenen »Typen der Weltanschauungen« manifestiert.

75 Zur partiellen Typenhaftigkeit von Musils Romanfiguren vgl. Peter Nusser, *Musils Romantheorie,* The Hague/Paris 1967, S. 86 und passim. Freilich gehört das Typenhafte zu den genußspezifischen Erfordernissen eines Ideenromans und muß die von einem solchen Roman modellierte Welt – anders als Nusser meint – nicht von vornherein zu einer »Kulissenwelt« des Inauthentischen degradieren.

76 Deshalb ist es meines Erachtens irreführend, die Komponente des Typisierens in Musils Erzählverfahren – wie das von neueren Studien gern versucht wird – gleichsam mit einer verspäteten Reaktion gegen Georg Lukács überhaupt in Abrede zu stellen. Einen Extremfall dieser Lektürestrategie bietet etwa Martina Wagner-Egelhaaf, die sich nun rückhaltlos Paul de Man (den sie allerdings nicht eigens erwähnt) anvertraut und behauptet, Agathe sei »wie alle anderen Figuren auch« [!] nicht mehr als ein »Bild und Gleichnis der ›Ulrich‹ genannten Erzähl- und Textfunktion« (vgl. dies., »‚Wirklichkeitserinnerungen‹. Photographie und Text bei Robert Musil«, *Poetica* 23[1991], 217-256, hier S. 249). Wäre dem wirklich so und hätte Musil keinen Wert darauf gelegt, in möglichst ge-

Mann ohne Eigenschaften von einem fundamentalen Oppositionsverhältnis gekennzeichnet. Es konfrontiert eben in Ulrich, dem »Mann ohne Eigenschaften«, eine zumindest relativ überlegene Gestalt, die bereit ist, sich dem »aufgelösten Wesen« der aktuellen Multiplizität im Geiste wissenschaftlicher »Genauigkeit« zu stellen, ohne hinter deren geschichtlichen Stand zu regredieren, mit einer vielköpfigen Galerie anderer Gestalten, welche alle mehr oder weniger illusionär bestrebt sind, einen Zustand tieferer Lebenseinheit allein durch die Kräfte der »Seele« restaurativ zurückzugewinnen[77].

---

nauer Differenzierung die »verschiedenen Linien« der »geistige[n] Situation vor dem Krieg« von den »Vertreter[n] des Georgetypus« bis zu den »beziehungslosen [...] Sphären [...] der Wissenschaft« zu vergegenwärtigen, würde der dann unvermeidlich eintönige Text wohl kaum die Mühe und Zeit des Lesens lohnen. Zu den zitierten poetologischen Vorsätzen vgl. Musil, *Tagebücher* (s. Anm. 65), S. 253, oder Bd. 5, S. 1937, wo der Anspruch ideologischer Repräsentativität durch die Notiz *Der christl, der sozial, der völk. Ideenkreis kommt zu Wort* bekräftigt wird.

77 Demnach hat die Anordnung der Figuren im *Mann ohne Eigenschaften* eine auffällige formale Verwandtschaft mit dem quasi allegorischen Aufbau, den Italo Calvino für seinen – nunmehr ins Märchenhafte gewendeten – Intellektuellenroman *Il barone rampante* beansprucht. Wenn es im *Mann ohne Eigenschaften* um das Thema von Multiplizität und Einheit geht, nach dem sich ein überlegenes Verhalten bemißt, so ist es im *Barone rampante* das Thema von Distanz und Einsamkeit des Intellektuellen, welches als hauptsächliches Kriterium für die Positionierung und Bewertung der Figuren gelten muß. Nach diesem Kriterium ergibt sich dann zwischen Cosimo, dem bei aller Distanz engagierten ›Baron auf den Bäumen‹, und den übrigen gesellschaftsflüchtigen Romangestalten das gleiche Verhältnis wie zwischen Ulrich, dem »Mann ohne Eigenschaften«, und den ihn umgebenden, von sehr bestimmten Eigenschaften geprägten Gestalten. Jedenfalls hält Calvino im Nachwort zur Trilogie *I nostri antenati* über die zahlreichen »personaggi comprimari« des *Barone rampante* fest: »Il dato che li accomuna quasi tutti è d'essere dei solitari, ognuno con una maniera sbagliata d'esserlo, intorno a quell'unica maniera giusta che è quella del protagonista« (Calvino, *Romanzi e racconti*, Bd. 1, hgg. Mario Barenghi/Bruno Falcetto, Milano 1991, S. 1215). Überhaupt lassen Calvinos Aufsätze mehrmals ein erstaunlich genaues Verständnis der Musilschen Romanwelt erkennen. So erscheint Musil, »uno scrittore tutto intellettuale, tutto razionalizzante«, schon 1959 in *Il mare dell'oggettività* expressis verbis als Romancier der ›Pluralität‹, der wie kein anderer die »cultura plurima, stratificata, divaricante, perentoria in ogni sua direzione« der Moderne erfaßt habe: »la paralizzante saggezza cui attinge il suo eroe è la coscienza simultanea di questa pluralità sempre più capillarmente ramificata« (vgl. Calvino, *Saggi*, hg. Mario Barenghi, Milano 1995, Bd. 1, S. 56 f.). In den späten *Lezioni americane* tritt Musil, wie es sich gehört, im Vortrag über die *Molteplicità* auf. Hier schneidet sein Werk bei einem *paragone* mit Gadda, »per cui comprendere era lasciarsi coinvolgere nella rete delle relazioni«, was für Calvinos Wertmaßstäbe bezeichnend ist, ausgesprochen vorteilhaft ab. Zwar teile es mit Gaddas Texten die »incapacità a concludere«; doch ansonsten vermittle Musil anders als der Mailänder »scrittore-ingegnere«

Dank dieser Konfrontation gelangt indes, was oft völlig übersehen wird, auch ein Moment von Antagonismus, ja von narrativer Spannung in den Roman, an das Musil möglicherweise denkt, wenn er einmal »das Kämpferische an meinem Werk« hervorhebt[78]. Es äußert sich in Konflikten, die in mancher Hinsicht so durchaus romanhaft angelegt sind, wie die Figuren bis zu einem gewissen Grad typenhaft erscheinen müssen, nur daß diese Konflikte – insbesondere etwa die Rivalität zwischen Ulrich und Arnheim – von der Ebene des konkreten, sagen wir: Balzacschen Kampfes um bestimmte Güter weithin auf das Niveau intellektueller Auseinandersetzungen verschoben werden. Eine solche Verschiebung nimmt ihnen jedoch nichts von ihrer handlungsbewegenden und zugleich spannungsgenerierenden Kraft, welche auf jeden Fall die Meinung falsifiziert, hier würde – pointiert und exklusiv modern – der »Handlungsablauf« selbst »in Frage gestellt, ja [...] überflüssig« und nach der ersten Kapitelüberschrift könne »der an Spannungssteigerung gewohnte Leser das Buch zuklappen«[79].

Ich habe deshalb meine Zweifel, ob die spezialisierte Musil-Forschung mit ihrem so gut wie totalen Konsens, allein die idealtypisch modernen, das heißt: die anti-romanesken und anti-realistischen Züge der Erzählstruktur des *Mann ohne Eigenschaften* hervorzuheben, der Komplexität dieses Textes im Hinblick auf seinen gattungsgeschichtlichen Ort wirklich ganz gerecht wird. Wie jedem Musil-Leser bekannt sein dürfte, werden die Interpreten ja nicht müde, am *Mann ohne Eigenschaften* immer wieder den rein paradigmatischen, a-syntaktischen, a-kausalen, episodischen, zeitaufhebenden, ja dank der Zeitaufhebung schlechthin dereferentialisierenden Charakter des narrativen Gefüges zu unterstreichen[80]. Gewiß können sie sich dabei

---

den Eindruck »di capire sempre tutto nella molteplicità dei codici e dei livelli senza mai lasciarsi coinvolgere« (vgl. ebd. S. 720 f.).

78 Vgl. Musil, *Tagebücher* (s. Anm. 65), S. 461: *Wer nicht das Kämpferische an meinem Werk fühlt, wird nicht dessen Genauigkeit, sondern nur das damit zu Verwechselnde sehen.*

79 Vgl. Zima, »Robert Musil« (s. Anm. 70), S. 438.

80 Vgl. zu diesen weithin konvergenten Kennzeichnungen etwa Zima, ebd. S. 439; ders., *Roman* (s. Anm. 70), S. 66 f.; Ulrich Karthaus, *Der Andere Zustand. Zeitstrukturen im Werk Robert Musils*, Berlin 1965, S. 41 ff. und passim; Wagner-Egelhaaf, »Wirklichkeitserinnerungen« (s. Anm. 76), S. 223. Für problematisch halte ich insbesondere Wagner-Egelhaafs dereferentialisierende Interpretation, nach der »Wirklichkeit [...] im *Mann ohne Eigenschaften* als sich in der Einstellung auf sie entziehende, negative Kategorie« »figuriere«, was offenbar grundsätzlich für den gesamten Roman gelten soll. Die Interpretation macht es sich insofern leicht, als sie verkennt, daß die Wirklichkeit des Musilschen Romans, die keineswegs allein im Modus der Erinnerung existiert, den Utopien

auch auf manche romankritische Äußerungen des Autors selbst berufen[81]; letztlich ergeben die Argumente solcher Romankritik in Anbetracht von Musils erzählerischer Praxis aber wohl doch nur die halbe Wahrheit. Ihnen stehen Selbstermahnungen gegenüber, die beispielsweise folgendermaßen lauten:

> Der Hauptfehler lag in der Überschätzung der Theorie. Diese hat sich als unergiebig und nicht tragfähig herausgestellt [...].
> Die Konsequenz: Identifiziere dich nicht mit der Theorie, sondern stelle dich gegen sie realistisch (erzählend) ein. Lasse sie entstehen u auf U. wirken u erzähle auf Grund dieser Voraussetzung. Blicke aber immer auf das Geschehen [...] (Bd. 5, S. 1910).

Notizen dieser Art, welche die Relevanz speziell des »Geschehens« betonen, erklären sich aus dem Umstand, daß vor allem die zeitliche Ordnung der Ideen- und Ereignisfolge für die Romankomposition keineswegs ohne Belang bleiben kann. Eher umgekehrt muß die Zeitstruktur im *Mann ohne Eigenschaften* ein beträchtliches Maß an Konsequentialität bewahren, da die Handlung aufs strikteste eben zwischen zwei Daten eingespannt ist: einem *schönen Augusttag des Jahres 1913* und dem dann nicht mehr »schönen« Ausbruch des Ersten Weltkriegs, in den – wie oben (Anm. 5) schon zitiert – *alle Linien münden* (das »Seinesgleichen« der Parallelaktion folglich ebenso

---

des »Möglichkeitsmenschen« nicht einfach von vornherein freien Raum gewährt, sondern ihnen einen durchaus realen, für die Akteure lästigen und für die Leser eben spannungsgenerierenden Widerstand entgegensetzt. Nur deshalb kann Musil in den Entwürfen auch von einer »Möglichkeit« sprechen, welche *aus ihrer hemmenden Wirklichkeitsbindung gelöst und entwickelt* würde (vgl. Bd. 5, S. 1878). Außerdem müßte ohne den Widerstand aktueller Realität, an deren einschränkender Praxis Möglichkeitsprojekte sich beweisen, aber auch scheitern können, ein geplantes Fazit wie *Die Utopien sind zu keinem praktikablen Ergebnis gekommen* (Bd. 5, S. 1905) ganz und gar sinnlos wirken. Weit genauer sind die Konfliktlinien der Romanhandlung demgegenüber in einem leider etwas abgelegen publizierten Aufsatz von Benno Wagner erfaßt, der diesbezüglich feststellt, »Ulrichs Symbolprojekt [die Welt als Laboratorium und Versuchsstätte des Geistes]« werde »mit den real existierenden symbolischen Funktionen und Verfahren [...] immer wieder in diskurstheoretisch aufschlußreiche Dissonanz gesetzt«: eine »Dissonanz«, zu der es unter anderem komme, »weil er [Ulrich] den Wirklichkeitsgrad kakanischer Herrschaftsformen unterschätzt« (vgl. B. Wagner, »Der dritte Körper des Königs. Anmerkungen zu Symbolkritik und Symbolexperiment in Musils *Mann ohne Eigenschaften*«, *Diagonal. Zeitschrift der Universität Siegen* 1[1993], 83-92, hier S. 90 f.).

81 Die allerdings vorwiegend dem speziellen Typus des »epischen Romans« gelten, der zumal die ideologisch festgelegten Leser (»Kommunisten u Nationalisten u Katholiken«) daran gewöhnt habe, *daß man ihnen vom Leben erzähle und nicht vom Widerschein des Lebens in den Köpfen der Literatur u. der Menschen* (vgl. Bd. 5, S. 1937, 1941, und Bd. 8, S. 1412).

wie die Utopie der »Liebesgeschichte«), um ihn als ein katastrophales *dénouement* des romanhaften und zugleich historisch repräsentativen »Geschehens« tiefer zu motivieren und luzider, als sonst üblich, zu erklären. Wenn Zeit und Kausalität im *Mann ohne Eigenschaften* dagegen tatsächlich gleichgültig werden, dann gilt das genaugenommen bloß für einen bestimmten Teil des Romans, insbesondere für die Utopie des »Anderen Zustands«, welche sich als gleichsam mystisches Experiment unter völlig anderen Zeit- und Kausalbedingungen abspielt, die keinesfalls generalisierend auf das Romanganze zu übertragen sind. Außerdem wissen wir aus den Skizzen des Nachlasses, daß der »Andere Zustand« am Ende der Erzählung durchaus nicht deren letztes Wort bedeuten, sondern sich seinerseits als eine diegetisch wie semiotisch relativierte Episode erweisen sollte, und zwar überdies als eine Episode des letzthinnigen Scheiterns[82]. Als solche wird sie zunächst von einer alternativen »Utopie der induktiven Gesinnung« abgelöst (vgl. Bd. 5, S. 1907), bevor es dann heißt: *Die Utopien sind zu keinem praktikablen Ergebnis gekommen* (Bd. 5, S. 1905), so daß zum fatalen Schluß das ebenso romanhafte wie historisch reale und jedenfalls unaufhebbar zeitgebundene »Geschehen« – fast in der Manier eines freilich hochgradig intellektualisierten historischen Romans – erneut die strukturelle Oberhand gewinnt.

---

82 Im übrigen offenbaren bei ihrer Einschätzung ja auch die Reaktionen der Interpreten beträchtliche Divergenzen. Zum einen dominieren wohl essentiell positivierende Sichtweisen wie jene von Andrea Gnam, die – von Agathes Überwindung einer »Logik der Männer« ausgehend – nachzeichnet, wie hier »der abstrahierende Raum der logozentrischen Erkenntnisordnung verlassen« wird »zugunsten eines leiblich vermittelten Erlebens« und wie dies Erleben »im Formenreichtum des von der Wahrnehmung Ausgeschlossenen dahingleitet und sich weder an die Vorgaben des Bewußtseins hält noch den Status des Todes als unverrückbar anerkennt« (vgl. A. Gnam, »Die *Absence* als Ausbruch aus der mnemotechnischen Konditionierung: ›Ein leerer schöner Himmel‹ bricht aus der Seele! Zu Robert Musils *Der Mann ohne Eigenschaften*«, in *Poststrukturalismus. Herausforderung an die Literaturwissenschaft,* hg. Gerhard Neumann, Stuttgart/Weimar 1997, S. 145-163, hier S. 149, 151 und 162). Andere Stellungnahmen klingen dagegen gelegentlich skeptischer. So neigt Aspetsberger zu einer wenigstens impliziten Abwertung dessen, was er die »Identitätsfeier des ›anderen Zustands‹« nennt, indem er auf einige eher kompromittierende zeitgeschichtliche Parallelen politischer Art aufmerksam macht (vgl. Aspetsberger, »Anderer Zustand, Für – In. Musil und einige Zeitgenossen«, in ders., *Der Historismus* [s. Anm. 73], S. 146-169). Für Guido Morpurgo-Tagliabue, der als Philosoph in Ulrichs »Generalsekretariat der Genauigkeit und Seele« überhaupt ein sich selbst aufhebendes »programma obsoleto« erblickt, ist die »mistica Novecento« des »Anderen Zustands« sogar ein bodenloser »Abgrund«, vor dem der Protagonist eben noch rechtzeitig zurückweicht (vgl. Guido Morpurgo-Tagliabue, *La nevrosi austriaca. Saggi sul romanzo,* Casale Monferrato 1983, S. 91-165, bes. S. 127, 160 und 165).

IV

Antagonismen und Spannungsmomente, die der Romanhandlung des *Mann ohne Eigenschaften* zu eigen sind, stehen – wie gesagt – in einer Interdependenz mit der scharf konturierten Opposition, welche den Personen des Romans in bezug auf das Thema von Multiplizität und Einheit ihren ideologisch jeweils repräsentativen Platz zuweist. Dabei sind wohl eben die Schärfe und Klarheit, welche diese Opposition bei Musil speziell durch Ulrichs heterodoxe Außenseiterposition bekommt, dafür verantwortlich zu machen, daß der *Mann ohne Eigenschaften* – trotz aller Niveauunterschiede der schriftstellerischen und mehr noch der intellektuellen Qualität – eine unverkennbare Affinität zu Bourgets *Essais* oder zu dem, was ihm an Bourgetschen Inhalten etwa durch Hofmannsthal vermittelt wurde[83], erkennen läßt. Die Affinität macht jetzt allerdings nur umso deutlicher bewußt, daß Musil bei den Konnotationen, mit denen er den Widerstreit von Multiplizität und Einheit versieht, neue und im Hinblick auf Bourget ganz andersartige Akzente setzt.

Um das einzusehen, genügt es zunächst schon, den Protagonisten des Romans näher als jenen Anwalt der Multiplizität zu betrachten,

---

83 In Musils Tagebüchern und Skizzen selbst spielt Bourget nur eine geringe Rolle und wird insgesamt eher selten erwähnt. Angesichts der massiven Präsenz, die Bourgets Schriften ansonsten um die Jahrhundertwende im deutschen Sprachraum erlangten, hat das indessen nicht allzu viel zu besagen. Schließlich entspricht seiner Wiener Fortüne bei Hofmannsthal oder Hermann Bahr eine ähnlich intensive »norddeutsche« Wirkung auf die Brüder Heinrich und Thomas Mann. So verfaßte der junge Heinrich Mann einen enthusiastischen Aufsatz »Bourget als Kosmopolit« und widmete ihm – gewissermaßen nach dem Muster von Barrès' *Les Déracinés* – den Romanversuch *In einer Familie.* Thomas Mann war schon früh von dem Roman *Cosmopolis* fasziniert, den er 1896 in dem Artikel »Ein nationaler Dichter« würdigte (vgl. Hermann Kurzke, *Thomas Mann. Das Leben als Kunstwerk,* München 1999, S. 97), während der Bourgetsche Roman mit seiner Gegenüberstellung von »dilettante« und »croyant«, bindungslosem Geist und gebundenem Adel des Lebens, Thomas Mann wiederum zu einem wesentlichen Element seiner privaten Mythologie inspirieren konnte. Was Bourget im einzelnen für die Anfänge der Brüder Mann bedeutet hat, ist vor allem von Klaus Schröter dokumentiert worden (vgl. K. Schröter, *Anfänge Heinrich Manns. Zu den Grundlagen seines Gesamtwerks,* Stuttgart 1965, und ders., *Thomas Mann*, Reinbek bei Hamburg 1964, S. 37 f.). Bezeichnend ist, daß Schröter mit diesen Erinnerungen an einen in den sechziger Jahren gänzlich in Vergessenheit geratenen Autor – um mit Käte Hamburger zu sprechen – auf die »sonderbare Allergie« des Mannschen »Hauskreises« stieß: »Als ob es eine Schande wäre, einen literarischen Zeithorizont sichtbar zu machen« (vgl. *Um Thomas Mann. Der Briefwechsel Käte Hamburger – Klaus Schröter 1964-1990*, hg. K. Schröter, Hamburg 1994, S. 21).

der im Fall Musils zugleich auch ein Anwalt der »Genauigkeit« ist[84]. Nicht der Genauigkeit, wohl aber der Mulitiplizität wegen gehört es sich, daß Ulrich von seinem Status und seiner Lebensführung her die Rolle des »Dilettante« oder mehr noch die des Dandy spielt[85]: eine Rolle, deren intellektuelle und soziale Bedingungen er in der Tat geradezu idealtypisch erfüllt[86]. So lernen wir ihn bei einem Liebesabenteuer kennen, wie es für die *belle époque* charakteristisch gewesen sein mag, und charakteristisch soll gewiß auch die ruhige *disinvoltura* wirken, mit der er sich einem solchen Abenteuer widmen kann, da er ein in hohem Maß selbstbestimmtes Leben ohne familiale und ohne berufsmäßige Bindung führt. Wichtig ist dabei vor allem die professionelle Bindungslosigkeit[87], die ihn nach einem Diktum seines Ju-

---

84 Eine Hauptthese von Morpurgo-Tagliabues lesenswerter philosophischer Studie zur österreichischen Romanliteratur besagt, daß in Musils Passion für die »Genauigkeit« der deklarierte oder latente Kantianismus der Jahrhundertwende durchschlägt: Der »uomo senza qualità« könne deshalb ohne weiteres als Synonym für einen »uomo critico« verstanden werden (vgl. Morpurgo-Tagliabue, *La nevrosi* [s. Anm. 82], S. 129 ff.).

85 Einen entsprechenden Hinweis gibt bereits Peter Härtling, für den »Ulrich, der Mann ohne Eigenschaften«, auch »in vielen Reflexionen« ein Dandy ist – »denn könnte man den Dandy nicht eben als Herrn ohne Eigenschaften enträtseln?« (vgl. P. Härtling, *Vergessene Bücher,* Stuttgart 1966, S. 50). Daß die Begriffe »Dilettante« und »Dandy« um die Jahrhundertwende als eng verwandt angesehen wurden, belegen unter anderem Richard von Schaukals Skizzen *Leben und Meinungen des Herrn Andreas von Balthesser,* deren Titel in der Erstveröffentlichung 1907 noch den Zusatz *»eines Dandy und Dilettanten«* trug (welcher erst seit der 7. Auflage 1917 fehlt), bemerkenswerterweise analog zum Begriffsverständnis Baudelaires, der in *Mon cœur mis à nu* einmal notiert: *C'est par le loisir que j'ai, en partie, grandi. [...] à mon grand profit, relativement [...] à la faculté du dandysme et du dilettantisme* (vgl. Baudelaire, *Œuvres* [s. Anm. 58], S. 1291). Bei Schaukal findet sich auch eine im Hinblick auf die Multiplizitätssympathien des Dandy aufschlußreiche Beobachtung: »Was den brutalen Beobachter am Dandy unangenehm berührt, ist seine *Vielfältigkeit,* die aus hundert Flächen sich komponierende Rundheit, die ihn reizt, weil er einseitig, einfältig, eckig ist« (Richard von Schaukal, *Leben und Meinungen des Herrn Andreas von Balthesser*, Stuttgart 1986, S. 19).

86 Wobei der Status des Dandy eher die sozialen, der des »Dilettante« eher die intellektuellen Bedingungen dieser Rolle bezeichnen.

87 Wie sie etwa von Baudelaire im Dandy-Abschnitt des *Peintre de la vie moderne* betont wird. Baudelaire bemerkt dort über die dandyhaften Helden von Liebesromanen: »Ils [gemeint sind die Romanautoren] les [gemeint sind ihre »personnages«] ont dispensés de toute profession« (vgl. Baudelaire, *Œuvres* [s. Anm. 58], S. 1178). Man erinnere sich im übrigen, daß Balzacs *Traité de la vie élégante* die Kategorie des ›eleganten Lebens‹ überhaupt durch ihre prinzipielle Opposition zur Kategorie des arbeitserfüllten ›Berufslebens‹ (der »vie occupée«) definiert hat (vgl. Vf., »Balzacs ›Traktat vom eleganten Leben‹. Zur Rezeption aristokratischer Normen in der bürgerlichen Gesellschaft«, *GRM* 29 [1979], 443-456, hier S. 444 ff.).

gendfreunds(feinds) Walter erst eigentlich zum »Mann ohne Eigenschaften« macht, der sich außerhalb oder am Rande jener Gesellschaft situiert, deren Berufsbürger sonst essentiell durch ihre jeweilige(n) Eigenschaft(en) identifiziert zu werden pflegen[88]. Daß die Berufsverweigerung wie beim klassischen Dandy des Dix-Neuvième auf einem bewußten und zumal freien Entschluß beruht, soll am Anfang von Ulrichs Geschichte die Skizze der drei Karrieren zeigen, die er nacheinander als Offizier, Ingenieur und Mathematiker erprobt hat, ohne sie dann wirklich zu ergreifen und die Eigenschaften, welche aus ihnen zu gewinnen wären, definitiv in seine Identität zu integrieren. Demnach ähnelt Ulrich, wenn man allein die äußeren Fakten sieht, in manchen Zügen durchaus Flauberts »Dilettante« und eher unfreiwilligem Dandy Frédéric. Eben die äußere Ähnlichkeit verrät indes auch klarer als irgendein anderer Umstand den entscheidenden Punkt der inneren Differenz, die Ulrichs »Dilettantisme« von den vergleichbaren Gestalten und Konzepten bei Flaubert oder Bourget trennt. Ulrich ist nämlich alles andere als ein schwacher, der epochenspezifischen Multiplizität gleichsam ausgelieferter »Dilettante«. Eher stellt er den seltenen Sonderfall eines überaus starken »Dilettante« dar, der sich auf die Multiplizität mit jener »impassibilité«, das heißt: mit jener »Kaltblütigkeit« einzulassen wagt, *die das Temperament der Exaktheit darstellt* (vgl. Bd. 1, S. 247)[89].

Derart wird die Gestalt des »Manns ohne Eigenschaften« mit einer Reihe von Werten versehen, welche eigentlich ausschließen müßten, ihn – wie es trotzdem immer wieder geschieht – als »une sorte d'*inetto*« aufzufassen[90]. Was Ulrich mit den typischen Romangestalten

---

88 Wenn Walter im Gespräch mit Clarisse den alten Freund und jetzigen Rivalen erstmals als »Mann ohne Eigenschaften« charakterisiert und gleichzeitig kritisiert, erklärt er das daher auch umgehend mit der rhetorischen Frage: *Sieht er aus wie ein Arzt, wie ein Kaufmann, ein Maler oder ein Diplomat?* Die vorhersehbare Antwort lautet dann: *Du kannst keinen Beruf aus seiner Erscheinung erraten, und doch sieht er auch nicht wie ein Mann aus, der keinen Beruf hat.* Und weiter: *Nichts ist für ihn fest. Alles ist verwandlungsfähig* (vgl. Bd. 1, S. 64 f.).

89 Damit entspricht das von Ulrich gezeichnete Charakterbild bis ins begriffliche Detail den Anforderungen Baudelaires, der die »Schönheit« des Dandy ja ebenfalls durch dessen »air froid qui vient de l'inébranlable résolution de ne pas être ému« begründet (vgl. Baudelaire, *Œuvres* [s. Anm. 58], S. 1180). Ähnlich formuliert Barbey d'Aurevilly in seinem Traktat *Du Dandysme et de George Brummell* als die [Devise] des Dandytums das »*Nil mirari* de ces hommes [...] qui veulent toujours produire la surprise en gardant l'impassibilité« (vgl. Balzac/Baudelaire/Barbey d'Aurevilly, *Sur le dandysme,* hg. Roger Kempf, Paris 1971, S. 119).

90 Vgl. als ein frappantes Beispiel dieses Mißverständnisses Christina Terrile, *La crise de la volonté ou le romanesque en question,* Paris 1997, S. 46; ebenso irre-

Flauberts oder gar Svevos, dem das Konzept der »inettitudine« geschuldet ist, vergleichbar macht, ist allein die Marginalität seines zur Beobachtung disponierenden öffentlichen Status, dagegen auf keinen Fall sein Verhalten und weniger noch seine intellektuelle Artung als ein ›caractère‹ ausgeprägter »Kaltblütigkeit«[91]. Was die letztere betrifft, läßt der Erzähler nicht nach, seinem Protagonisten, der tendenziell tatsächlich auch sein Romanheld ist, Charakterzüge zuzuschreiben, die im Sinne des Baudelaireschen Dandy als ›heroisch‹ gelten dürfen[92], vor allem eine gewisse Härte und – wie gesagt – »impassibilité«, welche futuristische oder zumindest neusachliche Sympathien offenbaren. So insistiert der Erzähler auf Ulrichs Neigung zur Mathematik, einer Präferenz, die – in gleichsam oxymorischer Spannung zu Ulrichs nicht minder ausgeprägten mystischen Interessen – eine unverblümt manifeste »Männlichkeit« des Temperaments, ja eine mitunter flagrante geistige Gewalttätigkeit umfaßt[93]. Hinweise, die das belegen sollen, sind zahlreich über den Roman ausgestreut, weshalb ich mich damit begnügen kann, diesbezüglich einen einzigen charakteristischen Passus anzuführen. Er ergibt sich bei einer Aussprache zwischen Ulrich und Arnheim, die unter anderem das heikle Problem der moralischen Folgelasten moderner Arbeitsteilung, also eines weiteren Phänomens von – diesmal systemischer – Multiplizität berührt. Arnheim redet hier in einem Ton von Pathos und Anklage[94],

---

führend wirkt dort die auf Ulrichs Rolle im *Homme sans qualités* gemünzte Behauptung »Le sujet n'y est pas supérieur aux phénomènes« (ebd. S. 47 Anm. 30), die bereits durch die distanzierend essayistischen Elemente des Romans widerlegt wird.

91 Deshalb halte ich es auch nicht für glücklich, Ulrich mit den Propagatoren der Parallelaktion, wie Zima das einmal tut, ohne weiteres gleichzusetzen; vgl. Zima, *Ideologie* (s. Anm. 70), S. 64: »Die Unfähigkeit zu handeln, die die Parallelaktion lähmt, ist die gleiche, die zu Beginn des Romans den Helden Ulrich daran hindert, sich wie die Helden früherer Romane für eine *vita activa* zu entscheiden«. Bezeichnenderweise fehlt dieser Satz auch in der neueren, sonst in manchen Wendungen identischen Version (»Robert Musil«) von Zimas Musil-Interpretation.

92 Man denke an die berühmt gewordene emphatische Definition »Le dandysme est le dernier éclat d'héroïsme dans les décadences« (vgl. Baudelaire, *Œuvres* [s. Anm. 58], S. 1179).

93 Beispielsweise heißt es bei einer Beschreibung des »zweiunddreißigjährigen Mann[s] Ulrich in seinen Grundzügen«: *Mit der seelischen Beweglichkeit, die einfach eine sehr mannigfaltige Anlage zur Voraussetzung hat, verbindet sich bei ihm noch eine gewisse Angriffslust. Er ist ein männlicher Kopf* (Bd. 1, S. 151). Und schon früher wird von Ulrich gesagt, *daß er die Mathematik liebte, wegen der Menschen, die sie nicht ausstehen konnten* (Bd. 1, S. 40).

94 Daß Anklage und Pathos letztlich aus Arnheims fundamentaler *mauvaise foi* gerade in puncto Arbeitsteilung erwachsen, wird einige Kapitel vorher ange-

während Ulrich angesichts der von Arnheim apokalyptisch beschworenen *Teilung des moralischen Bewußtseins* provozierend kühl *die Achseln gezuckt* hat: *Die Teilung des moralischen Bewußtseins, von der Arnheim sprach, diese fürchterlichste Erscheinung des heutigen Lebens, hat es immer gegeben*, lesen wir dann, ohne daß genau auszumachen wäre, ob die Aussageinstanz des Kommentars Ulrich oder der Erzähler ist, und fortgefahren wird mit der Bemerkung: *aber sie* [die Teilung des moralischen Bewußtseins] *ist zu ihrem grauenvollen guten Gewissen erst als eine Folge der allgemeinen Arbeitsteilung gelangt, und als solche besitzt sie auch etwas von deren großartiger Unvermeidlichkeit* (Bd. 2, S. 638f.). Weiter geht es darauf mit einer Stellungnahme, bei der Ulrichs Reaktion gegenüber Arnheims plakativem Humanismus unverkennbar futuristisch wirkt:

> Es widerstrebte Ulrich, sich schlechtweg über sie zu entrüsten, und erregte zum Trotz das komische und angenehme Gefühl in ihm, das eine Hundertkilometergeschwindigkeit bereitet, wenn ein bestaubter Moralist am Wege steht und schimpft (Bd. 2, S. 639).

Zweifellos ist das von seiten Ulrichs, des zur intellektuellen Gewalttätigkeit neigenden Mathematikers, eine moralisch dubiose Haltung; doch läßt sich ebenso wenig abstreiten, daß sie Luzidität und einen gesteigerten psychologischen Scharfblick verrät. Sie beeindruckt vor allem deshalb, weil sie Ulrich als wohl einzige Romangestalt befähigt, die irritierende Ambivalenz aktueller Verhältnisse und Werte – anders als beispielsweise Diotima oder General Stumm von Bordwehr, die hier mit naivem Erstaunen reagieren – mit jener kaltblütigen Gelassenheit des »*Nil mirari*« wahrzunehmen, welche schon Barbey d'Aurevilly dem Habitus des Dandy zuschreibt. Dank diesem geistig sublimierten Dandy-Habitus entwickelt Musils Protagonist (und Romanheld) dann die Kraft, etwa bei den Phänomenen der Arbeitsteilung sowohl die *fürchterlichste Erscheinung des modernen Lebens* wie ineins damit *etwas von deren großartiger Unvermeidlichkeit* zu registrieren, mit einer Argumentationsfigur übrigens, die ähnlichen Sichtweisen in Renans *Histoire des origines du Christianisme*, wo die Feststellung historischer Unvermeidlichkeit ja ebenfalls immer wie-

deutet, als der Erzähler konstatiert: *Diese Arbeitsteilung fand sich auch in Arnheim selbst*; denn: *Wenn er in einem seiner Direktionsbüros saß [...], würde er sich geschämt haben, anders zu denken als kaufmännisch und technisch; sobald aber nicht mehr das Geld der Firma auf dem Spiel stand, würde er sich geschämt haben, nicht umgekehrt zu denken* und die Forderung nach »Religion« aufzustellen; *er hatte Bücher darüber geschrieben* (Bd. 2, S. 509).

der gegen schwere moralische und ästhetische Bedenken ausgespielt wird, sehr nahe kommt[95].

Solche ohne Erstaunen vollzogene Einsicht in Ambivalenzen, die zu den wesentlichen Merkmalen der Moderne gehören, verleiht Ulrich, dem »Dilettante« und dementsprechend distanzierten Beobachter, gegenüber den anderen Romanfiguren – wie gesagt – eine spürbare und erzählerisch auch kontinuierlich unterstrichene Überlegenheit. Bekräftigt wird sie nicht zuletzt durch die ›heroische‹ Vereinzelung, in der Ulrich in den ersten Teilen des Romans seine Einsichten vertritt. Allein er ist es ja, der die sonst abundant beklagten Phänomene von Multiplizität und »aufgelöste[m] Wesen« nicht schlechthin beseitigen möchte[96]; denn ein Regreß, ein geschichtlicher »Rücktausch«, *kam für ihn* – wie es einmal heißt – *nicht ernsthaft in Frage* (vgl. Bd. 2, S. 649f.)[97]. Dagegen befinden sich die Anhänger einer forciert restaurativen oder forciert utopischen Lebenseinheit dem »Mann ohne Eigenschaften« gegenüber in einer letztlich kompromittierenden Mehrheit; ja man könnte die Figurenkonstellation, welche die Grundlage der Romanhandlung markiert, im wesentlichen dadurch kennzeichnen, daß sie verschiedene Typen eines diffusen Ein-

95 Merkwürdig ist, daß auch Sektionschef Tuzzi, so als habe er Renan gelesen, einmal zu dessen Dilemma von (faszinierender) religiöser Spontaneität und (notwendiger) Institutionalisierung des kirchlichen Lebens (vgl. Renan, *L'Église* [s. Anm. 12], S. 90 ff.) Stellung bezieht, indem er aus Anlaß der (ihm konfus erscheinenden) Parallelaktion an die *unzählige[n] Sekten [...] in den Anfängen des Christentums* erinnert, um darauf, wie es sich für einen Sektionschef ziemt, zu befinden: *Wenn nicht durch verschiedene geschichtliche Umstände zur rechten Zeit ein geistliches Beamtensystem mit politischer Wirksamkeit entstanden wäre, so würde heute vom christlichen Glauben kaum eine Spur übrig sein...* (vgl. Bd. 2, S. 410 ff.).

96 In dem (freilich nicht restlos zu klärenden) Maß, in dem Ulrichs Anschauungen auch die seines Autors sind, ist es daher gerechtfertigt, wie Benno Wagner zu betonen: »Nichts wäre [...] falscher, als die Auswirkungen der modernen Symbolsysteme auf Begriffe wie ›Auflösung‹, ›Zersetzung‹, ›Nivellierung‹ etc. festlegen zu wollen. Musils Kritik richtet sich denn auch vielmehr gegen das zeitgenössische Gejammer von Kulturkrise und Wertezerfall als gegen den ›neuen Geist‹, den er eher mit einer Mischung aus Interesse und Ironie beobachtet« (vgl. Wagner, »Der dritte Körper« [s. Anm. 80], S. 88).

97 Zu den ausgesprochen ironischen Momenten des Romans gehört eine Situation, in der völlig überraschend sogar der konservative Graf Leinsdorf für einen – ideologisch unkontrollierten – Augenblick auf Ulrichs sonst vereinzelte Position einschwenkt und ausruft: *Lieber Doktor, [...] in der Geschichte der Menschheit gibt es kein freiwilliges Zurück* (Bd. 1, S. 233). Freilich ist über diese Äußerung dann niemand mehr *erstaunt* als Leinsdorf selbst, da er *eigentlich etwas ganz anderes* hatte *sagen wollen*, wozu der Erzähler spöttisch bemerkt: *Wenn man aber einmal mit Logik beginnt, wo ein Gedanke von selbst aus dem vorangehenden folgt, weiß man zum Schluß nie, wie das endet* (Bd. 1, S. 234).

heitspostulats reiht, allerdings nicht, um sie nach Bourgetschem Muster zu affirmieren, sondern um sie als jeweils unzulänglich dem kritisch perspektivierenden Blick des Multiplizitätsexperten Ulrich auszuliefern. Damit vollzieht die Gestalt des »Dilettante« bei Musil einen einigermaßen radikalen Funktionswechsel: sie ist nun nicht mehr das Sujet einer vorrangig moralisch oder soziologisch interessierten Analyse, sondern wird selbst zu einer analytischen Instanz, von der aus diverse moralische oder politische Entwürfe intellektuell überprüft, auf Distanz gebracht und schließlich kritisch verworfen werden.

V

Wie Kritik und Distanzierung nicht des Einheitsbegehrens, wohl aber der mehr oder minder unvermittelt betriebenen Einheitsprojekte unter Ulrichs Perspektive im einzelnen vonstatten gehen, soll nun nicht mehr systematisch demonstriert werden. Wir beschränken uns statt dessen auf die Nennung einiger Beispiele, bei denen es darauf ankommt, die Gegenpositionen, welche Ulrich explizit oder implizit der ideologischen Regression und Problemverkürzung bezichtigt, in ihrer jeweils spezifischen Spielart zu charakterisieren. Zu solchen Gegenpositionen zählt etwa, um mit einer besonders fatalen Variante zu beginnen, die *Propaganda der deutschen mystischen Tat* (Bd. 1, S. 311), welche ein *christgermanischer Kreis junger Leute* (Bd. 1, S. 312) ausgerechnet im jüdisch-liberalen Hause von Direktor Leo Fischel veranstaltet. Das Ziel der jungen Leute ist eine *Region der Unbedingtheit*, näherhin ein gesellschaftlicher Raum jenseits der bürgerlich aufgeklärten Welt und der *jüdischen Gesinnung, worunter sie* – durchaus revolutionär gesonnen und keineswegs als »Rasseantisemiten« – *Kapitalismus und Sozialismus, Wissenschaft, Vernunft, Elternmacht und -anmaßung, Rechnen, Psychologie und Skepsis verstanden* (Bd. 1, S. 313)[98]. Als Wortführer dieser Gruppe, die ihr »Hauptlehr-

98 Schwer verständlich ist, weshalb Aspetsberger gerade der Schilderung dieses jugendbewegten Kreises, welche dessen ideologische Konturen besonders differenziert und fern von gängigen Clichés zu umreißen sucht, einen »beispielhaften Schematismus« zum Vorwurf macht. Wenn er moniert, »nur vermittelt also, im Kopf«, bleibe bei solchen Darstellungen »die Geschichte präsent«, verkennt er, was ja eben den neuartigen Aspekt der Musilschen Romanpoetik ausmacht, nämlich die explizite Absicht (vgl. etwa die in Anm. 81 zitierten Passus), nicht – im Duktus eines »epischen Romans« zur Freude traditionsgelenkter und glaubensstarker Leser – unmittelbar »vom Leben«, sondern »vom Widerschein des Lebens in den Köpfen der Literatur und der Menschen« zu

stück« im »Symbol« erblickt, tut sich ein Student namens Hans Sepp hervor, und in den Reden von Hans Sepp bezieht sich der Roman auch am engsten auf einen – allerdings durch Nietzsche vermittelten – Passus aus Bourgets *Essais*, genauer gesagt: auf die berühmte Definition des »style de décadence«, wie sie der Baudelaire-Essay formuliert.

Bei Bourget lautet die Definition folgendermaßen:

> Un style de décadence est celui où l'unité du livre se décompose pour laisser la place à l'indépendance de la page, où la page se décompose pour laisser la place à l'indépendance de la phrase, et la phrase pour laisser la place à l'indépendance du mot[99].

An diesen Bourgetschen Formulierungen gilt es nun, zwei Aspekte hervorzuheben. Zunächst muß man sich klar machen, daß sie auf pointierte Weise kritisch gemeint sind. Außerdem erwächst die Pointe der Kritik, die an der Auflösung stilistischer und kompositorischer Einheit geübt wird, aus den Prämissen einer Kritik an der gleichsam homologen Auflösung gesellschaftlicher Einheit; denn den Kontext des angeblichen Sprachverfalls, den Bourget moniert[100], bildet hier wie anderweit der Prozeß eines von Bourget unablässig beschworenen sozialen Verfalls. Der letztere ergibt sich als »anarchie«, die auf die Verselbständigung der Individuen, der »cellules sociales«, ge-

---

erzählen (vgl. Aspetsberger, »Musil« [s. Anm. 73], S. 135 ff.). Ähnlich unangemessen wirkt im Hinblick auf Musils poetologische Intentionen die – wohl noch an Lukács orientierte – Klage von Claudio Magris über Musils »Mangel an echtem historischem Empfinden«, bei der man den Eindruck empfängt, daß als Ausdruck von »echtem historischem Empfinden« immer nur gilt, was möglichst orthodox mit dem jeweils verbreitetsten Geschichtsbild übereinstimmt (vgl. Magris, *Der habsburgische Mythos in der österreichischen Literatur*, Salzburg 1966, S. 286).

99 Bourget, *Essais* (s. Anm. 18), Bd. 1, S. 20.

100 Im Sinn einer Avantgarde, die sich derart gewissermaßen als radikal »dekadentistisch« erweist, kann die Beschreibung dessen, was für Bourget eine bedauerliche »décadence« des »langage« darstellt, dann durchaus ins Positive gewendet werden, wie speziell die futuristische Poetik der *parole in libertà*, also der gesteigerten »indépendance du mot«, belegt. Der Zusammenhang, der hier existiert, wird um so deutlicher sichtbar, als Filippo Tommaso Marinetti sich bereits 1901 in einem Artikel »Mascagni contre Wagner« (in *La Plume* 283, 15. Februar 1901, S. 127 f.) wortwörtlich auf Bourgets Definition bezieht, die er indes – anders als ihr Autor – affirmativ begreift und als kritische Instanz gegen die »Verspätung« der italienischen Dichtung ausspielt; vgl. dazu Günter Berghaus, *The Genesis of Futurism: Marinetti's Early Career and Writings 1899–1909*, Leeds 1995, S. 6 f., wo die Bourgetsche Herkunft der Definition, die keinesfalls von Marinetti selbst stammt, freilich nicht erkannt oder jedenfalls nicht erwähnt wird.

genüber dem gesellschaftlichen Ganzen, dem »organisme social«, folgt, da nach Bourget als Regel anzusetzen ist: *L'organisme social [...] entre en décadence aussitôt que la vie individuelle s'est exagérée sous l'influence du bien-être acquis et de l'hérédité*[101]. Demnach wirkt bezeichnend, daß auch die oppositionelle *kleine Geistesgemeinschaft* im Hause Fischel, welche den *nationalen Studentenverbindungen*, der *sozialistischen* oder *katholischen Jugendbewegung* oder der *Wandervogelhorde* entstammt, unter dem *Zeichen alles umfassender Liebe und Gemeinschaft* (Bd. 2, S. 482) tagt[102]. Und wie Ulrich den »Fortschritt« in der Diskussion einmal für kontingent erklärt, aber nicht schlechthin leugnet (*man kann eigentlich von vornherein sagen, der wirkliche Fortschritt wird immer gerade das sein, was keiner wollte*), da antwortet ihm Hans Sepp in großer Erregung:

> »Da sagen Sie es doch selbst: Was keiner wollte! Ein gackerndes Hin und Her; hundert Wege, aber kein Weg! Gedanken also, aber keine Seele! Und kein Charakter! Der Satz springt aus der Seite, das Wort springt aus dem Satz, das Ganze ist kein Ganzes mehr – sagt schon Nietzsche; ganz abgesehen davon, daß Nietzsches Ichsucht auch ein Daseinsunwert ist! Nennen Sie mir einen einzigen festen, letzten Wert, nach dem zum Beispiel Sie sich in Ihrem Leben richten!« (Bd. 2, S. 483f.)

Dabei sind in der Art, wie Hans Sepp zitiert, gewisse Bedeutungsverschiebungen symptomatisch. Die erste wird durch die Parenthese manifest, welche vom Ideal der Gemeinschaft her auch den Stichwortgeber Nietzsche wegen dessen »Ichsucht« verwirft. Eine andere und wichtigere Interessenverlagerung zeigt sich in dem Umstand, daß Hans Sepp dem poetologisch-ästhetischen Aspekt des Zitierten kaum noch Aufmerksamkeit schenkt und dafür allein den zeit- und gesellschaftskritischen Zug akzentuiert. Aus der Definition des »style de décadence« wird somit eine Beschreibung jener allgemeineren Auflösung, die der Wortführer der Jugendbewegung als »décadence« *tout court* betrachtet: ein Akzentwechsel, der den eigentlichen Interessen, die den politisch-ideologischen Kontext der Bourgetschen Definition bestimmen, im Grunde sogar näher kommt, als das die – weitaus komplexere – Reprise der Formel in Nietzsches *Der Fall Wagner*

---

101 Bourget, *Essais* (s. Anm. 18), Bd. 1, S. 20.

102 An dieser Stelle deutet der Erzähler mit erneut abgründiger Ironie an, daß eben das Bemühen um »wahre Gemeinschaft«, welches die »jungen Menschen« der Multiplizität einer »zerfaserten Zeit« entgegenzusetzen versuchen, nicht ohne paradoxale Auswirkungen auf den sich vorbereitenden Krieg bleiben wird: *So war in den letzten Jahren, ehe der große Krieg die Folgerung daraus zog, unter jungen Menschen auch viel von Liebe und Gemeinschaft die Rede* (Bd. 2, S. 482).

tut[103]. Im übrigen wird der Akzentwechsel, den Hans Sepp bei seinem Zitat vollzieht, auch durch eine »Stimme« bekräftigt, die auf dem Höhepunkt der Auseinandersetzung »aus dem Hintergrund brummt«: *Abwechslungsreich! Wissen! Relativer Fortschritt! Das sind Begriffe der mechanischen Denkweise einer vom Kapitalismus zerfaserten Zeit!* (Bd. 2, S. 484), während Ulrich es demgegenüber mit dem »Fortschritt« ungefähr so relativistisch und historistisch hält wie Taine im Aufsatz über die *Princesse de Clèves:*

> »Ich denke [...], jeder Fortschritt ist zugleich ein Rückschritt. Es gibt Fortschritt immer nur in einem bestimmten Sinn. Und da unser Leben im Ganzen keinen Sinn hat, hat es im Ganzen auch keinen Fortschritt« (ebd.).

Eine andere Gegenposition zur Multiplizität der Epoche besetzt Ulrichs ehemaliger Freund Walter, der ihm – wie gesagt – den Namen »Mann ohne Eigenschaften« gibt und das Thema vom *aufgelöste[n] Wesen, das alle Erscheinungen heute haben* (Bd. 1, S. 65), frühzeitig in den Roman einführt. Was für Walter zählt, sind – unter anderem von den Frustrationen seiner allzu anspruchsvollen Ehe motiviert – die gleichfalls Bourgetschen Werte der Bindung an die Normalität überlieferter Ordnungen, Werte wie *Einfachheit, Erdnähe, Gesundheit* und (so vertraut er seiner widerstrebenden Frau Clarisse an) *auch ein Kind, weil ein Kind es ist, was einen fest an den Boden bindet* (Bd. 1, S. 67). Dabei tritt die ironische Distanz, welche die auktoriale Sympathielenkung in Hinsicht auf den entschiedensten Widersacher des

---

103 Bei Nietzsche kehrt Bourgets Definition bekanntlich in der folgenden Fassung wieder: »Womit kennzeichnet sich jede *litterarische* décadence? Damit, daß das Leben nicht mehr im Ganzen wohnt. Das Wort wird souverain und springt aus dem Satz hinaus, der Satz greift über und verdunkelt den Sinn der Seite, die Seite gewinnt Leben auf Unkosten des Ganzen – das Ganze ist kein Ganzes mehr«. Für diese Version ist unter anderem charakteristisch, daß sie in einem Kontext steht, der den ästhetischen Aspekt des paraphrasierten Passus gegenüber Bourget eher noch ausweitet. Das geschieht, indem der Befund einer Verselbständigung des Einzelnen »auf Unkosten des Ganzen« speziell gegen Richard Wagner gerichtet wird, den Nietzsche hier als »unsern größten *Miniaturisten* der Musik« bezeichnet, wobei er eine überraschende Parallele zwischen Wagners »Ausdichtung des Détails« und der »écriture artiste« der »auch sonst für Wagner's Stil heranziehbaren frères de Goncourt« zieht (vgl. Nietzsche, *Sämtliche Werke* [s. Anm. 27], Bd. 6, S. 27 f.). Nebenbei bemerkt, spielt der Passus auch in anderen Episoden des *Mann ohne Eigenschaften* eine wichtige Rolle, z.B. wenn Clarisse bei ihrer kursorischen Nietzsche-Lektüre just *jene schöne Stelle* trifft, *wo der Meister von der Verarmung durch den Verfall des Willens spricht* (*Das Leben in die kleinsten Gebilde zurückgedrängt, der Rest arm an Leben*): eine Stelle, welche Clarisse dann prompt auf *ihres Gatten krankes Klavierspiel* appliziert (vgl. Bd. 2, S. 607).

»Manns ohne Eigenschaften« prägt, ganz unverkennbar hervor, wenn Walters Wünsche später noch einmal folgendermaßen spezifiziert und pointiert werden: *[...] es drängte ihn, die Mitte eines warmen Lebenskreises zu sein, und er wünschte sich, den großen das Leben tragenden Menschendurchschnitt an Durchschnittlichkeit noch zu übertreffen, unerachtet des Widerspruchs, der gerade in diesem Verlangen liegt* (Bd. 2, S. 608). Tatsächlich entspringt der wesentliche Impuls für dies paradoxale Verlangen – wie insinuiert wird – nicht allein den »Denormalisierungsängsten«, die Walter angesichts seiner nietzscheanischen, nach Genialität dürstenden Frau gepackt haben[104], sondern mehr noch dem Ressentiment eben gegen den »Mann ohne Eigenschaften«, in dessen kaltblütiger Luzidität Walter den relativistischen »Zerfall« seiner Epoche, die ein *bodenloser Abgrund von Intelligenz* sei (vgl. Bd. 1, S. 63), gleichsam diabolisch verkörpert sieht.

Wenn Walter seinen Widerwillen gegen das *aufgelöste Wesen*, das Ulrich und die Moderne in seinen Augen kennzeichnet, bei Gesprächen mit Clarisse zum Ausdruck bringt, kommt es gelegentlich zu prononciert komödienhaften Dialogmomenten, wie sie für den Beginn des Romans überhaupt charakteristisch erscheinen. Ein Beispiel gibt etwa die Tirade, mit der Walter, um Clarisse zu warnen, über Ulrichs jede Gewißheit suspendierendes Verständnis für das Uneindeutige und Ambivalente herzieht:

> »Jede schlechte Handlung wird ihm in irgendeiner Beziehung gut erscheinen. Immer wird für ihn erst ein möglicher Zusammenhang entscheiden, wofür er eine Sache hält. Nichts ist für ihn fest. Alles ist verwandlungsfähig, Teil in einem Ganzen, in unzähligen Ganzen, die vermutlich zu einem Überganzen gehören, das er aber nicht im geringsten kennt. [...] Ich weiß nicht, ob ich mich dir verständlich machen kann« (Bd. 1, S. 65).

Und als Antwort der angesprochenen Frau folgt darauf die ernüchternde Replik: *»Doch« sagte Clarisse. »Aber ich finde das sehr nett von ihm«* (ebd.).

Ähnlich vollzieht sich der eheliche Schlagabtausch einige Momente später. Walter hat seine Tirade über das *aufgelöste Wesen* der Zeit,

104 Von »Denormalisierungsängsten«, welche den unproduktiven Universalkünstler auch wegen der eigenen Schaffenshemmung quälen, sprechen wir hier im Sinn von Jürgen Links bedeutendem Normalismus-Buch, das die Kategorie der »Normalität« als eines der wichtigsten diskursiven Merkmale der Moderne herausstellt (vgl. Jürgen Link, *Versuch* [s. Anm. 5], S. 236 f., 253 ff. und passim). Solche Ängste lösen bei Walter offenbar das Bemühen um eine verzweifelte Selbst-Normalisierung aus, die den Eindruck macht, als wolle sie geradezu überschwenglich den Maßen von Quételets »homme moyen« (vgl. ebd. S. 205 f.) entsprechen.

das Ulrich ausdrücke, beendet und fragt nun, *schmerzlich überrascht: »Dir gefällt das? [...] Das darfst du nicht im Ernst sagen!«* Aber auch jetzt fällt Clarisses Reaktion für Walter enttäuschend – und für den Leser wiederum subtil komisch – aus:

> »Das sagt er doch selbst!« behauptete sie.
> »Was sagt er selbst?!«
> »Ach, weiß ich's!? Daß heute alles aufgelöst ist. [...] Aber er nimmt es nicht so übel wie du« (Bd. 1, S. 65f.).

Mit dieser Bemerkung ist Ulrichs Abstand von den übrigen Romanfiguren gerade im Duktus der Causerie vielleicht am treffendsten auf den Begriff gebracht. Tatsächlich liegt der Unterschied ja weniger in den Befunden der Zeit- und Gesellschaftsanalyse selbst als vielmehr in dem Verzicht, aus den Befunden unmittelbare Konklusionen oder gar prompte moralische Werturteile zu ziehen. Besonders evident und zugleich aspektreich manifestiert sich das durch das Verhältnis, welches Ulrich mit einem dritten Gegenspieler, dem Wirtschaftsmagnaten Arnheim, verbindet. Als erfolgreicher Unternehmer und nicht minder erfolgreicher philosophierender Schriftsteller, der seine wesentlichen Züge nach der Manier eines *roman à clef* bekanntlich der historischen Gestalt wie den Schriften Walther Rathenaus verdankt[105], ist Arnheim unter Ulrichs Gegenspielern zweifellos der intellektuell bedeutendste: ein *Mann großen Formats* (Bd. 1, S. 190), der – von mancherlei Gewißheiten und zumal vom Wissen um das *Geheimnis des Ganzen* (Bd. 1, S. 194) erfüllt – das stolze Programm verfolgt, *Ideen in Machtsphären zu tragen* (Bd. 1, S. 109), was gleichsam das Leitmotiv seines Wirklichkeitssinns und seiner im Gegensatz zu Ulrich entschlossenen Tätigkeit bildet.

Im Figurenrepertoire des Romans repräsentiert Arnheim – wenn man so will – das Ideal eines humanistischen (auch renaissancehaften oder goetheanischen) *uomo universale*, dem es *zur Natur geworden* ist, *einer Gesellschaft von Spezialmenschen gegenüber als Ganzes und ein Ganzer zu wirken*, das heißt: in der Höhe einer *Führerschaft*, die befähigt erscheint, *die Einzelleistungen der Technik, Wissenschaften*

---

105 Daß Musil durch Rathenau nach eigener Auskunft »als Vorbild zu meinem großen Finanzmann« »erleuchtet« wurde, kann man bereits den Tagebüchern und Romanskizzen entnehmen (vgl. z. B. Musil, *Tagebücher* [s. Anm. 67], S. 166). Außerdem hat Musil schon 1914 eine kritische Rezension von Rathenaus Großessay *Zur Mechanik des Geistes* verfaßt: einem Buch, das neben anderem eine »Ethik«, eine »Ästhetik« und eine »Pragmatik der Seele« entwickelt und zu seinen speziellen Themen die Verbindung von »Seele und Praxis« zählt (vgl. ebd. S. 647-651, sowie Rathenau, *Zur Mechanik des Geistes,* Berlin [6]1917, bes. S. 381 ff.).

und Künste in sich zu vereinen und von hohem Standpunkt zu lenken (vgl. Bd. 1, S. 193f.). Für Ulrich stellt die Gestalt Arnheims daher die schärfste Herausforderung dar, und zwar nicht nur generell wegen Arnheims gesellschaftlicher Position und geistigem Engagement, sondern weil er die Einheit des Lebens, wie Rathenau, der historische Arnheim, sie mit höchstem Pathos etwa am Ende des Traktats *Von kommenden Dingen* gefeiert hat[106], mittels einer Synthese zu verwirklichen sucht, die Ulrichs Plan eines *Generalsekretariats der Genauigkeit und Seele* nicht völlig unähnlich ist[107]. Es handelt sich um den bis zu einem gewissen Grad verwandten Plan einer *Vereinigung von Seele und Wirtschaft oder von Idee und Macht* (Bd. 1, S. 108), was bedeutet, daß er Ulrichs Reflexionen – anders als beispielsweise Walter – nicht schlechthin widerspricht, sondern eher mit ihnen konkurriert, intellektuell durchaus anspruchsvoll und in der Breitenwirkung sogar unvergleichlich wirksamer. Was Arnheims Vorstellungen in der Sicht des Protagonisten wie des Erzählers trotzdem kompromittiert, ist neben anderen Motiven[108] in erster Linie ihr Mangel an Genauigkeit: ein Motiv, das der Roman zum Anlaß nimmt, mehrfach die wissenssoziologisch unvermeidbare Entwer-

---

106 Vgl. W. Rathenau, *Von kommenden Dingen*, Berlin [24]1917, S. 344 f.

107 Daß sie zumindest von ihren Antrieben her bestimmte Analogien zu den Problemen besitzt, welche für Ulrich die essentiellen sind, offenbart ein Erzählerkommentar, der einmal darauf hinweist, daß auch Arnheim – wie Ulrich – den ungelösten Widerspruch zwischen einer durch *Wiederholbarkeit* institutionalisierten Moral und dem *eigentliche[n] ethische[n] Erlebnis*, das etwas *ganz Persönliches und fast Unsoziales ist* (so lautet Musils Problemstellung schon in dem Essay »Das hilflose Europa oder die Reise vom Hundertsten ins Tausendste«), zu empfinden pflegt; denn *eine tiefe Stimme sagte ihm deutlich, daß man auf das Geld ebensowenig verzichten könne wie auf Vernunft und Moral. Eine andere, ebenso tiefe Stimme sagte ihm aber ebenso deutlich, daß man auf Vernunft, Moral und das ganze rationalisierte Dasein kühn verzichten sollte. [...] Ein moralisches Leben kam ihm als etwas Totes vor* (Bd. 2, S. 509).

108 Vor allem der opportunistischen Halbherzigkeit, mit der Arnheim die Spannung zwischen Seele und Wirtschaft, persönlich erlebter Ethik und allgemein geregelter Moral, durch den bequemen Rekurs auf eine *Arbeitsteilung*, die sich gleichsam *in Arnheim selbst [...] fand*, zu lösen versucht (vgl. ebd.). Analoge Betrachtungen zum Motiv einer solchen »Spaltung des Bewußtseins« enthält der Abschnitt mit dem Untertitel »Alle Wege zum Geist gehen von der Seele aus, aber keiner führt zurück«. Dort urteilt der Erzähler über Arnheim: *Wer ihn deshalb tadeln möchte, sollte bedenken, daß eine doppelte geistige Persönlichkeit zu besitzen, schon längst nicht mehr ein Kunststück ist, das nur Narren fertigbringen.* Vielmehr sei *im Tempo der Gegenwart* alle erfolgreiche intellektuelle Aktivität *auf der Begabung gegründet [...], für bestimmte Stunden gegen seine Überzeugung überzeugt zu sein, von dem vollen Bewußtseinsinhalt einen Teil abzuspalten und diesen zu einem neuen Vollüberzeugtsein auszubreiten* (Bd. 2, S. 391).

tung des Ideals universaler Kompetenz und Zuständigkeit nachzuzeichnen, am liebsten im Sinn der maliziösen Pointe, welche der *Ungenauigkeit [...] eine erhebende und vergrößernde Kraft* zuspricht (vgl. Bd. 1, S. 138). Dabei sind schon die ersten Charakteristiken, die Arnheims äußere Erfolge gleichzeitig erklären und argumentativ unterminieren sollen, von diskreter, doch deutlich negativierender Ironie geprägt. So insinuiert der Erzähler von Anfang an, daß die entschlossene Universalitätsprätention, welche als Norm und geheimer Vorwurf offenbar nicht mehr ernst zu nehmen ist, den das »Ganze« repräsentierenden *Mann, der mit jedem in seiner Sprache reden konnte* (Bd. 1, S. 188), gerade bei den »Fachleuten« verdächtig beliebt gemacht hat. Als Grund dafür werden eben die *kleinen Unrichtigkeiten und Mißverständnisse* in Arnheims Schriften angeführt, die den Fachleuten, welche anscheinend die seriöser fundierte Norm vertreten, eher behagten als zum Ärgernis wurden; denn:

> Sie lächelten selbstgefällig; [...] und wenn sie bemerken durften, daß sie auf ihrem eigenen Gebiet doch noch etwas beträchtlich anderes darstellten als er, so erwiesen sie sich dafür dankbar, indem sie ihn einen geistvollen Mann nannten, einen genialen oder ganz einfach einen universalen, was unter Fachleuten soviel sagt, wie wenn man unter Männern von einer Frau erklärt, daß sie eine Schönheit für den Frauengeschmack sei (Bd. 1, S. 191 f.).

Dazu kommt, daß Arnheims nach Universalität strebendes Programm, *die Sphäre der Macht mit Ideen zu durchdringen*[109], an ein *von Tätigkeit ausgefülltes [...] Dasein* gebunden ist; das heißt: Wie Ulrich als zweifelnder und wartender »Dilettante« durch den »Möglichkeitssinn« charakterisiert wird, so erscheint Arnheim umgekehrt als ein »Mann der Wirklichkeit« (vgl. Bd. 1, S. 186). Deshalb kann nicht ausbleiben, daß zwischen Arnheim und Ulrich im Verlauf der Parallelaktion eine kontinuierlich schwelende Rivalität, ja Fehde entsteht. Angetrieben von einem Antagonismus, der ausgeglichener wirkt als jener im Verhältnis zu Walter, erzeugt sie mitunter durchaus romangemäße Peripetien, wenn Arnheim teils beinahe hingebungsvoll um seinen Rivalen wirbt und teils mit Diotima verärgert über Ulrichs Skepsis und »spöttische Sabotage« Klage führt[110]. Insofern

---

109 Da dies Programm für seine Person eine Art Leitmotiv abgibt, kehrt es im Lauf des Romans auch leitmotivartig in geringfügig variierten Formulierungen wieder, so hier (Bd. 2, S. 635) mit einer kleinen Änderung gegenüber der bereits zitierten ersten Erwähnung, bei der Arnheim beansprucht, *neue Ideen oder, wenn es erlaubt sei zu sagen [...], überhaupt erst Ideen in Machtsphären zu tragen* (Bd. 1, S. 109).

110 Vgl. dazu als besonders aufschlußreiche Stellen Bd. 1, S. 323 oder 274 f. Beim letzteren Passus, der zu dem Kapitel »Zwischen Ulrich und Arnheim ist einiges

als Arnheim unablässig für das »wirkliche Leben« wie für das »Einfache« plädiert, erhebt er – ohne es zu wissen – die Gegensätze, die Ulrich von Walter trennen, sozusagen auf eine höhere Ebene, auf der Walters Prinzipien nun weit differenzierter und, vom Erfolg des »Großschriftstellers« gestärkt, auch eindrucksvoller zur Geltung kommen[111].

Sehr bewußt tritt Arnheim mit diesem Plädoyer, welches das Bürgerliche seines Wesens zugleich bekräftigen und in Richtung Geistesadel transzendieren soll, indes an die Seite Seiner Erlaucht, des Grafen Leinsdorf, der im Roman die handlungsauslösende Initiative zur Parallelaktion ergreift. Ihn weiß der große Finanzmann zu rühmen, weil *dieser wahre Pair eben so sicher eingefügt wäre [...] in die großen überlieferten Gefühle und Ideen, auf denen das wirkliche Leben ruht*, jenes wirkliche Leben, von dem im gleichen Kontext gesagt wird: *Das wirkliche Leben macht einfach* (Bd. 1, S. 323). Literarisch gesehen, begibt Arnheim sich hier – wie viele seiner Leser und Anhänger – aber auch erneut in die Nähe Bourgets[112], in dessen *Essais* der Widerstreit von »wirklichem Leben« und analytischer Beobachtung, »vie« und »esprit d'analyse«, ja eines der Hauptthemen ausmacht, und zwar dergestalt, daß Bourget – wie Arnheim alias Rathenau – im

nicht in Ordnung« gehört, äußert Ulrich seine *Überzeugung [...], daß Denken eine Einrichtung für sich ist, und das wirkliche Leben eine andere*, während Diotima wohl Arnheims Ansicht wiedergibt, wenn sie meint, es sei *der Sinn alles Denkens, gedrängte Anwendungsfähigkeit zu sein*. Nicht unwichtig für das Verständnis der Figurenkonstellation des Romans wirkt an dieser Stelle auch der Umstand, daß Arnheim den »Mann ohne Eigenschaften« keineswegs – wie viele, ja die meisten Interpreten das tun – als passiv und handlungsunfähig betrachtet, sondern zu einem *sehr aktiven Menschen in Abwehrstellung* erklärt. Dem entspricht anderenorts Ulrichs Selbstcharakteristik, die auf einen *aktiven Passivismus* verweist, der dem *Warten eines Gefangenen auf die Gelegenheit des Ausbruchs* gleiche (vgl. Bd. 2, S. 356 und 368).

111 Demnach versteht sich von selbst, daß Arnheim einmal umgekehrt eben von Walter gegen Ulrichs Kritik verteidigt wird. Ulrich hat Anstoß an Arnheims Schriften genommen, nach denen die wissenschaftlichen und technischen *Errungenschaften [...] eine an ihnen reich gewordene Zeit verhindern, gute, ganze und einheitliche Menschen hervorzubringen*, woraufhin Walter bemerkt, *er wolle nicht sagen, daß Arnheim das Beste sei, was man sich vorzustellen vermöge, aber immerhin sei er das Beste, was die Gegenwart hervorgebracht habe. Zwar einwandfreie Wissenschaft, aber zugleich auch über das Wissen hinaus!* (Bd. 1, S. 214).

112 So kommt man nicht umhin, bei Arnheims Würdigung des *wahre[n] Pair* an die sentimentalisch verklärende Darstellung typischer Adelsgestalten in den Bourgetschen Romanen zu denken, beispielsweise in *Le Disciple* an die Gestalt des Comte André, eines *soldat et gentilhomme*, der dort als *cet officier si un et si simple* gefeiert wird; vgl. Bourget, *Le Disciple* [s. Anm. 45], S. 177 und passim.

Pathos von Wirklichkeitssinn und dementsprechender Tätigkeit das Heil für alle »Krankheiten« der Moderne erblickt: eine Panazee sowohl gegen die Auflösung des gesellschaftlichen Ganzen als auch gegen die Auflösung der elementaren Einheit des Ich. Wenn Bourget den Argumenten der Dekadenz-Kritik etwas kontrafaktisch Positives abgewinnt, dann lautet die vielleicht engagierteste Wegweisung nämlich, 1888 als Fazit einer Rezension von Barrès' *Sous l'œil des Barbares* formuliert: *L'action mène l'homme au réel, et le réel finit par le forcer à sentir vraiment*[113].

Mit dem Grafen Leinsdorf haben wir eine vierte und – im Rahmen unserer Darstellung – letzte Gestalt erwähnt, die der von Ulrich beobachteten und weitgehend anerkannten Multiplizität moderner Lebensverhältnisse widerstrebt[114]. Allerdings kann man den *spiritus rector* der Parallelaktion – im Unterschied zu Arnheim, dem Großschriftsteller und philosophierenden Wirtschaftsmagnaten – nicht eigentlich als einen Antagonisten des »Mannes ohne Eigenschaften« bezeichnen. Dafür wird er als konservativer Angehöriger des Hochadels von vornherein in einer allzu großen sozialen und indirekt auch historischen Distanz von den typischen Orten der Moderne situiert. Deshalb bedarf Leinsdorf in gewisser Weise der Fürsprache Arnheims, wenn seine Art, »Ordnung und Bindung« zu verstehen, mit apologetischen Untertönen aktualisiert werden soll[115]. Ansonsten pflegt er als engste Vertraute bei der Parallelaktion Diotima, die *ungebrochene Frau* von *jene[r] Schicksalsmacht [...], die den Intellekt mit Seinskräften zu umschlingen vermöge* (Bd. 1, S. 100), zu protegieren, weil er gleich den adligen jungen Herren empfinden mag, daß

---

113 Bourget, *Essais* (s. Anm. 18), Bd. 2, S. 253. Im übrigen steht hier, was den Satz von der mit dem wirklichen Leben versöhnenden Tätigkeit anbelangt, zwischen Bourget und Arnheim (Rathenau) – wenn man so will – Hugo von Hofmannsthal, der in seinem Aufsatz über D'Annunzios *Le vergini delle rocce* im Sinne sowohl Bourgets wie Arnheims erklärt: »Ins Leben kommt der Mensch dadurch, daß er etwas tut«, oder: »Nur das Tuen entbindet die Kraft und die Schönheit« (vgl. Hofmannsthal, *Prosa* I [s. Anm. 36], S. 235 und 237).

114 Als eine weitere Figur, die sich dieser Runde – obwohl nur partiell – anschließt, wäre der dank fachlicher Klugheit durchaus qualifizierte Sektionschef Tuzzi zu nennen, weniger wegen seiner Gesamteinstellung als wegen seines anti-modern ›epischen‹ Lektüreprogramms: *Er [...] las von schöngeistigen Büchern [...] nur die Bibel, Homer und Rosegger und darauf tat er sich etwas zugute, weil es ihn vor Zersplitterung bewahrte* (vgl. Bd. 1, S. 208, vgl. auch 197).

115 Als das am nachdrücklichsten geschieht, beschwört Arnheim die für Leinsdorfs Traditionsbindung *richtunggebende Kraft des Bodens* und distanziert sich gleichzeitig mit besonderer Schärfe von Ulrich, der *ein gefährlicher Mensch* sei, *mit seiner infantilen moralischen Exotik und seinem ausgebildeten Verstand, der immer ein Abenteuer sucht* (vgl. Bd. 1, S. 323 f.).

das unzersplitterte Sein [...] nun einmal etwas für den Adel [...] ist (Bd. 1, S. 101), wie der Erzähler einmal mokant bemerkt. Des weiteren verbindet den Grafen mit Diotima die selbstverständliche Hochschätzung der »Kultur«, genauer gesagt: der »alte[n] österreichische[n] Kultur«, oder der Sinn für eine – den Konversationen des Proustschen Romans vergleichbare – Salongeselligkeit, welche dem *Bedürfnis [...] entspringt, eine menschliche Einheit vorzutäuschen* (vgl. ebd.)[116]. Am tiefsten nähert Leinsdorf sich seiner Schutzbefohlenen wohl durch die *Auffassung, daß jede Leistung – nicht nur die eines Beamten, sondern ebensogut die eines Fabrikarbeiters oder eines Konzertsängers – ein Amt darstelle*. Sie bedeutet einen Konsens auch im bewußt vorkapitalistischen, »organischen« Staatsgedanken[117], für den der »Begriff Amt« wichtig wird, weil er jene *seit dem Mittelalter abhanden gekommene religiöse Einheit des menschlichen Tuns* zu ersetzen scheint, die gerade Diotima besonders am Herzen liegt (vgl. ebd.)[118].

---

116 Daß hier in der Tat eine Täuschung vorliegt, weiß Musil so gut wie Proust. Jedenfalls heißt es bei der Schilderung des ersten Empfangs, der für Arnheim gegeben wird, über die diskursive Zersplitterung des Publikums: *So stießen Spezialisten der Ewesprachen und Komponisten aufeinander, die voneinander noch nie einen Ton gehört hatten, Webstühle und Beichtstühle, Menschen, die bei dem Worte Kurs an den Rennkurs, Börsenkurs oder Seminarkurs dachten* (B. 1, S. 188). Und wenn der Generalist Arnheim, der, *was alle getrennt sind, [...] in einer Person [...] ist*, ausnahmsweise *mit jedem in seiner Sprache reden konnte*, dann wirkt das, als *ereignete sich etwas noch nie Dagewesenes* (ebd.).

117 Zu den politischen Konzepten des Prinzen Aloys zu Liechtenstein, nach denen Leinsdorfs Ideen, die später noch eine »korporativistische« Renaissance erfahren sollten, in manchen Zügen modelliert sind, vgl. Musils eigene Erläuterungen in *Tagebücher* (s. Anm. 67), S. 229 f., sowie Götz Müller, *Ideologiekritik und Metasprache in Robert Musils »Der Mann ohne Eigenschaften«*, München 1972, S. 17 ff.

118 Durch diesen nostalgischen Blick zurück zum Mittelalter erweisen sich Leinsdorf und Diotima als »Romantiker« im Sinne von Hermann Brochs Roman *Die Schlafwandler*, wo der konklusive Essay vom »Zerfall der Werte« befindet: »Denn das Mittelalter besaß das ideale Wertzentrum, auf das es ankommt, besaß einen obersten Wert, dem alle anderen Werte untertan waren: den Glauben an den christlichen Gott«. Dabei spielt Broch das Mittelalter gegen die »Sachlichkeit« der Moderne aus, in der sich das mittelalterliche »Wertzentrum« in die verselbständigten Wertsphären unterschiedlicher Logik[en]« des »Soldaten«, des »Militärs«, des »Wirtschaftsführers«, des »Malers«, des »Revolutionärs« oder des »bürgerlichen Faiseurs« aufgespalten hat (vgl. Hermann Broch, *Die Schlafwandler*, Zürich o. J., S. 474 f.). Daß Broch die solcherart »autonom gewordene Vernunft« für »radikal böse« hält (vgl. ebd. S. 663), versetzt ihn dann selbst gewissermaßen in eine Reihe mit Ulrichs fiktionalen Gegenspielern und unterscheidet die ideologische Perspektive der Schlafwandler – trotz aller Ähnlichkeit der Befunde – scharf von jener des *Mann ohne Eigen-*

Immerhin darf Graf Leinsdorf trotz aller Distinktion und Distanz, die er gegenüber der Moderne grundsätzlich bewahrt, als ein auf seine Weise intelligent aufmerksamer Zeitgenosse gelten. Das ist ein Sachverhalt, den Musil herbeiführt, um an dem Beispiel des keineswegs völlig quijotesken Altaristokraten neben den Phänomenen einer Multiplizität der Kulturen gleichfalls und fast noch stärker die prägende Kraft einer Multiplizität gesellschaftlicher Wertsphären, Funktionen und Diskurse aufzuzeigen, und zwar mit einem witzigen Scharfblick, der dem neuerer soziologischer Systemtheorien – insbesondere der Luhmannschen – verwandt ist. So verhält Leinsdorf sich bei aller fundamentalen Religiosität insofern realitätsgerecht und – wenngleich möglicherweise resignativ – aufgeklärt, als er eingesehen hat,

> daß sich heute der Geist in vielem der Bevormundung durch die Kirche entzogen habe. Denn er konnte sich nicht vorstellen, wie zum Beispiel eine Fabrik, eine Börsenbewegung in Getreide oder eine Zuckerkampagne nach religiösen Grundsätzen zu leiten wären, während andrerseits ohne Börse und Industrie ein moderner Großgrundbesitz rationell nicht zu denken ist (Bd. 1, S. 99).

Ökonomische Funktionen verlangen eben andere Strategien und Verhaltenskriterien als religiöse Funktionen, unabhängig von irgendwelchen persönlichen Überzeugungen, weshalb der Erzähler bei der Betrachtung des sich instinktiv modernisierenden Pair dann fortfährt: *Es gibt etwas wie ein fachliches Gewissen, das unter Umständen dem religiösen widerspricht, und Graf Leinsdorf war überzeugt, daß selbst der Kardinal Erzbischof dabei nicht anders handeln könnte als er* (ebd.). Freilich ist damit noch nicht gesagt, daß eine solche Einsicht die verschiedenen Diskurse, in denen Graf Leinsdorf sich bewegen muß, gleichermaßen durchqueren und erhellen würde. Die Einsicht resultiert aus dem Diskurs der Ökonomie; doch scheint sie in den Diskurs der Politik, wie er dem Grafen zur Verfügung steht, nicht ohne weiteres übertragbar zu sein; denn in diesem letzteren Diskurs ist Leinsdorf entschieden eine andere, zweite Person:

> Freilich war Graf Leinsdorf auch jederzeit bereit, dies [gemeint ist die Divergenz von Wirtschaft und Religion, U. S.-B.] in öffentlicher Herrenhaussitzung zu bedauern und die Hoffnung auszusprechen, daß das Leben zu der Einfachheit, Natürlichkeit, Übernatürlichkeit, Gesundheit und Notwendigkeit der christlichen Grundsätze wieder zurückfinden werde (ebd.).

---

schaften. Umgekehrt könnte man sich die Position Musils in Brochs Roman bezeichnenderweise nur schwer personal repräsentiert vorstellen.

Und darauf folgt ein Satz, der wohl zu den scharfsichtigsten gehört, die man in der Romanliteratur des frühen 20. Jahrhunderts finden kann. Jedenfalls nimmt er das entscheidende Moment aller Diskurstheorien vorweg, die dann im nächsten Fin-de-siècle sozusagen zur Doxa geworden sind: *Das war, sobald er zu solchen Ausführungen* [in öffentlicher Herrenhaussitzung, U. S.-B.] *den Mund öffnete, wie wenn man einen Kontaktstöpsel herausgezogen hätte, und er floß in einem anderen Stromkreis* (ebd.).

Die Kommentare, welche hier nicht ohne Moquerie vom Erzähler abgegeben werden, könnten indes im gleichen Tonfall auch von Ulrich stammen. Das liegt daran, daß die Perspektiven des Erzählers und der von ihm privilegierten Romangestalt in wesentlichen Belangen weitgehend identisch erscheinen[119]. Wie Ulrich, der kaltblütige »Dilettante«, seine Beobachtungen von Auflösung und Multiplizität macht, ohne diese Phänomene – um mit Clarisse zu sprechen – prompt »übelzunehmen«, so verhält sich in den veröffentlichten Teilen des Romans auch dessen auktoriale Instanz bei ihrer soziokulturellen Bestandsaufnahme. Auch der Erzähler nimmt, was er zu berichten hat (»daß heute alles aufgelöst ist«, »heute ist alles Zerfall«), längst nicht »so übel«, wie das in einer stringenten ideologischen Tradition beispielsweise Bourget Hofmannsthal oder später noch Hermann Broch in *Die Schlafwandler* tun[120]. Dementsprechend unter-

119 Daß der Erzähler zu seinem Protagonisten ein überwiegend solidarisches, mitunter komplizenhaftes Verhältnis pflegt, läßt sich an mancherlei Indizien belegen. So wird der Begriff »Abenteuer«, mit dem Arnheim Ulrichs *Verstand, der immer ein Abenteuer sucht*, charakterisiert (vgl. Bd. 1, S. 324), in Musils Skizzen einmal für den Roman insgesamt verwendet, welcher ebenfalls *ein geistiges Abenteuer, eine geistige Expedition und Forschungsfahrt* sein soll (vgl. Bd. 5, S. 1940). Trotzdem sind die beiden Perspektiven nicht einfach gleichzusetzen. Bemerkenswert ist jedoch, daß gewisse auktoriale Distanzierungen von Ulrich in den nachgelassenen Entwürfen deutlicher werden als im Romantext selbst. Sie betreffen in erster Linie Ulrichs Mangel an »Güte«; so Bd. 5, S. 1874: *ideologische Überspanntheit und fehlende Güte (U)*, oder Bd. 5, S. 1859, wo zum Stichwort *Ahnung der Lebenseinheit* vermerkt wird: *Liebe ohne Güte (U)*, im Unterschied etwa von Lindners *Güte ohne Liebe* oder Hagauers *Güte ohne Größe*. Wenn man die Perspektiven dagegen auch im Romantext allzu weit separiert, wirkt das für ein adäquates Verständnis hinderlich, und ausgesprochen irreführend ist sicher die Meinung: »Ulrich ist selbst der Inbegriff alles dessen, was im Roman *auch* ironisch und satirisch beleuchtet wird« (vgl. Aspetsberger, »Musil« [s. Anm. 73], S. 139).

120 In einem *Exposé* zu Brochs Roman nimmt Musil zwar einmal »Absichten« wahr, *die sich teilweise mit meinen berühren*; doch äußert er später nachdrücklich seinen Dissens, was die ideologische Tendenz anbelangt, mit der diese »Absichten« ausgeführt werden, und notiert unter dem Stichwort »Broch«: *Er macht den philosophischen Roman suspekt. Kann ich diesen Roman immanent*

scheidet sich Musils Roman von vielen anderen Romanen, die den gleichen zeitdiagnostischen Absichten verpflichtet sind, durch eben jene Haltung eines erstarkten, ja heroisierten »Dilettantisme«, die auch seinen Protagonisten, den *Mann ohne Eigenschaften*, von dessen eigenschaftsreichen Gegenspielern Hans Sepp, Walter, Arnheim oder dem Grafen Leinsdorf unterscheiden. Dieser Unterschied verleiht dem Mann ohne Eigenschaften als Erzählung einen guten Teil seiner narrativen Singularität, die hier nicht zuletzt im Register einer Ironie besteht, welche gelegentlich eher eine unzeitgemäße Heiterkeit als die zeitgemäß angesagte Trauer verrät, von der etwa Brochs Traktat und Roman-Fazit über den »Zerfall der Werte« erfüllt ist.

Höchst problematisch mußte für Musil dann allerdings das insgesamt geplante Romanprogramm werden, nämlich der Umstand, daß Ulrichs kühle Unerschrockenheit und dandyhafte »impassibilité« gegenüber der pluralisierenden Moderne im Rahmen dieses weiter gespannten Projekts ja nicht unbedingt das letzte Wort behalten sollten. Vor dem Hintergrund des zu vollendenden Entwurfs waren sie bekanntlich bloß als eine Komponente gedacht, die dem Respekt vor der »Genauigkeit« diente, hinter deren geschichtlich erreichten Stand weder Ulrich noch sein Autor zurückfallen wollten. Für das Ensemble der Geschichte planten indes beide ein Experiment der Synthese, das heißt: jenes »Generalsekretariat«, das der »Seele« und deren transgressiven Utopien nicht weniger als der »Genauigkeit« gewidmet wäre. Oder poetologisch gemäß den Notizen einer Musilschen »Selbstanzeige« ausgedrückt: Wohl war der *Mann ohne Eigenschaften* zum einen als »eine Satire« – und »kein Bekenntnis« – intendiert, doch mußte daneben stets die andere, gegenläufige Devise im Auge behalten werden: *Es ist keine Satire, sondern eine positive Konstruktion* (vgl. Bd. 5, S. 1939).

Zu einer solchen »positiven Konstruktion« gehört nun aber ganz wesentlich die Folge der »Utopien«, welche der »Möglichkeitsmensch« Ulrich nach seiner satirischen Bestandsaufnahme aus der Wirklichkeitswelt entwickeln sollte, um dieselbe auf eine Weise zu überwinden, die ihrer historisch gewachsenen Komplexität gerecht wird, sie jedoch nicht einfach durch den Rekurs auf eine etwa mittel-

---

kritisieren? Ist ein Gedankenroman schlecht, wenn seine Gedanken falsch sind? Ist er schlecht, wenn die Form Mängel hat? (vgl. Musil, *Tagebücher* [s. Anm. 67], S. 313 und 567). Daß Musil Brochs »Gedanken« für »falsch« halten mußte, ist angesichts des Traktats vom »Zerfall der Werte« evident; »Mängel« der »Form« mag Musil in dem Umstand gesehen haben, daß dieser Traktat nicht wirklich in eine gedankliche Auseinandersetzung integriert ist, sondern auf die Romanerzählung lediglich so unvermittelt wie affirmativ appliziert wird.

alterliche »Geschlossenheit des Welt- und Wertbildes« à la Broch (oder Diotima, Leinsdorf, Walter usw.) voluntaristisch negiert. Von diesen Utopien werden in Musils Nachlaß am häufigsten eine »Utopie der induktiven Gesinnung«, eine »Utopie des anderen Zustands« und eine »Utopie des tausendjährigen Reichs« genannt, deren Inhalt und Anordnung indessen weithin unklar bleiben. Fest steht, soweit ich sehe, lediglich die Absicht, die »Utopie des anderen Zustands« scheitern zu lassen, so daß sie *durch die der induktiven Gesinnung [...] später abgelöst werden wird* (vgl. Bd. 5, S. 1907). Damit war innerhalb der intendierten Synthesenbildung offenbar eine erneute Präferenz für wirklichkeitsadäquate »Partiallösungen« geplant[121]; denn vor der Eintragung *Mit ihr schließt das Buch* steht einmal die Utopie und Wirklichkeit so klarsichtig realistisch wie angespannt idealistisch in eins setzende Notiz *Als letztes bleibt [...] die [Utopie,* U. S.-B.*] der induktiven Gesinnung, also des wirklichen Lebens übrig* (vgl. Bd. 5, S. 1887)[122].

Doch sei dem, wie ihm wolle: auf jeden Fall verlangten die transgressiven Experimente im Bereich der »Seele«, wie immer sie auch enden mochten, eine radikal andere Sprache und Erkenntnisdisposition als die vorwiegend ironische der »Genauigkeit«. Derart entstand indessen ein letztlich unüberbrückbarer Hiat. Je luzider, scharfsinniger und rücksichtsloser Musil eine zeitdiagnostische Genauigkeit vorantrieb, umso schwerer, ja irrealisierbarer mußte sich für ihn danach die Aufgabe einer Verbindung mit dem »Seelischen« gestalten, zumal wenn dessen mystische Erfahrungen nicht einfach den Beliebigkeiten einer »ungenauen« Ausschweifung ausgeliefert werden sollten. In diesem Sinne dürfte dem *Mann ohne Eigenschaften* eben die Weite

121 Für sie ist bezeichnend und wichtig, daß die von anderen Autoren perhorreszierten Partialisierungen der Moderne – wie etwa das »berüchtigte Abstraktwerden des Lebens« – aus ihrer Synthese nicht mehr ausgeschlossen werden dürfen: *Hieher gehört auch das ganze Unpersönlichwerden, die Teilung in Spezialisten u. nur noch aus Mangel an Erkenntnis mitgeschlepptes Allgemein-Menschliches usw.: Eine Utopie der induktiven Gesinnung muß es unterbringen!* (Bd. 5, S. 1884). Ähnliche Intentionen offenbart die Notiz *Die Möglichkeit, ein Zentrum der Wertsphäre zu finden, wird später zurückgenommen* (Bd. 5, S. 1879), bei der gewissermaßen Max Webers Pluralität der Wertsphären über Brochs Pathos des Wertzentrums obsiegt.

122 Selbstverständlich ist der Begriff des ›wirklichen Lebens‹ hier nicht in dem Sinn zu verstehen, in dem ihn Arnheim gebraucht, doch zeigt er den Willen an, jene reale »soziale Problematik« einzubeziehen, welche die »zu individualistisch[e]« Utopie des anderen Zustands ignorierte (vgl. Bd. 5, S. 1907). Als ein charakteristisches Indiz dieses Willens kann etwa die Absicht gelten, eine *grundsätzliche Trennung* zwischen *induktiver Gesinnung für die wenigen* und *induktiver Gesinnung für die vielen* einzuführen (vgl. Bd. 5, S. 1884 f.).

der Sprachen und Erkenntnisse, die er sich so anspruchsvoll wie kein anderer fiktionaler Text des 20. Jahrhunderts vorgenommen hatte, zum Verhängnis der Unvollendetheit geworden sein. In der Tat erweist die Unvollendetheit sich hier nämlich insofern als ein Verhängnis, als sie nicht mehr ein bloß kontingentes Faktum darstellt, sondern den quasi heroischen Charakter der Unvollendbarkeit annimmt: Zeugnis einer literarisch-philosophisch-mystischen Grenzüberschreitung, wie sie mit ähnlicher Kompromißlosigkeit in ihrer (und unserer) Epoche kein zweites Mal unternommen wurde.

Ulrike Sprenger

Die Rache der Ästheten – Mme d'Arpajon, le jet d'eau d'Hubert Robert et la gaieté du grand-duc Wladimir

1. Einleitung

Die Wasserfontäne von Hubert Robert gehört – sei es als Wasserkunst, sei es als Gemälde – zu denjenigen real existierenden Kunstwerken, mit denen sich Proust am frühesten und am nachhaltigsten literarisch auseinandergesetzt hat[1]. Die erste Beschreibung der Fontäne findet sich in einem fiktiven mondänen Briefwechsel, den Proust 1899 für *La Presse* schrieb, und in dem der Schreiber seine Adressatin *ma chérie* mit gesellschaftlichen und künstlerischen aperçus unterhält[2].

1 Zu einer systematischen Aufstellung der Ekfrasis bei Proust und zum Versuch einer Unterscheidung zwischen zitierten und fingierten Gemälden vgl. künftig Sophie Bertho-Kibédi Varga: *Proust et les peintres*, erscheint demnächst. In *Du côté de chez Swann* nennt Proust das Gemälde *Les Grandes Eaux de Saint-Cloud*. Es existiert ein Bild Hubert Roberts mit dem Titel *Le jet d'eau*; welche der zahlreichen Fontänendarstellungen des Künstlers Proust konkret zitiert bleibt jedoch offen und ist hier nicht von Belang.

2 »Lettres de Perse et d'ailleurs. Les comédiens de salon – Bernard D'Algouvres à Françoise de Breyves«, in Marcel Proust: *Contre Sainte-Beuve*, hgg. Pierre Clarac/Yves Sandre, Paris 1971, S. 427-430, hier S. 427f.:
»Ma chérie, Quelle semaine! d'abord quand elle a vu annoncée cette fête des Eaux de Saint-Cloud, dont tu as dû entendre parler par tous les journaux, Mme de Tournefort a voulu nous y mener. Et là, entre parenthèses, j'ai reconnu un original dont j'avais vu chez ta cousine le portrait. T'en souviens-tu? Il fut peint par Hubert Robert il y a plus d'un siècle. Mais il est encore ressemblant. Il représente le grand jet d'eau de Saint-Cloud. De loin j'ai reconnu le charme ancien des hauteurs qui l'entourent et, lui, au milieu, frémissant à peine au vent et au soleil, comme une grande plume blanche. Je l'ai reconnu, c'est qu'il est, qu'il est [sic] quelque chose de plus que l'eau incessamment renouvelée au cours intermittent de sa vie séculaire et momentanée. Il n'a rien perdu de sa légèreté, de sa fraîcheur, et, debout dans le nerveux de son élan et le fondu de sa douceur, laissant flotter son panache agité et murmurant que le soleil dore comme un beau nuage, il le traverse de son ascension à chaque moment ou plutôt, tant elle semble immobile, à chaque degré de laquelle il semble jeter rapidement au bassin, comme un lest, de petites masses d'eau qui y tombent en y creusant ses seules rides, avec un petit bruit dont s'accroît le silence qui le suit et sur lequel s'entend et s'élance, plus harmonieuse, la tige fusante et recommencée. Et tout le long du parcours aérien les petites gouttes qui n'ont plus la force et qui retombent! C'était charmant.«

Schon hier ahnt der Schreiber und Betrachter im Vergleich von Gemälde und Fontäne, daß der sich stetig erneuernde Wasserstrahl mehr bedeutet, als es auf den ersten Blick scheint und versucht sich daran, dieses *plus* zu fassen: *Je l'ai reconnu, c'est donc qu'il est, qu'il est quelque chose de plus que l'eau incessamment renouvelée au cours intermittent de sa vie séculaire et momentanée.* Im Keim finden sich bereits alle Beschreibungselemente angelegt, die in der bekannten Passage mit dem merkwürdig anekdotischen Titel aus *Sodome et Gomorrhe* wiederkehren werden[3]: Die zugleich bewegte und statische Wassersäule – wenngleich Proust hier noch ihre erstaunliche *immobilité* betont – die Wassertropfen, die wie Ballast auf dem Weg nach oben abgeworfen werden und jene, die es nicht bis oben schaffen. Die Mehrbedeutung will sich jedoch nicht so recht gewinnen lassen und der Artikel schließt mit einem *C'était charmant*, das der fiktiven, naiv-entzückten Adressatin und dem realen Publikum geschuldet scheint und die *entre parenthèses* aufkeimenden Reflexionen zu Bewegung und Zeit in mondänem Geplänkel verebben läßt.

Die zweite, ebenfalls textgeschichtlich frühe Erwähnung findet die Fontäne mit Hubert Roberts Gemälde *Les Grandes Eaux de Saint-Cloud*, dessen Photographie die Großmutter dem kleinen Marcel zusammen mit der *Cathédrale de Chartres* von Corot und Turners *Vesuv* in *Du côté de chez Swann* schenkt[4]. Die Geschenke der Großmutter sollen der ästhetischen Erziehung in doppelter Weise dienen: Einmal, indem sie den Enkel mit großer Kunst und Architektur bekanntmachen, zum anderen aber versucht die Großmutter, jede Spur der *banalité commerciale* aus den geschenkten Abbildungen zu tilgen, mit der Absicht *d'y introduire comme plusieurs ›épaisseurs‹ d'art*. Es genügen ihr nicht Photographien der *Grandes Eaux*, der Kathedrale von Chartres oder des Vesuvs, sondern sie wählt Gemälde von Hubert Robert, Corot und Turner, und diese dann am liebsten in einer geadelten Form der Reproduktion wie einem Stich. Ihre vergeblichen Versuche, der Kontingenz des reproduzierbaren Bildes zu entgehen, das sich zwischen den Betrachter und das Objekt drängt, werden schon hier vom Erzähler mit Spott bedacht: *Il faut dire que les résultats de cette manière de comprendre l'art de faire un cadeau ne furent pas toujours très brillants* – die Abbildungen sind vergleichbar jenen von der Großmutter geschenkten Möbeln, die

3 Marcel Proust: *A la recherche du temps perdu*, hgg. Jean Yves Tadié et al., 4 Bde., Paris 1987-1989, hier Bd. III, S. 56 f. Alle Textangaben beziehen sich im folgenden auf diese Ausgabe.

4 *A la recherche du temps perdu* Bd. I, S. 40

zwar das Flair des Alters tragen, bei der ersten Benutzung jedoch zusammenbrechen.

Liest man zusätzlich eine der Skizzen zu *Combray* aus dem *Cahier* I, wird klar, daß solcher Erzähler-Spott noch eine milde Form ist, das von der Großmutter geradezu mit Aura überhäufte Kunstwerk zu profanieren. Hier nämlich wird die Fontäne explizit zum Resultat einer Masturbationsphantasie Marcels, der sich in das *petit cabinet sentant l'iris* eingeschlossen hat und während des verbotenen Aktes ein momentanes Gefühl von Entgrenzung und Unsterblichkeit gewinnt: *j'étais plus que tout cela, je ne pouvais mourir. [...] Enfin s'éleva un jet d'opale, par élans successifs, comme, au moment où il s'élance, le jet d'eau de Saint-Cloud, que nous pouvons reconnaître – car dans l'écoulement incessant de ses eaux, il a son individualité que dessine gracieusement sa courbe résistante – dans le portrait qu'en a laissé Hubert Robert, [...]*[5].

Bei aller Unterschiedlichkeit des Kontextes binden alle drei frühen Prätexte zum *jet d'eau d'Hubert Robert* diesen bereits eng an wichtige poetologische Fragen, die Proust die ganze *recherche* hindurch verfolgen wird, und machen seine Beschreibung damit zu einem metapoetischen Text *par excellence*. Schon der mondän plaudernde Brief wirft die Frage nach dem Verhältnis von Kontingenz und Dauer in der Kunst auf und deutet bereits zaghaft die Rolle des Wiedererkennens, also der Erinnerung, in der zukünftigen Poetik der *recherche* an: Jenes *plus*, das der Briefschreiber nicht zu fassen vermag, gleicht den Signalen, die in der *recherche* die *mémoire-involontaire*-Erlebnisse aussenden, und die den Erzähler schließlich dazu anleiten, Kontingenz und Dauer, erlebten Augenblick und Erinnerung künstlerisch ineins zu schließen. Proust zeigt den *jet d'eau* ganz im Sinne der späteren Poetik als einen Gegenstand, dessen Wahrnehmung sich erst in der Zeit entfaltet, und dessen Wert nicht, wie die Großmutter glaubt, in einer intrinsischen künstlerischen Eigenschaft liegt, sondern vielmehr in der Wiedererkennbarkeit seiner Form, in der Inspiration, die der Künstler durch die Verdoppelung der Wahrnehmung in der Zeit erfährt.

Mit der Wahl seines Motivs ist Proust hier nicht unbedingt originell: Seit der Antike wird das Motiv des Brunnens mit Zeit und Vergänglichkeit verbunden[6] – im 17. Jahrhundert ist er in Kunst und Architektur als Memoria- und als Vanitas-Allegorie verbreitet – eine

5 Ebd. S. 646

6 Vgl. zum Beispiel Albert Baur: *Wasserspiele für Götter, Fürsten und Volk*, München et al. 1992.

Tradition, in der auch Hubert Roberts Brunnen noch zu sehen ist, denkt man an die von Proust ebenfalls immer wieder zitierten künstlichen Ruinen Roberts, die Ende des 19. Jahrhunderts wieder in Mode kamen. Auch die Verbindung des künstlichen Springbrunnens mit dem Moment einer das Subjekt zugleich entgrenzenden und potentiell tödlichen Inspiration, den die Masturbation des kleinen Marcel in der Skizze auslöst, ist allein nicht provokant, sondern fügt sich eher unaufregend glatt in die erotische und künstlerische Bilderwelt des ausgehenden 19. Jahrhunderts[7]. Versucht man, die bereits im Zeitungsartikel angedeutete metapoetische Lesbarkeit historisch zu kontextualisieren, läßt sich die Beschreibung der Fontäne am ehesten emanzipatorisch lesen: Den Proust auch noch zur Entstehungszeit seines Romans treffenden Vorwürfen, er sei nur ein *décadent* unter vielen, versucht er zu begegnen, indem er auf der unsichtbaren Einheit beharrt, der *totalité* oder *unité*, die ein Werk zusammenhalten müsse, damit es sich von einer bloßen »Gemmen«-Sammlung *à la mode* unterscheide[8]. Die gegen die Bewegung und Ersetzbarkeit des einzelnen Wassertropfens betonte *immobilité* und Wiedererkennbarkeit von Hubert Roberts Fontäne wäre dann schon in diesem frühen Entwurf lesbar als Abgrenzung gegenüber einer Literatur ästhetizistischer Miscellanea, die Proust selbst zu dieser Zeit noch praktizierte und mit der er sich in seiner Korrespondenz alles andere als zufrieden zeigte. Der Springbrunnen von Hubert Robert wäre damit ein Vorläufer jenes *Balzac de Monsieur de Guermantes* und jener immer wieder programmatisch zitierten Wagner-Werke, an denen der Erzähler die Technik einer *unité ultérieure* so bewundert, die den Einzelteilen ihre Unabhängigkeit läßt, sie aber in eine übergeordnete, leitmotivische Struktur einbindet, die den eigentlichen Sinn trägt.

Spannend und spezifisch für Prousts Schreibweise wird das Motiv des *jet d'eau* jedoch erst – und dies sei mein Ausgangspunkt – wenn man die diachron wie synchron höchst komplexe narrative Handlungseinbettung betrachtet, mit der die Fontäne zuletzt in *Sodome et Gomorrhe* aufgenommen wird. Schon in *Combray* nämlich ist auf raffinierte Weise die später auf den ersten Blick unvermittelte Einlassung der Fontäne in die Welt der unerfüllten homosexuellen Liebe um Charlus und Albertine vorbereitet: Unter den von der Großmut-

7 Vgl. zum Beispiel den Umgang mit künstlichen Wasserspielen in Baudelaires *Fleurs du Mal*.

8 Zu den Dekadenzvorwürfen und Prousts Antwortstrategien vgl. vor allem Antoine Compagnon: *Proust entre deux siècles*, Paris 1989 und André Oeschger: Mondanität und Dekadenz, Europäische Hochschulschriften Bd. 175, Bern et al. 1992.

ter geschenkten Abbildungen steht Hubert Roberts Fontäne zwischen Corots Kathedrale, einem später vor allem in Zusammenhang mit Elstirs Malerei und dem geplanten Romankunstwerk des Erzählers aufgerufenen metapoetischen Motiv[9], und Turners Vesuv, einer Darstellung jenes Vulkans, der Pompeij begrub, dessen Zerstörungskraft Charlus sehr viel später angesichts des vom Kriege bedrohten Paris heraufbeschwören wird, und dessen Ascheregen der Erzähler mehrfach explizit mit dem biblischen Schwefelregen in Verbindung bringt, der Sodom und Gomorra zerstörte[10]. Gerahmt von einer statischen, ästhetisch hochvalorisierten Steinsäule auf der einen und einer zerstörerischen Feuerfontäne auf der anderen Seite nimmt Hubert Roberts *jet d'eau* bereits hier eine Position ein, die erahnen läßt, daß er in seiner Ausarbeitung die eingangs skizzierte, eher konventionelle Allegorik von Dauer in der Zeit weit hinter sich lassen wird. Ich will im folgenden grob nachzeichnen, wie Proust bei der narrativen Ausgestaltung des Motivs und seiner Einbettung in die *soirée des Guermantes* in den verschiedenen bereits anzitierten semantischen Paradigmen arbeitet – von Kunst und Zeit bis hin zur Profanierung der ästhetischen Erziehung –, und vor allem welche Konsequenzen diese »Arbeit im Paradigma«[11] für die metapoetische Dimension der Fontäne nach sich zieht. In drei Schritten werde ich zunächst die semantische, dann die erzähltechnische und schließlich die metapoetische Reichweite der Beschreibung skizzieren[12].

2.1 Hubert und Robert: Die Fontäne als Bild der Gesellschaft

2.1.1

Die auf- und absteigenden Tropfen, in die sich der von weitem zeit- und leblose *jet d'eau* beim Herantreten des betrachtenden Erzählers auflöst, lassen sich mühelos mit den gesellschaftlichen Bewegungen zur Deckung bringen, deren Zeuge dieser kurz zuvor geworden ist:

9 Vgl. u.a. *A la recherche du temps perdu* Bd. II, S. 191ff.

10 Vgl. u.a. Ebd. Bd. IV, S. 385 f.

11 Vgl. Rainer Warning: *Das Imaginäre der Proustschen ›Recherche‹*, Reihe Konstanzer Universitätsreden Nr. 201, Konstanz 1999

12 An dieser Stelle möchte ich den Teilnehmern meiner Proust-Übung des Sommersemesters 1999 danken, insbesondere Petra Dodell, Thomas Kasper und Sophia Simitzis, die mir in intensiven Diskussionen zahlreiche Anregungen gaben.

Der Pariser Adel, der sich bei der Princesse de Guermantes ein Stelldichein gibt, erscheint wie die Fontäne von ferne als ein anachronistisches Stilgemälde; aus der Nähe indessen zeigt sich wie bei den Wassertropfen die Fallhöhe der einzelnen Mitglieder dieser als Ganzes erhalten gebliebenen Gesellschaft: Die einen steigen auf, die anderen ab, und jederzeit sind alle in Gefahr, von den Positionswechseln der Nachbarn mitgerissen zu werden. Bei der neuen Geliebten des Duc de Guermantes, der Duchesse de Surgis-le-Duc, ist der Name Programm – sie steigt auf aus den Fluten, um sich sogleich als skulpturales Element in die historische Eleganz des Palais Guermantes einzufügen: *beaucoup de regards s'étant levés vers un balcon Renaissance à l'angle duquel, au lieu des statues monumentales qu'on y avait appliquées si souvent à cette époque, se penchait, non moins sculpturale qu'elles, la magnifique duchesse de Surgis-le-Duc, celle qui venait de succéder à Mme d'Arpajon dans le cœur de Basin de Guermantes.* Der steinerne Rahmen der Architektur suggeriert hier eine gesellschaftliche und historische Kontinuität sozialer Auserwähltheit, deren ganze Höhe vom Einzelnen nie gehalten werden kann, wie der Fall von Mme d'Arpajon zeigt, und wie Proust es am Ende der *recherche* im berühmten *bal des têtes* noch umfassender und drastischer vorführen wird.

Das unfreiwillige Bad der Mme d'Arpajon ist Höhepunkt und Sinnbild ihres gesellschaftlichen Abstiegs, sie selbst wird zu einem müden Tropfen, den eine stets aufstrebende mondäne Gesellschaft als Ballast abwirft, zum Tribut, den deren scheinbare skulpturale Geschlossenheit fordert:

> Un de ces petits accidents, qui ne se produisaient guère qu'au moment où la brise s'élevait, fut assez désagréable. On avait fait croire à Mme d'Arpajon que le duc de Guermantes – en réalité non encore arrivé – était avec Mme de Surgis dans les galeries de marbre rose où on accédait par la double colonnade, creusée à l'intérieur, qui s'élevait de la margelle du bassin. Or, au moment où Mme d'Arpajon allait s'engager dans l'une des colonnades, un fort coup de chaude brise tordit le jet d'eau et inonda si complètement la belle dame que, l'eau dégoulinant de son décolletage dans l'intérieur de sa robe, elle fut aussi trempée que si on l'avait plongée dans un bain.[13]

Ein in *Cahier* II erhaltener Entwurf der Episode[14] scheint mir mit dieser Bedeutungsebene der Fontäne als Gesellschaftsallegorie ein für

13 *A la recherche du temps perdu* Bd. III, S. 57

14 Proust hat den gesamten Beginn von *Sodome et Gomorrhe II* und insbesondere die *jet d'eau*-Episode mehrfach intensiv überarbeitet, zuletzt noch in den

Proust charakteristisches Namensspiel zu treiben: Der Prince de Guermantes (der später den sehr viel anspielungsreicheren Namen Gilbert tragen wird) heißt hier noch Hubert und wird genauso penetrant häufig beim Vornamen genannt wie sein Großneffe Robert de Saint-Loup. Der alternde, absteigende Guermantes, der zuletzt Mme Verdurin heiraten wird, mischt sich mit dem jungen, aufsteigenden zu einer scheinbar stabilen, adeligen »Hubert Robert-Gesellschaft«.

Das erlebende Ich der Handlungsebene beobachtet die kontingenten Rangwechsel nicht nur von außen, sondern ist ebenfalls als Tropfen im Spiel: Wir erinnern uns, daß er sich zunächst, zu Beginn von *Sodome et Gomorrhe*, noch nicht einmal sicher ist, tatsächlich zu der *soirée* eingeladen zu sein. Nachdem sich diese Frage geklärt hat, braucht er nun dringend jemanden, der ihn dem Prinzen von Guermantes vorstellen kann. Swann ist mit dem Prinzen beschäftigt und so blitzt Marcel nacheinander bei Mme de Souvré, Monsieur de Charlus und auf besonders schroffe Weise bei Mme d'Arpajon ab, die sich schweigend abwendet, bis M. de Bréauté ihn schließlich vorstellt[15]. Das unfreiwillige Bad der Mme d'Arpajon erfährt durch Marcels Involviertheit in das snobistische Spiel eine zusätzliche ironische Wendung: Hier rächt die Handlungsführung den düpierten Helden und knüpft zugleich implizit wieder an die zitierte Masturbationsphantasie aus *Cahier* I an, die im veröffentlichten Text noch in einzelnen phallisch assoziierten Vokabeln wie *durci*, *panache pâle*, *rectitude*, *tension*, *tige* und *jaillissement* erkennbar bleibt: Die heimlich befriedigende Beobachtung der Mme d'Arpajon als völlig durchnäßte »Maculata« ist für Marcel sowohl soziale Rache als auch intratextuelle Travestie seiner erotischen Phantasien: Die abgesetzte, alternde, eifersüchtige Geliebte, für die die Fontäne alles andere als ein Jungbrunnen ist (*bravo, la vieille*) nimmt hier den Platz jener jugendlichen, phantasmatischen *baigneuses* um die zentrale Diana oder Bathseba Albertine ein, derer Marcel nie habhaft werden kann; und an seiner Stelle verlacht der Großfürst Mme d'Arpajon mit der gleichen Schamlosigkeit, mit der die *petite bande* in der zufriedenen Ge-

---

Druckfahnen. Die hier zitierte vierbändige Pléiade-Ausgabe gibt im Anmerkungsapparat eine frühe Daktylographiefassung und die Entwürfe aus *Cahier II* wieder, die sich stark von der endgültigen Fassung unterscheiden. Generell sind hier die gesellschaftlichen Anspielungen, sowie die intertextuellen Verweise auf andere Kunstwerke zahlreicher und expliziter, während die bildlich-allegorische Ebene noch weniger dicht ausgearbeitet ist. Vgl. *A la recherche du temps perdu* Bd. III, S. 1300 ff.

15 Ebd. Bd. III, S. 52: »Mme d'Arpajon fut plus lâche encore que Mme de Souvré...«.

wißheit ihres Eros den alten Mann auf der Mole auslacht[16]. Zugleich aber, und darauf wird im nächsten Abschnitt noch einzugehen sein, beobachtet Marcel in Mme d'Arpajon natürlich auch ein alter ego, das seine eigenen Leiden an der Eifersucht aus *La Fugitive* und *La Prisonnière* vorwegnimmt. In der gaieté des grand-duc Wladimir klingt das eruptive, orgastische Lachen einer Erzählermacht mit, die in Mme d'Arpajons Sturz Rache für ihren gesellschaftlich düpierten Helden nimmt und nebenher noch ein raffiniertes Inversionsspiel mit dessen erotischen Phantasmen inszeniert:

> Alors non loin d'elle, un grognement scandé retentit assez fort pour pouvoir se faire entendre à toute une armée et pourtant prolongé par périodes comme s'il s'adressait non pas à l'ensemble, mais successivement à chaque partie des troupes; c'était le grand-duc Wladimir qui riait de tout son cœur en voyant l'immersion de Mme d'Arpajon, une des choses les plus gaies, aimait-il à dire ensuite, à laquelle il eût assisté de toute sa vie.

2.1.2

Abgesehen von den hier bereits reich ausgebeuteten intratextuellen Bezügen zur gesellschaftlichen und erotischen Biographie des Helden gewinnt die Passage um den *jet d'eau* ihre eigentliche Komplexität jedoch erst durch die reichhaltigen Intertexte. Auf die Allgegenwart der Moralistik muß an dieser Stelle kaum hingewiesen werden: Der *amour-propre* wird auf Handlungsebene zum Beispiel in der Geste Mme de Souvrés augenfällig, der es gelingt, Marcel zugleich vorzustellen und nicht vorzustellen, engagiert zu erscheinen, ohne ihre eigene Position zu kompromittieren, oder auch in der Beschreibung der dann endlich erfolgenden Vorstellung durch Monsieur de Bréauté, welcher sich von dem scheinbaren Gefallen eventuell eigene soziale Vorteile erhofft[17]. Die Darstellungsebene faßt die geheimen

16 Ebd. Bd. II, S. 149f.

17 Ebd. Bd. III, S. 54f.: »Moins puissant que Mme de Souvré, mais moins foncièrement atteint qu'elle d'inserviabilité, beaucoup plus à l'aise avec le prince que ne l'était Mme d'Arpajon, se faisant peut-être des illusions sur ma situation dans le milieu des Guermantes, ou peut-être la conaissant mieux que moi, j'eus pourtant les premières secondes quelque peine à capter son attention, car les papilles du nez frétillantes, les narines dilatées, il faisait face de tous côtés, écarquillant curieusement son monocle comme s'il s'était trouvé devant cinq cents chefs-d'œuvre. Mais ayant entendu ma demande, il l'accueillit avec satisfaction, me conduisit vers le prince et me présenta à lui d'un air friand, cérémonieux et vulgaire, comme s'il lui avait passé en les recommandant une assiette de petits fours.«

Strategien des *amour-propre* in elegante moralistische Formeln: *cette phrase d'apparence stupide et d'intention délicate...; Mme de Souvré avait l'art, s'il s'agissait d'appuyer une sollicitation auprès de quelqu'un de puissant, de paraître à la fois aux yeux du solliciteur le recommander, et aux yeux du haut personnage ne pas recommander ce solliciteur, de manière que ce geste à double sens lui ouvrait un crédit de reconnaissance envers ce dernier sans lui créer aucun débit vis-à-vis de l'autre*[18].

Compagnon hat auf die große Bedeutung hingewiesen, die die Texte Racines, insbesondere *Esther*, im Kontext von *Sodome et Gomorrhe* einnehmen, und zwar weniger in Form von eindeutig mit der Handlung parallelisierbaren Zitaten, als vielmehr als eine Art universelles ›Inversionsdispositiv', das gerade in der verschobenen Analogie von Primär- und Intertext alle Möglichkeiten sozialer, rassischer und sexueller Inversionen oder Metamorphosen sichtbar macht und die beiden so auserwählten wie verfolgten Gruppen der Juden und der Homosexuellen in raffinierten Merkmalsattribuierungen einander immer wieder überschneiden läßt: Jüdisch/christlich, adelig/nichtadelig, jung/alt, und vor allem weiblich/männlich sind in ganz *Sodome et Gomorrhe* und vor allem dort, wo der Racinesche Intertext aufscheint, beliebig kon- und invertierbare Merkmale. Jeanne Bem und Rainer Warning haben über diesen Befund hinausgehend genaustens jene Techniken nachgezeichnet, mit denen der jüdische und der homosexuelle Diskurs einander wechselseitig belehnen und auszehren, in einer Bewegung, die Bedeutungen immer wieder sowohl zusammenschließt als auch dissoziiert[19].

Eine solche Bewegung ließe sich für den Kontext der *jet d'eau*-Episode schon im Entwurf des *Cahier* II bei den genannten *Hubert* und *Robert* nachweisen, von denen der eine sich zum *Dreyfusard* (seine Mutter heißt hier Esther!) bekehren läßt, und der andere eine Jüdin lieben wird, bevor er schließlich homosexuell wird. Im veröffentlichen Text ist der explizite Verweis auf *Esther* getilgt, mit dem Swann im *Cahier* beim Anblick des Palais de Guermantes sagt: *Ainsi voici d'Esther les superbes jardins*, er wird jedoch später wieder aufgenommen und der Garten der Guermantes bleibt in jedem Fall der Garten Esthers im Sinne Compagnons: Im Umfeld des *jet d'eau* finden sich Inversionen auf allen Ebenen; ich möchte hier nur beispiel-

18 Ebd. S. 49 f.

19 Antoine Compagnon: »Racine est plus immoral«, in Ders.: *Proust entre deux siècles*, S. 65-107. Jeanne Bem: »Le juif et l'homosexualité dans ›A la recherche du temps perdu‹«, in *Littérature* 37 (1980) 100-112. Rainer Warning: »Befleckter Weißdorn: Zum Imaginären der ›Recherche‹«, in Ders.: *Proust-Studien*, München 2000, S. 179-211.

haft einige nennen, die sich im Umfeld der »Inversionskatalysatoren« Swann und vor allem Charlus vollziehen: Swann, von allen für gesellschaftlich inadäquat gehalten, wird vom Prince de Guermantes zu einem Privatissimum beiseite genommen, in dessen Verlauf sich der Jude als *Antidreyfusard* und der Christ als *Dreyfusard* outet. Charlus scheint festgelegt, was *race* und *religion* betrifft, da er ostentativ das Kreuz des Malteserordens trägt, aber die Darstellungsebene streut gezielt geschlechtliche und sexuelle Ambiguitäten: Als *»Harmonie« noir et blanc de Whistler* erinnert der Baron an das Porträt von dessen Mutter und vereint auch in seiner ihm vom Erzähler unterstellten Rolle als Markgraf beim Einmarsch der Sänger in *Tannhäuser* die Männlichkeit des Grafen mit der Weiblichkeit Elisabeths[20]. Wenig später zitiert der Erzähler für das Gespräch von Charlus mit Vaugoubert dann *Esther* explizit als einen Referenztext, der den jüdischen mit dem homosexuellen Diskurs engführt[21]. Auch für die *soirée* der Guermantes als den unmittelbaren Kontext der *jet d'eau*-Episode trifft also Compagnons Befund jener »double inversion« zu, die zunächst die weiblichen, jüdischen Gefährtinnen Esthers auf der Handlungsebene des Proustschen Textes in männliche, christliche Objekte des Begehrens verwandelt, um diese durch die Einführung des Intertextes auf Darstellungsebene wieder als Original-Travestie, als eine Aufführung der »Demoiselles de Saint-Cyr« lesbar zu machen, für die Racine seinen Text ursprünglich schrieb.

Man muß nicht alle Einzelheiten der hochkomplizierten, Juden und Homosexuelle immer wieder sowohl analogisierenden als auch differenzierenden Inversionsthematik nachzeichnen, um zu sehen, daß das Bild des *jet d'eau* auch diese, die Differenzen zwischen jüdisch/christlich, weiblich/männlich, homo-/heterosexuell nicht aufhebende sondern austauschende Bewegung des Textes spiegelt. Die Opposition von oben und unten, von aufsteigend und absteigend, überlagert sich in der »Nahaufnahme« der bewegten Wassertropfen mit der Opposition weiblich und männlich; die Zuordnung der Attribute ist jedoch keineswegs stabil, sondern folgt ebenfalls einem Prinzip der Inversion, so daß die Lesart einer Korruption des Männlichen durch Effeminierung, wie man sie hier auf den ersten Blick

20 Die Manuskriptversion aus *Cahier* II ist bei all diesen, in der endgültigen Fassung bis zur Opazität verdichteten Anspielungen sehr viel expliziter. Hier wird eine Konstante von Prousts Überarbeitungsstrategie deutlich – nämlich die expliziten Vergleiche zugunsten metaphorischer und metonymischer Verweise zu tilgen und damit inhaltliche Ambiguitäten ihr Äquivalent in einer zunehmenden Mehrdeutigkeit der Darstellung, namentlich des Zitats finden zu lassen.

21 *A la recherche du temps perdu* Bd. III, S. 64f.

und vor dem Hintergrund von Prousts Homosexualitäts-Diskurs vermuten möchte, in einer umfassenderen, apokalyptischen Bildlichkeit aufgeht:

> De près, des gouttes sans force retombaient de la colonne d'eau en croisant au passage leurs sœurs montantes et, parfois, déchirees, saisies dans un remous de l'air troublé par ce jaillissement sans trêve, flottaient avant d'être chavirées dans le bassin. Elles contrariaient de leurs hésitations, de leur trajet en sens inverse, et estompaient de leur molle vapeur la rectitude et la tension de cette tige, portant au-dessus de soi un nuage oblong fait de mille gouttelettes, mais en apparence peint en brun doré et immuable, qui montait, infrangible, immobile, élancé et rapide, s'ajouter aux nuages du ciel.[22]

Wenn vom *trajet en sens inverse* der fallenden Tropfen die Rede ist, so scheinen diese in einer weiblichen *molle vapeur* die Rigidität des männlichen Strahls zu gefährden. Gleichzeitig aber setzt sich jener aus ihren *sœurs montantes* zusammen, und die *molle vapeur* wird zuletzt doch wieder als vom Fall erlöste Wolke in den Himmel aufsteigen. In der »Totalen« bietet der Strahl trotz aller Inversionen und Abbrüche der einzelnen Tropfentrajektorien zwar ein Bild der Stabilität und Immobilität, mit seiner »goldbraunen Wolke« gemahnt dieses aber wiederum an ein mögliches apokalyptisches Ende. Gerade das statische Bild kündigt den von Proust immer wieder zitierten Schwefelregen über Sodom und Gomorra an. Die Bewunderung für das immobile Kunstwerk, zu dem die Fontäne aus der Ferne erstarrt, wird noch zitiert, im Vergleich zum allerersten Entwurf aus *La Presse* gewinnt sie vor dem Hintergrund der Inversionsthematik jedoch eine durchaus ambivalente Bewertung: Hier trägt plötzlich die Bewegung die Zeichen der Endlosigkeit, während dem immobilen, wiedererkennbaren, ästhetisierbaren Bild das Menetekel eingeschrieben ist.

Ich will noch kurz auf zwei weitere, verborgenere, aber nicht weniger wichtige Intertexte eingehen, die meines Erachtens die Beschreibung des *jet d'eau* als Metapher gesellschaftlicher Untergangsphantasien lesbar machen, und das Lachen Wladimirs als *bruit préalable du cataclysme*, wie Marcel die Ahnung seines Gesellschaftssturzes in der Skizze zu *Sodome et Gomorrhe II* formuliert.[23]. Die

---

22 Ebd. S. 57

23 Der eigene gesellschaftliche Sturz ist hier noch nicht explizit mit der Fontäne assoziiert, wohl aber finden wir den Vesuv wieder: »Articulant mon nom avec plus de netteté encore qu'il n'avait fait un instant pour: ›Son Excellence Monsieur l'Ambassadeur d'Espagne‹, il le lança à tous les échos avec une telle vio-

Bibel wird nicht nur im Umweg über Racines *Esther* zitiert, sie findet noch an einer für den Leser zunächst überraschenden Stelle Eingang in den Text: Als Marcel in M. de Bréauté endlich jemanden findet, der bereit ist, ihn dem Prince de Guermantes vorzustellen, wird dieses in einer von Proust erst spät eingefügten und befremdlichen Passage beschrieben:

> Alors, du fond de ces jardins, où jadis le duc d'Aiguillon faisait élever les animaux rares, vint jusqu'à moi, par les portes grandes ouvertes, le bruit d'un reniflement qui humait tant d'élégances et n'en voulait rien perdre. Le bruit se rapproche, je me dirigeai à tout hasard dans sa direction, si bien que le mot ›bonsoir‹ fut susurré à mon oreille par M. de Bréauté, non comme le son ferrailleux et ébréché d'un couteau qu'on repasse pour l'aiguiser, encore moins comme le cri du marcassin dévastateur des terres cultivées, mais comme la voix d'un sauveur possible.[24]

Kein Zweifel: Nur aufgrund seiner eigenen gesellschaftlichen Rettung kann Marcel darüber hinwegsehen, daß M. de Bréauté eigentlich ein grunzendes Schwein ist. Und zwar nicht irgendein Schwein, sondern jener »wilde Eber im Weingarten des Herrn«, mit dem in Psalm 80,14 die Feinde des Volkes Israel verglichen werden. Über dieses nur auf den ersten Blick harmlos-witzige, an mittelalterliche Bestiarien oder barocke Tierdarstellungen dekadenter Gesellschaften anknüpfende Motiv verliert Marcel für einen Augenblick – vgl. den Tempuswechsel zum Präsens – die bisher strikt gewahrte Distanz zur Frage jüdischer oder homosexueller Identität. Er ist plötzlich nicht nur in die Intrigen des Faubourg involviert, sondern wird selbst zum möglichen Opfer von Abrahams Messer oder des schnüffelnd suchenden Schweins, das sich dann doch entscheidet, im jüdisch-homosexuell bewohnten Garten der Guermantes nicht als *sauvage*, sondern als *sau-*

---

lence, que le phénomène dût être perçu jusque dans les salles les plus reculées du vaste palais. Pour moi j'étais pareil au sinistré qui vient d'entendre le bruit préalable du cataclysme qui va l'anéantir dans quelques secondes, et avec la lucidité contradictoire et pourtant si fréquente dans ces angoisses suprêmes, je regardais les salons où pour la dernière seconde les invités rieurs et insouciants ne se doutaient pas plus que les voûtes allaient s'écrouler que ne purent faire un moment les spectateurs, les prêtres ou les simples habitants, a Gaza, rue Favart ou à Herculanum, quand commençait déjà l'éruption du Vésuve, l'accès de colère de Samson ou l'incendie de l'Opéra-Comique.« *A la recherche du temps perdu* Bd. III, S. 1303. Hier zeigt sich erneut, wie vielschichtig die Motive von *jet d'eau* und Vulkan miteinander verknüpft sind – Proust lobt Hubert Robert an anderer Stelle als jenen Maler, der so viele Pariser Bauwerke unmittelbar vor ihrem Untergang festgehalten hat (wie zum Beispiel die Opéra-Comique) und damit das Ganze als künftige Ruine zu zeigen vermochte.

24 *A la recherche du temps perdu* Bd. III, S. 54

veur Marcels aufzutreten. Vor diesem Hintergrund wird jener Windstoß, der das unfreiwillige Bad Mme d'Arpajons verursacht, erneut als erzählerische, jetzt biblisch unterfütterte Rachephantasie eines gedemütigten, bzw. jederzeit entdeckungsgefährdeten Helden lesbar. Die Windbö wendet die drohende Strafe des Herrn für Sodom und Gomorra in seine Hilfe für das jüdische Volk: Die Psalmen evozieren immer wieder Gott als Wind, der die Feinde Israels wie Staub, Grashalme oder eben Wassertropfen vor sich hertreibt.

Beim nächsten und letzten Beispiel für die äußerst komplexen semantischen Verdichtungen und Inversionen, die das Motiv des *jet d'eau* im Laufe seiner Bearbeitung erfahren hat, handelt es sich eher um einen Fall von Interdiskursivität: Der Hof von Versailles ist schon durch Racine aufgerufen und findet explizit dort Erwähnung, wo Charlus mit dem Bruder des Königs verglichen wird: *Je traversai les jardins et remontai l'escalier où l'absence du prince, disparu à l'écart avec Swann, grossissait autour de M. de Charlus la foule des invités, de même que quand Louis XIV n'était pas à Versailles, il y avait plus de monde chez Monsieur, son frère.*[25] Der Baron hält Hof; der homosexuelle Bruder übernimmt die Macht, während sich der Herrscher einem Juden zuwendet. Hier wird jedoch nicht nur der absolutistische Hof profanatorisch invertiert, sondern auch dessen kunstvolle barocke Techniken zitiert, mit der er die eigenen Machtdispositive zur Schau stellte und im wörtlichen Sinne reflektierte[26]. Nicht umsonst kann ein russischer Großfürst so schallend über das unfreiwillige Bad der Mme d'Arpajon lachen (der grand-duc Wladimir tritt nur an dieser Stelle der *recherche* auf): Es war besonders an russischen und polnischen Höfen des ausgehenden 17. und des 18. Jahrhunderts weit verbreitet, die Wasserspiele im Park nicht auf bloßes Schauspiel zu beschränken, sondern mit intermittierenden Überraschungsfontänen, deren Mechanik verborgen blieb, Vorübergehende zu durchnässen. Eines der ausgeklügeltsten Systeme dieser Art befand sich in Peterhof im Park Peters des Großen, und Proust dürfte die drastische Vermittlung des barocken *memento mori*-Gedankens zumindest dem Hörensagen nach bekannt gewesen sein: Petersburg wird in der *recherche* neben Berlin, Paris und London mehrfach als Zentrum mondänen Lebens erwähnt, und seine Fontänen galten noch zu Prousts Zeiten als die berühmtesten neben denen von Versailles[27]. Mit der Durchnässung

25 Ebd. S. 58

26 Die Verwandtschaft von Fontänen und Spiegeln als Reflexionsmedien zentralistischer Macht ist augenfällig.

27 Ich selbst verdanke dem Petersburger Kunsthistoriker Alexej Leporc eine ausgezeichnete Führung durch Peterhof, nebst einer theoretischen und prakti-

von Mme d'Arpajon wäre der Fontäne als dem Bild einer kontrollierten gesellschaftlichen Apokalypse *en miniature* nach barocker Vorlage damit schon auf Handlungsebene ein Moment der Autoreflexivität eingeschrieben: Die *foule imprudente et contemplative*, die jederzeit durchnäßt werden kann, verbindet in dieser merkwürdigen Kombination von kontemplativer Distanz und unmittelbarer Gefahr körperlicher Demütigung die Betrachtung ihrer selbst mit der Inszenierung eines jederzeit möglichen Endes aller Gesellschaft: *Malheureusement un coup de vent suffisait à l'envoyer obliquement sur la terre; parfois même un simple jet désobéissant divergeait et, si elle s'était pas tenue à une distance respectueuse, aurait mouillé jusqu'aux moelles la foule imprudente et contemplative.*[28] Prousts Figuren geben sich angesichts der Fontäne nicht einer romantischen Kontemplation hin, für die zum Beispiel bei Rousseau das Zusammenspiel von natürlichem und »gezähmten« Wasser Anlaß gäbe, sondern der Kontext stilisiert den *jet d'eau* zum biblischen Zeichen des Untergangs, zur apokalyptischen Selbstschau einer zugleich auserwählten und verdammten, beinahe schon untergegangenen Gesellschaft.

Es dürfte bis hierher klargeworden sein, daß die Beschreibung der Fontäne auf dem Weg zu ihrem endgültigen Platz in *Sodome et Gomorrhe* eine semantische Dichte gewonnen hat, die eine einsinnige Deutung zunehmend verbietet. Ironische Masturbationsphantasie, Rache eines sozial gedemütigten Helden, Bild gesellschaftlicher Mobilität und Kontingenz am Ende des 19. Jahrhunderts, Schauspiel der Inversion, heraufbeschworene Strafe oder Hilfe eines alttestamentarischen Gottes gleichermaßen: Der *jet d'eau* von Hubert Robert wird zum Herzstück intra- und intertextueller Überblendungen, bei denen die Zuschreibung einzelner Merkmale in Aporie zueinander geraten müssen und sollen. Dabei teilen alle Anspielungen einen Hang zur Apokalypse, der nicht mehr wie die erste Fassung den Gedanken der Dauer in der Zeit, des Überdauerns der Form stark macht, sondern vielmehr ein prekäres Gleichgewicht vorführt, das gerade im Augenblick der Fixierung auf sein eigenes Ende vorverweist. Die auf allen Ebenen angelegten Verweise, die sehr viel mehr über historische Assoziationen des Erzählers als über Erinnerung funktionieren, erreichen bereits hier eine *épaisseur*, wie sie später in Prousts ebenfalls apokalyptischen Beschreibungen von Paris im Krieg wiederkehren wird: Die Stadt vor ihrem Untergang wird in atemberaubenden Ver-

schen Einweisung in barocke Überraschungsfontänen. Zu Technik und Bedeutung dieser Spiele vgl. Reinhard Zimmermann: *Künstliche Ruinen. Studien zu ihrer Bedeutung und Form*, Wiesbaden 1989.

28 *A la recherche du temps perdu* Bd. III, S. 57

schmelzungen zu Venedig, Jerusalem, Konstantinopel und Pompeij stilisiert; 1914 überlagert sich immer wieder selbstverständlich mit Bildern von 1815[29].

2.2 Marcel und Proust: Die Fontäne als Fiktionsironie

Ob man die *jet d'eau*-Episode nun als biblische Rache eines durch Sodom und Gomorra erzürnten Gottes liest, oder als Rachephantasie eines sozial gedemütigten erlebenden Ich – immer implizieren solche Lesarten einen distanzierten, diskursmächtigen Erzähler, der mit epochen- und stilübergreifender Virtuosität über die Bilder des Untergangs verfügt. Einzelne, verhaltene Signale für einen Kontroll- und Distanzverlust seitens des beobachtenden/erlebenden Ich wurden bereits zitiert – kann man aber dennoch davon ausgehen, daß der Erzähler die Gefahr durchnäßt zu werden, in der sich sein Held immer wieder befindet, stets aus wahlweise ironischer oder ästhetisierender Perspektive zu kontrollieren und zu überhöhen vermag?

Im Umfeld der Beschreibung des *jet d'eau* stößt man auf einige in der *recherche* eher seltene erzähltechnische Besonderheiten: Der Erzähler tritt in der Szene, in der Marcel auf der Suche nach dem Namen von Mme d'Arpajon ist, mehrfach als fiktiver Autor in Dialog mit seinem fiktiven Leser. Dieser schaltet sich ein, als der Erzähler gerade ausführlich beschrieben hat, wie Marcel in den Trümmern seiner Erinnerung nach den richtigen Buchstaben fischt, und verlangt, den Zusammenhang zwischen der Reflexion und Mme d'Arpajons Verhalten zu erfahren. Ich zitiere die Stelle ausführlich wegen der im Kontext der Erinnerung ungewöhnlichen thematischen, stilistischen und erzählerischen Elemente:

> Dans ce grand »cache-cache« qui se joue dans la mémoire quand on veut retrouver un nom, il n'y a pas une série d'approximations graduées. On ne voit rien, puis tout d'un coup apparaît le nom exact et fort différent de ce qu'on croyait deviner. Ce n'est pas lui qui est venu à nous. Non, je crois plutôt qu'au fur et à mesure que nous vivons, nous passons notre temps à nous éloigner de la zone où un nom est distinct, et c'est par un exercice de ma volonté et de mon attention, qui augmentait l'acuité de mon regard intérieur, que tout d'un coup j'avais percé la demi-obscurité et vu clair. En tous cas s'il y a des transitions entre l'oubli et le souvenir, alors ces transitions sont inconscientes. Car les noms d'étape par lesquels nous passons, avant de trouver le nom vrai, sont, eux, faux, et ne nous rapprochent en rien de lui. Ce ne sont même pas à proprement parler des

29 Vgl. Anm. 10

> noms, mais souvent de simples consonnes et qui ne se retrouvent pas dans le nom retrouvé. D'ailleurs ce travail de l'esprit passant du néant à la réalité est si mystérieux, qu'il est possible après tout que ces consonnes fausses soient des perches préalables, maladroitement tendues pour nous aider à nous accrocher au nom exact. »Tout ceci, dira le lecteur, ne nous apprend rien sur le manque de complaisance de cette dame; mais puisque vous vous êtes si longtemps arrêté, laissez-moi, monsieur l'auteur, vous faire perdre une minute de plus pour vous dire qu'il est fâcheux que, jeune comme vous l'étiez (ou comme était votre héros s'il n'est pas vous), vous eussiez déjà si peu de mémoire, que de ne pouvoir vous rappeler le nom d'une dame que vous connaissiez fort bien.«[30]

Die mehrfach gebrochene, erzähltechnisch an Romanen und Erzählungen des 18. Jahrhunderts geschulte Passage könnte man unter anderem als Kritik an einem naiven Leser verstehen, der ungeduldig auf den Fortgang der »Geschichte« wartet, sich nicht für die subtilen Unterscheidungen zwischen Gedächtnis und Erinnerung oder deren Mechanismen interessiert und höchstens über den geistigen Verfall der Jugend nörgeln möchte; genauso aber läßt sich die Stelle als subtile Ironisierung eines Erzählers verstehen, dessen heißes Verlangen, in die Gesellschaft der *soirée* aufgenommen zu werden, dessen Begehren *d'en être* ihn dazu treibt, gegen allen Anschein auf seiner guten Bekanntschaft mit Mme d'Arpajon zu beharren und nach ihrem Namen zu suchen. Auch als der fiktive Autor erläutert, die Ausführungen dienten nur dazu, die Funktionsweise von Zeit und Erinnerung gerade über ihre Brüche und Aussetzer zu begreifen, und er auf diese Weise seine eigene Vergeßlichkeit als Funktion der Erinnerung stilisiert, gibt sich der fiktive Leser nicht zufrieden, sondern will es wissen: »*Enfin, Mme d'Arpajon vous présenta-t-elle au prince?*« Darum geht es ja eigentlich, um die Befreiung des Ich aus seiner gesellschaftlich demütigenden Außenseiterrolle. Mit dieser Frage aber fällt ein ironisches Schlaglicht auf den ausführlich reflektierenden Erzählerdiskurs, der plötzlich auch als Verzögerungstaktik, als Rückzug in die ergebnislose wahrnehmungstheoretische Grübelei in einem Augenblick gesellschaftlicher Not gelesen werden kann, die auch den Erzähler hinabzuziehen droht. Aus einer solchen ironischen Perspektive ähnelt die Stelle jener überraschenden Rechtfertigungs- und Definitionswut, die den Erzähler in *A l'ombre des jeunes filles en fleurs* befällt, als er von Blochs unverblümter Frage berichtet: *Es-tu Snob?*[31] und Mme d'Arpajons *leçon muette* für das erlebende Ich erscheint in umso stärkerem Kontrast zu der Hilflosigkeit mit der das

30 *A la recherche du temps perdu* Bd. III, S. 51
31 Ebd. Bd. II, S. 100ff.

erzählende Ich gegen diese Lehre anredet. Ob man nun eher die Rolle des fiktiven Lesers oder die des Erzählers (fiktiven Autors) ironisiert sehen möchte, in jedem Fall wird hier das Verhältnis von Erzählen und Reflektieren *en abyme* gesetzt und die Diskursmächtigkeit des Erzählers gebrochen. Die Fiktionsironie führt nicht erzählerische Macht über die eigene Fiktion vor (wie oft bei den Vorbildern des 18. Jahrhunderts), sondern die Ohnmacht des Erzählers, die vielfältigen Textstrategien und Redeweisen seines narrativen Textes zur Deckung zu bringen.

Betrachtet man den Inhalt der Reflexion, so könnte man auf den ersten Blick meinen, hier kündige sich im Vorfeld des *jet d'eau* dessen gedankliche Überhöhung an, wie sie bereits im ersten Entwurf aus *La Presse* ansatzweise geleistet wurde und in der Beschreibung aus *Sodome et Gomorrhe* zunächst zurückgenommen schien. Es geht um Wiedererkennen, um Erinnerung, und an einigen Stellen liest sich die Reflexion zum Wiederfinden von Mme d'Arpajons Namen wie die bekannten Apotheosen der *mémoire involontaire*: *Enfin d'un coup le nom vint tout entier...; On ne voit rien, puis tout d'un coup apparaît le nom exact et fort différent de ce qu'on croyait deviner.* Der Name taucht plötzlich und unerwartet aus scheinbar undurchdringlicher *obscurité* und *profondeur* auf, als der Wille zur Erinnerung bereits versagt hat. Bei genauerem Lesen jedoch dominieren jene Passagen, die das *jeu*, das *»cache-cache« qui se joue dans la mémoire* beschreiben, dessen Nutzen für die Erinnerung als Stadium der *transition* zwischen dem *néant* des Vergessens und der totalen Präsenz des Erinnerten nicht völlig ausgeschlossen werden kann.

Die Beschreibung der unzulänglichen *perches*, die der Erinnerung von falschen Buchstaben gereicht werden, spielt zwei verschiedene Konzepte des Erinnerns gegeneinander aus: Entweder sind die falschen Assoziationen nutzlose Geistesverrenkungen und verhindern das Erinnern mehr, als daß sie es befördern, oder es gibt tatsächlich einen Bereich der Übergänge, in dem der Vorgang des Erinnerns, der *regard intérieur* – unabhängig von Subjekt und Gegenstand – geübt und ausgebildet werden kann. An den Formulierungen, insbesondere den Satzanfängen, wird klar, daß die eingeschobene Reflexion sich nicht zwischen diesen zwei Modellen entscheidet, sondern daß es mehr um den Gestus des Reflektierens geht, um das Offenlegen der ineinandergreifenden Arbeit des *inconscient* von damals und der *conscience* von heute: *Non, je crois plutôt...; Certes mon esprit aurait pu...; J'ai tort de dire...; Je ne pense pas non plus...; En tout cas si...; Ce ne sont même pas...; D'ailleurs....* Auf beiden Ebenen also, der dargestellten wie der darstellenden, benennt und inszeniert die eingeschobene Reflexion eine geistige Arbeit, der die differentielle Bewegung immer eingeschrieben bleibt; weder auf inhaltlicher, noch auf stilistischer Ebene setzt sie eindeutige Signale für eine kontrollierte wahrnehmungstheoretische und ästhetische Überhöhung des Geschehens durch einen souveränen Erzähler. So scheint *monsieur le lecteur* zu recht ungehalten; die Funktion, die der vagabundierende Erzähler seiner Reflexion zuschreibt, wird mit diesem Befund aber auch ganz anders, nämlich metapoetisch lesbar: *Hé, monsieur, c'est que le mal seul fait remarquer et apprendre et permet de décomposer les mécanismes que sans cela on ne connaîtrait pas.* Was hier auseinandergenommen wird, sind nicht nur die geheimnisvollen, letztlich nicht linearen, nicht analogen und akausalen Mechanismen von Vergessen und Erinnern, sondern auch die Verausgabungen eines reflexiven, divagierenden Schreibens, das den Bezug zu seinem Gegenstand ständig wiederherstellen muß. Und dort, wo er es am wenigsten erwartet, auf dem Höhepunkt des mondänen Spektakels, dessen Fortgang er mit so großer Ungeduld eingefordert hat, wird der Leser erneut mit einem Bild dieses Schreibens, mit einer *décomposition* seiner *mécanismes* konfrontiert:

> D'un peu près, on voyait que cette continuité, en apparence toute linéaire, était assurée à tous les points de l'ascension du jet, partout où il aurait dû se briser, par l'entrée en ligne, par la reprise latérale d'un jet parallèle, qui montait plus haut que le premier et était lui-même, à une plus grande hauteur, mais déjà fatigante pour lui, relevé par un troisième.[32]

Was sich aus der Ferne wie eine kontinuierliche Aufwärtsbewegung ausnimmt, erweist sich aus der Nähe als von *reprises latérales* gespeist; wie in einem vertikalen Staffellauf werden die ermüdeten Wasserstrahlen von der Seite ersetzt: Hier wird jene Arbeit sichtbar, die den *jet* am Laufen hält, die kontinuierliche Investition, die seine scheinbare Homogenität aufrechterhält und auch die Brüche, aus denen er sich eigentlich zusammensetzt. Die Syntax bildet die atemlose Staffel nach und ähnelt auffallend jener aus der eben zitierten Reflexion. Die metapoetische Dimension der Fontäne erschöpft sich jedoch nicht im Abbild eines zugleich kontingenten und zielgerichteten Schreibens – der Wasserstrahl findet innerhalb der eingangs zitierten, metapoetisch lesbaren Trias seinen spezifischen poetologischen Ort zwischen Kathedrale und und Vulkan.

---

32 Ebd. Bd. III, S. 56

2.3 Kathedrale oder Vulkan: Die Fontäne metapoetisch

Wir haben bisher gesehen, daß der *jet d'eau d'Hubert Robert* an seiner endgültigen Stelle im Roman einerseits raffinierte metaphorische Überblendungen verschiedener für die *recherche* wichtiger Themenfelder trägt, er dabei insbesondere die einander überschneidenden Identifikations- und Abgrenzungsbewegungen verschiedener sozialer Gruppen (Adelige, Juden, Homosexuelle) innerhalb einer dekadenten Gesellschaft nachzeichnet und dazu in einer expliziten wie impliziten, intra- und intertextuellen Zitatvielfalt eine apokalyptische Bildlichkeit abruft. Zum anderen ließ sich zeigen, daß der Erzähler nicht als unbeteiligter Beobachter auftritt: Auf Handlungsebene findet er sich immer wieder in das universelle Intrigenspiel eingebunden, und Mme d'Arpajon weist als sein mehrfach »invertiertes« alter ego darauf hin, daß auch er in steter Gefahr schwebt, durchnäßt – i.e. gesellschaftlich fallen gelassen – zu werden.

Auf Darstellungsebene steht der *jet d'eau* ein für den Versuch, die halb unbewußten, halb bewußten, halb subjektiv-authentischen, halb gesellschaftlich »gezündeten« Mechanismen des Erinnerns zu beschreiben und damit letztlich für den Versuch, die unaufhebbare Differenz zwischen Erinnern und Erzählen, zwischen Gegenstand und Deutung in immer neuen Anläufen zu überbrücken. In den einander ablösenden Wasserstrahlen findet sich jene stets notwendige Zufuhr von Erzählerenergie abgebildet, jene unablässig deutende Sinnstiftung, die im Text den Anschein von Homogenität aufrechterhält; in der Leserzwiesprache zeigt sich dieser reflektierende Erzählaufwand zugleich gebrochen und ironisiert.

Bis hierher wäre der *jet d'eau d'Hubert Robert* noch nicht mehr als eine metapoetische Figur unter vielen, ähnlich den anderen Verräumlichungen, mit denen Proust das Zusammenspiel von subjektiver Inspiration (seien sie nun Erinnerung oder Imagination) und äußerer Kontingenz darstellt, von der *chambre obscure* in Combray bis zu den Kathedralen Elstirs. Ich glaube jedoch, daß der *jet d'eau* sich auf ganz spezifische Weise zwischen dem Bild der Kathedrale und dem des Vulkans situiert, zwischen die er ganz zu Beginn, bei seiner ersten Evokation in der *recherche* gestellt wird, und daß auch die Konsequenzen für die Schreibpraxis, die er entwirft, in seinem unmittelbaren Kontext ablesbar werden.

Eine dieser Konsequenzen, die sich im Bild des intermittierenden Strahls und seiner Wasserverluste abzeichnet, liegt, wie schon angedeutet, in der Brechung der Reflexion als autonomer, souveräner Erzählerdiskurs. Zum zweiten aber – und hier kehre ich zum Ausgangspunkt meiner Beobachtungen zurück, zu den frühen, bereits eindeutig metapoetisch angelegten Beschreibungen des *jet d'eau* – fehlt in der endgültigen Fassung genau jene Konstruktion, die zunächst die metapoetische Bedeutungsaufladung überhaupt zu ermöglichen schien: Das Moment des *reconnaître* fällt in der endgültigen Fassung fast vollständig aus und damit auch jene, mit der Poetik des Erinnerns auf den ersten Blick so harmonisch in Einklang stehende Ausdehnung in der Zeit, die der Brunnen durch die Verdoppelung in erinnertes Gemälde einerseits und wahrgenommenes Wasserspiel andererseits erfahren hatte. Es bleibt zwar ein Moment ästhetisierender Überhöhung auch in der vorliegenden Passage aus *Sodome et Gomorrhe* erhalten, und der Brunnen wird mehrfach zu einem Gemälde stilisiert (*ses lignes*; *en apparence peint*), der Vergleich mit einem erinnerten, unabhängig existierenden Kunstwerk ist jedoch getilgt. Dort, wo ein *tableau* entsteht, ist dies darüber hinaus nicht mehr als Zeichen einer zeitliche Kontingenz überwindenden *durée* valorisiert, die im ersten Entwurf über den Vergleich des Strahls mit einer *plume* zudem emphatisch auf die Schrift verwies, sondern in der Kunst scheint jetzt jedes Leben zu ersterben: *Le XVIII*^{e} *siècle avait épuré l'élégance de ses lignes, mais, fixant le style du jet, semblait en avoir arrêté la vie; à cette distance on avait l'impression de l'art plutôt que la sensation de l'eau.*

Die vitalistische Komponente, die sonst Prousts Wasserbeschreibungen von der Vivonne bis zum Meer Balbecs prägt, ist hier vollständig weggefallen; ästhetische und sinnliche Erfahrung bedingen einander nicht, sondern schließen sich im evozierten *tableau* aus. Vollständig zerstört wird jene zunächst so hoch eingeschätzte, als Auslöser für die Erinnerung und für die Vergleichbarkeit mit einem Kunstwerk eingeführte *immobilité* dann mit dem (von Proust erst spät in den Text eingefügten) Windstoß, der nicht nur Mme d'Arpajon überrascht. Wie sehr diese narrative Umformung eines vom Augenblick seiner Entstehung an auf metapoetische Lesbarkeit angelegten Motivs, diese Verwandlung in eine auf den ersten Blick bloß mondäne Episode, wie sehr die vielgestaltige Abfuhr profanatorischer Gesten, wie sehr der scheinbar aus der Kontingenz der Handlung abgeleitete Windstoß zum eigentlichen poetischen Programm geworden ist, läßt sich erst im Vergleich der vorliegenden Passage mit einem weiteren, zeitlich vorausliegenden Entwurf aus den Daktylographien erkennen. Hier wird das schon in den *Lettres de Perse* kurz zitierte Gemälde des *jet d'eau* von Hubert Robert ausführlich beschrieben, während die Fontäne nun ihrerseits nur kurz Erwähnung findet. Marcel betrachtet das Bild in Begleitung der Guermantes, die damit renommieren wollen. Ich zitiere die Stelle wegen ihrer Bedeutung vollständig:

> Nous étions arrivés auprès du tableau. Nous nous assîmes tous trois sur un canapé devant lui. C'était un ravissant tableau d'Hubert Robert représentant précisément le jet d'eau des jardins Guermantes, assez semblables à ce qu'ils sont aujourd'hui. Autour du jet d'eau des gentilshommes et des femmes en mante font le cercle et admirent. Un seigneur, le chapeau sous le bras, donnant le bras à une femme, monte l'escalier monumental au haut duquel j'avais vu M. de Charlus recevoir le bonjour des invités. Hubert Robert avait sans doute fait là son chef-d'œuvre, un tableau plus poétique que ceux qu'il a exécutés d'habitude et sans doute parce que son imagination s'était émue de retrouver dans le jardin Guermantes ces jeux d'eau qu'il avait tant décrits dans les villes d'Italie. On sentait qu'il avait fait à la fois ce qu'il avait vu et ce qui dans ses souvenirs venait naturellement s'y ajouter. Et les seigneurs qui se promenaient là étaient sortis tout autant que de l'hôtel où ils avaient été invités comme ce soir à une fête, de la même imagination qui en avait peuplé tant de jardins romains, ces jardins qui eux avaient touché de la même manière et pour une autre raison Vélasquez, qui y retrouvait devant la blancheur des marbres le noir élancement des arbres comme dans les patios de son pays natal. Dans ces jardins des villas romaines, Vélasquez n'a pas craint devant un élégant portique de peindre l'échafaudage ou le linge séchant qu'il a vus. Encore bien moins Hubert Robert à qui le goût des ruines avait donné celui de l'accident, et par conséquence du détail caractéristique et momentané (Hubert Robert, l'anecdotier des catastrophes ou seulement des transformations qui a représenté tant de monuments de Paris après leur incendie, pendant leur démolition), a-t-il hésité à montrer au fond du tableau, le long des murs de clôture, des ouvriers en train de réparer un treillage vert, analogue à celui qui les losangeait aujourd'hui.[33]

Ich will an dieser Stelle darauf verzichten, ausführlich alle jene Motive nachzuweisen, die in *Sodome et Gomorrhe* wiederkehren und deren Transformationen ich bereits versucht habe nachzuzeichnen: Es findet sich hier die apokalyptische Note des endgültigen Textes ebenso angelegt, wie das poetologische Thema der *unité ultérieure* aus den ersten Skizzen: Bei Hubert Robert und Velázquez (wie bei Elstir, Vinteuil, Balzac, Wagner etc...) entspringt weniger der Gegenstand, als die Art und Weise seiner Darstellung, wie zum Beispiel das konsequente Bevölkern des Monuments mit menschlichen Gestalten einer *même imagination*, die verschiedenste Werke als die Produkte *eines* künstlerischen Bewußtseins, *einer* bestimmten Perspektivierungsgabe ausweist und unter anderem in der subjektiven Erinnerung

33 Ebd. S. 1328

des Künstlers gründet. Sehr viel entscheidender scheinen mir an dieser Stelle die Betonung des *accident* und die Bezeichnung Hubert Roberts als *anecdotier des catastrophes* zu sein, die ihn mehr als Erzähler denn als Architekten und Maler darstellen. Ausgerechnet im zitierten Gemälde, das in der endgültigen Textversion nicht mehr auftaucht, finden wir hier einen Hinweis auf die Konsequenz, mit der Proust sich Hubert Robert zum Vorbild macht, und zwar nicht in Hinblick auf das in dessen Kunst Verallgemeinerbare, Vergleichbare, Erinnerbare, Ästhetisierbare, sondern gerade im Hinblick auf die Störmomente, die Kontingenz, die vorweggenommene Zerstörung, den *accident*, den der festgehaltene Gegenstand als Möglichkeit oder Tatsache immer mitbezeichnet[34]. Damit erhält die Episode um den *jet d'eau d'Hubert Robert, Mme d'Arpajon et la gaieté du grand-duc Wladimir* ein ganz neues Gewicht und dies nicht, weil die Lektüre des Prätextes eine Bedeutung erschlösse, die ohne ihn verborgen bliebe, sondern wegen der Art und Weise, in der der Prätext verschwindet, der Art und Weise, mit der er in der letzten Fassung aufgeht. Mme d'Arpajons unfreiwilliges Bad **ist** jener *accident*, **ist** jene Anekdote, die Marcel so auf Hubert Roberts *petit tableau* bewundert; die Szene leistet die narrative Übersetzung der Theorie, indem sie den Text auf inhaltlicher und darstellender Ebene der Akzidenz eines Schreibens preisgibt, das jederzeit den eigenen scheinbar stabilen Strahl *obliquement* zu Boden werfen kann. Die Passage um den *jet d'eau* steht damit programmatisch für den aus textgenetischer Perspektive einsehbaren Arbeitsprozeß Prousts, bei aller Betonung und Hochhaltung der *unité ultérieure* des Werks konsequent an einer Aufhebung der traditionellen Oppositionen von Handlung und Reflexion, Roman und Anekdote, Gedanke und Beispiel, Bedeutungskonzentration und Bedeutungsdissemination zu arbeiten; sie macht Prousts Interesse am *accident* der Handlung wie der Darstellung augenfällig. Metapoetisch gelesen beschreibt die Fontäne das Werk nicht mehr über die Opposition von Teilen und Ganzem, sondern bietet das dynamische Modell eines suchenden Schreibprozesses, der seine Regeln simultan setzt und bricht, der kein vorgegebenes Gerüst sprengt, sondern ein solches nur postuliert, **um** es zu durchbrechen:

> Mais de près on se rendait compte que tout en respectant, comme les pierres d'un palais antique, le dessin préalablement tracé, c'était des eaux toujours nouvelles qui, s'élançant et voulant obéir aux ordres anciens de l'architecte, ne les accomplissaient exactement qu'en paraissant les vio-

34 Vgl. das *L'accident* betitelte Gemälde von Hubert Robert, das inmitten historischer Ruinen den Sturz einer winzigen menschlichen Figur darstellt.

> ler, leurs mille bonds épars pouvant seuls donner à distance l'impression d'un unique élan.[35]

Sowohl der *unique élan* als auch die *mille bonds épars* sind illusionäre Eindrücke, die nie simultan wahrgenommen werden können – Totale und Detail können nicht zur Deckung gebracht werden. Die Fontäne, so wie sie sich mitsamt dem Unfall Mme d'Arpajons darstellt, scheint mir damit zwischen Kathedrale und Vulkan jene Figur zu sein, die ein solches dynamisches Modell des Schreibens bieten kann. Liest man die Kathedrale auf der einen Seite als die angestrebte, historische Kontingenz zugleich fixierende und überdauernde Monumentalität des Kunstwerks und am anderen Pol einer gedachten Reihe metapoetischer Bauwerke den Vulkan als das Sinnbild einer alle Geschichte und Geschichten zerstörenden, alle Differenzen tilgenden Explosion oder »Dissemination« von Bedeutung[36], so steht der *jet d'eau* zwischen dem Werk als Kathedrale und dem Werk als Vulkan, zwischen der Bedeutungsfixierung und der Bedeutungsdissemination, als das Bild einer Bewegung, die ständig zwischen diesen beiden Polen oszilliert. Er steht für ein Schreiben, das im narrativen Prozeß kulturell verfügbare Bilder nur zitiert, um sie zu verfremden, zu zerstören, durch andere zu ersetzen, aber auch, um immer aufs neue zitierend zu Sinnstiftungen anzusetzen.

3. Schluß

Prousts Beschreibung des *jet d'eau d'Hubert Robert* leistet eine umfangreiche Figuration und *mise en abyme* fast aller narrativen Ebenen der *recherche* und nicht zuletzt auch deren Neuorientierung im Kontext des Auftaktes von *Sodome et Gomorrhe*: Als künstlerisches Herzstück der *jardins d'Esther* in denen die *soirée des Guermantes* sich situiert, wird er zur bewegten architektonischen Metapher der umfassenden geschlechtlichen und gesellschaftlichen Inversionen einer nur noch scheinbar geschlossenen Gesellschaft. Für die Erzähler-

35 *A la recherche du temps perdu* Bd. III, S. 56

36 Derridas Begriff der »dissémination« erscheint mir hier nicht nur methodisch angebracht – es läßt sich bei Proust ein durchgängiger metaphorischer Zusammenhang zwischen der (eruptiven) Dissemination kleinster Teilchen und der Befruchtung nachweisen. So erscheint die vernichtende Schwefelwolke der Fontänenspitze andernorts als gelbe Blütenstaubwolke. Zu einer näheren Analyse dieser apokalyptischen Befruchtungsmetaphorik und ihren poetologischen Implikationen vgl. auch Verf.: »*Un acte exceptionnel d'autofécondation* – Schreiben und Befruchten in der *recherche*«. Erscheint demnächst.

figur bietet die um die Fontäne konstruierte anekdotische Handlung die Gelegenheit, Marcels soziale Demütigung durch Mme d'Arpajon in die Rache des beobachtenden Ästheten Marcel zu verwandeln und so – ganz im Sinne des Programms aus *Contre Sainte-Beuve* – die Macht des erzählenden/schreibenden Ich gegen die Ohnmacht des mondänen Ich auszuspielen. Zugleich aber ist auch dieser scheinbar stabilen Ästhetisierung wiederum auf zweierlei Weise der mögliche Kollaps eingeschrieben: Zum einen macht der ironische Autor-Leser-Dialog die Rache als eine Kontamination der Erzählinstanz durch die soziale Düpierung seines Helden kenntlich, zum anderen – und dies scheint mir die zentrale Funktion des *jet d'eau* zu sein – werden in der höchst komplexen und textgenetisch vielschichtigen metapoetischen Aufladung des Motivs die Souveränität des Erzählerdiskurses, die narrative Einheit des Romans und vor allem die Wertigkeit expositorischer Programmatik nachhaltig in Frage gestellt: Von der emphatischen Stilisierung zur *plume* einer gleichermaßen erinnernden und ästhetisierenden Schreibinstanz wandelt sich der *jet d'eau* zum Bild nicht nur einer gesellschaftlichen, sondern auch einer ästhetischen »apocalypse perpetuelle«, in der die Fixierung des (erinnerten) Gegenstandes sowohl dessen Vernichtung als auch die des Kunstwerks und seines Betrachter impliziert. Diese metapoetische Wandlung des Motivs wird nun gerade nicht durch eine programmatische Umdeutung des Referenztextes geleistet, sondern durch dessen Tilgung zugunsten eines raffinierten Zusammenspiels von Intertext und mondäner Anekdote:

Bereits in der zweiten hier zitierten Überarbeitung entfällt der direkte Vergleich zwischen geschauter Fontäne und erinnertem Kunstwerk, und die uns heute als endgültige Version vorliegende Romanfassung läßt den zu Beginn noch emphatisch zitierten Referenztext des *anecdotier des catastrophes* in der narrativen Anekdote selbst aufgehen. Gerade in dieser (von Zeitgenossen und späteren Kritikern immer wieder verübelten[37]) Anekdotisierung des Textes liegt die eigentliche poetologische Reichweite des *jet d'eau* begründet, die ihn bei Proust von ästhetizistischer Zitathaftigkeit befreit. Stellt dieser ihn zunächst als künstlerische Form, die ziellos davonstiebende Tropfen aufzufangen vermag, in den Dienst der *unité ultérieure* und damit auch der »autorité ultérieure« der erzählerischen Diskursmacht, so endet das harmonische Zusammenspiel von Teilen und

37 Vgl. u.a. Ulrich Schulz-Buschhaus: »Gemeinplatz und Salonkonversation bei Marcel Proust«, in *Marcel Proust. Sprache und Sprachen*, hg. Karl Hölz, Frankfurt am Main und Leipzig 1991, S. 134-150

Ganzem auf Handlungsebene letztlich in einem *accident*, der die Möglichkeit ästhetischer Dauer wiederum in Frage stellt und die Kosten des Kunstgenusses vor Augen führt. Das Erzählen im Angesicht des Untergangs ist stets selbst vom Untergang bedroht; es zieht seine Charakteristik aber auch seine Auflösung aus der sei es anekdotischen, sei es reflexiven Rede, mit der die Narration immer wieder *obliquement* zu Fall gebracht wird. Wie Hubert Robert zeigt Proust in einer selbstreferentiellen Bewegung seines Textes das Ruinöse der Ruinenschau.

Auf diese Weise verhandelt die Anekdote um *Mme d'Arpajon, le jet d'eau d'Hubert Robert et la gaieté du grand-duc Wladimir* auch das Thema der Dekadenz: Inhaltlich und formal verbindet der Erzähler seine Beschreibung der dekadenten Pariser Vorkriegssociety mit der biblischen Apokalypse und Zitaten des barocken Dekadenzdiskurses. Strukturell hingegen bleibt die Anekdote um den *jet d'eau* eine Antwort auf den eingangs erwähnten Dekadenzvorwurf, wenngleich nicht im Sinne der *unité ultérieure*, die Proust der unkontrollierten Multiplizität der Diskurse, der ästhetizistischen Bilderflut – wie immer man den beklagten Zerfall nennen mag – in seinen programmatischen Texten entgegensetzt. Durch die Rücknahme der expliziten Verweise auf ästhetische Referenztexte und die Tilgung der expositorischen Eindeutigkeit im Kontext des *jet d'eau* zugunsten einer »anecdote catastrophique« fängt er an dieser Stelle die diskursive Multiplizität von *mondanité* und *art* nicht in einem übergeordneten Sinnzusammenhang auf, er erlöst seine Intertexte vielmehr von Zitathaftigkeit und Beliebigkeit, indem er sie reflexiv auf die kontingenten Bewegungen des Schreibens abbildet, auf die Brüche und Verwerfungen eines bereits in sich multiplen narrativen Diskurses, in dem Handlung, Beschreibung und Reflexion nicht mehr zur Deckung kommen können und sollen.

Die Fontäne Hubert Roberts, die in der unbeweglichen Stilisierung zum Kunstwerk alles Leben verliert, bildet damit das Gegenstück zu jenem von de Man mit entlarvender Geste analysierten *torrent d'activité*, den Marcel in *Combray* evoziert[38]: *...mes rêves de voyage et d'amour n'étaient que des moments – que je sépare artificiellement aujourd'hui comme si je pratiquais des sections à des hauteurs différentes d'un jet d'eau irisé et en apparence immobile – dans un même et infléchissable jaillissement de toutes les forces de ma vie.*[39] De Man

38 Paul de Man: »Reading (Proust)«, in *Allegories of reading*, New Haven et al. 1979, S. 57-78

39 *A la recherche du temps perdu* Bd. I, S. 86

formuliert zutreffend, wie hier das Bild der erstarrten Wassersäule, deren einzelne Querschnitte genauso verfügbar zu sein scheinen wie ihr vertikaler kontinuierlicher Fluß, die vom Text andernorts immer wieder hergestellten unaufhebbaren Differenzen zwischen subjektiver Reflexion und Wahrnehmung, zwischen Innen und Außen, zwischen inspirierter Metapher und kontingenter Metonymie »unzulässigerweise« verdeckt. Für die Entkräftung dieses Vorwurfs möge man als Variante des von de Man zitierten *jaillissement* die Beschreibung des *jet d'eau d'Hubert Robert* ins Feld führen, die zugleich Bild und Inszenierung eines zwischen Sinnstiftung und Sinnauflösung sich bewegenden Schreibens bietet.

Rainer Warning

›Nervenkunst‹ bei Rilke: Malte und die Geschichte seiner Nachbarn
(49.-53. Aufzeichnung)

I

›Nervenkunst‹ zählt zu den Zentralkonzepten, ist vielleicht das Zentralkonzept überhaupt in der Selbstbeschreibung der Literatur des Fin de siècle[1]. Bezeichnet ist damit zugleich Nähe wie Distanz zum zeitgenössischen psychiatrischen Diskurs, der um die Jahrhundertwende avancierte zum führenden Diskurs in der Medizin generell. Diskurs verstehe ich dabei im Sinne M. Foucaults[2], d.h. als diskursiv organisiertes Wissen einschließlich der Institutionen, die dieses Wissen produzierten – so die Edinburgher Society of Psychical Research unter H. Myers, die Schule von Nancy unter H. Bernheim, die Pariser Salpêtrière unter J. M. Charcot und die Wiener Neuropathologie unter S. Freud, um die wichtigsten Zentren zu nennen. Das hier entwickelte diskursive Wissen ist bis in die Begrifflichkeit hinein präsent in der Literatur des Fin de siècle. Diese Kopräsenz stellt sich jedoch perspektivisch höchst unterschiedlich dar. Die Psychiatrie suchte literarische Vorgaben – historisch frühere wie zeitgenössische – als Fallstudien ihrem Diskurs zu integrieren. So ging schon Mitte des 19. Jahrhunderts J. Moreau de Tours, Psychiater in Bicêtre, um mit Gérard de Nerval, so später Freud mit Michelangelo, Shakespeare und Dostojevskij. Die Literaten hingegen schrieben nicht einfach diesen Diskurs fort, sondern verarbeiteten ihn auf ihre Weise, d.h. in Form imaginativer Reaktion. Es wäre daher unangemessen, unter Maßgabe eines kritischen Diskursbegriffs und zumal unter Berufung auf Foucault, von einem literarischen Diskurs zu sprechen. Foucault selbst kennt denn auch nicht so etwas wie einen ästhetischen Diskurs, son-

1 E. Koppen bezieht es aus einschlägigen zeitgenössischen Vorgaben, so H. Bahrs Formel einer »Kunst, die nur aus den Nerven kommt und nur auf die Nerven geht«, und insbesondere W.G. Blaikie Murdochs Beschreibung der Yellow Nineties unter ebendiesem Begriff einer »art of nerves« (*Dekadenter Wagnerismus. Studien zur europäischen Literatur des Fin de siècle*, Berlin/New York 1973, S. 291 ff.).

2 Siehe insbes. *Naissance de la clinique*, Paris 1963; *Les mots et les choses*, Paris 1966; *L'archéologie du savoir*, Paris 1969.

dern nur einen literarischen Nicht-Diskurs oder Konterdiskurs. Ich habe andernorts diesen letzteren Begriff unter dem Aspekt poetischer Konterdiskursivität systematisch zu begründen versucht und setze den dort entwickelten Grundgedanken hier voraus[3]. Wenn literarische Texte sich einerseits in umfassende Wissensdiskurse einbetten, so gewinnen sie doch ihre Besonderheit erst über die Modalitäten, mit denen sie sich aus diesen Kontexten auch wieder ausbetten. Erst diese Dialektik von Einbettung und Ausbettung bringt sie in ihrer jeweiligen Literarizität in den Blick. Am Beispiel von Baudelaires Prosagedicht *Le crépuscule du soir* habe ich den Wahnsinn der Dichter mit dem Wahnsinn der Psychiater, näherhin bei Moreau de Tours, kontrastiert[4], und etwas Ähnliches will ich nun mit Rilkes Fortschreibung Baudelaires in den *Aufzeichnungen des Malte Laurids Brigge*[5] versuchen.

II

Malte ist krank, in der Salpêtrière in Behandlung. Von Hospitälern ist gleich zu Beginn mit auffälliger Insistenz die Rede, und Angst, Krankheit, Tod sind denn auch Themen, die leitmotivartig in immer neuen Varianten und das heißt in immer neuer Bindung nicht nur an Malte, sondern auch an andere Figuren den Text durchziehen. Ihnen gesellen sich Motive zu, die bald schnell, bald erst allmählich erkennbar diesen Themen integriert sind: Spiegel, Maske, Hand, Hund, bis hinab zu so trivialen Dingen wie Blechdosen. Andererseits wird dieser thematische Strang, der durchweg im Zeichen des Dysphorischen steht, verflochten mit der euphorischen Evokation erhabener, ja religiöser Themen: große Liebende und große Leidende, Märtyrer und Heilige, Evokationen einer messianischen Wende. Als Grundstruktur des *Malte* kann dieses variierende Durchspielen eines begrenzten Themen- und Motivarsenals gelten, ein Prozessieren im Paradigma[6].

3 »Poetische Konterdiskursivität. Zum literaturwissenschaftlichen Umgang mit Foucault«, in *Die Phantasie der Realisten*, München 1999, S. 313-345.

4 »Baudelaire und der Wahnsinn der Dichter. Zum Prosagedicht *Le crépuscule du soir*« (1994), jetzt in *Lektüren romanischer Lyrik. Von den Trobadors zum Surrealismus*, Freiburg/Br. 1997, S. 219-237.

5 Ich zitiere die *Aufzeichnungen* mit Seitenangabe im laufenden Text nach der leicht zugänglichen Ausgabe insel taschenbuch 630, Frankfurt/M. 1982. Der Text folgt Band VI der *Sämtlichen Werke*, hg. vom Rilke-Archiv, erschienen ebenfalls als insel taschenbuch 1101-1106, Frankfurt/M. 1987, nach denen ich alle übrigen Quellen mit Band- und Seitenangabe zitiere. – Die vier im folgenden interpretierten Aufzeichnungen sind in einem Anhang beigegeben.

Überwölbt aber werden diese paradigmatischen Reprisen von einem großen Spannungsbogen. Er beginnt mit den Hospitälern des Anfangs und endet quasi teleologisch mit dem messianischen Ausblick auf einen Gott, *der aber noch nicht wollte*. Man kann es auch an den jeweils bemühten Intertexten illustrieren und also sagen, daß dieser Spannungsbogen beginnt mit dem Zitat Baudelairescher Prosagedichte und endet mit der Geschichte vom verlorenen Sohn, also mit der Bibel.

Beide Strukturebenen, also die paradigmatische und die quasi-teleologische, stehen nun aber nicht etwa unvermittelt nebeneinander. Vielmehr sind die jeweiligen paradigmatischen Reprisen so angelegt, daß sie immer schon in sich dem makrostrukturellen Spannungsbogen vom Kreatürlich-Pathologischen zum Ideell-Messianischen folgen, so daß sich die Episoden und das Ganze ständig wechselseitig bespiegeln. Wie das näherhin aussieht, will ich illustrieren an der 49. bis 53. Aufzeichnung, also an der *Geschichte meiner Nachbaren* und insbesondere an dem *Leben eines Studenten der Medizin*.

III

Zunächst zum diskursiven Substrat, zur Einbettung also. In *Malte* begegnet uns bekanntlich fast auf Schritt und Tritt das literarisch altehrwürdige Thema der Doppelgängerei. Traktiert aber wird es auf einer terminologischen Ebene, die weniger bestimmte literarische Vorgaben zitiert denn den zeitgenössischen psychiatrischen Diskurs. Daß Doppel- und Mehrfachpersonen ein zentrales Thema, ja geradezu ein ›Faszinationstyp‹ dieses Diskurses waren, hat U. Link-Heer näherhin dokumentiert[7]. Auch Rilke erlag offenkundig diesem ›Fas-

---

6 Siehe hierzu Vf., »Erzählen im Paradigma«, demnächst in *Zeitlichkeit – Geschichtlichkeit*, Kolloquium Iphofen Oktober 2000, hg. A. Kablitz u.a. Das dort systematisch Entwickelte habe ich eher induktiv illustriert an Flauberts *Education sentimentale* in *Die Phantasie der Realisten*, S. 296 ff., und an Prousts *Recherche* in meinen *Proust-Studien*, München 2000, hier insbes. S. 179 ff. (»Befleckter Weißdorn: Zum Imaginären der *Recherche*«) und S. 213 ff. (»Prousts Augenblicke: Zeiträume der *Recherche*«).

7 »Doppelgänger und multiple Persönlichkeiten. Eine Faszination der Jahrhundertwende«, in *arcadia* 31 (1986) 273-96. Zu dem von H. Kuhn übernommenen Begriff des ›Faszinationstyps‹ siehe S. 276: Anders als auf Gebrauchssituationen bezogene Inszenierungstypen »durchziehen Faszinationsbereiche ganz unterschiedliche Textgruppen sowie Lebens- und Kulturzusammenhänge«. Für das Mittelalter hat dies H.U. Gumbrecht bereits am »Faszinationstyp Hagiographie« systematisch reflektiert und einläßlich illustriert (in *Deutsche Litera-*

zinationstyp‹. Maltes Krankheit ist mit ihm in wesentlichen Zügen erfaßt. Der Sterbende in der Crémerie (18), der Veitstänzer auf dem Boulevard Saint-Michel (21), der Zeitungsverkäufer am Luxembourg (59), all das sind Zitate des genannten ›Faszinationstyps‹, und so auch Maltes Nachbarn, zunächst die beiden Petersburger Nachbarn (49), dann der Student der Medizin (50).

Die 49. Aufzeichnung beginnt wie folgt:

> Es giebt ein Wesen, das vollkommen unschädlich ist, wenn es dir in die Augen kommt, du merkst es kaum und hast es gleich wieder vergessen. Sobald es dir aber unsichtbar auf irgendeine Weise ins Gehör gerät, so entwickelt es sich dort, es kriecht gleichsam aus, und man hat Fälle gesehen, wo es bis ins Gehirn vordrang und in diesem Organ verheerend gedieh, ähnlich den Pneumokokken des Hundes, die durch die Nase eindringen.
> Dieses Wesen ist der Nachbar. (S. 134)

Mit diesem Auftakt ist sogleich ein pathogenes Substrat der *Geschichte meiner Nachbaren* benannt. Bei den Petersburger Nachbarn ist zunächst von zwei Personen die Rede, einer, die stand und Geige spielte, und einer anderen, die lag und mit geschlossenen Augen lange Gedichte hersagte. Im folgenden ist dann aber nur noch von diesem zweiten die Rede, einem gewissen Nikolaj Kusmitsch, der Zeit mit Geld verwechselte, seine Lebenszeit einem Schatz gleich horten wollte. Als er bemerkte, daß das nicht ging, verfiel er in Taumel- und Angstzustände, von denen er sich im Liegen durch das langsame Hersagen von Gedichten zu beruhigen suchte. Malte weiß das alles von einem Studenten, der Nikolaj Kusmitsch zu besuchen pflegte, sich dabei eines Tages in der Tür geirrt und ihm, Malte, diese *wörtliche, eindeutige Geschichte* (S. 135) erzählt hatte. Von der zweiten Person, also dem Geigenspieler, ist, kaum daß er erwähnt wurde, nicht mehr die Rede, obwohl gerade mit ihm die verheerende Gehirnschädigung motiviert schien. Diese Funktion nimmt statt dessen der Student der Medizin ein, dessen Geschichte wesentlich besteht aus der Lärmbelästigung Maltes durch einen langsam abrollenden Büchsendeckel, begleitet von einem heftigen Aufstampfen.

Wir haben damit einen ersten Einblick bekommen in Rilkes Arbeit im Paradigma: Malte, zwei Nachbarn, ein Student, der ihm den Fall des Nikolaj Kusmitsch erzählt, sodann ein weiterer Nachbar, wiederum ein Student, gewiß nicht zufällig ein Student der Medizin, mit dessen Lärmentfesselung sich das *Wesen des Nachbarn* zu enthüllen

---

tur im Mittelalter. Kontakte und Perspektiven. Hugo Kuhn zum Gedenken, hg. C. Cormeau, Stuttgart 1979, S. 37-84).

scheint. Deutlich ist hier das diskursive Substrat der duplex- und multiplex personae, der Doppelgängerei und multiplen Persönlichkeit greifbar: ein schwer isolierbares und identifizierbares Personenarsenal, das als *Nachbaren* metonymisch an Malte gebunden ist und damit Malte selbst als halluzinierenden Neurotiker auszuweisen scheint. Was macht nun der Text mit diesem Substrat, wo und wie beginnt die Ausbettung aus dem zitierten psychiatrischen Diskurs?

IV

Sie beginnt unscheinbar, nämlich mit der so harmlos wirkenden Rede vom *Nachbarn* als einem *Wesen*. Das liest sich zunächst im Sinne einer stabilen Subjekt/Objekt-Beziehung: Malte als Subjekt, der Nachbar als Objekt, als *Wesen*. Dieses *Wesen* freilich wird, noch bevor sein Name gefallen ist, eigentümlich irrealisiert. Zunächst wird noch Sichtbarkeit evoziert, die sich aber nicht einprägt, *gleich wieder vergessen* ist, dann erfolgt eine Reduktion auf Hörbarkeit, die indes nicht vergessen wird, sondern im Gehirn des Subjekts *verheerend* wirkt, so daß die *Geschichte meiner Nachbaren* identisch wird mit der

> Geschichte der Krankheitserscheinungen, die sie in mir erzeugt haben; aber das teilen sie mit allen derartigen Wesen, daß sie nur in den Störungen nachzuweisen sind, die sie in gewissen Geweben hervorrufen. (S. 134/35)

Der *Nachbar* oszilliert damit zwischen etwas ›wesenhaft‹, d.h. substantiell Gegebenem, einem Objekt also, und einer Figuration des Subjekts, näherhin einer fictio personae, einer prosopopoeia. Mit diesem Oszillieren wird dem sprachlichen Medium eine Spaltung eingeschrieben, die beim Leser eine Unentschiedenheit da Unentscheidbarkeit hervorruft, ähnlich jener »hésitation« zwischen Realität und Fiktion, wie sie Tz. Todorov als Merkmal des Phantastischen beschrieben hat[8].

Die Geschichte des Nikolaj Kusmitsch ist eine solche prosopopoeia. Bereits B. Allemann hat darauf hingewiesen, daß sie erzählt sei in jenem »halb legendenhaften Stil, der Rilke von den russischen Schriftstellern des 19. Jahrhunderts her vertraut war, sobald es dort um die Schicksale kleiner Leute geht, von Gogol bis Ljesskow«[9]. Die

8 *Introduction à la littérature fantastique*, Paris 1970, insbes. S. 165 ff.
9 *Zeit und Figur beim späten Rilke*, Pfullingen 1961, S. 26.

Geschichte hat also den Charakter eines literarischen Zitats. Was Allemann nicht sagt, ist etwas gerade mir besonders Wichtiges: daß nämlich mit dem Zitat auch die bei den erwähnten Russen häufig anzutreffende Doppelgängerthematik explizit übernommen wird. Nikolaj Kusmitschs Idee, seine geschätzten fünfzig Lebensjahre in Sekunden umzuwechseln und sich damit ein *fabelhaftes Kapital zum Geschenk* zu machen, führte nämlich zur Spaltung zwischen einem reichen Herrn in vornehmem Pelz und dem *anderen Nikolaj Kusmitsch*, der zunächst ganz *vernünftig* auf das Geschenk seines Double reagiert, bald aber so sehr sich von dessen Idee anstecken ließ, daß er wehrlos war, als er eines Tages die *wirkliche Zeit* erfuhr, wie sie, einem Windsturm gleich, an ihm vorüberzog: *alle diese Sekündchen, gleich lau, eine wie die andere, aber schnell, aber schnell.* Und diese Erfahrung nun gebiert jenen Taumel, gegen den er sich zu schützen sucht mit dem Hersagen von Gedichten:

> Wenn man so ein Gedicht langsam hersagte, mit gleichmäßiger Betonung der Endreime, dann war gewissermaßen etwas Stabiles da, worauf man sehen konnte, innerlich versteht sich. Ein Glück, daß er alle diese Gedichte wußte. Aber er hatte sich immer ganz besonders für Literatur interessiert. (S. 139/40)

Das ist natürlich metapoetisch zu lesen: Literatur, und das formal ›stabil‹ gefügte Gedicht zumal, nicht als Überwindung leerer Temporalität, wohl aber als Ort ihrer imaginären Modellierung zu einer bestimmten Zeiterfahrung[10]. Damit aber wird der Doppelgänger Nikolaj Kusmitsch seinerseits zum Doppelgänger Maltes, der ja mit seinen Aufzeichnungen ein Stück ebenjener Literatur schreibt, für die Kusmitsch sich immer schon *ganz besonders interessiert* zeigte.

---

10 M. Kahl hat zu Recht darauf hingewiesen, daß es hier nicht einfach, wie häufig vermeint, um ein Plädoyer für Kunst als Erlösung aus der Zeit gehe: »Die ästhetische Zeit scheint die verlorene lebendige Zeitwahrnehmung supplementieren zu können, zumindest bildet auch sie einen Gegenpol zur Drohung der vergehenden Sekunden (*Lebensphilosophie und Ästhetik. Zu Rilkes Werk 1902-1910*, Freiburg/Br. 1999, S. 176). Ich würde hier den Gegenpol, zugleich aber auch dessen Supplementarität noch stärker akzentuieren. Liest man die Stelle metapoetisch im Blick auf die zentrale imaginäre Zeitsemantik des *Malte*, so wäre der Gegenpol das Messianische. Eben dieses Messianische aber ist seinerseits, wie ich unten zu zeigen suche, halluzinatorische Heraussetzung eines entfremdeten Ich und darin supplementär in einem stärkeren Sinne als Kahls Formulierung es nahelegt.

V

Die 50. Aufzeichnung, mit der die Geschichte des Studenten der Medizin beginnt, nimmt einen neuen Anlauf zur Dekonstruktion der Subjekt/Objekt-Beziehung. Ein Rückbezug auf das Vorangehende ist zunächst nur formal erkennbar mit der Entgegensetzung von *Tatsachen* und *Vermutungen*. Für Tatsachen steht jener Student, von dem Malte die Geschichte seiner beiden Petersburger Nachbarn hat, *eine wörtliche, eindeutige Geschichte, an der die vielen Würmer meiner Vermutungen zugrunde gingen* (S. 135). Im Falle des Studenten der Medizin aber, so lesen wir es gleich vorab, werden die *paar Tatsachen, die sich spielend feststellen ließen*, Maltes Lage eher *noch lästiger gestalten* (S. 140). Bevor das aber näherhin begründet wird, springt die Erzählung über zu einer metapoetischen Ebene: Die Geschichte mit dem Studenten fiel in eine Phase, in der Malte *krampfhaft geschrieben* hat, geschrieben an seinem Leben, *und das da nebenan war ein ganz anderes Leben, mit dem ich nichts teilte* – was denn freilich gleich darauf dementiert wird, wenn es heißt, diese Verschiedenheit habe immer nur gedauert *Bis zu dem Moment, da ich wußte, daß es kommen würde; da vergaß ich, daß es zwischen uns keine Gemeinsamkeit gab* (S. 141). Eine intertextuelle Referenz auf Baudelaires Prosagedicht *À une heure du matin* verbindet sich hier mit der oppositiven Bezugnahme auf den psychiatrischen Diskurs: Malte schreibt seinen eigenen Fall, und das kann nicht in der Ordnung diskursiver Sequenzialität geschehen, sondern nur *krampfhaft*, gespalten: Die Geschichte des Nachbarn *teilt nichts* mit der seinen, dann aber wird die Differenz vergessen.

Mit dieser Doppelung von Trennung und Fusion haben wir ein erstes Strukturprinzip von Maltes Selbstbeschreibung: Konterdiskursivität als gespaltenes, als doppelgängerisches Schreiben. Daß es ›nebenan‹ losgeht, weiß Malte immer schon im vorhinein. Man darf also die folgende Lärmszenerie nicht lesen als objektive Beschreibung einer *Tatsache*, sondern muß auch hier sogleich die Doppelung von *Tatsache* und *Vermutung* ansetzen. Ob da also tatsächlich ein Dosendeckel abrollt und gleichzeitig jemand wütend aufstampft, kann Tatsache sein wie auch Vermutung: *nehmen wir an, der Deckel einer Blechbüchse* – so wird das *Ding* eingeführt, um das es dann im folgenden gehen wird (S. 141). Dieses *Ding* erscheint denn auch nicht unter

> den Tatsachen, die ich mir hatte sagen lassen; seit ich sie wußte, war ich noch schreckhafter geworden. Es berührte mich fast gespenstisch, daß das, was diesen Lärm auslöste, jene kleine, langsame, lautlose Bewegung

> war, mit der sein Augenlid sich eigenmächtig über sein rechtes Auge senkte und schloß, während er las. Dies war das Wesentliche an seiner Geschichte, eine Kleinigkeit. (S. 142)

Natürlich kann und soll man konstruieren, daß die Ermüdung den Griff nach der Büchse verursachte, aber gerade diese kausale Erklärung des Lärms wird dem Leser vorenthalten und substituiert durch die *gespenstische* Genese des Lärms in der Lautlosigkeit des vor Ermüdung sich schließenden Auges. Das also wäre die Tatsache, das Gespenstische einer Halluzination, die im psychiatrischen Diskurs nur als Fallstudie, nicht als Selbstbeschreibung möglich wäre. Letztere substituiert den psychischen Fall durch eine Vermutung, eben den abrollenden Büchsendeckel, der nun freilich über die Merkmale ›rund‹ und ›geschlossen‹ assoziativ dem Augenlid verbunden bleibt. Diese Rückbindung erklärt auch die Beschreibung des Geräuschs als *innerlich organisiert*, im Unterschied zum *fast Mechanischen* des Aufstampfens (S. 141). Der Deckel birgt somit ein metaphorisches Potential, das zwar einstweilen noch nicht entfaltet wird, wohl aber die Richtung weist, den die konterdiskursive Selbstbeschreibung der Halluzination nehmen wird: den Weg der Figuration.

Zur Psychiatrie des Doppelgängertums gehört die Abfolge zweier nacheinander auftretender Persönlichkeitszustände, also die spontane oder auch hypnotisch induzierte Alternanz zweier Phasen, wobei die eine als die ›normale‹, die andere als die ›pathologische‹ gilt und die Therapie den ›Normalzustand‹ auf Dauer zu stellen sucht[11]. Die konterdiskursive Ausschreibung dieser Vorgabe liest sich wie folgt:

> Ich bin sicher, daß er wochenlang der Meinung war, man müßte das beherrschen können. Sonst wäre ich nicht auf die Idee verfallen, ihm meinen Willen anzubieten. Eines Tages begriff ich nämlich, daß der seine zu Ende sei. Und seither, wenn ich es kommen fühlte, stand ich da auf meiner Seite der Wand und bat ihn, sich zu bedienen. Und mit der Zeit wurde mir klar, daß er darauf einging (...) Und was meine Ausgaben betrifft, so begann ich sie zu fühlen. Ich weiß, ich fragte mich, ob das so weitergehen dürfe (S. 142)

Ich und *er* sind hier doppelgängerisch fusioniert und sequentialisiert: Willensschwund beim Nachbarn, sodann, im bildhaften Zitat eines animalen Magnetismus, energetische Willensübertragung durch die Wand hindurch. Statt Heilung des Nachbarn aber konstatiert Malte Selbstverausgabung und entsprechende Verschlimmerung seines eigenen Zustands. Ging es zunächst um die *Ermüdung* des Studenten (S. 142), so jetzt um Maltes eigene *Müdigkeit*, aus der er plötzlich hoch-

11 Siehe Link-Heer, »Doppelgänger und multiple Persönlichkeiten«, S. 283 ff.

fährt *als hätte man mich berührt* (S. 148). Damit erscheint Malte selbst als ›Objekt‹ magnetisierender Berührung, freilich ohne Erfolg. Die Lärmerfahrung ist *ärger denn je*, selbst der neue Mieter unten klopft *böse gegen die Decke*, eine scheinbar mimetische Realisierung der ganzen Szenerie, die aber offenläßt, gegen welche Decke genau geklopft wird, die Maltes, die des Studenten oder die des halluzinierenden Doppelgängers. Der Leser wird nicht aus seiner »hésitation« entlassen, auch nicht mit der plötzlich einkehrenden Stille, eine *prickelnde Stille, als ob eine Wunde heilte*. Aber diese Heilung hat statt auf der Ebene nicht der psychiatrischen *Tatsachen*, sondern der poetischen *Vermutungen*. Sie ist verursacht vielleicht vom Besuch der Mutter, der zunächst zu dem besonders heftigen Ausbruch führte, bevor die Stille eintrat: *Sie saß neben dem Licht, sie redete ihm zu, vielleicht hatte er den Kopf ein wenig gegen ihre Schulter gelegt* (S. 144). Nicht also einer magnetistischen Übertragungstherapie verdankt sich die Heilung, sondern der Ikone einer tröstenden Mutter. Sie vereint *ich* und *er* zum *wir*: *So ein Wesen, vor dem die Türen ganz anders nachgeben als vor uns. Ja, nun konnten wir schlafen* (S. 144) – Malte und sein Doppelgänger, der Student der Medizin.

VI

Die 51. Aufzeichnung ist die zentrale für Maltes konterdiskursive Selbstbeschreibung, für die Konstitution der Halluzination in Form einer halluzinatorischen Rhetorik. Ich will diese Rhetorik, die, wie erwartbar, im lärmenden Büchsendeckel sich entzündet, in ihren einzelnen Etappen näherhin verfolgen.

1. Nach dem Auszug des Studenten empfindet Malte einen *Reiz*, das leere Zimmer zu betreten und zu inspizieren. Irritierender Umgang mit dem Konjunktiv und der consecutio temporum machen es unentscheidbar, ob Malte das Zimmer wirklich betreten hat oder nicht: *Ich habe meinen Nachbar fast schon vergessen* (...). *Es würde mich interessieren, wie dieses Zimmer eigentlich beschaffen ist* (...). *Mir ist, als entsänne ich mich, daß sie* (sc. Deckel und Büchse) *auf dem Kamin stehen* (S. 144 f.). *Stehen*, und nicht etwa: standen. Das sind Fiktionssignale, die die Zimmerbesichtigung oszillieren lassen zwischen *Tatsache* und *Vermutung*. Dieses uns bereits vertraute dekonstruktive Spiel steigert sich zu einem schwindelerregenden Prozeß von Figuration, Defiguration und neuerlicher Figuration. Schon der *Reiz* ist eigentümlich paradox motiviert: Ein beliebiges Zimmer kann man sich leicht vorstellen, ein unmittelbar benachbartes hinge-

gen nicht. Doch dann kommt das wahre Motiv, eingeführt mit einer logisch ungedeckten adversativen Wendung: *Aber ich weiß ganz gut, daß es ein gewisser blecherner Gegenstand ist, der auf mich wartet* (S. 144). Die vermutete Ursache des Lärms, der *Büchsendeckel* also, wird eingeführt mit einer Verbmetapher, die ihn sogleich anthropomorphisiert – wiederum eine fictio personae also, eine prosopopoeia.

Was an dieser prosopopoeia irritiert, ist weniger die Anthropomorphisierung selbst als der Gegenstand, eben der Büchsendeckel. P. de Man hat am Beispiel von *Am Rande der Nacht* im *Buch der Bilder* gesprochen von einer für Rilke spezifischen »Umkehrung der figuralen Ordnung«. Das Ich findet nicht sprachlich zur Selbstpräsenz, sondern »durch eine seltsame Umkehrung steckt die Subjektivität von Beginn an, noch bevor die figurale Übertragung stattgefunden hat, in Objekten und in Dingen«[12]. Dieser Chiasmus aber könne nur »als Ergebnis einer Leere, eines Verlusts entstehen, der die rotierende Bewegung zwischen den Polaritäten ermöglicht«, woraus folge, »daß nur negative Erfahrungen dichterisch brauchbar sind«[13]. Ich halte nicht nur diese letztere Feststellung für eine der bedenkenswertesten im Gesamtwerk P. de Mans, sondern, um nun auf den *Malte* zurückzukommen, die blecherne Büchse für ein Ding, an dem sich chiastische Figuration besser illustrieren läßt als an allen Dingen in Rilkes Lyrik. Denn was die prosopopoeia nie explizit sagt, immer aber mit meint, ist die Leere dieser Büchse, ihre Hohlheit als Figuration einer leeren Innerlichkeit, die laut wird im blechernen Lärm des nicht aufruhenden Deckels. Strukturell ist dieser Chiasmus der »hésitation« beim Phantastischen ähnlich. Aber wir sehen jetzt, daß es bei Rilke nicht einfach um die Irritation der Hierarchie von Realem und Fiktivem geht, sondern um die Hierarchie von Subjekt und Objekt.

Diese Besonderheit Rilkescher Figuration, eben die Umkehrung der Hierarchie von innen und außen, die Priorität der Objekte, die eine zerstörte Innerlichkeit immer schon in sich enthalten, wird nun im Fortgang der 51. Aufzeichnung besonders sinnfällig. Kaum hat die prosopopoeia mit dem *Gegenstand, der auf mich wartet*, eingesetzt, wird sie überraschend zurückgenommen mit der Vermutung, man habe aufgeräumt, den *Deckel auf seine Büchse gesetzt*, so daß nun *beide zusammen* den *Begriff Büchse, runde Büchse* erfüllen. Diese überraschende Rücknahme der Figuration auf *einen einfachen, sehr bekannten Begriff* bringt nun freilich auch die rationale Ab-

12 »Tropes (Rilke)«, in *Allegories of Reading*, Yale UP 1979, S. 20-56, zit. nach der dtsch. Übersetzung von W. Hamacher, *Allegorien des Lesens*, Frankfurt/M. 1988, S. 52-90, hier S. 68.

13 Ebd. S. 82.

straktion ins Zwielicht einer folie lucide. Tatsächlich wird sie schon im nächsten Satz ihrerseits rückgängig gemacht mit einer Evokation der Büchse vor dem Spiegel, näherhin einer Evokation der *beiden, die die Büchse ausmachen*. Was eben noch den Begriff bildete, nämlich *beide zusammen*, Deckel und Büchse, wird nun schon wieder dissoziiert, *stehen* doch *die beiden, die die Büchse ausmachen*, auf dem Kamin vor dem Spiegel. Hier aber erscheint hinter der ersten eine zweite, eine *imaginäre*, nach der zum Beispiel ein Affe greifen würde, der sodann selbst vor dem Spiegel gedoppelt wäre.

Diese Doppelung im Spiegel aber gilt nur unter der Voraussetzung, daß die vor dem Spiegel stehende Dose als reale von der *imaginären* sich unterscheidet, eine Voraussetzung, die pragmatisch, d.h. von der Sprechsituation her, wie wir sahen, nicht gegeben ist. Wir wissen nicht, ob die Zimmerinspektion *Tatsache* ist oder *Vermutung*, und diese Dekonstruktion von Sein und Schein erfaßt nun auch die Spiegelszene. Sie erfüllt sich nicht schon in der Doppelung von Dose und Affe, sondern in dem, was nicht im Spiegel erscheint: Malte selbst. Damit werden die gedoppelten Objekte, Dose wie Affe, weniger als Heraussetzungen seiner Innerlichkeit ausgewiesen denn als Dinge, in denen diese gedoppelte, gespaltene Innerlichkeit immer schon enthalten ist. Man kann das pointieren mit einem Begriff von R. Lachmann: *Malte* inszeniert eine »Halluzinationssemantik«[14], die Spiegelszene setzt diese en abyme und kann daher auch bruchlos wieder einmünden in die eröffnende prosopopoeia: *Nun also, es ist der Deckel dieser Büchse, der es auf mich abgesehen hat* (S. 145).

2. Mit *einer gesunden Büchse* wird die prosopopoeia aufgenommen und fortgeführt. Ein Deckel auf einer *gesunden*, d.h. nicht verbogenen Büchse müßte zufrieden, wunschlos glücklich sein. Wenn aber nun ein solcher Deckel auf einer solchen Dose als secundum fungiert für ein primum Mensch, dann stellt sich die Frage nach dem tertium dieser anthropomorphisierenden Metapher. Einen ersten Hinweis gibt das Folgende:

> Es ist ja auch etwas geradezu Ideales, geduldig und sanft eingedreht auf der kleinen Gegenwulst gleichmäßig aufzuruhen und die eingreifende Kante in sich zu fühlen, elastisch und gerade so scharf, wie man selber am Rande ist, wenn man einzeln daliegt. (S. 145)

Kante und *Rand* sind bei Rilke Schlüssellexeme existenzieller Befindlichkeiten. Als solche erscheinen sie denn auch schon an früherer

---

14 »Phantomlust und Stereoskopie. Zu einer Erzählung aus dem Spätwerk Ivan Turgenjevs«, in *Mimesis und Simulation*, hgg. A. Kablitz/G. Neumann, Freiburg/Br. 1998, S. 479-514, hier S. 506.

Stelle im *Malte*, und zwar in der 29. Aufzeichnung über die *Existenz des Entsetzlichen*, wo es zunächst heißt:

> Aber, ach, auf welcher Kante hält sich diese Sicherheit. Nur eine geringste Wendung, und schon wieder steht der Blick über Bekanntes und Freundliches hinaus, und der eben noch so tröstliche Kontur wird deutlicher als ein Rand von Grauen. (S. 63)

Und wenig später kommt dann die beruhigende Gegenbewegung, zentriert um das Bild der Mutter:

> O Stille im Stiegenhaus. Stille aus den Nebenzimmern, Stille hoch oben an der Decke. O Mutter: o du Einzige, die alle diese Stille verstellt hat, einst in der Kindheit. Die sie auf sich nimmt, sagt: erschrick nicht, ich bin es. (S. 64)

Das ist Rilkes ›Arbeit im Paradigma‹: die Mutter kehrt wieder als vermutete Trostspenderin im Zimmer des Studenten, *Kante* und *Rand* als Metaphern des Prekären, des Absturzes ins Grauen. Ein Netz von Situationen, Motiven und Lexemen wird erkennbar, das in seiner Wiederkehr Verschiedenes zu signifizieren scheint, bevor man bemerkt, daß sich hinter den Oppositionen Äquivalentsetzungen verbergen.

Das ist eine noch relativ leicht durchschaubare Strategie Rilkescher Halluzinationssemantik. Komplexer ist es wiederum bestellt um die Figurationen. Zunächst hat der *Deckel* es auf Malte *abgesehen*. Dann wird eine Situation evoziert, die nicht Malte, sondern *er*, der Deckel, als das *Äußerste sich vorzustellen vermag*, eben das ›Passen‹ von *Kante* und *Gegenwulst*, das Aufruhen auf der Dose. So zeigt sich erneut, daß nicht die Dinge von einer ihnen vorgängigen Innerlichkeit des Subjekts als deren Figurationen herausgesetzt werden, sondern daß diese Innerlichkeit schon in den Dingen selbst enthalten ist und über deren sprachliche Dynamisierung als Macht der Entfremdung bildhaft wird.

3. Mit dem adversativen *Ach, aber...* wird diese Entfremdungsfiguration explizit: *Die Menschen nämlich, wenn es angeht, sie ganz vorübergehend mit solchen Deckeln zu vergleichen, sitzen höchst ungern und schlecht auf ihren Beschäftigungen*. Die Dose vor dem Spiegel scheint vergessen, die prosopopoeia läuft weiter zu Büchsen, bei denen *Kante* und *Gegenwulst* nicht ineinandergreifen, nicht passen, nicht passen wollen oder passen können, weil man sie in zu großer Eile, weil man sie *schief und zornig aufgesetzt hat* oder weil die Ränder schon im vorhinein *verbogen* sind. Die Deckel beginnen herunterzuspringen, zu *rollen und zu blechern*, verursachen *Zerstreuungen* und *Lärm*. Damit wären wir wieder dem anfänglichen Deckel nahe,

der im Nebenzimmer abzurollen scheint, aber der ist jetzt, und das ist das Entscheidende, Ausschreibung der Figuration, nicht also ein halluzinierter Deckel, sondern ein metaphorischer Deckel und als solcher Element jener Halluzinationsrhetorik, als welche sich Maltes *Vermutungen* dem Leser inzwischen enthüllt haben.

4. Weiter geht die prosopopoeia mit einem Rückblick auf die Jahrhunderte, in denen der Mensch die *Dinge* verdorben und damit ihre Unlust und Nachlässigkeit provoziert hat. Sie benehmen sich wie die Menschen selbst

> und die Leute sind gar nicht erstaunt, wenn sie sie auf einer Ausschweifung ertappen. Sie kennen das so gut von sich selbst. Sie ärgern sich, weil sie die Stärkeren sind, weil sie mehr Recht auf Abwechslung zu haben meinen, weil sie sich nachgeäfft fühlen; aber sie lassen die Sache gehen, wie sie sich selber gehen lassen. (S. 146)

Ausschweifung, *Abwechslung*, *Nachäffen* – der Rückblick in die Zeitentiefe hat sich verräumlicht zu einer Szenerie, welche die alte Metapher vom Welttheater aufruft, nach E.R. Curtius »Ausdrucksform für eine theozentrische Auffassung des Menschenlebens«[15]. Dem korrespondiert die folgende Evokation eines *Einsamen*, der *sich zusammennimmt*, damit aber den Hohn und den Haß der *entarteten Geräte* nur noch mehr provoziert, jene *Verführung, die dann ins Unermessene weiter wächst und alle Wesen und Gott selber hinreißt gegen den Einen, der vielleicht übersteht: den Heiligen* (S. 146).

Mit diesen traditionellen Topiken von Diesseits und Jenseits, von Welttheater und Ewigkeit, Zerstreuung und Heiligkeit gewinnt unser Passus jene Positivität, von der ich eingangs sprach: Anklänge an eine messianische Wende, die auch dem *Malte* insgesamt die Struktur eines überwölbenden Spannungsbogens verleiht. Exemplarisch hat das U. Fülleborn formuliert, wenn er von einer »komplementären Fügung« spricht, den Sinn des *Malte* darin sieht, »daß Sinnleere in Sinnfülle umschlägt«[16]. Der Versuch, dies näherhin zu explizieren, führt Fülleborn indes sogleich in Schwierigkeiten: »Aber aus der Perspektive eines ›Nichts‹, das ›denkt‹, ergibt sich eine neue Totalität, nicht eine vom Ich aus nach überkommenen Allgemeinbegriffen konstruierte ›falsche Utopie‹, sondern eine aperspektivische Welt mit offenen Horizonten«[17]. Sinnfülle also als aperspektivische Welt? Das scheint

15 *Europäische Literatur und lateinisches Mittelalter*, Bern/München [5]1965, S. 152.

16 »Form und Sinn der Aufzeichnungen des Malte Laurids Brigge«, zit. nach *Materialien zu Rainer Maria Rilkes ›Die Aufzeichnungen des Malte Laurids Brigge‹*, hg. H. Engelhardt, Frankfurt/M. 1974, S. 175-98, hier S. 190.

17 Ebd. S. 196.

schwer vereinbar. P. de Man hat denn auch zu Recht betont, daß selbst Totalisierung bei Rilke dem Gesetz des Chiasmus gehorche, daß »die Prädikate von Normalität und Transzendenz selber einer der erstaunlichsten Formen der Umkehrung unterworfen werden«[18]. Er folgert daraus, daß die messianische Lesung nicht zu verwerfen sei, sondern daß »die volle Komplexität dieser Dichtung nur im Nebeneinander zweier Lektüren zum Vorschein kommen kann, indem die erste die Sprachstruktur, die sie entstehen läßt, vergißt und die zweite sie anerkennt«[19]. Das aber liefe letztlich doch wieder auf eine Dekonstruktion der messianischen Lesung hinaus, auf die Rücknahme einer vermeintlich substantialistischen Rhetorik in die leere Temporalität sprachlicher différance. De Man scheint nicht zu bemerken, daß er damit seinen eigenen Ansatz invalidiert. Denn wenn Rilkes Rhetorik mit ihrer Struktur der Umkehrung der Subjekt/Objekt-Relation schon von vornherein ein dekonstruktiver Gestus eignet, dann ist auch die messianische Rhetorik keine persuasive, sondern eine halluzinatorische, eine Rhetorik also, der negative Erfahrung bereits eingeschrieben ist und die folglich nicht nochmals dekonstruiert werden kann. Das Messianische ist aus der figuralen Priorität der Dinge gegenüber einer subjektiven Innerlichkeit herausentwickelt, ist selbst Produkt dieser Umkehrstruktur.

Damit komme ich zum letzten Absatz der 51. Aufzeichnung zurück. Dessen erster Teil gilt der *Ausschweifung*, der *Abwechslung*, also der Welt der Zerstreuung und des Scheins, der zweite kontrastiert diesen Schein mit dem Sein des *Heiligen*, wobei ein stilistischer Registerwechsel die Opposition unterstützt: komplikationslose Parataxe im ersten Teil, feierliche Hypotaxe hingegen im zweiten, zusätzlich markiert durch eine Häufung ternärer Syntax: *Da fordert er (den Widerspruch, den Hohn, den Haß heraus) / Da verbinden sie sich / Da fangen sie an*. Damit ist das Messianische freilich so aufdringlich stilisiert, daß Narzißmus die Selbstbeschreibung zu diskreditieren scheint. Das lenkt die Aufmerksamkeit auf die eher versteckten Signale der Umkehrstruktur. Dafür werden nun im ersten Teil die *sich nachgeäfft* fühlenden Leute zentral. Sie weisen zurück auf die Spiegelszene, in der, wie wir sahen, die *Büchse* und der nach ihr greifende *Affe* die Doppelung des nicht gespiegelten Malte supplementieren. Der Spiegel ist nunmehr ersetzt durch barockes Welttheater, das wiederum nicht einfach die Scheinhaftigkeit irdischer Existenz inszeniert, sondern dessen Schein vorgängig enthalten ist in den *Din-*

18 »Tropen (Rilke)«, S. 77.
19 Ebd. S. 83.

gen, die da mit den Leuten spielen, sie *nachäffen*. Und Entsprechendes gilt für das im zweiten Teil komplementär thematisierte Sein. Auch der *Einsame* ist einer, *der so recht rund auf sich beruhen wollte Tag und Nacht*, der also im Sinne metaphorischer Umkehrung wiederum schon im Ding, in der hohlen Büchse enthalten ist. Das Komplement ist bloßes Supplement, und in diesem Sinne nun ist Maltes Selbststilisierung zum Heiligen tatsächlich Narzißmus, aber nicht als pathologisches Merkmal einer ›realen‹ Figur, sondern das Produkt einer Halluzinationsrhetorik, mit der *Malte* konterdiskursiv auf den psychiatrischen Diskurs reagiert. Hat dieser teil am wissenschaftlichen Fortschrittsoptimismus, so spielt unser Text jene Negativität herein, jenes Morbide und jenen Mortalismus, der sich im Wissenschaftspathos verliert.

Daher auch darf man nicht überlesen, daß der eine, *der sich zusammennimmt*, uns bereits begegnete in Gestalt des Studenten der Medizin: *Was also blieb übrig, als sich zusammenzunehmen* (S. 142)? Wie schon im Falle der *Ermüdung* des Studenten und der *Müdigkeit* Maltes, so haben wir auch hier wieder eine Lexemrekurrenz, die Oppositionen zu konstituieren scheint, bis man bemerkt, daß es sich um Äquivalentsetzungen handelt. Ein »kalkuliertes Ensemble von dualen, oppositiven oder komplementären Formen« hat R. Lachmann an den Doppelgängern bei Gogol und Dostojevskij herausgearbeitet, eine »Syntax der Spaltung und Doppelung«, die von einer »Semantik binärer Oppositionen überdeterminiert ist«[20]. Rilkes Äquivalenzen im Schein überdeterminierter Oppositionen leisten im Prinzip denselben Effekt einer sprachlich produzierten Halluzination.

VII

Die 52. und die 53. Aufzeichnung, mit denen unsere Episode endet, besetzen den Heiligen mit einer Figur, die nicht nur in der Malerei des Fin de siècle, sondern spätestens seit Flaubert auch in der Literatur reiche Rezeption findet: mit dem heiligen Antonius. Die *Verführungen* des *Heiligen* durch die Dinge, mit denen die 51. Aufzeichnung endete, werden jetzt illustriert mit dem Fundus jener *Bilder*, die diese Tradition von Hieronymus Bosch über Callot bis hin zu Odilon Redon bereitstellt. Dabei geht es aber nun nicht einfach um eine intermediale Anreicherung und emotive Überbietung

20 »Der Doppelgänger als Simulakrum: Gogol, Dostojevskij, Nabokov«, in *Gedächtnis und Literatur*, Frankfurt/M. 1990, S. 463-88, hier S. 464 f.

von schon Geschriebenem, sondern wiederum um den halluzinationsrhetorischen Primat der Dinge gegenüber einer sie vermeintlich heraussetzenden Innerlichkeit. Die Verführungskraft der Bilder ist substituiert durch die lexematische Wucht der sexualisierten *Kessel, Kolben* und *Trichter*, die sich in ein *Loch drängen zu ihrem Vergnügen*. Dieses *Loch* mutiert sodann zu einem *eifersüchtigen Nichts*, also dem Tod, der *Gliedmaßen, Glieder, Gesichter* und *Gesäße* herauswirft. Wieder also haben wir es mit einer Umkehrung der Innen/Außen-Differenz zu tun: Im Phantasma des corps morcelé ist der Tod einer der Metaphorik vorgängigen Subjektivität gleichsam ›objektiviert‹.

Daher auch führt das Hinsehen – *er hat hingesehen* – zu neuerlichen Formen chiastischer Umkehrung, die allein dem sprachlichen, nicht dem malerischen Medium möglich sind. *Schon entblättert sein Gebet und steht ihm aus dem Munde wie ein eingegangener Strauch*: Das ist unter der Voraussetzung des Doppelgängertums von Malte und Heiligem metapoetisch zu lesen als Mortifikation der Aufzeichnungen selbst – ebenso wie das *Herz*, das gleich einem Tintenfaß *umgefallen und ausgeflossen ist ins Trübe hinein*. Innerlichkeit findet sich schließlich ganz substituiert durch das *Geschlecht*, dessen Geilheit androgynisch der Frau zugeordnet ist, wenn diese *aufrecht durch das Gehudel kommt* (S. 147). Wenn Malte daher abschließend zu der Einsicht gelangt, daß diese *Bilder* nicht veraltet sind, nur daß wir nicht gleich mit Gott anfangen, sondern ihn *hinausschieben* müssen, daß aber *diese Arbeit genau so bestritten ist wie das Heiligsein*, dann ist mit dieser *Arbeit* wiederum metapoetisch das Schreiben selbst bedeutet, das Hinausschieben als ein halluzinationsrhetorischer Aufschub, als imaginäre Besetzung semiotischer différance.

Daß wir die Doppelgängereien in der Tat nicht vergessen dürfen über eine vordergründig selbstmächtige Reflexion, macht schließlich die 53. Aufzeichnung unübersehbar, wenn hier noch einmal ausdrücklich von den *Nachbaren* die Rede ist. Wie sich Malte zum *Einsamen* doppelt, so die *Leute* zu seinen Nachbarn, *die ihn aufbrauchten, und die Stimmen im Nebenzimmer, die ihn versuchten*. Der narzißtischen Vereinsamung entspricht die Aktivierung der Nachbarn zu *Feinden*, die die *Dinge aufreizten gegen ihn, daß sie lärmten und ihn übertönten*. Diese Aggressivität steigert sich bis hinein in zitierte Bibelsprache, syntaktisch signalisiert durch die Sequenz von *Und*-Auftakten und formal durch Anklänge an Deuterojesaja und die Opferung Jesu in den Berichten der Evangelisten.

Damit einher geht ein unmerklicher Tempuswechsel vom Präsens zum Präteritum, dessen Strategie im Schlußpassus deutlich wird:

Aber dann, wenn er nicht aufsah (...), also wenn er den Versuchungen zu widerstehen suchte, setzten sie das Letzte an: *den Ruhm. Und bei diesem Lärmen blickte fast jeder auf und wurde zerstreut.* Dieses Ende repliziert auf das der 51. Aufzeichnung, auf jenen *Einen, der vielleicht übersteht: den Heiligen*, freilich mit einem wichtigen Unterschied. Dort nämlich verharrte im offenen Horizont, was hier aus der Rückschau entschieden scheint: daß der lärmende Ruhm die erwünschte Zerstreuung herbeigeführt hat, aber nicht bei allen. Im *fast jeder* rekurriert der *Eine*, der *vielleicht übersteht,* präterital: Er hat überstanden, Ruhm ist ihm zuteil geworden, ihm, dem heiligen Antonius, dem Doppelgänger Maltes.

Die Struktur also hat sich durchgehalten: Der Student der Medizin mit seinem lärmenden Deckel ist ›der andere‹ Maltes wie der heilige Antonius, der das Lärmen des Ruhms überstand. Daraus aber folgt, daß der Heilige genauso wie der Büchsendeckel die Position des Objekts besetzt, in dem die leere Subjektivität des Ichs vorgängig enthalten ist. Damit bestimmt der Spannungsbogen vom Kreatürlichen zum Messianischen schon die ›Arbeit im Paradigma‹, womit umgekehrt diese ›Arbeit im Paradigma‹ der Lektüre des Ganzen den Weg weist.

VIII

Eine Frage ist noch offen: Wie hängt die Geschichte des Studenten der Medizin zusammen mit der Geschichte der beiden Petersburger Nachbarn, wie fügen sich beide zu jenem Paradigma, das da heißt die *Geschichte meiner Nachbaren.* Erinnern wir uns zunächst der Geschichte des Nikolaj Kusmitsch. Gegen die Erfahrung verfliegender Lebenszeit suchte er Halt im Hersagen von Gedichten. Literatur entzieht sich nicht in Überzeitlichkeit, wohl aber modelliert sie leere Temporalität, Heideggers ›vulgäre‹ Zeit zu imaginären Zeiterfahrungen. Dafür steht im *Malte* die messianische Dimension. P. de Man glaubt, wie wir sahen, diese messianische Dimension zurücknehmen zu müssen in semiotische différance, und er verkennt dabei, daß auch das Messianische bei Rilke Produkt ist einer vorgängig zerstörten Innerlichkeit, Produkt also jener negativen Erfahrungen, die allein, de Man selbst zufolge, dichterisch brauchbar sind. Semiotische différance aber kann als solche nicht dichterisch brauchbar werden. Dichterische Brauchbarkeit muß sich dokumentieren in der Modellierung dieser différance zu einer imaginären Zeitvorstellung, und für eben sie steht bei Rilke das Messianische. Denn keineswegs meint es ja, wie wir sahen, schlicht Erlösungsgewißheit, keineswegs macht es Kunst zum Religionssurrogat, sondern es ist selbst eine negativitätsgeborene Figuration. Das macht Rilke einem Paul Celan vergleichbar, aber auch einem Jorge Luis Borges, der das Ästhetische im Zeichen der Moderne einmal bestimmt hat als die *inminencia de una revelación, que no se produce* – als eine Epiphanie, die sich ankündigt und doch nicht statthat[21]. Das ist eine Formel, die sehr schön erkennen läßt, was semiotische différance von poetischem Aufschub unterscheidet. Rilke inszeniert im *Malte* Formen solchen poetischen Aufschubs, und er schreibt damit jene Literatur, mit der Nikolaj Kusmitsch seiner Erfahrung dahinfliegender Lebenszeit gegensteuern kann.

Aber wie steht es mit dem zweiten Petersburger Nachbarn, der die *Geige* spielt und den wir so schnell wieder aus den Augen verloren haben. Eine Antwort habe ich oben schon angedeutet. Wir müssen suchen nach einer Beziehung zwischen dieser *Geige* und dem Lärm des *Büchsendeckels*, der vermutlich im Zimmer des Studenten der Medizin abrollt und verheerenden Schaden in Maltes Gehirn anrichtet. Freilich gehört auch schon der Geigenspieler in die Sequenz jener Nachbarn, die über das Gehör bis ins Gehirn vordringen und in diesem Organ den verheerenden Schaden anrichten, ja er ist der erste in dieser Sequenz überhaupt, so daß man geneigt ist, eine Assoziation herzustellen zwischen Geige und belästigtem Gehör, noch bevor überhaupt die Geschichte des Studenten der Medizin begonnen hat.

Nun hatte ich eingangs bereits gesagt, daß P. de Man seine These von der Umkehrungsstruktur Rilkescher Metaphorik entwickelt an dem Gedicht *Am Rande der Nacht*. Darin aber heißt es:

> Die Dinge sind Geigenleiber
> von murrendem Dunkel voll,
> darin träumt das Weinen der Weiber,
> drin rührt sich im Schlaf der Groll
> ganzer Geschlechter. (I_{400})

In ebendiesen Zeilen sieht de Man die exemplarische Manifestation jener für Rilke charakteristischen »Verschiebung, die die gewohnte Beziehung zwischen Thema und Figur verdreht«[22]. Die Geige ist also nicht mehr Metapher für eine phonozentristische Innerlichkeit, sondern sie geht dieser Innerlichkeit als Ding voraus, und was dieses Ding aus sich entläßt, ist *murrendes Dunkel, Weinen der Weiber, der Groll ganzer Geschlechter*. Natürlich darf man hier nicht so etwas

21 »La muralla y los libros«, in *Prosa completa*, 2 Bde, Barcelona 1980, Bd. II, S. 131-33, hier S. 133.

22 »Tropen (Rilke)«, S. 67.

wie eine markierte Intertextualität sehen. Gleichwohl kann das dem *Malte* um einige Jahre vorausliegende Gedicht helfen, die Struktur freizulegen, um die es hier geht. Die Geige ist, nach der Vorgabe von *Am Rande der Nacht*, durchaus geeignet, der Halluzinationsmetaphorik des *Malte* integriert zu werden, und wenn man einmal so weit gelangt ist, bietet sich der nächste Schritt gleichsam an: Der Lärm des abrollenden Büchsendeckels steht dann nämlich nicht mehr in Opposition zum Klang der Geige, sondern er ist dessen halluzinationsrhetorisch funktionalisierte Umkehrung. Schon die Geige lärmt, schon sie wirkt verheerend auf Maltes Gehör ein – ein verstecktes, aber wohl das eindringlichste Beispiel jener Oppositionsrelationen, hinter denen sich Äquivalentsetzungen verbergen.

Vom Geigenspieler ist auch später nicht mehr die Rede, wohl aber, beim verlorenen Sohn, dem letzten Doppelgänger Maltes, vom Hören einer neuen Sprache: *Er war wie einer, der eine herrliche Sprache hört und fiebernd sich vornimmt, in ihr zu dichten* (S. 199) – ein neuer Klang also als eine differentielle Epiphanie, die als solche keiner Dekonstruktion bedarf.

Auszug aus: Rainer Maria Rilke, Die Aufzeichnungen des Malte Laurids Brigge, Frankfurt/M. 1982, S. 134-148

49

[134] Es giebt ein Wesen, das vollkommen unschädlich ist, wenn es dir in die Augen kommt, du merkst es kaum und hast es gleich wieder vergessen. Sobald es dir aber unsichtbar auf irgendeine Weise ins Gehör gerät, so entwickelt es sich dort, es kriecht gleichsam aus, und man hat Fälle gesehen, wo es bis ins Gehirn vordrang und in diesem Organ verheerend gedieh, ähnlich den Pneumokokken des Hundes, die durch die Nase eindringen. Dieses Wesen ist der Nachbar.

Nun, ich habe, seit ich so vereinzelt herumkomme, unzählige Nachbaren gehabt; obere und untere, rechte und linke, manchmal alle vier Arten zugleich. Ich könnte einfach die Geschichte meiner Nachbaren schreiben; das wäre ein Lebenswerk. Es wäre freilich mehr die Geschichte der
[135] Krankheitserscheinungen, die sie in mir erzeugt haben; / aber das teilen sie mit allen derartigen Wesen, daß sie nur in den Störungen nachzuweisen sind, die sie in gewissen Geweben hervorrufen.

Ich habe unberechenbare Nachbaren gehabt und sehr regelmäßige. Ich habe gesessen und das Gesetz der ersten herauszufinden versucht; denn es war klar, daß auch sie eines hatten. Und wenn die pünktlichen einmal am Abend ausblieben, so hab ich mir ausgemalt, was ihnen könnte zugestoßen sein, und habe mein Licht brennen lassen und mich geängstigt wie eine junge Frau. Ich habe Nachbaren gehabt, die gerade haßten, und Nachbaren, die in eine heftige Liebe verwickelt waren; oder ich erlebte es, daß bei ihnen eines in das andere umsprang mitten in der Nacht, und dann war natürlich an Schlafen nicht zu denken. Da konnte man überhaupt beobachten, daß der Schlaf durchaus nicht so häufig ist, wie man meint. Meine beiden Petersburger Nachbaren zum Beispiel gaben nicht viel auf Schlaf. Der eine stand und spielte die Geige, und ich bin sicher, daß er dabei hinübersah in die überwachen Häuser, die nicht aufhörten hell zu sein in den unwahrscheinlichen Augustnächten. Von dem anderen zur Rechten weiß ich allerdings, daß er lag; er stand zu meiner Zeit überhaupt nicht mehr auf. Er hatte sogar die Augen geschlossen; aber man konnte nicht sagen, daß er schlief. Er lag und sagte lange Gedichte her, Gedichte von Puschkin und Nekrassow, in dem Tonfall, in dem Kinder Gedichte hersagen, wenn man es von ihnen verlangt. Und trotz der Musik meines linken Nachbars, war es dieser mit seinen Gedichten, der sich in meinem Kopfe einpuppte, und Gott weiß, was da ausgekrochen wäre, wenn nicht der Student, der ihn zuweilen besuchte, sich eines Tages in der Tür geirrt hätte. Er erzählte mir die Geschichte seines Bekannten, und es ergab sich, daß sie gewissermaßen beruhigend war. Jedenfalls war es eine wörtliche, eindeutige Geschichte, an der die vielen Würmer meiner Vermutungen zugrunde gingen.

/ Dieser kleine Beamte da nebenan war eines Sonntags auf die Idee gekommen, eine merkwürdige Aufgabe zu lösen. Er nahm an, daß er recht lange leben würde, sagen wir noch fünfzig Jahre. Die Großmütigkeit, die er sich damit erwies, versetzte ihn in eine glänzende Stimmung. Aber nun wollte er sich selber übertreffen. Er überlegte, daß man diese Jahre in Tage, in Stunden, in Minuten, ja, wenn man es aushielt, in Sekunden umwechseln könne, und er rechnete und rechnete, und es kam eine Summe heraus, wie er noch nie eine gesehen hatte. Ihn schwindelte. Er mußte sich ein wenig erholen. Zeit war kostbar, hatte er immer sagen hören, und es wunderte ihn, daß man einen Menschen, der eine solche Menge Zeit besaß, nicht geradezu bewachte. Wie leicht konnte er bestohlen werden. Dann aber kam seine gute, beinah ausgelassene Laune wieder, er zog seinen Pelz an, um etwas breiter und stattlicher auszusehen, und machte sich das ganze fabelhafte Kapital zum Geschenk, indem er sich ein bißchen herablassend anredete: [136]

»Nikolaj Kusmitsch«, sagte er wohlwollend und stellte sich vor, daß er außerdem noch, ohne Pelz, dünn und dürftig auf dem Roßhaarsofa säße, »ich hoffe, Nikolaj Kusmitsch«, sagte er, »Sie werden sich nichts auf Ihren Reichtum einbilden. Bedenken Sie immer, daß das nicht die Hauptsache ist, es giebt arme Leute, die durchaus respektabel sind; es giebt sogar verarmte Edelleute und Generalstöchter, die auf der Straße herumgehen und etwas verkaufen.« Und der Wohltäter führte noch allerlei in der ganzen Stadt bekannte Beispiele an.

Der andere Nikolaj Kusmitsch, der auf dem Roßhaarsofa, der Beschenkte, sah durchaus noch nicht übermütig aus, man durfte annehmen, daß er vernünftig sein würde. Er änderte in der Tat nichts an seiner bescheidenen, regelmäßigen Lebensführung, und die Sonntage brachte er nun damit zu, seine Rechnung in Ordnung zu bringen. Aber / schon [137]
nach ein paar Wochen fiel es ihm auf, daß er unglaublich viel ausgäbe. Ich werde mich einschränken, dachte er. Er stand früher auf, er wusch sich weniger ausführlich, er trank stehend seinen Tee, er lief ins Bureau und kam viel zu früh. Er ersparte überall ein bißchen Zeit. Aber am Sonntag war nichts Erspartes da. Da begriff er, daß er betrogen sei. Ich hätte nicht wechseln dürfen, sagte er sich. Wie lange hat man an so einem Jahr. Aber da, dieses infame Kleingeld, das geht hin, man weiß nicht wie. Und es wurde ein häßlicher Nachmittag, als er in der Sofaecke saß und auf den Herrn im Pelz wartete, von dem er seine Zeit zurückverlangen wollte. Er wollte die Tür verriegeln und ihn nicht fortlassen, bevor er nicht damit herausgerückt war. »In Scheinen«, wollte er sagen, »meinetwegen zu zehn Jahren.« Vier Scheine zu zehn und einer zu fünf, und den Rest sollte er behalten, in des Teufels Namen. Ja, er war bereit, ihm den Rest zu schenken, nur damit keine Schwierigkeiten entstünden. Gereizt saß er im Roßhaarsofa und wartete, aber der Herr kam nicht. Und er, Nikolaj Kusmitsch, der sich vor ein paar Wochen mit Leichtigkeit so hatte dasitzen sehen, er konnte sich jetzt, da er wirklich saß, den andern Nikolaj Kusmitsch, den im Pelz, den Großmütigen, nicht vorstellen. Weiß der Him-

mel, was aus ihm geworden war, wahrscheinlich war man seinen Betrügereien auf die Spur gekommen, und er saß nun schon irgendwo fest. Sicher hatte er nicht ihn allein ins Unglück gebracht. Solche Hochstapler arbeiten immer im großen.

Es fiel ihm ein, daß es eine staatliche Behörde geben müsse, eine Art Zeitbank, wo er wenigstens einen Teil seiner lumpigen Sekunden umwechseln könne. Echt waren sie doch schließlich. Er hatte nie von einer solchen Anstalt gehört, aber im Adreßbuch würde gewiß etwas Derartiges zu finden sein, unter Z, oder vielleicht auch hieß es >Bank für Zeit<; man konnte leicht unter B nachsehen. Eventuell war auch der Buchstabe
[138] K zu berücksichtigen, denn es war / anzunehmen, daß es ein kaiserliches Institut war; das entsprach seiner Wichtigkeit.

Später versicherte Nikolaj Kusmitsch immer, daß er an jenem Sonntag Abend, obwohl er sich begreiflicherweise in recht gedrückter Stimmung befand, nichts getrunken habe. Er war also völlig nüchtern, als das Folgende passierte, soweit man überhaupt sagen kann, was da geschah. Vielleicht, daß er ein bißchen in seiner Ecke eingeschlummert war, das ließe sich immerhin denken. Dieser kleine Schlaf verschaffte ihm zunächst lauter Erleichterung. Ich habe mich mit den Zahlen eingelassen, redete er sich zu. Nun, ich verstehe nichts von Zahlen. Aber es ist klar, daß man ihnen keine zu große Bedeutung einräumen darf; sie sind doch sozusagen nur eine Einrichtung von Staats wegen, um der Ordnung willen. Niemand hatte doch je anderswo als auf dem Papier eine gesehen. Es war ausgeschlossen, daß einem zum Beispiel in einer Gesellschaft eine Sieben oder eine Fünfundzwanzig begegnete. Da gab es die einfach nicht. Und dann war da diese kleine Verwechslung vorgefallen, aus purer Zerstreutheit: Zeit und Geld, als ob sich das nicht auseinanderhalten ließe. Nikolaj Kusmitsch lachte beinah. Es war doch gut, wenn man sich so auf die Schliche kam, und rechtzeitig, das war das Wichtige, rechtzeitig. Nun sollte es anders werden. Die Zeit, ja, das war eine peinliche Sache. Aber betraf es etwa ihn allein, ging sie nicht auch den andern so, wie er es herausgefunden hatte, in Sekunden, auch wenn sie es nicht wußten?

Nikolaj Kusmitsch war nicht ganz frei von Schadenfreude: Mag sie immerhin –, wollte er eben denken, aber da geschah etwas Eigentümliches. Es wehte plötzlich an seinem Gesicht, es zog ihm an den Ohren vorbei, er fühlte es an den Händen. Er riß die Augen auf. Das Fenster war fest verschlossen. Und wie er da so mit weiten Augen im dunkeln Zimmer saß, da begann er zu verstehen, daß das, was er nun verspürte, die wirkli-
[139] che Zeit sei, die vorüberzog. Er / erkannte sie förmlich, alle diese Sekündchen, gleich lau, eine wie die andere, aber schnell, aber schnell. Weiß der Himmel, was sie noch vorhatten. Daß gerade *ihm* das widerfahren mußte, der jede Art von Wind als Beleidigung empfand. Nun würde man dasitzen, und es würde immer so weiterziehen, das ganze Leben lang. Er sah alle die Neuralgien voraus, die man sich dabei holen würde, er war außer sich vor Wut. Er sprang auf, aber die Überraschungen waren noch nicht zu Ende. Auch unter seinen Füßen war etwas wie eine Bewegung,

nicht nur eine, mehrere, merkwürdig durcheinanderschwankende Bewegungen. Er erstarrte vor Entsetzen: konnte das die Erde sein? Gewiß, das war die Erde. Sie bewegte sich ja doch. In der Schule war davon gesprochen worden, man war etwas eilig darüber weggegangen, und später wurde es gern vertuscht; es galt nicht für passend, davon zu sprechen. Aber nun, da er einmal empfindlich geworden war, bekam er auch das zu fühlen. Ob die anderen es fühlten? Vielleicht, aber sie zeigten es nicht. Wahrscheinlich machte es ihnen nichts aus, diesen Seeleuten. Nikolaj Kusmitsch aber war ausgerechnet in diesem Punkt etwas delikat, er vermied sogar die Straßenbahnen. Er taumelte im Zimmer umher wie auf Deck und mußte sich rechts und links halten. Zum Unglück fiel ihm noch etwas von der schiefen Stellung der Erdachse ein. Nein, er konnte alle diese Bewegungen nicht vertragen. Er fühlte sich elend. Liegen und ruhig halten, hatte er einmal irgendwo gelesen. Und seither lag Nikolaj Kusmitsch.

Er lag und hatte die Augen geschlossen. Und es gab Zeiten, weniger bewegte Tage sozusagen, wo es ganz erträglich war. Und dann hatte er sich das ausgedacht mit den Gedichten. Man sollte nicht glauben, wie das half. Wenn man so ein Gedicht langsam hersagte, mit gleichmäßiger Betonung der Endreime, dann war gewissermaßen etwas Stabiles da, worauf man sehen konnte, innerlich versteht sich. Ein Glück, daß er alle diese Gedichte wußte. Aber er / hatte sich immer ganz besonders für [140]
Literatur interessiert. Er beklagte sich nicht über seinen Zustand, versicherte mir der Student, der ihn lange kannte. Nur hatte sich mit der Zeit eine übertriebene Bewunderung für die in ihm herausgebildet, die, wie der Student, herumgingen und die Bewegung der Erde vertrugen. Ich erinnere mich dieser Geschichte so genau, weil sie mich ungemein beruhigte. Ich kann wohl sagen, ich habe nie wieder einen so angenehmen Nachbar gehabt, wie diesen Nikolaj Kusmitsch, der sicher auch mich bewundert hätte.

50
Ich nahm mir nach dieser Erfahrung vor, in ähnlichen Fällen immer gleich auf die Tatsachen loszugehen. Ich merkte, wie einfach und erleichternd sie waren, den Vermutungen gegenüber. Als ob ich nicht gewußt hätte, daß alle unsere Einsichten nachträglich sind, Abschlüsse, nichts weiter. Gleich dahinter fängt eine neue Seite an mit etwas ganz anderem, ohne Übertrag. Was halfen mir jetzt im gegenwärtigen Falle die paar Tatsachen, die sich spielend feststellen ließen. Ich will sie gleich aufzählen, wenn ich gesagt haben werde, was mich augenblicklich beschäftigt: daß sie eher dazu beigetragen haben, meine Lage, die (wie ich jetzt eingestehe) recht schwierig war, noch lästiger zu gestalten.

Es sei zu meiner Ehre gesagt, daß ich viel geschrieben habe in diesen Tagen; ich habe krampfhaft geschrieben. Allerdings, wenn ich ausgegangen war, so dachte ich nicht gerne an das Nachhausekommen. Ich machte sogar kleine Umwege und verlor auf diese Art eine halbe Stunde,

während welcher ich hätte schreiben können. Ich gebe zu, daß dies eine Schwäche war. War ich aber einmal in meinem Zimmer, so hatte ich mir nichts vorzuwerfen. Ich schrieb, ich hatte *mein* Leben, und das da nebenan war ein ganz anderes Leben, mit dem ich nichts teilte: das Leben eines
[141] / Studenten der Medizin, der für sein Examen studierte. Ich hatte nichts Ähnliches vor mir, schon das war ein entscheidender Unterschied. Und auch sonst waren unsere Umstände so verschieden wie möglich. Das alles leuchtete mir ein. Bis zu dem Moment, da ich wußte, daß es kommen würde; da vergaß ich, daß es zwischen uns keine Gemeinsamkeit gab. Ich horchte so, daß mein Herz ganz laut wurde. Ich ließ alles und horchte. Und dann kam es: ich habe mich nie geirrt.

Beinah jeder kennt den Lärm, den irgendein blechernes, rundes Ding, nehmen wir an, der Deckel einer Blechbüchse, verursacht, wenn er einem entglitten ist. Gewöhnlich kommt er gar nicht einmal sehr laut unten an, er fällt kurz auf, rollt auf dem Rande weiter und wird eigentlich erst unangenehm, wenn der Schwung zu Ende geht und er nach allen Seiten taumelnd aufschlägt, eh er ins Liegen kommt. Nun also: das ist das Ganze; so ein blecherner Gegenstand fiel nebenan, rollte, blieb liegen, und dazwischen, in gewissen Abständen, stampfte es. Wie alle Geräusche, die sich wiederholt durchsetzen, hatte auch dieses sich innerlich organisiert; es wandelte sich ab, es war niemals genau dasselbe. Aber gerade das sprach für seine Gesetzmäßigkeit. Es konnte heftig sein oder milde oder melancholisch; es konnte gleichsam überstürzt vorübergehen oder unendlich lange hingleiten, eh es zur Ruhe kam. Und das letzte Schwanken war immer überraschend. Dagegen hatte das Aufstampfen, das hinzukam, etwas fast Mechanisches. Aber es teilte den Lärm immer anders ab, das schien seine Aufgabe zu sein. Ich kann diese Einzelheiten jetzt viel besser übersehen; das Zimmer neben mir ist leer. Er ist nach Hause gereist, in die Provinz. Er sollte sich erholen. Ich wohne im obersten Stockwerk. Rechts ist ein anderes Haus, unter mir ist noch niemand eingezogen: ich bin ohne Nachbar.

[142] In dieser Verfassung wundert es mich beinah, daß ich die / Sache nicht leichter nahm. Obwohl ich doch jedesmal im voraus gewarnt war durch mein Gefühl. Das wäre auszunutzen gewesen. Erschrick nicht, hätte ich mir sagen müssen, jetzt kommt es; ich wußte ja, daß ich mich niemals täuschte. Aber das lag vielleicht gerade an den Tatsachen, die ich mir hatte sagen lassen; seit ich sie wußte, war ich noch schreckhafter geworden. Es berührte mich fast gespenstisch, daß das, was diesen Lärm auslöste, jene kleine, langsame, lautlose Bewegung war, mit der sein Augenlid sich eigenmächtig über sein rechtes Auge senkte und schloß, während er las. Dies war das Wesentliche an seiner Geschichte, eine Kleinigkeit. Er hatte schon ein paar Mal die Examen vorbeigehen lassen müssen, sein Ehrgeiz war empfindlich geworden, und die Leute daheim drängten wahrscheinlich, sooft sie schrieben. Was blieb also übrig, als sich zusammenzunehmen. Aber da hatte sich, ein paar Monate vor der Entscheidung, diese Schwäche eingestellt; diese kleine, unmögliche Ermüdung, die so lächer-

lich war, wie wenn ein Fenstervorhang nicht oben bleiben will. Ich bin sicher, daß er wochenlang der Meinung war, man müßte das beherrschen können. Sonst wäre ich nicht auf die Idee verfallen, ihm meinen Willen anzubieten. Eines Tages begriff ich nämlich, daß der seine zu Ende sei. Und seither, wenn ich es kommen fühlte, stand ich da auf meiner Seite der Wand und bat ihn, sich zu bedienen. Und mit der Zeit wurde mir klar, daß er darauf einging. Vielleicht hätte er das nicht tun dürfen, besonders wenn man bedenkt, daß es eigentlich nichts half. Angenommen sogar, daß wir die Sache ein wenig hinhielten, so bleibt es doch fraglich, ob er wirklich imstande war, die Augenblicke, die wir so gewannen, auszunutzen. Und was meine Ausgaben betrifft, so begann ich sie zu fühlen. Ich weiß, ich fragte mich, ob das so weitergehen dürfe, gerade an dem Nachmittag, als jemand in unserer Etage ankam. Dies ergab bei dem engen Aufgang immer viel Unruhe in dem kleinen Hotel. Eine / Weile spä- [143]
ter schien es mir, als trete man bei meinem Nachbar ein. Unsere Türen waren die letzten im Gang, die seine quer und dicht neben der meinen. Ich wußte indessen, daß er zuweilen Freunde bei sich sah, und, wie gesagt, ich interessierte mich durchaus nicht für seine Verhältnisse. Es ist möglich, daß seine Tür noch mehrmals geöffnet wurde, daß man draußen kam und ging. Dafür war ich wirklich nicht verantwortlich.

Nun an diesem selben Abend war es ärger denn je. Es war noch nicht sehr spät, aber ich war aus Müdigkeit schon zu Bett gegangen; ich hielt es für wahrscheinlich, daß ich schlafen würde. Da fuhr ich auf, als hätte man mich berührt. Gleich darauf brach es los. Es sprang und rollte und rannte irgendwo an und schwankte und klappte. Das Stampfen war fürchterlich. Dazwischen klopfte man unten, einen Stock tiefer, deutlich und böse gegen die Decke. Auch der neue Mieter war natürlich gestört. Jetzt: das mußte seine Türe sein. Ich war so wach, daß ich seine Türe zu hören meinte, obwohl er erstaunlich vorsichtig damit umging. Es kam mir vor, als nähere er sich. Sicher wollte er wissen, in welchem Zimmer es sei. Was mich befremdete, war seine wirklich übertriebene Rücksicht. Er hatte doch eben bemerken können, daß es auf Ruhe nicht ankam in diesem Hause. Warum in aller Welt unterdrückte er seinen Schritt? Eine Weile glaubte ich ihn an meiner Tür; und dann vernahm ich, darüber war kein Zweifel, daß er nebenan eintrat. Er trat ohne weiteres nebenan ein. Und nun (ja, wie soll ich das beschreiben?), nun wurde es still. Still, wie wenn ein Schmerz aufhört. Eine eigentümlich fühlbare, prickelnde Stille, als ob eine Wunde heilte. Ich hätte sofort schlafen können; ich hätte Atem holen können und einschlafen. Nur mein Erstaunen hielt mich wach. Jemand sprach nebenan, aber auch das gehörte mit in die Stille. Das muß man erlebt haben, wie diese Stille war, wiedergeben läßt es sich nicht. Auch draußen war alles wie / ausgeglichen. Ich saß auf, ich horch- [144]
te, es war wie auf dem Lande. Lieber Gott, dachte ich, seine Mutter ist da. Sie saß neben dem Licht, sie redete ihm zu, vielleicht hatte er den Kopf ein wenig gegen ihre Schulter gelegt. Gleich würde sie ihn zu Bett bringen. Nun begriff ich das leise Gehen draußen auf dem Gang. Ach,

daß es das gab. So ein Wesen, vor dem die Türen ganz anders nachgeben als vor uns. Ja, nun konnten wir schlafen.

51
Ich habe meinen Nachbar fast schon vergessen. Ich sehe wohl, daß es keine richtige Teilnahme war, was ich für ihn hatte. Unten frage ich zwar zuweilen im Vorübergehen, ob Nachrichten von ihm da sind und welche. Und ich freue mich, wenn sie gut sind. Aber ich übertreibe. Ich habe eigentlich nicht nötig, das zu wissen. Das hängt gar nicht mehr mit ihm zusammen, daß ich manchmal einen plötzlichen Reiz verspüre, nebenan einzutreten. Es ist nur ein Schritt von meiner Tür zu der anderen, und das Zimmer ist nicht verschlossen. Es würde mich interessieren, wie dieses Zimmer eigentlich beschaffen ist. Man kann sich mit Leichtigkeit ein beliebiges Zimmer vorstellen, und oft stimmt es dann ungefähr. Nur das Zimmer, das man neben sich hat, ist immer ganz anders, als man es sich denkt.

Ich sage mir, daß es dieser Umstand ist, der mich reizt. Aber ich weiß ganz gut, daß es ein gewisser blecherner Gegenstand ist, der auf mich wartet. Ich habe angenommen, daß es sich wirklich um einen Büchsendeckel handelt, obwohl ich mich natürlich irren kann. Das beunruhigt mich nicht. Es entspricht nun einmal meiner Anlage, die Sache auf einen Büchsendeckel zu schieben. Man kann denken, daß er ihn nicht mitgenommen hat. Wahrscheinlich hat man aufgeräumt, man hat den Deckel auf seine Büchse gesetzt, wie es sich gehört. Und nun bilden die beiden zusammen den Begriff Büchse, runde Büchse, genau ausgedrückt, einen
[145] einfachen, sehr bekannten Begriff. Mir ist, als / entsänne ich mich, daß sie auf dem Kamin stehn, die beiden, die die Büchse ausmachen. Ja, sie stehn sogar vor dem Spiegel, so daß dahinter noch eine Büchse entsteht, eine täuschend ähnliche, imaginäre. Eine Büchse, auf die wir gar keinen Wert legen, nach der aber zum Beispiel ein Affe greifen würde. Richtig, es würden sogar zwei Affen danach greifen, denn auch der Affe wäre doppelt, sobald er auf dem Kaminrand ankäme. Nun also, es ist der Deckel dieser Büchse, der es auf mich abgesehen hat.

Einigen wir uns darüber: der Deckel einer Büchse, einer gesunden Büchse, deren Rand nicht anders gebogen ist, als sein eigener, so ein Deckel müßte kein anderes Verlangen kennen, als sich auf seiner Büchse zu befinden; dies müßte das Äußerste sein, was er sich vorzustellen vermag; eine nicht zu übertreffende Befriedigung, die Erfüllung aller seiner Wünsche. Es ist ja auch etwas geradezu Ideales, geduldig und sanft eingedreht auf der kleinen Gegenwulst gleichmäßig aufzuruhen und die eingreifende Kante in sich zu fühlen, elastisch und gerade so scharf, wie man selber am Rande ist, wenn man einzeln daliegt. Ach, aber wie wenige Deckel giebt es, die das noch zu schätzen wissen. Hier zeigt es sich so recht, wie verwirrend der Umgang mit den Menschen auf die Dinge gewirkt hat. Die Menschen nämlich, wenn es angeht, sie ganz vorübergehend mit solchen Deckeln zu vergleichen, sitzen höchst ungern und schlecht auf ihren Beschäftigungen. Teils weil sie nicht auf die richtigen gekommen sind in der Eile, teils weil man sie schief und zornig aufgesetzt hat, teils weil die Ränder, die aufeinander gehören, verbogen sind, jeder auf eine andere Art. Sagen wir es nur ganz aufrichtig: sie denken im Grunde nur daran, sobald es sich irgend tun läßt, hinunterzuspringen, zu rollen und zu blechern. Wo kämen sonst alle diese sogenannten Zerstreuungen her und der Lärm, den sie verursachen?

Die Dinge sehen das nun schon seit Jahrhunderten an. / Es ist kein [146] Wunder, wenn sie verdorben sind, wenn sie den Geschmack verlieren an ihrem natürlichen, stillen Zweck und das Dasein so ausnutzen möchten, wie sie es rings um sich ausgenutzt sehen. Sie machen Versuche, sich ihren Anwendungen zu entziehen, sie werden unlustig und nachlässig, und die Leute sind gar nicht erstaunt, wenn sie sie auf einer Ausschweifung ertappen. Sie kennen das so gut von sich selbst. Sie ärgern sich, weil sie die Stärkeren sind, weil sie mehr Recht auf Abwechslung zu haben meinen, weil sie sich nachgeäfft fühlen; aber sie lassen die Sache gehen, wie sie sich selber gehen lassen. Wo aber einer ist, der sich zusammennimmt, ein Einsamer etwa, der so recht rund auf sich beruhen wollte Tag und Nacht, da fordert er geradezu den Widerspruch, den Hohn, den Haß der entarteten Geräte heraus, die, in ihrem argen Gewissen, nicht mehr vertragen können, daß etwas sich zusammenhält und nach seinem Sinne strebt. Da verbinden sie sich, um ihn zu stören, zu schrecken, zu beirren, und wissen, daß sie es können. Da fangen sie, einander zuzwinkernd, die Verführung an, die dann ins Unermessene weiter wächst und alle Wesen und Gott selber hinreißt gegen den Einen, der vielleicht übersteht: den Heiligen.

52

Wie begreif ich jetzt die wunderlichen Bilder, darinnen Dinge von beschränkten und regelmäßigen Gebräuchen sich ausspannen und sich lüstern und neugierig aneinander versuchen, zuckend in der ungefähren Unzucht der Zerstreuung. Diese Kessel, die kochend herumgehen, diese Kolben, die auf Gedanken kommen, und die müßigen Trichter, die sich in ein Loch drängen zu ihrem Vergnügen. Und da sind auch schon, vom eifersüchtigen Nichts heraufgeworfen, Gliedmaßen und Glieder unter ihnen und Gesichter, die warm in sie hineinvomieren, und blasende Gesäße, die ihnen den Gefallen tun.

Und der Heilige krümmt sich und zieht sich zusammen; / aber in sei- [147] nen Augen war noch ein Blick, der dies für möglich hielt: er hat hingesehen. Und schon schlagen sich seine Sinne nieder aus der hellen Lösung seiner Seele. Schon entblättert sein Gebet und steht ihm aus dem Mund wie ein eingegangener Strauch. Sein Herz ist umgefallen und ausgeflossen ins Trübe hinein. Seine Geißel trifft ihn schwach wie ein Schwanz, der Fliegen verjagt. Sein Geschlecht ist wieder nur an einer Stelle, und wenn eine Frau aufrecht durch das Gehudel kommt, den offenen Busen voll Brüste, so zeigt es auf sie wie ein Finger.

Es gab Zeiten, da ich diese Bilder für veraltet hielt. Nicht, als ob ich an ihnen zweifelte. Ich konnte mir denken, daß dies den Heiligen geschah, damals, den eifernden Voreiligen, die gleich mit Gott anfangen wollten um jeden Preis. Wir muten uns dies nicht mehr zu. Wir ahnen, daß er zu schwer ist für uns, daß wir ihn hinausschieben müssen, um langsam die lange Arbeit zu tun, die uns von ihm trennt. Nun aber weiß ich, daß diese Arbeit genau so bestritten ist wie das Heiligsein; daß dies da um jeden entsteht, der um ihretwillen einsam ist, wie es sich bildete um die Einsamen Gottes in ihren Höhlen und leeren Herbergen, einst.

53

Wenn man von den Einsamen spricht, setzt man immer zuviel voraus. Man meint, die Leute wüßten, um was es sich handelt. Nein, sie wissen es nicht. Sie haben nie einen Einsamen gesehen, sie haben ihn nur gehaßt, ohne ihn zu kennen. Sie sind seine Nachbaren gewesen, die ihn aufbrauchten, und die Stimmen im Nebenzimmer, die ihn versuchten. Sie haben die Dinge aufgereizt gegen ihn, daß sie lärmten und ihn übertönten. Die Kinder verbanden sich wider ihn, da er zart und ein Kind war, und mit jedem Wachsen wuchs er gegen die Erwachsenen an. Sie spürten ihn auf in seinem Versteck wie ein jagdbares Tier, und seine lange Jugend war ohne Schonzeit. Und wenn er sich nicht erschöpfen ließ und davon-
[148] kam, so schrieen sie über das, / was von ihm ausging, und nannten es häßlich und verdächtigten es. Und hörte er nicht darauf, so wurden sie deutlicher und aßen ihm sein Essen weg und atmeten ihm seine Luft aus und spieen in seine Armut, daß sie ihm widerwärtig würde. Sie brachten Verruf über ihn wie über einen Ansteckenden und warfen ihm Steine nach, damit er sich rascher entfernte. Und sie hatten recht in ihrem alten Instinkt: denn er war wirklich ihr Feind.

Aber dann, wenn er nicht aufsah, besannen sie sich. Sie ahnten, daß sie ihm mit alledem seinen Willen taten; daß sie ihn in seinem Alleinsein bestärkten und ihm halfen, sich abzuscheiden von ihnen für immer. Und nun schlugen sie um und wandten das Letzte an, das Äußerste, den anderen Widerstand: den Ruhm. Und bei diesem Lärmen blickte fast jeder auf und wurde zerstreut.

Friedrich Wolfzettel

Dem Andenken an Ulrich Schulz-Buschhaus,
mit dessen Gedankengängen ich mich hier
nicht zum ersten Mal treffe.

Der ›deambulatorische‹ Roman

Überlegungen zu einer spezifischen Modernität des Romans im Fin de Siècle

I

»Lieber Freund«, sagte sie, »es ist etwas Wahres daran! Unser Jahrhundert dürstet nach einer Tat!«[1] Die Worte, die Diotima in *Der Mann ohne Eigenschaften* an Ulrich richtet, beziehen sich auf die Handlungshemmung des Fin de Siècle, dessen idealistischen Schönheitskult und die »Überspannung«, die aus dem »ungeheuren Ernst« hervorgeht, »selbst eine Wahrheit zu werden«. (I, S. 812) Innerhalb der Romanökonomie des Musilschen Romans jedoch bezeichnet dieser Satz, der sich in eine schier unendliche Kette von Gesprächen und Begegnungen einfügt, den nur angedeuteten Ausweg aus einem Drehkaleidoskop der Gedanken, die kein Handeln mehr möglich erscheinen lassen und damit auch jede Romanstruktur herkömmlicher Art verhindern. Statt sich metaphorisch und autoreflexiv in Frage zu stellen, wie es gängige Romantheorien zum Dogma und zur conditio sine qua non des modernen ästhetischen Werkes erhoben haben, aboliert sich der Roman hier als erzählte Geschichte selbst, indem er die auf ein Ziel ausgerichtete Zeit des Handelns und der episch-dramatischen ›Handlung‹ durch eine vage »poetische Zeit«[2] einer gleichsam zielfernen Episodenstruktur ersetzt. Letzteres setzt eine kreisende kumulative Bewegung voraus, die ein Minimum an Neuigkeiten und Ereignissen mit einem Maximum an paradigmatischen Variationen des Gleichen verbindet. Sukzessivität als Reigen, als realer oder auch metaphorischer Spaziergang, der inhaltlich und strukturell an den flanierenden Essay[3] erinnert und vom Autor selbst

1 Robert Musil, *Der Mann ohne Eigenschaften*, hg. Adolf Frisé, Reinbek bei Hamburg 1978, Bd. I, S. 812. Alle weiteren Zitate nach dieser Ausgabe.

2 Ulrich Karthaus, *Der Andere Zustand. Zeitstrukturen im Werke Robert Musils* (Philologische Studien und Quellen, 25), Berlin 1965, S. 41 ff.

3 Vgl. Wilfried Berghahn, *Die essayistische Erzähltechnik Robert Musils. Eine morphologische Untersuchung zur Organisation und Integration des Romans »Der Mann ohne Eigenschaften«*, Diss. Bonn 1956 (Masch.).

auch so begriffen worden ist. Am aphoristischen Diskurs Nietzsches orientiert, übersetzt der Musilsche Roman dessen Bruch mit dem philosophischen Diskurs des 19. Jahrhunderts in den Roman, der damit – im Sinne postmoderner Konzepte[4] – das Modell der »großen Erzählung« verabschiedet, um sich einer Poetik der Augenblicke ohne Zukunft und ohne Erinnerung zu verschreiben.[5] Aus der rhapsodischen Struktur, welche schon die frühe Romantik neu entdeckte[6], wird so eine zur Regel erhobene Konstituente ziellosen, ja tendenziell auch sinnfreien Erzählens, während die damit verbundene Ästhetik des Fragmentarischen, meist Garantin einer geahnten Totalität[7], zur Regel diskontinuierlicher Wirklichkeitserfassung wird: frühmoderne Gestaltungsmittel im Dienste einer bereits postmodernen Ästhetik der Beliebigkeit, die lediglich im Schlussteil durch die Annäherung an den »anderen Zustand« überwunden werden soll, aber nicht wird.

Der Mann ohne Eigenschaften ist bekanntlich unvollendet geblieben, aber man könnte auch die Frage stellen, ob er je vollendbar war, ob nicht der Zerfall der Welt in beliebig vermehrbare und immer wieder aufrufbare Fragmente immer nur einen mehr oder minder willkürlichen Schlusspunkt erzwingt, der in diesem Fall sinnfällig durch den gesuchten Übergang in den »anderen Zustand« angedeutet wird. Zima spricht von einem »Roman ohne Ende, der sich schließlich in eine Sammlung von Fragmenten und Aphorismen verwandelt.«[8] Die fehlende »Ordnung des Ganzen« prägt, was Musil das Prinzip der »Ausgestaltung ohne Verfestigung« und die »Utopie des Essayismus« (I, S. 62) genannt hat, insofern letzterer sich »an die Tatsachen« hält und seine Erkenntnisse nicht »von sogenannten ewigen und großen ›Wahrheiten‹ herleitet. (I, S. 248). Dem Zerfall der Intrige entspricht der Zerfall des Ich und des Charakters im Sinne des herkömmlichen psychologischen Sittenromans: »Ein Mann ohne Eigenschaften besteht aus Eigenschaften ohne Mann« (I, S. 39). Die Aufhebung des je Besonderen im »Gesetz der großen Zahlen« (I, S. 488), die Ent-

---

4 Jean-François Lyotard, »Beantwortung der Frage: Was ist postmodern?«, in: Wolfgang Welsch (Hg.), *Wege aus der Moderne. Schlüsseltexte der Postmoderne-Diskussion* Weinheim 1988, S. 193-203.

5 Siehe U. Karthaus, *Der Andere Zustand* (s. Anm. 2) S. 98 f. (in Zusammenhang mit Nietzsches *Unzeitgemäßen Betrachtungen*. Zweites Stück: *Vom Nutzen und Nachteil der Historie für das Leben*).

6 Vgl. hierzu Bruno Hildebrand, *»Der Augenblick ist Ewigkeit«. Goethes wohltemperiertes Verhältnis zur Zeit* (Akademie der Wissenschaften und der Literatur, Mainz), Stuttgart 1997.

7 Hierzu auch Norbert Bolz, »Der aufgegebene Gott«, in: Ernst Behler u. a. (Hg.), *Die Aktualität der Frühromantik*, Paderborn 1987, S. 75-84.

8 Peter Zima, *Textsoziologie* (Sammlung Metzler, 190), Stuttgart 1980, S. 137.

deckung des »Durchschnitts« (I, S. 489) und der daran gekoppelte Funktionsverlust des Ich (I, S. 474) erscheinen als notwendiges ideologisches Korrelat des essayistischen, bewusst auf Totalität verzichtenden Vorgehens: »Ungefähr wie ein Essay in der Folge seiner Abschnitte ein Ding von vielen Seiten nimmt, ohne es ganz zu erfassen, – denn ein ganz erfasstes Ding verliert mit einem Male seinen Umfang und schmilzt zu einem Begriff ein [...].«(I, S. 250)

In einer solchen Welt ohne Mittelpunkt, eben einer »Welt von Eigenschaften ohne Mann«, »von Erlebnissen ohne den, der sie erlebt« (I, S. 150), wird das Ich zur beweglichen Perspektive, zur Wahrnehmungsinstanz, die mit der Problematisierung der »Privatwelt« auch die Bedingung der Möglichkeit des bürgerlichen Romans als Aneignung von Welt in Frage stellt. Ulrich »ahnt: diese Ordnung ist nicht so fest, wie sie sich gibt; kein Ding, kein Ich, keine Form, kein Grundsatz sind sicher, alles ist in einer unsichtbaren, aber niemals ruhenden Wandlung begriffen, im Unfesten liegt mehr von der Zukunft als im Festen, und die Gegenwart ist nichts als eine Hypothese, über die man noch nicht hinausgekommen ist.« (I, S. 250). Zwar gibt es noch, wie Ulrich sich eingesteht, »Leute, die ganz persönlich leben«: »Sie lieben alles, was mit ihren Fingern in Berührung kommt, und sind so rein Privatperson, wie das nur möglich ist; die Welt wird Privatwelt, sobald sie mit ihnen zu tun bekommt, und leuchtet wie im Regenbogen.« (I, S. 150) Doch ist dies nicht mehr Ulrichs Welt, in der diese Aneignung nicht mehr gelingt und kein »Regenbogen« Ich und Welt im Zeichen der Innerlichkeit miteinander in Einklang bringt. Er zögert, »aus sich etwas zu machen«, einen »Charakter«, einen »Beruf« oder »eine feste Wesensart« (I, S. 250) zu wählen. Als »Muster des innerlich schwebenden Lebens« richtet sich der ›essayistische‹ Held gegen »das logische Ordnen« und die »bestimmt gerichteten Antriebe des Ehrgeizes«. (I, S. 253) Das »Bedürfnis nach Eindeutigkeit, Wiederholbarkeit und Festigkeit« (I, S. 507), das Musil an seinem verzerrten Alter Ego, dem Dichter und »Großschriftsteller« Arnheim (vor allem in den Kapiteln 95 und 96) gleichsam parodistisch vorführt, erweist sich gerade deshalb als inauthentisch, weil die idealistische Weltaneignung als Appropriation im eigentlichen Wortsinn entlarvt wird: »Der sittliche Reichtum ist nah verschwistert mit dem geldlichen; [...].« (I, S. 506) Der Großschriftsteller ist »der Nachfolger des Geistesfürsten«[...]. So wie der Geistesfürst zur Zeit der Fürsten, gehört der Großschriftsteller zur Zeit des Großkampftages und des Großkaufhauses.« (I, S. 429) Sein Ichkult verweist *par antiphrase* auf die Anonymisierung der modernen Gesellschaft im Zeichen des Massenkapitals.

Statt zeitliches Geschehen aus einer festen Perspektive zu entfalten, entfaltet die essayistische Schreibweise mithin eine zum stilistischen Habitus gewordene, plane Zeitlichkeit; Handeln und Denken werden begriffen als reine Potentialität, als »Reise an den Rand des Möglichen«, wie es in Bezug auf die Geschwisterliebe im Teil III heißt. Als Romanhandlung im Modus des Konjunktivs hat Albrecht Schöne[9] daher den utopischen Gehalt des Romans beschrieben. Oder mit Rasch: »Der Potentialis ist der entscheidende Modus des Romans.«[10] Die wandernde Perspektive eines in einzelne Prismen zerfallenden Bewußtseins spiegelt den Verzicht auf ein Sicheinrichten in der Welt und auf die damit verbundenen Werte der Sicherheit und Berechenbarkeit, denn: »jedes In-Rechnung-Stellen und Bemessen setzt auch voraus, daß sich der zu ermessende Gegenstand nicht während der Überlegung ändert; und wo dies dennoch geschieht, muss aller Scharfsinn darauf angewendet werden, selbst noch in der Veränderung etwas Unveränderliches zu finden, und so ist das Geld allen Geisteskräften artverwandt [...]«. (I, S. 507) Peter Zima[11] hat aus solchen Überlegungen bekanntlich seine Theorie der Verdinglichung und »Indifferenz« im postnaturalistischen Roman entwickelt: die universelle Homologie zwischen Geld und Geist hebt Individualität auf; das Ich antwortet auf die Ununterscheidbarkeit der Dinge und Ansichten mit Indifferenz. In verwandter Perspektive spricht Cristina Terrile mit Bezug auf Pirandello, Kafka und andere Autoren der frühen Moderne von einer »crise de la volonté«[12]. War der ›klassische‹ bürgerliche Roman als symbolische Form der Aneignung von Welt beschreibbar, so verzichtet der essayistische Held auf jede Aneignung und schafft damit eine neue Distanz zwischen dem beobachtenden Ich und dem fremd gewordenen Objekt. Die Menschen und Vorgänge werden im wörtlichen Sinn »gleichgültig«[13], wo der Wille zur Bemächtigung und das Begehren mangeln. Der Musilsche ›Held‹

9 Albrecht Schöne, »Zum Gebrauch des Konjunktivs bei Robert Musil«, in: *Euphorion* 55 (1961), 196-220; überarbeitetet Neuabdruck in: *Deutsche Romane von Grimmelshausen bis Musil. Interpretationen*, hg. Jost Schillemeit, Frankfurt/M. 1966, S. 290-318.

10 Wolfdietrich Rasch, *Über Robert Musils »Der Mann ohne Eigenschaften«*, Göttingen 1967, S. 86.

11 Peter Zima, *L'ambivalence romanesque. Proust-Kafka-Musil*, Paris 1980.

12 Cristina Terrile, *La crise de la volonté ou le romanesque en question. Borgese, Green, Perutz, Pirandello, Kafka* (Bibliothèque de littérature générale et comparée, 8), Paris 1997. Zu einer Kritik an dem »esprit de système« dieser interessanten, aber in der Auswahl der Autoren eigenwilligen Arbeit vgl. Ulrich Schulz-Buschhaus, in: *Romanische Forschungen* 111 (1999), 756-758.

13 W. Rasch (s. Anm. 10), S. 110.

ist mithin auch der »indifferente« Held, »zugleich leidenschaftlich und teilnahmslos« (I, S. 148), der die Aneignung von Welt verschiebt und verweigert, um aus ihr ein »erzähltes Gedankenexperiment«[14] zu machen. Die kreisende Perspektive ist die Sehweise dessen, dem auch die Eigenschaften »in einer sonderbaren Weise gleichgültig sind« (I, S. 151); sie impliziert den Verzicht auf das »Bedürfnis nach Eindeutigkeit« und den Widerstand gegen »die Techniker«, die »aus diesen Fiktionen eine Welt neuer Dinge« aufbauen (I, S. 507). Weder ein auf feste Wahrheiten bedachter »Gelehrter« noch ein ganz subjektiver »Schriftsteller« im herkömmlichen Sinn, siedelt sich Ulrich als kritisches Double und Sprecher des Autors im Bereich des »Dazwischen« an (I, S. 254) und weist so auch dem Roman einen labilen Zwischenstatus zu. »Das Existenzproblem Ulrichs wird unmittelbar zum Formproblem des Romans.«[15]

Der seit der Jahrhundertwende konzipierte Roman ist ungeachtet seiner späten Publikation zwischen 1930 und 1952 und nicht allein auf Grund des vorgeführten Epochenpanoramas der erzählten Zeit vor dem Ersten Weltkrieg noch im Fin de Siècle verwurzelt und kann so auch als Summe von Modernisierungstendenzen des ausgehenden 19. Jahrhunderts gelesen werden. Ihn mit dem *Ulysses* von Joyce oder mit *A la recherche du temps perdu* von Proust zu vergleichen, ist mittlerweile ein Topos der Literaturkritik und -geschichtsschreibung geworden, und in diesem Kontext sei daran erinnert, daß Umberto Eco seine Theorie der »opera aperta« und speziell diejenige der »expressiven Form« 1962 an dem *Ulysses* entwickelt[16]. Gleichzeitig spräche aber die späte Entstehung und Rezeption, wie schon eingangs angedeutet, möglicherweise für eine andere Sicht der Dinge: *Der Mann ohne Eigenschaften* könnte auch als ein frühes Beispiel der postmodernen Wende gelesen werden, insofern die scheinbare Rückkehr zur traditionellen auktorialen Erzählweise das Fehlen einer ›Fabel‹ nur umso bewusster macht? Lyotard bezeichnet einmal das Fragment als Kunstform der Moderne, den Essay dagegen als postmodern[17]. Dem Essay kommt es – im Gegensatz zu dem, was Lyotard den »Terror« des Mimetischen nennt – nicht zu, »Wirklichkeit zu liefern«, sondern »Anspielungen auf ein Denkbares zu erfinden, das nicht dargestellt werden kann.«[18] Letztere, wie Adorno

14 Ebd. S. 83.

15 Ebd. S. 79.

16 Umberto Eco, *L'opera aperta,* Milano 1962, dt. *Das offene Kunstwerk* (Suhrkamp tb Wissenschaft, 222), Frankfurt/M. 1977, spez. S. 346 ff.

17 J. -F. Lyotard (s. Anm. 4), S. 203.

18 Ebd.

schon früher anmerkt, im Sinne einer unabschließbaren, jede Systematik negierenden Bewegung: Im Essay »treten diskret gegeneinander abgesetzte Elemente zu einem Lesbaren zusammen«; sie kristallisieren sich »als Konfiguration« »durch ihre Bewegung«[19]. Literaturgeschichtlich gesprochen: neben dem autoreflexiven experimentellen Diskurs der frühen Moderne würde das Fin de Siècle also auch einen anderen, im essayistischen Sinn ›experimentellen‹ Diskurs vorstellen, der z. T. durchaus an frühere Formen der »Krise« des Romans anknüpft und möglicherweise nahelegt, die Epochenbezeichnung »fin de siècle« auch einmal im diskursgeschichtlich übertragenen Sinn zu verstehen: Die radikale Dekonstruktion des herkömmlichen Ritterromans durch den *Don Quijote*, die auf das Vorbild von Cervantes gestützte Persiflierung des autobiographischen Aufklärungsdiskurses im *Tristram Shandy* von Laurence Sterne oder die auf diesen beiden Vorbildern fußende Romanparodie, *Jacques le fataliste* von Diderot, würden jeweils das »fin de siècle« einer Tradition verdeutlichen, in dem essayistische und fragmentarische Diskursformen die Erschöpfung älterer Erzählmodelle verdeutlichen und zugleich eine – im Wortsinn – reflexive Romanform begründen, die sich zum systematisch narrativen Roman verhält wie der – »der Idee nach« – »aus der Kritik am System«[20] erwachsende philosophische Essay, dessen Formgesetz »die Ketzerei« und der Verstoß »gegen die Orthodoxie des Gedankens«[21] sind. Weitergehend möchte man von einer Form des gnoseologischen Romans sprechen, wie er etwa dezidiert nach der Krise des Zweiten Weltkriegs durch Michel Butor propagiert und praktiziert wurde[22].

Über Epochengrenzen hinweg könnte man mithin – vielleicht – von einem jederzeit verfügbaren Modell der Denarrativierung sprechen, das historisch immer dann zum Tragen kommt, wenn die Möglichkeiten narrativer Sinngebung einen Höhepunkt erreicht haben, der zugleich deren Erschöpfung anzeigt. So unterscheidet Tzvetan Todorov in seinem Überblick über Formen episodischen Erzählens zwischen Episoden »qui décrivent un état (d'équilibre ou de déséquilibre) et ceux qui décrivent le passage d'un état à l'autre«[23]; dem einen

19 Theodor W. Adorno, »Der Essay als Form«, in: ders., *Noten zur Literatur I*, Frankfurt/M.1958, 1971, S. 30.

20 Adorno, ebd., S. 21.

21 Ebd., S. 49.

22 Hierzu Vf., »Der gnoseologische ›Kollektivroman‹ bei Michel Butor: *Degrés*«, in: *Nouveau Roman*, hg. Winfried Wehle (Wege der Forschung, CDXCVII), Darmstadt 1980, S. 223-244.

23 Tzvetan Todorov, *Poétique de la prose*, Paris 1971, S. 121.

ordnet er das beschreibend statische Adjektiv, dem anderen das dynamische Verb zu. Die narrative Dynamik wird durch ein fundamental statisch-iteratives Verfahren in Frage gestellt. Wir wollen dieses denarrativierende Modell im Folgenden »deambulatorisch« nennen. Typische Kennzeichen des durchaus offenen und variablen Typus wären: die Auflösung der Romanintrige, die Reduktion der erzählten Zeit zur planen Kalenderchronologie bzw. die Verwischung zeitlicher Strukturen, die Ersetzung des handelnden Charakter-Helden durch einen eher reflektierenden, ›charakter-losen‹ Protagonisten, der zum Zuschauer der wechselnden Ansichten einer Welt geworden ist, die er aus der Distanz und in wechselnder Beleuchtung betrachtet. Désengagement, Ohnmacht und Indifferenz liegen so nahe beeinander. Vor allem aber setzt dieser Typus einen im geistigen wie im physischen Sinn ›deambulierenden‹ Helden voraus, dessen ständige, nicht zielgerichtete Bewegung an Formen der »Flanerie« im 19. Jahrhundert erinnert[24]. In einem Aufsatz über den »Flaneur in der Kathedrale« hat Peter Ihring[25] Aufbau und Perspektive des späten Huysmanschen Romans *La Cathédrale* (1898) mit der – vor allem von Baudelaire entwickelten – Theorie des modernen Großstadtflaneurs in Verbindung gebracht und die bekannten Überlegungen Walter Benjamins an diesem Beispiel exemplifiziert. Der Fin de Siècle-Roman erschient hier als Antwort auf den Mythos von Paris und auf eine lange Erzähltradition. Die Analogie greift aber weiter, als es das untersuchte Einzelbeispiel nahelegt.

Zunächst einmal lassen sich wesentliche Kennzeichen des flanierenden Verfahrens in dem Musilschen Roman wiederfinden. Auch der in passive Beobachtung und Reflexivität geflüchtete Musilsche Antiheld, der sich in bewusster Distanz zu seiner »kakanischen« Vorkriegswelt verhält und auf jede Einfluss- und Gestaltungsmöglichkeit verzichtet, ist im Kern ein solcher Flaneur. Denn – noch einmal mit dem vollen Zitat -: »Heute hat die Verantwortung ihren Schwerpunkt nicht im Menschen, sondern in den Sachzusammenhängen [...]. Es ist eine Welt von Eigenschaften ohne Mann entstanden, von Erlebnissen ohne den, der sie erlebt.« (I, S. 150). Den Flaneur, wie Benjamin ihn

---

24 Thomas Koebner, »Versuch über den literarischen Spaziergang«, in ders., *Zurück zur Natur. Ideen der Spätaufklärung und ihre Nachwirkungen*, Heidelberg 1993, S. 28-65, interpretiert schon den Spaziergang der Spätaufklärung »als Verweigerung, sich dem Reglement zu beugen, das die Gesellschaft für bindend erklärt« (S. 53) und betont die Anzeichen »der sozialen Isolierung« (S. 25).

25 Peter Ihring, »Der Flaneur in der Kathedrale. Joris-Karl Huysmans und seine Antwort auf den Mythos von Paris«, in: *Poetica* 32 (2000), 475-497.

begreift, kennzeichnet eben jene gewollt entfremdete Bewegung im Verzicht auf jedes Sicheinnisten, auf die Wohnung als »Gehäuse« und »Futteral des Menschen«[26], von der im Zeichen von Indifferenz bereits die Rede war; er ersetzt so die Aneignung von Welt durch ein »interesseloses« und letztlich indifferentes Beobachten des Außen ohne Rückbezug auf ein Innen und erinnert so auch an Nietzsches Diagnose des ›modernen‹, historistisch entkräfteten Menschen, der zum bloßen »herumwandernden Zuschauer« geworden ist.[27] Überall präsent, hat der Flaneur selbst kein Zentrum und keinen Fixpunkt. Ulrich fragt sich einmal, warum er nicht »Pilger« geworden sei (I, S. 153). Tatsächlich könnte man von einer säkularisierten Pilgerschaft sprechen, die freilich zugleich durch ihre Ziellosigkeit ausgezeichnet wäre. Dadurch leidet die natürliche Dialektik von Ich und Anderem: Der Flaneur begegnet in jedem Anderen notwendig nur sich selbst und setzt so einen notwendig unabschließbaren Prozess der narzißtischen Verfremdung in Gang; er bezieht die Fragmente des Andersseins kaleidoskopisch auf sein fragmentiertes Ich. So erscheint im *Mann ohne Eigenschaften* der wahnsinnige Prostituiertenmörder Moosbrugger Ulrich als »ein verzerrter Zusammenhang unserer eigenen Elemente des Seins«: »Zerstückt und durchdunkelt war es, aber Ulrich fiel irgendwie ein: wenn die Menschheit als Ganzes träumen könnte, müßte Moosbrugger entstehn.« (I, S. 76) Die Figuren, die fast alle »durch Ulrichs Vermittlung im Blickfeld des Lesers« treten, geben »für den nirgendwo engagierten Ulrich [...] ihre Spiegelfunktion frei«[28]. Die scheinbare Sukzessivität des Flanierens wird hier zum Kreisen, in dem das entfremdete Ich immer wieder sich selbst begegnet. Von dem spätromantisch-frühmodernen Motiv des »Bades in der Menge«, der Faszination und Buntheit der Außenwelt ist kaum etwas übriggeblieben. Eher könnte man von einem ansatzweise existentiellen Duktus sprechen, der eine latente Dimension der Sinnsuche immer zugleich andeutet und unterläuft. Essayistisches Flanieren, deambulatorisches Kreisen im gewollten Abstand zur Wirklichkeit hat

26 Walter Benjamin, »Charles Baudelaire. Ein Lyriker im Zeichen des Hochkapitalismus«, *Gesammelte Schriften*, hg. Rolf Tiedemann und Hermann Schweppenhäuser, Frankfurt/M. 1991, Bd. I, 2, S. 549.

27 Die Stelle aus den *Unzeitgemäßen Betrachtungen* (*Sämtliche Werke. Kritische Studienausgabe*, hgg. Giorgio Colli und Mazzino Montinari, München 1999, Bd. I, S. 279) übernehme ich aus dem Musil-Beitrag von Ulrich Schulz-Buschhaus. Zum Verhältnis Musil-Nietzsche schreibt Walter Pedullà, *Le caramelle di Musil*, Milano 1993, S. 64f.: »Forse è la promessa ›salutare‹ della malattia che con-danna *l'uomo senza qualità* a non avere fine, o forse è obbligatorio atto di fedeltà a Nietzsche da parte di Musil [...].«

28 W. Rasch (s. Anm. 11), S. 110.

so auch im etymologischen Sinn etwas mit »Examinieren«, Wägen, Probieren und Versuchen zu tun und weist dem frühmodernen Roman in einem ganz anderen Sinn als bei Zola eine experimentelle Funktion zu.

II

Der Bruch mit der Konvention des Erzählens, nicht durch experimentelle Verfremdung, sondern durch eine Art ironisch gelenkten Leerlaufs der Handlung, die nicht mehr nacherzählbar ist, gewinnt seine epistemologische Relevanz aus der Opposition gegen die Epoche, die wie keine andere durch das Konzept des Fortschritts und der fortschreitenden Erkennbarkeit der Dinge geprägt war. Insofern indiziert diese Krise des Romans zugleich eine epistemologische Krise, die sich ausgehend von der Problematisierung des Naturalismus szientistischer Prägung zu einer allgemeinen »crise de l'humanisme«[29] ausweitet. Berücksichtigt man, daß der französische Roman dieser Krise zunächst im Rückgriff auf psychologische Modelle à la Stendhal zu begegnen versuchte und daß noch die Erneuerung des Romans bei den Vertretern der *Nouvelle Revue Française* vorzüglich im Anknüpfen an novelleske Techniken der sog. »histoire« oder »nouvelle historique« im Sinne einer Madame de Lafayette bestand, so liegt die Annahme nahe, dass den genannten denarrativierenden Verfahren eine längere kontestatorische Konjunktur im Kampf gegen vorherrschende Trends zukommt. Das von Michel Raimond unter dem Stichwort »la crise du roman«[30] zusammengetragene Material, das für unsere Fragestellung merkwürdig irrelevant erscheint, wäre unter diesem Gesichtspunkt neu zu gewichten und zu verorten. Und auch die Geschichte des sog. modernen Romans in Frankreich mußte unter Berücksichtigung dieses Schemas wahrscheinlich neu geschrieben werden. Nicht zufällig rekurriert schon der frühe Gide auf deambulatorische Verfahren, während sich der programmatische Bruch mit dem Ehe- und Familienroman in *L'Immoraliste* (1902) im Zeichen eines zum Prinzip gewordenen »rôder« vollzieht. In seiner zugleich themen- und ideologiegeschichtlichen Untersuchung über Flanerie und Konzeptionen der Moderne hat Harald Neumeyer die »fortschreitende Modernisierung«[31] des Flaneurs u. a. in Rilkes *Die Auf-*

29 Micheline Tison-Braun, *La Crise de l'humanisme. Le conflit de l'individu et de la société dans la littérature française moderne,* 2 Bde., Paris 1967.

30 Michel Raimond, *La Crise du roman,* Paris 1966.

31 H. Neumeyer, *Der Flaneur. Konzeptionen der Moderne,* Würzburg 1999 (Epistemata, 252), S. 211ff.

zeichnungen des Malte Laurids Brigge, bei Apollinaire und in Aragons Le Paysan de Paris beleuchtet. Dabei situiert der Autor gerade die französischen Texte »im Kontext der permanenten Neubestimmung der ästhetischen Moderne«[32], konstatiert aber zugleich eine Geschichte der »décadence« der ursprünglichen Tradition. Tatsächlich scheint damit ein wesentliches Element des deambulatorischen Musters in der frühen Moderne angesprochen, insofern diesem Muster immer auch eine programmatische Unentschiedenheit eignet: Der narrative Duktus zersetzt sich, ohne dass die Ästhetik der Mimesis grundsätzlich in Frage gestellt wird. Da, wo die Flanerie[33] zur Romanstruktur wird, wächst dem Protagonisten der »neue Auftrag« zu, das Handeln durch das Sehen zu ersetzen und die Imagination »als Gabe des Schauens und nicht als Erfindungsvermögen[34] neu zu funktionalisieren. Zu Recht charakterisiert Neumeyer »die Flanerie als ideale surrealistische Tätigkeit« und den Flaneur als »Idealtyp des Surrealisten«.[35]

Nadja, 1928 erschienen, ist die zum Erzählprinzip erhobene Flanerie; freilich wird diese weniger durch die Sukzessivität der Episoden als durch die Dialektik von Suche und Erinnerung bestimmt, »sans ordre préétabli, et selon le caprice de l'heure qui laisse surnager ce qui surnage«[36]; Ich-Suche – »Qui suis-je?[37] – und die Ästhetik des objektiven Zufalls schaffen hier eine epiphanische Tiefenstruktur, die zum einen auf den Existentialismus vorausweist und zum anderen, als Kryptogramm, den Nouveau Roman vorwegnimmt. Demgegenüber stellen die Spaziergänge »à la poursuite du hasard«[38] des *Paysan de Paris* (1926) geradezu den Prototyp des von Musil versuchten essayistischen Schreibens dar. Der zwischen 1924 und 1925, also fast zeitlich genau mit dem *Manifeste du surréalisme* (1924) entstandene ›Roman‹ erscheint nicht nur als konsequente Umsetzung des eben von Apollinaire entdeckten Prinzips der Heterogeneität, (»poésie conversation«) und der surrealistischen »mythologie moderne«, deren Theorie durchaus mit dem »anderen Zustand« bei Musil verglichen werden könnte.

Die konsequente Mischung der Diskursformen, Essay, Reflexion, Poetik, Erzählung, Beschreibung, Lyrik und Collage entspricht zugleich dem oben erwähnten denarrativierenden, gattungsmi-

32 Ebd. S. 389.
33 Ebd. S. 269.
34 Ebd. S. 272.
35 Ebd. S. 275.
36 André Breton, *Nadja*, Paris 1964, S. 22.
37 Ebd. S. 9.
38 Louis Aragon, *Le Paysan de Paris*, Paris 1926, S. 137.

schenden Verfahren. Auch hier spiegelt die deambulatorisch essayistische Struktur die Krisenerfahrung des »monde moderne« und den Bankrott der abstrakten Wahrheiten und ewigen Werte. Das entfremdete Ich – »je suis le passage de l'ombre à la lumière«, »une limite, un trait. [...] Et ce qui m'entoure est une ride, l'onde apparente d'un frisson«[39] – repräsentiert ein neues bewegliches, mikro- und makroskopisches Sehen, das die Multiplizität der Orte noch einmal zusätzlich vervielfältigt. Die Auflösung objektiver Verortung in der Subjektivität wird durch das entgrenzende, traumhafte Sehen noch zusätzlich radikalisiert. Die Textur ergibt sich aus der deambulatorisch entfalteten Sukzessivität der Eindrücke, Gedanken und Erinnerungen, welche die am Ende angesprochene Suche nach dem Konkreten dem Zufallsprinzip entsprechend durch die Addition der Orte inszeniert. Roger Garaudy konnte daher später den *Paysan de Paris* mit einiger Berechtigung als Beginn eines »itinéraire« »du surréalisme au monde réel«[40] begreifen. Die drei Teile – am Passage de l'Opéra, auf den Buttes-Chaumont und der »Songe du Paysan« – schließen sich zu einem bald deskriptiven, bald reflexiven Kaleidoskop zusammen, das dem topologisch räumlichen Typus des deambulatorischen Erzählens eine übergreifend erkenntnisfördernde, gnoseologische Funktion zuerkennt. Das im Titel angedeutete Prinzip der Fremdheit des Helden als »paysan«, Voraussetzung des produktiven »émerveillement«, entspricht der völligen Passivität des Flaneurs, dessen verfremdendes Bewusstsein das eigentliche Ordnungsprinzip darstellt. Der »Aladin du Monde Occidental« »aux confins de la réalité«[41] sorgt für die räumliche Vernetzung des scheinbar Unzusammenhängenden und Getrennten. Der deambulatorische Romantypus ist so gesehen auch ein Gegenmodell zum Zeitroman. Das Motiv der »rencontre fortuite« steht wie später bei Breton im Dienste einer impliziten Suche nach magisch begriffener Ganzheit, doch zunächst sorgt es in handlungspsychologischer Sicht dafür, dass die Diskontinuität der Wirklichkeit veranschaulicht und die – gerade auch durch die halluzinatorischen Momente – angestrebte »connaissance dans le concret«[42] nicht durch irgendwelche Handlungselemente eingeschränkt wird.

Es wäre an dieser Stelle verführerisch, dem Fortwirken des deambulatorischen Prinzips im existentialistischen, wenn nicht sogar im *Nouveau Roman* nachzugehen. So unterscheidet sich *La Nausée* ei-

39 *Le Paysan de Paris,* S. 134.

40 Roger Garaudy, *L'itinéraire d'Aragon: du surréalisme au monde réel*, Paris 1961.

41 *Le Paysan de Paris,* S. 61.

42 Aragon, *Le Paysan de Paris*, S. 247.

gentlich nur durch die betonte Progressivierung von Ekel und Entfremdung vom *Paysan de Paris*, und ein Roman wie *Molloy* könnte womöglich auch als ironisierende Persiflage der surrealistischen Suche nach dem Konkreten verstanden werden. Doch sollen die folgenden Überlegungen auf die Achse Fin de Siècle – frühe Moderne beschränkt bleiben. Breton bezieht sich am Anfang von *Nadja* auf Huysmans, und tatsächlich wird man auf der Suche nach möglichen Vorbildern vor allem auf diese zentrale und gleichwohl noch immer unterbewertete Gestalt des Fin de Siècle rekurrieren müssen. Der Bruch mit dem traditionellen, auf Kausalität, dramatische Folgerichtigkeit und epische Charaktere gegründeten Roman wird wohl kaum irgendwo deutlicher als in dem ›Abfall‹ des einstigen Zola-Schülers und Anhängers Joris-Karl Huysmans von der »route frayée« der naturalistischen »étude de mœurs«[43]. Nur wenige Jahre trennen die Publikation der naturalistischen Musterromane *Marthe, histoire d'une jeune fille* (1876), *Les Sœurs Vatard* (1879), *En ménage* (1881) und *A vau-l'eau* (1882), die Mitarbeit an den *Soirées de Médan* und die Planung einer naturalistischen Zeitschrift von dem Programmroman der »décadence«, *A rebours*[44], und der mit *Là-Bas* (1891) einsetzenden Serie der sog. Durtal-Romane des späteren Konvertiten, der – man vergißt es gern – schon den Helden von *A vau-l'eau*, M. Folantin, als unbewusst Suchenden dargestellt und *A Rebours* mit einem Stoßgebet »du chrétien qui doute« abgeschlossen hatte.

Die mit diesem Prozess einhergehenden weltanschaulichen religiösen und existentiellen Probleme, die im Spätwerk ausführlich ausgebreitet und thematisiert werden, haben aber lange Zeit den Blick auf die spezifisch literarästhetischen Implikationen und die romanhistorische Brisanz der oben genannten Konversion verstellt und den weithin unterschätzten Autor zum Gegenstand biographischer und geistesgeschichtlicher[45] Nischenforschung gemacht, wie überhaupt die *décadence*-Forschung[46] hauptsächlich an inhaltsästhetischen Fra-

---

43 J.-K. Huysmans, »Préface écrite vingt ans après le roman«, *A Rebours*, hg. von Pierre Waldner, Paris 1978 (coll. Garnier-Flammarion), S. 55. Zitate nach dieser Ausgabe.

44 François Lévi, *J.-K. Huysmans: »A Rebours« et l'esprit décadent*, Paris 1972.

45 Z. B. Pia Duployé, *Huysmans* (Les Ecrivains devant Dieu), Paris 1968; Brian Banks, *The Image of Huysmans* (AMS Studies in the Nineteenth Century, 7), New York 1990 (Typus der »biographie spirituelle«).

46 Elio Mosele (Hg.), *Joris-Karl Huysmans e l'immaginario decadente* (Università degli Studi di Verona, Quaderni del Castello, 1), Fasano 1992; André Guyaux/ Christian Heck / Robert Kopp (Hg.), *Huysmans. Une esthétique de la décadence* (Travaux et Recherches des Universités Rhénanes, I), Genève/Paris 1987.

gestellungen Interesse zeigte.[47] Noch die genannte Bestandsaufnahme, die Michel Raimond[48] der Krise des Romans im späten Naturalismus widmet, läßt Huysmans nur als Kritiker des Naturalismus, nicht als eigenständigen Vertreter einer neuen Form des Romans zu Wort kommen. Schon die Richtung der Fragestellung präjudiziert hier die Ergebnisse. Wenn, wie Pierre Cogny in seiner damals wegweisenden Monographie von 1953 betont hat, »Huysmans demeure naturaliste«[49], dann vermutet man unwillkürlich eine ›Modernisierung‹ der von Zola kreierten und letztlich noch dem Populärroman verpflichteten Schreibweise. Soll man also die enthusiastischen Urteile André Bretons über den Autor von *En rade* und *Là-Bas* wirklich nur auf eine gewisse Vorläuferrolle des umstrittenen Autors in Sachen Traum und Unbewusstes beschränken? Huysmans, »peut-être le moins étranger de mes amis«, wie es in *Nadja*[50] heißt, hat danach »formulé de toutes pièces la plupart des lois qui ont régi l'affectivité moderne, pénétré le premier la constitution histologique du réel.«[51] Vielleicht wäre die Fragestellung eines Cogny demnach umzukehren und anstatt nach der Persistenz naturalistischer Sehweisen auch im Spätwerk nach den modernen Ansätzen bereits in den Werken der sog. naturalistischen Phase zu fragen. Nicht zufällig beginnt die Anthologie Bretons ja mit *En ménage*, und nicht zu Unrecht sieht Michael Issacharoff in *A vau-l'eau* einen Vorläufer der modernen Erzählkunst, insofern hier das – im Titel durchaus angedeutete – naturalistische Erzählprinzip in Wirklichkeit längst zugunsten eines statisch iterativen Prinzips der episodischen Reihung aufgegeben sei[52]. Auch wäre nicht erst *A Rebours* mit Daniel Grojnowski[53] als »roman à rebours« zu kennzeichnen, insofern hier das naturalistische »principe de l'observation qui enregistre les faits et les influences« erstmals durch »le primat de l'imagination créatrice, productrice de réalité«[54] ersetzt wird und mittels subjektiver Eindrücke, Erinnerun-

---

47 Charakteristisch scheint etwa ein Beitrag von Françoise Gaillard, »Modernité de Huysmans« (in dem von A. Guyaux, Christian Heck und Robert Koch herausgegebenen Band, S. 65-71, wo Modernität noch immer in inhaltsästhetischen Kategorien definiert wird.

48 M. Raimond, *La crise du roman*, Paris 1966.

49 Pierre Cogny, *J.-K. Huysmans à la recherche de l'unité*, Paris 1953, S. 89.

50 André Breton, *Nadja*, Paris 1964 (Livre de poche), S. 16.

51 André Breton, *Anthologie de l'humour noir*, Paris 1966, S. 191.

52 M. Issacharoff, *L'Espace et la nouvelle. Flaubert, Huysmans, Ionesco, Sartre, Camus*, Paris, Corti 1976, Kap. III, S. 61-72.

53 Daniel Grojnowski, *Le sujet d'«A Rebours«*, Villeneuve d'Asq 1996 (collection »Objet«).

54 Ebd. S. 97.

gen, Halluzinationen und Träume »tente de saisir l'intériorité en prise directe«[55]. Mit Grojnowski müsste man auch von einem »naturalisme à rebours« bzw. einer neuen Form des »roman expérimental« sprechen, »d'un nouveau roman dans une acception qui nous est contemporaine« [56].

Tatsächlich zögert auch Cogny neuerdings nicht, einen Roman wie *Là-Bas,* den auch Breton hochschätzt, als Beispiel der autonom gewordenen »écriture« anzusprechen, da »le seul jeu de l'écriture«[57] die traditionellen Elemente der Psychologie, Intrige und Kausalität restlos in sich aufgenommen habe und die Romantechnik so auf den »nouveau roman« vorausweise. Das von ihm beschriebene Spiel der Variationen, Spiegelungen und Verweise, das erstmals in der Geschichte des Romans die syntagmatische Logik hinter der paradigmatischen Struktur zurücktreten lasse, ja fast bis zum Nullpunkt verdünne, dürfte aber nicht allein auf den Widerstand der »intériorité« gegen die »pression du réel«[58] gegründet sein; es beruht strukturell auf einem ›deambulatorischen‹ Verfahren, wie es Peter Ihring für *La Cathédrale* nachgewiesen hat und das über Huysmans hinaus ein wesentliches Kennzeichen oder besser: eine spezifische Form der aus dem Spätsymbolismus erwachsenden frühen Moderne darstellte. So spricht Grojnowski gleichsam zufällig von der »étonnante liberté de déambulation«[59] in *A Rebours*. Das von Flaubert erträumte »livre sur rien« findet in den »flâneries« des Autor-Doubles und ›Mannes ohne Eigenschaften‹ Durtal, der die Abfassung eines Buches zum Gegenstand des Romans macht, ohne Zweifel eine späte Rechtfertigung. Erinnern wir an die umwertende Auswahl, die Des Esseintes bei den großen Romanciers vornimmt: »Ainsi [...] préférait-il, chez Flaubert, *La Tentation de Saint Antoine* à *l'Education sentimentale;* chez de Goncourt, *La Faustin* à *Germinie Lacerteux*; chez Zola, *La Faute de l'abbé Mouret* à *L'Assommoir*«[60] – alles Werke, die die evolutive, kausale Logik des Geschehens zugunsten einer fundamentalen Statik sus-

55 Ebd. S. 101.

56 Ebd.

57 J.-K. Huysmans, *Là-Bas*, hg. von Pierre Cogny, Paris 1978 (coll. Garnier-Flammarion) »Introduction«, S. 28.

58 D. Grojnowski, *Le sujet d'»A Rebours«*, S. 98.

59 Ebd. S. 100.

60 Die Vorläuferrolle Flauberts hat u. a. Liana Nissim, »L'›inimitable magnificence‹ di Flaubert, guida all'immaginario decadente«, in: Elio Mosele (Hg.), *J.-K. Huysmans e l'immaginario decadente*, S. 41-62, behandelt; auf die Rolle der Brüder Goncourt im Hinblick auf eine wachsende Abkehr von der realistischen Ästhetik verweist im selben Band Enzo Caramaschi, »Les Goncourt et la déconstruction du roman«, S. 21-40.

pendieren, um an die Stelle von Handlung das repetitive Kreisen paradigmatischer Strukturen zu setzen. Aber ist nicht schon die Erzählung *Sac au dos* der programmatischen *Soirées de Médan* (1880) Ausdruck einer »déambulation«, deren Ziel- und Zwecklosigkeit in der kreisförmigen Bewegung zu Tage tritt? Der junge Anti-Held des deutsch-französischen Krieges von 1870/71 kehrt am Ende in eine Umgebung zurück, in der sich nichts geändert hat: »Je retrouve mon logement tel que je l'ai laissé.«[61] Der Gewinn besteht lediglich in der Erkenntnis der Überflüssigkeit des zwischenzeitlich Erlebten.

Die Einseitigkeit der Kritik wurde freilich durch den Autor selbst vorgegeben. Nicht allein dass es schwierig erscheint, die späteren, weltanschaulich aufgeladenen Romane eines kämpferischen Spiritualismus gleichsam abstrakt und »à rebours« zu interpretieren; auch Huysmans argumentiert in seiner *Préface écrite vingt ans après le roman*, die er 1903 anlässlich der Neuauflage von *A Rebours* verfasste, ähnlich wie in *Là-Bas* mit Blick auf naturalistische Verfahren im wesentlichen inhaltsbezogen, verurteilt die Plattheit der naturalistischen Weltsicht und der dazu gehörigen Themen und erklärt auch den romantisch allegorischen Romantypus mit seiner allegorisierenden Tendenz – »l'Avarice«, »l'Orgueil«, »la Colère«, »La Paresse« usw. (S. 46) – für historisch überholt. Erst gegen Ende des Vorworts – im Zusammenhang mit den Vorwürfen Zolas – ist von dem Gefühl des Erstickens in den alten Formen und dem Bedürfnis nach frischer Luft die Rede. Letztere besteht offensichtlich darin, die starre horizontale Kausalitätsstruktur des naturalistischen Romans durch die geistige Flanerie in die Tiefe der Geschichte, Kunst, Literatur und Gelehrsamkeit zu durchbrechen: »le désir [...] de briser les limites du roman, d'y faire entrer l'art, la science, l'histoire«. Damit einher geht der Versuch zu »supprimer l'intrigue traditionnelle, voir même la passion, la femme, concentrer le pinceau de lumière sur un seul personnage, faire à tout prix du neuf« (S. 55). An dieser Stelle indiziert das inhaltliche Moment eine wesentliche perspektivische Konsequenz. An die Stelle des üblichen »drame passionnel« in Verbindung mit der zentralen Rolle der Frau tritt das prototypische männliche Ich, ein fundamental solipsistisches Ich, dessen Handlungen nurmehr in »Ausflügen« jeglicher Art einschließlich Gesprächen, Begegnungen und Kurzerlebnissen bestehen können. Nicht der Charakter des ›Helden‹ wird dann aber noch zählen, sondern dessen Rolle als Vermittler realer und imaginärer Erfahrungen. Die Frau als emblematische Verkörperung von ungefiltertem Leben und von Natur (im Sinne des bür-

61 *Les Soirées de Médan*, Paris 1955, S. 128.

gerlichen ›imaginaire‹) bleibt daher ausgespart. »Ce qui frappe justement, schreibt Dominique Millet im Vorwort zu *En Route*, »c'est l'absence totale de féminité romanesque.«[62]

Flanieren kann bis dahin tatsächlich nur der Mann – und zwar der von allen psychologischen Bindungen und Charakterrollen befreite Einzelgänger, der den oben genannten Primat der schöpferischen Subjektivität gegen die Frau behauptet und die Avantgarde als das letzte Abenteuer abendländischer ›Männlichkeit‹ ausweist. Notwendig als ›Mann ohne Eigenschaften‹ konzipiert, macht der neue Typus des solipsistischen männlichen ›Helden‹ den Roman zum Vehikel seiner von der »pression du réel« (Grojnowski) entlasteten, realen und träumerischen Flanerien, die eine spezielle Raum- und Wegsymbolik nahelegen. Jean Borie[63] erinnert daran, dass *En Route*, sprachlich vorweggenommen in *En rade*, als Zusammenfassung der übrigen Romantitel und ihrer Wegsymbolik erscheint: *A vau-l'eau, A Rebours, La-Bas, La Cathédrale*. Tatsächlich wird das Verfahren der Flanerie in *A Rebours* noch nicht im äußerlichen Sinn verwendet. Man könnte den Roman aber unschwer als eine Art von »voyage autour de ma chambre« im Sinne des Vorbilds von Xavier de Maistre ansehen und so von einer geistigen, solipsistischen »randonnée« sprechen, die ja gegen Ende (Kap. XI) nicht ohne Logik in den Verzicht auf eine wirkliche Reise mündet, bildet doch die zielgerichtete Reise offensichtlich das Gegenteil der offenen Form der Flanerie. Anders als der Flaneur von der Romantik bis zum Surrealismus ergeht sich Des Esseintes ja in einer selbst gemachten Welt und versucht dabei, das fundamentale Zufallsprinzip weitgehend auszuschalten bzw. durch einen experimentellen Duktus zu ersetzen, in dem man noch einen Nachklang des naturalistischen »roman expérimental« erkennen mag. Die Abwendung von der traditionellen Romanform und der Verzicht auf deren Peripetien werden in dem genannten späteren Vorwort auch in der vom Autor geschilderten Vorgeschichte als geistiges Flanieren beschrieben: »je rôdais un peu à tâtons autour d'elle [der Kirche], devinant plus que je ne voyais, me reconstituant, avec les bribes que je retrouvais dans les musées et les bouquins, un ensemble.« (S. 48) Wenig später spricht er von der »route tracée par Schopenhauer« und fährt fort: »je m'y promenais tranquillement, sans désir d'en connaître le bout; [...].« (S. 49) Die genannten alten und hauptsächlich

62 J.-K. Huysmans, *En Route*, hg. Dominique Millet (coll. folio classique) Paris 1996, Préface, S. 36. Zitate nach dieser Ausgabe.

63 J.-K. Huysmans, *En rade*, hg. Jean Borie (coll. folio classique), Paris 1984, Préface, S. 8. Zitate nach dieser Ausgabe.

unbekannten Quellen legen eine ungeordnete Entdeckungsreise nahe, deren Ausflüge im nachhinein »paraissent des jalons inconsciemment plantés pour indiquer la route de *Là-Bas*.« (S. 52).

Die angedeuteten Suchbewegungen des Autors mit ihren Zufällen, Verirrungen und Bedingheiten unterscheiden sich nicht wesentlich von denen, welche die Helden der Romane unternehmen und welche eines gemein zu haben scheinen: Sie stellen bisherige Denkgewohnheiten in Frage; entfremden den Helden seiner bisherigen Umgebung und lassen die geistig-moralische Flanerie auch als Gefährdung und Abenteuer erscheinen, aber sie zeigen kein Ende und keine neue Heimat. »Ah!« resümiert Durtal in *En Route* seine Erfahrung im Trappistenkloster, »j'ai vécu vingt années en dix jours dans ce couvent et je sors de là, la cervelle défaite et le cœur en charpie, je suis à jamais fichu. [...] me voici condamné à vivre dépareillé [...].« (S. 524) Es geht ihm kaum anders als Des Esseintes, der am Ende aus Gesundheitsgründen in das Paris zurückkehren muss, aus dem er ausgezogen war: »Dans deux jours, je serai à Paris; allons, fit-il, tout est bien fini; [...]. ah! le courage me fait défaut et le coeur me lève!« (S. 240 f.) Die erzwungene Rückkehr hat ihr Pendant in der Geschichte von Jacques Marles, der in *En rade* seine elende Sommerzuflucht, die doch zugleich Ort der Evasion und der Flanerie war, zugunsten des gefürchteten Berufsalltags in Paris aufgeben muss. Der Durtal von *Là-Bas* bleibt gleich in Paris, um – nicht unähnlich wie Des Esseintes – seine Ausflüge in bloß geistiger, vorwiegend historischer Weise zu unternehmen; auch er bleibt von den »vagues de la médiocrité humaine«(S. 241), vor denen Des Esseintes graut, nicht verschont.

A Rebours inszeniert den »vagabondage spirituel«, zugleich eine Absage an die wirkliche Welt, als ironischen Abschied von der Form des biographischen Bildungs- und Entwicklungsromans, der ebenso wie Klischees der »décadence« nur noch einleitenden Charakter hat. Kindheit und Jugend des Antihelden, »le duc Jean, un grêle jeune homme de trente ans, anémique et nerveux« (S. 61), werden zur misslungenen Vorgeschichte, die der Autor unter dem Titel »Notice« dem ersten Kapitel voranstellt, also nicht als Teil der Romanhandlung begreift. Die Entwicklung des kränklichen letzten Sprosses eines alten Adelshauses, in dem sich die am Schluss des Buches gegeißelte Dekadenz der »aristocratie de la naissance« und ihre Verdrängung durch die »aristocratie de l'argent« (S. 239) spiegelt, suggeriert eine Zeitlichkeit ohne Ziel, das in die selbstgewählte, der Zeit enthobene Einsamkeit des Hauses in Fontenay mündet, eine Vorform des Trappistenklosters in *En Route*, an das nicht zuletzt die pedantische Disziplin des Alltagslebens erinnert. Ausdrücke der Temporalität und

Sukzessivität raffen auf sieben Seiten eine verfehlte Sozialisation unter den Bedingungen der Moderne zusammen: »Chez les jésuites où Jean fut dépêché pour faire ses classes« (S. 62) – »son espoir se concentra et ses idées encore indécises mûrirent« (S. 63) – »Le moment échut pourtant où il fallut quitter l'institution des jésuites; il atteignait sa majorité et devenait maître de sa fortune« (S. 64) – »Après quelques séances dans ce milieu, il se résolut [...] à n'y plus jamais mettre les pieds« (S. 64) – »Il se prit alors à frayer avec les jeunes gens de son âge...« (S. 64) – »Peu à peu, il les quitta...« (S. 65) – »Enervé, mal à l'aise, il devenait ...« (S. 65) – »Il se retrouva sur le chemin, dégrisé, seul ...« (S. 66) – »Il se détermina à vendre le château de Lourps ...« (S. 67) Der eigentliche Roman beginnt mit der »nouvelle existence qu'il voulait organiser« und mit dem Verlust der Dimension des »passé simple«. (S. 67) Der noch einmal aufgerufene ›Lebensweg‹ mündet in den kreisenden »voyage autour de ma chambre«. Die Einkäufe, die »l'obligeaient à déambuler encore dans Paris, à battre la ville d'un bout à l'autre« (S. 69), bilden nurmehr die notwendigen Voraussetzungen für den zeitenthobenen Vagabondage der Gedanken, der mit der Einrichtung beginnt und mit panoramaartigen Durchgängen durch Literatur, Kunst und Musik programmatisch endet. Die Orgie der Beschreibungen, die die naturalistische Technik zugleich steigert und entfunktionalisiert[64], unterstreicht die Künstlichkeit einer Gegenwelt, die unter dem Baudelaireschen Motto »any where (sic!) out of the world« die Tilgung der Inhalte zur Bedingung für das Schweifen der Gedanken und Erinnerungen macht. Wo jetzt noch präzise Zeitangaben gemacht werden, verdecken sie die äußere Ereignislosigkeit, und nur die Sukzessivität der psychosomatischen Entwicklung erinnert an die Kategorie des Werdens, die durch das von nun an bevorzugte iterative »imparfait« abgelöst wird.

Getreu dem Baudelaireschen Leitspruch und dem Ideal der »künstlichen Paradiese« durchwandert der Protagonist eine künstliche Welt: »Il se procurait ainsi, en ne bougeant point, les sensations rapides, presque instantanées, d'un voyage au long cours, et ce plaisir qui n'existe, en somme, que par le souvenir et presque jamais dans le présent [...]«. (S. 78 f.) Mit Hilfe der »captieuse déviation, cet adroit mensonge dans le monde de l'intellect« gelingt es Des Esseintes zu »jouir de chimériques délices semblables, en tous points, aux vraies«.

64 Diese Beschreibungstechnik hat zwar, wie schon Cogny gezeigt hat, ihr Vorbild in der farb- und sinnlichkeitsgesättigten naturalistischen Prosa, kann aber nicht umstandslos, wie bei Fernande Zayed, *Huysmans, peintre de son époque* (Paris 1973), dem malerischen Paradigma des Autors zugeschlagen werden, der »décrit pour décrire« (S. XVI).

(S. 79) Die kleine Welt öffnet sich durch Lektüre und Imagination der großen Welt, und gerade die Möglichkeit des raschen Wechsels bietet die Voraussetzung für eine ›deambulatorische‹ Vielfalt, die die Wirklichkeit nicht bereit hält: »Le mouvement lui paraissait d'ailleurs inutile et l'imagination lui semblait pouvoir aisément suppléer à la vulgaire réalité des faits.« (S. 79) Tatsächlich bilden die katalogartig aufgerufenen Einzelnotationen[65] einen von allen Sinnbezügen gelösten »specchio deformato«[66] des herkömmlichen Romantypus. Sie setzen eine simulierte, virtuelle Wirklichkeit an die Stelle der bislang geltenden Ästhetik der Weltaneignung. Gerade die Luxusästhetik verweigert so ähnlich wie bei Musil ostentativ jeden »rapporto di consumo diretto con le cose«[67] und transzendiert die Appropriation von Welt. Die »esthétique du luxe« ist Voraussetzung für die Entfaltung einer konkrete Handlung negierenden »esthétique du simulacre«. Im Zusammenhang mit Musil haben wir an die Überlegungen von Pierre Zima[68] erinnert, der die frühe Moderne als Reaktion auf die zunehmende Verdinglichung einer vom Tauschwert beherrschten spätbürgerlichen Gesellschaft interpretiert. Die Verweigerung des Konsums und der Solipsismus eines Des Esseintes wären so mit Brugnolo als Ausdruck des Widerstands und der Verweigerung konkreter Ziele zu verstehen.

Die Dimensionen der Flanerie in der Welt draußen schnurren auf die Maße einer Miniaturwelt im Kleinen zusammen, in der jeder Schritt, jede Ortsveränderung in und zwischen den Räumen, zwischen Innenbereich und Garten Anlass zu weiteren Gedanken, Vorstellungen und Begegnungen ist. Beim Betrachten des Aquariums z. B. fühlt sich der Held wie auf einer Seereise: »Il se figurait alors être dans l'entrepont d'un brick, et curieusement il contemplait de merveilleux poissons mécaniques [...]«. (S. 78) Oder aber »il examinait, pendues aux murs, des gravures en couleur représentant [...] des steamers en route pour Valparaiso et la Plata [...].« (S. 80) Wenn es hier noch Temporalität gibt, dann einmal in der statischen und unpersönlichen Form der Literatur-, Kunst- und Geistesgeschichte, die der Held in Gedanken an sich vorüberziehen lässt, zum anderen in Form persönlicher Erinnerungen »par l'assaut de ces souvenirs« (S. 103),

65 Vgl. hierzu Pierre Brunel, »*A Rebours*: du catalogue au roman«, in: A. Guyaux u. a. (s. Anm. 46), S. 13-20.

66 Stefano Brugnolo, »*A Rebours* o della simulazione«, in: Elio Mosele (s. Anm. 46), S. 117-140.

67 Brugnolo, a. a. O., S. 133.

68 Jean Borie, »Esthétique du luxe, esthétique du simulacre. Baudelaire, Huysmans, Larbaud«, in: A. Guyaux u. a. (s. Anm. 46), S. 65-71.

die das Leben als vergangenes episodenhaft zerstückelt, ins Bewusstsein treten lassen, und die fehlenden Begegnungen und Gespräche durch Selbstgespräche und fiktive Konversationen ersetzen, ja zuweilen ganze Lebensläufe wie »le mélancolique souvenir d'Auguste Langlois« (S. 122) Revue passieren lassen. In der »délectation morose« (S. 150) der Erinnerungen, »rêveries« (S. 151) oder Albträume (S. 138 ff) sind erinnerte und imaginierte Szenen kaum zu unterscheiden; aus der Erinnerung an Literatur und der Betrachtung von Bildern gehen bildhafte Szenen hervor, die die Funktionsweise von Fiktion gleichsam *in actu* vorführen, sei es im Hinblick auf ein Bild von Moreau, ein Werk von Flaubert (S. 148 f.) oder einen Roman von Dickens (S. 165 ff.). Bildbeschreibung, das heißt eben: Beschreibungen simulierter Wirklichkeit filtern die erlebte Realität und unterstreichen den ästhetizistischen Vorrang des Künstlichen vor dem Natürlichen[69].

A Rebours ist nur noch insofern ein naturalistischer Roman, als er die »névrose originelle« des Protagonisten zur Grundlage einer strikt experimentellen Anordnung der einzelnen Phasen und Gegenstände krankhafter Sensibilisierung macht. Doch der Experimentator ist nicht eigentlich der beobachtende und Schlüsse ziehende Erzähler, sondern der Protagonist selbst, der sich einer experimentellen Kur unterwirft und sich zugleich als Subjekt und Objekt des Experiments begreift. Die jeweiligen Auslöser (Literatur, Steine, Blumen, Bilder, Gerüche usw.) werden bewusst gesetzt, die imaginativen Konsequenzen jedoch entziehen sich der Manipulation und führen die wachsende Inkongruenz zwischen der naturalistischen These (»cette singulière maladie qui ravage les races à bout de sang«, S. 152) und den imaginativen Ausflügen oder Aufschwüngen vor Augen. Die Autonomie des Fiktionalen und zwar eines Fiktionalen, das sich von jeder narrativen Fiktionalität emanzipiert hat, erweist sich als das eigentliche, kryptische Thema hinter der plakativen Thematik der verachteten bürgerlichen Wirklichkeit, ja der Banalität von Wirklichkeit und Natur überhaupt. Diese autonom gewordene Fiktionalität oder Imaginativität aber gehorcht keinen kausalen Gesetzen und experimentellen Vorgaben mehr; der beinahe pedantischen thematischen Anordnung der Einzelkapitel entspricht die Freiheit der umherschweifenden assoziativ-träumerischen Aktivität, die keine Ordnung erkennen lässt. Die Imagination des Protagonisten ›flaniert‹ gleichsam in Raum und Zeit und entwertet die reellen raum-zeitlichen Ko-

69 Vgl. Mariella Di Mario, »Il racconto della pittura«, in: E. Mosele (s. Anm. 46), S. 173-186.

ordinaten zum bloßen Skelett eines ›Romans‹, der in der ›anderen‹ Sphäre der ›deambulatorischen‹ Phantasie stattfindet.

Huysmans entwickelt bekanntlich im Anschluss an seinen kommentierten Spaziergang durch die neuere Literatur zugleich einer Absage an jede Schulbildung und Gruppenästhetik: »les écoles n'existaient point; seul le tempérament de l'écrivain importait ...« (S. 205). Die geistige Flanerie gipfelt in einer zusammenfassenden These der idealen literarischen Form, des »poème en prose« (S. 222). Die oft zitierte Definition verweist auf das Ideal eines Romans »concentré en quelques phrases qui contiendraient le suc cohobé des centaines de pages toujours employées à établir le milieu, à dessiner les caractères, à entasser à l'appui les observations et les menus faits« (S. 222). An der Bedeutung dieses Ideals der sprachlichen Verdichtung für die Erzähltheorie des Fin de Siècle und die Entwicklung des Prosagedichts kann kein Zweifel bestehen; Marco Modenesi hat dies am Beispiel eines Rodenbach oder Mauclair gezeigt, und in der Tat könnte man auch *A Rebours* selbst als »una sorta die ampia seguenza di poemetti in prosa« charakterisieren (Modenesi bezieht sich z. B. auf *Couronne de Clarté,* 1895, von Camille Mauclair)[70]. Anders als es aber die neuere Kritik gern suggeriert, entspricht nun die neue Romanform selbst, die den Autor von allen realistisch-naturalistischen Äußerlichkeiten entlastet, keineswegs dem angestrebten Ziel größtmöglicher Verdichtung – »le suc concret, l'osmazome de la littérature, l'huile essentielle de l'art« (S. 222) –, sondern tendiert im Gegenteil zu ostentatorischer Beliebigkeit und Proliferation. Der vom Korsett der Intrige befreite Roman ist das Gegenteil des konzentrierten Wortkunstwerks mit seiner erträumten Unveränderlichkeit jedes einzelnen Elements; er scheint nurmehr dem Gesetz des Zufalls und der Laune zu folgen und bleibt – kommt nicht, wie in *A Rebours*, eine störende Krankheit dazwischen – virtuell unabschließbar. Nichts beschränkt den flanierenden Duktus, der immer neue Begegnungen und Gegenstände des Interesses sucht oder findet. Der ›deambulatorische‹ Roman trägt so gesehen alle Züge negativer Verweigerung, einer Modernität, die sich in dem gestaltlosen Protest des Antiromans zu erschöpfen droht.

* * *

Bevor wir nun kurz auf die folgenden Romane zu sprechen kommen, bietet sich an dieser Stelle ein exkursartiger Rückblick an. *À Rebours*

70 Marco Modenesi, »Figure di analogia nel romanzo decadente«, in: E. Mosele (s. Anm. 46), S. 95-116.

bezieht sich nicht nur auf das berühmte Gemälde *Le Sphinx et la Chimère* von Gustave Moreau, sondern wohl auch auf das dem Bild zugrunde liegende literarische Vorbild in der *Tentation de Saint Antoine*, der in der schon genannten Überlegung zu Lieblingsromanen des Protagonisten der Vorzug gegenüber der *Education sentimentale* gegeben wird. Die *Tentation* aber erscheint aus der Perspektive der Flaubert-Kritik als »un grand rêve avorté, dont le réveil décevant aurait rejeté Flaubert vers l'observation ironique et impitoyable de la réalité médiocre«[71]. Die auf 1853 zurückgehende und 1874 publizierte »Bibel« der späteren »Décadence« [72] dürfte nun nicht nur aus stilistischen Gründen von zentraler Bedeutung sein. Vielmehr indiziert dieser aus allen traditionellen Gattungsromanen herausfallende ›Roman‹ schon lange vor der Krise des Realismus/Naturalismus die Problematik mimetischer Anverwandlung von Wirklichkeit, und er inszeniert diese Unmöglichkeit des narrativen Diskurses, just in dem geschichtlichen Moment, da die Konzeption eines fotografischen Realismus mit den romantischen Restbeständen aufräumt und ›Realistik‹ als adäquate Sicht der Wirklichkeit propagiert.

Die nächtlichen Visionen des naiven Heiligen thematisieren daher nicht nur den Zusammenbruch traditioneller Heilsgewissheit; sie verweisen auch als historisch und exotistisch verfremdetes Abbild der Nachtseite des bürgerlichen Bewußtseins auf die latente weltanschauliche Krise beruhigender bürgerlicher Weltaneignung. Saint Antoine erscheint als emblematischer Held eines Bürgertums, das sich der Konsequenzen der modernen Herausforderung durch die Wissenschaft noch nicht wirklich bewusst geworden ist und sich noch gegen diese Erkenntnis wehrt. Mit den Worten des Verführers Hilarion: »Mon royaume est de la dimension de l'univers; et mon désir n'a pas de bornes. Je vais toujours, affranchissant l'esprit et pesant les mondes, sans haine, sans peur, sans pitié, sans amour et sans Dieu. On m'appelle la Science.« (S. 229) Beinahe austauschbar mit dem Teufel, für den der heilige Antonius ihn hält, nimmt Hilarion, »beau comme un archange, lumineux comme un soleil« (S. 228), die Aussagen des Teufels vorweg, der in der Folge systematisch die theologische Grundlage des christlichen Glaubens widerlegt – u. a. die Vorstellung providentieller Zielgerichtetheit: »Il n'y a pas de but! Comment Dieu aurait-il un but?« (S. 286) Die Vernichtung der Heilsgewissheit stellt auch den bisherigen Lebensentwurf des Heili-

71 Gustave Flaubert, *La Tentation de saint Antoine*, hg. Edouard Maynial, Paris 1968, (Les Classiques Garnier), Préface, S. II. Zitate nach dieser Ausgabe.

72 Vgl. Liana Nissim, »L'inimitable magnificence‹ di Flaubert, guida all'immaginario decadente«, in: E. Mosele (s. Anm. 46), S. 41-62.

gen in Frage: »C'est comme une mort plus profonde que la mort. Je roule dans l'immensité des ténèbres.« (S. 241 f.)

Die von Musil thematisierten Aporien der Moderne scheinen mithin hier bereits vorweggenommen. Schon die *Tentation* (und nicht erst die realistische Satire der *Education sentimentale*) schildert – mit dem bekannten, auf 1848 anspielenden Buchtitel von Dolf Oehler – den »Höllensturz der alten Welt«[73] in einem nächtlichen Pandämonium, das alle verdrängten Seiten bürgerlicher Erbaulichkeit Zug um Zug aufruft und sinnlich greifbar macht. Vor allem aber deutet das Werk in seiner hybriden Textur auch die Krise der Romantik an. Als fast parodistische Widerlegung romantischer Initiationsliteratur – man denke etwa an *Spiridion* von George Sand – ist die *Tentation* eine ›Initiation‹ in die Leere einer Welt ohne Ziel und ohne Gott und das heißt, eine negative Initiation. Jede klar erkennbare Steigerung auf einen möglichen Höhepunkt hin ist bewusst vermieden. Das »il n'y a pas de but« des Teufels hat ja auch unmittelbare Auswirkungen auf das Selbstverständnis des – gottebenbildlichen – Erzählers, der seine erzählerische Kompetenz sichbar an die Sprecher des inhaltslosen ›Lesedramas‹ abtritt und die Aufzählung der einzelnen Visionen an die Stelle erzählten Geschehens setzt. Zudem definieren sich diese Visionen als Spuk und Nicht-Handlung, als Schweifen und Deambulieren der Fantasie, das im Wesen das Verfahren von *A Rebours* vorwegzunehmen scheint. Als »hypocrite qui s'enfonce dans la solitude pour se livrer mieux au débordement de ses convoitises« (S. 59), apostrophiert Hilarion den Heiligen, der auf das tätige Leben verzichtet habe, um seine Fantasie auszuleben. Es geht freilich um Trugbilder, um Lebens- und Handlungsersatz, der mit dem Anbruch des Tages ohne erkennbare vorausgehende Entwicklung in die Wiederholung des Immergleichen einmündet. Eben jene »bêtise du soleil« (S. 276), von der eben noch die Rede gewesen war, behält »dans le disque même du soleil« (S. 276) mit dem Antlitz Jesu Christi das letzte Wort, nachdem sie am Abend zuvor »avec la vibration de la lumière« (S. 2) noch für erlesene ästhetische Effekte gesorgt hatte.

Doch nicht nur jede Handlung im bisherigen Sinn verliert ihre Bedeutung; miteinbezogen ist auch das Bewusstsein des Helden, der vom Teufel über die erkenntnistheoretische Problematik eines immer nur reflexiven Erkennens der Außenwelt aufgeklärt wird: »Mais

73 Rolf Oehler, *Ein Höllensturz der Alten Welt. Zur Selbsterforschung der Moderne nach dem Juni 1848* (edition Suhrkamp), Frankfurt/M. 1988. Diese epistemologische und diskursgeschichtliche Dimension gerät bei Oehler freilich nicht in den Blick.

les choses ne t'arrivent que par l'intermédiaire de ton esprit. Tel qu'un miroir concave il déforme les objets« (S. 242). Nicht, wie seit dem Beginn des 19. Jahrhunderts, das Kunstwerk fungiert als verlässlicher und unbestechlicher Spiegel der Wirklichkeit, sondern das Bewusstsein selbst dient als Spiegel, freilich als Zerrspiegel: »et tout moyen te manque pour en vérifier l'exactitude.« (S. 242) Letzteres umso mehr, als selbst die Einheit des individuellen Bewusstseins in Frage gestellt ist: »Ma conscience éclate sous cette dilatation du néant.« (S. 242) Der heilige Antonius wird so zum ›Mann ohne Eigenschaften‹, der nur noch die eigenen Fantome registrieren kann, nachdem alle Illusionen der Einheit von Ich und Welt (»et au milieu de la nuit, souvent il m'a semblé que tous les êtres et toutes les choses, recueillis dans le même silence, adoraient avec moi le Seigneur.« S. 246) gestorben sind. Mit dem wenig später beschriebenen Zwiegespräch zwischen der Sphinx und der Schimäre begründet Flaubert, wie Yves Vadé[74] gezeigt hat, eine neue mythographische Konstellation, die in *A Rebours* onirische Qualität gewinnt und emblematischer Ausdruck des Fin de Siècle geworden ist. Repräsentiert die Sphinx den Zusammenbruch des romantischen Denkens, so steht die Schimäre offensichtlich für eben die Haltlosigkeit und Illusionsbehaftetheit dieser Tradition: »Je découvre aux hommes des perspectives éblouissantes avec des paradis dans les nuages et des félicités lointaines.« (S. 260) Als Prinzip des Begehrens repräsentiert die Schimäre das Prinzip des illusionistischen Handelns, »projets de bonheur, plans d'avenir, rêves de gloire«: »Je pousse aux périlleux voyages et aux grandes entreprises.« (S. 260) Sie ist die Triebfeder der Suche nach dem Neuen und die Feindin der »sagesse«. Doch sie wird mit dem leeren Blick der bewegungslosen Sphinx konfrontiert und scheitert an ihr: Es gelingt ihr nicht, sie auf den Flügeln der Fantasie vom Boden zu lösen. Überfordert entfernt sie sich: »La chimère, qui rampe, la langue tirée, s'éloigne en décrivant des cercles. L'haleine de sa bouche a produit un brouillard.« (S. 263) Ihr unrühmlicher Abgang ratifiziert den Fiktionsverdacht und besiegelt das Ende selbstidentischen, zielgerichteten Erzählens.

---

74 Yves Vadé, »Le Sphinx et la Chimère«, in: *Romantisme* 15 (1977), 2-17 und 16 (1977), 71-81. Jeanne Bem, »Le Sphinx et la Chimère dans *A Rebours*, mise en scène d'une citation«, in: A. Guyaux u. a. (s. Anm. 46), S. 23-29, legt für die fetischistische Faszination, die Huysmans im Umgang mit dem Flaubertschen Test und dem Gemälde von Moreau zeigt, eine psychoanalytische Erklärung nahe und spricht ausgehend von dem androgynen Charakter der Sphinx von der ›signification ›matérielle‹‹ (S. 29) und der ambivalenten Mutter-Sohn-Beziehung von Flaubert und Huysmans.

Wenige Jahre darauf mündet diese Erkenntnis in den Antiroman *Bouvard et Pécuchet* (1880 ff.), in dem das deambulatorische Prinzip nicht unähnlich dem Musilschen Projekt eine virtuell unabschließbare enumerative Ästhetik des ständigen Anfangens und Ausprobierens begründet. Die ins Absurde getriebene enzyklopädische Illusion[75], die den Zusammenbruch szientistischer Illusionen gleichsam ›postmodern‹ inszeniert, schließt an den ebenfalls ›postmodern‹ anmutenden Reigen der Religionen, Kulturen und Ideen in *La Tentation de Saint Antoine* an und entlarvt so auch ein typisch modernes Syndrom, das Nietzsche in seiner Schrift »Vom Nutzen und Nachteil der Historie für das Leben« mit historistischer und kosmopolitischer Entgrenzung in Verbindung gebracht hatte. Die Diagnose, wonach die Hypertrophie der Geschichte »das Ganze am Reifwerden verhindert«[76] und die Schwächung der »plastischen Kraft«[77] bewirkt, ist von Ulrich Schulz-Buschhaus[78] auf Musils Roman übertragen worden. *La Tentation de Saint Antoine* spielt so nicht zufällig in der krisenhaft synkretistischen Atmosphäre der Spätantike, die als offensichtliches Pendant zur frühen Moderne erscheint. Anders als etwa die *Education sentimentale*, die traditionelle Romanmuster krisenhaft negativiert, zeigt der späte unvollendete Roman Flauberts den Nullpunkt des Romanesken, das gleichsam durch das Kaleidoskop der Wissensinhalte aufgezehrt wird. Dieses kaleidoskopische Prinzip aber entspricht genau dem der Flanerie, die schon Nietzsche in Analogie zur Weltausstellung begreift: Der moderne Mensch dankt als Handelnder ab, »er ist zum genießenden und herumwandelnden Zuschauer geworden[79]. Der blinde Aktivismus der beiden Kleinbürger Bouvard und Pécuchet scheint diesen Hintergrund lediglich ironisch zu überdecken. Im Grunde unterscheidet sich ihr Vorgehen nicht von dem eines Des Esseintes, insofern das Prinzip des Flanierens kein Werden und keine Zentrierung zulässt.

* * *

75 Vgl. auch hierzu Ulrich Schulz-Buschhaus, »Stendhal, Balzac, Flaubert«, in: *Französische Literatur in Einzeldarstellungen* hg. von Peter Brockmeier und Hermann H. Wetzel, Bd. II, Stuttgart 1982, S. 67.

76 F. Nietzsche, *Unzeitgemäße Betrachtungen. Zweites Stück, Sämtliche Werke. Kritische Studienausgabe*, hrsg. Giorgio Colli und Mazzimo Montinari, München, dtv 1999, Bd. I, S. 279.

77 Ebd., Bd. I, S. 251.

78 U. Schulz-Buschhaus, »Multiplizität der Kultur und Einheit des Lebens – über ein Fin-de-Siècle-Motiv in Musils *Der Mann ohne Eigenschaften*«, in diesem Band.

79 Ebd., S. 279.

Wie Husymans die neue Romanform inszeniert und zugleich deren Gefahren zu bannen sucht, wollen wir knapp an den beiden Beispielen *En rade* und *Là-Bas* untersuchen. *En rade*, 1886, nur zwei Jahre nach *A Rebours* entstanden, ist zu diesem gleichsam seitenverkehrt; der Roman ersetzt die zölibatäre Innensicht von Des Esseintes durch die Außensicht des verheirateten Jedermann Jacques Marles und variiert das Motiv der Flucht aus Paris durch die ›Sommerfrische‹ in jenem verfallenen Château de Lourps, das der Held von *A Rebours* verkauft hatte, um sein opulentes Landhaus in Fontenay zu beziehen. An die Stelle der programmatischen Naturfeindlichkeit tritt das willige Aufgehen in der Natur. Doch die Analogien, Parallelen und Gegensätze gehen noch weiter. Ähnlich wie der Anfang von *A Rebours* den herkömmlichen Entwicklungsroman nur vortäuscht, knüpft der Anfang von *En rade* bis in Einzelheiten an naturalistische Modelle, besonders etwa *Germinal*[80] an. Die Annäherung von Jacques und seiner kranken Frau Louise an die abendliche Unterkunft im Schloss macht den Leser in der üblichen Form der indirekten Rede, in Rückblenden und Erinnerungen mit der Vorgeschichte und den Umständen vertraut, und ähnlich wie die Helden von *Le Ventre de Paris* oder *Germinal* kommt Jacques als Fremder in ein spezifisches Milieu, das ihn am Ende als unintegrierbar wieder ausstößt[81]; dabei erinnert die sarkastische Entzauberung des ländlichen Lebens vor allem an Maupassant und Zolas *La Terre*. Die Einflüsse der ungewohnten Umwelt, Dunkelheit, Einsamkeit, düstere Vorzeichen und Eindrücke bis hin zu der nächtlichen Episode des Kampfes mit einer Rieseneule, erscheinen wie naturalistische Varianten des Schauerromans und Poescher Verfahren (etwa in *The House of Usher*) und sorgen für vorübergehende Spannungseffekte; Garten und Natur evozieren das bekannte Motiv des pflanzlichen Wucherns und rufen die aus Zolaschen Romanen geläufige Ambivalenz von Vitalismus und »malaise« hervor. Die Ehekrise und die offenbar zunehmende »folie des nerfs« (S. 119) der jungen Frau erinnern entfernt an *L'Assommoir*, vor allem was die finanziellen Probleme angeht: »ma fissure s'était produite dans la cale du ménage, une fissure par laquelle l'argent fuyait« (S. 119). Wie in *A Rebours* wird dem Aufenthalt, der der inneren Erholung und äußeren Genesung dienen soll, lediglich durch äußere Faktoren ein Ende gesetzt, ohne dass man von einem ›organischen‹

80 Vgl. dazu Françoise Gaillard, »Quelques remarques sur la temporalité dans le roman naturaliste«. »Deux heures du matin sonnèrent...« [*Les Sœurs Vatard*], in: *Mélanges P. Lambert, consacrés à Huysmans*, Paris 1975, S. 553-564.

81 Hierzu auch Vf., »Die strukturelle Bedeutung des Fremden-Motivs in den *Rougon-Macquart* von Zola«, in: *GRM* 21 (1971), 28-42.

Schluss sprechen könnte: Zu den Sorgen um die Gesundheit Louises kommen freilich die Geldsorgen des Paares hinzu, was zu einem ähnlich überstürzt inszenierten Aufbruch wie im Fall von Des Esseintes führt. Endlich lebt Jacques in der für ihn neuen Natur in vergleichbarer Abgeschlossenheit wie Des Esseintes, mit dem er ein nervöses Temperament und eine erhöhte psychosomatische Sensibilität gemein hat.

Kurz, man möchte – mit einem Wortspiel – von einer Version »à rebours« des vorangegangenen Romans sprechen, dessen wesentliches Strukturmerkmal, die episodische, deambulatorische Gliederung aus dem metaphorischen Bereich in die Realität des Flanierens übersetzt wird. Im Lichte der zahlreichen Anklänge an naturalistische Verfahren erscheint dies wie ein Versuch, den naturalistischen Roman gleichsam von innen heraus zu subvertieren[82]. Denn Jacques Marles ist im wörtlichen Sinn ein Wanderer und Flaneur, dessen fremde Umgebung die Voraussetzung des ziellosen Schweifens und des fremden Blicks bildet. Er durchstreift ruhelos Haus, Garten und Wald, wandert auf dem Schlossgrundstück und auf der Landstraße, geht ins nahe Dorf und in die Kneipe, wenn er nicht gerade zu den geizigen alten Verwandten Louises in der nahen Dépendance schlendert. Und endlich dient die Ehekrise nur dazu, die vertraute Perspektive des solipsistischen Junggesellen zu variieren. Die Einsamkeit des Antihelden, dessen Ehe mit Louise an Maupassantsche Novellen denken lässt, dient Huysmans nur äußerlich dazu, eine naturalistische Verfallskurve »à vau-l'eau« nachzuzeichnen; in Wahrheit versetzt er die – rudimentäre – Handlung wie in *A Rebours* an einen End- und Haltepunkt, dessen Vorgeschichte allmählich deutlicher wird, dessen Fortgang und Ende dagegen offen bleibt. Der Wanderbewegung Jacques', dieses »célibataire marié«, wie Borie ironisch anmerkt[83], ist der Bewegungslosigkeit der kränklichen Louise entgegengesetzt und weist diese Bewegung auch als hiflose Flucht vor einer latenten Bedrohung aus.

An die Stelle der erwarteten Abstiegsbewegung tritt so ein ohnmächtiges Kreisen um eine unbestimmbare Angst, die zugleich die Perspektivlosigkeit dieser Art von »Sommerfrische« auf dem Land unterstreicht. Die kreisende Temporalität der Jahreszeiten und der Witterungen setzt die chronologische Folgerichtigkeit des naturalisti-

82 Siehe J.-H. Matthews, »*En rade* and Huysman's Departure from Naturalism«, in: *L'Esprit Créateur* (Summer 1964), 84-93.

83 Vgl. Préface, S. 25. Der Autor durchbricht freilich die erweiterte personale Perspektive, indem er einmal auch die Sicht von Louise übernimmt (S. 126 ff.) und ironisch die Parallele des Desillusionsmotivs bei beiden Gatten deutlich macht.

schen Modells voraus, ohne dass zugleich das naturalistische Handlungsmodell übernommen würde. Die angehaltene Zeit erlaubt die episodische Kumulierung von Eindrücken, die weniger dem Gesetz syntagmatischer Entwicklung als dem einer paradigmatischen Anlagerung von Motiven gehorchen. Die Summe des Romans ergibt sich so wie in *A Rebours* aus der Überlagerung, Variation und Verstärkung scheinbar zufälliger Einzelnotationen, die sich in den langsam sich steigernden Horror des Alltags einschreiben.

Der Roman entfaltet ein »tohu-bohu de réflexions, un chapelet d'idées aux grains diligents et divers« (S. 67), in denen Außeneindrücke, Überlegungen und Träume wahllos nebeneinander liegen, weil zwischen diesen kein kategorialer Unterschied besteht. Euphorische Eindrücke wie der der wuchernden morgendlichen Natur (»un jardin fou, une ascension d'arbres, montant en démence, dans le ciel«, S. 71)[84] oder auch gegenteilige, dysphorische Anmerkungen (»les infirmités d'une vieillesse horrible«, S. 75) unterscheiden sich so gesehen nur graduell von den Träumen, die – wie schon Breton gesehen hatte – das eigentlich Besondere dieses Romans sind: »fantasticheria«, »sogno« und »incubo« gehen, mit Elio Mosele[85] zu sprechen, ineinander über. Die eigentümliche Logik des Unbewussten und des Traums, die der Naturalismus eigentlich entdeckt hatte, dient jetzt dazu, die erwartete Logik des Erzählens durch die »liaison plus ou moins logique des idées« (S. 78), deren »fil échappait à l'analyse« (S. 79), außer Kraft zu setzen, das heißt, die räumliche, paradigmatische Ordnung »des embryons de pensées, des larves d'images« verbindet in der »obscurité de l'âme« auch noch das Entfernteste miteinander, »éclairant tout d'un coup ses caves oubliées, reliant ses celliers inoccupés depuis l'enfance« (S. 798). In den »provinces de sa mémoire« »dans le pays du songe« (S. 78), den »paysages de féeries« (S. 80), befreit sich der Protagonist von den Gesetzen der Gegenwart auf der Suche nach »des palais futurs et des régions à naître« (S. 80). Nicht zufällig steht gleich am Anfang (Kap. II) der visionäre Traum einer orgiastischen Pflanzenwelt, auf den die kosmische Vision in Kap. V, der Tagtraum in Kap. VIII und der Albtraum in Kap. X folgen. Der Traum bezeichnet ein Wandern ohne Bewegung und bleibt ohne sichtbaren semiotischen Bezug zur Wirklichkeit des Alltags.

Konkretes Symbol dieser Verräumlichung und Statik des Erlebens in einem ununterbrochenen kreisförmigen Wandern ist das verfalle-

---

84 Hierzu auch Helen Trudgian, *L'Esthétique de J.-K. Huysmans*, Paris 1934, Genève 1970, Kap. IX, S. 189 ff. (»L'esthétique de l'ennui«).

85 Elio Mosele, »Huysmans fra fantasticheria, sogno, incubo«, in: ders. (s. Anm. 46), S. 157-170.

ne Schloss, dessen Geheimnisse zum eigentlichen Ziel einer richtungs- und ergebnislosen Suche werden. Das Schloss mit seinen verlorenen Räumen, unbekannten Dach- und Kellergeschossen spiegelt die Vertikalisierung eines Denkens, das der angesagten chronologischen Ordnung widerstrebt; es wird zum Symbol des Seeleninnenraums, »la métaphore des plus réels et importants *châteaux de l'âme*«[86]. In diesem »labyrinthe«, »cet inextricable fouillis de cabinets et de pièces« (S.87), »une véritable folie de portes« (S. 86), konkretisiert und subjektiviert sich gleichsam die kulturgeschichtliche Obsession eines Des Esseintes. Charles erlebt die »visions d'un passé défait«: »Il lui semblait violer une sépulture, la sépulture d'un âge résolu, d'un milieu défunt; [...].« (S. 86). Die aufgelassene Bibliothek, eine Hohlform der Bibliothek Des Esseintes', spiegelt die verlotterte Unordnung des Gartens; in beiden streift der Besucher auf der Suche nach einem leeren Geheimnis. Ähnlich wie Des Esseintes, der in Gedanken reist, erlebt Charles die »sédentaires maelströms« und Poeschen »Spiralen« des Abgrunds, die »nappes indéterminées d'écume, de convulsifs Niagaras, d'exterminatrices colonnes d'eau« (S. 113) »ces Himalayas aux corps calcinés et creux« und die Landschaften des Pazifiks (S. 113). Er taucht in die Verliese des Schlosses ein wie »dans les cryptes du corps« (S. 118): »il se résolut à explorer les caves« (S. 175), um wenig später in den »catacombes enfumées du rêve« (S. 199) die traumhafte »spirale d'un escalier en pas de vis« (S. 187) hinaufzusteigen, die ihn in eine dämonische Andere Welt führt, deren Einlass nur gegen die Abgabe der Uhr (!) erfolgt. Wandern in Raum und Zeit, gegen die Uhr, die chronologische Zeit und die Logik der Moderne, horizontales und vertikales Flanieren in der Flucht vor der Langeweile, bilden den Hintergrund einer ›Einkehr‹ in den »lieux abandonnés où il avait égoutté de si mélancoliques heures« (S. 222). Nichts wird sich bei der Abreise am Ende verändert haben, aber eine neue Form der »lucidité parfaite« (S. 166), die in der traumhaften Allegorie der Vérité (S. 196) Gestalt gewinnt, hat den anfänglichen Illusionen ein Ende bereitet.

Es bleibt somit ein Restbestand naturalistischen Erzählens in diesem Roman ohne Handlung: die Zeit, welche die Flucht aufs Land zur Ausflucht macht und Erkenntnis vermittelt, ohne dass sich Lösungen für die anfänglichen Probleme anböten. Letzteres war ja, genau besehen, auch die Botschaft von *A Rebours*. Die antinaturalistische Wende hebt die Gesetze des naturalistischen Romans, nicht die

86 Rose Fortassier, »Le récit de rêve dans *En rade*«, in: A. Guyaux u. a. (s. Anm. 46), S. 309-311, hier S. 305.

Gesetze des Lebens und der Erkenntnis auf. Wie sich in *A Rebours* die anfängliche Neurose verschlimmert hatte, so dient hier das Leiden der Frau als Drohkulisse fortschreitenden Niedergangs. Die zugelaufene Katze, deren schrecklicher Tod mit allen Zeichen der Ataxie in Kap. XII dem Aufbruch nach Paris unmittelbar vorausgeht, steht für die naturalistische Zeit, die als biologische Dimension hinter den Wanderungen des ›Helden‹ aufscheint. Sie nimmt das geahnte Ende der Nervenkrankheit Louises vorweg, und sie symbolisiert wohl auch – nicht zufällig greift Charles zwischendurch zu Baudelaire, kann sich aber zu einer erneuten Lektüre nicht durchringen (S. 171) – den fremden Blick, mit dem das scheinbar naive, in Wahrheit betont entfremdete Sehen des naturalistischen Romans refunktionalisiert wird. Als fremder Besucher in einer fremden Welt ist Jacques tatsächlich zum bloßen Beobachter geworden, für den Traum und Wirklichkeit austauschbare Visionen werden, Standbilder, Szenen ohne Tiefe und ohne Entwicklung. Kaum eine Szene nähert sich so dem Verfahren des *Nouveau Roman* wie der Besuch in der Dorfkneipe, zu dem Jacques durch den Onkel Jacques ermutigt wird. Auf die anfängliche Weigerung Jacques' erwidert dieser: »Que ça fait, tu nous regarderas!« (S. 144), und tatsächlich bildet wenig später der Satz »Jacques les contempla...« (S. 146) den Auftakt zu einer grotesken Beschreibung. »Contempler« und »marcher« sind die beiden Kernverben des neuen deambulatorischen Verfahrens, dessen Gewinn »lucidité« ist; doch ist die gewonnene Einsicht machtlos gegen den Strom der Zeit, den das deambulatorische Kreisen aus der Perspektive der Entfremdung gleichsam unterläuft[87].

Là-Bas, 1891 als erster Roman der Durtal-Serie publiziert, verbindet die Suche nach der »lucidité« (die sich in einem heftigen neurotischen Affekt gegen die moderne bürgerliche Gesellschaft und den naturalistischen Roman entlädt) mit dem religiösen Thema, das – wie gesagt – noch unentschieden schon in *A Rebours* angeklungen war. Kein Roman zuvor und danach markiert die unabgeschlossene, deambulatorische Zickzackbewegung von Ausgang und Heimkehr, Flanerien, Restaurantbesuchen und periodischen gemeinsamen Mahlzeiten deutlicher als dieser Roman, dessen satanistische »Reise in die Nacht« – »là-bas« – weniger eine negative Initiation als einen der Dokumentation dienenden Ausflug in das ›andere‹ Paris darstellt und

87 Cogny hat freilich zu Recht darauf aufmerksam gemacht, dass Ansätze zu einem solchen »fremden Blick« schon im Werk des naturalistischen Huysmans deutlich sind und einen wesentlichen Unterschied zu der geheimen »complicité« darstellen, mit der Zola die Welt betrachtet und beschreibt.

mit den theoretischen Passagen, Überlegungen und Gesprächen, besonders aber mit dem Buchprojekt über Gilles de Rais eng verzahnt ist. Die Reflexion über das Schreiben, über Geschichte und Literatur ist so auch hier ein zentraler Bestandteil der deambulatorisch aufbereiteten Handlungsstruktur. Und doch integriert der Autor wiederum den Köder einer herkömmlichen Romanhandlung, eine Art Nebenthema, das sich noch vor dem Ende buchstäblich in Desillusion auflöst: Das Werben der schönen Unbekannten, die sich später als Hyacinthe Chantelouve, die Frau eines Schriftstellerkollegen, entpuppt, erweist sich nachträglich als eine Episode unter anderen. Die Pseudoheldin mit dem sprechenden Namen kann mit Zuffi als karikaturale Nachfahrin romantischer Loreleis interpretiert werden; als »femme dévorante et castratrice«[88] verkörpert sie eben das Gegenmotiv zu der freien intellektuellen Flanerie, gleichsam die inkarnierte Versuchung des traditionellen Romantypus. Das Thema eines mühsam inszenierten Ehebruchs der sich als leidenschaftslos, frustriert und sublim stilisierenden Heldin zeigt am Ende nur, dass die eingangs geweckten Lesererwartungen eben nicht erfüllt werden. Daher ist es nicht richtig, wie Cogny, von einer »multiplicité des intrigues«[89] zu sprechen; eher trifft Cognys Vergleich der Handlung mit einem »puzzle intérieur«[90] zu, dessen Elemente nicht durchkonstruiert sind, um am Ende ›aufzugehen‹. »Parti d'une conversation à bâtons rompus sur la littérature, ce nouveau roman [...] conserve jusqu'au bout l'informel du dialogue (il se termine d'ailleurs sur un autre dialogue) et, si l'on voulait à tout prix le résumer, on pourrait dire que sur vingt-deux chapitres, vingt et un tentent par les biais les plus inattendus de répondre aux questions posées par le premier.«[91]

Kapitel I, das Modell aller Metareflexionen im Roman, sei es in Unamunos *Niebla* oder in Gides *Les Faux-Monnayeurs*, gibt den divergierenden, assoziativen Duktus des gesamten Romans vor, die vage Suche nach der Überwindung des »cloportisme« der zeitgenössischen Literatur und Kultur und die Sehnsucht nach einem »naturalisme spiritualiste« (S. 36) oder »naturalisme mystique« (S. 41), ja vielleicht sogar einem »supranaturalisme« (S. 43), wie er bei Apollinaire und Breton aufgenommen wurde. Der Rückbezug auf das Mittelalter – Matthias Grünewald repräsentiert »cet idéal de réa-

88 Nerema Zuffi, »›Les Vierges sages‹ et ›Les Vierges folles‹. A propos des personnages féminins de *La-Bàs*«, in: E. Mosele (s. Anm. 46), S. 141-155, hier S. 148.
89 *Préface*, S. 19.
90 Ebd. S. 18.
91 Ebd.

lisme surnaturel et de vie véridique et exsurgée« (S. 40) – und der millenaristische Utopismus des kauzigen Glöckners Carhaix und seiner kochkundigen Frau, bei denen der Protagonist sich mit seinem Freund regelmäßig zum Essen trifft, bilden die beiden Spannungspole für den kreisenden Diskurs, die eigentliche »écriture du roman«[92], welche die Entwertung der Handlung und Chronologie anzeigt; letzteres bezieht sich auch auf die offizielle Geschichte: »Pour Durtal, l'histoire était donc le plus solennel des mensonges, le plus enfantin des leurres. L'antique Clio ne pouvait être représentée, selon lui, qu'avec une tête de sphinx [....].« (S. 47) Die Entwertung des traditionellen historiographischen Diskurses verweist auf die Kernszene in *La Tentation de saint Antoine*. Die Geschichte von Gilles de Rais, des »Des Esseintes du quinzième siècle« (S. 70), steht in ihrer Unerklärlichkeit paradigmatisch für die Delegitimation des romankonstitutiven Kausalitätsdenkens (S. 65) und die rätselhafte Tiefendimension der Persönlichkeit. Das Kreisen um dieses Geheimnis ersetzt die geradlinig fortschreitende Handlung, indem die Reflexion selbst zur Handlung wird und dabei Elemente des historischen Romans bzw. der Historiographie in sich aufnimmt. Die naturalistische Genauigkeit des Entsetzlichen und Abartigen, wie sie in der Beschreibung der Grünewaldschen *Kreuzigung* (S. 37 f.) zum Ausdruck kommt, öffnet den Blick für die verdrängte Abgründigkeit der Existenz und erzeugt jene »extraordinaire lucidité« (S. 37), die implizit schon in *A Rebours* und explizit in *En rade* als Erkenntnisziel des Romandiskurses bezeichnet wurde.

Dazu gehört die Abwertung der Moderne und des Fortschrittsdenkens -«le progrès, c'est l'hypocrisie qui raffine les vices« (S. 264) – und die Aufwertung – »à rebours!« – des ›finsteren Mittelalters‹, an dessen Absolutheit gemessen die Gegenwart, »ce sale temps« (S. 282) des bürgerlichen Utilitarismus, nur als lächerliches Zeitalter des Abstiegs und Verfalls erscheint. Den großen ›Extremen‹, Jeanne d'Arc und Gilles de Rais, die »le bien pour le bien« oder »le mal pour le mal« (S. 123) verübten, steht der moderne Kult der »névrose« (S. 237)[93] gegenüber. Verglichen mit den satanischen Ausschreitungen eines Gilles de Rais, die ebenfalls ausführlich beschrieben werden, sinken die satanistischen Orgien, an denen teilzunehmen dem Helden Madame de Chantelouve ermöglicht, auf die Ebene eines lächerlichen

92 Max Milner, »Là-Bas: l'écriture dans le roman«, in: *Revue des Sciences humaines* 43 (1978), 9-20, 170-171.

93 Zu diesem Aspekt jetzt Karin Westerwelle, *Ästhetisches Interesse und nervöse Krankheit: Balzac, Baudelaire, Flaubert*, Stuttgart 1993.

Simulacrums herab; der Befund entspricht dem Zustand einer Gesellschaft, die »n'a fait que déchoir depuis les quatre siècles qui nous séparent du Moyen Age« (S. 128). Der Ausflug in die Banlieue ist so nur ein Ausflug mehr auf der Suche nach einer Wahrheit, die Leben und Kunst miteinander versöhnen könnte, indem die religiöse Dimension des Absoluten aus der »auge du matérialisme« (S. 275) herausführt. Die Dimension der Handlung, die – wenn auch unerklärlich – in der fiktional-historiographischen Evokation des negativen Helden und Dämonomanen Gilles de Rais noch möglich ist und weite Teile des Romans zu einem Roman im Roman macht, ist so ironischerweise auf der eigentlichen Ebene des Romangeschehens nicht mehr einholbar. So wie »les conversations qui ne traitent pas de religion ou d'art sont si basses et si vaines« (S. 198), bleibt auch der realistische Diskurs mangels einer transzendenten Dimension unfähig und ohnmächtig: »Vraiment, quand j'y songe, la littérature n'a qu'une raison d'être, sauver celui qui la fait du dégoût de vivre!« (S. 217) Die »conversation« wird zum »radotage«, die erzählte Geschichte löst sich auf im Duktus des Flaneurs – und auch der Himmel scheint an dieser Bewegung teilzuhaben. »Je crois, hélas! que le vieux Ciel divague sur une terre épuisée et qui radote.« (S. 265)

Von dem Spiel der motivlichen Ähnlichkeiten und Gegensätze war bereits ansatzweise die Rede. So spricht Nerema Zuffi von »des relations complexes, analogiques ou antithétiques entre les personnages des deux histoires«[94], das heißt, der realen Erkundung satanischer Praktiken in der polaren Pendelbewegung zwischen dem Turmzimmer des Glöckners und Madame Chantelouve einerseits und den langen Einblenden historischer Quellenberichte auf der anderen Seite. In fast Hugoscher Weise schafft der Autor so eine Dialektik von Gott und Satan, in der alles auf alle verweist: Jeanne d'Arc auf Gilles de Rais, Gilles de Rais, »le des Esseintes du quinzième siècle« (S. 70), auf Madame Chantelouve, aber auch auf den abtrünnigen Priester Docre, »le Gilles de Rais moderne« (S. 150); Jeanne d'Arc verweist auf Madame Chantelouve, die wiederum als Gegenbild der gütigen »mère Carhaix« erscheint, usw. Darüber hinaus umfasst die falsche Geliebte »trois êtres distincts«, die eben jene Spannweite zwischen ›Himmel‹ und ›Hölle‹ anzeigen, die man in den »trois êtres qui diffèrent« von Gilles de Rais entdecken kann, »le soudard brave et pieux« »l'artiste raffiné et criminel«, »le pécheur qui se repent, le mystique«. (S. 210) In seiner Eigenschaft als gleichsam experimentell vorgehender, suchender »artiste raffiné« fungiert der monströse historische Held,

94 Zuffi (s. Anm. 74), S. 144.

dessen ›Geschichte‹ erzählt wird, natürlich auch als Alter Ego des Protagonisten, wenn nicht sogar des Autors selbst. Wir wollen diesen inhaltlichen Problemen hier nicht weiter nachgehen. Festzuhalten bleibt aber, dass der Roman mangels einer tragfähigen Synchronizität auf einer gleichsam autonomisierten paradigmatischen Netzstruktur aufbaut, die jeder Einzelheit ihre spezifische Funktion im Rahmen eines gleichzeitig beweglichen und statischen Referenzsystems zuweist. Ist die paradigmatische Ebene im herkömmlichen Roman der syntagmatischen Ebene des »sujet« (J. Lotman) untergeordnet und entfaltet sich mit dieser, indem sie als gleichsam eingebaute sinnentscheidende Kategorie die Interpretation lenkt, so bleibt die Paradigmatik in dem ›deambulatorischen‹ Romantypus weitgehend selbstreflexiv. Jedes Detail, jede Episode situiert sich nicht in der Synchronie, sondern in dem sich verdichtenden Geflecht der Paradigmen und bezieht daraus eine implizite Bedeutung – auch da, wo eine solche vielleicht gar nicht angestrebt wurde.

Das paradigmatische System scheint so heimlich zu einem allegorischen System zu mutieren; die Paradoxie der modernen »écriture«, in der eine gewollte Leere und Bedeutungslosigkeit in zwanghafte, gleichsam ›leere‹ Tiefe umschlägt, scheint sich bereits anzudeuten. In Musils Mann ohne Eigenschaften macht der Held einmal »eine(n) gewisse(n) Hang zur Allegorie« aus, »wenn man darunter eine geistige Beziehung versteht, wo alles mehr bedeutet, als ihm redlich zukommt« (I, S. 407). Eben ein solcher Aufladeeffekt, der auf den vagen Symbolbegriff des Fin de Siècle zu beziehen wäre, ist auch in einem Romantypus festzustellen, dessen programmatischer Sinn- und Handlungsverzicht den vom Handlungszwang entlasteten, beobachtenden und reflektivierenden Helden durch ein Universum geistiger Erlebnisse promenieren lässt, ohne den jeweiligen Stellenwert des Erlebten, Gesehenen oder Gesagten handlungsspezifisch einzugrenzen. Gerade die mehrfach genannte Zielvorstellung der »lucidité« legt es nahe, die Flanerien auch als allegorisches Stationenschema zu interpretieren, freilich nicht als graduelles Stationendrama im naturalistischen Sinn. Am Ende einer solchen Flanerie steht dann ein mehr oder weniger deutliches Fazit. Der ausfallende Satz über die Zukunft der »gosses issus des fétides bourgeois de ce sale temps«, die »feront comme leurs pères, comme leurs mères« (S. 282), wäre als karikaturale Schwundstufe eines solchen abschließenden Fazits zu deuten, das an die Stelle eines traditionellen »dénouement« der Intrige tritt und die defizitäre Romanhandlung als eine Art »aventure intellectuelle« des solipsistischen Bewusstseins ausweist. Diesem experimentellen Duktus eignet die fundamentale Offenheit der Flanerie.

III

Der bestimmende Einfluss Frankreichs auf den italienischen Decadentismo unterliegt keinem Zweifel[95]. Von einem nennenswerten formalästhetischen Einfluss von Huysmans wird man gleichwohl nur mit Vorsicht sprechen können[96]. Während der naturalistische Huysmans übersetzt und rezipiert wurde, blieb etwa *A Rebours* ohne italienische Übersetzung – eine Feststellung, die wohl auch mit der langen Gültigkeit des *verismo* zu tun haben könnte. Die im Vergleich mit Frankreich, aber auch mit Spanien geringere Intensität antimimetischer Tendenzen um die Jahrhundertwende mag vielleicht erklären, warum sich der italienische Roman nur ansatzweise einem deambulatorischen Verfahren öffnet, das – ausgehend von Italo Calvinos *Marcovaldo* (1963) – neuerdings bei den »giovani autori« erneute Aktualität zu haben scheint.

Ein Beispiel, das einem solchen Schema entfernt verpflichtet scheint, ist der philosophische Roman *Le Vergini delle Rocce* von Gabriele d'Annunzio, 1886. Die Flucht des jugendlichen Helden in eine stehengebliebene, mythisch konnotierte Landschaft der Vergangenheit begründet freilich eine im Ansatz initiatische Struktur, die dem eigentlichen Charakter des Romans als philosophisch allegorischer Flanerie überlagert. Auch steht gerade nicht das kaleidoskopische Ich im Mittelpunkt, sondern das herkömmliche Motiv der Selbstsuche und Selbstgewinnung unter nietzeanischen Vorzeichen. Nach den drei Romanen der Serie »Romanzi della Rosa« publiziert, die im Zeichen der Liebesthematik und -intrige stehen, stellt diese Einleitung zu den geplanten und nie ausgeführten »Romanzi del Giglio« nach Goudet einen »punto culminante« dar, insofern die bislang thematisierten Probleme des »Io, unificato, al riparo dalle aggressioni dell'Universo«[97] hier in eine mythisch untermauerte Synthese zu münden scheinen, bevor der Graben in den nach herkömmlichen Mustern verfassten Romanen *Fuoco* und *Forse che sì, forse che no* wieder aufbricht. Wenn – wie Giuseppe Zaccaria[98] gezeigt hat – die Muster des feuilletonistischen Populärromans eine ständige, paradoxe Versuchung des elitären Symbolisten darstelle, dann kann *Le*

95 Vgl. Michèle Barrière, »*Là-Bas* ou la problématique du roman«, in: *Berenice* 25 (déc.-mars 1989/90), 360-361.

96 Vgl. Sergio Cigada, »Italia e Francia nella letteratura di fine secolo«, in: A. A. V. V., *Il novecento letterario in Italia*, Milano 1985, S. 9-40.

97 Zitate nach der Ausgabe Milano 1896.

98 Giuseppe Zaccaria, *La fabbrica del romanzo (1861-1914)* (Centre d'Etudes franco-italiennes, 1), Genève/Paris 1984, S. 177-217.

Vergini delle Rocce auch als konsequenter Versuch verstanden werden, solche Handlungsmuster zu umgehen, und den Mythos des »superuomo« reflexiv zu gestalten. Einen formalen Höhepunkt stellt der philosophische Roman ungeachtet seiner nietzeanisch präfaschistischen Tendenz auch deshalb dar, weil der Roman mögliche Leidenschaftsdramen vor dem Hintergrund einer reflektierenden und beobachtenden Ich-Perspektive gleichsam nur im Potentialis andeutet und betont offen endet. Ausgerechnet der weltanschaulich fragwürdigste Roman des Autors erweist sich somit als der ›modernste‹ der Reihe.

Ähnlich wie in *En rade* schafft aber das initiatische Schema der Ankunft des Helden in einem fremden Ort, hier dem fiktiven sizilianischen Dorf Trigento, und der Eingewöhnung in eine familiäre Umgebung, hier des Adelsgeschlechts der Capece Montaga, eine Erwartung, die nicht erfüllt wird. Man muß nur einen vergleichenden Blick auf den ähnlich konstruierten dekadentistischen Roman *Malombra* von Fogazzaro werfen, um den Abstand von spätromantischen Umsetzungen des Schemas zu ermessen. Die angedeutete, durch die Frühlingsstimmung und die insistente Polarität von Leben und Tod, Neuanfang und Dekadenz, unterstrichene »ricerca della sposa«[99], mit der genannten Ich-Suche verknüpft, täuscht eine romaneske Handlung nur vor und erschöpft sich in einer nur leicht gesteigerten Folge der Bilder und Überlegungen, deren essayistischer Charakter hinter der romanesken Verbrämung in die Augen fällt. In der Tat wird die oben erwähnte allegorisch-symbolische Tendenz solchen deambulatorischen Erzählens kaum irgendwo deutlicher als hier. Teil I des Romans ist eine einzige monologische ›Flanerie‹ des jungen Protagonisten über den gegenwärtigen Zustand des Landes, die Eindrücke in einem moralisch verkommenen, von neureicher Anmaßung geprägten Rom, das von Leonardo da Vinci gemalte Porträt des Vorfahren, das eine ganze Welt der Renaissance im Zeichen eines »destino sovrumano« (S. 47) und des Kults der »bellezza del Mondo« (S. 65) wiederauferstehen lässt, die Meditation über Sokrates als einer Jesus überlegenene Leitfigur des neuen Ideals einer Schönheit und Ordnung, Vitalität und Selbstdisziplin verbindenden ›individuazione‹ (S. 52), usw. Die thematische Klammer bildet so das sich selbst suchende Ich, das aus der heterogenen Welt allegorisch etikettierter kultureller Angebote gleichsam wie auf einem Jahrmarkt das ihm Genehme auszuwählen versucht – nicht viel anders als Ulrich, der auf der Suche

99 Jacques Goudet, *D'Annunzio romanziere* (Biblioteca di ›Lettere italiane‹, XV), Firenze 1976, S. 224.

nach dem »anderen Zustand« die verschiedensten Sinnangebote betrachtet.

Noch deutlicher ist die allegorisierende Schreibweise freilich in dem Augenblick, da der Held beschlossen hat, zu »ritrarsi dallo spettacolo, per qualche tempo« (S. 105) und als eine Art Dornröschen-Prinz in die verwunschene Welt des »ignoto« und »impreveduto« (S. 142) einzudringen. Schon die Grundantithese zwischen der frühlingshaften Natur bzw. den vitalen Sehnsüchten des Helden und der abgestorbenen Welt des Principe und seiner degenerierten Söhne ist allegorischer Natur, da es jedem Gespräch, jeder Beobachtung, jedem Handlungselement einen differenzierenden Stempel aufdrückt. Anders als bei Huysmans wird dabei freilich die vage symbolische Bedeutung in ein festes ideologisches Bedeutungsnetz überführt; die Bedeutungen verfestigen sich nicht unähnlich wie im naturalistischen Roman zu einem übergreifenden paradigmatischen System. Die einzelnen Episoden – der Empfang und die ersten Begegnungen mit den drei Schestern, der verwunschene Garten mit dem Brunnen und das Motiv der wahnsinnigen Ahnfrau, das alte Landschloss und die bourbonische Vergangenheit, der Besuch der toten Stadt Linturno mir ihrer »secolare inerzia lapidea« (S. 407), die Flussfahrt und das »violento desiderio di fluidità« (S. 415), endlich die abschließende Besteigung des Monte Corace mit der Aussprache der Liebenden – ein End- und Höhepunkt, der freilich offen bleibt und die Steigerung nur vortäuscht – all dies gehört zu dem gewundenen Weg einer Erfahrung, deren Stationen willkürlich erscheinen, die aber keine Einzelheiten aus dem Bedeutungsgefüge entlässt. Dabei bewegen sich die Dinge gleichsam sinnerfüllt auf die Personen und das Ich zu; an die Stelle der Perspektive der Entfremdung, die in dem Typus des Protagonisten als fremder Beobachter angedeutet wird, tritt die erzwungene Perspektive der Aneignung, die D'Annunzio im Sinne seines platonischen Schönheitsbegriffs rechtfertigt. So heißt es in Bezug auf Violante: »Tutte le cose intorno riconoscevano la sovranità della sua presenza poichè tutte si riferivano e si sottomettevano e si accordavano alla sua bellezza.« (S. 177 f.) Der Held erlebt die »analogie misteriose« (S. 167) zwischen den Dingen und Eindrücken und: »per tali modi, a ogni momento, le concordanze delle cose ponevano il mio spirito in uno stato ideale che s'avvicinava allo stato del sogno e della prescienza pur senza attingerlo, porgendo esse una materia armonica alla mia sensibilità e alla mia imaginazione.« (S. 185) Die Allegorisierung der Wirklichkeit gelingt in dem alles vereinigenden Ich: »E io assistevo in me medesimo alla continua genesi d'una vita superiore in cui tutte le apparenze si trasfigüravano come nella virtù di un magico specchio.« (S. 185) Nicht zufällig wird die Seele am Anfang einmal mit einer »sfera di cristallo« (S. 19) verglichen.[100] Der magische Spiegel des solipsistischen Bewusstseins schafft sich eine konzentrisch gebündelte Wirklichkeit, die nur darauf zu warten scheint, sich gleichsam deambulatorisch zu erschließen.

So insbesondere im Hinblick auf die drei Schwestern, »tre vergini«, die, drei Parzen gleich (S. 297), die drei Möglichkeiten weiblicher Existenz, Entsagung, Sexualität und Mutterschaft, verkörpern und das allegorische Prinzip im Roman repräsentieren: »tre anime senza pari: le più belle e le più ardenti e le più misere che sieno mai apparse nell'estranea discendenza d'una razza misteriosa« (S. 3). Wie um jede zufällig isolierte Bedeutung auszuschließen, übernehmen die »tre elette creature« die Aufgabe, das romaneske Sinngefüge insgesamt zu erhellen: »parevano illuminarsi e oscurarsi vicendevolmente; e le ombre e i lumi avevano in loro le significazioni d'un lingaggio che io già interpretavo con una straordinaria lucidità come se da gran tempo mi fosse familiare.« (S. 185) Wiederum geht es um »lucidità«. Massimilla, Violante und Anatolia, die im Laufe des Romans immer wieder auf mythische Gestalten zurückgeführt werden, stellen die Dreieinheit des vorgestellten mythischen Universums dar, die eigentliche Inkarnation der Suche des Erlöser-Helden, der in ihnen mythische Ganzheit wiederfindet – ohne dass freilich das initiatische Schema erfüllt würde: Bei der abschließenden Bergbesteigung wird der Gipfel nicht erreicht! Der Roman schließt mit dem Bild der drei ruhenden ›Grazien‹, die vor dem Hintergrund der sizilianischen Felsenlandschaft »la loro ultima armonia« (S. 460) epiphanieähnlich offenbaren. Das vorgestellte Stillleben (»quivi io raccolsi«) kondensiert noch einmal die Funktion des allegorisierenden Diskurses, dessen Widerstand gegen die Psychologie und damit auch gegen den psychologischen Romandiskurs initiatische Tiefe suggeriert, wo lediglich ein Rundgang durch das Angebot der Bedeutungen angesagt ist.

Die angedeuteten philosophischen Implikationen dieser platonisch überhöhten, nietzscheanischen Ich-Suche im Rahmen einer »concezione ideale« »della virilità e della socialità« (303) sind von Goudet ausführlich untersucht worden: »Il romanzo del matrimonio e il romanzo del duce« erscheint als »*So* (sic!) *sprach Zarathustra dannunziano*«, in dem das »problema dell'incarnazione della razza nell'individuo« einer großen Synthese zugeführt werden soll[100a], die

100 In dem Motto Leonardo da Vincis, »una cosa naturale vista in un grande specchio« erhält das Spiegelgleichnis seine philosophisch-poetologische Bedeutung.

100[a] J. Goudet, *D'Annunzio romanziere*, S. 303 und 302.

allerdings letztlich zu scheitern scheint. Nicht diese ideologische Ebene ist für uns jedoch von Interesse, sondern der Hinweis auf den poetischen Diskurs Nietzsches, dessen aphoristischer Diskurs auch für Musil die entscheidende Anregung für die Konzeption des essayistischen Romantypus darstellt. Das prophetische Buch und alternative Evangelium *Also sprach Zarathustra* dürfte ein wichtiges Vorbild für den deambulatorischen Diskurs dieser Form von »letteratura profetica« (S. 220) – nicht nur bei D'Annunzio – darstellen. Am Beispiel von Nietzsches Werk lernte bekanntlich das gesamte Fin de Siècle die neue Funktion eines essayistischen Diskurses, einer im Wortsinn probierenden, tastenden, bewusst widersprüchlichen, episodischen und deambulatorischen Schreibweise, die in dem enumerativen, fragmentarischen Duktus des *Zarathustra*-Buches ihre romanhafte Potentialität entfaltet. Die resolute Subjektivierung dessen, der die »*Selbstsucht* selig pries, die heilige, gesunde Selbstsucht, die aus mächtiger Seele quillt«, der Lobpreis des »hohe(n) Leib(es)«, »um den herum jedwedes Ding Spiegel wird«[101], mochten für D'Annunzio auch strukturelle Anregungen bereit halten und dazu beitragen, dessen Roman ebenfalls ansatzweise als unabgeschlossene Suche nach dem »großen Mittag«[102] zu gestalten. Nicht zufällig trägt ja die eingangs evozierte Idealgestalt des Sokrates als einer Gegenfigur zu dem weltabgewandten »Nazarener« unübersehbar Züge Zarathustras. Zarathustra ist der große Wanderer, der die Kritik des Bestehenden mit der Utopie des Neuen verbindet, dabei aber auf jede heilsgeschichtliche Entwicklung verzichtet und stets erneut von seinem Lager aufsteht, um wandernd seine Kreise zu ziehen; »der Mensch ohne Ekel«, »der Überwinder des grossen Ekels«[103], der das Evangelium einer Neugeburt und eines »hohe(n) starke(n) Wille(ns)«[104] predigt, stellt für den Helden von *Le Vergini delle Rocce* ein Beispiel dar. Der deambulatorische Roman des Vitalismus speist sich als Gegenprogramm gegen ›ennui‹ und Ekel aus anderen Quellen als der Roman eines Huysmans, dessen Rundgang durch Erlebnisse des Ekels in *Là-Bas* erst in *La Cathédrale* in den Rundgang durch wiedergewonnene christliche Sinnangebote mündet.

Doch noch ein anderes Vorbild drängt sich auf. Als von dem verkommenen Rom die Rede ist, evoziert der Held einmal das Beispiel des Odysseus, der in Ithaka gelandet ist und alsbald dem unwürdigen

101 Friedrich Nietzsche, *Also sprach Zarathustra,* Kritische Studienausgabe (s. Anm. 27), Bd. 4, S. 238.
102 Ebd. S. 240.
103 Ebd. S. 334.
104 Ebd. S. 348.

Treiben an seinem Hofe ein Ende bereiten wird (S. 105). Aber ist nicht auch die vorausgegangene Irrfahrt das Urbild des deambulatorischen Rhythmus, zu dem sich der moderne Roman wie ein »mythisches Analogon« (im Sinne von Clemens Lugowski) verhält? In Giovanni Pascolis großem epischen Altersgedicht *L'ultimo viaggio*[105], das übrigens die enthusiastische Zustimmung D'Annunzios fand, wird das Fin-de-siécle-Thema der letzten Ausfahrt als desillusionierende Begegnung mit den Stationen der heroischen Vergangenheit, als »deambulatio« durch eine ernüchtert wahrgenommene Welt ohne ein anderes Ziel als den Tod geschildert. Epische Größe wird zu romanhafter Banalität eingeebnet, freilich einer poetischen Banalität, die sich als die Essenz des Lebens erweist. Der Mythos löst sich auf in der scheinbar zufälligen Sukzessivität der Abfahrten und Landungen, die als Variationen des immer Gleichen erscheint. Und die großen Ereignisse der Vergangenheit erscheinen wie nicht geschehen. Auf die Frage nach dem Polyphem erwidert der Hirte: »Venni di dentro terra, io, da molt'anni;/ e nulla seppi d'uomini giganti« (XX, S. 92) Und auf das Insistieren des Odysseus, wer das Auge des Riesen durchbohrt habe: »Al monte? l'occhio? trivellò? Nessuno./ Ma nulla io vidi, e niente udii.« (S. 94) Die Suche nach der Wahrheit gipfelt in dem vorletzten Gesang XXIII (»Il vero«) im Bild der stummen Sirenen, »guardando immote« (S. 104), während der leitmotivische Zweizeiler »E la corrente tacita e soave / Più sempre avanti sospingea la nave«, – wenig später in »la corrente rapida e soave« variiert – das unaufhörliche Treiben des Schiffes und des Lebens symbolisiert, das im nächsten Augenblick zerbersten wird, ohne dass die angstvolle Frage: »Ditemi almeno chi sono io! chi ero!« (S. 106), eine Antwort erhält. Das Gedicht wird zum symbolischen Roman des Lebens, das von Station zu Station nur die hilflose Beobachtung von außen und den leeren Dialog übrig lässt, aber weder eine innere Struktur noch eine Richtung kennt. Der Heros wird zum Jedermann und Niemand, dessen große Taten auch rückblickend in Frage gestellt werden und der am Ende von den Wellen nackt »alla sua dea« (S. 110) getragen wird.

> Ed ella avvolse l'uomo nella nube
> dei suoi capelli; ed ululò sul flutto
> sterile, dove non l'udia nessuno:
> - Non esser mai! non esser mai! più nulla,
> Ma meno morte, che non esser più! (S. 110)

---

105 Giovanni Pascoli, *Die letzte Fahrt – L'Ultimo viaggio*, übers. und eingeleitet von Willi Hirdt (Italienische Bibliothek,2), Tübingen 1989. Zitate nach dieser Ausgabe. Vgl. auch Elisabeth Piras-Rüegg, *G. Pascoli: L'ultimo viaggio*, Genève 1974. Zur literarischen Tradition des »ultimo viaggio« vgl. Piero Boitani, *L'ombra di Ulisse*, Bologna 1992 (Intersezioni), Kap. 6, S. 149ff.

Der selbstbewussten Suche nach dem Leben bei D'Annunzio setzt Pascoli das Gleiten in den Tod entgegen, der auftrumpfenden Rhetorik das Heulen über öder Flut. Zielgerichtetes Handeln wird dem Treiben der Wellen anheim gegeben und verweist auf das Ende des Mythos und heroischer Individualität. Der individuellen Erinnerung, die die Ich-Suche des Odysseus begründet, entspricht keine kollektive Erinnerung mehr; die scheinbar unvergleichlichen Etappen der einstigen Irrfahrt schrumpfen im Nachhinein zu wiederholenden Etappen des Immergleichen: epische Bewegung als ›deambulatio‹, als ›Versuch‹, vergangene Größe und Identität einzuholen.

Lässt sich auch das frühe Romanwerk Pirandellos hier anschließen? Der Roman *Il fu Mattia Pascal* (1904), der die in *Uno, nessuno e centomila* (1926) geschilderte Ich-Problematik vorwegnimmt, bereitet nach Cristina Terrile »le véritable dépassement du roman traditionnel«[106] in den zwanziger Jahren des 20. Jahrhunderts vor, der auch Musil verpflichtet ist. Indem der Autor freilich das Prinzip des eigenschaftslosen Helden zu einer neuartigen Problematik von Ich und Rolle, Selbst- und Fremdwahrnehmung des Ich steigert, gewinnt er auch eine neue psychologische und existentielle Dramatizität, die mit dem Prinzip des essayistisch deambulatorischen Roman unvereinbar ist. Wie die Autorin im Vergleich mit *Rubè* (1921) von Giuseppe Antonio Borgese zeigt, summiert sich die Kette der Erfahrungen bei dem negativen Helden Vitangelo Moscarda nicht einmal mehr zu einem negativen Bildungsroman, weil das Prinzip des Sammelns von Erfahrungen selbst in Frage gestellt wird und dem Typus des ›Mannes ohne Eigenschaften‹ der fehlende Wille entspricht. Doch die weitergehende Folgerung bleibt anfechtbar: »Nous voyons plutôt un personnage qui ne comprend pas ce qu'il fait et ne fait pas ce qu'il comprend«.[107] Das Ich als »uno, nessuno e centomila« begreift sich als paradox wissendes Ich, das lediglich über die Richtung seines Weges im Unklaren ist, nicht über das Ziel, die Rollenidentität abzuwerfen: »ma andare, non sapevo dove andare«[108]. Das Motiv des Variierens und Ausprobierens bleibt dem Versuch untergeordnet: »Totale, perché bastò muovere in un appena appena, così per giuoco, la volontà di rappresentarmi diverso a uno dei centomila in cui vivevo, perché s'alterassero in centomila modi diversi tutte le altre mie realtà.«[109] Der pirandellinische ›Mann ohne Eigenschaften‹ inszeniert da-

106 Cristina Terrrile, *La crise de la volonté ou le romanesque en question* (s. Anm. 12), S. 12.
107 Ebd. S. 80.
108 Luigi Pirandello, *Uno, nessuno e centomila*, Milano 1965, S. 131.
109 Ebd. S. 86.

her so etwas wie ein deambulatorisches Spiel, an dessen Ende in einer Art neu gewonnener Unmittelbarkeit die sinnerfüllte, zielgerichtete Zeit als Kategorie menschlichen Handelns ausfällt und nur die Sukzessivität der Augenblicke bleibt: »Cosí soltanto io posso vivere, ormai, rinascere attimo per attimo.«[110] Die ironisch apostrophierte Wiedergeburt ist mit dem gewollten Verlust der zeitlich biographischen Identität erkauft: »perché muojo ogni attimo, io, e rinasco nuovo e senza ricordi: vivo e intero, non più in me, ma in ogni cosa fuori«, wie der letzte Satz des Romans lautet. Die Entfremdung und Indifferenz werden hier als Chance der Befreiung von den Zwängen der Biographie begriffen und positiviert. Erst mit der Tilgung der determinierenden Rolle der Vergangenheit und dem Eintauchen in ein ideales Präsens phänomenologischer Unmittelbarkeit, mithin erst am Schluß des Romans, ist eigentlich der ideale Schwebezustand erreicht, in dem sich das deambulatorische Schema entfalten könnte.

Pirandello verschärft so die Identitätsproblematik, die erstmals in *Il fu Mattia Pascal*[111] in die Form einer Kritik des herkömmlichen Romans gekleidet wird. Der sich selbst erschaffende, selbst erfindende Antiheld hat hier die Varianten vorgestellter Identitäten, Lebensläufe und Handlungen zur Auswahl und genießt den altmodischen Reiz der »barchetta della mia finzione« (S. 152 f.), eines kohärenten, abenteuerlichen Lebens, dessen »illusione d'una nuova vita« (S. 157) ähnlich wie die Überlegungen des Helden von *Uno, nessuno e centomila* mit dem ernüchternden Blick in den Spiegel enden. Doch steht dieser Blick hier am Schluss, nicht am Anfang des Romans. Das Urbild eines wahren Lebens wäre die Tragödie, doch: »Tutta la differenza, signor Meis, fra la tragedia antica e la moderna consiste in ciò, creda pure: in un buco nel cielo di carta« (S. 163), nämlich des »teatrino di marionette« (S. 162). Die Öde des bisherigen Lebens vor der entdeckten Freiheit des Totgeglaubtseins und die »noja smamiosa« der scheinbaren neuen Freiheit stehen sich in nichts nach. In beiden Fällen reicht es lediglich zu jenem deambulatorischen Kreisen, dessen symbolischer Ausdruck die ziellose Eisenbahnfahrt darstellt. Wie bei Odysseus heißt es gegen Ende: »Ah, che vuol dir morire! Nessuno, nessuno si ricordava più di me, come se non fossi mai esistito ...« (S. 246). Rückkehr zum Ausgangspunkt und Tod erscheinen beinahe identisch. Als »un personaggio in disponibilità«[112] nimmt Mattia Pas-

110 Ebd. S. 180.

111 Luigi Pirandello, *Il fu Mattia Pascal* (Gli Oscar Mondadori), Milano 1978, S. 152 f. Zitate nach dieser Ausgabe.

112 Giacomo Debenedetti, *Il romanzo del novecento* (coll. »Saggi blu«), Milano 1976, 1980^2, S. 318.

cal tatsächlich Züge des Musilschen Helden vorweg. Die Befreiung von der Geschichte und von der eigenen Identität, die der Odysseus von Pascoli noch zu retten versucht, mündet in ein leeres Bewusstsein, dem das leere Kreisen der Handlung als bloßes »movimento romanzesco«[113] entspricht. Der Terror der abstrakten Freiheit des ›deambulierenden‹ Ich findet in der *umorismo*-Theorie Pirandellos und dem konkomitanten Marionettenmotiv als einer systematischen Dekonstruktion der Wirklichkeit ihr fiktionsäquivalentes Pendant.

IV

Im Rahmen der Konstruktion von Modernität hat sich vor allem Jochen Mecke in den letzten Jahren mit dem spezifischen historischen Ort der frühen spanischen Moderne und ihrer noch immer üblichen Unterbewertung in komparatistischer Perspektive[114] beschäftigt. Die Kongruenz von literarhistorischer, sozialer und ideologischer Problematik begründet nach Mecke die Alterität spanischer Moderne[115], die im Gegensatz zu der kosmopolitischen Prägung der west- und mitteleuropäischen Moderne gerade durch die ideologische Dialektik von »tradicionalismo« und »modernismo« im Rahmen des sog. Spanienproblems geprägt sei: »También en la dimensión geocultural la literatura española difiere considerablemente de sa homóloga europea. Como es sabido, la literatura moderna destaca por su cosmopolitismo. Cada movimiento de la vanguardia europea tiende a la universalidad como objectivo.«[116] Demgegenüber sei die Modernität der Generation von 1898 durch eine »agonale« Spannung »entre los anhelos de transformar, modernizar y europeizar completamente el país y los deseos de conservar su identidad«[117] gekennzeichnet. Unter dem

113 Ebd. S. 334.

114 Jochen Mecke, »Literatura española y literatura europea – Aspectos historiográficos y estéticos de una relación problemática«, in: *Nuevos caminos en la investigación de los años 20 en España,* hg. Harald Wentzlaff-Eggebert, Tübingen 1998, S. 1-17.

115 Vgl. J. Mecke, »Aus-Ein-Ander-Setzung: Die agonale Modernität von Miguel de Unamunos Roman *Niebla* (1914)«, in: *Ästhetische Moderne in Europa. Grundzüge und Problemzusammenhänge seit der Romantik*, hgg. Silvio Vietta und Dirk Kemper, München 1998, S. 395-424, bes. S. 400. Mecke hat diesen Aspekt in das Zentrum seiner Monographie gestellt: *Agonie der Moderne: Ambivalenzen der Repräsentation in der spanischen »Generación del 98«,* Frankfurt/M. 1998.

116 Mecke (s. Anm. 114), S. 7.

117 »Una estética de la diferencia: el discurso literario del 98 ¿Efemérides para un fantasma?«, in: *Iberoamericana* 22 (1998), 109-143, hier S. 123.

Druck des hegemonialen europäischen, insbesondere französischen Diskurses seit der Romantik kann die Modernisierung, die Befreiung aus dem »marasmo de España«, wie die gängige Formel lautet, immer nur als Wendung gegen diese überfremdete Tradition in der Suche nach der eigenen Identität begriffen werden. Erfindung der Moderne und »invención de España« im Sinne von Inman Fox[118] erscheinen so in paradoxer Weise deckungsgleich und widersprüchlich zugleich. Mecke spricht denn auch im doppelten Sinn von einer »gehemmten Zukunft«[119], insofern Modernität hier nicht aus dem geöffneten Horizont der Moderne erwächst, sondern aus dem ohnmächtigen Widerstand gegen die geschichtliche Verspätung des Landes und die Obstruktion der historischen Dimension hervorgeht. »Gehemmte Zukunft« meint dann aber auch gehemmte oder gebremste Modernität im Verzicht auf eine avantgardistische Vollendung der Autonomie.

Eben diese ›gebremste Modernisierung‹ vor dem Hintergrund der Krise der Geschichte und der Krise des traditionellen geschichtlich definierten Romans gibt aber Anlass zu der Vermutung, dass in dem von Gullón als »los albores de la modernidad«[120] beschriebenen Zeitraum dem vermittelnden Typus des deambulatorischen Diskurses eine entscheidende Rolle zukommt. Die Ästhetik der Offenheit und Unentschiedenheit, welche bei Musil die kakanische Problematik spiegelt bzw. als deren diskurshomologer Ausdruck erscheint, wäre damit auch für die Situation der 98er Generation zwischen 1890 und 1910 kennzeichnend. Die essayistische, divagatorische Tendenz, die alle Autoren dieser Generation mehr oder weniger charakterisiert, begründet besonders bei Antonio Machado, Miguel de Unamuno und Azorín einen offenen Horizont des Fragens und ›Ausprobierens‹. Mecke interpretiert den *Juan de Mairena* (1927) von Machado, eine lose biographisch-narrative, eigentlich essayistische Sammlung von Aphorismen und Gesprächen des peripatetischen Philosophen Mairena, als exemplarischen Ausdruck eines bewusst marginalen Diskurses der Modernität als Alterität[121]. Von daher kann die Auflösung des herkömmlichen Romans ebenso als Reflex der Krise wie der

---

118 Inman E. Fox, *Ideología y política en las letras de fin de siglo (1898)*, Madrid, 1988 (colección Austral).

119 J. Mecke, »Die Entmenschlichung der Zeit. Geschichtskritik, Kontingenz und Echt-Zeit in der spanischen Generation von 1898«, in: *Ars Semiotica* 19 (1996), 195-212, hier S. 207 ff.

120 Germán Gullón, *La novela moderna en España (1885-1902): Los albores de la modernidad*, Madrid 1992.

121 Mecke (s. Anm. 115), S. 125 ff.

kreativen Neuerung, als Ausdruck mangelnder Progressivität wie der vorweggenommenen, postmodernen Hinterfragung progressistischer Mythen der Moderne gelesen werden. »Yo siento que me falta la Fe; no la tengo tampoco ni en la gloria literaria ni en el Progreso ... que creo dos solemnes estupideces ... ¡ El progreso!«[122] gesteht der Held Azorín in *La Voluntad*, wo nicht zufällig die Krise des religiösen Glaubens mit dem mangelnden Glauben an die Zukunft in Verbindung gebracht wird. Die vermauerte Zukunft ist so die paradoxe Bedingung der Möglichkeit einer kreisenden, tastenden Bewegung, die nicht, wie es in *La Voluntad* ironisch heißt, durch die Frage nach dem Ausgang einer »aventura« und nicht durch das Außergewöhnliche (»una cosa *extraordinaria*«), sondern durch »la normalidad« banaler Ereignislosigkeit bestimmt ist. (S. 134) Insofern die Krise der großen Geschichte auch die Krise der kleinen Geschichte, des Abenteuers und der ›prästabilisierten Harmonie‹ einer geschlossenen Romanhandlung indiziert, eröffnet sie zugleich die Chance, die »normalidad« des präsentischen Lebens zu Wort kommen zu lassen, das Leben nicht zu konstruieren, sondern biographische Modelle zu dekonstruieren. Baroja plädiert für einen Roman »sin argumento, sin arquitectura, sin composición«[123]; in In *Niebla* schreibt Unamuno: »Mi novela no tiene argumento, o mejor dicho, será el que vaya saliendo. El argumento se vaya él solo.«[124]

Die modische Formel der Selbstbewegung der Literatur bezieht sich hier weniger auf eine – letztlich negierte – Autonomie der Literatur als auf das Wesen des offenen, essayistischen Diskurses, der als Poetik der Kontingenz dem Zufall und der Potentialität einen völlig neuen Stellenwert einräumt. »¡El azar!« heißt es einmal in *Niebla*: »El azar es el último ritmo del mundo, el azar es el alma de la poesía.« (S. 115) – und wohl auch des Romans. Die »vagabundeos callejeros« (S. 117) von Augusto Pérez, des willensschwachen Helden von *Niebla*, bezeichnen daher nicht, wie letzterer annimmt, eine vorübergehende Phase des Irrens »en la niebla de su vida« (S. 116), sondern das eigentliche Wesen eines präsentischen Kreisens, wie es gerade auch im Stil Azoríns zum Ausdruck kommt. Wenn die teleologische Achse

---

122 J. Martínez Ruiz (= Azorín), *La Voluntad*, hg. Inman Fox, Madrid 1989; Madrid 1989 (Clásicos Castalia, 3), S. 229. Zitate nach dieser Ausgabe. Vgl. Antonio Risco, *Azorín y la ruptura con la novela tradicional*, Madrid 1980.

123 Pío Baroja, *La nave de los locos*, hg. Francisco Flores Arroyuelo, Madrid 1987, (Colección Letras Hispánicas, 269), »Prólogo casi doctrinal sobre la novela«, S. 93.

124 Miguel de Unamuno, *Niebla*, hg. Mario J. Valdés, Madrid, Cátedra 1985, (Colección Letras Hispánicas, 154), S. 199. Zitate nach dieser Ausgabe.

wegfällt, wenn sich der Roman – auch im Reflex auf die phänomenologische Wende um 1900[125] – von den Meta-Geschichten »sub specie aeternitatis« abwendet, dann kommt der präsentischen Sukzession der »sensación momentánea« (*La Voluntad,* S. 229) eine völlig neue Bedeutung zu. Noch einmal mit Azorín: »La eternidad no existe.[...] Vida es sucesión es tiempo. Y el tiempo – cambiante siempre – es la antítesis de la eternidad – presente siempre.« (S. 73) Ohne die Dimension der Ewigkeit – das zeigt schon die Flaubertsche *Tentation de saint Antoine* – bricht auch die teleologische Konstruktion des Romandiskurses zusammen.

Der Krise der Romanhandlung entspricht die Krise des Charakterbegriffs. Der negative Held von *Voluntad* bewegt sich in einer Leere, die als Variante der Orientierungs- und Charakterlosigkeit des ›Helden‹ von *Niebla* erscheint: »un pensamiento nada en el vacío, en un vacío que es el nihilismo, la disgregación de la voluntad, la dispersión silenciosa, sigilosa, de mi personalidad ...« (S. 228 f.) Und als eigentlich negatives Ich kann Azorín auch den Gedanken an die Unsterblichkeit nur als »monströs« empfinden (S. 229). Umgekehrt bewegt sich ein Augusto Pérez in *Niebla* in einem leitmotivischen Nebel des Nichtstuns und Zweifelns[126], unsterblich nur als »ente de ficción« und als Idee, denn »una idea es siempre inmortal« (S. 288), aber unvereinbar mit dem Versuch des »traer a la realidad« (S. 143). So bleibt auch »un objectivo, una finalidad en esta vida« (S. 153) eine Illusion, und der Held als ›Mann ohne Eigenschaften‹ im wörtlichen Sinn muss sich fragen: »¿Es que acaso yo soy uno? Yo soy un pretendiente, un solicitante [...].« (S. 153) Insofern ist er dem Protagonisten des Arztromans *El árbol de la ciencia* (1911) von Pío Baroja merkwürdig ähnlich: »Andrés se fue a la calle. ¿Qué hacer? Qué dirección dar a la vida? – se preguntaba con angustia. Y la gente, las cosas, el sol, le parecían sin realidad ante el problema planteado en su cerebro.«[127]

Klaus Dirscherl[128] hat im Hinblick auf den Roman der 98er Generation in Spanien von einer krisenhaften Dialektik von Marionetten und Übermenschen gesprochen. Tatsächlich steht der Krise der Indi-

---

125 Vgl. die Überlegungen Meckes zur Zeitproblematik in den Werken der 98er Generation (s. Anm. 120), bes. S. 198 ff.

126 Vgl. Karl Hölz, »Le monde du brouillard et la poétique de la confusion dans le roman *Niebla* d'Unamuno«, in: *Les Lettres romanes* 41 (1987), 213-234.

127 Pio Baroja, *El árbol de la ciencia*, hg. Pío Caro Baroja, Madrid 1997 (colección Letras Hispánicas, 225), S. 130.

128 Klaus Dirscherl, »Marionetten und Übermenschen: Der Roman der 98er Generation als Diagnose der Krise des Individualismus und Spaniens selbst«, in: Manfred Pfister (Hg.), *Die Modernisierung des Ich: Studien zur Subjektkonstruktion in der Vor- und Frühmoderne*, Passau 1989, S 293-305.

vidualität – des Helden als Marionette des Autors bei Unamuno, der Selbstauflösung des Ich bei Azorín – die Sehnsucht nach Ich-Werdung und Handeln gegenüber, wie es nicht nur der verzweifelte Held am Schluss von *Niebla* zum Ausdruck bringt, als er von seinem Todesurteil durch den Autor erfährt: »Ahora que usted quiere matarme, quiero yo vivir, vivir, vivir ...! [...] Quiero vivir, vivir..., y ser yo, yo, yo.« (S. 283) Das Motiv des Abenteurers und Übermenschen bei Pío Baroja, der selbst in einer bewusst marginalisierten Position zu den Autoren der 98er Generation verharrt, aber auch der Protagonisten der historischen Romane Valle-Incláns wäre so der Ausdruck einer verdrängten Dimension, die in dem angesprochenen Romantypus nicht oder nur *via negationis* deutlich würde: die nietzscheanische Seite stünde der Schopenhauser-Obsession des Fin de Siècle gegenüber. Azorín selbst unterscheidet ja in seinem programmatischen Roman *La Voluntad* zwischen dem Typus des »hombre-voluntad« und dem des »hombre-reflexión« und weist letzterem die Rolle eines »autómata, un muñeco sin iniciativa« (S. 267) zu. Dass Cristina Terrile[129] in ihrer großangelegten Phänomenologie des europäischen Romans der frühen Moderne diesen wesentlichen Bereich ignoriert, erscheint typisch für die noch immer übliche Praxis des Ausblendens des hispanischen Spektrums aus vergleichenden Untersuchungen zur europäischen Literatur. Nicht nur dass die frühe spanische Moderne den Charakter einer epochenspezifischen Zäsur bestätigt und unterstreicht; das Problem der Willensschwäche wurde auch offensichtlich zuerst in Spanien von einer ganzen Generation reflektiert, bevor es – wohl unabhängig davon – Einzug in die ›europäische‹ Moderne hielt. Handlungshemmung und Unfähigkeit zum Handeln, als soziopsychologisches Syndrom mit dem Begriff der »abulia« bezeichnet und generell als Ausdruck des spanischen »marasmo«[130] begriffen, würden in dieser Perspektive den Typus des handlungsgehemmten, zufallsgesteuerten, essayistisch und alogisch strukturierten Romans bedingen, dem allerdings auf der anderen Seite ein breites Spektrum handlungsgesättigter Abenteuer-Prosa gegenüberstände.

Eine solche Sicht der Dinge ist jedoch nicht oder nur mit wesentlichen Einschränkungen akzeptabel. Denn entscheidend ist, dass auch der Abenteuerroman im Stil Barojas oder der postgaldosianische historische Roman eines Baroja und Valle-Inclán im Zeichen der Krise

---

129 Siehe Anm. 13.

130 Hierzu bes. Gayana Jurkevich, »Abulia, nineteenth-century psychology and the generation of 1898«, in: *The Hispanic Review* 60 (1992), 181-194. Die archetypische Gestaltung des Motivs geht bekanntlich noch viel weiter auf den Roman *Oblomow* (1859) von J. A. Gontscharow zurück.

der Geschichte und der zyklischen Vorstellung ewiger Wiederkehr stehen und immer wieder Berührungspunkte mit der grotesken Marionettentechnik der *Esperpentos* aufweisen. Die vorwiegend episodische Gliederung ohne eigentliche Charaktere und ohne erkennbare psychologische Logik des Geschehens setzt die Form des Geschichtsromans außer Kraft und steht in bewusstem Gegensatz zur romantischen und realistisch-liberalen Tradition. Im Hinblick auf den großen Zyklus *El Ruedo ibérico* spricht etwa Walter Bruno Berg von einer »Vielzahl verschiedener, konkurrierender, mannigfachen Widersprüchen unterworfener Diskurse« [131], die vor allem mittels des Dialogs den Handlungsanspruch konterkarieren. Der Held von Pío Barojas *El Árbol de la ciencia* erlebt die irreale Realität ähnlich verwirrt und passiv wie die Protagonisten von *La Voluntad* oder *Niebla*. Die Normalität selbst wird in dieser von Schopenhauer geprägten Perspektive – »la cantidad de mentira que es necesaria para la vida« [132] – irreal und phantasmagorisch. Der entfremdete, zur Aneignung unfähige Blick des flanierenden Betrachters ist so in Wahrheit ein konstitutives Merkmal der gesamten 98er Generation, und es ist kein Zufall, dass die Theorie der »novela itinerante« ausgerechent von Pío Baroja und noch dazu als Vorrede zu dem historischen Roman *La nave de los locos* (1925)[133] entwickelt wurde.

Baroja entwirft hier das Ideal einer offenen Romanform als eines »género multiforme« (S. 72), welches in gleichsam spielerischer Weise – »como un juego« (S. 64) – die verschiedensten Formen in sich aufnimmt und so dem eingangs skizzierten essayistischen Konzept sehr nahe kommt: »La novela, hoy por hoy, es un género multiforme, proteico, en formación, en fermentación; lo abarca todo: el libro filosófico, el libro psicológico, la aventura, la utopía, lo épico; todo absolutamente.« (S. 72) Zum Beispiel auch lyrische Elemente. Eben diese Offenheit, in der alles Platz findet, unterscheidet den Roman nach Baroja von anderen Gattungen. Mit dem bereits genannten Zitat: »En la novela apenas hay arte de construir. [...] una novela es posible sin argumento sin arquitectura y sin composición.« (S. 98) Wir sprachen eingangs von einem rhapsodischen Prinzip; Baroja scheint nun die musikalische Form der Rhapsodie im Auge zu haben, wenn er als Ziel die »novela permeable, algo como la melodía larga« (S. 75) bezeichnet. Das musikalische Prinzip verbindet sich zudem mit dem ly-

131 Walter Bruno Berg, »Die Diskursivität der Geschichte. Valle-Inclans Geschichtsbild in *La Corte de los milagros*« in: Harald Wentzlaff-Eggebert (Hg.), *Ramón del Valle-Inclán (1860-1936)*, Tübingen 1988, S. 243-257, hier S. 243.

132 Pío Baroja, *El árbol de la ciencia*, S. 167.

133 Zitate aus dem »Prólogo casi doctrinal sobre la novela« (s. Anm. 123).

rischen Prinzip, insofern als »la convivencia de lo lírico en la vida cotidiana« (S. 87) dem fragmentarischen und diskontinuierlichen Charakter des alltäglichen Lebens Rechnung trägt.[134]

Auch wenn sich der Autor dabei – in der Vorrede geht es um eine Art poetologischen Dialog mit einem nicht selbst sprechenden Partner – gegen die Auffassung seines Gegenübers wendet, wonach der Roman »debe ser un género lento, moroso, de escasa acción« (S. 69), und gegen puristische Tendenzen den Abenteuerbegriff beibehält, so bleibt eben dieser Abenteuerbegriff an eine sinnfrei erlebte Geschichte gebunden; die Krise der liberalen Geschichtsphilosophie eröffnet hier die Möglichkeit einer nicht-teleologischen Romanform, die wie die Geschichte unabgeschlossen ist und alles zu integrieren vermag: »la novela, en general, es como la corriente de la Historia: no tiene ni principio, ni fin; empieza y acaba donde se quiera.« (S. 93) Baroja begreift die »novela itinerante« tatsächlich als »algo parecido [...] al poema épico« (S. 93), freilich mit dem Unterschied, daß »la novela debe encontrar la finalidad en sí misma«, nämlich »una finalidad sin fin« (S. 73).

Die Konzeption der »novela itinerante« passt sicher nur bedingt auf die Gesamtheit der ungewöhnlich breiten romanesken Werks des baskischen Autors, der wohl auch der internationalste und am wenigsten idiosynkratische Autor der Generation von 1898 war. Gleichwohl kann die offene, fragmentarische und episodische Struktur, welche die drei Möglichkeiten des Epischen, des Lyrischen und des Musikalischen miteinander verbindet, als tyisch für die gleichsam vagabundierende, bewußt präsentische Art des Schreibens verstanden werden. »Todo en una novela barojiana«, bemerkt Casalduero, »es un haz de fragmentos alrededor de un yo«, wobei die charakteristische Ambiguität von Autor-Ich und Protagonist den Eindruck eines »tejido fluido y vibrante« erzeuge.[135] Der Verzicht auf Innerlichkeit und psychologische Analyse, vor allem aber auf dramatische Konsequenz und argumentative Stimmigkeit löst den Roman in eine scheinbar willkürliche Folge der »sensaciones« auf, die – entsprechend dem vitalistischen Credo des Autors – una »sensación confusa de la vida«[136]

134 Baroja berührt sich so zum Teil auch mit dem Typus der *»novela lírica«*. Vgl. Ricardo Gullón, *La novela lírica*, Madrid 1984. Die stilistischen Aspekte untersucht Félix Bello Vázquez, Lenguaje y estilo en la obra de Pío Baroja, Salamanca 1988.

135 Joaquín Casaldero, »Sentido y forma de la *Vida fantástica*« [1972], in: J. Martínez Palacio (Hg.), *Pío Baroja*, Madrid 1979 (El escritor y la crítica), S. 285-305, hier S. 292 f.

136 Mit einem Zitat aus *La busca*, dem ersten Teil der Reihe »La lucha por la vida«, Madrid 1997, S. 170.

erzeugen und jede teleologische Finalität ad absurdum führen. Die charakteristischen »lyrischen« Kapitelschlüsse verhindern dramatische bzw. epische Entwicklung und verleihen jedem Kapitel als Fragment einer fragmentarischen Ereigniskette das Aussehen einer in sich geschlossenen Episode. Der Verzicht auf jede Verknüpfung findet sein Korrelat auf stilistischer Ebene in der lakonischen Hypotaxe, in ideologischer Hinsicht in dem Vermeiden jeglicher Wertung und Ein- oder Unterordnung. »La vida es ansí« – diese Titelformel umschreibt den grundsätzlich offenen Fluss des Lebens, das ebenso wie die große Geschichte ohne eigentlichen Anfang und ohne Ende ist und das lebensphilosophische Ideal der Unmittelbarkeit in eine Sukzession der »experiencias« umsetzt. »El fin del hombre es vivir«, lautet das Fazit.[137]

Camino de perfección (1902) kann als ein Schlüsselroman der 98er Generation gelten. Ähnlich wie *La Voluntad* von Azorín von dem genannten »abulia«-Syndrom ausgehend, schildert der Roman im ironischen Rekurs auf das gleichnamige erbauliche Werk der Teresa von Ávila aber nicht die Geschichte eines endgültigen Scheiterns, sondern einer Gesundung und Erlösung aus der fragwürdig gewordenen und lähmenden Tradition des Landes. Das erinnert zunächst aber nicht an eine »finalidad sin fin«. Zwar ist der suchende ›Held‹ Fernando Ossorio, auch er ein Mann ohne Eigenschaften, dabei Subjekt und Mittel zugleich; seine Perspektive dient dazu, eine rücksichtslose Bestandsaufnahme des »problema de España« in seinen vielfältigen Varianten vorzuführen. Doch nachdem er die spanische Misere erlebt hat, wird er am Ende von seiner »abulia« geheilt und findet in der von ihm gegründeten Familie an der Levante, dem lebendigen Antipol des traditionsverhafteten, kastilischen Spaniens, eine neue Lebensaufgabe. Der Schluss scheint mithin die Metapher des »Weges« als einer Abfolge sinnvoller, zielgerichteter Stationen der Erfahrung einzulösen und dem oben genannten Ideal der offenen »novela itinerante« zu widersprechen. Die am Ende breit ausgeführte vitalistische These (mit beinahe faschistoiden Zügen) legt die These eines konsequent auf den Schluss hin ausgerichteten Stationenwegs nahe, der wenig mit dem deambulatorischen Prinzip des Schweifens gemein hat. Doch muss man zwischen Ideologie und Struktur unterscheiden. Und in dieser Perspektive wirken die Schlußkapitel eher als Ausdruck der in einer Vielzahl von isolierten Episoden gewonnenen Erkenntnis des Helden, dem es erst jetzt ge-

137 Zitat aus *Camino de perfección*, Madrid 1974, S. 173. Weitere Angaben in der Folge nach dieser Ausgabe.

lingt, zum Mann und vielleicht auch einem ›Mann mit Eigenschaften‹ zu werden. (Nicht zufällig wechselt der Erzähler persönlich in Kapitel XLV die Perspektive, um das Ich als solches zu Wort kommen zu lassen; erst mit Kapitel LVII wird er dann zu der auktorialen Perspektive zurückkehren). Auf eine lange Periode des scheinbar zufälligen Schweifens in und um Madrid herum folgt gegen Ende die Flucht aus ›Altspanien‹, die die Chance vitaler Unmittelbarkeit eröffnet. Die »novela itinerante« wird durch einen erbaulichen Schluss abgelöst. In gewisser Weise schiene somit – mutatis mutandis – ein direkter Vergleich mit dem Musilschen Strukturschema nicht abwegig, insofern auch im *Mann ohne Eigenschaften* die endlose Sukzessivität der Episoden – Begegnungen, Gespräche, Reflexionen – auf den gesuchten »anderen Zustand« hinführt, der weniger als Lösung der im Roman angedeuteten Verhältnisse denn als Flucht in eine andere Welt fungiert. Der Typus des Bildungs- und Entwicklungsromans wird in beiden Fällen angedeutet, um sogleich desavouiert zu werden. *Camino de perfección* kann daher ungeachtet der initiatischen Elemente und trotz der Regenerationsthematik auch als Dekonstruktion traditioneller Beispiele wie *Peñas arriba* von José María de Pereda gelesen werden.

Der Roman aus der Serie der »Vida fantástica« erscheint als zuweilen phantasmagorisch zugespitzter Streifzug durch ein unheimliches, mit beinahe ›esperpentistischen‹ Zügen ausgestattetes Land; Groteske der Umwelt und Entfremdung des ›Helden‹ sind so aufeinander bezogen und begründen die ideologische Spezifik des Werkes. Die Distanz zwischen dem zum ohnmächtigen Betrachter degradierten Protagonisten und dem verfremdeten Objekt begründet denn auch das kaleidoskopisch deambulatorische Verfahren. *Camino de perfección* schildert eine scheinbar wirre, kreuz und quer verlaufende Spanienreise und transponiert so die neue Mode der innerspanischen Reise spanischer Autoren in den romaneskeen Bereich. Wie ein ironischer Kommentar zu dem Roman liest sich daher die bissige Bemerkung Valle-Incláns über diese Mode im »Prólogo« des *Esperpento de los cuernos de don Friolera*: »Corren España por conocerla, y divagan alguna vez propectando un libro de dibujos y comentos.«[138] *Correr* und *divagar* sind tatsächlich die Leitverben in einem Begriffsfeld der Bewegung jeglicher Art: Aufbruch und Ankunft, Auf- und Absteigen, Ein- und Ausgehen usw., wobei im Idealfall jedes Kapitel eine Episode und Bewegungssequenz umfasst.

138 Ramón del Valle-Inclán, *Martes de Carnaval*, Madrid 1982 (Colección Austral, 1377), S. 65.

Das Ergebnis ist keine zielgerichtete Reise oder sonstige Bewegung, sondern eben ein »libro de dibujos y comentos«, dessen Sukzession und schließliche Summe die angedeutete Erkenntnisbewegung (»por conocerla«) umschreibt. Der Ekel an Madrid mit seinem Universitätsleben (der Held ist ähnlich wie Andrés in *El árbol de la ciencia* ein junger Mediziner und Studienkollege, den der Ich-Autor persönlich vorstellt), seinem Kunstbetrieb (Exposición de Bellas Artes), dem eleganten Jardín del Buen Retiro, dem Bürgerleben in der Calle del Sacramento und endlich seinem frivolen Nachtleben bildet den Ausgangspunkt für ein neues Bewusstsein der Fremdheit und Distanz – zuerst im Blick von außen, dann in dem Entschluss, den Stadtgürtel zu Fuß zu verlassen. Begründung ist die »vida [...] imposible« (S. 62). Das vage Umherziehen über die Straßen des ländlichen Spaniens mit seinen Bahnhöfen, Gasthöfen, Friedhöfen und Naturszenarien geht der Erkundung der »viejas ciudades« voraus: Segovia mit dem Alcázar, la Granja, von wo der Weg über El Pardo und Illescas wieder beinahe in das verhasste Madrid zurückführt; dann Toledo, die »imperial ciudad« (S. 131) mit der Kathedrale, Santo Domingo und – beinflusst durch Barrès? – der Malerei El Grecos. Inzwischen ist es Winter geworden, und der Held hat eine Krankheit in einem Gästehaus überstanden. Dem Aufbruch aus Toledo folgt die intensive Begegnung mit der Jugendstadt Yécora, »un pueblo terrible« (S. 207) und mit Burg, Höhle, Friedhof und Berg der Inbegriff der lebensfeindlichen Atmosphäre und der »anemia moral« (S. 229) des spanischen Landes: »Se respira en la ciudad un ambiente hostil a todo lo que sea expansión, elevación de espíritu, simpatía humana.« (S. 208) Die Begegnung mit den Jugenderinnerungen und insbesondere mit der ehemaligen Jugendgeliebten erscheint als Tiefpunkt der negativen Initiation in eine groteske Realität, »el colmo de lo tétrico, de lo lúgubre, de lo malsano« (S. 253).

So weit nur in geraffter Form das additive Schema eines Rundwegs aus Madrid und rund um Madrid; mit dem Entschluss, den Zug nach Valencia zu besteigen, beginnt dann in Kapitel XLV die nietzeanisch unterlegte Erfahrung, die der Held »el despertar profundo de todas mi energías« (S. 279) bezeichnet. Doch auch die angedeutete Regenerationskurve bleibt dem Reiseschema unterworfen: Valencia, Alicante, Tarragona, Barcelona bilden jeweils einzelne Stationen eines beinahe touristisch absolvierten Besichtigungsprogramms und gleichzeitig Bewußtwerdungsprozesses, der den Orten wiederum deutlich eine allegorische Funktion zuweist. Die mehrfach konstatierte Affinität des deambulatorischen Verfahrens zur Allegorie und zu älteren Modellen der allegorischen Reise wird durch diesen Roman zweifellos bestätigt. Aber nicht nur hält jeder Ort gleichsam seine »lección moral« bereit, den verschiedenen Stationen des Weges sind auch bestimmte Themen zugeordnet, welche den diskursiv essayistischen Charakter eines solchen Romantypus begründen. Nach dem Verlassen der Hauptstadt gibt etwa die Begegnung mit dem deutschen Nietzsche-Anhänger Max Schultze (Kap. XIX) Anlass zu langen Gesprächen über den Fortschrittsbegriff; Nicolás Polentinos, der »rey Lear de la Mancha« (S. 120) initiiert Ossorio in Segovia in die mystische Tradition Spaniens (Kap. XVII); mit dem Leutnant Arévalo diskutiert Ossorio in Toledo über die spanische Geschichte (Kap. XXVII); er initiiert sich selbst durch den Kauf und die Lektüre der Exerzitien des Ignatius von Loyola und anderer Bücher und wird von einem toledanischen Pädagogen in die Geheimnisse der »ciudad de la muerte« (S. 175) eingeführt. Die für alle Romane Barojas charakteristische Dialogstruktur unterstreicht den anarrativen, reflexiven und didaktischen Anspruch des Werkes, das auch die zahlreichen psychologischen und erotischen Erlebnisse dem letztlich moralisierenden, additiven Schema unterordnet. Letztere bilden nämlich gerade keine kohärente Ereigniskette, sondern sind Teil des »camino de perfección«: die Amouren im dekadenten Madrid und der inzestuöse »erotismo bestial« (S. 43) der lesbischen jungen Tante Laura, die kraftlose Liebelei mit Blanca, die frustrierende Begegnung mit der einstigen Jugendliebe in Yécora, ja eigentlich selbst die positive Liebe zur Kusine Dolores, der späteren Frau – all dies ist nur Teil eines exemplarischen Rundgangs, der keinen Anspruch auf psychologische Stimmigkeit oder Tiefe erhebt.

Das angedeutete Regenerationsschema ist mit der ideologischen Botschaft des Romans verbunden und interessiert in unserem strukturspezifischen Abriss nur mittelbar. Immerhin bestätigt der Vorrang des ideologischen Paradigmas die Beobachtungen eines Pierre Cogny an den späten Romanen von Huysmans: Die mangelnde narrative Stringenz des deambulatorisch essayistischen Romans wird aufgewogen durch die neuartige Bedeutsamkeit der paradigmatischen Strukturen, die gleichsam ein Netz der Entsprechungen, Analogien, Verweise und Antinomien begründen; Stätten des Todes und des Lebens, Städte der »inercia« und Städte der Vitalität und Regeneration, die Natur als symbolisches Ambiente des Todes und der Bestialität und die Natur, insbesondere die Berge, als Ort der spirituellen Einkehr und der inneren Gesundung, usw. – das vitalitische Grundmuster erzwingt die allegorisierende, wertende Vernetzung des geschilderten Erfahrungsweges und die Paradigmatisierung der narrativen Sequenzen. Anders freilich als in der offenen essayistischen Struktur des

Musilschen Romans werden die vorhandenen essayistischen Elemente insgeheim didaktisiert und paradigmatisch instrumentalisiert. *Camino de perfección* ist so gesehen sicher einer der am wenigsten ›offenen‹ Romane Barojas.

La Voluntad[139], wohl der eigenwilligste und originellste Roman Azoríns[140] (José Martínez Ruiz), wurde im selben Jahr 1902 wie *Camino de perfección* veröffentlicht. Das Werk erscheint als das seitenverkehrte Pendant zu Baroja. Wie der Roman Barojas ist auch der seines Freundes eine Bestandsaufnahme des »tremendo desconcierto de la última década del siglo XIX« (S. 226). Der junge, von Selbstzweifeln und »Ennui« gequälte Held Antonio Azorín verliert sich in zahllosen philosophischen Gesprächen mit seinem Lehrer Yuste, einem ironischen Skeptiker, der ernüchtert und gleichwohl nostalgisch auf das alte Spanien zurückblickt. Er bildet den einzigen positiven Fixpunkt in der trostlosen Provinzatmosphäre des Städtchens Yecla, an der selbst die Jugendliebe des Helden langsam und undramatisch zerbricht. Die junge Justina wählt das Kloster als Ort des Rückzugs; »sa voluntad ha muerto« (S. 166). Reden, Gespräche und Meditationen ersetzen den »camino de perfección« in der Realität. Als der alte Lehrer und kurz darauf Justina sterben, geht Azorin nach Madrid und versucht sich als »periodista revolucionario«, ist aber von der »Totentanzatmosphäre« der Hauptstadt angeekelt und bleibt weiter zu jedem Willensakt unfähig. Ausflüge, z. B. nach Toledo, runden die negative Erziehung ab. Am Grab Larras schließt sich der gedankliche Bogen zwischen dem Aufbruch der Romantik und der Sackgasse der Gegenwart. Von weiteren Reiseeindrücken sind nur fragmentarische Tagebucheintragungen erhalten. In drei Briefen an Pío Baroja erzählt der Erzähler am Ende des Romans, wie er den mittlerweile verheirateten ›Helden‹ und seine unsympathische Familie in Yecla besuchte und einen »lamentable caso de abulia« (S. 297) vorfand. Der Held ist zum »símbolo« einer ganzen Generation »sin voluntad, sin energía, indecisa, irresoluta« geworden, »una generación que no tiene ni la audacia de la generación romántica, ni la fe en afirmar de la generación naturalista« (S. 255).

Die bewusste Nähe zu Baroja ist offensichtlich, doch überbietet Azorín den Freund. Nicht nur ersetzt auch hier der auktoriale Erzähler im Dritten Teil die bisherige berichtende Perspektive durch die Tagebucheintragungen des Protagonisten; in den abschließenden

139 Ausgabe wie Anm. 123.

140 Vgl. Luis P. Granjel, *Retrato de Azorín*, Madrid 1958, und ders., »Azorín, novelista«, in: *Cuadernos Hispanoamericanos* 226-227 (1968), 182-191.

Briefen schreibt der Autor-Erzähler auch aus Yecla an den Sr. D. Pío Baroja in Madrid, um von dem gemeinsamen Freund Antonio Azorín Rechenschaft zu geben. Tagebuch und Brief unterstreichen im Gegensatz zu dem Restbestand narrativer Darstellung bei Baroja die präsentische, experimentelle Erzählweise Azoríns, die dem Kreisen des vorwiegend reflexiven Diskurses entgegenzukommen scheint. Von dem nämlichen »abulia«-Syndrom ausgehend, schildert der 1896 einsetzende (also bewußt vor 1898 angesiedelte), aber zeitlich darüber hinausreichende Antiroman statt der Selbstbefreiung und Regeneration das ›Versacken‹ des negativen Helden, dessen Aufbruch aus der paradigmatisch geschilderten Provinz in Yecla nach Madrid und dessen Erkundungsreisen nach Toledo und anderen Orten in die Heimatstadt zurückführen, also gleichsam den umgekehrten Weg von *Camino de perfección* zeigen. Auch bildet die Familie hier gerade nicht die Möglichkeit zur »regeneración«, sondern unterstreicht – in fast naturalistischer Manier – den Weg »à vau-l'eau« des Antihelden, der zugleich im Sinne des im Roman genannten Nietzsche-Theorems der »Eterna Vuelta« die zirkelförmige Struktur unterstreicht.[141] Nurmehr ironisch kann von »la nueva vida del viejo bohemio« (S. 273) die Rede sein. Ob es einen zweiten Aufbruch und eine »segunda vida de Antonio Azorín« (S. 300) geben wird, bleibt offen, doch schon jetzt scheint klar, dass »esta segunda vida será como la primera: toda esfuerzos sueltos, iniciaciones paralizadas, audacias frustradas, paradojas, gestos, gritos« (S. 300 f.). Das Erlebnis des Absurden – »¡Esta vida es una cosa absurda!« (S. 276) – ist hier vorweggenommen.

Anders als der trotz allem narrative Roman Barojas ist *La Voluntad,* dessen Titel ironisch auf das gegenteilige Syndrom verweist, ein statischer Roman ohne Entwicklung und psychologische Verknüpfung. Ähnlich wie die Porträtphotos, die der Held in der Madrider Biblioteca Nacional betrachtet, tendieren die wenigen eingeführten Personen dazu, als Allegorien bestimmter Aspekte und Probleme jede Individualität einzubüßen. Wie in einem statuarischen Reigen tauchen sie auf und treten wieder ab. Szene fügt sich an Szene, ohne dass eine klare Sukzessivität deutlich würde. Man könnte von einer bloß syntagmatischen Sukzessivität sprechen, die in ihrer Radikalität deutlich über *Camino de perfección* hinausgeht. Die Auflösung chronologischer Stimmigkeit, die wir eingangs als wesentliches Charakteristikum des Musilschen Erzählens erkannten, wird in den schwebenden Augenblicksbildern ohne feste chronologische Ordnung womöglich

141 Vgl. hierzu Robin Fiddian, »Cyclical Time and the Structure of Azorín's *La Voluntad*«, in: *Forum for Modern Language Studies* 12 (1976), S. 163-175.

noch weiter getrieben: Auf einen Abend im August (Kap. V) folgt bald darauf ein Frühlingsabend (Kap. VIII), dann ist wieder August (Kap. XII und XIII) und wenig später Gründonnerstag; »algunas tardes« (S. 140) bilden den unbestimmten Rahmen utopischer Diskussionen mit dem Archäologen Lasalde, und Kap. XXIV endlich – kurz vor dem Tod des Philosophen Yuste – mag wahlweise »en los días grises del otoño, o en Marzo« (S. 173) spielen. Umgekehrt versetzen Zeitangaben wie »esta tarde« den Leser in ein orientierungsloses, beziehungsloses Jetzt. Die Tagebuchfragmente von Teil III stellen »fragmento sueltos escritos a ratos perdidos« (S. 257) dar.

Die Enumeration vergeblicher Anläufe unterstreicht den repetitiven Charakter einer arretierten, in Gegenwartsschilderungen aufgelösten ›Handlung‹, die gleichsam einem streng parataktischen Prinzip unterworfen wurde. Robert C. Spires spricht von »the subversion of drama«[142]. Nicht unähnlich den ›lyrischen‹ Kapitelschlüssen Barojas wird jede Bewegung am Ende der Kapitel stillgestellt: Einige Beispiele: Nach seiner Rede bleibt der Priester Puche »inmóvil un momento con los ojos al cielo« (S. 69); nach einem Gottesdienst »el viejo armonium gime tenue, gime apacible, gime lloroso como un anciano que cuenta sollozando sus días felices« (S. 77); die Lektüre Montaignes »era como salir de un hoy para caer un una fosa« (S. 97); nach einem Gespräch mit dem Philosophen »Yuste calló. Y en el silencio del crepuscolo sonaba el ruido monótono de la lluvia« (S. 135); im letzten Gespräch mit der Jugendliebe Justina, die ins Kloster geht, »Azorín piensa en la inmensa cantidad de energía« der gläubigen Epochen, »esta iglesia que apenas acabada ya se está desmoronando, disgregándose en la Nada, perdiéndose en la inexorable y escondida corriente de las cosas« (S. 139); wieder nach einem Gespräch mit Yuste: »El cielo está gris; la llanura está silenciosa.« (S. 177) Usw. Das lyrische Gestaltungsprinzip der stillgestellten, gleichsam ins Unendliche verlängerten Impression, das der »pequeño filósofo« in seinen spanischen Reiseskizzen vervollkommnen wird, dient hier dazu, jede Handlung in Momente der Meditation aufzulösen und jeden Eindruck, jedes Gespräch zum autonomen Sinnzentrum einer vage darüber hinausweisenden Bedeutung zu machen. Der Held sieht, hört, denkt, fragt, lächelt, liest, usw. im Sinne eines Stils der lakonischen Wahrnehmung, den Camilo José Cela später weiterentwickeln wird. Das auf kleine Räume eingeschränkte deambulatorische Verfahren verleiht jeder Mikrohandlung den Charakter eines ›Versuchs‹, eines ›essai‹, der zwar

142 Robert C. Spires, *Transparent Simulacra: Spanish Fiction 1902-1926*, Columbia 1988, S. 19.

Erkenntnis bereit hält, aber am Ende dennoch ins Leere läuft und damit den offenen Duktus des essayistischen Diskurses bestätigt. Das »problema de España« – Kirche, Glauben, die Herausforderungen der naturwissenschaftlich geprägten Moderne und lebensphilosophisch anmutende Sinnfragen – bildet das paradigmatische Gerüst dieser Folge von »esfuerzos sueltos, iniciaciones paralizadas« und »audacias frustradas«.

Das Prinzip des deambulatorischen Flanierens (im wörtlichen, zum Teil auch im übertragenen Sinn) prägt so die gesamte Romanstruktur, die sich zudem von Teil I bis Teil III, den Tagebuchfragmenten, sukzessiv aufzulösen scheint: Im Sinne der eingangs genannten Unterscheidung Lyotards möchte man von einer Verzahnung des (für die Moderne typischen) Fragments mit dem (der Postmoderne zugeordneten) essayistischen Prinzip sprechen.[143] Grundsätzlich bildet aber der »paseo« makro- und mikrostrukturell den Grundzug dieser ironischen Demonstration zielloser Bewegung. So wirkt etwa der abendliche »paseo« des Helden mit dem Philosophen Yuste beinahe wie ein leitmotivisches Exordium für die anschließenden Gespräche; und vor allem der Madridaufenthalt des Helden in Teil II ist nach diesem repetitiven, fundamental unabgeschlossenen Prinzip gestaltet. Die elf unverbundenen Kapitel zeigen eine Reihe von thematisch bestimmten »paseos«, die schließlich – in Teil III – in die völlige Auflösung – »y Azorín, en el silencio de las calles desiertas, vaga al azar [...]« (S. 210) – jeder sukzessiven Ordnung mündet: Die »fragmentos sueltos« (S. 257) der Tagebuchnotizen steigern das Zufällige und Fragmentarische dieses tastenden, essayistischen Diskurses, der ebenfalls den Charakter eines »paseo« hat. Tatsächlich kann man *La Voluntad* als vielleicht konsequenteste Umsetzung des Ideals der »novela ensayo« bezeichnen, die später bei Borges und in der Nueva Novela Lateinamerikas wieder aufgenommen wird. Auch in dieser Hinsicht ist die »novela ensayo« konsequenter als die »novela itinerante« Barojas. Macht letzterer die behandelten Themen, Probleme

143 Es scheint bezeichnend, dass die Azorín-Forschung zwar das Verhältnis von Roman und philosophisch-diskursivem Text gesehen hat, aber den logischen Schritt zu einer gattungstypologischen Fragestellung kaum gemacht hat. Vgl. Roberto Johnson, »Filosofía y novelística en *La Voluntad*«, in: *Anales Azorinianos* 3 (1906), 131-139, und Humberto Piñera, *Novela y ensayo de Azorín*, Madrid 1971. So spricht auch die Herausgeberin des Romans, María Martínez del Portal, in der Reihe Letras Hispánicas (Madrid 1997) zwar von der Modernität der Struktur und der »carencia de fábula« (S. 44ff.), bemüht sich aber andererseits, den langen Teil I als »novela corta« (S. 86) zu verstehen und auch noch den Schluß als halbwegs ›geschlossen‹ zu interpretieren. (S. 93)

und Beobachtungen vor allem an historischen Stätten und Gebäuden fest und benützt den »paseo« zu einem Rundgang durch die spanische Problematik, so meidet Azorín derartige ›Aufhänger‹ und entfaltet auch inhaltlich ein freies Spiel der Gedanken. Der »breve viaje a Toledo« (S. 205) und der Madrider Aufenthalt mit dem Besuch des Grabes von Larra oder dem Rundgang durch die Biblioteca Nacional, auch der Aufenthalt im St. Anna-Kloster in Teil III bilden seltene Ausnahmen von der Regel des voraussetzungslosen essayistischen Flanierens, welches den Roman bereits im Sinn der später von Michel Butor entwickelten Poetik des diskursiven Romans zu einem »prodigieux moyen de se tenir debout, de continuer à vivre intelligemment à l'intérieur d'un monde quasi furieux«[144] macht und die »réconciliation de la philosophie et de la poésie«[145] zum Ziel hat. Der Roman als gattungsüberschreitendes Medium der Bewusstwerdung und als »lieu par excellence où étudier de quelle façon la réalité nous apparaît ou peut nous apparaître«[146] wird von Azorín bereits mit einer Konsequenz verwirklicht, die keine Steigerung mehr zulässt und die der Autor selbst auch später nie mehr anstrebte oder erreichte. Vielleicht ist es kein Zufall, dass Azorín in Spanien für die phänomenologische Wende steht, die die spätere Grundlage auch eines Butor, wenn nicht des *Nouveau Roman* insgesamt bildet.

Im Zusammenhang mit dem essayistischen Prinzip dürfte eine besondere Bedeutung der Tatsache zukommen, daß Yuste, der eigentliche Repräsentant dieses Verfahrens, zugleich Montaigne-Leser ist. Daher endet mit dem Tod des ›peripatetischen‹ Philosophen und Lehrers auch die essayistische Erzählform, nachdem diese den überwiegenden Teil des Romans geprägt hat. Man geht sicherlich nicht zu weit, wenn man den essayistischen, divagierenden Diskurs Montaignes als ›mise en abyme‹ der Romanästhetik selbst interpretiert. Zu dieser Lektüre wird der Held durch seinen Lehrer Yuste angehalten, der damit als Stellvertreter Montaignes den Romandiskurs prägt und symbolisiert. Und wenn es später heißt, dass Antonio Azorín seinem Lehrer immer ähnlicher geworden ist, so entsteht eine Kette von Spiegelungen zwischen dem Philosophen des 16. Jahrhunderts, dem Helden, dem skeptischen Philosophen Yuste und dem »pequeño filósofo« Azorín, der nicht zufällig von jetzt an den Namen seines fiktiven Helden als Pseudonym wählen sollte. Yuste-Azorín entmystifiziert den Fortschrittsmythos und diagnostiziert das Ende der

144 Michel Butor, *Répertoire I,* Paris 1960, S. 272.
145 Ebd. S. 273.
146 Ebd. S. 8.

liberalen Geschichtskonstruktion des 19. Jahrhunderts, »el siglo de la mixtificación« (S. 110), als dessen fiktionales Pendant der Typus des handlungsbetonten realistischen Romans gelten kann. Als Mann der Vergangenheit, der das Verschwinden der »vieja España [...] legendaria, heroica« (S. 92) beklagt, stellt er gleichzeitig die paradoxe Identifikationsfigur des Helden bzw. des Autors zwischen Desillusion und Sinnsuche, Moderne und Identitätssehnsucht dar. Die immer wieder angehaltene Bewegung der essayistischen Einzelkapitel exemplifiziert diese unaufgelöste Spannung, die zugleich dazu dient, die ungelösten Fragen offen zu halten – spazierenzugehen im Raum der Möglichkeiten.

Das Huysmans'sche Ideal der »lucidité« ist so implizit durchaus im Roman verankert; die in Teil III angesprochene »serenidad« (S. 261) des Helden, die mit der Skepsis gegenüber der ganzen bisherigen, besonders spanischen Bildungstradition verbunden ist, mag auch als negatives Ergebnis des essayistischen Verfahrens des Abwägens und Erprobens begriffen werden. Dabei übt *La Voluntad* als negativer Bildungs-und Entwicklungsroman nicht nur Kritik an herkömmlichen Romanmustern; die offene Form des Romans exemplifiziert zugleich ironisch diese Kritik und fungiert als Beispiel narrativer Bewältigung des Krisenerlebnisses des Autors und seiner Generation.

Wie schon angedeutet, hat Jochen Mecke die Narrativik der Generation von 1898 in Spanien vor dem Hintergrund der zeitgeschichtlichen Herausforderungen als eine Form von moderner Literatur gekennzeichnet, die an der Schwelle zur Autonomie verharrt, ohne sie zu überschreiten, und noch immer in die Episteme der Repräsentation eingebunden bleibt.[147] Dies gilt insbesondere für *Niebla* von Unamuno, dem literarästhetisch gewagtesten Beispiel, in dem das deambulatorische Erzählmuster mit Formen der ironischen Selbstaufhebung der Fiktion korreliert wird.[148] Die diesbezüglich eingeführte (und für das Gesamtwerk und Denken Unamunos bestimmende) Formel der »agonalen Modernität« verweist dabei aber auf eben jene Zwischenstellung einer präavantgardistischen Moderne, die gerade in ihren essayistischen Zügen einem reflexiven, doch nicht selbstreflexiven Schreiben verhaftet bleiben will und muß. Von den traditionellen

147 So vor allem in dem unter Anm. 115 genannten Beitrag.

148 Anders als die bisherige Kritik, die in diesem Fall auf die Parallele zu Pirandello verweist, macht Mecke Anleihen an dem Calderónschen Prinzip des »gran teatro del mundo« geltend, das freilich wieder durch die Ironisierung des Spielleiters unterlaufen wird: »*Niebla* verharrt [...] in der Grätsche zwischen prämoderner Repräsentation, moderner Selbstpräsenz des Textes und der distanzierten Brechung dieser Selbstpräsenz [...].« (s. Anm. 115: »Aus-Ein-Andersetzung...«, S. 417).

Zügen des Musilschen Diskurses war ansatzweise schon die Rede. Ähnliches würde auch für die ironisch auktoriale Schreibweise eines Baroja oder Azorín oder für die Spielleiterfunktion des Autors in *Niebla* gelten. Der Roman dieses Typus bleibt an der Realitätsbewältigung und an aktuellen, referentiellen Fragestellungen orientiert, wie es ja auch der Musilsche Roman tut. Das heißt, die Fiktion fungiert im Sinne von Robert C. Spires als »transparent simulacrum«[149], deren Modernität nicht in Verfahren der Verfremdung, sondern der Offenheit und in der Suche nach neuen, nicht-romanesken Ausdrucksformen für den Roman zu sehen ist. Damit wird freilich zugleich die These einer besonderen, spezifisch spanischen Entwicklung in der frühen Moderne relativiert. Problemstellungen und Themen sind spezifisch hispanisch, doch die Verfahren wohl nur mit Einschränkungen. Die Frage wäre somit, ob die von Mecke für eine bestimmte Problemstellung und gerade nicht für die europäische Literatur allgemein gewählten Kategorien nicht (mit den notwendigen Einschränkungen) doch geeignet wären, die gebremste Modernität des deambulatorischen Romantypus insgesamt zu charakterisieren. Fin de Siècle und frühe Moderne fänden sich so – vor dem Einsetzen der avantgardistischen Strömungen bzw. an deren Rand – in einer widersprüchlichen (agonalen?) Tradition des Aufbrechens und Bewahrens verbunden. Und gerade dem spanischen Roman käme in diesem Prozess eine, wenn auch nicht stark beachtete, so doch wegweisende und führende Rolle zu.

149 R. C. Spires (s. Anm. 142).